SV

HANS MAYER
THOMAS MANN

Suhrkamp Verlag

© Suhrkamp Verlag Frankfurt am Main 1980
Alle Rechte vorbehalten
Druck: Wilhelm Röck, Weinsberg
Printed in Germany

THOMAS MANN

INHALT

ERINNERUNG

Zuletzt habe ich ihn in Weimar gesehen, einige Tage nach dem Schillerjubiläum des Jahres 1955. Das war kurz vor seinem achtzigsten Geburtstag am 6. Juni, und er hatte noch dreizehn Wochen zu leben.

Thomas Mann wiederholte ein symbolisch gemeintes Vortragsprogramm, das er bereits sechs Jahre vorher, im sogenannten Goethejahr 1949, für sich entworfen hatte: dieselbe Festrede in beiden deutschen Bereichen zu halten, dem westlichen wie dem östlichen. Damals hatte er zuerst in der Frankfurter Paulskirche seine ›Ansprache im Goethejahr 1949‹ vorgetragen, und fuhr kurz darauf mit dem Auto nach Thüringen. Dort wurde er, an der Grenze, von Vertretern der Sowjetischen Militäradministration und Repräsentanten einer deutschen Verwaltung, die sich einige Wochen später, als Folge einer westdeutschen Staatsgründung, als Deutsche Demokratische Republik konstituierte, festlich begrüßt. Johannes R. Becher war dem Ehrengast wohlbekannt. Hier hatten Thomas und Katia Mann einen Gesprächspartner auf der Weiterfahrt nach Weimar. Man mußte angeblich einen Umweg machen, und es ergab sich der – gut organisierte – Zufall, daß man plötzlich in irgendeinem Städtchen durch die Thomas-Mann-Straße fuhr. Welche Überraschung. Beim Abendbrot im Hotel zu Weimar, wo ich zugegen sein durfte, wurde über den glücklichen Zufall gescherzt. Thomas Mann lächelte höflich und schwieg. Er freute sich über die Ehrung, natürlich, denn beim Aufenthalt unter den Westdeutschen hatte er viel Polemisches anhören und lesen müssen. Warum er emigrierte! Und warum er jetzt erst gekommen sei! Und warum er nicht hierbleibe! Die Ansprache im Goethejahr versuchte darauf vorsichtig eine Antwort zu geben. Von Goethe war zuerst kaum die Rede gewesen.

Dem wehleidigen Vorwurf: er sei nicht beim Unglück dabeigewesen, antwortete die kühle Replik: »Nicht doch, ich bin dabeigewesen. Wie einer das Schmerzensbuch vom ›Doktor Faustus‹ gelesen haben und dann noch sagen kann, ich sei nicht dabeigewesen.« Es klang durchaus nicht wehleidig, wenn hinzugesetzt wurde: »Ich weiß, daß der Emigrant in Deutschland wenig gilt – er hat noch nie viel gegolten in einem von politischen Abenteuern heimgesuchten Lande.«

Nun aber befand er sich »bei den Russen«. Als er am nächsten Morgen, frisch und keineswegs ängstlich bewegt, im überfüllten Nationaltheater die Frankfurter Ansprache wiederholte: in einer Stadt, vor deren Toren der ›Buchenwald‹ Goethes zum Weltsymbol für Folter und Mord geworden war, brauchte er den Ingrimm von Honoratioren nicht zu befürchten, wenn es weiter hieß in dieser Ansprache zu Goethes Ehren: »Man zögert, die Grenze eines Landes wieder zu überschreiten, das einem durch lange Jahre ein Alpdruck war; von dessen Fahne, wo sie sich im Auslande zeigte, man mit Grauen den Blick wandte, und wo, wäre man dorthin verschleppt worden, ein elender Tod einem sicher gewesen wäre.« Fast jeder Zuhörer hier in Weimar wußte, daß es so war und gewesen wäre.

Am Abend dieses 1. August 1949 gab es im Festsaal des Hotels ein Essen zu Ehren des Gastes. Etwa achtzig Teilnehmer werden dabeigewesen sein. Den Russen Tulpanow und Semjonow, die klug und literarisch gebildet waren, merkte man die Freude an, mit Thomas Mann am Tisch zu sitzen. Becher war dabei und Alexander Abusch und Klaus Gysi, auch Arnold Zweig, der noch mürrischer wirkte, in Gegenwart des »anderen Romanciers«, als gewöhnlich. Reden wurden gehalten; auch eine von mir, wobei ich in der Erregung den Gast plötzlich als »Heinrich Mann« apostrophierte, was mild belächelt wurde. Später bedankte er sich mit einer Widmung im bereits gedruckten Text der Festrede.

Es ging sonderbar zu an jenem Abend des 1. August, dessen Datum alle daran erinnern mochte – Thomas Mann hat es sicher erinnert in irgendeinem Augenblick –, daß am 1. August 1914, vor 35 Jahren also, ein Erster Weltkrieg begann. Jetzt bedachte man die Ursachen und Folgen eines Zweiten: in Weimar und beim Goethejubiläum. Noch lebte und herrschte Stalin. An meinem Tisch saß (an jenem Abend) ein Minister der deutschen Zonenregierung: Mitglied einer »bürgerlichen« Koalitionspartei nach dem Willen der Sowjetischen Administration. Er war froh und hoffnungsvoll. Kurz darauf wurde er als Spion verhaftet und in den Zeitungen, mit übereinstimmender Diktion, noch vor einem Prozeß, gar einem öffentlichen Gerichtsverfahren, als Abschaum des Verrats denunziert. Lange Jahre blieb er in Haft. Ich kann mich nicht erinnern, daß man je von einem Verfahren und Urteilsspruch erfahren hätte.

Thomas Mann besuchte uns im Zeichen von Stalinismus und Kaltem Krieg. Daß ihm die USA verleidet seien mit ihrem Gerede von »unamerikanischem Verhalten«, daraus machte er im Gespräch keinen Hehl. Er bedankte sich mit einer improvisierten Rede, die nicht gedruckt wurde, eben weil sie frei gehalten worden war. Darin verglich er den Besuch in Frankfurt mit den Eindrücken hier in Weimar. In Frankfurt habe man ihn – bestenfalls – als guten Bekannten von einst begrüßt, der nun wiedergekehrt sei. Das war eher sentimental als spezifisch für die Rückkehr dieses besonderen Emigranten. Hier in Weimar habe er den Eindruck gewonnen, daß sein *Werk* den Hiesigen etwas bedeute, daß man Zukunft damit verbinde. »Wenn ich mich darin nicht getäuscht habe, so wäre ich ungemein glücklich.« Ich höre sie noch, diese Worte. Katia hatte das Gefühl, er rede sich hier, bei den Russen und Kommunisten, um Kopf und Kragen. Sie zupfte ein bißchen an seinem Rockzipfel, worauf der Redner rasch abschloß und sich niedersetzte.

Sechs Jahre später, im Mai 1955, war alles verändert. Der tote Stalin lag zwar immer noch in der Marschalluniform und mit den vielen Orden an Lenins Seite im gläsernen Sarg, allein da würde er nicht bleiben dürfen: das war damals bereits abzusehen. Es hatte einen 17. Juni 1953 gegeben, doch hatte sich der, in der Folge, wenigstens für die Kulturpolitik der jungen Deutschen Demokratischen Republik, nützlich ausgewirkt. Die Zeiten einer »Staatlichen Kunstkommission«, eines Amtes der bornierten Zensurierung und ängstlichen Besserwisserei, waren vorbei. Die Kommission mußte aufgelöst werden. Brecht schrieb ihr einen boshaften Nachruf. Es gab auch nicht mehr das ›Amt für Literatur und Verlagswesen‹: gleichfalls ein Produkt des Stalinismus. Die einstmals mächtige Behörde degradierte man zur Abteilung des neugegründeten ›Ministeriums für Kultur‹ der DDR. Kulturminister war Johannes R. Becher, von dem die schriftstellernden und auf Nationalpreise erpichten alten Genossen wenig zu hoffen hatten. Weshalb sie ihrerseits den Kurs des neuen Ministers für baren und schädlichen Revisionismus hielten. Was sie, durch seine Sekretäre, auch dem mächtigen Walter Ulbricht zu verstehen gaben. Der hielt jedoch vorerst zu Becher: genau bis zum Oktober 1956, also bis zur ungarischen Revolte unter Beteiligung des Becher-Freundes Georg Lukács.

In diese Konstellation, die man später mit dem Schlagwort ›Tauwetter‹ kennzeichnen sollte (nach dem Titel eines russischen Romans von Ilja Ehrenburg), fiel Thomas Manns zweiter Besuch in Weimar aus Anlaß von Schillers 150. Todestag. Alles schien ähnlich abzulaufen wie 1949: mit Festrede im National-theater und anschließendem Festessen, und war doch ganz anders. Sechs Jahre vorher hatte die Sowjetische Administration alles dirigiert. Von ihr war jede Einzelheit des Programms entworfen worden, einschließlich jener sonderbaren Speisefolge beim Festmahl, wo man als Hauptgang ein »Beefsteak tatar« servierte. Ich sehe noch Thomas Mann, wie er brav das rohe Ei mit dem rohen Fleisch zusammenmischte.

Diesmal jedoch wurde Thomas Mann zu einem »Staatsakt« der Deutschen Demokratischen Republik eingeladen. Nun regierte ein strenges diplomatisches Protokoll. Man gedachte auch darin mindestens so strikt zu sein wie irgendeine sehr förmliche Westmacht. Um die Teilnahme am festlichen Mittagessen, nach der Veranstaltung im Theater, wurde erbittert gerungen. Es kam erschwerend hinzu, daß auch die Familie Mann einiges vorzubringen hatte hinsichtlich der Teilnahme oder Nichtteil-nahme gewisser Gäste. Diesmal war das älteste Kind mit den Eltern nach Weimar gekommen. Erika Mann hat die Begleit-umstände, aus ihrer Sicht, in dem Buch über ›Das letzte Jahr‹ geschildert. Einige prominente Gäste, so Ernst Bloch und Leonhard Frank, deren Verhältnis zu Thomas Mann ziemlich kühl war, ließen verstehen, sie müßten nicht unbedingt dabei sein, was Erleichterung auslöste, denn auch die Familie Mann hatte genaue Vorstellungen vom Protokoll. Man wollte ein Gabelfrühstück mit nicht zu vielen Teilnehmern, und ohne Reden. Wer aber war »zu viel« unter den so zahlreichen Ge-ladenen eines Staatsaktes?

Der Festredner trug abermals die – durch Erika – gekürzte Fassung seines ›Versuchs über Schiller‹ vor: mit dem Untertitel:

»Seinem Andenken zum 150. Todestags in Liebe gewidmet«. Der Redner hatte »Achtung getragen für die Träume seiner Jugend«: wie damals, zur Zeit des ›Tonio Kröger‹, als ein junger Schriftsteller und Bajazzo dem geliebten, ein bißchen trivialen Schulfreund Hans Hansen die Schönheiten des ›Don Carlos‹ erklärte. Die ›Ansprache im Goethejahr‹ war abermals eine Selbstaussage gewesen. Der ›Versuch über Schiller‹ jedoch mußte als geistiges Vermächtnis verstanden werden: in beiden deutschen Staaten.

Thomas Mann sprach zuerst am 9. Mai, einem Sonntagmorgen, im Großen Haus der Württembergischen Staatstheater in der Landeshauptstadt Stuttgart: unweit der Stelle, wo der junge Schiller die Karlsschule erduldet und die ›Räuber‹ entworfen hatte. Eingeladen hatte die Deutsche Schillergesellschaft, zu deren erweitertem Vorstand auch ich gehörte seit dem Vorjahr 1954. So erhielt auch ich eine Einladung und reiste von Leipzig nach Stuttgart, um jedoch bereits am Nachmittag zurückzufliegen. Am Montagmorgen nämlich, an Schillers Todestag, sollte ich in der Leipziger Kongreßhalle die Gedenkrede halten. Die Stadt hatte »schulfrei« gegeben: man wünschte, daß möglichst viele zugegen seien bei der Leipziger Schillerfeier; das Gewandhausorchester wirkte mit, denn auch Leipzig war eine ›Schiller-Stadt‹. Im Gartenhäuschen zu Gohlis war die Ode an die Freude entstanden, weshalb am Montagabend die Neunte Symphonie gespielt wurde.

In Stuttgart betonte man, daß es sich um eine Totenfeier handle. Das Württembergische Staatsorchester spielte Mozarts Maurerische Trauermusik. Dann sprach Thomas Mann, begrüßt durch den Vorsitzenden der Schillergesellschaft. Der ›Versuch über Schiller‹ wurde einem Parkett der Germanisten vorgetragen. Lauter Ordinarien und solche, die es werden sollten. Der Beifall war höflich, das Außerordentliche, weil Abschiednehmende, des Ereignisses schien nur wenige zu berühren. Nach Thomas Mann trat der Bundespräsident Theodor Heuss ans Rednerpult. Er hielt sich nicht ans Konzept, kam ins Plaudern, es wurde spät, Zeichen der Ungeduld machten sich bemerkbar. Ein paar Tage später erzählte mir Erika Mann: man habe schon gewußt, warum darauf bestanden worden war,

Thomas Mann *vor* dem Bundespräsidenten sprechen zu lassen. Es war ein schöner, sonniger Tag. Beim Ausgang sah ich kurz den Redner. Er gab mir die Hand und meinte, man werde sich beim Mittagessen in Bad Cannstatt sehen. Da mußte ich absagen, um mein Flugzeug nicht zu versäumen. Aber ich sprach vom Wiedersehen in Weimar. Thomas Mann winkte und ging weiter. Es war der 9. Mai 1955. Hier gab es den westdeutschen Präsidenten, der sich übrigens urban gab und durchaus nicht Einspruch erhob, als man mich in den Ausschuß der Schillergesellschaft wählte, dem auch Theodor Heuss angehörte. Allein es gab nicht bloß Heuss hier in Stuttgart, und Weimar blieb für Viele das »ganz Andere«.

Den Text des ›Versuch über Schiller‹ kannte ich gut: ich hatte ihn als Manuskript aus Kilchberg erhalten, weil er noch in der zwölfbändigen Gesamtausgabe erscheinen sollte, die ich für den Ostberliner Aufbau-Verlag zum 80. Geburtstag Thomas Manns vorbereitete. So konnte ich in Stuttgart die Striche nachvollziehen, die notwendig geworden waren, denn der große Essay umfaßt in jener Gesamtausgabe mehr als 80 Seiten.

Es war gut und liebevoll gekürzt worden. Auf die Exhortatio am Schluß war alles, nach guter rhetorischer Tradition, hingesprochen. Friedrich Schiller, damals und diesmal: »Als man, im November 1859, seinen hundertsten Geburtstag beging, hob ein Sturm der Begeisterung einigend Deutschland auf. Damals bot sich, so heißt es, der Welt ein Schauspiel, das die Geschichte noch nicht kannte: das immer zerrissene deutsche Volk in geschlossener Einheit, durch ihn, seinen Dichter. Es war ein nationales Fest, und das sei das unsrige auch. Entgegen politischer Unnatur fühle das zweigeteilte Deutschland sich eins in seinem Namen.«

Der tote Schiller hatte damals erreicht, was der noch lebende deutsche Dichter des Jahres 1959, wiederum in Form einer Anverwandlung, so gern bewirkt hätte. Glaubte er selbst an den Erfolg seiner symbolischen Reise in die deutschen Bereiche einer »politischen Unnatur«? In der Stuttgarter Frühlingssonne und am Sonntagmittag hatten wenig Bürger den großen Literaten beim Kommen und Gehen durch Zuruf begrüßt. Da konnte der Schwabe Heuss auf mehr Vertrautheit und Herzlichkeit rechnen. Ein »nationales Fest«? Daran war bei diesem Klassikergedenken und Dichterbesuch in Stuttgart ebensowenig zu denken wie damals, vor sechs Jahren, in Frankfurt am Main.

In Weimar schien eine ganze Stadt auf diesen Besuch zu warten. Freilich war auch hier in der üblichen Weise kommandiert und dirigiert worden. Die Blauhemden und die Soldaten und die Transparente, als handle es sich um irgendeines der zahlreichen »historischen« Ereignisse: eine Parteikonferenz etwa oder einen Besuch hoher Alliierter aus dem Osten. Dies hier aber, der Besuch eines alten Schriftstellers in der Klassikerstadt, war in der Tat eine geschichtlich bedeutsame Konstellation. Ich hatte das Gefühl, daß die Leute auf der Straße auch ihrerseits genau unterschieden zwischen dem konventionellen Jubel, und der Freude über diesen ungewöhnlichen Besucher. Hier wurde Thomas Manns Wunsch ernstgenommen und erfüllt: als »Repräsentant« verstanden zu werden.

Als der Redner, von Minister Becher geleitet, das Theater betrat, erhoben wir uns. So war es auch in Stuttgart gehalten worden; freilich erschien dort der Redner in Begleitung des Bundespräsidenten. Thomas Mann wirkte ermüdet in Weimar: es hatte viel Strapazen gegeben zwischen den beiden Schiller-Reden. Ich saß im Parkett neben Ernst Bloch, dem dies alles kaum behagte. Er machte sich, wie gesagt, wenig aus Thomas Mann, durfte auch vermuten, daß die zu erwartende Schiller-Rede nicht übereinstimmen werde mit seinen eigenen Ansichten über »Weimar als Schillers Abbiegung und Höhe«. Nicht weit von uns saß Georg Lukács. Der freute sich auf den Redner und seine Rede und erhoffte sich, nach so vielen Jahren der Trennung, eine neue Begegnung. Als der Ehrengast, auf die Bühne geleitet durch Becher, ans Rednerpult trat, meinte mein Nachbar: er sehe aus wie ein Landbriefträger. Ich bat Ernst Bloch, wenigstens den Titel eines Oberpostrats zu bewilligen. Als Thomas Mann begann, schien alle Müdigkeit abgefallen. Ich hörte abermals den Text, den ich stellenweise fast auswendig wußte, und folgte dem kunstvollen Vortrag wie der meisterhaften Aufführung einer vertrauten und geliebten Komposition.

Beim Mittagessen im Hotel »Elephant«, wo nichts mehr, außer dem Namen, an die Unterkunft der ›Lotte in Weimar‹ erinnerte, hat es dann eine kurze (und letzte) Begegnung zwischen Lukács und Thomas Mann gegeben: ein höflicher Gruß, mehr nicht. Seinen Bewunderer, den auch er selbst bewunderte, hat sich Thomas Mann stets, seit der ersten Begegnung in Wien in einer ersten Nachkriegszeit, vom Leibe gehalten. Er hat zum Schluß wohl auch nicht mehr auf Briefe aus Budapest geantwortet. Der Autor einer von Thomas Mann genau beherzigten ›Theorie des Romans‹ hat in seinem Leben wahrlich viel durchmachen müssen. Die Kühle Thomas Manns hat er nicht verschmerzt.

Ich hatte mich zu Beginn des Mittagessens verspätet. Man trug bereits auf, als ich eintrat, um mich auf meinen Platz, den mir das Protokoll vorher mitgeteilt hatte, zu schleichen. »Da traf mich sein Blick.« An der Hufeisentafel saß er mir, an der Mitte des Haupttisches, schräg gegenüber. Er winkte mich zu sich, denn wir hatten uns noch nicht in Weimar gesehen. Ich stand auf, um ihn zu begrüßen. Ein paar Worte, dann wurde gegessen. Keine Rede, wie es verlangt worden war. Ehrengäste aus dem Ausland, auch die Tochter Heinrich Manns war aus Prag gekommen und wurde von den Verwandten mit mäßiger Freundlichkeit begrüßt. Ich fuhr nicht mit nach Jena, wo abermals ein Ehrendoktorat verliehen wurde. Thomas Mann, den ich nach der Rückkehr noch einmal sprach, beklagte dabei, daß man ihm nicht, wie ursprünglich geplant, den Dr. med. honoris causa verliehen habe. Dies Projekt jedoch hatte man in Berlin als ungebührlich verworfen. Dabei hätte sich der Autor des ›Zauberberg‹, in Erinnerung an alle Diatriben der Ärzte nach Erscheinen des großen Romans, über dieses medizinische Ehrendoktorat wirklich gefreut.

Dafür wurde in seiner Gegenwart ein Thomas-Mann-Archiv begründet, in dessen Kuratorium auch ich entsandt wurde. Die Urkunde darüber besitze ich noch. Die Stiftung ist, meines Wissens, nie in der damals konstituierten Form verwirklicht worden. Doch bei dieser Gelegenheit hielt Thomas Mann, abermals nahezu frei sprechend, eine Rede, worin es hieß: »Die Kunst ist ein schwebendes Angebot immer nur an die Menschen, an die Mitwelt, und wenn nun der Anerbieter das Glück hat, daß die Menschen Freude daran haben – denn Freude zu erregen ist schließlich das Ziel der Kunst als einer Stärkerin und Erhöherin des Lebens –, wenn er dieses Glück hat, kann er nur aufs tiefste dankbar sein . . .«

Das war im Weißen Saal des Schlosses zu Weimar. Die Ostberliner Akademie der Wissenschaften hatte zu diesem Festakt eingeladen, denn das zu begründende Thomas-Mann-Archiv sollte von ihr verwaltet werden. Man schrieb den 15. Mai 1955. Als ich mich am Schluß der Feier von Thomas Mann verabschiedete, war es die letzte Begegnung gewesen. Die von mir entworfene zwölfbändige Gesamtausgabe wurde rechtzeitig zum 80. Geburtstag fertig und am 6. Juni in Kilchberg durch Becher und Stephan Hermlin überreicht. Es war Semester und ich hatte nicht fahren können. Als er die Kassette in Händen hielt, sagte Thomas Mann: »Das ist mein schönstes Geburtstagsgeschenk!« Er meinte es auch. Jeder Schriftsteller hätte so gesprochen.

Wie war er, Thomas Mann? Wer so fragt, muß auf die Texte verwiesen werden: auf die Schriften und Reden, auf Tagebücher und Briefe. Nichts blieb ungenutzt bei diesem besessenen Schriftsteller, der im Grunde nichts sein wollte, als eben dies. Was immer Thomas Mann gefühlt und gedacht, gelernt und erlitten hat, es wurde »ausgesprochen«. Die Strategie jedoch einer Verwandlung des Persönlichen in Sprache, vor allem in Erzählung, wodurch gleichzeitig objektiviert wird, und weggelenkt vom jeweiligen »Anlaß«, die muß früh schon, vermutlich noch während der Arbeit an ›Buddenbrooks‹, und damit während des Loslösungsvorgangs vom älteren Bruder Heinrich, entstanden sein. Bereits in dem Essay ›Bilse und Ich‹ von 1906, worin sich Thomas Mann gegen den törichten Vorwurf wehrte, der vermutlich zuerst in Lübeck aufgekommen war, ein Denunziant häuslicher Verhältnisse und Schlüsselloch-Autor zu sein, wird ebenso ablenkend wie aufrichtig repliziert: »Wie aber kann ich mein ganzes Selbst preisgeben, ohne zugleich die Welt preiszugeben, die meine Vorstellung ist? Meine Vorstellung, mein Erlebnis, mein Traum, mein Schmerz? Nicht von euch ist die Rede, gar niemals, seid des nun getröstet, sondern von mir, von mir . . .«

Genau so hat er es ein Leben lang gehalten. Damals noch, im Jahre 1906, sollte das Schopenhauer-Vokabular, das ironisch mit dem Predigertonfall – »seid des nun getröstet« – zusammengetan wurde, die geheime Wahrheit ihrer Ernsthaftigkeit ein bißchen entkleiden: daß einer bekennt, alle Außenwelt mit Sachen und Menschen, Beglückungen und Erleidnissen sei dem Schreibenden bloß als Vermittlung wichtig, weil sie ihm helfe, sich selbst zu finden und auszusprechen. Weshalb der Text ›Bilse und ich‹ fast überdeutlich, nach der ironischen Schnörkelei, noch einmal hinzusetzt: »Sagt nicht immer: Das bin ich, das ist jener. Es sind nur Äußerungen des Künstlers gelegentlich euer. Stört nicht durch Klatsch und Schmähung seine Freiheit . . .«

Wer mit Thomas Mann zusammentraf oder sonst irgend zu tun hatte, mußte eben dies voraussetzen: daß alle Außenwelt von diesem Partner virtuell bloß als Möglichkeit für künftige Schreibvorgänge genutzt wurde. Schmerzhaft mußten es vermutlich die Nächsten spüren, also Menschen, die liebten und auch wiedergeliebt wurden: daß alle Liebe, mitsamt allem Leid, von diesem Manne vor allem ernstgenommen wurde als eigene *Erfahrung* der Liebe und des Schmerzes.

Alle Erfahrung jedoch muß verwandelt werden in Sprache und Texte: das ist die harte Spielregel. Nichts darf »unausgesprochen« bleiben. Thomas Mann hat sich die Regel auferlegt, und er hat sich daran gehalten. Die Tagebücher brachten es an den Tag und auf die Nachwelt. Jede wichtigere Episode, auch die schlimmen Taten und Leiden nicht ausgeschlossen, wurde genutzt für das Werk. Alles andere mußte daneben verkümmern. Damit ging es Thomas Mann wie seinem deutschen Tonsetzer Adrian Leverkühn, was genau und wörtlich zu verstehen wäre, denn der Untergang des modernen und musikalischen Faustus in Kälte, Einsamkeit und Wahnsinn muß Thomas Mann bisweilen, vielleicht gar nicht selten, auch als eigene Möglichkeit erschienen sein.

Es gibt ein seltsames Indiz in einem Brief an mich, der wichtig ist als Dokument, weil er Lob und Erbitterung, Höflichkeit und Aufrichtigkeit in bizarrer Mischung ausbreitet. Es ist jener lange Brief vom 23. Juni 1950, den Erika Mann im dritten Band ausgewählter Briefe (Briefe 1948–1955 und Nachlese, 1965, S. 151 ff.) abdrucken ließ. Mein Buch über ›Werk und Entwicklung‹ Thomas Manns fand einen betroffenen Leser, der vieles abwehrte, die Behauptung vor allem, er sei bei seinen Schriftstellerkollegen stets der ›Ungeliebte‹ gewesen, anderes ohne weiteres gelten ließ, obwohl ich selbst beim Schreiben zweifelnd gewesen war. Zum Beispiel hinsichtlich der engen Relation zwischen Leverkühn (und auch Zeitblom) und Thomas Mann. Dieser besondere Leser meines Buches aber hat gerade diese »Anverwandlung« gebilligt, erfreut sogar: »Sie sagen von Adrian L. einmal ungefähr, bei aller Kühle, Distanziertheit, Unausgiebigkeit, Verschlossenheit sammle er doch immer Liebe, Ergebenheit, Hingabe um sich, – eine Beobachtung, die mich ergriff.«

Wie sonderbar. Scheinbar spricht hier ein Autor mit seinem Interpreten. Da gibt es, dem Herkommen nach, die Zustimmung oder Nichtzustimmung, doch stets bezogen auf ein Werk. Entweder: Genau so habe ich es gemeint!, oder: Ich sehe den Zusammenhang durchaus anders! Thomas Mann aber las meine Urteile über Leverkühn wie eine Bestätigung der eigenen Lebensweise. Kühle, Distanziertheit, Verschlossenheit, sogar ein böses Wort wie Unausgiebigkeit wird nicht verschmäht, um wen zu kennzeichnen? Die Kunstfigur Leverkühn, oder den Menschen Thomas Mann? Nur er konnte gemeint sein, wenn es heißt: »Eine Beobachtung, die mich ergriff.« Also nicht: Die Analyse meines Romans stimmt hier!, sondern: Ich habe mich über eine Deutung meiner eigenen, leverkühnischen Lebensweise gefreut.

Diese Lebensstrategie einer gleichzeitig totalen und verdinglichten Beziehung zwischen Erleben und Schreiben erzwang, ebenso gleichzeitig, das äußerste Incognito *und* die besessene Exhibition alles Erlebten im Werk. Daraus wurde, abermals gleichzeitig, ein Lebenslauf, der Stetigkeit und Treue unablässig verbindet mit der äußersten Treulosigkeit. Einem antipodischen Schriftsteller wie Robert Musil, der nur die eigene

Erkenntnis ernstnehmen wollte, durchaus nicht – scheinbar – die höchstpersönlichen Begleitumstände der eigenen Existenz, mußte die scheinbare Konsistenz und Kontinuität in Thomas Manns Lebenshaltung und Schreibweise ein Greuel sein: als Gehabe eines »Großschriftstellers«. Darüber wird immer wieder, stets vergleichend, in Musils Tagebüchern reflektiert. Allein Musil ließ sich durch eine abgefeimte Stilisierung des Gegenspielers täuschen.

Die Versuchung des Außenseitertums muß groß gewesen sein in den Anfängen. Als Bekenntnis zu einem sowohl erotischen wie gesellschaftlichen Außenseitertums, das sich, gleich dem Tonio Kröger, verzehrt nach den Wonnen der bürgerlichen Normalität oder auch »Gewöhnlichkeit«. Dann beschloß Thomas Mann, wohl noch vor der Begegnung mit Katia Pringsheim, die Dualität aus bürgerlichem Lebenslauf und außenseiterhafter Literatur. Das war gemeint in der scherzhaft und mehrfach zum Zeitpunkt der Verlobung mit Katia geäußerten Dekretierung: er habe beschlossen, »sich eine Verfassung zu geben«. Ein bohemehafter Absolutist verwandelt sich in einen konstitutionellen Artisten. Doch gibt es Rückfälle ins Bajazzotreiben: ein Leben lang. Nicht immer kann der Hochstapler Krull die Versuchungen gleichsam stellvertretend abwickeln und dadurch die bürgerliche Lebenskontinuität aufrechterhalten. Das Entsetzen des Tagebuchschreibers Thomas Mann zu Beginn des Exils, als er die geheimen Tagebücher noch in München weiß, ungeschützt gegen Mißbrauch und Enthüllung, muß mehr bedeutet haben als Furcht vor irgendeinem Skandal: gemeint war vermutlich, in der angstvollen Imagination, die Enthüllung der tiefen Untreue eines Gatten und Vaters und Freundes. Nichts war stabil in diesem Dasein, das nicht im Lauf einer kreativen Verwandlung preisgegeben werden konnte und auch wurde.

»Metamorphose ist deines Freundes Liebstes und Innerstes, seine große Hoffnung und tiefste Begierde –, Spiel der Verwandlungen, wechselnd Gesicht . . .« Am Schluß des Romans ›Lotte in Weimar‹ erklärt sich Goethe mit solchen Worten. Tut er es wirklich, ist es ein erträumter Dialog zwischen der vereinsamten und »veruntreuten« Lotte und dem Liebenden aus alten

Wetzlarer Zeiten, ist dies noch Goethedeutung Thomas Manns, oder abermals Anverwandlung und damit Selbstaussage des Erzählers in Goethes Zeichen? Es ist vermutlich wieder einmal alles in einem. Man selbst und der ganz Andere, die Kunstfigur und ihr Autor, die Untreue in der Treue.

Ich hatte Thomas Mann einmal kurz in München besuchen dürfen: er war damals bereits Nobelpreisträger, liebte es aber, junge Menschen zu befragen über ihr Bild von ihm. Übrigens auch über unser Bild von Klaus Mann. Die höhnische Diatribe Bert Brechts über den Vater und den Sohn und den Propaganda-rummel um beide war nicht vergessen worden. Wir suchten nach Kräften zu beruhigen, obgleich ich das Treiben Klaus Manns, das ich gleichzeitig fasziniert bewunderte, damals vor mir selbst abtat.

Etwa zehn Jahre später, im Jahre 1938, traf ich in Zürich als Emigrant im Hause des Verlegers Emil Oprecht, eines Freun-des, dem Thomas Mann später einen schönen Nachruf schrieb, mit Golo Mann zusammen. Das war zur Zeit eines Internatio-nalen Historikerkongresses, wo die emigrierten deutschen Geschichtswissenschaftler konfrontiert wurden mit Sendboten aus dem Dritten Reich. Mein Buch über Georg Büchner war abgeschlossen und sollte bei Oprecht herauskommen. Der Kriegsausbruch hat es dann verhindert. Golo Mann leitete damals, nach Konflikten mit dem ursprünglichen Herausgeber Ferdinand Lion, die im Namen Thomas Manns (und des schweizerischen Schriftstellers Konrad Falke) bei Oprecht her-ausgegebene Zeitschrift ›Maß und Wert‹. Ich wurde aufgefor-dert, an der Zeitschrift mitzuarbeiten, habe das auch getan. Als Golo Mann bei Kriegsausbruch, als tschechoslowakischer Staatsbürger, nach Frankreich ging, um sich den alliierten Truppen anzuschließen, was zunächst in einem französischen Internierungslager enden sollte, bat mich Oprecht, weil ich in der Schweiz geblieben war, ein bißchen mitzuhelfen, den letz-ten Jahrgang bis ins Jahr 1940 forzuführen. Dann kam der »Blitzkrieg«, und nun war es auch zu Ende mit der Zeitschrift ›Maß und Wert‹. Immerhin war mein Name auf diese Weise dem Herausgeber Thomas Mann bekannt geworden.

Unmittelbar nach Kriegsende, im Herbst 1945, oder zu Beginn des Jahres 1946, traf ich in Frankfurt abermals mit Golo Mann zusammen. Ich war Chefredakteur der amerikanischen Nachrichtenagentur für die lizenzierte deutsche Presse in der amerikanischen Besatzungszone. Golo Mann schlug mir vor, herüberzuwechseln von der Nachrichtenagentur zum Hessischen Rundfunk, der damals Radio Frankfurt hieß. Ich begann am 1. Mai 1946 als Chefredakteur für Politik und Nachrichten. Golo war, im Nachbarzimmer, meine Aufsichtsinstanz. Er amtierte überaus großzügig im Rahmen seiner Richtlinien und ließ auch Sendungen passieren, die er tief mißbilligte. Übrigens auch bei Manuskripten des von mir für den Literaturbereich vorgeschlagenen Redakteurs Stephan Hermlin.

Dadurch entstand ein neuer Kontakt mit dem fernen Thomas Mann und den Seinen. Wir diskutierten vor dem Frankfurter Rundfunk mit Golo und Klaus, der aus München gekommen war. Ich erhielt die Korrekturfahnen der Tagebücher ›Leiden an Deutschland‹ und berichtete darüber vor dem Mikrophon. Golo Mann schenkte mir auch die Umbruchfahnen der – Stockholmer – Erstausgabe des ›Doktor Faustus‹ mit dem Datum 1947. Ich ließ sie mir einbinden und besitze sie noch. So konnte ich auch als einer der ersten darüber schreiben und vor dem Rundfunk referieren. Damals wurden die ersten Briefe mit Thomas Mann in Pacific Palisades, draußen vor den Toren von Los Angeles, gewechselt. Das konnte fortgesetzt werden nach meiner Berufung nach Leipzig. Ich begann mit der Vorarbeit für ein Buch über den ›Zauberer‹. Er wußte davon und schrieb in einem Brief: am neugierigsten sei er auf das Kapitel über ›Die Brüder‹. Später dann die Begegnung in Weimar im Jahre 1949; das Erscheinen meines Buches ein Jahr später, zum 75. Geburtstag Thomas Manns; die Vorarbeit für eine Gesamtausgabe im Jahre 1955; ein Besuch in Zürich in dieser Angelegenheit, zusammen mit dem Ostberliner Verleger Walter Janka zu Beginn des Jahres 1954; Briefe in Sachen der Edition, wobei auch die Eliminierung althergebrachter Druckfehler in früheren Ausgaben ausführlich behandelt wurde; schließlich die Begegnung in Stuttgart und Weimar beim Schillerfest.

Daß er mich »gemocht« hat, halte ich für unwahrscheinlich. Zu viel sprach dagegen. Ich war nicht der Typ, der ihm zusagen konnte. In seinen Augen glich ich wohl eher dem Typ Lukács als dem Typ Adorno. Immerhin fällt mir beim Wiederlesen seiner Briefe an mich auf, daß ich bei ihm gewann, als er meine Studie über Richard Wagners geistige Entwicklung las, die er brieflich genau kommentierte. Übrigens hatte es ihn gefreut, daß ich im ›Doktor Faustus‹, als einer der ersten wohl, die verbale Nacherzählung des Vorspiels zum Dritten Akt der ›Meistersinger‹ entdeckte. Belustigt teilte er mit: das sei dem wachsamen Adorno damals entgangen. Übrigens meinte Thomas Mann, ich hätte die Wandlungen in Richard Wagners Entwicklung überschätzt: der sei sich im wesentlichen gleich geblieben. Ich replizierte in Form eines Buchgeschenks: der Erstausgabe von Richard Wagners Exilschrift über ›Das Kunstwerk der Zukunft‹ mit seiner ehrfurchtsvollen Widmung für *Ludwig Feuerbach*, die Wagner später wieder wegließ. Das zeuge doch immerhin, meinte ich, von tiefen Wandlungen.

Die Wagner-Studie war zuerst in der von Peter Huchel in Ostberlin redigierten Zeitschrift ›Sinn und Form‹ im Jahre 1953 erschienen. Ich nahm sie auf in mein Buch ›Studien zur deutschen Literaturgeschichte‹ von 1954, das auch einen Text enthielt, den ich auf Vorschlag Thomas Manns an Peter Huchel geschrieben hatte. Im Nachlaß Gerhart Hauptmanns, so weit er sich nun in der DDR befand, war Thomas Manns Brief an Hauptmann über ›Peeperkorn‹ aufgefunden worden. Huchel wollte den Brief abdrucken, was Thomas Mann erlaubte, doch wünschte er sich eine kommentierende Präsentation, die ich lieferte.

Von den ›Studien‹ ließ ich ein Exemplar für Thomas Mann (und eines für Hermann Hesse) in Leder binden und in Kilchberg überreichen. Kurz vor Weihnachten 1954 war ich in Westdeutschland, kaufte die Züricher ›Weltwoche‹ und entdeckte, daß Thomas Mann dort meine ›Studien zur deutschen Literaturgeschichte‹, die man gar nicht ohne weiteres in einer Buchhandlung Zürichs erwerben konnte, als Weihnachtsgeschenk »für einen jungen Menschen« empfohlen hatte. Ich schickte ein Danktelegramm nach Zürich. Es war sein letztes Weihnachtsfest.

Zweimal habe ich ihn tief verstimmt, vermutlich sogar erzürnt. Das erste Mal durch eine Passage meines Buches, die ihn sehr traf, wenngleich meine Feststellung einfach einen Sachverhalt der zeitgenössischen Literaturgeschichte benannte, ohne daß (irgend) der – absurde – Versuch unternommen wurde, gleichsam als Schiedsrichter den antagonistischen Autoren vorhalten zu wollen, wie sie miteinander umzugehen hätten. Allein ich hatte offensichtlich ausgesprochen, was Thomas Mann bisher nicht vor sich selbst hatte wahrhaben wollen: die höchst merkwürdige Gegnerschaft der meisten bedeutenden Schriftsteller des Jahrhunderts zum gefeierten Nobelpreisträger und »Repräsentanten«. An Beispielen fehlte es nicht, ich zählte einige auf in meinem Buch, hätte weitere Exempla anführen können. Immerhin Brecht und Benn, Musil und Döblin, Hans Henny Jahnn und Arnold Zweig, Leonhard Frank und auch Anna Seghers, die ebensowenig wie Brecht von Ostberlin nach Weimar reiste, um den berühmten, ein Vierteljahrhundert älteren Kollegen zu feiern. Kühle und Indifferenz bei Walter Benjamin wie bei Tucholsky, Spott und Bonmots bei Karl Kraus.

Was ich da andeutete, war ein Literaturproblem, ganz gewiß kein »Schuldproblem«. Der Leser Thomas Mann sah es anders: es muß ihn sehr gekränkt haben. Der Brief an mich macht eine Gegenrechnung auf: wie viele Autoren sich herzlich zu ihm bekannt hätten. Rilke und Kafka, Hofmannsthal und Hesse. Er selbst mußte wissen, wie wenig das im Einzelfalle besagen mochte.

Bei Gelegenheit meines sechzigsten Geburtstages im Jahre 1967 hat *Marcel Reich-Ranicki* diesen sonderbaren Vorgang nach den damaligen Quellen genau analysiert. Die Tatsache insbesondere, daß Thomas Mann, kaum drei Wochen nach jenem Brief an mich, in einem anderen Brief über das Buch gegenüber einem anderen Adressaten, nämlich *Theodor W. Adorno*, weit kühler urteilte. Insbesondere bestritt er sehr energisch, beim Teufelsgespräch mit Leverkühn den Teufel in der Gestalt des Professors Adorno evoziert zu haben. Daß der Teufel beim Dialog ganze Passagen Adornos vorträgt, blieb unbestritten: das war leicht nachzuweisen. Aber sah der Leibhaftige dabei wie Adorno aus? Wer Adorno gekannt hat, seine Gesten und

Bewegungen, wird mit mir von einer Porträtskizze sprechen dürfen. Thomas Mann jedoch suchte die Spuren zu verwischen, wie mir scheint. Ich hatte Geheimnisse seiner Arbeit ausgeplaudert, das durfte nicht sein. »Tragen Sie überhaupt eine Hornbrille?«, wird Adorno im Brief fast treuherzig gefragt. Als wüßte er es nicht, der Meister solcher Einzelheiten . . .

Reich-Ranicki faßte damals zusammen: »So scheint mir, daß Thomas Manns erregter Protest Mayers literarhistorische und psychologische Diagnose unwillkürlich, doch nachdrücklich bestätigt hat. Eine tiefere und überzeugendere Bestätigung war in der Tat kaum denkbar.« (In: Hans Mayer zum 60. Geburtstag. Rowohlt Verlag 1967, S. 61 ff.)

Genau ein Jahr später, im Juli 1951, kam ich aus Leipzig nach Frankfurt und besuchte Adorno. Er schenkte mir die gerade erschienenen ›Minima Moralia‹ und schrieb eine Widmung in das Buch. Da las ich dann: »Für Hans Mayer mit den herzlichsten Wünschen von seinem alten Teufel.« Thomas Manns Ableugnungsbrief hatte nichts bewirkt. Auch Adorno sah sich als Teufel porträtiert, und war froh darüber.

Die zweite Kränkung blieb mir lange unbegreiflich. Die Reaktion des Meisters war unverkennbar, doch was hatte ich begangen, woran war – durch mich – ahnungslos gerührt worden? Ein Mittagessen in Kilchberg, alles schien freundlich abzulaufen. Man war in Zürich beisammen im Frühjahr 1954, um Einzelheiten der Gesamtausgabe vom Geburtstagsjahr 1955 zu besprechen. Im Vorjahr 1953 hatte Thomas Mann seine letzte Erzählung ›Die Betrogene‹ drucken lassen. Die Kritiken waren weitgehend kühl, oft ablehnend, bisweilen feindselig. Auch die Leser schienen einig mit den Rezensenten: die Leserinnen vor allem. Wie üblich nahm sich Thomas Mann dergleichen zu Herzen. Er sagte mir damals in Zürich: Wenn gescheite Köpfe seinen Arbeiten zustimmten, so freue ihn das natürlich. Wenn jedoch ein erklärter Dummkopf oder Schurke über diese Arbeiten öffentlich herfalle, so brauche er eine Woche, um sich davon zu erholen.

Man kam bei Tisch auf die Kritiker der ›Betrogenen‹ zu sprechen. Mir hatte die Novelle gefallen, was ich auch schon geschrieben hatte. Es freute ihn. Nun trieb es mich, bei Tisch zu dozieren. Natürlich sei das ein Gegenstück zum ›Tod in Venedig‹: das jedoch müsse man bloß als »offenes Geheimnis« verstehen. Dahinter stecke, weshalb ich eine Goetheformel gewählt hätte, ein anderes. Mir sei bei der ›Betrogenen‹, wie übrigens bereits beim ›Tod in Venedig‹, der Goethe-Bezug viel auffallender. Die Beziehung zu den ›Wahlverwandschaften‹ mit ihren Relationen zwischen Leiblichem und Seelischem sei viel evidenter . . . Weiter kam ich nicht beim Dozieren. Bis dahin war Thomas Mann ganz Freundlichkeit gewesen und geneigtes Wohlwollen. Plötzlich wurde er starr, zu Stein: »Ich sehe überhaupt keine Beziehung zwischen meiner Arbeit und Goethe!« Da war nichts zu erwidern. Erika wechselte das Thema.

Was hatte ich begangen? Hatte ich nicht sogar in aller Arglosigkeit wissen wollen, als ein Rheinländer, warum bei der ›Betrogenen‹ die Wahl just auf Düsseldorf gefallen sei! Wieder hatte ich, wie in der Formel vom »ungeliebten« Thomas Mann in meinem Buch, an einen geheimen Bereich gerührt. Es gab in der Tat das wirkliche Geheimnis der ›Betrogenen‹: neben dem offenen und geoffenbarten. Worin jedoch bestand es?

Heute weiß ich, seit die Tagebücher der ersten Exiljahre gedruckt vorliegen, woran ich zu rühren gewagt hatte. Oh nein, ich war nicht fehlgegangen mit dem Hinweis auf Goethe und Goetheanisches. In dem Kapitel des vorliegenden Bandes, das der »betrogenen« Rosalie von Tümmler gewidmet wurde, und ihrem »Tod in Düsseldorf«, wird verstehbar, was ich damals beging. Übrigens lief das Mittagessen dann in guter Form zu Ende.

Allein ich hatte, für einen Augenblick, wie ein unbedachter Zauberlehrling, durch das ahnungslose Sprechen von Formeln, den Zauberer beschworen, so daß er plötzlich auf dem Platz des höflichen Patriziers und Nobelpreisträgers agierte, um sogleich wieder zu verschwinden. Es ging nicht immer geheuer zu mit ihm und durch ihn. An dem Gezauberten kann man es, im Wortsinne, nachlesen.   (1980)

WERK UND ENTWICKLUNG

DER KÜNSTLER
AM ENDE DER BÜRGERZEIT

Neunzehnjährig war Thomas Mann, als in Michael Georg Conrads Zeitschrift ›Die Gesellschaft‹ (1894) seine erste Novelle erschien.[1] Der Verfasser war damals in München als Volontär in eine Versicherungsgesellschaft eingetreten. In Lübeck hatte sich (nach dem Tode des Vaters) der Haushalt des Senators aufgelöst. Die Familie wohnte seit 1893 in der Rambergstraße 2 in München.[2] Es scheint nicht, daß Thomas Mann dem kaufmännischen Betrieb, den er für sich wohl von Anfang an als Durchgangsstadium betrachtete, mehr als eine halbe Aufmerksamkeit gewidmet hätte. In seiner selbstironisierenden Autobiographie ›Im Spiegel‹ hat er die Episode dahin umschrieben: »Ich verließ das Büro, bevor man mich hinauswarf«[3]. Zwar hat er später diese erste gedruckte Erzählung – ›Gefallen‹ war ihr Titel – nicht in das gesammelte Werk aufgenommen; allein sie hat, da sie nun einmal gedruckt erschien, und zwar in Conrads anspruchsvoller ›Revue‹, die eigentliche Berufswahl des Schriftstellers Thomas Mann veranlaßt. Richard Dehmel nämlich, damals unter den jungen Literaten besonders verehrt, schrieb dem Verfasser der Novelle und lud ihn ein, im ›Pan‹, der neugegründeten, für die spätere Entwicklung der deutschen Literatur um die Jahrhundertwende bedeutungsvollen Zeitschrift, regelmäßig mitzuarbeiten.[4] Mit seiner ersten Erzählung war Thomas Mann also als ein »Mitstrebender« verstanden worden. Die Erzählung bedeutete offenbar mehr als ein Anzeichen persönlichen Talents: sie wurde sogleich als stellvertretend empfunden.

Richard Dehmels Ruhm ist heute verblaßt. Man darf aber nicht vergessen, daß er damals, bis hinein in die Zeit des ersten Weltkriegs, also jene Zeitspanne hindurch, die Thomas Manns erste künstlerische Entwicklung umfaßt, als eine der kühnsten dichterischen Erscheinungen angesehen wurde. Um Dehmels willen nicht zuletzt hatte sich Hofmannsthal von Stefan George getrennt.[5] An Dehmel hatte sich der gleiche Hofmannsthal später gewandt, als er im Frühjahr 1907, abermals für eine neue

Zeitschrift ›Morgen‹, lyrische Beiträge der wichtigsten damaligen deutschen Dichter zu sammeln bestrebt war: von Rilke und Rudolf Alexander Schröder bis zu Rudolf Borchardt und eben Richard Dehmel. Ton und Gehalt der Erstlingserzählung Thomas Manns mußten also den Ton einer Zeitstimmung getroffen haben, wenn Michael Georg Conrad die Geschichte eines Neunzehnjährigen abdruckte (vorher sogar schon ein Gedicht des gleichen Verfassers unter dem Namen Paul Thomas), und wenn Richard Dehmel den Büroinsassen zugleich als Mitarbeiter zu gewinnen suchte.

Von einer »gefallenen« Frau ist die Rede. Thomas Mann beginnt seine epische Laufbahn mit einer Erzählung des Rückblicks. Während später ›Buddenbrooks‹ unmittelbar in Handlung und Gespräch einsetzen, läßt der neunzehnjährige Thomas Mann seine Erzählung durch einen Erzähler berichten. Dadurch wird Distanz geschaffen – wie schließlich auch im epischen Aufriß des ›Doktor Faustus‹. Diese Technik war damals beliebt. So hatte Conrad Ferdinand Meyer in seinen historischen Novellen mit Vorliebe gearbeitet. So hatte Fontane seine Erzählungen nicht selten entwickelt, zu schweigen von den Franzosen aus den Anfangszeiten der Dritten Republik. Auch das Thema war eigentlich »französisch«. Der Erzähler suchte im Kreise seiner Freunde den Satz zu demonstrieren: »Wenn eine Frau heute aus Liebe fällt, so fällt sie morgen um Geld«[6]. Das war weder neu noch besonders kühn. Die Epigonen Maupassants und Paul Bourgets hatten solche scheinbar verwegenen »Libertinagen« in den gelben broschierten Bänden der französischen Produktion und den »ernsthafter« gebundenen deutschen Unterhaltungsromanen der Zeit entwickelt. Nicht Technik und Stoff hoben also die Erzählung aus der Masse hervor. Es geht auch gar nicht um die Frau, die »gefallen« ist: der Verfasser hat es mit dem Manne zu tun, dem Eroberer und enttäuschten Genießer. Der Neunzehnjährige beschreibt das berühmte Thema des Malers Hogarth: ›Vorher‹ und ›Nachher‹. Die Analyse kontrastiert das berauschte Streben, den inneren Unglauben über das eigene Glück – mit den erkaltenden seelischen Regungen der versiegten Empfindung. Hatte Stendhal in seinem Buch ›Über die Liebe‹ und in seinen

Romanen den Prozeß einer Kristallisation der Liebes- und Glücksempfindungen gestaltet, so wählt sich bereits Thomas Manns erste Novelle die Unmöglichkeit des Glücks, Sterben des Gefühls, die Unmöglichkeit konstanter Empfindungen als Thema. Untergang des Gefühls als Untergang von Menschen war hier von einem ganz jungen Schriftsteller geschildert worden.

Das Thema des *Künstlers* spielt hinein. Der Erzähler der Geschichte ist im Wortsinne »Erzähler«. Er berichtet sein Erleben »gleich fix und fertig in Novellenform«, da er sich einmal »mit dergleichen beschäftigt habe«[7]. Man findet sich vor einer ersten Prägung der Künstlerproblematik im Werk Thomas Manns. Nicht der Erlebnishunger des Künstlers soll behandelt werden, das Grundmotiv der vorangehenden Schriftstellergeneration, von den Brüdern Goncourt bis zu Oscar Wilde, die danach gegiert hatten, Emotion, Sinnlichkeit und geistige Reflexe gerinnen zu lassen. Thomas Manns erste Künstlernovelle dagegen zeigt bereits die Fragwürdigkeit solchen Tuns. Er glaubt nicht daran, zweifelt vor allem an der Glücksmöglichkeit. Die Wirklichkeit hinterläßt einen schalen Nachgeschmack; das Ende der Begierde läßt daran zweifeln, ob da jemals Begierde war, und die künstlerische Gestaltung des realen Erlebnisses, seine Umsetzung »fix und fertig in Novellenform« trägt nicht minder bedenkliche Züge des Ungeglückten, des Unglücklichen.

Tod des Gefühls, Schwäche des Selbstgefühls, Unmächtigkeit des Künstlers vor der Wirklichkeit: das ist Thomas Manns erste Thematik. Sie wird es für lange Zeit bleiben. Wer vermöchte bloßzulegen, was hier persönliches Erleben war, eigentümliches Lebensgefühl, und was Zeitstimmung. Der Senator Thomas Johann Heinrich Mann starb am 13. Oktober 1891 in Lübeck. Thomas Johann Heinrich, Hanno Buddenbrook, Thomas Mann, war damals sechzehnjährig. Mit achtzehn Jahren, 1893, hatte er das Gymnasium in Lübeck verlassen und war mit Mutter und Geschwistern nach München gezogen. Äußere Lebensfülle hatte er bis dahin wohl kaum erfahren. Die italienischen Jahre, zusammen mit Heinrich Mann (1895 bis 1897), liegen noch vor ihm. Es sind die Entsprechungen, die »stellvertretenden« Stimmungen in dieser Erstlingsgeschichte, denen sich die Zeitgenossen zuwandten: Michael Georg Conrad oder Richard Dehmel. Wenn Thomas Mann sehr viel später bekannte – in einer Zeit hereinbrechender Barbarei –, er fühle sich eigentlich eher zum »Repräsentanten« berufen als zum »Bekenner«, so mochte er für sich selbst solche Repräsentation vielleicht noch als konservative Verteidigung bestehender Zustände empfinden. In einem politisch eindeutigen Sinne ist sie das nie gewesen. »Repräsentiert« hat Thomas Mann seit dem ersten Hervortreten. Sein Werk war Reflex einer Zeitenproblematik, auch dort noch, wo es vorerst viel weniger auszusprechen beabsichtigte. ›Buddenbrooks‹ und ›Tonio Kröger‹ hätten niemals so stark das Herz junger Menschen bei ihrem Erscheinen rühren können, wären sie nicht repräsentativ gewesen. ›Tonio Kröger‹ entsprach einer bürgerlichen Seinslage der ersten Vorkriegszeit nicht weniger, als Hermann Hesses ›Demian‹ einer solchen ersten Nachkriegszeit. Begabt aber mit solchem Vermögen zur Repräsentation von Zeitströmungen war bereits die erste Erzählung.

Man lebte im Jahre 1894. Der junge Hugo von Hofmannsthal, 1874 geboren, um etwa sechzehn Monate älter als Thomas Mann, schrieb im gleichen Jahre das ›Märchen der 672. Nacht‹[8]. Es war äußerlich weniger erfolgreich als Thomas Manns Erstling, wenngleich Loris-Hofmansthal damals schon Ruf und Ruhm besaß. Die ›Frankfurter Zeitung‹ schickte die Erzählung als »allegorisch« mit höflichem Dank zurück.[9] Es mag sein, daß der verantwortliche Schriftleiter der großen freisinnig-bürgerlichen Zeitung mit Unbehagen den Akzent gesellschaftlichen Grauens spürte, den dies scheinbar so anmutig und harmonisch anhebende Märchen verbreitete. Verläßt man sich auf den äußeren Schein, so hat Thomas Manns Erzählung nach Stil und Sprachrhythmus, nach Thematik und Tendenz wenig gemein mit Hofmannsthals gleichzeitig entstehendem Märchen. Dennoch gilt schon für diese frühe Gleichzeitigkeit, was Thomas Mann in seinem Nachruf ›In memoriam Hugo von Hofmannsthal‹ fünfunddreißig Jahre später unterstreichen sollte: die »Brüderlichkeit«, die »Schicksalsverwandtschaft«[10].

Das ›Märchen der 672. Nacht‹ beschreibt den Zusammenstoß

eines künstlerischen Menschen mit der Realität. Bei Thomas
Mann ist das Künstlertum seines Helden nur beiläufig angedeutet: man mag den Berichtenden als halben Dilettanten anspre-
chen, wenn auch sein Verhältnis zur Wirklichkeit bereits alle
Stigmata des Künstlers sichtbar werden ließ. Auch Hofmannsthals »junger Kaufmannssohn«, der sehr schön ist und allein in
der Welt lebt, verhält sich zu ihr wie ein Künstler, jedenfalls
wie ein Liebhaber schöner Dinge, dem die Außenwelt oft nur
Vorwand zum Genuß bedeutet, ganz wie dem begehrenden
und enttäuschten Liebhaber bei Thomas Mann. Beiden sind
Mitwelt und Mitmenschen nur Vorwand für Erlebnisse und
Genüsse. Doch Hofmannsthals damals schon reife Kunst reicht
weit hinaus über die Problematik des neunzehnjährigen Thomas Mann. Der Lehrling in der Münchener Versicherungsan-
stalt hatte beschrieben, wie die Außenwelt ungeeignet sei als
Vorwand zum Genuß.
Der zwanzigjährige Hofmannsthal hat bereits erkannt, daß sie
den Genuß verhindert: daß schon die Existenz der sozialen
Wirklichkeit den reinen Genuß der schönen Dinge ausschließt.[11] Der junge, schöne und unabhängige Liebhaber des
Geistes und der Schönheit lebt dahin ohne Beziehung zum
Mitmenschen. Er hat Diener, die ihm nichts sind als eben
Funktion der Dienstbarkeit. Sie sind ihres Menschentums entfremdet und im Vorgang solcher Dienstbarkeit erstarrt. Nicht
so ganz indessen. Ihre Augen schauen auf den Herrn: »Voller
Haß, Abstand oder Trauer. Es genügt jedoch, daß auch er
anfangen muß, hie und da über sie nachzudenken.« Immer
stärker aber wirken die scheinbar ihrer Menschlichkeit entfrem-
deten »Objekte« störend hinein in Genuß, Ruhe und Geistigkeit ihres Herrn. Seine Historienbücher versagen den einstigen
Genuß ästhetischer Rückschau, denn der Bericht des
Geschichtsschreibers von Schlachtenelend und menschlichem
Leid wird dem Leser plötzlich lebendig und bezüglich. Wenn er
von sterbenden Kriegern liest, vom »Volk«, das die Kriege der
Herren führte, fühlt er die Augen seiner vier Diener auf sich
geheftet. »Sie sehen sein ganzes Leben an, sein tiefstes Wesen,
seine geheimnisvolle menschliche Unzulänglichkeit«.[12]
So kann man nicht weiterleben. Da die Wirklichkeit durch

ihren Anblick und Anhauch die künstlerische Welt gefährdet, flieht der Bedrohte nach vorwärts: er geht hinab in die Stadt, mitten in den Umkreis von Not, Bosheit und Haß. In dieser Wirklichkeit ist plötzlich alles bedroht, was er bis dahin besessen und genossen hatte. Mehr noch: plötzlich versteht er die Angst aller Besitzenden vor der Bedrohung, »die angstvolle Liebe, mit der sein Vater an dem hing, was er erworben hatte«. Alles erscheint jetzt als provisorisch, fragwürdig, bedroht. Keine Gemeinschaft erwächst ihm in dieser Welt, die er nur als eine grauenvolle zu erleben hat. Er möchte zurück in den Bereich, »wo in dieser Stadt die reichen Leute wohnen«, aber der Weg ist nicht mehr zu finden. Sinnlos stirbt er schließlich bei einem Unfall einen schweren und häßlichen Tod. »Häßlich«, dieses Eigenschaftswort steht in gehäuftem Gebrauch über dem Bericht vom einsamen Sterben des reichen Freundes der Schönheit, der schönen Dinge.

Den Kommentar gab Hofmannsthal in einem Brief an den Dichter Richard Beer-Hofmann.[13] »Wir sind zu kritisch, um in einer Traumwelt zu leben wie die Romantiker; mit unseren schweren Köpfen brechen wir immer durch das dünne Medium wie schwere Reiter auf Moorboden.« Eine »Romantisierung« der Außenwelt nach dem Leitsatz des Novalis ist jetzt nicht mehr möglich, wenigstens für den Künstler dieser Epoche, der zu echt ist, um der »Sonne im Herzen« zu vertrauen. Es ist nicht zufällig, wenn die »neuromantisch« benannten Werke Maeterlincks, Hofmannsthals, oder auch die gleichzeitigen Stücke Arthur Schnitzlers, jeweils den Vorgang des Erleidens schildern, den kampflosen, fast klaglosen Zusammenbruch von Menschen an Verhältnissen. Die Umwelt scheint mit den Mitteln der Kunst, dieser Kunst, nicht mehr zu bewältigen. Sie ist das Fremde, Böse, Gnadenlose. Es gibt kein Glück mit ihr oder in ihr. Es gibt aber auch kein Glück ohne sie, denn in allem Genuß sind da Augen, die anschauen und den Genuß vergällen. Dem Genießer bleibt schließlich nur noch der Genuß dieser Fremdheit und Einsamkeit, die Wollust der Glücklosigkeit. Die zwei Erzählungen aus dem Jahre 1894 finden sich schließlich in einem gemeinsamen Grundakkord.

Um diese Zeit hatte, von ganz anderer Warte aus, auch *Franz*

Mehring zum Verhältnis der Romantik zur Neuromantik Stellung genommen. Das Auftreten Thomas Manns und kurz vorher die tief unbehagliche und als solche gestaltete Seinsempfindung Hugo von Hofmannsthals, sie sind verflochten mit dem Übergang des sogenannten »Naturalismus« zu der nicht minder etikettenhaft getauften »Neuromantik«. 1892 begann Gerhart Hauptmann den ›Biberpelz‹, den er zu Beginn des nächsten Jahres beendet. Mit der Vollendung der Diebskomödie aber ist bereits gekoppelt die Traumdichtung ›Hanneles Himmelfahrt‹, die 1894 erscheint – als Gegenstück zu Thomas Manns erster Erzählung und zu Hofmannsthals Märchen. Die liberale Presse Berlins jubelt nach der Aufführung des ›Hannele‹ am Königlich Preußischen Schauspielhaus in Berlin. Mehring aber schrieb: »Wir sind noch niemals verurteilt gewesen, einen so großen Mißbrauch eines so großen Talents mit eigenen Augen zu sehen«.[14] Beides war charakteristisch: der freisinnige Jubel über Hauptmanns Traumdichtung, die zudem auf der offiziellen Bühne Wilhelms II. erschienen war – und Franz Mehrings Abkehr von einem Dichter, den er noch kurz vorher im ›Biberpelz‹ ob seiner realistischen Gestaltungskraft herzlich gefeiert hatte. Allein Mehring blieb nicht stehen bei dieser Fragestellung. Es konnte ihm nicht genügen, Literaturkritik vom Tag auf den anderen zu schreiben und abzuwarten, was ihm der Dichter als nächstes Objekt der Analyse vorsetzen werde. In allen Werken handelte es sich um Gestaltungen bürgerlicher Kunst, die innerhalb einer bürgerlichen Gesellschaft auf deren Theatern vorgeführt wurden. ›Vor Sonnenaufgang‹ hatte sich 1889 nur als Vorstellung der »Freien Bühne« hervorwagen können: ›Hanneles Himmelfahrt‹ erschien in dem Haus am Gendarmenmarkt.

Wollte man nicht eine entschiedene geistige Wandlung Hauptmanns annehmen, seinen Willen zum politischen Kompromiß, wofür noch wenig Anzeichen sprachen, so mußte der bisherige »Naturalismus« selbst den Keim der Wandlung in sich tragen, wie er in dem Nebeneinander der Elendswelt Hanneles und der lyrisch-harmonisierenden Traumwelt von der »wunderschönen Stadt« der Seligkeit, die mit Harfenbegleitung angerufen wird, zu finden war. Mehring nahm also zum Naturalismus und seiner Gesamtheit Stellung. Gewiß sah er das Bestreben, »unter dem Schlachtruf der Natur und Wahrheit, des Naturalismus und Realismus« gegen die »Gedankenwelt einer absteigenden Klasse . . . anzustürmen«[15]. Aber es schien ihm doch seltsam zu stehen um Schwung, Zielrichtung und auch Trägerschaft dieses Ansturms. Im späteren Rückblick, 1908, zeigt Mehring, daß der Naturalismus »auf halbem Wege stehenblieb«. Worauf er den Satz hinzufügte: »er sah in der herrschenden Misere nur das Elend von heute, aber nicht die Hoffnung von morgen«[16]. Was sich in den Dramen des frühen Gerhart Hauptmann und im Schwung der naturalistischen Programme, Thesen und Dramaturgien als gesellschaftliche Emanzipation verkündet hatte, war ein Prozeß inmitten des Alten geblieben. Es war »abstrakt« gewesen in seiner Sozialkritik: abstrakt in Hegels Sinn, sah es doch bloß schlechte, als solche konterfeite Gegenwart, ohne die Hoffnung von morgen, auch ohne den Werdegang von gestern auf heute. War der Naturalismus in seiner gesellschaftlichen Funktion illusionär gewesen, da ihm gerade sein eigentliches Objekt entfiel: die Wirklichkeit mit all ihren Brechungen und Wechselwirkungen, so konnte aus der gleichen Gesinnung, aus der Illusion der gesellschaftlichen Gebundenheit und Ausweglosigkeit, die analoge Illusion illusionärer Freiheit im Traumspiel entspringen. Naturalismus und Neuromantik waren schon in den Ursprüngen miteinander verknüpft.[17]

Doch diese »Neuromantik stand tief unter der alten Romantik«. Sie trat auf mit dem Unglauben an ihrem eigenen Tun. Was hier der marxistische Literaturkritiker unterstrich, der selbst aus dem Bürgertum kam und Anwalt der Arbeiterbewegung geworden war, hatte um die gleiche Zeit, innerhalb der bürgerlichen Welt und innerhalb dieser scheinbar neuromantischen Richtung, Hofmannsthal ergänzt: »Wir waren zu kritisch, um in einer Traumwelt zu leben wie die Romantiker.« Die Wirklichkeit bricht immer wieder durch die dünne Traumschicht. Auch Hannele stirbt im schlesischen Elend, nicht in der Apotheose.

Wo ist in alledem der schöpferische Ort des Künstlers? Gebundenheit und kräftige Bindung sucht Claudio, der Tor, im Angesicht des Todes. Er will »die Treue lernen, die der Halt von allem Leben ist«. Er will »Menschen auf dem Wege finden, nicht länger stumm im Nehmen und im Geben«[18]. Doch wo ist Treue in diesen Lebensumständen zu finden? Die Menschen »fallen«, wie in Thomas Manns erster Erzählung, da keine verbindenden Kräfte, Glaubenssätze und Spielregeln die alte Gesellschaft beisammenhalten. Sieht der Künstler die Häßlichkeit der Umstände, so ändert sich nichts durch alle Schilderung: es bleibt beim Gemälde der Häßlichkeit. Daran verging der Naturalismus, dem die Hoffnung von morgen fehlte, und in der bürgerlichen Welt auch fehlen mußte. Schuf die Gestaltungskraft gebildete Schönheit oder widmete sie sich dem Anschauen, wie der Kaufmannssohn im Märchen von der 672. Nacht, so brach immer wieder die häßliche Umwelt in den schönen Bereich. Neuromantik bedeutete das schlechte Gewissen derer, die an Romantik nicht mehr zu glauben vermochten. Romantik hatte aufgehört, Stil und Lebensform zu sein; sie war Technik geworden, die man anzuwenden vermochte wie irgendeine andere auch. Alles war provisorisch geworden; die Kunstformen ließen sich auswechseln.

Innerhalb des Bestehenden war es also gleich müßig, das Häßliche anzuschauen, oder seinen Anblick zu vermeiden. Beide Haltungen distanzierten den Künstler von der Wirklichkeit – scheinbar! In Wahrheit war ihm die böse Alternative durch diese Wirklichkeit erst auferlegt. Hier beginnt Thomas Manns Lebensmotiv: *das Verhältnis von Bürger und Künstler.* Oft hat der Dichter später in autobiographischem Bestreben und mit der Freude des Essayisten versucht, diesen Dualismus als Grundthema seiner ersten Schaffenszeit herauszuarbeiten. Die Thomas-Mann-Literatur ist der scheinbar authentischen Deutung nur allzu gern und allzu leicht gefolgt.[19] Man täusche sich nicht: die scharfe Antithese kennt in der künstlerischen Praxis gar wunderliche Grenzverwischungen. Scheinbar, in der Tat, verbindet wenig Gemeinsamkeit den kleinen Hanno Buddenbrook mit der Umwelt von Schule und Elternhaus; scheinbar ist die eigentliche Innenwelt Thomas Buddenbrooks völlig unvereinbar mit seinem formal betriebenen Gebaren als Kaufmann und Senator; scheinbar verzehrt sich Tonio Kröger neben den Hans Hansen und Ingeborg Holm, deren Lebensbahn parallel zur seinen verläuft, ohne sie in der Endlichkeit jemals zu schneiden; scheinbar ist Felix Krull, der Künstler und der Hochstapler, Gegenpol und »ganz anderes« gegenüber der Bürgerwelt.

In seiner Studie zu Thomas Manns siebzigstem Geburtstag, die den bezeichnenden Titel trägt ›Auf der Suche nach dem Bürger‹[20], und der vom Dichter höchste Zustimmung gezollt wurde[21], hatte Georg Lukács darauf hingewiesen, die eigentlichen »Bürger«, die Erben bürgerlicher Tradition im Werk Thomas Manns seien *gerade nicht* die typischen Bourgeois, die Herren Klöterjahn und Hagenström, sondern die sogenannten »Künstler«, auch noch im Zeitalter des ideologischen Verfalls.[22] Man kann noch weitergehen. Die scheinbar so eindeutige Antithese von Künstlertum und bürgerlicher Gesellschaft erweist sich in doppelter Hinsicht als illusionär. Der Künstler selbst steht inmitten der bürgerlichen Welt: seine Einsamkeit ist wesensgleich mit dem Gesetz, das dieser Welt obwaltet. Die scheinbare Antithese ist selbst ein Produkt der Bürgerzeit an ihrem Ausgang. Insgeheim wußte das schon Thomas Manns erste Novelle, wußte das der im »Schicksal verwandte« Hugo von Hofmannsthal, wußte es der Dichter des ›Hannele‹ nicht weniger als der Literaturkritiker aus der Nachfolge von Karl Marx. Wenn Hugo von Hofmannsthal, der ähnlich wie Thomas Mann die Reizempfindlichkeit besaß für alle Strömungen, Süchte und Verzweiflungen seiner Zeit, im Jahre 1905 der Schauspielerin Gertrud Eysoldt ein Rezitationsprogramm zusammenstellt, wird daraus eine Anhäufung von Dichtungen mit dem stets gleichen Tonfall: der Klage über künstlerische Beziehungslosigkeit, über den Abgrund zwischen schöner Kunst und schönem Leben. Er empfiehlt von den eigenen Gedichten die ›Ballade des äußeren Lebens‹, diesen Gesang von der offenbar sinnlosen Schönheit und der offenbar sinnlos wirkenden Welt. Er rät zu Stefan Georges Gedicht vom ›Herr der Insel‹[23], worin der seltsam sangbegabte Vogel verstummt und verscheidet, als Menschen sich dem bis dahin einsamen Eiland nähern. Er rät zum ›Schlaflied an Mirjam‹ von Richard Beer-Hofmann, das von einer Welt singt, wo keiner dem anderen Gefährte zu sein vermag.[24] Das Thema Künstlertum und bürgerliche Welt ist also nicht bloß, wie so oft beschrieben wurde, das höchst persönliche, womöglich in psychologischer Betrachtung zu deutende Anliegen des Künstlers Thomas Mann: es ist die gesellschaftliche Wirklichkeit einer zerfallenden Welt, der Thomas Mann in antithetischer Prägung seine besondere Ausdrucksform zu verleihen vermag.

Daß er sie allerdings *nicht lyrisch* gestaltet, sondern *episch*, zeugt bereits für künstlerische und kritische Besonderheit. Das Lebenswerk Thomas Manns enthebt wohl aller Rechtfertigung und aller Erörterung darüber, ob dieser Dichter »nur« ein Erzähler gewesen sei, oder auch ein Lyriker und sogar ein Dramatiker. Das Gesamtwerk besitzt genügend lyrische Episoden, genügend dramatische Antithesen, nicht bloß in der für das Theater geschriebenen ›Fiorenza‹. Wenn Thomas Man nicht die lyrische Aussage als sich gemäß empfand, wie der frühe Hofmannsthal, auch nicht Drama oder Komödie, wie sie sich der Dichter des ›Rosenkavalier‹ nach dem Versiegen des eigentlich lyrischen Stromes als Bereich erwählte, so steht hinter dieser Entscheidung für die epische Leistung zugleich der Wille, die ästhetischen und gesellschaftlichen Antithesen nicht absolut zu nehmen, sondern als Prozeß darzustellen – und in der Darstellung womöglich zu deuten. Der lyrische Künstler hat in der bürgerlichen Endzeit nur den Ton der Elegie oder der Satire, will er nichts anderes geben, als eben die lyrische Prägung. Dann bleibt die Antithese von Kunstschönheit und gesellschaftlichem Grauen. Jeder ist dann die Medusa des anderen. Auch die Dramatik, jedenfalls solche der bürgerlichen Dramaturgie Schillers, Hebbels oder Ibsens, bleibt beschränkt auf das Hier und Jetzt der Gestalten und ihres Gegensatzes. Gestalten auf dem Theater müssen absolut genommen werden. Wir vermögen ihr Leben nur im Ausschnitt zu sehen, nicht im Prozeß, nur in der Entscheidung, nicht in deren Heranreifen. Menschliche Prozesse als Formen eines Gesamtvorgangs zu schildern, das vermag nur der Epiker. Nicht umsonst war die Literatur des 19. Jahrhunderts eine solche des großen Gesellschaftsromans. Thomas Mann bedient sich im Bewußtsein einer Endzeit der gleichen Mittel des Gesellschaftsromans. Seine Ergebnisse mußten ihn also notwendig in Gegensatz bringen zu dieser bürgerlichen Welt. Das galt für die Form und den Gehalt. Im Grunde nämlich ist die scheinbar so absolute Gegensätzlichkeit von Bürger und Künstler nur eine scheinbare. Lukács hat recht: die eigentlichen Bürger im Sinne der echten geistigen Tradition sind Thomas Manns Künstler, die vielfach nach dem Ebenbild ihres Schöpfers geschaffen wurden. Bürger ist Thomas Mann selbst, wenn er die große Kunstform dieser Gesellschaftsschicht, den Gesellschaftsroman, zu einer Zeit pflegt, da bürgerliche Literatur in die lyrische Aussage flüchtet, in die Darstellung des abseitigen Einzelfalls, in die Verwandlung objektiver Wirklichkeit in subjektiven »Weltinnenraum«, wie in der Lyrik Rilkes oder in der »suchenden« Epik Marcel Prousts. Schon in der Beharrlichkeit seiner Romangestaltung bleibt Thomas Mann ein bürgerlicher Erbe in einer Umwelt, die zusehends aufhört, im hergebrachten Sinne bürgerlich zu sein. Es steht nämlich schlecht um die »Bürgerlichkeit« derjenigen Gestalten bei Thomas Mann, die von seinen Künstlern und Außenseitern als sehnsüchtige Vollendung in sich ruhender Ordnung und Solidität verehrt werden. Man tut gut daran, solche Solidität durch allzu nahen Anblick nicht zu gefährden. Die verehrten Bürger Hans und Ingeborg im ›Tonio Kröger‹ sehen wir nur als Jugend und Schönheit, in Zeitalter und Jahreszeit, die vergänglich sind vor allen. Wir wissen nur, daß sie nicht angefochten sind wie die Menschen der seelischen Mischung aus nördlichem und südlichem Gelände, wie die Tonio Krögers. Aber wir wissen nicht, wie sie in Bürgerlichkeit und als Bürger enden werden.

Auch in den Zeiten des äußeren Gleichgewichts besaßen die Vertreter der Familie Buddenbrook innerlich ihre »feuchte Stelle«. Anfällig sind schon die Eltern von Thomas und Christian oder Toni. Warum sollten, insgeheim, die Mitglieder der Familie Hagenström weniger anfällig sein? Soll man den dilettierenden Schöngeist, den Doktor Moritz Hagenström, als vollgültigen Bürger bezeichnen? Ist die Ordnung und innere Sicherheit über allen Zweifel erhaben, wenn Aufstieg und Fall mit jedem Wechselschlag des Wirtschaftslebens neu betroffen werden? Sicherer und ungefährdeter Bürger bei Thomas Mann ist vielleicht nur der schreiende Säugling, Sohn des Herrn

Klöterjahn und seiner dem ›Tristan‹ und der Lungenkrankheit
verfallenen Frau. Denn selbst Herr Klöterjahn ist gefährdet:
durch die Wahl eben dieser Frau, durch die innere Brüchigkeit
eines Ehelebens, das dem Tristanthema überhaupt erst den
Eintritt zu gewähren vermag.

Sonderbare Bürger. Hans Castorp hält sich dafür, aber der
Hofrat Behrens kennt seine »feuchte Stelle«: nicht bloß die
akute Krankheit, auch die vernarbte aus der Schulzeit in Hamburg, der Zeit der Verfallenheit an die Kirgisenaugen des Schülers Hippe. Noch der solide Bürger, der Onkel Tienappel, der
seinen Neffen im ›Zauberberg‹ aufsucht, flüchtet bedroht,
innerlich erschüttert, nach kurzem Aufenthalt, um seine
gefährdete Bürgerlichkeit zu retten. So hatte, in ähnlicher Empfindung, in der Novelle ›Der Bajazzo‹, der nach Freiheit sehnsüchtige Bürger den nach Bürgerlichkeit sehnsüchtigen, furchtbar freien Künstler in jähem Aufbruch verlassen.

Der Gegensatz von Bürgertum und Künstlertum verrät
geheime Wechselwirkung. In der bürgerlichen Welt der Endzeit gibt es den echten Bürger weder als Realität noch als
Gefahrlosigkeit. Nicht bloß der unbürgerliche Hanno Buddenbrook bedeutet Verfall, auch seine scheinbar soliden Gegenspieler haben nichts anderes zu verkünden. Wie soll man also
die Einsamkeit eines Künstlers beschreiben, der das sieht und
weder an das eigene Sein noch an das fremde Gegensein zu
glauben vermag. Der erste große Roman Heinrich Manns vom
›Schlaraffenland‹ endschied sich dahin, diese Welt zu zeichnen
als eine verfallende und verurteilte. Er selbst, der Erzähler,
stellte sich außerhalb. Thomas Mann, in seiner Art, schien noch
in ihrer Mitte zu stehen. Doch seine Bürgerlichkeit, die
ersehnte, war mehr und mehr zur Sehnsucht geworden, zur
idealen Möglichkeit, die der Welt kaum mehr entsprach. Das
sollte sich freilich erst in einem langen Prozeß der menschlichen
und künstlerischen Entwicklung, im Gesamtwerk dieses Dichters aus Lübeck enthüllen.

»Ich habe sehr schönes Spielzeug besessen in meiner Kindheit, wenn ich davon erzählen darf . . .« So berichtet Thomas Mann in einer kleinen Studie mit dem Titel ›Kinderspiele‹.[1] Man spürt einen Unterton der Befriedigung. Das Stückchen Prosa erscheint 1920, also in Zeitläuften äußerer und innerer »Unordnung«. Um Thomas Manns Ansehen als Dichter steht es für den Augenblick nicht gut: diesmal hat sich die Waagschale öffentlicher Geltung zugunsten des älteren Bruders Heinrich gesenkt. Auch innerlich ist ein Kreuzweg der Bürgerlichkeit erreicht. So daß es nicht zu verwundern bleibt, wenn der Dichter zurückschaut auf die Bürgerwelt der Buddenbrooks. Man war »wohlgeboren« – und darf das wohl sagen. Man entstammte einem Patrizierhaus, dem Geschlecht großer Kaufleute, die von irgendwelchen überseeischen Staaten mit konsularischer Würde betraut zu werden pflegten. Man war sogar Sohn eines Senators, und der Leser der ›Buddenbrooks‹ weiß, welche Bestätigung, auch für das Geschlecht der Konsuln und Würdenträger, die Wahl Thomas Buddenbrooks zum Senator enthielt. Da kam es auf tadelfreie Haltung an, wie Toni Buddenbrook unter der Volksmenge in Erwartung des Wahlausgangs erfahren mußte. Thomas Mann wurde als Sohn des Senators Thomas Johann Heinrich Mann und der Julia da Silva-Bruhns am 6. Juni 1875 geboren: in einem stattlichen Haus, mit stattlicher Reputation, mit der Verpflichtung gleichsam in der Wiege, dereinst »Repräsentant« zu werden. Es verstand sich also von selbst, daß er auch als Kind »sehr schönes Spielzeug« besitzen müsse.

Die Spielgeräte wurden dann im einzelnen beschrieben: voll ironischen Wohlbehagens, in zärtlicher Erinnerung und mit geheimem Stolz über eine wenigstens äußerlich so »gutsituierte« Jugend. Denn daß im Inneren die Jugendentwicklung weniger wohlbehaust verlief, weiß man aus Hanno Buddenbrooks Jugendgeschichte, auch aus späteren autobiographischen Berichten des Dichters. Ein Gefühl der Erlesenheit muß schon die Jugendspiele und Jugendträume des Knaben genährt haben. Man war erlesen durch Herkunft, aber auch durch eigentümliche Wege und Absonderlichkeiten der Einbildungskraft. Indianergeschichten waren nicht notwendig, um einen Reiz des Exotismus und der Andersartigkeit zu bewirken. Thomas Mann las Bücher der Mythologie, Homer und Vergil, so wie Tonio Kröger das Schicksal und Leid König Philipps, des Don Carlos mitempfand, ohne nach den Pferdebüchern und Indianergeschichten des bewunderten Hans Hansen greifen zu müssen. Erlesenheit bedeutet Einsamkeit. Kinder spielen unaufhaltsam Rollen, die in der Einbildungskraft verfaßt wurden. Bei den meisten sind es Lebensläufe praktischer Existenz: Seeleute, Eisenbahnführer, Sportsmänner. Dem Knaben Thomas Mann mochte es sich ereignen, daß er »eines Morgens mit dem Entschluß erwachte, heute ein achtzehnjähriger Prinz namens Karl zu sein«.[2] Das war bereits eine »formale Existenz« in der Phantasie, wie später in der Wirklichkeit des Romans die ›Königliche Hoheit‹ des Prinzen Klaus Heinrich.

Vom älteren Bruder Heinrich hatte man ein Puppentheater geerbt, dem der Knabe Thomas Mann nun »seine schönsten Stunden verdankte«. Wir kennen die liebevolle Schilderung der Puppenspiele Hanno Buddenbrooks, auch den geheimen Reiz, den dieses Spiel auf eine künstlerisch so anfälligen Gestalt wie den Onkel Christian auszuüben vermochte. Mit dem Puppentheater dieses lübischen Patriziersohnes und künftigen Dichters steht es aber so, daß der Bericht von diesen Kinderspielen aus dem Jahre 1920 wie unwillkürlich die Form einer *Wiederholung* annimmt: daß die Erinnerung des Lesers zurückgelenkt wird zum Puppentheater des Knaben Goethe . . . Hier beginnt jene sonderbare Lebensimitation, die nichts mit Nachahmung und Epigonentum zu tun hat, erst recht nicht mit »Schicksalsverwandtschaft« oder mythischer »Wiederkehr«, die aber für Thomas Mann im Verlauf seiner Entwicklung immer bedeutsamer werden sollte. Tatsächlich überraschen in seinem Werk, aber auch seinem Erleben, bei aller Andersartigkeit der Zeitläufte, der Begabung, der Haltungen, diese Lebensmotive, die eine Verbindung herstellen zwischen dem Patrizierhaus in der Mengstraße zu Lübeck – und jenem anderen stattlichen Haus mit Puppentheater und sehr schönem Spielzeug.

Als einer der besten französischen Deuter der Kunst Thomas
Manns, Félix Bertaux, bei dem Pariser Besuch von 1926 den
deutschen Gast in Frankreich begrüßte, sprach er, wie Thomas
Mann nachträglich notiert, »von dem alten Haus in Lübeck, wo
nun die Buchhandlung ist«. Doch weiter: »Er tut, halt, halt,
einen Sprung und kommt auf ein weiteres Haus, in Frankfurt,
am Hirschgraben. Halt, zügelloser Causeur! Aber da ich seiner
Behendigkeit nicht gebieten kann, versinke ich, während er
seine Assoziationen weiterspinnt, in eigene Frankfurter
Träume, Erinnerungen an das Haus, an die Stimmung seiner
Räume und Treppen, die kindheitlich-märchenhafte Vertrautheit seiner Atmosphäre, die Erschütterung durch soziales Wiedererkennen, die ich, ohne meinen Empfindungen Halt zu
gebieten, erprobte, als auch ich mich eines Tages dort umsah
. . . Vertrautheit, Liebe, Verwandtschaft? Haben nicht Men-
schenkinder Götter und Halbgötter ihre Verwandten und
Ahnen geheißen? Hat nicht Stifter gesagt, er sei kein Goethe,
aber er sei einer von seiner Verwandtschaft? Bin ich noch gegen
Stifter ein Nichts, oder bin ich so viel gegen ihn, daß auch ich in
vertieften Stunden Familiensinn pflegen darf?«³ Dies alles wird
allerdings, wie man nicht überhören kann, mit einem Akzent
der Unsicherheit, mit tastender Begier vorgetragen. Nicht
umsonst häufen sich an dieser Stelle die Fragezeichen. Es wird
zu zeigen sein, wie sich, trotz der patrizischen Ursprünge,
Thomas Manns wirklicher Weg zu Goethe in Qual und Sorge
hinziehen sollte. Immerhin waren sie beide patrizische Bürger
freier Reichsstädte. Sie waren durch die Abkunft gleichsam zu
bürgerlichem Gesellschaftsbewußtsein verpflichtet. Aus ›Dichtung und Wahrheit‹ wissen wir, wie der Kaiserliche Rat Goethe
mißwollend seines Sohnes Begegnung mit dem Erbprinzen zu
Weimar betrachtet, »denn nach seinen reichsbürgerlichen
Gesinnungen hat er sich jederzeit von den Großen entfernt
gehalten«.⁴
Der Sohn mußte mit spöttischen Argumenten die antihöfische
Gesinnung seines Vaters wegargumentieren. Daß auch die
Patriziersöhne aus Lübeck jener bereits massiv und plebejisch
gewordenen Adelswelt des deutschen Kaiserreichs mit nicht
geringeren Vorbehalten gegenüberstanden, zeigt nicht bloß

Heinrich Manns Buch vom ›Untertan‹, sondern auch die Welt
der ›Königlichen Hoheit‹, die Thomas Mann, bei aller ver-
suchsmäßigen Gleichsetzung zwischen Fürst und Künstler,
doch als eine hoffnungslos verfallende zeigt. Die er zudem in
der Antwort an einen deutschen Fürsten über diesen Roman
mit einer Ironie behandelt, der man wenig Schonung anmerken
kann für fürstliche Würde.[5] Dennoch sind die Zeiten seit Goethes Jugend entscheidend gewandelt. Goethes Bürgergestalten
besitzen noch überwiegend positive Vorzeichen, wenngleich
die ›Wanderjahre‹ bereits entscheidend über die Bürgerwelt
hinauszustreben suchten. Wo sich in Goethes Werk das bürgerliche Leben umwölkt, ist ein Sonderfall behandelt, nicht aber,
wenigstens in der Regel, eine Antinomie der gesamten bürgerlichen Gesellschaft. Das gilt für Werther, für Gretchen, wie für
den Beaumarchais des Clavigo.[6] Thomas Manns bürgerliche
Gestalten dagegen sind von Anbeginn an in einer Zwiespältig-
keit vorgeführt, die gerade durch die Anhäufung schmerzlicher
Sonderfälle auf eine Anfälligkeit dieser Gesamtgesellschaft hindeutet. Indem Thomas Mann die Bürgerwelt als Abkömmling
und Mitglied ihrer leitenden Schichten zu erleben vermag, zeigt
sich der einschneidende gesellschaftliche Wandel zwischen
einer reichsstädtischen Bürgerlichkeit der Goethezeit und jener
anderen inmitten der Epoche des Imperialismus.
Schon in den frühen Novellen und in ›Buddenbrooks‹ ist
Lübeck weit davon entfernt, den Abglanz verklärter Harmonie
anzunehmen, wie sie, trotz allem, über Goethes ersten Büchern
von ›Dichtung und Wahrheit‹ liegt. Der erste Band ›Novellen‹
verarbeitet weitgehend Begebenheiten aus der Lübecker Zeit,
wenn auch Thomas Mann seit dem Abgang von der Schule, seit
1893, in München lebt. Der »kleine Herr Friedemann«, das
durch die Schuld der Amme verwachsene Kind, ist Sohn der
»Frau Konsul Friedemann«; er wächst auf »im grauen Giebel-
haus unweit vom nördlichen Tore der alten, kaum mittelgroßen
Handelsstadt«. Hier finden wir bereits die Schwestern Hen-
riette und Pfiffi, die in dem großen Roman auch unter dem
Namen Buddenbrook auftreten. Der vereinsamte Tobias Mindernickel verzehrt sich mit seinem Macht- und Liebeshunger in
einem Haus der Straße »Grauer Weg«, »die von der Kaigasse

aus ziemlich steil zur mittleren Stadt emporführt«.[7] Der Rechts-
anwalt Jacoby, also das erschreckend-komische »Luischen« der
Maskengesellschaft, lebt offenbar gleichfalls in dieser kleinen
norddeutschen Stadt, wie, schon dem Namen nach unverkennbar, der Lobgott Piepsam, der auf dem Wege zum Friedhof
dem »Leben« begegnet und nicht auszuweichen vermag.[8] Tonio
Kröger schließlich ist als Ergänzung zu den ›Buddenbrooks‹
noch einmal unverkennbar die Zusammenfassung des gesamten
hanseatischen Umkreises.

In alledem ist wenig von Verklärung des bürgerlichen Lebens
zu spüren. Immer werden Ausgestoßene, Außenseiter geschildert: körperlich Verwachsene, seelisch Verwachsene, einsame
Menschen, Einsamkeiten des Künstlers, die sich in der »normalen« Welt nicht zurechtfinden. Sie gehen fast alle an ihrer
Lebensunfähigkeit zugrunde. Damit aber ist keine Rechtfertigung derer betrieben, an denen sie scheitern. Herr Klöterjahn
in der Erzählung ›Tristan‹ ist ebensowenig Sieger wie Herr
Spinell. Der Radfahrer, der vom Friedhof zurückkehrt und ins
Leben fährt, wird zwar zum Schicksal des Herrn Piepsam, ist
aber damit noch nicht selbst gerechtfertigt, denn auch das
geistlose und gemütlose Leben bedeutet Mangel, ganz wie die
lebensunfähige Einsamkeit und Verfeinerung. Eine der Novellen trägt den Titel ›Ein Glück‹[9] und schildert Menschen auf
einem großen Fest, Offiziere, Adlige, Künstler und Bürger.
Glücklich ist keiner von ihnen, nur wissen's die einen, die
anderen nicht.

Es ist nicht bloß geheime Zuneigung oder Sucht nach dem
Abseitigen, wenn in Thomas Manns Jugendgeschichten, nicht
zuletzt in den ›Buddenbrooks‹, eine solche Fülle seelisch und
körperlich verwachsener und gescheiterter Menschen auftritt.
Wenn viel später in ›Doktor Faustus‹ die verkrüppelten Gestalten, diese körperlichen und seelischen Versteinerungen geschildert werden, an denen Leverkühns Heimatstadt »Kaisersaschern« reich ist, so werden auch damit Lübecker Erinnerungen beschworen. Übrigens sind Vorläufer dieser Gestalten
schon im Stadtbild der ›Buddenbrooks‹ zu finden.

Das Lübecker Bürgertum lebt in den ›Buddenbrooks‹ unter
dem Zeichen einer unlösbaren Antinomie. Nichts soll sich an

den Verhältnissen ändern – und doch ist alles in jedem Augenblick von der höchsten Unsicherheit bedroht. Es steht fest, wer zu den »besten Familien« gehört und wer zu den weniger guten. Die Lebensgesetze des Patriziats werden nachgeahmt vom reichen, aber nicht »herrschaftsfähigen« Großbürgertum gegenüber der Kleinbürgerwelt, die sich in ähnlichen Normen gegenüber dem »Volk« abschließt und auf der gebührend niederen Stufe mit dem Patriziat in Gefühlsgemeinschaft findet, wie der Herr Schneidermeister Stuht aus der Glockengießergasse. Das »Volk« der Hafenarbeiter oder Angestellten erscheint bei den Festlichkeiten, um zu gratulieren, und wird freundlich bedankt, dann nach Hause geschickt. Wenn es, wie 1848, aufbegehrt, heißt man es »Leute« in der Ausdrucksweise Konsul Buddenbrooks, oder »Canaille« im Sprachgebrauch des patriarchalischen Leberecht Kröger. Die Bürgerwelt teilt sich auf in streng geschlossene Schichten. Zugang zur höchsten Kaste ist beinahe unmöglich. Bei Konsul Hagenström muß schon eine gewaltige Quantität des Reichtums in Qualität umschlagen, damit er »zugelassen« wird. Die Empfänge und Abendessen dienen einem Ausdruck des Herrschaftsgefühls und der Kreditwürdigkeit. Die Börse ist empfindlich für Gerüchte. Erscheint eine Firma kaufmännisch bedroht, so muß ein großer Aufwand an Festlichkeit den Schein des Reichtums von neuem erzeugen. Geistige Neuerungssucht schadet der Kreditwürdigkeit genauso wie künstlerische Empfindlichkeit, ja sogar wie die übergroße Eleganz Thomas Buddenbrooks. Eine formale Versteinerung wird allenthalben angestrebt. Sie muß mit Notwendigkeit gerade die begabtesten Mitglieder einer solchen Gemeinschaft verkrüppeln lassen. Genau dies steckt als gesellschaftliche Lehre hinter dem Schicksal der drei Geschwister Thomas, Christian und Toni, zu schweigen von dem kleinen Hanno.

Denn Norm und Normalität sind ständig bedroht durch die Krisenhaftigkeit des Wirtschaftslebens. Die scheinbar so versteinerte Reputation gleicht in Wirklichkeit einem Plebiszit, das täglich neu vorzunehmen ist. Hinter allem steckt die Börse, das Gerücht, die Schwankung der Kurse, die Kreditwürdigkeit bei der Bank, die Absatzschwierigkeit. Ein Hagel über der aufgekauften Ernte in Pommern kann auch die scheinbar solide Firma Buddenbrook an den Rand der Katastrophe führen.

In solcher Spannung zwischen dem Wunsch nach Dauer und der lauernden Krise werden alle Bürger anfällig. Der Untertitel des großen Romans, mit seinem Hinweis auf den »Verfall einer Familie«, hat natürlich einen ironischen Beiklang. Denn dies Absinken vollzieht sich zugleich mit einem Aufstieg zu höherer geistiger Verfeinerung.

Allein das Schicksal der Familie Buddenbrook ist exemplarisch, kein Einzelfall. Darum wimmelt es in diesem Roman nicht bloß, wie in den frühen Novellen, von tragischen Sondergestalten und Einsamkeiten, sondern auch von Ausschweifungen aller Art, die als Erzeugnis innerer Ruhelosigkeit dargestellt werden. Beim Makler Gosch ist es die Literatur und die Leidenschaft des Theatralischen, bei den meisten Bürgersöhnen dagegen, den Freunden Christians, sind es die gewöhnlichen Ausschweifungen der »Suitiers« in den Kasinos. Der reiche Lebemann ist eine ständige Erscheinung in diesem Zwiespalt zwischen Wohlanständigkeit und gesellschaftlicher Bedrohung.

Was Börse und bourgeoise Konvention im Leben der Erwachsenen bewirken, leistet die Schule für die heranwachsende Generation. Die Bürgerwelt der Erwachsenen ist erbarmungslos, bei aller Gutherzigkeit der einzelnen Bürger. »Fassen Sie sich. Beten Sie.« Mehr hat der Konsul Buddenbrook seinem bankrotten Schwiegersohn Grünlich nicht zu sagen, zumal er nicht ungehalten darüber ist, auf eine Sanierung des von Toni ungeliebten Mannes verzichten zu können. Die Praktiken des Herrn Grünlich aber sind, bei aller hochstaplerischen Natur, in den Handelskreisen nicht durchaus unüblich, wie der Bankier Kesselmeyer zu bezeugen vermag. Ähnlich grausam und herzlos führen sich aber bereits die Kinder in jenem lübischen Gymnasium auf, das seit der Reichsgründung von 1871 seine dominierende Note von Preußen her empfängt. Von Herrn Direktor Wulicke, dem Kantianer, der den kategorischen Imperativ wie eine Regimentsfahne schwenkt und sich vorgenommen hat, staatsbürgerliche Untertanengesinnung in laufender Reihe hervorzubringen. Der kleine Hanno und sein Freund Kai stehen außerhalb: als Künstler, die dem bürgerlichen Normalmaß entgegenstreben. Der kleine Graf und der kleine Musiker sind »formale« Existenzen außerhalb der Bürgerlichkeit. Die übrigen zeigen in der Schule genau die gleiche Mischung aus willig akzeptiertem Konformismus und ständig bedrohter Geltung wie die Erwachsenen. Das irrationale Schicksal in Gestalt obrigkeitlicher Gunst der Lehrer waltet scheinbar ebenso blind wie die Anarchie des Wirtschaftslebens. Jeder Betrug ist erlaubt, wenn er durch den Erfolg sanktioniert ist. Die allgemeine Geltung bei dieser Schuljugend, die nach dem Ebenbild ihrer Eltern heranwächst, gründet sich auf den Erfolg samt allen Zufällen. Er mag durch Betrug erreicht sein; entscheidend ist nur das Ergebnis. Dem Erfolglosen dagegen, dem ertappten Betrüger, wendet sich eine ganze kollektive Verachtung zu. Das gilt für den kleinen Mitschüler Petersen, der ertappt wird, als er tat, was alle zu tun pflegten, wie für den Versicherungsdirektor Hugo Weinschenk, der vor Gericht gestellt wird, obwohl sich seine betrügerischen Praktiken als »Usancen« darstellen ließen.

So ersteht die Lübecker Welt aus dem Werk des jungen Thomas Mann. Sie hat die äußeren Züge der Gemächlichkeit, besitzt immer noch aus der Goethewelt und der reichsstädtischen Vergangenheit herüberreichende Züge humanistischer Tradition. Allein das Gesamtbild ist nicht friedlich und behäbig. Jede Karikatur wird nach Zügen der Wirklichkeit hergestellt.

Die Außenseiter einer Gesellschaft, die Verkrüppelten und Einsamen, sprechen ebenso eine Wahrheit dieser Gesellschaft aus, wie der Knecht eine Wahrheit des Herrn bedeutet, und der Herr eine Wahrheit des Knechts. Der epische Realismus des frühen Thomas Mann enthüllt diese Wirklichkeit gerade dadurch, daß es dem Dichter bei aller Ironie und kritischen Eindringlichkeit seines »bösen Blicks« um einige Verklärung dieser Bürgerwelt zu tun war.

Wenn Realistik des Erzählers das Lebensgesetz dieser Gesellschaft bloßlegt, so soll Musik mithelfen, eine schöne Sinngebung zu erreichen. Auf die musikalische Gesamtanlage der ›Buddenbrooks‹ hat Ferdinand Lion in seinem Thomas-Mann-Buch mit Nachdruck hingewiesen.[10] Von der besonderen Technik der Leitmotive, also der Übernahme des musikalischen

Formprinzips in den epischen Bereich, wird noch zu sprechen sein. Allein die *Verbindungen zwischen Epik und Musik* sind viel dichter. Wobei die Musik in aller Ausschließlichkeit des Wagnerianers mit dem Gesamtkunstwerk des Bayreuther Meisters gleichgesetzt wird. Besonders begleitet, wie Lion bemerkt, *ein* Wagnerwerk den Roman von Anfang bis zu Ende: »Die Tetralogie des Rings des Nibelungen, in der auch generationsweise ein Untergang dargestellt ist. Überhaupt ist die Art, wie in der Wagneroper das, was auf der Opernbühne an Lyrischem und Dramatischem vor sich geht, im Orchester von einer ununterbrochenen Flut begleitet wird, in Sprache und Stil des Romans übergegangen.«[11] Doch ist damit zunächst nur eine Analogie, eine Gemeinsamkeit festgestellt, die trotz allem die Realistik des bürgerlichen Gesellschaftsromans nicht zu entwesen vermag. Darum tritt in entscheidender Stunde der Familiengeschichte aus Lübeck noch ein anderer Richard Wagner als Stoffkreis des Erzählers hervor: das Vorspiel zum ersten Akt der Meistersinger. Herr Pfühl, Edmund Pfühl, Organist an Sankt Marien, musiziert mit Gerda Buddenbrook. Lautlos horcht der kleine Hanno, wenn der Klavierspieler präludiert: »Unter seinen Fingern hub ein Schwellen und Blühen, ein Weben und Singen an, aus welchem sich, leise zuerst und wieder verwehend, dann immer klarer und markiger, in kunstvoller Kontrapunktik ein altväterisch grandioses, wunderlich pomphaftes Marschmotiv hervorhob . . . Eine Steigerung, eine Verschlingung, ein Übergang . . . und mit der Auflösung setzte im Fortissimo die Violine ein. Das Meistersinger-Vorspiel zog vorüber.«[12]

Dieses Stück ist natürlich nicht zufällig gewählt: genausowenig wie die Stelle aus Schopenhauers Meditationen über den Tod und die Unzerstörbarkeit unseres Wesens, die dem Senator Thomas Buddenbrook, dem unmusikalischen Verehrer einer musikalischen Philosophie, zum Erlebnis werden sollte. Die Welt der Meistersinger bedeutet eine noch unerschütterte deutsche Bürgerlichkeit. In diesem musikalischen Spiel geht es um das scheinbar ungebrochene und ungetrübte Verhältnis des deutschen Bürgers zum deutschen Künstler. Allerdings werden die Marschmotive des glänzenden Stücks am Schluß der Oper zugleich benutzt, Hans Sachsens Mahnung zu untermalen, daß nach dem Untergang von deutschem Volk und Reich trotz allem die »deutsche Kunst« überleben werde. Was eine pessimistische Voraussicht bedeutet hatte. In den ›Buddenbrooks‹ wird diese Musik deutscher Bürgerlichkeit denn auch »abwechselnd geliebt und bespöttelt« (Lion).[13] War das Vorspiel zum ersten Akt der Meistersinger also die homogene Musik für den Roman bürgerlicher Menschen und Künstler in einer alten Reichsstadt, so bildete es zugleich den Ausgangspunkt für Nietzsches berühmte Beurteilung der »Völker und Vaterländer« im achten Hauptstück des Buches ›Jenseits von Gut und Böse‹. Er sah darin »etwas Deutsches, im besten und schlimmsten Sinn des Wortes, etwas auf deutsche Art Vielfaches und Unausschöpfliches«.[14]

Thomas Mann kannte und liebte diese Stelle vor allen anderen. Er liebte später auch besonders das 1918, also kurz vor den ›Betrachtungen eines Unpolitischen‹, erscheinende Nietzsche-Buch von Ernst Bertram mit dem sonderbaren Untertitel ›Versuch einer Mythologie‹.[15] Die philosophisch-musikalische Deutung des Meistersinger-Vorspiels aber hatte Bertram wie folgt umschrieben: »Die Stelle ist innerhalb von Nietzsches Werk die letzte, an der dem Deutschtum ein ›Übermorgen‹ zuerkannt wird, etwas wie eine Hoffnung mit der Idee ›deutsch‹ noch einmal verbunden wird, und zugleich die letzte, an welcher der spezifisch deutsche Charakter einer Musik noch einmal bejaht wird, wenn auch schon in der äußersten Schwebe zum künftigen Nein hinüber.«[16]

Das ist richtig gesehen, sowohl für Nietzsche wie auch für die motivische Verwendung der Wagnerpartitur in den ›Buddenbrooks‹. Es braucht uns hier nicht zu beschäftigen, daß Ernst Bertram dabei die Begriffe Deutschtum, Musik und Kunst durchaus in einem abstrakten, gleichsam polemischen Sinn verwendet, auch hierin also der scheinhaften Antithetik Nietzsches folgt. Thomas Mann nämlich folgt ihr auch, gerät damit aber in seiner Konzeption von Bürgerlichkeit abermals in einen Zwiespalt zur Wirklichkeit – wie schon in seiner Akzentsetzung im Angesicht der Bürgerwelt. Die Bürgergestalten des frühen Thomas Mann möchten ungebrochene Kraft verkörpern, denen der Dichter als Künstler eine neidvolle Zuneigung nicht versagt. Doch sind sie nicht ungebrochen: weder als einzelne noch als Institution einer bürgerlichen Gesellschaft. Auch die Musik der Meistersinger, überhaupt die Musik, vermag diese Wirklichkeit nicht mehr zu harmonisieren. In den Klängen des Vorspiels wirkt zwar noch alle Pracht und Mächtigkeit des reichsstädtischen Bürgertums. Wo diese Musik erklingt, ist für den Augenblick scheinbar der Zwiespalt in der Wirklichkeit verhüllt, so wie später im ›Zauberberg‹ an der Schlußszene der ›Aida‹ die Macht der Töne demonstriert wird, ein grauenvolles Geschehen für den Augenblick scheinbar in traumhafte Schönheit aufzulösen. Doch die Musik, und gerade diese Musik, führt zugleich wieder in den Zwiespalt zurück. Sie ist Gegensatz zur deutschen Wirklichkeit des späten Bürgertums, nicht dessen Ausdruck. Darum scheitert gerade an dieser Stelle später die Bemühung des »unpolitischen« Betrachters, vom Meistersinger-Vorspiel her Deutschtum und Bürgertum *jenseits der Politik* von neuem miteinander zu verbinden. Die ›Buddenbrooks‹ bedeuten nicht bloß den Verfall einer Familie, sondern zugleich die Geschichte vom Verfall eines reichsstädtischen Bürgertums.

Die lübische Welt, wie sie sich in den frühen Erzählungen und den ›Buddenbrooks‹ spiegelt, soll vergeblich noch einmal 1918, in den ›Betrachtungen‹, als Sinnbild künftigen Werdens beschworen werden. Der Versuch muß scheitern. Zu früh und zu tief hatte der Patriziersohn die Brüchigkeit dieser scheinbar so ehrwürdigen Lebensform erkennen müssen. Auch die Sinngebung aus dem Geiste der Musik blieb ungeglückt. Abermals versucht Thomas Mann, acht Jahre nach den ›Betrachtungen eines Unpolitischen‹, fünfzehn Jahre nach Erscheinen der ›Buddenbrooks‹, eine neue Sinndeutung in der Rede ›*Lübeck als geistige Lebensform*‹, die er 1926 zur 700-Jahr-Feier der alten Stadt im heimatlichen Theater hält.[17] Er macht es sich schwer mit seiner neuen Sinndeutung. Ohne Stilisierung geht es dabei nicht ab. Hatte Thomas Mann im gleichen Jahr das deutschfranzösische Problem in der ›Pariser Rechenschaft‹ zu stilisieren gesucht[18], hatte er in der Rede ›Von deutscher Republik‹ 1922 das Verfassungsgebilde von 1919 gleichsam zur platonischen

Idee erhöht, um seine reale Brüchigkeit nicht sehen zu müssen, so wird aus Landschaft und Tradition, aus Familienüberlieferung und Jugenderinnerung eine geistige Verklärung des realen Lübeck erstrebt. Vom Gedanken des »Mitbürgers« geht der Dichter aus: einer Gemeinsamkeit der Herkunft und lokalen Zugehörigkeit. Sie bedeutet für diesen Patriziersohn und für diese Hansestadt zweifellos mehr als die zufällige Gemeinsamkeit eines Geburtsortes. Aber »Mitbürger« bleibt doch bloß eine formale Kategorie, die nicht einmal zureichend wäre für einen gemeinsamen Reisepaß. Erst recht muß dies Wort von der Mitbürgerlichkeit, in seinem hilflosen Schwanken zwischen Herkunftsbezeichnung, Geist bürgerlicher Tradition und realer Bourgeoisie, die Wirklichkeit verfehlen. Was in den ›Buddenbrooks‹ die romantische Musik Wagners leisten sollte, ist diesmal dem für Thomas Mann gleichfalls »romantischen« Element des Meeres und der Seefahrerstadt anvertraut. Aber schließlich spricht er doch nur von seiner eigenen Sehnsucht nach Bürgerlichkeit, ohne damit im realen Lübeck des Jahres 1926 wahrhaft eine »geistige Lebensform« schaffen zu können. Selbst für sich muß er das Wort der Bürgerlichkeit höchst eigentümlich umprägen: »Das Ethische ist recht eigentlich Lebensbürgerlichkeit, der Sinn für Lebenspflichten, ohne den überhaupt der Trieb zur Leistung, zum produktiven Beitrag an das Leben und an die Entwicklung fehlt.«[19] Das ist geschrieben *nach* dem ›Zauberberg‹: als Absage an die romantische Todessüchtigkeit, an Wagnermusik, Venedig, Meeresweite und »unpolitisches« Deutschtum. Die ›Buddenbrooks‹ werden jetzt als ein ausdrücklich »bürgerliches« Buch, als ein Buch »lübischer Lebensform« genannt. Aber es heißt gleichzeitig, dieses bürgerliche Buch sei zum Teil eine »recht schlimme, recht bedenkliche Geschichte«.[20]
So bleibt das letzte Wort des Dichters in dieser Rede, er habe »eigentlich sein Leben lang nur eine Geschichte erzählt: die Geschichte der Entbürgerlichung«.[21] Genau so war es verlaufen. Noch gibt es den neuen Vorbehalt: diese »Entbürgerlichung« habe nichts mit Bourgeoisie oder Marxismus zu tun, sondern bedeute die Entwicklung eines »überklassenmäßigen«, ironisch gestaltenden Künstlers. Doch auch dieser Vorbehalt in

der Selbstdarstellung, und damit der Deutung Lübecks wie der Bürgerzeit, sollte in Thomas Manns weiterer Entwicklung zurückgenommen werden.

Lübecks dritte Wiederkehr im Werk macht es offenbar. Im ›Doktor Faustus‹ kehrt der Dichter zu seinen Ursprüngen zurück. Aus der Patriarchenluft des Ostens, aus der Bürgerlichkeit der Goethezeit wurde der Rückweg angetreten in die deutsche Gegenwart: eine grauenvoll verwandelte Gegenwärtigkeit. Wieder erscheinen die Verkrüppelten und Abseitigen aus der Lübecker Jugendepoche; sie bevölkern Kaisersaschern, die Heimat des vereisenden deutschen Tonsetzers am Ende der Bürgerzeit. Das altertümliche Stadtbild dieses erfundenen Ortes aus dem mitteldeutschen Bereich gleicht erschreckend den Lübecker Gassen und Häusern vor ihrem Untergang. Wieder spielt Familiengeschichte Thomas Manns hinein: Züge der Mutter, die in ihrer Härte und Entfremdung kaum mehr gemahnen an das einstige Bild der Gerda Buddenbrook, wenn es auch sinnlos wäre, die Mutter der Brüder Thomas und Heinrich gedankenlos mit der Gestalt der Konsulin Rodde gleichsetzen zu wollen. Die Wagnermusik ist von neuem aufgerufen, wie selbstverständlich in diesem Roman der Musik und des Musikers. Wieder sind es die Meistersinger, abermals ein Vorspiel. Doch diesmal ist es nicht mehr der C-Dur-Glanz des Vorspiels zum ersten Akt, sondern, in Adrian Leverkühns bösartig-hellsichtiger Deutung, die instrumentale Überleitung zum dritten Akt: die schmerzliche, in den Celli absinkende Klage des Hans Sachs über das Thema »Wahn, überall Wahn!«. Der Aufschwung des Reformationschorals ist in dieser Deutung nicht mehr ein Anruf zu neuer Zukunft bürgerlicher Kunst und Lebensform, sondern ein ironisch betrachtetes Mittel musikalischer Artistik. Hier steht das Gegenstück zu jener Meistersinger-Stelle der ›Buddenbrooks‹; hier steht aber auch, in diesem Roman, der um das Schicksal Friedrich Nietzsches kreist, das Gegenstück zu Nietzsches berühmter, einstmals von Thomas Mann akzeptierter Deutung der Meistersinger-Musik als einer deutschen Lebensmöglichkeit.

Für den Dichter des ›Faustus‹ gibt es keine Rückkehr zu einer deutschen Bürgerlichkeit. Die Reichsstadt Lübeck und die Welt des deutschen Bürgertums entziehen sich, nach den Erfahrungen mit dem Dritten Reich, aller Verklärung als »geistige Lebensform«. Der Prozeß der Entbürgerlichung hat in der scheinbaren Rückkehr zu den ›Buddenbrooks‹ und ihrer Umwelt eine neue Deutung erfahren. Die bürgerliche Welt ist für den Mann, der die Geschichte des deutschen Tonsetzers Adrian Leverkühn niederschreibt, aller Erneuerung unfähig. Musik und Gesellschaft, Kunst und Lebensform bedürfen der gründlichsten Erneuerung, damit, um es mit den Worten des absinkenden Leverkühn zu sagen, »dem schönen Werk wieder Lebensgrund und ein redlich Hineinpassen« bereitet werden könne.[22]

Heinrich Manns erster Roman, dem er unter seinen frühen Versuchen die Ehre zuteil werden ließ, später die Reihe der gesammelten Romane und Novellen zu eröffnen, 1897 konzipiert, trägt einen Untertitel, der die Gesellschaftskritik höchst unmißverständlich bereits auf der Titelseite ankündigt. ›Im Schlaraffenland‹ heißt das Buch, das vorgestellt wird als »Ein Roman unter feinen Leuten«. Es war später unvermeidlich, daß Vergleiche angestellt wurden zwischen den Ausgangspunkten von Thomas und Heinrich. Thomas Manns im Grunde positives Verhältnis zur Gesellschaft wurde dann üblicherweise der negativen Beziehung Heinrich Manns gegenübergestellt. Um die Jahrhundertwende und in den ersten Jahren des 20. Jahrhunderts, als ›Buddenbrooks‹ und ›Tonio Kröger‹ vorlagen, daneben das ›Schlaraffenland‹ und Heinrich Manns drei Romane der ›Herzogin von Assy‹, liebte man es, die verhältnismäßig »erbaulichen« Wirkungen der Kunst Thomas Manns mit der »unerquicklichen« Schreibweise und Themenstellung des älteren Bruders zu konfrontieren. In der ersten Nachkriegszeit wiederholte sich das Spiel mit umgekehrter Akzentsetzung. Nun war Heinrich Mann für einen geschichtlichen Augenblick unvergleichlich aktuell. Das Buch vom ›Untertan‹ war seit 1906 von ihm vorbereitet worden; beendet wurde es dann 1914, zwei Monate vor Ausbruch des Krieges. »Mit dem Roman ›Der Untertan‹ kam ich früher als erlaubt. Er mußte die vier Kriegsjahre abwarten. Erst Ende 1918 konnte er gelesen werden, und wurde es wirklich: mit großem äußeren Erfolg bei allen Deutschen, denen der verlorene Krieg zuerst Bedenken über ihren Zustand aufdrängte. Sie sind bald mit ihnen fertig geworden und haben fortgefahren, wie wenn nichts wäre.« So steht es als Rückblick in dem Buch ›Ein Zeitalter wird besichtigt‹.[1] Aber der Dichter der Gesellschaftsromane vom Wilhelminischen Zeitalter, der Schilderer seiner feinen Leute, seiner Mittelbürger und seiner Armen, machte sich auch in diesen Jahren des jähen Ruhms keine Selbsttäuschung über die verändernde Kraft seiner Worte und Bücher. »Das freie Wort war nunmehr von der

Verfassung gewährleistet; Grenzen setzten ihm die Inserenten
der Zeitungen . . . so las man Artikel wie meine. Unerschüt-
terlich dahinter stand der Börsenbericht.«² Den jungen Menschen der Nachkriegszeit galt Thomas Mann als »erledigt«. Er
schien eingestürzt mitsamt der wilhelminischen Welt, der er, so
glaubte man damals, in den ›Betrachtungen eines Unpolitischen‹ noch vor Kriegsende so etwas wie eine geistige Sinngebung habe vermitteln wollen. Plötzlich gab es für die Literaten
und Künstler der neuen »Menschheitsdämmerung« nur noch
Heinrich Mann. Der andere war selbst »Untertan« gewesen. Er
zählte nicht mehr. Die Brüder waren seit der großen gemeinsamen Auseinandersetzung mitten im Kriege zu feindlichen
Geschwistern geworden. Zwischen ihnen hatte man sich zu
entscheiden. Hie der Zola-Essay Heinrich Manns – hie ›Betrachtungen eines Unpolitischen‹. Das war eine Alternative.
Nicht so ganz indessen. Zunächst einmal hatten sich die Brüder
selbst auch in der scharfen Auseinandersetzung während des
ersten Weltkriegs niemals als Antipoden in einem ausschließenden Sinne betrachtet. Dem Rückblick gar offenbart sich, nach
zwei Weltkriegen, die Lebens- und Werkkurve der beiden
großen Schriftsteller in *überraschenden Zügen der Gemeinsamkeit*. Die Unterbewertung Heinrich Manns in seinen Anfängen
zugunsten des jüngeren Bruders, als des angeblich »erquick-
licheren« Schilderers, war ebenso verkennend, wie Thomas
Manns Unterbewertung in der Glanzzeit des Expressionismus.
In Wirklichkeit hatten die geheimen Querverbindungen und
Wechselwirkungen in beider Brüder Werk niemals aufgehört.
Ironie, bürgerlicher Stimmungsgehalt, gelegentlich romantischer Seelenton des frühen Thomas Mann mochten viele beirren. Vielleicht täuschte sich der Dichter selbst über den Umfang
seiner gesellschaftlichen »Radikalität«. Nicht täuschte er sich
jedoch über die enge Bindung und geistige Gemeinsamkeit zu
Heinrich Mann. Wenn man im ›Doktor Faustus‹ plötzlich den
Musiker Adrian Leverkühn mit seinem Reisegefährten Schildknapp mitten in den sabinischen Bergen wiederfindet, im Dörfchen Palestrina³, so begegnet man voller Überraschung in diesem Buch des Jahres 1947 einer Fülle wohlbekannter Gestalten,
wie sie 1909 bereits durch Heinrich Manns Roman von der

›Kleinen Stadt‹ in die deutsche Literatur eingeführt worden
waren. So tief hatte also das Erlebnis des gemeinsamen Italien-
aufenthalts der beiden Brüder zwischen 1895 bis 1897 bei
Thomas Mann nachgewirkt, daß er mitten in seinem Spätwerk
noch einmal diesem Jugenderlebnis eine erinnernde Beschwörung gewähren mußte. Aus Viktor Manns Erinnerungen wissen
wir, daß Thomas Mann des Bruders Buch von der »kleinen
Stadt« besonders geliebt und bewundert hatte. »Das mußt du
gleich lesen«, hatte er zu Weihnachten 1909 dem jüngeren
Bruder erklärt, »es ist Heinrichs Bestes.«[4] So verknüpfte der
Autor des ›Faustus‹ das brüderliche geistige Band, indem er das
späte Stadium eines Lebensweges, der sich zuletzt doch als
gemeinsamer Gang dargestellt hatte, mit den Anfängen verband.

Bei aller Verschiedenheit des Stils, der seelischen Urerlebnisse,
der geistigen Einflüsse, bei aller Individualität in der Stoffwahl
und Gestaltung ergeben sich immer wieder die überraschendste
Gemeinsamkeiten. Sie sind Folge nicht bloß der familiären
Beziehung, sondern vor allem Ausdruck des gemeinsamen
Welterlebnisses. Tonio Krögers ironisch-sentimentalische Diatribe gegen Italien und Italiener ist oft zitiert worden. »Gott,
gehen Sie mir doch mit Italien, Lisaweta! Italien ist mir bis zur
Verachtung gleichgültig! Das ist lange her, daß ich mir einbil-
dete, dorthin zu gehören. Kunst, nicht wahr? Sammetblauer
Himmel, heißer Wein und süße Sinnlichkeit . . . kurzum, ich
mag das nicht. Ich verzichte. Die ganze ›bellezza‹ macht mich
nervös. Ich mag auch alle diese fürchterlich lebhaften Menschen
dort unten mit dem schwarzen Tierblick nicht leiden. Diese
Romanen haben kein Gewissen in den Augen . . . Nein, ich
gehe nun ein bißchen nach Dänemark.«[5] Das war natürlich
abermals die berühmte Antithese zwischen Bürger und Künstler. Sie war vor der Russin deklamiert worden – und auch dies
besaß bei Thomas Mann stellvertretenden Charakter. Deutsche
Leser, vor allem die jungen, hatten das wörtlich genommen.
Thomas Mann war es schon ernst gewesen mit dem Gegensatz,
wenn auch nicht allzusehr. Immerhin hatte auch er sich über die
eigentliche Gesamtstruktur des Künstlerproblems in jener Zeit
noch selbst getäuscht. Dennoch war der ironische Beiklang zu

Tonio Krögers Verachtungsspruch nicht zu überhören. Den Dichter Thomas Mann hatte die »bellezza« nicht so sehr nervös gemacht, sondern höchst angelegentlich beschäftigt: daher ihre verwandelte Gestaltung im ›Tod in Venedig‹, daher das in reinen Farben geschilderte späte Italienerlebnis Adrian Leverkühns. Überdies: im angeblich so gesunden und normalen Norden wird Tonio Kröger zwar seine Hans und Ingeborg typenhaft wiederfinden: doch am Schauplatz der Hamlettragödie! So daß die geliebten Bürger im Ausklang der Novelle viel von der ironisch gebrochenen Lebenstüchtigkeit des Polonius angenommen haben. Wenn nicht gar von der »realpolitischen« Enge der Rosenkranz und Güldenstern . . .
Kaum bekanntgeworden hingegen ist jene Stelle in Heinrich Manns ›Schlaraffenland‹, die einige Jahre vor Entstehung des ›Tonio Kröger‹ den gleichen Gedanken beinahe mit Thomas Manns eigenen Worten entwickelt hatte. »Übrigens interessiert mich Italien nicht weiter, es ist mir zu süß. Wie lebt ein solcher Italiener? Er denkt nur daran, die Fremden zu bestehlen und einem anderen ein Mädchen wegzunehmen. Er gibt seinem Rivalen einen Stich zwischen die Rippen und holt sich in der nächsten Kirche die Absolution, damit ist es wieder gut. Das alles passiert in einer unverschämt blauen Gegend ohne Stimmung. Nein, ich bin für den Norweger. Er sitzt in einer Holzbude, wo es nach Tran riecht, und quält sich halbtot mit Grübeln über Gott, Satan, alle seine Gedankensünden und die ewigen Strafen, die die Hölle ausdrücklich für ihn erfunden hat. Der Mann hat doch wenigstens eine Seele.«[6] Die Übereinstimmung ist verblüffend. In beiden Fällen wird eine ironische Bilanz gezogen aus dem gemeinsamen Italienerlebnis der Brüder. In beiden Zusammenhängen wird der europäische Norden gegen süßliche »bellezza« ausgespielt. Hier Dänemark, dort Norwegen. Allein die Rechnung darf auch hier nicht ohne die Ironie gemacht werden. Auch bei Heinrich Mann ist die ähnliche Diatribe ironisch gebrochen. Frau Claire Pimbusch, die in solchen Worten ihr Entzücken über norwegische Holzbuden und naturhaften »Trangeruch« bekennt, ist ein armes, in seinen körperlichen Funktionen gehemmtes, auf die Pose der Lasterhaftigkeit angewiesenes Geschöpf. Ihr Glaubensbekenntnis zur

nordischen Gesundheit besitzt ebensoviel Erkenntniswert wie
der Rassenzüchtungsgedanke des »Zwergriesen« Karl Hetmann
bei Frank Wedekind, jenes verkrüppelten Menschen, der »ras-
sisch« vollendete Edelgeschöpfe sammelt und zu paaren sucht,
selbst aber, infolge bedauerlicher Unzulänglichkeit seiner Physis, »nur als Sekretär« in Dienst genommen werden kann.[7]
In beiden Fällen, bei Thomas wie bei Heinrich, dienen die
zeitlich eng benachbarten Gedankenformulierungen einer ironischen Gesellschaftsauffassung. Dahinter enthüllt sich eine
tiefe Gemeinsamkeit der Anschauungen. Sie mochte zu jener
Zeit verkannt werden, denn ›Tonio Kröger‹ wurde von den
Lesern wörtlich genommen: man nahm die Novelle als senti-
mentalisches Bekenntnis, statt darin vor allem die ironische
Analyse zu sehen, die ironisch ist nicht bloß im Angesicht des
Künstlers, sondern mindestens so stark vor der vermeintlichen
»Bürgerlichkeit«. Die Sehnsucht nach Gesundheit und bürgerlicher Normalität entspringt dem Mangel und dem Leid. Allein
die wirklichen Bürger sind darum, vom Dichter her gesehen,
um keinen Grad schöner und gesunder. Hierin unterscheidet
sich Thomas Mann nicht wesentlich vom Dichter des ›Schlaraffenland‹. Nur ist im Falle Heinrich Manns die Gesamtanlage
satirisch, bei Thomas Mann ironisch. Der eine gibt die grund-
sätzliche Distanz gegenüber der geschilderten Welt schon im
Untertitel, im Hinweis auf die Welt der »feinen Leute«. Der
andere scheint in seinem Gegenstand aufzugehen, gar unterzu-
tauchen. Allein der Ironiker geht niemals im ironischen
Getriebe unter. Auch Ironie bedeutet Abstand. Das ist von
Thomas Manns Lesern in der ersten Vorkriegszeit nachhaltig
verkannt worden.
Dabei hätten andere überraschende Parallelitäten in der Stoffwahl der beiden Brüder genügend Hinweise geben können. Im
Grunde schildert das Schulerlebnis Hanno Buddenbrooks die
gleiche Umwelt, die gleichen Typen und den gleichen Abscheu,
wie man sie 1904 in Heinrich Manns ›Professor Unrat‹ wiederfinden sollte. Der Bürger als Hochstapler, und der Hochstapler
als geistig und gesellschaftlich typischer Ausdruck damaliger
deutscher Wirklichkeit ist Thomas Mann nicht weniger vertraut
als seinem Bruder Heinrich. Der Hochstapler Felix Krull trägt

in seinem Verhältnis zur Welt Wilhelms II. viele Züge, die man
bei Diederich Heßling, beim ›Untertan‹ also, wiederfinden
kann. Die Theatralisierung und innere Unechtheit des Lebens
steht als Erkenntnis genauso hinter dem Lohengrinerlebnis des
Untertans, wie hinter der Operettenverzauberung durch den
Schauspieler Müller-Rosé, den sich der junge Krull im praktischen Leben zum Vorbild wählt: in der instinktiv richtigen
Erkenntnis, daß die Gegensätze zwischen der Unechtheit der
Bühne und der sogenannten Lebenswirklichkeit gar nicht
beträchtlich seien.

Thomas Mann selbst hat die Gemeinsamkeit der Anschauungen
mit Heinrich Mann im Jahre 1910 in einem seiner wichtigsten
Essays voller Nachdruck unterstrichen, als es sich darum handelte, das Buch ›Königliche Hoheit‹ vor Mißverständnissen zu
schützen und in seiner Vielschichtigkeit verständlich zu
machen. »In dem Schicksal meiner drei fürstlichen Geschwister, Albrechts, Klaus-Heinrichs und Ditlindens, malt sich
symbolisch die Krise des Individualismus, in der wir stehen,
jene geistige Wendung zum Demokratischen, zur Gemeinsamkeit, zum Anschluß, zur Liebe, die stürmischer und vorbehalt-
loser in Heinrich Manns fast gleichzeitig erschienener Romandichtung ›Die kleine Stadt‹ zum Ausdruck gelangt.«[8] Weit also
davon entfernt, gegenüber dem sogenannten »Kollektivismus«
Heinrich Manns das Banner bürgerlicher und künstlerischer
Individualität hochzuhalten, schildert schon das Jugendwerk
des Verfassers von ›Buddenbrooks‹ im Gegenteil die tiefe Krisenhaftigkeit der bürgerlichen Welt als eine Krise möglicher
Individualität. Dann bleibt den Bürgern wie den Künstlern nur
noch das Bewußtsein der Krise. Mit dem Unterschied bestenfalls, daß der Künstler (und der Hochstapler) von dieser Krise
im eigenen Unbehagen genaue Kenntnis hat, während der
Bürger, noch ohne es zu wissen, darin lebt. Was ihn nicht
minder anfällig machen muß. Künstlertum ist innerhalb solcher
Krise ebensowenig möglich wie Bürgerlichkeit der großen Tradition. Gesellschaftsverfall und Kunstverfall wirken als zwei
Seiten des gleichen Prozesses. So kann man das schon im ›Tonio
Kröger‹ lesen. Im ›Doktor Faustus‹ wird diese Entwicklung
dann »im Lichte unserer Erfahrung« ausgeführt. In solcher

Umwelt wirkt der Künstler als Hochstapler, der Bürger auch. Man denkt an das Wort André Gides, wonach es kein Vergnügen mache, einer Welt anzugehören, in der jedermann betrüge. Hinter aller Verschiedenartigkeit der Stoffwahl steht diese gemeinsame Grundanschauung für Thomas wie für Heinrich Mann. Woraus erklärt sich dann aber die offenkundige Antithese aus der Zeit des ersten Weltkrieges?

Für die Außenwelt nämlich und den geschichtlichen Augenblick der Weltkriegsszenerie standen sich Heinrich und Thomas Mann zwischen 1914 und 1918 geradezu wie These und Antithese gegenüber. Für Heinrich Mann war die Wertentscheidung zugunsten der Kriegsgegner Deutschlands nicht einen Augenblick zweifelhaft. Das entsprang natürlich starken Erlebniskräften, die ihn mit der französischen Literatur, besonders mit der Tradition des französischen Gesellschaftsromans von jeher verbunden hatten. Der Stil des ersten Romans ›Im Schlaraffenland‹ war undenkbar ohne Stendhal und die schriftstellerische »Gelassenheit« Flauberts. Hinzu kam die negative Stellung zur deutschen Gesellschaftswirklichkeit. Der Roman vom Untertan war Erzeugnis der Vorkriegszeit: schwerlich ließ sich eine totalere Ablehnung der deutschen Verhältnisse vorstellen. Während des Krieges vollzieht Heinrich Mann in der Weiterführung seiner Romanreihe vom Wilhelminischen Zeitalter die Auseinandersetzung mit den Problemen des deutschen Proletariats, dessen Krise in den Augusttagen des Jahres 1914 und mit der Bewilligung der Kriegskredite durch die einstige Partei Wilhelm Liebknechts und August Bebels nur allzu sichtbar geworden war.

Heinrich Mann lebt aber weiter in Deutschland. Er findet nicht den Weg in die Schweiz wie Romain Rolland, um von dort aus scheinbar »oberhalb des Getümmels« abzuwarten. Der Autor des ›Untertan‹ muß sich unsäglich einsam fühlen in einem Land, dessen Niederlage er wünscht und für unvermeidlich hält. »Daß ich mich jetzt ausschließe, verbannt bin und schweige, ist ein großes Zeichen, und mein Land selbst richtet es sich auf.«[9] So steht das als Bekenntnis des Emile Zola der Dreyfus-Affäre in Heinrich Manns berühmtem Essay über den Schriftsteller des ›J'accuse!‹. Kein Leser zweifelte damals am autobiographischen Charakter dieser Formulierung Heinrich Manns. In der Tat werden die nahezu hundert Seiten, die Emile Zola, mitten in der ersten Kriegszeit, gewidmet sind, zu einer äußersten Haltung antiwilhelminischer Politik. Scheinbar wird von Frankreichs Niederlage im Jahre 1870 gesprochen und davon, daß sie notwendig war, das Offenbach-Regime des dritten Napoleon wegzufegen. »Ein Reich, das einzig auf Gewalt bestanden hat und nicht auf Freiheit, Gerechtigkeit und Wahrheit, ein Reich, in dem nur befohlen und gehorcht, verdient und ausgebeutet, des Menschen aber nie geachtet ward, kann nicht siegen, und zöge es aus mit übermenschlicher Macht. Nicht so verteilt die Geschichte ihre Preise. Die Macht ist unnütz und hinfällig, wenn nur für sie gelebt worden ist und nicht für den Geist, der über ihr ist. Wo nur noch an die Macht geglaubt wird, eben dort hat sie aufgehört zu sein . . .«[10] Auf die deutsche Welt des Untertans und seines Lohengrin-Kaisers war das gemünzt, ganz ohne Frage. Hier saß ein deutscher Schriftsteller und wartete auf die notwendige Niederlage: zugunsten einer Welt der Gerechtigkeit und Wahrheit, beseitigter menschlicher Ausbeutung. Einsamkeit macht bitter, auch ungerecht. Das gehört zum Grundcharakter aller Polemik.

In seiner Einsamkeit fand sich Heinrich Mann vom jüngeren Bruder scheinbar verlassen. Zu Kriegsbeginn hatte auch Thomas Mann in der Beschwörung einer geschichtlichen Gestalt Bekenntnis ablegen wollen. »Friedrich und die große Koalition«, das Bild des preußischen Königs im Kampf gegen die Großmächte seiner Zeit, vor allem allerdings gegen die Herrscherin in der Hofburg zu Wien, war mühelos zu konfrontieren mit Heinrich Manns Bemühung um die französische Welt des naturalistischen großen Erzählers. Wenn Thomas Mann auf der Seite des preußischen Königs stand – schließlich war Wilhelm II. dessen monarchischer Nachfolger, auch er ein König von Preußen –, so gab es keinen Zugang zu den Gedanken und Empfindungen des älteren Bruders. Hier die Losung des »Durchhaltens«, die Hoffnung auf Deutschlands Sieg – dort, mit was für Empfindungen und Erwartungen immer, die Hoffnung auf eine deutsche Niederlage. Die politische Spannung, die sich im letzten Grund darzustellen schien als Gegensatz deutscher und westlich-französischer Lebensform, als antidemokratische und demokratische Politik, als Ablehnung oder Zustimmung zur Französischen Revolution als einem zukunftsprägenden Ereignis, verband sich sicherlich auch mit persönlichen Spannungen. Anders wären Heinrich Manns ungerechte Äußerungen über den Bruder, über dessen »früh vertrocknete Schöpferkraft«, seine angebliche Lust, mit der deutschen Tagesstimmung zu reisen, schwer zu erklären. Thomas Manns Antwort auf über sechshundert Seiten, diese ›Betrachtungen eines Unpolitischen‹, die eigentlich einen riesenhaften Brief darstellen, gerichtet an den eigenen Bruder, sind nicht minder angefüllt mit Bitterkeit und Ungerechtigkeit. Der Vorwurf der tagespolitischen Opportunität wird zurückgegeben: der westlich gerichtete »Zivilisationsliterat«, und Heinrich Mann als dessen höchste Erscheinungsform, sei in einem viel ausgeprägteren Sinne verbunden mit den günstigen Winden des Tages. In seinem Sinne rufe und kämpfe die gesamte westliche Welt, nahezu die ganze außerdeutsche Menschheit. Die tiefere Einsamkeit nimmt der ›Unpolitische‹ für sich in Anspruch.[11]

Im Rückblick nach dem Ende eines zweiten Weltkrieges scheint dies alles überholt. Die Antithesen sind scheinhaft geworden. Ein zweiter Weltkrieg hat später beide Brüder in der gemeinsamen Front gesehen: gegen jenes Deutschland, das auf höchster Stufe und in tiefster Tiefe die Untertanenwelt reproduzierte und erneut zum Kriegsthema machte. Die psychologische Betrachtung kann wenig bedeuten. Vielleicht wird es in künftigen Zeiten nicht ohne Bedeutung sein, den Prozeß menschlicher Entfremdung zwischen den Brüdern zu studieren, der in den Jahren vorbereitet sein mußte, die dem ersten Weltkrieg und der großen brüderlich-weltanschaulichen Auseinandersetzung vorausgegangen waren. Nach dem deutschen Zusammenbruch 1918 blieb die Verstimmung bestehen. Kurz darauf erkrankte Heinrich Mann, und der Bruder erschien an seinem Krankenlager. Mit offenkundiger Erleichterung wurde der menschliche Konflikt beigelegt. Der jüngere Bruder Viktor Mann hat den Vorgang nicht als Versöhnung, sondern als »Wiederfinden« bezeichnet.[12] Aber die Auseinandersetzung ging weit über das Persönliche hinaus. Beide Haltungen waren

in ihrer Fundierung, trotz allen Aufgebots an schriftstellerischer Kraft, an philosophischer Grundsteinlegung, an gesellschaftlicher Bundesgenossenschaft, nur provisorisch. Heinrich
Manns spätere Entwicklung hat erkennen lassen, daß er sich im
Laufe der Jahre bei der Gleichsetzung französischer und bürgerlicher Demokratie mit dem erträumten Ziel einer Welt des
Geistes, der Wahrheit und Gerechtigkeit nicht zufriedengab.
Schon der im Krieg ausgearbeitete Roman ›Die Armen‹ ging
über die Thesen des Zola-Essays hinaus. Der Arbeiter zieht in
den Krieg mit den Abschiedsworten: »Alles wird besser, wenn
ich wiederkomme.«[13] Daß die naturalistische Ästhetik nicht als
gesellschaftlicher Fortschritt zu deuten sei, war schon aus jener
Szene des ›Schlaraffenland‹ zu ersehen, wo befrackte Herren
und Damen der Gesellschaft in hysterischer Ekstase der Arbei-
terrevolte auf der Bühne zujubeln. Die weiterführende
Erkenntnis aber wird Heinrich Mann vermittelt durch das
Erlebnis der russischen Revolution und den Aufstieg des
Sowjetstaates. Hier erst war die Französische Revolution wahrhaft weitergeführt und vollendet. »Die beiden Revolutionen
sind eine« – mit dieser Aufschrift hat der späte Heinrich Mann
seine damalige, dann treu bewahrte Erkenntnis ausgedrückt.[14]
Daß auch Thomas Mann bei seinem Rechenschaftsbericht von
1918 nicht stehenbleiben wollte und nicht stehenbleiben
konnte, hat er später bewiesen, aber schon früh gespürt. Er
schrieb sich ein Buch, einen Sorgenkomplex von der Seele, um
ihn gleichsam von sich abzuwälzen. Alles war wörtlich
gemeint, empfunden, leidenschaftlich bekannt. Ein Erlebnis
war damit erkaltet und in der Gestaltung abgetan.
Auch ist damit nicht alles gesagt. Scheinbar gab es in jenen
Jahren zwischen Heinrich und Thomas Mann nur das große
Entweder-Oder: für und wider Deutschlands Niederlage, für
und wider Zivilisation oder Kultur, Politisierung oder Behar-
rung in unpolitischer Geist- und Seelenhaftigkeit. Allein die
Positionen erwiesen sich leicht als *umkehrbar*. Die straffen
Antithesen wurden durch die gesellschaftliche Entwicklung
unversehens relativiert. Wer hatte recht behalten? Heinrich
Mann sah die kommende deutsche Niederlage vorgebildet im
französischen Zusammenbruch von 1870. Thomas Mann

bemerkte, noch während des Krieges, die Analogie passe nicht, denn Heinrich Manns »satirisch talentvolle Umfälschung« des wilhelminischen Deutschlands in ein Operettenreich Offenbachs und des dritten Napoleon sei durch die Realität der politischen Solidität des deutschen Reiches im Kriege widerlegt.[15] Der Roman vom ›Untertan‹ erscheint Thomas Mann in der Tat desavouiert durch die Ernsthaftigkeit der deutschen Kriegsanstrengungen. Dann folgt allerdings im November 1918 der Zusammenbruch, das große »Debakel«. Damit war scheinbar Heinrich Manns These bestätigt. Er selbst hatte sie inzwischen überwunden. Die russischen Ereignisse des Jahres 1917 hatten es ihm unmöglich gemacht, noch weiter bei den Perspektiven der Zola-Studie zu verharren. Die gegnerischen Positionen waren zeitbedingt und dazu bestimmt, gesellschaftlich relativiert zu werden.

Überdies waren sie von Eindeutigkeit weit entfernt. Was den Zeitgenossen und den streitenden Brüdern damals als Antinomie schroffster Art erscheinen mußte, erweist sich heute als eine höhere Gemeinsamkeit, in deren Bereich die Überschneidungen und Querverbindungen ebenso leicht aufgespürt werden könnten, wie in der Epoche der literarischen Anfänge beider Brüder. Beide Schriftsteller streben zwar danach, um es mit Thomas Manns eigenen Worten zu sagen, »das Gegenwärtige und das Vergangene sich ineinander spiegeln zu lassen«.[16] Heinrich Mann identifiziert sich mit Zola: auf der Gegenseite wird Friedrich II. von Preußen zum Zurechnungspunkt höchst persönlicher Anschauungen seines Essayisten. Unleugbar hat Heinrich Mann dabei die Identifizierung weit getrieben: »Homerische Landschaften, und darin griechisches Idyll, viel Leidenschaft auf öffentlichem Markt, hohe Unschuld und große Abgefeimtheit, heroische Ziele, die Verwirklichung aber erbärmlich zugleich und tragisch: dies ist der Beginn des zwanzigbändigen Gedichts.« Mit solchen Worten ist das Seelenklima Emile Zolas umrissen. Die Zusammenstellung der Motive aber macht es möglich, auch den seelischen Bereich und Motivreichtum der Jugendepik Heinrich Manns in ähnlichen Formeln zusammenzufassen. Heinrich Manns große Jugendromane, mehr noch beinahe die Novellen, leben mit Vorliebe in südli-

chem Licht, wenn es auch eher italienischer Himmel ist als die
südfranzösische Landschaft, der Zola und Cézanne entstamm-
ten. Auch Heinrich Manns Werk, gipfelnd in der nahtlosen
Reihe großer Frauengestalten, bietet »viel Leidenschaft auf
öffentlichem Markt«, immer wieder »hohe Unschuld und große
Abgefeimtheit«. Schon die Zuwendung des Essayisten zu seinem Gegenstand hat mit Sympathie und Identifizierung zu tun.
Emile Zola ist für den deutschen Erzähler nicht bloß der Mann
der großen Gerichtsaffäre von der Unschuld eines General-
stabsoffiziers jüdischer Abstammung. Er ist vor allem der
Sozialkritiker und Epiker einer Gesellschaftsdeutung *durch
Darstellung*. Nichts anderes hat Heinrich Mann in seinem
großen, zyklisch angelegten Roman von jeher leisten wollen.
Sozialkritische Literatur wurde auch ihm zum Mittel der gesellschaftlichen Veränderung. Damit war Zola zum Bekenntnis
Heinrich Manns geworden: unter Einbuße geschichtlicher realer Unterschiede. Die kritische Schärfe des angegriffenen Thomas Mann erkannte sogleich, daß dieser »Zola« des Essays
immer wieder überlagert werde durch den Bekenntniszwang
des Essayisten und Polemikers. Nicht zufällig findet sich auch
die Geschichte der Madame Legros eingebaut mitten in die
große literarisch-politische Studie.[17] Es war die Gestalt der
einfachen französischen Bürgersfrau, die für den unschuldigen
Gefangenen in der Bastille ein Volk um Gerechtigkeit anrief:
die Zentralfigur also von Heinrich Manns erfolgreichstem
Schauspiel, das 1917, mitten im Kriege, seine Uraufführung
erleben sollte.
Ist mithin die Zola-Gestalt Heinrich Manns auf weite Strecken
als Zurechnungspunkt gedacht für eigene Bekenntnisse des
Dichters, so gilt das weit stärker für Thomas Manns Essay über
›Friedrich und die große Koalition‹. Alle sorgfältige Dokumentierung lag zu Kriegsbeginn bereit, hatte doch Thomas Mann
lange mit dem Gedanken gespielt, den preußischen König zum
Gegenstand einer Romanerzählung zu machen; woraus schließlich eine »Schenkung« des Stoffes an den Schriftsteller Gustav
von Aschenbach im ›Tod in Venedig‹ geworden war. Bei aller
Genauigkeit der Einzeltatsachen des Friedrich-Essays wirkt
trotzdem die Gestalt Friedrichs völlig unhistorisch. Sie ist nicht

bloß ironisch gebrochen, sondern märchenhaft zurechtgestutzt für Zwecke, die mit Friedrich von Preußen nur wenig noch zu tun haben. Friedrich von Preußen hat zweifellos in dieser Darstellung die ›Welt als Wille und Vorstellung‹ mit gleicher Gründlichkeit gelesen, wie vor ihm Thomas Buddenbrook. Der Preußenkönig wirkt hier, nicht weniger als Thomas Buddenbrook, wie ein asketischer Protestant im Sinne der Studie Max Webers über ›Protestantische Ethik und Geist des Kapitalismus‹.[18] Hier wird innerweltliche Askese betrieben und dargestellt: Friedrich ist ein Bürger ohne Bourgeoisie, ein Protestant kalvinistischer Prägung, der Sachen »um ihrer selbst willen« zu tun scheint. Es genügt wohl der Hinweis auf Franz Mehrings ›Lessing-Legende‹ und ihre definitive Widerlegung solcher Zuordnung.[19] Aber es wäre ein Unrecht gegenüber Thomas Mann, zu vermuten, ihm sei dergleichen unbekannt gewesen. Auch ihm diente, wie Zola für den Bruder, die geschichtliche Gestalt Friedrichs als Vorwand für Wünsche, Möglichkeiten und Bekenntnisse.

Sind die Brüder wirklich so weit voneinander entfernt? Thomas Mann weiß, was sie miteinander insgeheim verbindet. Er hütet sich wohl, Heinrich Mann einen »schlechten Deutschen« zu nennen. »Im Gegenteil! Er kümmert sich aus allen Kräften darum, er fühlt sich im höchsten Grad verantwortlich für sein Schicksal.«[20] Auch sich selbst sieht Thomas Mann durchaus nicht im Gegensatz zu den zivilisatorischen Tendenzen der Literatur. Er selbst betreibt Literatur, die für ihn nur eine solche demokratischer und zivilisatorischer Prägung sein kann. »Die Literatur ist demokratisch und zivilisatorisch von Grund aus; richtiger noch: sie ist dasselbe wie Demokratie und Zivilisation.«[21]

Mit der Bürgerlichkeit des Buddenbrook-Dichters ist es vollends sehr zwiespältig bestellt. Thomas Mann kann die positiven Akzente seiner »Bürger« nur dadurch möglich machen, daß er diesen Bürgern nicht zu nahe auf den Leib rückt. Ihre Bürgerlichkeit wird gleichsam durch ein Fernrohr betrachtet, um sie nicht zu gefährden. Sie bleiben Sehnsuchtsbilder, betrachtet mit den Augen derer, die sich nach Bürgerlichkeit sehnen. Daß die bürgerliche Wirklichkeit halb märchenhaft verklärt, jedenfalls aber ironisch distanziert werden muß, um nicht unversehens mit Aspekten Heinrich Manns aufzutreten, hat Thomas Mann immer gewußt. Er antwortete sich selbst mit Worten Heinrich Manns: »Hast du geschlafen? Hast du die Entwicklung, nein die unvermittelte und wie durch den Stab der Circe bewirkte Verwandlung des deutschen Bürgers, seine Entmenschlichung und Entseelung, seine Verhärtung zum kapitalistisch-imperialistischen Bourgeois verschlafen? Der harte Bürger, das ist der Bourgeois. Es gibt den geistigen Bürger nicht mehr.« Man brauchte aber Thomas Mann nicht die Augen zu öffnen. Sie sind offen. Seine deutschen Bürger sind geistige Möglichkeit, nicht gesellschaftliche Wirklichkeit. Patrizische und patriarchalische Erinnerungen der Kinderzeit haben mitgewirkt. Diese Bürger sind stilisiertes Lübeck. Später wird Thomas Mann auch einmal ein stilisiertes Frankreich zu schildern suchen. Stilisierung aber entspringt einem Bedürfnis nach Symbolbildung unter Preisgabe gewisser Quantitäten der Realität. Das wird um so mühevoller, je weniger sich diese Realität zur Stilisierung eignet.

Es wirkt wie eine Erfindung des Ironikers Thomas Mann, wenn er seinen Begriff von deutscher Bürgerlichkeit ohne bourgeoisen Charakter auf ästhetische und literarhistorische Studien von – Georg Lukács stützt, nämlich auf den frühen Georg von Lukács, dessen Aufsatz über »Theodor Storm« mit der Überschrift ›Bürgerlichkeit und l'art pour l'art‹ ausdrücklich in den ›Betrachtungen eines Unpolitischen‹ als Zeugnis angezogen wird.[22] Es sind Gedanken jenes gleichen Georg Lukács, die ihr Träger in seiner Entwicklung zum marxistischen Denker im Verlauf dieses ersten Weltkrieges von sich abtun sollte.[23]

In alledem steht Thomas Mann der Position des Bruders weniger fern, als damals zu vermuten war. Das gleiche gilt in der Umkehrung für Heinrich Mann. Nur eine oberflächliche und verkennende Betrachtung der Lebensentwicklung Heinrich Manns durfte verwundert sein, in dessen Lebensbericht von 1947 über ein zu Ende gegangenes Zeitalter, eine so differenzierte Schilderung der Gestalt Bismarcks zu finden, wie sie nach dem Zola-Essay nicht unbedingt zu erwarten stand.[24]

Der deutsche Zusammenbruch des Jahres 1918 zwang beide

Teile, die einstigen Positionen neu zu überprüfen; mit ihnen zugleich das gegenseitige Verhältnis. Die Jahre der Weimarer Republik führen dann nicht bloß zum Wiederfinden, sondern immer stärker zu gemeinsamem Streben. Die bürgerliche Welt bleibt für beide das zentrale Thema. Immer härter werden aber in beider Schilderungen die Untergangselemente sichtbar: in Heinrich Manns Roman von 1928 mit dem Titel ›Eugenie oder die Bürgerzeit‹; erst recht natürlich im Roman der wilhelminischen Reichsführung, in ›Der Kopf‹, der 1925 die Bücher vom ›Untertan‹ und den ›Armen‹ ergänzt. Ein Buch des Rückblicks, der Bilanz, der Konstatierung von gesellschaftlichen Verfallselementen. Was bei Heinrich Mann mit unverkennbarer Porträtähnlichkeit aus der Vergangenheit beschworen wird, hat um die gleiche Zeit im ›Zauberberg‹ scheinbar symbolhafte Züge erhalten. Trotzdem ist auch dieses Buch ein solches der Rückblicke und Krankheitsdiagnosen: nicht bloß für die bürgerliche Welt Deutschlands, sondern die Bürgerlichkeit allgemein.

Demonstrative Gemeinsamkeit und Nähe in den Bestrebungen der Brüder ist erreicht gegen Ausgang des republikanischen Abenteuers der Weimarer Zeit. Zwei Dokumente gehören eng zusammen. Im Sommer 1928 erstattet Heinrich Mann als Präsident der »Sektion Dichtung« in der Preußischen Akademie der Künste einen Rechenschaftsbericht unter dem Titel ›Dichtkunst und Politik‹. Kaum ein Jahr später, am 16. Mai 1929, spricht Thomas Mann zu dem Thema ›Reaktion und Fortschritt‹ auf Einladung demokratischer Studenten in der Universität München.

Heinrich Manns Akademiebericht wird in einem Augenblick vorgelegt, da der preußische Staat zwar »der Dichtkunst akademische Ehren« erweist, gleichzeitig aber der Reichstag ein Gesetz »zur Bewahrung der Jugend vor Schmutz und Schund« beschließt.[25] Auf der einen Seite erhebt man die Literatur zur staatlichen Institution, doch im deutschen Parlament arbeitet man im gleichen Augenblick daran, sie gegebenenfalls der Justiz und Polizei zu überantworten. Diese Koordinierung, die praktisch der neugegründeten »Sektion Dichtung« an der Akademie alle Wirksamkeit entzieht, wird von Heinrich Mann in den Mittelpunkt seines Memorandums gestellt. Hier findet er scheinbar fortschrittliche Gedanken mit realer reaktionärer Praxis gekoppelt. Das besagt einiges über diesen Staat. Heinrich Mann unterstreicht in diesem großartigen Präsidialbericht, es handle sich um einen Klassenstaat, einen Staat der bürgerlichen Klasse. Und er weiß: »Nichts, auf der ganzen Welt nichts, ist heute so reizbar wie das bürgerliche Klassengefühl, es ist erst allmählich dahin gelangt und hat erst einige Jahre nach dem Sieg der russischen Arbeiterklasse einen begreiflichen Höhepunkt der Empfindlichkeit erreicht.«[26] In der deutschen Republik scheint es dem Präsident der preußischen »Sektion Dichtung« für die Zukunft entscheidend, ob sich jene Strömung durchsetze, die fortschrittlicher Literatur einen künftigen Einfluß einräumen möchte auf die Gestaltung der öffentlichen Dinge, oder ob es beim nackten Klassencharakter bürgerlicher Politik verbleiben werde. Im Juli 1928 bleibt die Frage offen. Heinrich Mann entscheidet nicht zwischen einer Literatur des Hasses und einer Literatur, die von einer Gesellschaft getragen wird, in deren Bereich die Gerechtigkeit praktische Übung findet. »Der Haß kann ein Mittel der Gerechtigkeit sein. Wer sie lange gewöhnt ist, braucht ihn nicht mehr.«[27] Der geschichtliche Ablauf ist bekannt. 1933 stießen Kollegen von der Akademie ihren Präsidenten Heinrich Mann aus ihren Reihen. Die Streitschrift des Dichters aus dem Jahre 1934 trug den Titel ›Der Haß‹.

Auch Thomas Manns Rede auf Einladung des Klubs der demokratischen Studenten an der Universität München vom 16. Mai 1929 hat zu tun mit der künftigen deutschen Gesellschaftsentscheidung zwischen einem Staat, gegründet auf Gerechtigkeit, auf der Anerkennung fortschrittlicher Literatur als eines notwendigen Bestandteils gesunder Entwicklung, oder dem Versinken in einer geschichtlichen Reaktion, die rückschrittlich bleibt, auch wenn sich diese Gesellschaft zu Verhüllungszwecken ein modisches Kleid aus scheinbar neuartigen Gedankenflicken angelegt hat. Merkwürdig übrigens, daß Thomas Manns Vortrag in dem ersten Abdruck August 1929 die Überschrift ›Reaktion und Fortschritt‹ trägt[28], während der gleiche Vortrag ein Jahr später in einem der Essaybände des Dichters unter dem Titel ›Die Stellung Freuds in der modernen Geistesgeschichte‹

vorgestellt wird.[29] Nun ist der Vortrag über Reaktion und Fortschritt im damaligen deutschen Leben weitgehend auf kulturpsychologischen Gedanken Sigmund Freuds aufgebaut, fällt mit ihnen aber keineswegs zusammen. Man hat den Eindruck, als habe der Autor im Jahre 1930 seine Gedanken durch die spätere Titelgebung aus dem unmittelbar politischen Bereich herausleiten wollen. Denn es handelt sich entscheidend um einen politischen Traktat. Der Klub demokratischer Studenten war 1929 bereits eine kleine todgeweihte bürgerliche Minderheit an den Universitäten. Hinter ihr stand ebensowenig eine Kraft deutscher liberaler Bürgerlichkeit wie hinter der entsprechenden politischen Partei, der »Deutschen Demokratischen Partei« und ihren damaligen Wortführern im Reichstag Theodor Heuß und Gertrud Bäumer. Das hatte sich ein Jahr vorher bereits bei dem »Umfall« der Partei in der Sache des sogenannten »Schmutz- und Schundgesetzes« gezeigt. Also einem Bereich, wo man noch am ehesten von der Partei bürgerlicher Mitte eine Haltung freisinniger Tradition hätte erwarten müssen. Es nützte den demokratischen Studenten und ihrer Partei wenig, daß sie sich bald darauf als »Deutsche Staatspartei« vorstellten und gemeinsame Sache machten mit dem »Jungdeutschen Orden« des »Hochmeisters« Mahraun, also jener neumodisch aufgeputzten Reaktion, mit der sich Thomas Mann an diesem 16. Mai 1929 auseinanderzusetzen hatte. Es gehört zur Beurteilung seiner Rede, daß auch dieser Rahmen mit betrachtet wird. Dadurch erst wird die praktische Unwirksamkeit des Appells ebenso sichtbar wie die Nähe dieser Gedanken Thomas Manns zum bitteren Präsidialbericht seines Bruders Heinrich.

Auch Thomas Mann geht es um die »Gerechtigkeit«. Es geht ihm um die Rettung des 19. Jahrhunderts gegen alle damals modische Herabsetzung durch die Lemuren der mannigfaltigen faschistischen Strömungen. Als »stupides 19. Jahrhundert« hatte der französische Royalist Léon Daudet diese Epoche bezeichnet. Thomas Mann will zeigen, wie sogar die romantischen Strömungen dieser bürgerlichen Epoche der Zukunft und dem Neuen zugewandt seien. »Das revolutionäre Prinzip, es ist schlechthin der Wille zur Zukunft, die Novalis ›die eigentlich bessere Welt‹ genannt hat. Es ist das zu höheren Stufen leitende

Prinzip der Bewußtwerdung und der Erkenntnis.«[30] Es wird
noch zu zeigen sein, daß hier gegenüber der Rede »Von deutscher Republik« aus dem Jahre 1922 eine gewandelte Anschauung der deutschen Romantik spürbar ist. Unmittelbar nach
dem Zusammenbruch von 1918 kam es dem Dichter und Redner vor deutscher Jugend darauf an, gegenüber der Nacht- und
Todessüchtigkeit die Werte geistiger Klarheit, praktischen Wirkens, zukunftsträchtigen Handelns herauszustellen. Noch
immer glaubt Thomas Mann im Jahre 1929, es komme dieser so
teuflisch mißgeleiteten Jugend darauf an, Verbindung zu finden
mit der romantischen Überlieferung. Deshalb sucht er ihr die
authentische Romantik eines Novalis, sogar die aus romantischen Quellen gespeiste Kulturpsychologie Nietzsches als insgeheim »fortschrittlich« hinzustellen: in dem Bestreben, die
deutsche Jugend zukunftsgemäßem Denken entgegenzuführen.
Diese zweckgebundene Deutung des Novalis oder Nietzsche,
die Thomas Mann später abermals in den Konturen verändern
wird, dient dem Nachweis, daß der heraufziehende Nationalsozialismus gar nichts zu tun habe mit deutscher Überlieferung
und daß er alles Recht verwirken müsse, sich als Bewegung des
Neuen und Zukünftigen darzustellen. »Hier ist von einem
modernen Unwesen die Rede und jeder sieht, daß der Begriff
der Revolution es ist, mit dessen Hilfe dieser Unfug gestiftet
wird, nämlich durch die Reaktion, die ihn usurpiert, sich darein
vermummt und es solcherart fertigbringt, daß dem geraden und
auf solche Kunststücke nicht vorbereiteten Sinn der Jugend,
wie wir sagten, das Älteste und Abgestorbenste als wunder wie
anziehende Lebensneuigkeit erscheinen mag.«[31]
Das war eine neue Etappe in der Entwicklung Thomas Manns.
Er war in der Beurteilung der deutschen Gegenwart mit dem
Bruder einig. Nur suchte er anzuknüpfen an die geistigen und
künstlerischen Elemente deutscher Spätromantik. Dadurch war
er gezwungen, die geistigen Strömungen zu kolorieren. Er
wollte damals noch nicht die Erkenntnis zulassen, die später
den ›Doktor Faustus‹ hervorbrachte: daß sich nicht ganz zu
Unrecht die Politik der Unmenschlichkeit auf den Prozeß des
bürgerlichen Verfalls, und somit auch auf Nietzsches Erbe,
berufen durfte. Die Zukunft mußte also Enttäuschung und

Zorn provozieren. Heinrich Mann kannte den Haß, aber kaum Zorn und Enttäuschung. Den Unterschied hat er mit Schärfe später in jenem Abschnitt seines Erinnerungsbuches aufgezeichnet, der die Überschrift trägt ›Mein Bruder‹.[32] Thomas Manns Entwicklung ist darin durch den älteren Bruder gedeutet: »Der Schmerz über einen sittlichen Zusammenbruch ist stärker, als wenn Städte untergehen. Er hatte Deutschland sittlich gesichert geglaubt. Daher ein Zorn, der nichts nachgibt.«[33] Das späte Schaffen der Brüder fügt sich wieder zu einer Gemeinsamkeit: wie in den Anfängen. Nicht bloß in der politischen Haltung, die in beiden Fällen gegenüber dem Nationalsozialismus, dem Faschismus, aber auch den Neuformungen bürgerlicher Reaktion klar genug ist. War das sozial-kritische Element, die Abgrenzung von einer eiternden und insgeheim irreal gewordenen Bürgerwelt an beiden Anfängen spürbar, an der Beschreibung des ›Schlaraffenland‹ wie den Bürgergestalten der ›Buddenbrooks‹ und der frühen Novellen, so steht beider Spätwerk unter dem Versuch, geistigen Anschluß zu finden an eine Tradition, die hinüberzuleiten vermöchte in eine neue gesellschaftliche Zukunft. In märchenhaft utopischer Form sucht sie Thomas Mann im Bilde Josephs, des Ernährers, des »humanistischen Planökonomen«, wie man parodistisch sagen könnte angesichts eines Werkes, das der Parodie selbst einen so großen Raum beläßt. Die geistige Neuformung des Humanismus gewinnt sich Thomas Mann aus der Beschäftigung mit Gestalt und Substanz Goethes. Heinrich Mann stellt sich das gleiche Thema mit der Gestalt des »guten Königs Heinrich« von Frankreich, der in einer Epoche schwerster gesellschaftlicher Konflikte lebt und als Humanist zu leben sucht. In beiden Fällen werden die Anfänge bürgerlicher Gesellschaft und Kultur beschworen, um ihr »unsterbliches Teil« mit neuen Formen des Humanismus zu amalgamieren. Darum sind auch die zwei Alterswerke, die jedesmal ein »Buch des Endes« bedeuten, nicht gegenüber neuen Entwicklungen verschlossen. Weder ›Doktor Faustus‹ noch Heinrich Manns Roman ›Der Atem‹. Sie klingen zwar aus in Worten der Müdigkeit und des Abschiednehmens. Aber gestaltete Vergangenheit ist durch diese Gestaltung bereits selbst in eine neue Entwicklung einbezogen.

Der ›Untertan‹ Heinrich Manns bleibt Darstellung sogenannt
»deutscher Menschen«. Als Ausklang dieses Buches, das moti-
visch und kausal in den ersten Weltkrieg hinüberleitet, ergab
sich die Frage, wie es überhaupt möglich sein konnte, solche
deutsche Wirklichkeit des ›Untertan‹ mit den Forderungen des
Künstlertums zu versöhnen. Künstlertum aber verstanden die
Brüder Mann damals übereinstimmend als Raffinement, Verfeinerung des Lebens, des Stils, der Seele. Diederich Heßling, der
›Untertan‹, erschöpft seine geistigen Bedürfnisse in der Identifizierung mit Lohengrin, mit dem A-Dur-Zauber der geteilten
Geigen und der Herrschergebärde des schönen Unnahbaren aus
dem fernen Land, gegenüber einer Gesellschaft, die sich ihm
untertan weiß und die, in der Gestalt der »Mannen« und
Gefolgschaftsleute, während der Dauer des »Stückes« jeweils
neuen Herrschern leidenschaftlich und vollkommen passiv
zujubelt. Es zeigte sich, daß dies gleiche Lohengrin-Problem
(diesmal nicht in satirischer, sondern in ironischer Tönung)
auch in den ›Buddenbrooks‹ eine entscheidende Rolle spielte.
Wenn das Schulerlebnis, die Welt des Herrn Oberlehrers Mantelsack, für den kleinen Hanno die Wirklichkeit bedeutete, so
war der Lohengrin sein geistiges Erlebnis, dessen Bann er sich
am Montagmorgen wieder entwinden muß, um aus der Lohen-
grin-Welt in den Bereich der preußischen und lübischen Schule
zurückzufinden. Im Verhältnis dieser Erlebnisse, der Schule als
Wirklichkeit und der Wagner-Oper als Künstlichkeit, enthüllt
Thomas Mann die Spannung zwischen beiden Welten. Musik
bildet die Überleitung und gleichzeitig das Symbol der Unüber-
brückbarkeit. Bürger und Künstler bleiben in solcher Welt
völlig voneinander getrennt. Wenn die künstlerische Natur des
Letzten aus dem Geschlecht der Buddenbrooks mit der Musik
ernst macht, entgleitet ihm die Wirklichkeit, oder sie wird ihm
unerträglich in ihrer Geistverlassenheit. Wenn jedoch diese
selbe Musik von Heinrich Manns ›Untertan‹ zum Bestandteil
solcher geistentfremdeter Wirklichkeit mißbraucht wird, bleibt
dies eben Mißbrauch. In solchem Falle wurde auch die Kunst

Richard Wagners in den Bereich des Hochstaplerischen einbezogen.

Welche Rolle dabei der Kunst, besonders der Musik, zugedacht
war, mehr noch: *welche* Art von Musik einer solchen Rolle
gewachsen sein mochte und welche nicht, das gehört zu den
bedeutsamen Themen in Thomas Manns zweitem großen
Roman, der ›*Königlichen Hoheit*‹. Wagner-Musik hatte von
den frühen Anfängen her in Thomas Manns Lebensmotiven
eine entscheidende Rolle gespielt. Sie hatte dabei jene »doppelte
Optik« bewahrt, die schon Nietzsche an ihr aufgewiesen hatte:
höchste Verfeinerung und Künstlichkeit zur Berauschung der
Kenner – und strömende Sinnlichkeit zur Verzauberung der
Massen.[1] Als Genußmittel für den »Bürger« und Untertanen
Diederich Heßling, wie den »Künstler« Hanno Buddenbrook.
Es mußte an dieser Musik und ihrer Beziehung zum bürgerlichen Verfall liegen; es mußte sich in dieser Wagner-Musik auch
ein künstlerischer Verfall vollziehen, wenn solche Kunst die
schwankende Aufgabe zu erfüllen hatte, gleichzeitig die
»machtgeschützte Innerlichkeit« des geistigen Menschen im
Hohenzollernreich zu erfüllen – und der real-mächtigen Äußerlichkeit des siegreichen Bürgertums als glanzvolle Fassade zu
dienen. Diese doppelte Funktion konnte in der Kunst Richard
Wagners geleistet werden. Mozart und die Welt des klassischen
deutschen Humanismus hätten das nicht vermocht. Sie hätten
nur die Unvereinbarkeit von spätem Bürgertum und frühbür-
gerlicher Humanität erneut und schmerzlich unterstrichen. Die
›Zauberflöte‹ ist dem deutschen Professor aus der Schule Nietzsches, Herrn Doktor Raoul Überbein, der den jungen Prinzen
Klaus Heinrich zu unterrichten hat, nur noch Anlaß des Hoh-
nes. Für Klaus Heinrich, die königliche Hoheit, und den
bürgerlichen Intellektuellen der Wilhelminischen Zeit, den man
ihm zum Lehrer bestellte, gibt es bloß noch die Realität der
Macht, nicht mehr die Menschlichkeit; bloß noch die Untertanenwelt und die Machtgebärde des Monarchen, nichts mehr
aber von jenem Geist Sarastros, der erklärt hatte, Tamino sei
»mehr als ein Prinz«: er sei ein Mensch. Der Abgrund klafft
zwischen der Welt der Zauberflöte und der Welt Richard
Wagners, zwischen dem klassischen Humanismus der Goethe-

Zeit und der Macht- wie auch der Sterbenssehnsucht aus der
Nachfolge Schopenhauers und Nietzsches; zwischen der Welt
der in sich geschlossenen musikalischen Form und jener des
Musikdramas mit seinen Leitmotiven; zwischen der Welt des
humanitären bürgerlichen Ethos und der spätbürgerlichen, ent-
sagenden, auflösenden Ironie. Um es in einem Begriff zusammenzufassen: zwischen der Welt bürgerlichen Aufstiegs und
spätbürgerlichen Zerfalls. Alles findet sich als Bodensatz in den
Versuchen des jungen Thomas Mann, die deutsche Wirklichkeit
seiner Zeit zu deuten und mit der eigenen Existenz des Künstlers und Bürgers in solcher Realität zu versöhnen. Aber schließlich scheitern alle Versuche: sie scheitern entweder als Werk –
oder sie scheitern im Werk.
Die Spiegelung Deutschlands durch den Hochstapler, die Spiegelung als Hochstapelei mißlingt und bleibt Fragment. Die
frühen Novellen enden jedesmal mit Katastrophe und seelischem Absturz. Hanno Buddenbrook stirbt an einer Krankheit
zum Tode, die längst vor Ausbruch der körperlichen Erkrankung eingesetzt hatte und beides ist: Krankheit des kleinen
Künstlers und Krankheit der ihn bedrohenden Wirklichkeit.
Das Märchen von der »Königlichen Hoheit« bleibt ironisch
gebrochene Utopie.
Dieser Roman ist häufig mißverstanden worden. ›Königliche
Hoheit‹ ist ein Märchen, ein ironisches Märchen. Aber gleichzeitig ein tieftragischer, deutscher Versuch einer unmöglichen
Synthese: der Versuch nämlich, das Bismarck-Reich, die bürgerliche Welt im Bismarck-Reich, die nationalliberale Politik,
um es ganz zugespitzt zu sagen, mit den Erbschaften und
Vermächtnissen des klassischen deutschen Humanismus zu
einer vergeblichen, unmöglichen Synthese zu vereinigen. Jene
Synthese aus Goethe und Bismarck, wie sie das liberale Bürgertum im Wilhelminischen Reich immer wieder versucht hatte,
war gescheitert. Es ist die Tragik der Geschichtsschreibung
Friedrich Meineckes, versucht zu haben, in der Form einer
»Geistesgeschichte« diese Synthese aus wilhelminischer Wirklichkeit und einem blaßgewordenen, im Grunde nur schemen-
haft noch weiterwirkenden goethischen Erbe versucht zu
haben.[2] Daran scheiterte auch Klaus Heinrich. Denn die »for-

male Existenz« des Monarchen oder Prinzen bedeutete Scheitern. Sie ist eine formale, in der Wirklichkeit nicht verwurzelte Existenz, die zum Anachronismus wurde. Wesensgleich mit der Formalexistenz des Künstlers, besonders des Schriftstellers in jener gleichen Welt. Denn auch der Schriftsteller ist in dieser Wirklichkeit zur formalen Existenz, zur Kulturfassade verurteilt. So scheitert jene Synthese aus Goethe und Bismarck, die im Grunde selbst ein Märchen und eine »Zumutung« ist. Wenn Klaus Heinrich in der Vermählung mit der amerikanischen Dollarmilliardärstochter, mit Imma Spoelmann, die Synthese aus geistig-formaler Existenz des Monarchen und des geistigen Menschen mit der Realität der kapitalistischen Alltagswirklichkeit zu schaffen bemüht ist, so bleibt das ein Märchen, ein tragisches Scheitern.

Noch eine weitere Synthese aus Bismarck und Goethe, aus Macht und Innerlichkeit wurde von Thomas Mann in jener Zeit des beginnenden 20. Jahrhunderts versucht und verworfen. Jenes Unterfangen, das deutsche Problem in der Gestalt Friedrichs II. von Preußen sichtbar zu machen. Thomas Mann hatte wohl noch an die ›Lessing-Legende‹ geglaubt, wie Franz Mehring diesen Komplex benannt hat. An das Märchen, wonach Friedrich von Preußen, wenn auch widerwillig, zum Protektor und Motor der klassischen deutschen Literatur geworden sei. Damit aber glaubte Thomas Mann in der Gestalt dieses Königs eine Synthese des Künstlers und des Trägers absoluter Macht darstellen zu können. Der Plan mißlang; er mußte mißlingen, denn Friedrichs »aufgeklärter Despotismus« bedeutet, von allem Politischen abgesehen, eben nicht die Synthese aus dem privaten Intellektuellentum des Monarchen und seiner monarchischen Funktion. Die Machtentfaltung Friedrichs war *nicht* vom Geistigen gespeist, schon gar nicht vom Geist des Künstlers und des Literaten. Die Geistigkeit der »Tafelrunde« blieb genauso irreal und ohnmächtig, wie die Beziehung des spätbürgerlichen Künstlers zur Wirklichkeit seiner Generation. Die Epigramme und literarischen Debatten von Sanssouci sollten, nach dem Willen des »königlichen Philosophen«, unverbindliche Tafelfreude bleiben, ohne alle Beziehung zur Forderung des Tages. Die Welt Friedrichs war genauso zerspalten, genauso geistfremd offenbar, wie jene der spätbürgerlichen Lebensform. Auch sie war die späte Welt eines Verfalls, wenn auch erlebt und getragen von anderen Kräften der Herrschaft. Thomas Manns erster Versuch, Fragen seiner Gegenwart in der Form der Historie und in der Kunstform des historischen Romans zu lösen, scheiterte nach Anlage, Ziel und Gegenstand.

Überschaut man die bisherigen Arbeitsmotive Thomas Manns, bis zur Zeit des ersten Weltkrieges, jenen Komplex, der in Werkgestalt gebildet wird durch ›Buddenbrooks‹ und ›Königliche Hoheit‹, durch die frühen Novellen und autobiographischen Versuche, durch die Fragmente des ›Hochstaplers Felix Krull‹ und des Friedrich-Romans, so hat man alle Motive beisammen, die Thomas Manns Verhältnis zu Deutschland auch in den kommenden Jahrzehnten der späteren Werke bestimmen sollten: Musik und Ironie, Bürgerlichkeit und Künstlertum, Leitmotiv und absolute musikalische Form, klassischen Humanismus und Nietzsche-Geist, Macht und Innerlichkeit, Geist als Verantwortung und Geist als Ausflucht oder Gepränge. Von hier aus ließe sich bereits jene merkwürdige Kurve nachzeichnen, die von den ›Buddenbrooks‹ zum ›Doktor Faustus‹ führt, und die eigentlich einen Kreis bedeutet, oder eine Spirale, indem der ›Faustus‹ auf erhöhter Stufe die Motive der ›Buddenbrooks‹ wiederaufnimmt, gleichzeitig aber abwandelt und verwandelt, entsprechend der so entscheidend gewandelten deutschen Wirklichkeit.

Noch aber ist eines anderen Themas zu gedenken, das gleichzeitig ein Thema Thomas Manns ist wie Deutschlands. Man kann es mit dem Begriff der *Erziehung* umreißen, oder auch mit jenem des deutschen Romantyps in der Neuzeit, oder auch mit jenem Goethes.

Es mag ein Gemeinplatz sein, wenn man die spezifische deutsche Romantradition als eine solche des »Erziehungsromans« kennzeichnet. Fragwürdig wird diese Charakterisierung, will man daraus ein Werturteil, gar eine positive Akzentuierung ableiten. Merkwürdig ist es jedoch, daß die erfolgreichsten und auch folgenreichsten deutschen Romane fast immer den Weg eines einzelnen durch die verschiedenen Etappen einer Gesellschaft zu schildern suchen. Wobei immer mehr und immer wieder die gesellschaftlichen Kreise, wie sie der Erziehungsweg berührt, als bloße Durchgangsetappe verstanden werden, und Wert nur dadurch besitzen, daß sie zur eigenen Entwicklung des »Helden« beitragen. Das Muster und immer wieder nachgeahmte Vorbild boten natürlich ›Wilhelm Meisters Lehrjahre‹; allein es läßt sich nicht leugnen, daß auch so merkwürdige deutsche Romane vor Goethe, wie Grimmelshausens ›Simplizissimus‹ oder, im 18. Jahrhundert, der ›Anton Reiser‹ von Karl Philipp Moritz, die gleiche Struktur besitzen, und gleichfalls den Hauptakzent legen auf die geistig-seelische Entwicklung des Helden, des Individuums, das sich niemals als Bestandteil der Gesellschaft fühlt, sondern immer nur als Durchreisender, dem die »Welt« zum Objekt eigener Individualität werden soll.

Vergleicht man solche Romantradition mit jener der Franzosen, der Engländer des 18. und 19. Jahrhunderts, der Russen in ihrer Entwicklung von Lermontow oder Gogol bis zu Gorkij, so werden die Unterschiede klar spürbar.[3] Auch in ihren psychologischen Romanen des 17. und 18. Jahrhunderts geben die französischen Erzähler und Moralisten das Bild einer Gesamtgesellschaft, deren Primat für sie von vornherein feststeht; ihre Helden und Heldinnen werden stets als fester und integrierender Bestandteil der gesellschaftlichen Wirklichkeit behandelt. Nicht anders Dickens und Thackeray, Tschernyschewkij und Dostojewskij, zu schweigen von Balzac, Flaubert oder Zola. Sogar Leo Tolstoi, dessen dichterische Entwicklung ihn dazu führte, seine Helden immer mehr aus der Gesellschaft herauszuführen, was in der ›Auferstehung‹ schließlich zur Separierung der individuellen und gesellschaftlichen Entwicklung führen sollte, ließ in der Kraft seiner großen Gesellschaftsfresken nicht den mindesten Zweifel aufkommen an der die Eigengewalt des Gesellschaftlichen.

Anders der deutsche Roman des 19. Jahrhunderts. Nur ein einziger jener Helden, die Wilhelm Meister nachzustreben suchen, der ›Grüne Heinrich‹ Gottfried Kellers, gelangt schließlich zur Synthese zwischen der eigenen geistigen Bemühung und den Forderungen der sozialen Gemeinschaft.[4] Die übrigen Romanhelden bleiben im Individuellen wie im Gesellschaftlichen schließlich »problematische Naturen«, um den

Titel eines Romans von Spielhagen anzuführen. Sie erleben einen Prozeß seelischer Vereisung, wie im ›Abu Telfan‹, oder im ›Schüdderump‹ Wilhelm Raabes; sie kapseln sich ab in der Hungerpfarre an der Ostsee, zerbrechen an der Gesellschaft, wie Effi Briest, oder erleben den Kompromiß mit ihrer Umwelt gleichzeitig als Bankrott des eigenen jugendlichen Strebens, wie in den ›Irrungen, Wirrungen‹ des gleichen Theodor Fontane. Oder aber – und das ist kein Widerspruch – sie fühlen sich scheinbar von der Gesellschaft getragen, schwimmen mit im Strom, wie die Helden von ›Soll und Haben‹: dann aber rächt sich solche »schlechte Versöhnung« mit der Wirklichkeit als künstlerische Unechtheit. Dann ist zwar der Held mit seiner Umwelt im Einklang, doch die Umwelt selbst ist unecht, verfälscht.

Dies war vorauszuschicken, um den besonderen Platz anzudeuten, den die ›Buddenbrooks‹ seit ihrem Erscheinen in der literarischen und auch gesellschaftlichen Entwicklung einnehmen sollten. Schon in den ›Buddenbrooks‹ spürt man die »Krankheit zum Tode«, um ein Wort Kierkegaards anklingen zu lassen: zunächst scheinbar nur als Krankheit einer Familie, hinter der aber bereits die Krankheitselemente einer ganzen Gesellschaft ahnungsvoll hervortreten, um später im ›Zauberberg‹ die umfassendere Darstellung und Deutung zu erhalten. Es ist bezeichnend, daß Thomas Manns erster großer Roman zu Beginn die Familie Buddenbrook in einem historischen Augenblick zeigt, im Oktober 1835, im Zeitalter der Julimonarchie: kurz nach Goethes Tod. Das beginnende 19. Jahrhundert besitzt auch in dieser Familie einen gesellschaftlichen Habitus, der intakt ist. Beruf und Familienleben, geistiger Anspruch und gesellschaftliche Repräsentation befinden sich verhältnismäßig gut im Gleichgewicht. Auch hier spürt man bereits gewisse »feuchte Stellen«: Züge von krankhaftem Geiz, von Familienhaß und ungesunder Ehestifterei unter der Oberfläche des wohlgesitteten und programmäßig ablaufenden Familienlebens. Bald mehren sich die Züge der Fragwürdigkeit: Schrullen und zugespitzte Eigentümlichkeiten eines normwidrigen Verhaltens; Pietismus und geschäftliches Versagen, als ein Versagen vor den Geschäften; Ehekrisen, deren Permanenz ein gestörtes

Problem des Kontaktes zur Umwelt ahnen läßt; die Ehe schließlich von Thomas und Gerda Buddenbrook, die gleichfalls normwidrig ist, als eine Synthese von Bürgertum und Künstlertum, welche fragwürdig bleiben muß und immer wieder von neuem herzustellen bleibt. Bis der Verfall der Familie sich fortschreitend im Simultanprozeß von seelischer Verfeinerung und seelischer Vereisung äußert. In seiner Abkapslung im Hinterzimmer, wo er der Welt Arthur Schopenhauers begegnet, ist Thomas Buddenbrook bereits aus der Gesellschaft herausgefallen. Hier ist er echt, jenseits aller äußerlichen sozialen Repräsentation, die ihm längst rein formelhaft geworden war und das gestörte Verhältnis von Individuum und Gesellschaft nur mühsam verhüllte. Weshalb auch der Tod des Senators so gar nicht »repräsentativ« sein wird, ganz wie der venezianische Tod bei dem repräsentativen und konservativen Schriftsteller Gustav von Aschenbach. Hanno Buddenbrook schließlich ist nur noch Musik, Ironie gegenüber der Gesellschaft, unwirsches und distanziertes Verhalten zur Schule, zur erlebten und erlittenen deutschen Wirklichkeit. So aber kann man nicht leben. Es ist Zufall, wenn er am Typhus stirbt, ganz wie es Zufall ist (oder auch wieder kein Zufall), in welcher Art Gustav von Aschenbach im ›Tod in Venedig‹ jenes Erlebnis auf dem Wege findet, an dem er untergehen soll.[5] Wichtiger ist, daß er vorher bereits zum Untergang gezeichnet war. So kann man nicht leben. Hanno Buddenbrook, und auch Gustav von Aschenbach, scheitern an der Tatsache, daß ihr geistiges Sein mit dem Dasein der gesellschaftlichen Umwelt nicht mehr zum Einklang gebracht werden kann. Ihre seelischen Erlebnisse sind nicht mehr solche, die innerhalb der Gesellschaft realisierbar wären. Ein weiter Weg aber ist damit durchmessen, blickt man auf jene Lösung zurück, die Wilhelm Meister nach Absolvierung seiner Wanderjahre innerhalb der Umwelt gefunden hat: als Synthese aus geistiger und manueller Arbeit, in der Tätigkeit des Wundarztes, der gleichzeitig Praktiker ist, Träger geistiger Erfahrungen und sozialnützliches »Organ« des gesellschaftlichen Ganzen.

Indem wir in ›Buddenbrooks‹ den Endprozeß des deutschen Erziehungsromans sehen, die umgestülpte Pyramide, so zeigen wir gleichzeitig Thomas Manns Vision von Deutschland. Erst in solcher Beziehung zwischen den ›Buddenbrooks‹ und dem Hochstaplerthema, den »Harmonieübungen« des Prinzen Klaus Heinrich und des Hochstaplers Felix Krull, Friedrichs von Preußen und der Frau Toni Buddenbrook-Grünlich-Permaneder, enthüllt sich die Fülle der Konflikte und Dissonanzen, mit denen Thomas Manns Erzählkunst seit den Anfängen befaßt ist.

Alle Motive werden einmal noch, auch theoretisch, zusammengefaßt in jenem Buch Thomas Manns, das am Abschluß seiner Jugend- und frühen Mannesentwicklung steht: *in den ›Betrachtungen eines Unpolitischen‹*. Der Dichter liebte dies Buch nicht sehr. Mit halb verlegenem Lächeln hatte er es nach der Fertigstellung aus der Hand gelegt: als ein Gebilde übersteigerter Rechtfertigung und Anklage, als Versuch einer Positionsbestimmung, bei dem die Gegenpositionen deshalb so stark abgelehnt sind, weil man insgeheim ihnen eine gewisse Herrschaft über das eigene Denken eingeräumt hatte. So haben die ›Betrachtungen eines Unpolitischen‹ ihre Wirkung in der Geschichte deutscher nationalistischer Bestrebungen nicht verfehlt. Mit Recht konnte der französische Germanist Edmond Vermeil 1938[6] in seinem Buch über die geistigen Vorläufer der Hitler und Rosenberg, im Gesamtüberblick über alle »Theoretiker des deutschen Nationalismus im 20. Jahrhundert«, neben den Spengler und Jünger und dem Kreis um Stefan George, auch Walther Rathenau und eben Thomas Manns ›Betrachtungen eines Unpolitischen‹ einordnen.

Hier wurde einmal noch der Versuch geistiger Sinngebung aller Jugendträume und Jugendbemühungen unternommen. Allein Thomas Mann ahnt, daß seine Beispiele und polemischen Entgegensetzungen nicht loyal gewählt sind. Die politische Aufklärung erschöpft sich doch nicht im Typus des »Zivilisationsliteraten« vom Schlage d'Annunzios; die bürgerliche Demokratie, so fragwürdig sie sein mag, läßt sich in ihrer Größe und Grenze nicht mit Dostojewskijs Hohn über das »Städtchen Paris« als Stätte europäischer Umwälzungen annullieren. Thomas Mann hat in seinen späteren Reden und Werken zu eindeutig auch die großen Seiten der bürgerlichen Demokratie und Emanzipation, der Menschenrechte und Theorien sozialer Erneuerungen erkannt und dargestellt, als daß er mit gutem Gefühl den summarischen Urteilen seines Buches zuschauen könnte. Wesentlicher als die negativen Positionen sind jene Sinngebungen, mit denen Thomas Mann die deutsche kulturelle Wirklichkeit zu deuten und zu verklären strebte. Die Welt der Romantik wird aufgerufen: die holde, gesellschaftsfremde und »unpolitische« Gestalt von Eichendorffs ›Taugenichts‹; der Endpunkt der Schopenhauer-Philosophie; eine Abkehr von der Gesellschaft in Hans Pfitzners ›Palestrina‹; Friedrich Nietzsches Deutung des Vorspiels zum ersten Akt der ›Meistersinger‹, als einer deutschen Antwort auf die politische Sinngebung der außerdeutschen, westlichen Welt. Aus alledem soll der Nachweis geliefert werden, daß des Deutschen Verhältnis zur Politik mit Notwendigkeit asketisch, unverstehend, apolitisch sein müsse: als Verhältnis eines geisterfüllten, eben darum aber gesellschaftsfremden Volkes. Denn im Sinne Nietzsches, im Sinne der Wagner-Musik, im Sinne jener Gleichsetzung von geistiger Existenz und gesellschaftlicher Einsamkeit muß die höchste Form geistiger Verfeinerung mit der stärksten Abkapselung vom sozialen Geschehen zusammenfallen. Dies soll angeblich deutsche Mission und Wirklichkeit sein.

Der spätere Thomas Mann hat alles von Grund auf revidiert. Es war abermals ein ironisches Märchen, eine musikalische rhapsodische Phantasie, was hier geboten wurde, ähnlich der ironischen Hochzeit der ›Königlichen Hoheit‹ mit der ›Dollarprinzessin‹. Wie wenig das wilhelminische Deutschland jenem Traumbild aus Nietzsche-Aphorismen und Meistersinger-Akkorden, aus Eichendorff-Romantik und geistiger Verfeinerung entsprach, wie sehr die Politiker und Generale Wilhelms II. um höchst reale Ziele kämpften, ist bekannt und von Thomas Mann später immer wieder selbst formuliert worden.[8]

Die *erste kritische Distanzierung* von der Welt Wilhelms II., dieses »Talentes«, wie Thomas Mann spöttisch bemerkt, wird öffentlich in der Rede ›Von deutscher Republik‹ vollzogen: »Wir bissen uns lächelnd auf die Lippen, wenn wir hinblickten, wir sahen uns nach den Mienen der anderen um in Europa, wir suchten darin zu lesen, daß sie uns nicht für das Lustspiel verantwortlich machten, was sie aber doch taten; wir wollten hoffen, daß sie zwischen Deutschland und seiner Repräsentation unterschieden, wozu sie von weitem schwer imstande waren – und wandten uns den kulturellen Dingen wieder zu, melancholisch durchdrungen von der Gottgewolltheit des Hergebrachten, des beziehungslosen Auseinanderfallens von politischem und nationalem Leben.« Seltsames Bekenntnis. Ist damit doch alle Reduktion des »Deutschen« in den ›Betrachtungen eines Unpolitischen‹ von Grund auf entwertet. 1918 sollten in bekenntnishafter Form die »kulturellen Dinge als echte Substanz des deutschen ›nationalen Lebens‹« erkannt werden: gerade daran, daß sie *nicht* »politisch« waren. 1922 wird zugegeben, daß diese Lehre, der Liebe zu Deutschland entspringend, wie aller Eros, auch der pädagogische, einem Bewußtsein des Mangels entstammt. *Weil* im Zeitalter des wilhelminischen Imperialismus geistiges und politisches Leben auseinanderklafften, rief Thomas Mann in Kriegszeiten die nationale Kultur als »unpolitische« auf, das ganze Deutschland provisorisch zu repräsentieren. Auch das war märchenhaft: wie die Ehe Klaus Heinrichs mit Imma Spoelmann! Dieses ersehnte Deutschland Eichendorffs oder auch Schopenhauers war Thomas Manns eigenste Sehnsuchtsschöpfung. Die Wirklichkeit las man im ›Schlaraffenland‹, im ›Untertan‹, auch in Carl Sternheims Komödien ›aus dem bürgerlichen Heldenleben‹. Im Grunde hatte Thomas Mann das immer gewußt. 1922 sprach er es aus.

Alles ist seit Ausgang des ersten Weltkrieges der Selbstwiderlegung solcher Thesen gewidmet. Es gehört zu den pädagogischen Seiten der Ironie Thomas Manns, daß er vieles von seinen eigenen, einstmals so ernsthaften Bekenntnissen und Illusionen später im ›Faustus‹, eigentlich auch schon im ›Zauberberg‹, zu Elementen einer kritischen Gesamtdeutung der Gesellschaft benutzt; die er gerade dadurch überwindet, daß er sie in einem dialektischen Sinn aufhebt, also gleichzeitig widerlegt und zu Bausteinen einer umfassenderen Neugestaltung verwendet. Auch die ›Betrachtungen‹ sind fragmentarisch geblieben. Sie beginnen scheinbar ohne Komposition und enden ebenso unvermittelt, wie sie einsetzten. Auch hier enthüllt sich ein Scheitern.

An einer verborgenen Stelle der Erzählung vom ›Tod in Venedig‹ hat Thomas Mann ein kleines Inventar seiner Lieblingsthemen und Motive aufgenommen. So wie er später das tonsetzerische Werk des Musikers Adrian Leverkühn »komponieren« sollte, wie er, in der Novelle ›Unordnung und frühes Leid‹, das Arbeitsgebiet des Historikers Professor Cornelius abzustecken wußte, hat er dem Leser nicht vorenthalten wollen, welcher Art die Schriftstellerei Gustav von Aschenbachs gewesen war, die ihm den Weltruhm eintragen sollte. Es zeigte sich, daß Aschenbachs Themen in beängstigender Nähe jener Motive standen, mit denen sich auch der Epiker Thomas Mann befaßte. Aschenbach hatte ein großes episches Werk um die Gestalt Friedrichs II. von Preußen vollendet, woran Thomas Mann gescheitert war. Er hatte Themen behandelt, die der Dichter in folgender Weise umschreibt: »Die elegante Selbstbeherrschung, die bis zum letzten Augenblick eine innere Unterhöhlung, den biologischen Verfall vor den Augen der Welt verbirgt.«[1] Woran man ohne Mühe die innere Spannung Thomas Buddenbrooks, wenn nicht überhaupt das geheime Leitmotiv des Familienromans zu erkennen vermochte. Gustav von Aschenbach behandelt Themen wie die folgenden: »Die liebenswürdige Haltung im leeren und strengen Dienst der Form; das falsche, gefährliche Leben, die rasch entnervende Sehnsucht und Kunst des geborenen Betrügers« – worin man jene Künstlerstudien aus den Novellen des jungen Thomas Mann, ausdrücklich auch das Thema des Hochstaplers Felix Krull wiederfinden kann. Unverhohlen hatte die Erzählung vom Zusammenbruch des Schriftstellers Aschenbach wichtigste Bestandteile aus Thomas Manns erzählerischem Bereich in sich aufgenommen. Man wird bei Thomas Mann immer wieder entdecken können, daß er nachhaltige Bildungserlebnisse oder Stoffwelten, die er nicht zum zentralen Thema einer eigenen Schöpfung zu machen entschlossen ist, wenigstens in die Geschichte seiner Helden einzubauen liebt. So hatte er es bereits mit dem Schopenhauer-Erlebnis Thomas Buddenbrooks und dem Wagner-Erlebnis des kleinen Hanno gehalten, um später ein ganzes Arsenal »kleinerer« geistiger Erschütterungen, von der Ode Klopstocks bis zu den Sonetten Shakespeares, in der Lebensbeschreibung des deutschen Tonsetzers Adrian Leverkühn unterzubringen.

Hinter jener Charakteristik des Schriftstellers Aschenbach spürt man natürlich die Sorge Thomas Manns, seine eigene Art des Dichtertums zu rechtfertigen und zu umreißen: jene mühevoll aufbauende, nach täglichem Programm komponierte Dichtung, die schließlich »als ein Trotzdem« dasteht. In ähnlicher Weise erkennt man das Thema des Schriftstellers Thomas Mann in der Novelle von Friedrich Schillers ›Schwerer Stunde‹[2], auch die Selbstdarstellung Thomas Manns in seiner Rede zum Gedenken Lessings.[3] Allein neben solches persönliche Anliegen tritt in der Darstellung des Schriftstellers Gustav von Aschenbach der Bericht über einen geistigen Auflösungsprozeß, der lange schon angelegt war, ehe er in der Form plötzlicher Reiselust, jäh ausbrechender Sinnlichkeit, in einem allgemeinen Taumel dem Tode sich dargeboten hatte.

Thomas Mann war zu Beginn des ersten Weltkrieges mit seiner bisherigen Art, die Umwelt zu verstehen und zu gestalten, an einem Wendepunkt angelangt. ›Königliche Hoheit‹ war sein zweiter, vorerst letzter Roman: als ironisches Märchen, dessen utopische Unwirklichkeit auf der Hand lag. Alle anderen Themen waren gescheitert: der weitausgreifende Plan der Synthese aus Geist und Macht im Rahmen preußischer Geschichte, und die Synthese aus Bürgerlichkeit, Hochstapelei und Künstlertum in der Gestalt Felix Krulls. Jetzt verwies die Erzählung vom ›Tod in Venedig‹ alles in den schriftstellerischen Nachlaß Gustav von Aschenbachs. Hier waren alle Pläne zu Ende geführt, aber auch mit dem Schicksal eines Todgeweihten verknüpft. Die ›Betrachtungen eines Unpolitischen‹ hatten noch einmal von der Seite des Essayisten Thomas Mann eine Bilanz versucht, doch auch sie blieb romantisches Fragment: unvollendet und unvollendbar. Nun mußte etwas Neues kommen, das ganz andere. Die bisherige Wirklichkeit und Umwelt war ebenso abgeschritten wie der Umkreis des dichterischen Talents, so weit er mit dieser Umwelt (und nur mit ihr) befaßt war. Man wird die Schlußkapitel des späteren ›Zauberberg‹ zur

Ergänzung heranziehen müssen, um Thomas Manns Stimmung am Vorabend von 1914 zu verstehen, denn dieser Roman aus Thomas Manns Mannesjahren endet bekanntlich mit jenem Donnerschlag, der Hans Castorp aus dem verzauberten Berg wieder zurückschleudert in eine nicht mehr hermetisch abgeschlossene Wirklichkeit, die Wirklichkeit des Schützengrabens. Der Roman ist zwar erst 1924 erschienen, doch lange vorher geplant und entworfen. Indem er als *Bericht über eine zurückliegende Etappe* vom Erzähler vorgestellt wird, indem der Vorspruch des ›Zauberberg‹ von einer Geschichte spricht, die »schon ganz mit historischem Edelrost überzogen und unbedingt in der Zeitform der tiefsten Vergangenheit vorgetragen« sei, unterstreicht der Erzähler um so deutlicher die Empfindungen und Erkenntnisse, wie er selbst sie in jenem geschichtlichen Augenblick empfunden haben mußte, der am Abschluß des ›Zauberberg‹ geschildert wird.

Mit dem Zusammenbruch des Wilhelminischen Reichs, der Revolution von 1918, der Geldentwertung, dem geistigen und sozialen Verfall des alten deutschen Bürgertums, verbanden sich einschneidende Erlebnisse. Hier bildete sich jene neue Substanz aus Erlebnis und Erkenntnis, die erst die Möglichkeit schaffen sollte, im ›Zauberberg‹ ein neues Inventar aufzunehmen: diesmal nicht bloß als deutsches Inventar, als Verknüpfung von Bürgerlichkeit, Hochstapelei, Künstlertum, sondern als Gesamtbericht über den letalen Untergangsprozeß der bürgerlichen Vorkriegsgesellschaft. Zwei Nebenwerke geben die Möglichkeit, Thomas Manns Entwicklung und seine Beziehung zur Wirklichkeit in jenen Jahren des Nachkriegs klarer zu umreißen. Sie sind beide erst in der zweiten Hälfte der zwanziger Jahre erschienen, reichen aber, wiederum in der Form des rückschauenden Berichts, offenbar in die ersten Nachkriegserlebnisse zurück: die Novelle ›Unordnung und frühes Leid‹, und der Reisebericht ›Pariser Rechenschaft‹. (Beide 1926 erschienen.) Thomas Manns Selbstdarstellung im ›Tod in Venedig‹ hatte alle schriftstellerischen Motive noch einmal zusammengefaßt. Die Erzählungsform der Novelle besaß eine geheime Ich-Darstellung, die nur, aus Gründen des Takts, der Distanz, auch der technischen Möglichkeit, den überlieferten Ton des unbeteiligten Berichts beibehalten hatte. In Wirklichkeit zeigte die Schilderung von Aschenbachs Verfall alle Außenwelt und Umwelt jeweils nur in Beziehung zum Erleben des Helden. Umwelt bot sich dem Bericht nur, soweit sie dieses »todgeweihte Herz« beschäftigen mochte.

Anders der formale Aufbau in der Erzählung vom Münchner Geschichtsprofessor Cornelius, seinen Kindern und ihren Freunden. Thomas Mann ist in den bürgerlichen deutschen Umkreis zurückgekehrt. Allein die Bürgerlichkeit ist gegenüber der Welt der Familie Buddenbrook wesentlich verändert. Noch wird äußere Repräsentation und Weltläufigkeit aufrechterhalten, aber diesmal ist die Unsicherheit, die sich dahinter nur mühsam verbirgt, höchst materieller Art. Nahrungssorgen hatten Buddenbrooks auch nicht in der letzten Etappe ihres Verfalls gekannt. Die Inflationsnovelle dagegen beginnt mit folgendem nüchternem Satz: »Als Hauptgericht hat es nur Gemüse gegeben, Wirsingkoteletts.«[4] Die Möglichkeit zur Repräsentation und einigermaßen würdigen Haushaltung sind äußerst beschränkt. Man lebt im München der Nachkriegszeit. Die Geldentwertung verändert das Leben der bürgerlichen Mittelschicht in schauriger Weise. Ein ordentlicher Professor der Geschichte wirkt mit seinem von der Geldentwertung befallenen Gehalt wie ein sonderbarer Anachronismus. In dieser Umgebung beschreibt Thomas Mann ganz unverkennbar das eigene Dasein, seine Frau, die Kinder des Hauses Mann. Es wird die Geschichte von Vater und kleiner Tochter beschrieben, dazu das geheime »Liebesverhältnis« dieses Töchterchens in allem schüchternen Wirbel der Erschütterungen, Beglückungen und Eifersüchte. Aber neben diesem Hauptmotiv des ›Frühen Leids‹ steht auch das Thema der gesellschaftlichen Unordnung. Es ist eine solche der bürgerlichen Lebensform; sie äußert sich in gestörten Beziehungen zwischen älterer Generation und Nachkriegsjugend; ihr geheimes Grundmotiv liegt aber in der Erkenntnis der älteren, daß Maßstäbe genau überprüft werden müssen. Professor Cornelius erlebt nicht bloß seelische Erschütterungen seines Kindes: er findet vor allem seine eigene frühere Lebensform mit den neuen gesellschaftlichen Tendenzen und Maßstäben konfrontiert, und er findet sie verurteilt. Abermals zeigt eine verborgene Stelle der Erzählung, worum es geht. Gustav von Aschenbach hatte in seinem erzählerischen Werk die Themen Thomas Manns als Geschenk erhalten, zu Zwecken der Deutung und Selbstdeutung. Der Geschichtsprofessor Cornelius aus ›Unordnung und frühes Leid‹ hat sich spezialisiert auf das Zeitalter Philipps II. von Spanien und der Gegenreformation. Ihn interessieren bei seinen Studien besonders die wirtschaftlichen Probleme, Fragen der Staatsschuld, des Geldwertes, Unterschiede zwischen Englands wirtschaftlicher Prosperität und Spaniens Verschuldung im 17. Jahrhundert. Dabei formen sich ihm die Erkenntnisse über Phillip II., über seinen »sachlich aussichtslosen Kampf gegen das Neue, den Gang der Geschichte«, über diesen »vom Leben verurteilten . . . Kampf beharrender Vergangenheit gegen die Mächte des Fortschritts und der Umgestaltung«.[5] Offensichtlich deutet der Erzähler eigene, im Augenblick der Niederschrift dieser Novelle zurückliegende Betrachtungen an, die der ersten Nachkriegszeit angehören dürften. Nicht zufällig ist aus dem intellektuellen Helden der Erzählung ein *Wissenschaftler* geworden, ein Geschichtsforscher mit deutlicher Hinneigung zu einem Geschichtsbild, das auf materieller Ursachenforschung aufgebaut ist; die »formale« Existenz von Thomas Manns früheren Künstlern, Prinzen und Hochstaplern wurde abgelöst durch die materielle Geschichtsbetrachtung, die eine formale Existenz des einsamen und »vornehmen« Philipp II. untergehen sieht gegenüber den Mächten der Umgestaltung, des Fortschritts und der »Freiheit«.

Hatte nicht Nietzsche die hochmütige Gegenüberstellung vorgenommen von »Freiheit« und »Vornehmheit«, von Massenhaftigkeit und Künstlertum? Hatte nicht Thomas Mann noch in seiner Deutung deutscher und »westlicher« Tradition in den ›Betrachtungen eines Unpolitischen‹ diese Akzentsetzung für sich übernommen? *Nun führte der Weg fort von Nietzsche.* (So war das schon in den Fragmenten über Goethe und Tolstoi betont worden.[6]) Diese formale Vornehmheit, alle formale Existenz, auch die des Künstlers, wird anachronistisch, sucht sie sich den gesellschaftlichen Tendenzen der Umgestaltung entgegenzustellen. Das erkennt der betrachtende Historiker an seinen Geschichtsbildern; das erlebt der Geschichtsprofessor im fragwürdig gewordenen bürgerlichen Alltag. Die Stunde der gesellschaftlichen Verwandlungen hat geschlagen, die Zeit der »Unordnung« ist angebrochen. Sie fordert auf zur »Rechenschaft«.

In der französischen Literatur jener Epoche, also Mitte der zwanziger Jahre, war eine Schule von Erzählern aufgetaucht, die sich selbst mit dem Sammelnamen der ›Beunruhigten‹ (Les Inquiets) zu bezeichnen pflegten.[7] Man war weitgehend psychologisch »orientiert«, gestaltete dabei aber als Objekte der Seelendeutung vor allem bestimmte Grenzfälle und Dunkelheiten der menschlichen Natur. Alle diese Romane von Mauriac und Lacretelle, von Radiguet, Cocteaus Geschichte des seltsam verbundenen Geschwisterpaars (Les enfants terribles), André Gides ›Falschmünzer‹, konnten in einem gewissen Sinne bereits den Titel tragen, der einen Roman Célines bekannt machen sollte: die ›Reise ans Ende der Nacht‹. Um die gleiche Zeit, da der amerikanische Roman im Zeichen der »Verlorenen Generationen«, einer zeitgemäßen Nachkriegsaufwärmung der »Hoffnungslosen Geschlechter« Herman Bangs zu stehen schien.[8] Psychologische Betrachtung von Zeiterscheinungen war von jeher Thomas Manns bevorzugte Arbeitsweise. Wie also konnte ihm eine Literaturform uninteressant sein, die mit solchen Merkmalen der Abseitigkeit, solchem insgeheim frohlockenden Kult der »Unordnung« zu arbeiten liebte? Hier waren die Nachwirkungen des Weltkrieges und der sozialen Umschichtung offenkundig. Bemerkenswert erschien vor allem, daß die Literatur, und gerade die *epische* Literatur in zwei führenden »Siegerstaaten«, in Frankreich und Amerika, solche Symptome aufwies! (Wobei es leicht wäre, auch an den englischen Gestalten Aldous Huxleys, der Virginia Woolf, von dem Iren James Joyce zu schweigen, die gleichen Merkmale zu beobachten: Auflösung der Persönlichkeit, Auflösung der Form, Auflösung der bisherigen gesellschaftlichen und geistigen Bindungen. »Ich versuche aufrichtig, die Vielheit von Gestalten zu sein, die in meinem Inneren leben, und die reihum die Herren meines Geschickes sind« – so steht es bei Aldous Huxley, der diese Lehre bis zum Ende bejahte, von Proust herkommt und stark auf die junge französische Literatur zurückgewirkt hat.) Hier zeigte sich Auflösung in allen Bereichen, im Inhalt und in der Form, in der Kunst und in der Gesellschaft.

Als Thomas Mann am 20. Januar 1926 für etwa zehn Tage nach Paris kam, zum erstenmal nach fünfzehn Jahren, wird er von einem Schriftsteller nach seiner Meinung über die damalige französische Literatur befragt. Er spricht von dem seltsamen Buch des früh verstorbenen Raymond Radiguet, das den ›Teufel im Leibe‹ behandelt hatte: die schwelende Flamme jugendlicher Sexualität im Hinterland des ersten Weltkrieges. Er spricht von Gides ›Falschmünzern‹ mit ihrer Auflösung der bisherigen Romanform und, in solche Auflösung der Form eingekleidet, ihrer Auflösung aller bisherigen bürgerlichen Moral und Verhaltensweise. Der französische Gesprächspartner möchte in alledem nur »literarische Mode« sehen, allein Thomas Mann hat die Zusammenhänge tiefer erfaßt und empfunden.[9] Er spricht aus, was ihm darin zu liegen und zu wirken scheint: »Unordnung!« Das alles wird ganz ohne moralische Entrüstung, ohne Wehleidigkeit und Seitenblick auf die angeblich »gute alte Zeit« verstanden. Zu deutlich hatte schon das Jugendwerk Thomas Manns die Symptome des Verfalls, der Unechtheit, fragwürdiger Harmonie, trügerischer Vermählung von Bürgertum und humaner Literatur analysiert, als daß ein fortgeschrittenes Stadium des gesellschaftlichen Verfalls ohne ursächliche Beziehung zu den früheren Vorgängen gedeutet werden könnte. Es spricht für den Ernst des großen Schriftstellers, wenn er die Betrachtung französischer »Unruhe« und deutscher entsprechender Unordnungen, abzulesen an den Erscheinungsformen der deutschen Nachkriegszeit, als Bestandteile eines *Gesamtprozesses* empfindet. Indem alle Zerfallserscheinungen der künstlerischen Form wie der gesellschaftlichen Inhalte in Zusammenhang gesetzt werden, ergibt sich eine neue Perspektive: für den Betrachter und den Gestalter. *Aus der Unordnung erwächst Rechenschaft, aus der Rechenschaft die Notwendigkeit neuer Gestaltungsweise.* Thomas Mann formuliert es damals (1926) in folgender Weise: »Man wäre nicht Schriftsteller, ohne die vortastende Kritik des Gedankens an der eigenen Form. Ein Musiker darf einfach sein, was er ist, er hat die reine Erlaubnis der

Naivität. So etwa Richard Strauß Repräsentant und Exponent der bürgerlichen Kultur und nichts weiter – es ist genug. Auch ich bin ›Bürger‹ – die Tête-Halter geben es mir schimpfweise täglich zu verstehen. Aber das Wissen, wie es um das Bürgerliche heute geschichtlich steht, bedeutet schon ein Heraustreten aus dieser Lebensform, einen Nebenblick auf Neues. Man unterschätzt die Selbsterkenntnis, indem man sie für müßig, für quietistisch-pietistisch hält. Niemand bleibt ganz der er ist, indem er sich erkennt.«[10]

Als Quellenwerk für Thomas Manns geistige Entwicklung nimmt die ›Pariser Rechenschaft‹ aus dem Jahre 1926 einen besonderen Platz ein. Ihr Gegenstand, Thomas Manns Reise in die französische Hauptstadt, erfolgt zwar nach Erscheinen der beiden Bände des ›Zauberberg‹; allein das Weiterwirken der Motive und Themen des großen Romans ist gerade in dieser kleinen Reiseschilderung vorzüglich zu beobachten. Zumal jene Reise mit den ersten Gestaltungsversuchen zum Josephsroman zeitlich zusammenfällt, von denen im Bericht auch bereits geheimnisvoll, heute erst entzifferbar, die Rede ist. Alles berechtigt durchaus, die deutsch-französische ›Rechenschaft‹ der Betrachtung des großen Romans voranzustellen.

Wie selten bei Thomas Mann wirkt dieser Reisebericht als unmittelbares Zeugnis und schnell formulierte Tagebuchnotiz: bei aller bewußten Komposition auch dieser Aufzeichnungen. Von Tag zu Tag, gar stundenweise, werden die Gespräche, Feiern, Reiseeindrücke, Begegnungen aufnotiert. Da jeder aber im Grunde nur das erlebt, was er erleben will, da seine Begegnung mit der Umwelt stets unverwechselbar ihm selbst gehört, gestaltet sich die ganze Reise zu einer Art Wanderung durch innere Provinzen des Schriftstellers und Kulturkritikers Thomas Mann. Was der Betrachter einer dichterischen Entwicklung gewinnt und gewinnen muß, verliert der Kulturhistoriker. Denn Thomas Manns Frankreichbild, das er nun Ende Januar 1926 im Orientexpreß von Paris nach München zurückbringt, ist Stilisierung. Es hat nichts zu tun mit Frankreich als einem »pays réel«. Thomas Mann war eingeladen worden, vor der Carnegie-Stiftung über deutsch-französische Beziehungen zu sprechen; er wurde empfangen und gefeiert in Kreisen der französischen Universitätslehrer für deutsche Literatur, von Zirkeln offizieller Schriftsteller und Intellektuellenverbände, die zu diesem Zeitpunkt der Dritten französischen Republik wesentlich den Kreisen des liberalen Bürgertums entsprachen. Man befand sich in der Phase zwischen dem Vertrag von Locarno und Deutschlands Eintritt in den Völkerbund, im

Zeichen der Stresemann-Politik. Noch liegen französische
Truppen in Mainz, ist die Animosität der französischen Öffentlichkeit gegenüber dem Besuch deutscher Schriftsteller so stark,
daß Thomas Manns Vortrag vor geladenen Gästen stattfinden
muß, damit Störungen vermieden werden. Er begegnet nicht
der französischen Jugend, von einigen Studenten der Germani-
stik, speziellen Kennern seiner Werke, abgesehen, bleibt auch
in Frankreich im geistigen und gesellschaftlichen Umkreis des
S. Fischer-Verlags, der ›Neuen Rundschau‹, des ›Berliner Tageblatt‹. Mitglieder der französischen Akademie, ebenso konser-
vativ wie nationalistisch, weigern das Gespräch. Die damals
maßgebenden französischen Schriftsteller, Duhamel und Mauriac, Valéry und Gide, Bergson und sein Gegenspieler Benda
vermeiden eine Zusammenkunft. Den Surrealisten und den
französischen Dichtern eines neuen gegenbürgerlichen Typs,
den Aragon und Eluard vor allem, muß Thomas Mann, in der
Umgebung der offiziellen Universitätswissenschaft und unverbindlichen deutsch-französischen Tafelgespräche, als wenig
anziehend erscheinen. Man kann nicht vergessen, daß damals in
Frankreich durch Übersetzungen der Ruhm des Dichters vor-
wiegend auf den ›Tonio Kröger‹ und den ›Tod in Venedig‹
gegründet war. Der ›Zauberberg‹ ist noch unbekannt, lediglich
einer ersten Deutung unterzogen durch die geistvollen, aber für
Frankreich kaum noch typischen Fachvertreter und Verehrer
deutscher Sprache und Literatur. So bleibt neben der geringen
zeitlichen Ausdehnung dieses Besuchs auch der geistige und
gesellschaftliche Bereich ziemlich eng. Es entsteht nicht einmal
ein stilisiertes Frankreich, weit eher ein stilisiertes Paris, mit
starker Vorherrschaft der Hotelhallen, Salons und Festtafeln.
Zwar scheint der Bericht das alles unter freundlicher Zufrieden-
heit über Ehrung und Verständnis zu verkennen: doch immer
wieder dringt ein Ton der Unruhe in die gewollt behagliche
Tagebuchniederschrift.

Man kennt zu genau Thomas Manns Sorgfalt in der Auswahl
der Motive, als daß es zufällig wäre, wenn dieser Reisebericht
von einem *Krankenbett* aus in die Welt gesandt wird. Der
Körper hat es offenbar besser gewußt und wählte die (wenn
auch leichte) Erkrankung als Ausdruck einer tiefergehenden

seelischen Erschütterung, die den Reisenden auf der Reise begleitet hatte – und die er nun für sich als erstes Ergebnis zurückbrachte.[1]

Solche Gleichgewichtsstörung war offenbar verursacht durch einen doppelten Blick in die Zeit: den Blick zurück auf die eigene Vergangenheit – und den Blick nach vorwärts, in eine Zukunft unvermeidbarer neuer Umwälzungen und Übergänge.

Nichts anderes hatte nämlich Thomas Mann zunächst in Paris erlebt und betrieben, als eine Überprüfung der ›Betrachtungen eines Unpolitischen‹. Seine französischen Gesprächspartner hatten gelächelt, als ihnen der Dichter erklärte, er habe das Buch gegenüber den Franzosen »nicht böse gemeint«. Eine harte und polemische Vereinfachung nämlich, die Demokratie, Völkerverständigung, politische Diskussion und Humanität als Ausdrucksformen literatenhafter Oberflächlichkeit und untiefer Rhetorik bezeichnete, konnte von den Franzosen, denen damals auf solche Weise der Inbegriff ihres »Daseins« vorgestellt wurde, kaum als besondere Freundlichkeit empfunden werden. Dennoch hatte Thomas Mann insgeheim etwas ganz anderes beabsichtigt: es war ihm auf die Selbstbestimmung angekommen, auf eine Abgrenzung, die, gerade in übertrieben scharfer Grenzziehung, dazu dienen sollte, die Provinzen des eigenen Bereichs klarer zu verstehen.

So wurden die ›Betrachtungen eines Unpolitischen‹ – mit einer typischen Antinomie deutscher Kulturphilosophie am Ausgang der bürgerlichen Epoche – als Gegensatz der »Kultur« und der »Zivilisation« bestimmt. »Zivilisation« war dann, in polemischer Vereinfachung, aller Versuch vernünftiger Gestaltung der Welt nach Gegenwart und Zukunft; waren Fortschrittsgedanken und Forderung nach individueller Humanität; Angleichung der Nationalkulturen und Prinzip der Französischen Revolution; formale bürgerliche Demokratie und rationale Wissenschaft. »Kulturell« dagegen, ausgezeichnet mit allen Akzenten des Tiefen und verstandesmäßig Unerlangbaren, waren die Kräfte der Seele, der romantischen Musik, der Nächte Tristans, der Vernichtungssehnsucht Schopenhauers und seines Nachfahren Hans Pfitzner, war Nietzsches »Vornehmheit« und die geistige Einsamkeit des ›Unpolitischen‹. Allerdings waren

damals schon die Positionen ironisch ineinandergeschoben worden, so wie später im ›Zauberberg‹ die streitenden Partner Settembrini und Naphta am Ausgang eines ihrer Gespräche oftmals im Schachfeld des Gegners betroffen werden konnten. In zugespitzter Form, aber sachlich richtig, hatte Fritz Strich, in dem Thomas Mann gewidmeten Kapitel seines Buches ›Dichtung und Zivilisation‹, solche Verschiebung der Sphäre umrissen: »Die politische Form der Zivilisation ist die Demokratie. Die philosophische Form: Aufklärung, Rationalismus, Humanität; aber in letzter Konsequenz die Verneinung des Lebenswillens, der Pessimismus Schopenhauers. Die Kunst der Zivilisation ist Realismus, eine willenlose Wiedergabe der empfangenen Wirklichkeit, aber ihre letzte Konsequenz: die Musik Richard Wagners, die tönende Philosophie Schopenhauers, die Verneinung des Willens zum Leben, das Evangelium der Erlösung . . . Solcher Art sind die Formen der Zivilisation. Kultur aber war in Griechenland. Denn wenn auch der griechische Mensch das Leben als ein Leid empfand, so wollte er als ein heroischer Mensch gerade darum leben. Wohl war auch hier die Musik das todesselige, dem Leben in Raum und Zeit gefährliche Element. Aber es wurde von einem heroischen Lebenswillen zum klaren Wort und plastisch umgrenzten Bild verdichtet, während Richard Wagner umgekehrt das Wort und Bild wieder in das Element der Musik zurücktaucht.«[2] Hier war die Verwirrung der Begriffe und geschichtlichen Zusammenhänge evident. Wenn nämlich die Welt der Todessehnsucht, des zweiten Akt Tristan, des Palestrina und mit ihnen gewisser Passagen aus den Buddenbrooks oder dem ›Tod in Venedig‹, plötzlich dem zivilisatorischen Bereich zugeordnet wurde – dann war die »Zivilisation« eben doch wesensgleich mit Verfall, Erschlaffung des Lebenswillens, verzweifelter spätromantischer Nachfolge, während das wahrhaft Kulturelle dann mit dem Gesunden – und Klassischen gleichgesetzt wurde! Dann aber hatte man allen Grund, eine Philosophie des Sympathisierens mit dem Tode und romantischer Nachfolge als »zivilisatorisch« zu empfinden, obwohl man ihr in den ›Betrachtungen‹ gerade den Gegenbereich zubilligen wollte.
Umgekehrt konnte die Tradition des *französischen* Geistes mit

seinem Kult der Helle, Verstandesklarheit, plastischen Harmonie, seiner nie abgerissenen Beziehung zur Mittelmeerwelt weit eher den Anspruch darauf erheben, »Kultur« zu sein, statt bloße Zivilisation des Rhetorismus. Dann sah es schließlich so aus, als seien die Fronten vertauscht; dann hatte Thomas Mann in der Anlage seiner Kriegsbetrachtungen den eigenen Übergang ins entgegengesetzte Lager im Grunde bereits angetreten.

Zunächst wird in der ›Pariser Rechenschaft‹ eine Synthese versucht, die abermals stilisiert, also irreal, also brüchig sein muß. Nun soll sich eine übernationale Weltdemokratie errichten, die deutsche *und* französische Tradition in gleicher Weise zu überwölben vermöchte. Es soll, nach Thomas Manns Erklärungen in seinem Pariser Vortrag, in Deutschland »jeden Tag die Idee der Demokratie an Boden gewinnen«, worunter man »die Einsicht verstehen wolle, daß die Fühlung des deutschen Denkens mit dem westeuropäischen niemals in dem Grade, wie geschehen, hätte verlorengehen dürfen, und daß kein Volk sich ungestraft einer Idee praktischer Vernunftsforderung, wie derjenigen der Menschheitsorganisation und Völkergesellschaft, verschließe«.[3] Mit alledem bleibt er stets auf dem Boden der bürgerlichen Gesellschaft, identifiziert er seine Demokratie in Deutschland mit dem Staat von Weimar, in Frankreich mit jenen Repräsentanten der Dritten Republik, die bereit sind, mit ihm zu konversieren; im internationalen Maßstabe meint er den Völkerbund.

Allein man täte der Hellsichtigkeit des Kulturpsychologen unrecht, wollte man in solcher Stilisierung der Fronten, im Versuch einer solchen Synthese aus »Kultur und Zivilisation« die beruhigte Einkehr im Wirtshaus zu den versöhnten Begriffen erblicken. Frankreich erscheint dem Betrachter im Licht seiner zehn erlebten Tage als einigermaßen stabil, da es stilisiert vorgestellt wird. Der deutschen Wirklichkeit jener Zeit gegenüber aber vermag sich der Dichter schon nicht mehr zu ähnlich harmonisierender Stilisierung aufzuschwingen. Nicht zufällig steht daher mitten in der ›Pariser Rechenschaft‹ ein großer *Exkurs über deutsche Eindrücke vom wiedererwachten Nationalismus.* Hier werden die Triebkräfte in Thomas Manns Bemühung um Rechenschaft gegenüber wachsender Unordnung der Seele und der Gesellschaft offenbar. Viel stärker als in den geschmackvoll komponierten Eindrücken angeblich französischer Wesensart, spürt man Thomas Manns radikale neue Fragestellung.

Er war im Theater gewesen, hatte ein französisches Lustspiel gesehen, worin unter dem Jubel eleganter Bürgerlichkeit die »neuen Herren« lächerlich gemacht wurden, Minister nämlich, die aus kleinen Anfängen als Repräsentanten der Arbeiterschaft und des niederen Kleinbürgertums zur Vertretung des Staates aufgestiegen waren. Das Publikum der adligen Herren de Flers und de Croisset jubelte über die gesellschaftliche Ungeschicklichkeit der plebejischen Minister, aber Thomas Mann vermag in solchen glucksenden Spott nicht einzustimmen. Als er zu Hause ist, weitet sich ihm in der Rückschau der Zusammenhang: nun denkt er plötzlich an neueste Theorien, die man unter deutschen Professoren mit Vorliebe in jenen zwanziger Jahren zu diskutieren pflegt. Da hat ein Mann namens Alfred Bäumler die Einleitung zu den Werken des schweizerischen Mythenforschers Bachofen geschrieben, um bei solcher Gelegenheit sogar noch die Kulturphilosophie Friedrich Nietzsches als rationalistische Entartung und Abkehr von den angeblich allein wesenskräftigen Mächten der Zeugung und Blutwirklichkeit, der »Großen Mutter« und der verstandsunbewußt schaffenden Nacht zu bekämpfen. Wir wissen heute, wie Alfred Bäumler als Wegbereiter und Einpeitscher nationalsozialistischer Lehren seinen Lauf vollenden sollte. Um so bedeutsamer ist auch Thomas Manns Antwort mitten im Zentrum dieser ›Pariser Rechenschaft‹. Vertraut mutet den Dichter allerdings die Anrufung des mütterlichen Dunkels an: hier ist abermals eines seiner Urmotive angerufen, seine Beziehung zur Musik, zum Tristan, zur seelischen Gefährdung des Künstlertums, zur Vision, die Thomas Mann seit seiner Jugend von russischer »Seelenhaftigkeit« empfangen hatte. Aber die Kräfte der Abwehr des Geistes sind auf der Hut. Inzwischen hat die Rechenschaft stattgefunden: als Überprüfung einstiger Lieblingsthemen im Licht der politischen und gesellschaftlichen Erfahrung von Krieg und Nachkrieg. Die Haltung bereitet sich vor, die Thomas Mann später im ›Doktor Faustus‹ vor den

Diskursen und wollüstigen Verneinungen aus der Bäumler-Welt einnehmen wird. Schon in der ›Pariser Rechenschaft‹ wird folgender Satz niedergeschrieben: »Ob es eine gute und lebensfreundliche, eine pädagogische Tat ist, den Deutschen von heute all diese Nachtschwärmerei, diesen ganzen Josef-Görres-Komplex von Erde, Volk, Natur, Vergangenheit und Tod, einen revolutionären Obskurantismus, derb charakterisiert, in den Leib zu reden, mit der stillen Insinuation, dies alles sei wieder an der Tagesordnung, wir ständen wieder an diesem Punkt, es handele sich nicht sowohl um Geschichte als um Leben, Jugend, Zukunft – das ist die Frage, die beunruhigt.«[4]
Nicht umsonst lebte der Dichter damals in Deutschland an den Ufern der Isar, war er von Paris mit seiner Erkenntnis nach München zurückgekehrt, wo täglich das Wachsen des »neuen« Geistes in den verschiedenen Schichten zu beobachten stand: als Radauherrschaft der braunen Kohorten wie als romantisch-verklebte Geistfeindlichkeit der Intellektuellen. Wollte solches Gezücht sich unter Berufung auf einstige ›Betrachtungen eines Unpolitischen‹ als Tat zu solchen Gedanken bekennen, dann wurde der Trennungsstrich unabweislich. Nicht *das* war gemeint mit Thomas Manns einstiger Synthese aus Macht und Geist, seiner Vision eines Deutschtums, gegründet auf Musik und Romantik. Jener neuere, angeblich romantische und anti-humanistische Nationalismus aber sei nichts anderes, »als eine Fiktion voller Tagestendenz, bei welcher es sich nicht sowohl um den Geist von Heidelberg als um den von München handelt«.[5] Das Wort »München« heißt hier aber: Atmosphäre des Bürgerbräukellers.
Ganz ähnlich vollzog sich vorher bereits (1922) die Klärung der Begriffe auch in der Rede ›Von deutscher Republik‹, wo es hieß: »Ja, die Sphäre des Blutes ist auch auf schreckliche Art die blutige Sphäre – es gehört das, scheint es, zum ›Kolorit‹. Krieg ist Romantik. Niemand hat je das mystisch-poetische Element geleugnet, das ihm innewohnt. Zu leugnen, daß es heute spott-schlechte Romantik, ekelhaft verhunzte Poesie ist, wäre Verstocktheit. Und um das Nationale nicht völlig in Verruf kommen, es nicht gänzlich zum Fluche werden zu lassen, wird nötig sein, daß es, statt als Inbegriff alles Kriegsgeistes und Geräufes,

vielmehr seiner künstlerischen und fast schwärmerischen Natur durchaus entsprechend, immer unbedingter als Gegenstand eines Friedenskultus werde.«[6]
Hier lag der Kreuzweg. Thomas Mann war ausgezogen als ein bürgerlicher Schriftsteller; er hatte sich zum Repräsentanten bestehender Bürgerlichkeit berufen gefühlt, wenngleich seine vergeistigte Vorstellung vom Bürgertum wenig gemein hatte mit den realen Mächten kapitalistischer Bourgeoisie. Akzente der Fragwürdigkeit, der Ironie, des Unbehagens, hatten stets alle Bemühungen um bürgerliche Sinngebung in Thomas Manns Werk begleitet. Die Beziehungen zwischen Bürgerlichkeit und Hochstapelei, Künstlertum und geistfeindlicher gesellschaftlicher Umwelt waren ungelöst geblieben. Im Grunde stand Thomas Mann auch in seinen Gesellschaftsdeutungen der Satire Heinrich Manns näher, als aller Kunst der bürgerlichen guten Stube. Bisher war die Fiktion gemeinsamer Wegrichtung zwischen bürgerlicher Gesellschaft und ihrem bewußt bürgerlichen Dichter aufrechterhalten worden. Der französische Aufenthalt schien einmal noch, dank starker Stilisierung, solche Fiktion erneuern zu wollen. Aber die deutschen Sorgen in der Pariser Nacht enthüllen bereits eine andere Entwicklung. Der Punkt ist erreicht, wo sich Thomas Manns Trennung von der bürgerlichen Welt, jedenfalls zunächst in ihrer deutschen Gestalt, vorbereiten soll. Von hier aus aber ist es möglich, der Gesamtanlage jenes großen epischen Werkes gerecht zu werden, das vor Thomas Manns Pariser Reise erschienen war: den zwei Bänden des ›Zauberberg‹.

In den ›Buddenbrooks‹ hatte ein Erzähler den Versuch unternommen, Prinzipien der musikalischen Komposition auf den Roman zu übertragen. Wobei es sich, entsprechend dem damaligen Musikempfinden Thomas Manns, naturgemäß nur um Wagner-Musik handeln konnte. Das Mittel des Leitmotivs schien hier die Möglichkeit zu bieten. Mit gutem Grund; denn Richard Wagners Gewebe der Leitmotive, besonders in der ausgebildeten Gestalt des Nibelungenringes, besitzt einen Zwittercharakter: der Bereich absoluter Musik ist verlassen; das Motiv steht nicht ausschließlich für sich selbst und seine rhythmische oder melodische Ausdruckskraft; es will darüber hinaus »bedeuten«. Solche Bedeutung aber wird dann auch gedanklich ausdrückbar, sie ruft nach dem Wort als Träger von Gedanken. Hier ging ein langer Weg zu Ende, der bei Beethoven eingesetzt hatte und seiner wiederholten Bemühung, den musikalischen Ausdruck mit einer Bedeutungsfülle aus der nichtmusikalischen Sphäre zu vereinen. Noch dachte Beethoven nicht eigentlich an spätere Programm-Musik: die Pastoral-Symphonie verwies den Interpreten darauf, daß hier »mehr Ausdruck der Empfindung als Malerei« zu geben sei. Allein schon melden sich in gelegentlichen Erläuterungen des Tondichters jene »poetischen« Gedankenverbindungen, die in den Eingangstakten der Fünften Symphonie ein »Pochen des Schicksals« zu sehen wünschten. Die Neunte Symphonie schließlich hatte den Umkreis absoluter Musik bewußt gesprengt, um neben die musikalische Aussage eine solche der ethisch-literarischen Sphäre zu setzen. Der Weg war nun offen für die späteren Symphonien um Faust und Tasso, Romeo und Manfred, Zarathustra und Don Quichotte.

Wagner war einen Schritt weiter gegangen. Der dichtgewebte Teppich seiner Leitmotive ermöglichte es, eine Partiturseite der ›Götterdämmerung‹ und bereits des ›Tristan‹ mit den Mitteln des Wortes auch als gedanklichen Zusammenhang zu reproduzieren. So überflüssig und peinlich das Unterfangen sein mußte, schon weil bei Richard Wagner die Gewalt rein musikalischer

Erfindung alle Symbolik der nichtmusikalischen »Aussage« zu sprengen pflegte, so gut war es dennoch denkbar, das Geflecht der Leitmotive, etwa in Tristans Visionen des dritten Aktes oder im Trauermarsch der ›Götterdämmerung‹, auch mit den Mitteln des erzählenden und reflektierenden Wortes wiederzugeben. Thomas Mann wies später nachdrücklich darauf hin, daß vielleicht die Gesamtanlage des Nibelungenrings durch Wagners Wunsch beeinflußt sei, im Trauermarsch nach Siegfrieds Tod eine gewaltige Revue und Reminiszenz des gesamten Geschehens von vier Opernabenden vorzuführen.[1] Ein Plan, an dessen Ursprung allerdings nicht musikalische, sondern philosophisch-literarische Erwägungen gestanden hatten.

Daher war es durchaus nicht vermessen, dies zweideutige Gebilde der Leitmotive entschlossen auf die rein literarische Ebene zu übertragen. (Nicht zufällig hat es denn auch das Substantiv »Leitmotiv« fertiggebracht, als Lehnwort in die französische Sprache einzudringen, um dort, jenseits aller musikdramatischen Ursprünge, als Ausdruck von allgemeiner Bedeutung zu figurieren.) In den Buddenbrooks dient die Technik des Leitmotivs vor allem dazu, eigentümliche Verhaltensweisen, körperliche Eigenarten, Schrullen, Lieblingswendungen der Gestalten deutlich zu machen. Es war offensichtlich, daß solche Technik ihren vollen Sinn nur in einem erzählerischen Werk großen Ausmaßes gewinnen konnte, innerhalb einer Vielfalt der Gestalten, Motive, der seelischen und gesellschaftlichen Beziehungen. Daß Thomas Mann dabei in seinem ersten Roman ebenso vorsichtig wie glücklich diese Technik des Musikdramas abgewandelt hatte, bewies der praktische Erfolg: die Leser Thomas Manns pflegen einander an solchen hingeworfenen Wendungen zu erkennen, die sich gerade auch in der Wiederholung unvergeßlich einprägen, etwa in Form des traditionellen Glückwunschkusses der Sesemi Weichbrodt, den Beschwerden Christian Buddenbrooks über die Nerven an seiner linken Seite, und was dergleichen charakterisierender Motive mehr sein mögen. Die Leitmotivik beschränkte sich dabei allerdings im wesentlichen auf Charakteristik der Personen, ohne in eine Komposition geistiger Beziehungen nach Richard Wagners Vorbild hinüberzuwechseln. Wagner nämlich hatte nicht bloß »Tristans Blick« zum Motiv geprägt, sondern auch Fluch und Entsagung, Erlösung und Gläubigkeit, also geistige Inbegriffe. Daß Thomas Mann ihm darin nicht gefolgt war, erklärte sich aus seiner gleichzeitigen Hinwendung zu Darstellungsformen des Naturalismus neben der Symbolik des Leitmotivs. Häufig diente bei ihm die Wiederholung einer bestimmten Redensart nicht bloß der Herstellung einer erinnernden Beziehung oder der Charakteristik einer Gestalt, sondern vor allem auch einer naturalistischen Technik des Gesprächs. Wenn Toni Buddenbrook vom Sohne des Lotsenkommandanten in ihrem ersten und einzigen Liebeserlebnis die Lobpreisung des Bienenhonigs übernimmt: »Das ist reines Naturprodukt . . . Da weiß man doch, was man verschluckt . . .«, und diesen Satz in ihr künftiges Leben übernimmt, so dient die Wiederholung später nicht bloß der Erinnerung an das ursprüngliche Erlebnis, sondern auch der naturalistischen Darstellung von Alltagsgesprächen, in denen bekanntlich oft Wendungen eingestreut werden, die wir irgendwann einmal hörten, übernahmen, in ursprünglicher Bedeutung erlebten, so daß die Leitmotivik der ›Buddenbrooks‹ neben ihren musikalischen auch naturalistische Ursprünge aufzuweisen hat.

In der ›Königlichen Hoheit‹ ging Thomas Mann weiter; man wird sagen müssen, daß hier die Grenze der Leitmotivik sichtbar werden mußte. Der Bruder des Prinzen Klaus Heinrich nämlich, der Großherzog, ist als Gestalt beinahe völlig reduziert auf bestimmte Grundmotive, Haltungen, Stellungen und Gebärden. Von ihm bleibt in der Schilderung, und dann in der Erinnerung, wenig übrig als jene »leitmotivische« Bewegung der Lippen. Damit ist zwar eine formal gewordene Existenz umschrieben, die in der Tat wenig mehr darstellen soll als eben eine charakteristische äußere Haltung, ohne alle gesellschaftliche Substanz. Allein das Ergebnis ist schließlich Ungeduld; die leitmotivisch überstark reduzierten Gestalten bleiben blaß, es fehlt ihnen ein Relief, wie es durch diese Motivik allein nicht zu erreichen ist; es fehlt ihnen vor allem jede Möglichkeit der Entwicklung in Zeit und Gesellschaft. Damit werden die Grenzen der leitmotivischen Technik gegenüber den Problemen realistischer Erzählung auch theoretisch erkennbar. *Leitmoti-*

vik nämlich bedeutet Zeit- und Geschichtslosigkeit. Als befänden sich die Gestalten bereits im verzauberten Berg, als wären sie, wie die späteren Gestalten des großen Krankheitsromans, »hermetisch abgeschlossen«, so wandeln die vom Leitmotiv gezeichneten Figuren dahin, ohne Entwicklung, ohne die Möglichkeit des Alterns, ohne gesellschaftliches Ziel. Sie sind reduziert auf Gebärden, eigentümlichste Redensarten und Lieblingswendungen. Das mag angehen bei einer Nebenfigur wie der Frau Stöhr des ›Zauberberg‹, die sieben Jahre lang den gleichen Krankheitszustand und Geisteszustand beibehält; die ihrer Unbildung und Fremdwörterungeschicklichkeit am ersten Tage ihres Aufenthalts im Sanatorium Berghof so gewiß ist, wie am Tage von Hans Castorps Abreise. Allein der große Roman erfordert Entwicklung gesellschaftlicher wie individueller Art, ein Leben in Richtung auf etwas: mag das pädagogisches Fortschreiten sein, oder Verfall, wie in den ›Buddenbrooks‹. Dadurch aber wird mit Notwendigkeit die Leitmotivik zum Hemmschuh. Sie bedeutet Zeitlosigkeit und mag daher dem Musikdrama anstehen, zumal hier die Möglichkeit obwaltet, das Motiv im Klang, Charakter und Rhythmus der neuen Lage entsprechend abzuwandeln. Das eindeutig leitmotivische Wort dagegen besitzt keine derartige Klangschattierung. Es muß daher mit dem Realismus einer Schilderung, die untrennbar verbunden ist mit dem Phänomen von Entwicklung in Zeit und gesellschaftlicher Wirklichkeit, in Konflikt geraten.

Von anderer Seite her – und doch wieder von der gleichen! – enthüllt auch der *Film* als neue Form des Epischen die Grenzen der Leitmotivik. In seinen Studien über Probleme der Filmmusik hat Hanns Eisler den Tatbestand sehr klar umrissen: »Das Wagnersche Leitmotiv ist unabtrennbar verbunden mit der Vorstellung vom symbolischen Wesen des Musikdramas. Das Leitmotiv soll nicht einfach Personen, Emotionen oder Dinge charakterisieren – obwohl es weithin immer so aufgefaßt worden ist –, sondern es soll im Sinn der eigentlich Wagnerschen Konzeption die szenischen Vorgänge in die Sphäre des metaphysisch Bedeutenden erheben . . . Im Film, der sich die genaue Abbildung der Wirklichkeit vorsetzt, ist für solche Symbolik kein Raum mehr.«[2]

Thomas Mann dürfte diese technisch formalen Zusammenhänge sehr früh erkannt haben, denn der ›Zauberberg‹ zeigt in
der Tat eine Leitmotivik von wesentlich abgewandelter, den
Erfordernissen des epischen Realismus angepaßter Art.

Auch hier könnte man von einem Aufbau des Romans nach den
Prinzipien der musikalischen Komposition sprechen. Vielleicht
ist es bloß eine verspielte Deutung des Betrachters, wenn er die
zwei Seiten der Vorbemerkung zum ›Zauberberg‹, die Thomas
Mann, den teleologischen Charakter unterstreichend, als »Vor-
satz« bezeichnet hat, jener langsamen Einleitung vergleicht, wie
sie in der klassischen Symphonie so häufig dem einleitenden
Allegro vorangestellt wird. Wie dem auch sein mag: daß die
ersten Sätze des ersten Kapitels in drei Zeilen sogleich das
Grundthema anschlagen, das im Verlauf von über zwölfhun-
dert Seiten thematisch bis in alle Fasern abgewandelt werden
soll, ist unbestreitbar. Da ist der »einfache junge Mensch«, da
ist seine Vaterstadt Hamburg, da ist der Schicksalsname des
Kurorts Davos-Platz – und da ist der harmlos anmutende und
so gewaltig desavouierte Satz: »Er fuhr auf Besuch für drei
Wochen.« Wir wissen, was es dann mit dem »Besuch« auf sich
haben sollte, und was mit den drei Wochen. Das ist die formale
Rückkehr zur »absoluten Musik«: das Hauptthema ist ange-
schlagen und wird im Laufe der Entwicklung abgewandelt, in
der Form nämlich, die dem symphonischen Spiel nach klassischer Überlieferung gemäß zu sein pflegt, mit Thema, themati-
scher Verarbeitung, Durchführung, Reprisen und zusammen-
fassenden Abschlüssen. Vielleicht ist es abermals eine spieleri-
sche Auslegung, wenn man sogar Einzelheiten der themati-
schen Arbeit auch im epischen Geschehen festzustellen vermag.
Man muß an das Prinzip der »enharmonischen Veränderung«
denken[3], also der Umdeutung einer Tonart, zu Zwecken überraschender Modulation, wenn etwa bestimmte Lehren und
Aussprüche des Signor Settembrini plötzlich im Munde des
Schülers Castrop auftauchen, voller Kühnheit sogar dem Lehrer bei Gelegenheit entgegengehalten werden, so daß es zwar
die gleichen Gedanken und Aussprüche sind, aber doch etwas
in Klangfarbe und Funktion völlig Verändertes.

Solche Ausdeutung verliert den Charakter der Spielerei nicht bloß dadurch, daß musikalische Formgebung und reflektierender Kunstverstand bei Thomas Mann nicht einschneidend genug verstanden werden können, sondern auch darin, daß diese musikalischen Prinzipien in der Komposition des ›Doktor Faustus‹ später, dem musikalischen Vorwurf gemäß, sehr eindeutig enthüllt werden sollten.

Mit dem Übergang also zur klassischen Symphonik im formalen Aufbau des ›Zauberberg‹ vollzieht sich bei Thomas Mann auch ein wesentlich verändertes Verhältnis zum Leitmotiv. Die Dialektik von Inhalt und Form, die jedem Gebilde Thomas Manns eigentümlich ist, erweist sich auch daran, daß die Abwendung von den Wagner-Prinzipien in der epischen Komposition zusammenfällt mit der Abwendung von den geistigen Bereichen, denen Wagners Welt der Leitmotive zugeordnet war: der romantischen Nacht, dem Tode, dem erlebten statt des gedeuteten Mythos. Auch der ›Zauberberg‹ kennt Leitmotive; doch in der üblichen Form dienen sie nur zur Fixierung von Nebengestalten und Nebenmomenten. Eine Fülle von Insassen der Lungenheilstätte soll nahegebracht werden, ohne daß Anlaß bestände, ihnen über Gebühr Anteil durch Differenzierung und verfeinerte Deutung einzuräumen. Dabei nützt die Herausarbeitung eines Merkmales, das sie von anderen Larven und Lemuren dieser zeitlosen verzauberten Welt unterscheiden mag: daß Fräulein Levi elfenbeinernen Teint besitzt; daß Fräulein Kleefeld mit dem Pneumothorax zu pfeifen vermag; daß sich Hans Castorps Nachbarn vom »Schlechten Russentisch« ein Höchstmaß ehelicher Sinnlichkeit gestatten und was dergleichen Merkmale mehr sein mögen, die sämtlich unterscheidende Merkmale sind, ohne doch den Umriß voller »Individualität« zu vermitteln. Hier ist das Leitmotiv von allen Gefahren befreit, denn es dient zur Fixierung oberflächlicher Merkmale, die genügen, um den also umrissenen Gestalten genügende Kontur zu geben, ohne dabei ihr perspektivisches Verhältnis einer Hintergrundfigur gegenüber dem zentralen Geschehen zu verwirren.

Auch die besondere *Zeitlosigkeit*, zu der im Roman die Leitmotivik verführen muß, erweist sich dann als Vorzug. Die Kleefeld und Stöhr und Levi und Iltis sind in der Tat zeit- und geschichtslos. Mehr noch: sie sollen gerade in diesem Roman einer Gesellschaft des verzauberten Berges den reinen, gleichmäßigen, geschichts- und ereignislosen Ablauf ohne Ziel und Wandlung charakterisieren. So bleibt ihnen das furchtbare Geheimnis ewiger Jugend. Sie altern nicht, denn sie erleben nichts; sie wandeln sich nicht, denn ihr Anliegen ist ein solches der reinen Körperlichkeit. Sie sind nichts anderes als Körperwesen. Wandeln aber kann sich nur einer, der Veränderungen des Geistes durchzumachen vermag. Sein körperlicher Altersprozeß ist dann zusammengekoppelt mit geistigem Wachstum. Das ist nur möglich als Beziehung zur Wirklichkeit. Hans Castorp erlebt diese Wirklichkeit, indem er, mit Hegel zu sprechen, die »Anstrengung des Begriffs« auf sich nimmt: indem er also alle geistigen Möglichkeiten seiner Epoche wenigstens passiv, oder scheinbar passiv, als Lernender aufzunehmen versucht. Daher ist auch für ihn die Rückkehr ins Leben möglich. Die Larven aber mit dem leitmotivischen Sondercharakter leben ohne die Anstrengung des Begriffs; sie sind nur dem Körpertreiben zugetan, einem geschichtslosen Zeitablauf, der ewige Gegenwart bedeutet und eigentlich das Nichts enthüllt, denn geschichtslos, ohne Ziel und Richtung, kann man nicht leben. Ihnen wird die Zeit schließlich bloß noch »vertrieben«. Hier ist Thomas Manns Technik der Leitmotive, in scheinbarer Sparsamkeit und Reduzierung auf Nebengestalten, viel stärker als in den ›Buddenbrooks‹ mit dem Inhalt verschmolzen. Die Technik der Leitmotive bei diesen Nebengestalten enthüllt vollkommen angemessen deren eigentliche Lebensform.

Die gleichen Gründe aber mußten Thomas Mann veranlassen, das eigentliche Geschehen der Zentralfiguren mit anderer Technik darzustellen. Hier ist ihm eine ganz ungewöhnliche Verbindung von Symbolik und Realität geglückt. Die Hauptgestalten des Romans, Hans Castorp und sein Vetter Joachim Ziemßen, Professor Leo Naphta und Ludovico Settembrini, Frau Chauchat und Herr Peeperkorn sind Gestalten von unabstreitbarer, ja unvergeßlicher Realität. Alle Mittel der realistischen Epik sind aufgeboten, ihnen sinnlichen Umriß zu verleihen: direkte und indirekte Darstellung, Beschreibung und Charakterisierung im Gespräch. Allein neben ihrem Sein steht ihr Bedeuten. Sie alle sind Zuordnungspunkte für große Zusammenhänge der bürgerlichen Gesellschaft am Vorabend des ersten Weltkrieges. In ihrer Romangestalt und scheinbar zufälligen Persönlichkeit kulminieren Spannungen, Gefühlsströmungen, die jener Epoche angehören. Hier wird gleichsam der Versuch unternommen, ganze Strömungen und Richtungen »idealtypisch« sichtbar zu machen: ohne Schaden für die Realität der Gestalt. Nietzsche hatte von Richard Wagners Technik der »doppelten Optik« gesprochen: das Musikdrama wende sich mit seinen sinnlichen Wirkungen gleichzeitig an die breite Masse, wie den verfeinerten Kreis höchster Kennerschaft. Auch die Gestalten des ›Zauberberg‹ dienen solcher »doppelten Optik«; allerdings nicht in einer Unterscheidung zwischen »plebejischen« und aristokratischen Lesern, aber darin, daß der Roman *zwei Formen der Entgegennahme* möglich macht. Man kann ihn einfach als Fresko der Wirklichkeit, der Personen, Ereignisse und Auseinandersetzungen nehmen. Gefesselt von der Fülle der Gesichte, des Aufwands an Humor und Trauer, Sinnlichkeit und Geistigkeit, Aktion und Reflexion, kann jedoch aber auch neben dieser Gesamtheit eine Gesamtheit der »Bedeutungen« erfassen und genießen, die unlöslich in solche Realität eingebettet wurde, dank des Doppelcharakters der Gestalten als Realität und als Zuordnungspunkt geistiger Beziehungen.

Das meinte Thomas Mann, wenn er voller Freude in der ›Pariser Rechenschaft‹ den entsprechenden Bemerkungen des französischen Germanisten Maurice Boucher zustimmte: »Alles Detail ist langweilig, ohne ideelle Transparenz. Kunst ist Leben im Licht des Gedankens. Sind wir einig? Ich höre Sie sagen, daß diese Settembrini, Naphta, Peeperkorn, Chauchat nicht Puppen und Doktrinen sind, sondern Arten zu sein, nicht nur individuelle, sondern die ganzer Völker.«[4] In diesem Eingeständnis Thomas Manns über die Form seines Realismus ist nicht nur für seine eigene Entwicklung der Zusatz wesentlich, daß man, besonders in Frankreich, die ›Betrachtungen eines Unpolitischen‹ erst richtig beurteilen könne, seit es auch den ›Zauberberg‹ gebe! In den ›Buddenbrooks‹ waren gelegentlich die realistische Erzählung und ihre Nachbarin, die naturalistische Photographie, unverbunden nebeneinander aufgetaucht. Im ›Zauberberg‹ herrscht Realismus in jenem Sinne, daß jede Einzelheit dem geistigen Plan des Ganzen untertan ist. Dieses Ganze aber bedeutet nach Thomas Manns Wort: »Lebenstreue, beherrscht von dem Willen, zu wählen und zu ordnen.«

Indem Thomas Mann jene neue Technik wählte, die musikalisch neuen Quellen entsprang, gleichzeitig auch ein neues Verhältnis der Formen und Inhalte offenbarte, der Realität *und* ihrer geistigen Bedeutung gerecht wurde, hatte er sich das Instrument geschaffen, das von nun an seine Dichtung über den ursprünglichen Bereich bürgerlicher Verfallsdeutung hinauszuführen vermochte. Der neuen Technik und Form entsprach das neue Verhältnis zur Wirklichkeit. An Stelle einer Darstellung des »Verfalls« trat die dichterische Deutung seiner Zusammenhänge und Ursachen.

DER ›ZAUBERBERG‹
ALS PÄDAGOGISCHE PROVINZ

Er wolle versuchen, »von diesen Dingen zu sprechen, als sei ich an ihnen ganz unbeteiligt«, verkündet Balzac in der Vorrede zu seiner ›Menschlichen Komödie‹. Worauf er dazu übergeht, jener Urvision erklärend nachzugehen, die bei dem Riesenwerk Pate stand: »Die erste Idee der ›Menschlichen Komödie‹ tauchte mir wie ein Traum auf, wie einer jener ungeheuren Pläne, denen man liebevoll nachhängt und die man entfliegen läßt; wie eine Schimäre, die lächelt, die ihr Frauengesicht zeigt und die alsbald ihre Flügel entfaltet, um in einen phantastischen Himmel zurückzukehren. Aber die Schimäre wandelt sich wie viele Schimären zur Wirklichkeit; sie üben eine Herrschaft und Tyrannei aus, der man gehorchen muß. Die Idee entsprang einem Vergleich zwischen dem Menschlichen und Tierischen.«[1] Eine abstrakte Idee bildet somit die Keimzelle jenes Werkes, das wir heute als Triumph konkreter epischer Versinnlichung empfinden; eine Beziehung zur Welt der Naturwissenschaft bildet den Ausgangspunkt für eine Leistung, die man später als großartigste Form realistischer Gesellschaftsschilderung feiern sollte, so daß Karl Marx den Plan hegen konnte, nach Vollendung des ›Kapital‹ eine umfangreiche sozialwissenschaftliche Deutung der ›Menschlichen Komödie‹ zu entwerfen.

Die Erinnerung an Balzac wird im Zusammenhang mit Thomas Mann nicht ohne Berechtigung aufgerufen. Es handelt sich um die Darstellung aller geistigen und gesellschaftlichen Strömungen, die in den ›Zauberberg‹ einmünden sollten. Auch um den Vergleich zwischen der Urvision eines Werkes und seiner späteren, vollendeten Gestalt, also den Umgestaltungsprozeß, dem eine epische Leistung, aus kleinster Zelle hervorwachsend, im Verlauf individueller Erfahrungen des Dichters und gesellschaftlicher Entwicklungen unterlag. Es handelt sich endlich beim Hinweis auf Balzacs Vorrede zur ›Menschlichen Komödie‹ um den Parallelfall eines Epikers, der sich nicht bloß in der Erzählung, sondern auch in deren schriftstellerischer Deutung und Analyse zu verdeutlichen sucht. Nicht bloß für den Literarhistoriker gehören die Äußerungen Thomas Manns zur Entstehung seiner Werke unmittelbar in den Bereich seiner Lebensleistung: es wird auch für den verstehenden Leser notwendig, das dichterische Werk *und* dessen schriftstellerische, authentische Deutung in Beziehung zueinander zu setzen. Erst aus solcher Gesamtheit läßt sich die Beziehung zwischen Dichtung und gesellschaftlicher Substanz bei Thomas Mann jeweils richtig verstehen.

Über die Entstehungsgeschichte des ›Zauberberg‹ hat Thomas Mann häufig berichtet: in Äußerungen verschiedener Epochen, die auf den ersten Blick widerspruchsvoll erscheinen mögen. Erst die Gesamtheit der Selbstanalysen, die gleichsam einen Schleier nach dem anderen vom Vorgang des inneren Schaffensprozesses wegziehen, gibt die Möglichkeit, die zentrale Bedeutung dieses Romans in Thomas Manns Entwicklung zu verstehen.

Eine der Zellen des großen Epos von Leben und Tod. Krankheit und Vitalität wird bereits an einer Stelle der ›Betrachtungen eines Unpolitischen‹ enthüllt, da Thomas Mann ein Wort Hans Pfitzners aufgreift: den Begriff einer »Sympathie mit dem Tode«. Die Formulierung im Munde des Palestrina-Komponisten macht ihn betroffen: denn hier wird ihm ein geheimes eigenes Thema, die Grundsubstanz eines eigenen künftigen Werkes, aus einem fremden geistigen Bereich plötzlich, wie von außen nach innen, von neuem zugetragen. Als der schöpferische Prozeß der Arbeit am ›Zauberberg‹ schon weiter fortgeschritten ist, gibt es eine neue vorsichtige »Vorankündigung«. In der 1922 geschriebenen und 1923 veröffentlichten Rede ›Von deutscher Republik‹ kommt Thomas Mann gegen den Schluß nach einer Darstellung der Beziehungen zwischen romantischer Todessehnsucht des Novalis und lebendigem Körpergefühl Walt Whitmans zu der Feststellung, das »Interesse für Tod und Krankheit« sei »nur eine Art von Ausdruck für das Interesse am Leben«. Worauf die kleine, versteckte Selbstanzeige gewagt wird: »Und es könnte Gegenstand eines Bildungsromans sein, zu zeigen, daß das Erlebnis des Todes zuletzt ein Erlebnis des Lebens ist, daß es zum Menschen führt.« Man spürt hier, wie oft bei Thomas Mann, die Sorge, das so bewußt und planvoll gestaltete Werk könne in banausischer, allzu einschichtiger

Betrachtung mißverstanden werden. Weshalb der Autor bereits einen pädagogischen Hinweis wagt, bevor noch dieses Werk, dessen Thema der Weg aus der Krankheit ins Leben werden sollte, abgeschlossen vorliegt. Unüberhörbar sind bereits, also 1923, die neuen Akzente und Wertsetzungen. »Feinheit« und »Vornehmheit« des Kranken sind jetzt nicht mehr gleichzusetzen.

Ein neues Verhältnis zu Krankheit, Tod und Verfall kündigt sich an. Aus einer früheren Sympathie mit dem Untergang, der Krankheit, der Dekadenz, lebensunkräftiger Verfeinerung, die »Krankheit zum Tode« bedeutet, wird nun eine Sympathie mit dem Phänomen: aber als Interesse an einem Faktum des Lebens. Wo früher seelisches Mitschwingen und Einklang mit den todgeweihten Phänomenen bei Thomas Mann zu beobachten war, ist jetzt die kühlere Haltung des Erkennenden gegenüber einem wesentlichen Erkenntnisobjekt getreten. Wurde einst die Sympathie mit dem Tode in Thomas Manns Darstellung schöpferisch und spürbar, so geht es nun um die Haltung des Arztes vor dem Phänomen der Krankheit: eines Arztes, der Wissenschaft betreibt und im Dienst des Lebens steht. Damit deutet sich eine neue Haltung an: eine wissenschaftliche und eine pädagogische. Ihren Ausdruck findet sie im ›Zauberberg‹. Da sie aber auch neuer gesellschaftlicher Erkenntnis entspricht, gilt sie von nun an für das ganze spätere Werk Thomas Manns. Sie bestimmt die veränderte Haltung zum Mythos, die vom mythischen Erleben Richard Wagners in der Jugend zur mythologischen Grundhaltung des Josephsromans führt; genauso schließlich das Verhältnis Thomas Manns zur deutschen Wirklichkeit im ›Faustus‹: als Gegensatz zur Gesamtanlage der ›Buddenbrooks‹.

Wann läßt sich diese entscheidende Wendung in Thomas Manns Entwicklung ansetzen? Welches mögen die auslösenden Faktoren gewesen sein? Hier bleibt der so beredte, um Selbstdeutung bemühte Dichter merkwürdig zurückhaltend. Er gibt Hinweise auf Urvisionen seines Werkes, ohne jedoch der auslösenden Kräfte näher zu gedenken, die solche Urvisionen erst aufkommen ließen. Balzac hielt es darin anders: er begründet ausführlich, was ihn zu jener Vision des Natürlichen, zu einer

»Physiologie« der zeitgenössischen Gesellschaft geführt hat. Allein auch bei Thomas Mann läßt sich die Entwicklung einigermaßen klar deuten. Von der »Sympathie mit dem Tode« als Grundmotiv hatte er früher schon gesprochen; daß sie Gegenstand eines Bildungsromans werden solle, um voller Kraft in Krankheit und Tod schließlich das Lebendige zu preisen, wurde später einbekannt. Als der ›Zauberberg‹ erscheint und Thomas Mann am 5. Juni 1926 im Stadttheater zu Lübeck über ›Lübeck als geistige Lebensform‹ spricht, vergleicht er selbst die ursprünglich bescheidene Grundkonzeption der ›Buddenbrooks‹ mit dem analogen Prozeß, der von der Urgestalt des ›Zauberberg‹ bis zu dessen späterer vollendeter Gestalt ablaufen sollte. Aus der kammermusikalischen Besetzung, die ursprünglich geplant sein mochte, wurde die Instrumentation einer exzessiven Symphonie. Um abermals Balzac zum Vergleich heranzuziehen: während ihm aus der Urvision sogleich ein Plan erwuchs, jene Schimäre, wie er sie nennt, die er dann nach Kräften zu bannen suchte, war der ursprüngliche Vorwurf des ›Zauberberg‹ wesentlich bescheidener; er wuchs sich erst im Verlauf der Arbeit – nicht bloß der Arbeit! – zu den eigentlichen Maßen aus. Die »bescheidene« Grundkonzeption des Werkes schildert der Dichter in seiner Lübecker Rede wie folgt: »Was ich plante, war eine groteske Geschichte, worin die Faszination durch den Tod, die das Motiv der venezianischen Novelle gewesen war, ins Komische gezogen werden sollte: etwas wie ein Satyrspiel also zum ›Tod in Venedig‹.

An diesem Hinweis ist mehreres charakteristisch. Zunächst das auch hier wieder hervortretende architektonische Bemühen, das man immer wieder in Thomas Manns Gesamtentwicklung beobachten kann. Er möchte sein Werk nicht als Eruption schaffen, die aus seelischen Erfahrungen hervorbricht und Werkgestalt annimmt. Wenn Goethe wiederholt von seinen Häutungen und abgestreiften Schlangenhäuten spricht, oder von den abgelegten Kleidungsstücken seiner Existenz, die bei ihm Werkgestalt angenommen hätten, dergestalt, daß er nur noch mit Unbehagen auf diese zurückgelassenen Objekte eines weiten Weges zu blicken vermöchte, so suchte Thomas Mann als Künstler ganz anders zu handeln. Er möchte, jenseits aller

individuellen Anlässe, den Aufbau seines Lebenswerkes nach
eigenen schönen Proportionen und Harmonien anlegen. Da
sollte möglichst jedem großen epischen Werk die entsprechende, thematisch verwandte kleinere Form angefügt werden.
Die Themen sollten durch verschiedene Werke zu verfolgen
sein, doch so, daß man gleichzeitig die deutlichen Einschnitte
wahrzunehmen vermöchte, die den verschiedenen Sätzen der
Symphonie ihr eigentliches Gepräge geben. Damit gesellt sich
der ›Tonio Kröger‹ zu den ›Buddenbrooks‹, treten kleinere
Erzählungen neben den ›Zauberberg‹, folgt die Erzählung von
Moses und seiner Gesetzgebung als nachgelieferte Ergänzung
dem Bericht über die Geschichten Josephs und seiner Brüder.
Allein die Kraft des künstlerischen Erlebnisses und die vorher
unberechenbare Entwicklung der äußeren Verhältnisse wirkt
immer wieder durchkreuzend gegen diese Bemühung, das
eigene Werk möglichst harmonisch und architektonisch anzule-
gen. Nicht reizvoller läßt sich dies Gegenspiel von künstlerischer Bemühung und gesellschaftlicher Wirklichkeit studieren
als bei Entstehung des ›Zauberberg‹. Er war gedacht als Nebenwerk zum ›Tod in Venedig‹, als dessen Parodie und kammer-
musikalische Ergänzung, wobei bereits die Geschichte Gustav
von Aschenbachs selbst in »kleiner Besetzung« vorgetragen
worden war. Aus diesem geplanten Nebenwerk und satyrhaf-
ten Abgesang zur venezianischen Tragödie wurde das eigentliche neue Hauptwerk der Mannesjahre.
Hier zeigt sich sogleich, daß schon in den Jahren, die dem
ersten Weltkrieg vorangehen sollten, Beunruhigung in Thomas
Manns geistiger Haltung eingekehrt war. Der ›Tod in Venedig‹
war bei aller analytischen Ruhe ein letzter Abgesang romantischer Todessüchtigkeit. Nicht umsonst ging es um Venedig, die
romantische Stadt unter allen, die Todesstadt Richard Wagners.
Nicht zufällig ging es um den Tod im Angesicht der Liebe, um
jene dreifache Kopplung romantischer Untergangsstimmungen,
die Maurice Barrès, einst Thomas Manns bewunderter Meister,
mit den Begriffen des »Blutes, der Wollust und des Todes«
verknüpft hatte. Es ging endlich um den Tod im Angesicht des
Meeres, jenes Inbegriffs von Nichts gleich Unendlichkeit, dem
Thomas Mann in seiner Lübecker Rede ausdrücklich den Cha-

rakter eines Leitmotivs seines Werkes geben konnte. Letzter Abgesang der Romantik also, ein Versinken ohne den »öden Tag zum letztenmal«. Höchste Steigerung aller Lebens- und Jugendmotive aus Musik und Tonfall Richard Wagners und müder Romantik, Einbruch übermächtiger Lebenskräfte in das mühsam durch geistige Anstrengung gebändigte Dasein eines Schriftstellers.

Werther erschoß sich: Goethe überlebte ihn, um sein Schicksal zu beschreiben. Die höchste Steigerung romantischen Lebensgefühls im ›Tod in Venedig‹ erwies sich als Produkt eines verstandesklar und lebenswillig schaffenden Schriftstellers, der aufschrieb und gestaltete, ohne sich zu identifizieren. Es tauchte daher sogleich auch der Plan auf, die romantische Erzählung mit einem parodierenden Nachspiel zu versehen, die Faszination des Todes durch einen grotesken Ulk abzuschütteln, der zu zeigen hätte, wie auch Krankheit und Tod höchst nüchterne Anliegen des Geschäftsbetriebes zu werden vermöchten. War der Plan des ›Zauberberg‹ also ursprünglich auf solchen höhnischen Kontrast zu Venedig, Meer und Richard Wagner angelegt, so bewies sich darin bereits eine Haltung, die längst über die eigenen Ursprünge hinauszustreben gewillt war.

Das kündigt sich schon in den Jahren der Unruhe vor dem Donnerschlag von 1914 an. Von hier wird der spätere Hinweis auf das pädagogische Beginnen dieses Bildungsromans deutlicher verstanden: aus der *romantischen Ironie* seiner Ursprünge destilliert sich langsam Thomas Manns spätere sokratische und *pädagogische Ironie*. Alles deutet auf eine geistige Weiterentwicklung, deren entscheidende Merkmale im ›Zauberberg‹ selbst unverkennbar hervortreten sollten. Allein das war nicht alles.

Wenn Thomas Mann von Venedig, Tod und Meer zum Leben strebte, von der Auflösung romantischer Ironie zum pädagogischen Bemühen, von der Sympathie mit der Unordnung zu ordentlicher Gestaltung, so stand am Ausgang dieses Prozesses ein gesellschaftlicher Schock. Viel später, schon in Amerika, als er die Entstehung seines dritten mehrbändigen Romanwerks darzustellen unternahm, der Josephsgeschichten, hat Thomas Mann auch das eigentliche gesellschaftliche Grundanliegen geschildert, das den ›Zauberberg‹ in seinem Sosein entstehen ließ: »So steht, der dichterischen Chronologie nach, der Donnerschlag des Kriegsausbruchs von 1914 am Ende des Zauberberg-Romans, in Wahrheit aber hatte er an seinem Anfang gestanden und alle seine Träume hervorgerufen. Er war ein sprengender, weckender, weltverändernder Schlag – endete eine Epoche, die bürgerlich-ästhetische, in der wir herangewachsen waren, und öffnete uns die Augen dafür, daß wir fortan nicht würden leben und dichten können wie bisher.«[2] Die zeitlichen Perspektiven scheinen vertauscht: der ›Zauberberg‹ mündet als Erzählung in den ersten Weltkrieg als Ausblick, während in Wahrheit ein Rückblick unternommen wurde. Dieser Rückblick aber, erstattet in der Mitte der zwanziger Jahre in einem Nachkriegsdeutschland, getränkt mit Erfahrungen aus Jugendzeit und Überdruß, aus gescheiterter Bemühung um eine Sinngebung des Künstlertums in ungeistiger Wirklichkeit, von bürgerlichem Untergang und – nicht zuletzt – Begründung eines neuen Staatswesens in Rußland, entstand als ein Roman, der nicht mehr Bildungsroman mit umgekehrten Vorzeichen nach dem Muster der ›Buddenbrooks‹ ist, sondern pädagogisches Bemühen in der Nachfolge des ›Wilhelm Meister‹, als Erziehung zum Leben und zur Bewährung in ihm.

In den ›Betrachtungen eines Unpolitischen‹ hatte Thomas Mann das pädagogische Ziel des Zauberberg-Entwurfs dahin umrissen, daß ein junger Mensch »an einen sittlichgefährdeten Aufenthalt« geführt werde, wo er sich zwischen »zwei gleichermaßen schnurrige Erzieher« gestellt sehe. Humanismus und Antihumanismus, liberaler Fortschrittsglauben und rückwärts gewandter Dogmatismus der Seele sollten sich den Rang streitig machen und diesen jungen Menschen zwischen »Pflicht und Dienst des Lebens« und Faszination der Verwesung vor eine Wahl stellen. So war es geplant, so ist auch das Schicksal dieses »mittelmäßigen« und »simplen« Hans Castorp in der großen Erzählung tatsächlich behandelt worden. Aber wer ist Hans Castorp? Ein mittlerer junger Mann, gewiß, ein Norddeutscher, Sohn einer Hansestadt. In seiner Lübecker Rede deutet Thomas Mann an, daß die Hamburger Abkunft des jungen

Castorp nur »zur Abwechslung« vermerkt sei, daß es sich also insgeheim natürlich wieder um einen Sohn der Hansestadt Lübeck handle. An Castorp sind zwei Züge bemerkenswert: seine Unentschiedenheit *und* seine beinahe grenzenlose Aufnahmefähigkeit für geistige Eindrücke. Er ist »neugierig« in jenem philosophischen Sinne der Griechen, die den Anfang des philosophischen Geistes darin sahen, ob einer fähig sei, sich zu »wundern«. Zum Verwundern gibt es allerdings im Sanatorium Berghof in Davos mancherlei. Überreichlich ist Grund vorhanden, sich über Menschen und Umstände zu wundern, wogegen der Bewunderung nur mäßiger Raum verbleibt. Daher wird man in dem ganzen Roman kaum einmal bemerken können, daß sich Hans Castorp eindeutig entscheidet, daß er sich »festlegt«. All seine geistigen Entscheidungen sind provisorisch, mit geheimen Vorbehalten versehen. All seine seelischen Entscheidungen, wenn man hier von »Entscheidung« sprechen will, sind zweideutig, mit geheimen Hypotheken belastet. Seine Gefühle sind fast immer »ambivalent«: in allem Strömen des Gefühls verspürt man einen Bodensatz des Ekels oder der Abneigung. Das gilt für Castorps Verhältnis zu Frau Chauchat nicht minder als für sein Vasallentum bei Herrn Peeperkorn. Könnte man nicht sagen, daß dieser harmlose Castorp mit seinen Vorbehalten und Nichtentscheidungen wesentlich auch ein Ironiker sei? In dem Sinne nämlich, daß er an allen Gestalten des ›Zauberberg‹, den sogenannten Erziehern und Intellektuellen wie den Typen der bürgerlichen und gutsituierten Gesellschaft, die er antrifft, extreme Positionen wahrnimmt: zu Ende geführte Möglichkeiten einer Haltung zum Leben. Während er selbst gerade *nicht* extrem zu sein strebt, auf sich einwirken läßt, ohne sich zu entscheiden.

Hier ist abermals ein Unterschied zu beobachten zwischen den deutschen Erziehungsromanen des beginnenden 19. Jahrhunderts und dem pädagogischen Bereich im ›Zauberberg‹. Den ›Grünen Heinrich‹ hat Thomas Mann, wie er sehr viel später erst, in seinem Tagebuch über die Entstehung des ›Doktor Faustus‹, berichten sollte, zum erstenmal gelesen, als er die siebzig Jahre bereits überschritten hatte. Den ›Wilhelm Meister‹ kannte er natürlich genau. Jeder deutsche Erziehungsroman hat die unterirdisch schwingende Beziehung zu dieser »platonischen Idee« eines Romans der deutschen Überlieferung aufzuweisen. Während aber Meister und Gottfried Kellers Heinrich in allen Etappen ihrer Entwicklung ganz sich den Ereignissen und Eindrücken stellen, in tätiger Auseinandersetzung ihre ›Irrungen und Wirrungen‹ durchstehen, bleibt Castorp eigentümlich passiv, abwägend, prüfend, voller Vorbehalte und voller, vielleich unbewußter, Ironie. Er steht in der Mitte, ist nicht »extrem«. Er ist überhaupt nicht aktiv, selbst nicht in jenem bescheidenen Sinne einer Aktion, wie sie den Kranken im ›Zauberberg‹ durch das ärztliche Regime noch zugebilligt wird. Dadurch ergibt der pädagogische Gesamtplan des Romans nicht eigentlich eine fortlaufende Entwicklung des Helden, wenn auch der Castorp des Romanschlusses ein anderer geworden sein mag als jener simple junge Mann, der zu Besuch auf drei Wochen kam. Gebrauchte man ein Bild, so wäre der Erziehungsroman derart zu verstehen, daß sich Castorp beständig als Mittelpunkt von Kreisen fühlt, die um ihn geschlagen werden. Bald größere, bald kleinere.

Die geistigen Dimensionen und solche der seelischen Nähe und Ferne verändern sich im Verlauf des Erziehungsprozesses; stets aber bleibt der Abstand, der unrettbar einen Kreismittelpunkt vom eigentlichen Kreisumfang trennt. Der Punkt bleibt Punkt, und die Kreisfläche bleibt eine solche. Abermals also: wer ist Hans Castorp? Die Züge norddeutscher Nüchternheit, des behutsam prüfenden Realismus sind unverkennbar. Er ist norddeutscher Hanseate. Er ist das »Sorgenkind des Lebens« in jenem Sinne, daß er für alle Verlockungen und geistigen Versuchungen das mögliche »Verständnis« aufzubringen vermag. Was auf eine unstarke eigene Konstitution schließen läßt. Castorp bleibt beständig *Möglichkeit*, ohne jemals eindeutig Wirklichkeit zu werden. Er reflektiert das Geschehen, ohne an ihm Anteil oder gar Teil zu nehmen. Der Prozeß seiner Selbsterkenntnis, dem dieser Erziehungsroman dient, vollzieht sich ganz in den Sphären des Rezeptiven: hier wird erlebt und überdacht – aber ohne eigentliches und eindeutiges Resultat. Man ist am äußersten Gegenpol zu Goethes berühmter Maxime: »Wie kann man sich selbst kennenlernen? Durch

Betrachten niemals, wohl aber durch Handeln. Versuch es deine Pflicht zu tun, und du weißt gleich, was an dir ist.« Wie der Frédéric Moreau in Flauberts ›Education sentimentale‹ – ist auch Hans Castorp ein *passiver Held*. Seine Passivität und Nichtentscheidung ist vom Autor gewollt, als Charakterisierung und als überindividuelle Kennzeichnung. Schon in der Rede ›Von deutscher Republik‹ aus dem Jahre 1922, die eine Rede vor der deutschen Jugend war, erklangen Hinweise auf den ›Zauberberg‹, verbunden mit der Andeutung, daß es sich bei diesem Erziehungsplan um ein Bild deutscher Jugend und für die deutsche Jugend handeln solle. Hier sind zwei Begriffe ineinandergefügt, die beide der pädagogischen Substanz dieses Romans angehören: *Jugend und Deutschtum*. Was es damit in der Gestalt Hans Castorps auf sich habe, erläutert Thomas Mann in der Lübecker Rede mit folgenden Worten: »Es ist die Idee der Mitte. Das ist aber eine deutsche Idee, denn ist nicht deutsches Wesen die Mitte, das Mittlere und Vermittelnde und der Deutsche der mittlere Mensch im großen Stile? Ja, wer Deutschtum sagt, der sagt Mitte; wer aber Mitte sagt, der sagt Bürgerlichkeit, und der sagt damit, wir wollen das aufstellen und behaupten, etwas genau so Unsterbliches, wie wenn er Deutschtum sagte.«

Castorp ist ein junger Deutscher, er ist ein Bürger, ein deutscher Bürger, soll es jedenfalls sein. Sein Verhältnis zu den extremen Positionen des Romans, seine vorbehaltvolle, man könnte sagen: ironische Verwunderung, die nicht zur Stellungnahme ausreift, wird als deutsche Möglichkeit und Aufgabe gestellt. Es geht bei Thomas Mann um einen neuen Versuch der Sinngebung; in der verfallenden Gesellschaft sollen die Positionen der Vergangenheit gleichzeitig bewahrt, entschärft und sublimiert werden. In der Entscheidung der »Mitte«, die eigentlich eine Nichtentscheidung ist, sollen Bürgerlichkeit, deutsche romantische Faszination durch Krankheit und Tod mit dem Bekenntnis zum Leben in einer höheren, zukunftsvolleren Einheit aufgehoben werden. Die ›Betrachtungen eines Unpolitischen‹ waren extreme Stellungnahme, fast ohne unterschwingende Ironie. Diesmal soll eine neue Synthese versucht werden.

Castorp also »bedeutet« weit mehr als sich selbst, er repräsentiert deutsche Möglichkeiten, wenigstens nach dem Willen seines Autors: den Prozeß einer Selbstentwicklung oder vorbehaltvollen Hingabe. Im Jahre 1924, kurz vor Erscheinen des ›Zauberberg‹, ist Thomas Mann zu Gast in Amsterdam; dort hält er eine Tischrede auf die »noble alte Stadt«, die ihn beherbergt, auf ein städtisches Gemeinwesen, das den Lübecker vertraut anmuten muß. Er befindet sich unter Schriftstellern und spricht vom Lebensgefühl des Schriftstellers: »Talent ist im wesentlichen Sensitivität. Empfindlichkeit für Zukunftsnotwendigkeiten. Dichter mögen Sorgenkinder des Lebens sein, geneigt und ständig in Gefahr, sich an Krankheit und Tod als Mächte und Prinzipien zu verlieren: Kinder des Lebens bleiben sie eben doch und im Grunde zur sittlichen Güte bestimmt. Der Dichter, der in einer geschichtlichen Stunde, wie der gegenwärtigen, nicht die Partei des Lebens ergriff, wäre wahrhaft ein trüber Gast auf dunkler Erde.«[3] Die Dichter also als »Sorgenkinder des Lebens«. Aber mit dieser Bezeichnung wurde doch gerade Hans Castorp im ›Zauberberg‹ umschrieben! Hier stellt sich Thomas Mann selbst dar; so wird offenbar, daß deutsche Erziehung und Selbsterziehung ineinander übergehen. Der simple junge Castorp, der es aber, dank seiner geistigen Anfälligkeit und seelischen Reizbarkeit, »hinter den Ohren hat«, bietet Möglichkeiten eines Deutschen in der Welt, eines jungen Deutschen gerade der ersten Nachkriegszeit. Daß es sich um Sorgen der zwanziger Jahre handelt, trotz des historischen Rahmens, der den Roman dem ersten Weltkrieg vorgelagert hat, wurde mit den Worten Thomas Manns bereits angedeutet. Der Erziehungsprozeß aber ist gleichzeitig ein solcher, den der Dichter an sich selbst vollzieht: als an einem Sorgenkind des Lebens. Er fühlt sich als solches im gleichen Maße wie Hans Castorp, sein Geschöpf. *Damit aber werden Settembrini, Naphta, Frau Chauchat und Peeperkorn zu Elementen seiner eigenen Entwicklung.* Mehr noch: es läßt sich zeigen, daß all diese Gestalten nichts anderes darstellen (neben ihrem epischen Eigenleben) als Erlebnisse und Erfahrungen ihres Dichters. Goethe war gleichzeitig Faust und Mephistopheles, Tasso und Antonio. Thomas Mann war in den ›Buddenbrooks‹ gleichzeitig Thomas und Hanno, um nur diese zu nennen. Er ist Hans Castorp, doch ist er nicht minder Settembrini und Naphta – und dabei gleichzeitig der Abstand zwischen beiden, die Distanz zwischen Kreisumfang und Kreismittelpunkt. Nur aus dieser Perspektive, die gleichzeitig gesellschaftliche und biographische Deutung enthält, werden die Grenzen der pädagogischen Provinz im ›Zauberberg‹ sichtbar. Das Eigentümliche im Bildungsaufbau des ›Zauberberg‹ besteht also darin, daß Thomas Mann als Lehrender und Lernender erscheint, als die Gesamtheit der pädagogischen Einflüsse, die auftreten in den Ideologen Settembrini und Naphta, in der »Persönlichkeit« Peeperkorns, in der fragwürdig-toleranten Menschlichkeit der Frau Chauchat, in der »formalen« Existenz und Haltung des Vetters Joachim, nicht zuletzt in der sachlich-humoristischen Art des Hofrats Behrens, Krankheit und Tod zu behandeln; aber zugleich auch als der Lernende, als Hans Castorp mit seiner fast unbegrenzten Fähigkeit, Reize und Eindrücke zu verarbeiten. Wer Thomas Manns essayistisches Werk neben den Roman stellt, sieht ohne Mühe, daß all diesen Gestalten eine Lebenserfahrung ihres Dichters entspricht, die er im Wirken der Figuren mitzuteilen bestrebt ist: sein Rußlanderlebnis und seine Begegnung mit der hanseatischen Welt; seine romantisch todessüchtigen Neigungen; sein neuerworbenes Goethebild; seine Beziehungen zu Demokratie, Krankheit und Leben. Thomas Mann also als Gesamtheit der pädagogischen Einflüsse, die auf Hans Castorp wirken. Das pädagogische Ziel besteht darin, daß, in ähnlicher Weise wie in der Rede ›Von deutscher Republik‹, der deutschen Jugend diese Summe von Lebenserfahrungen vermittelt werden soll.

Thomas Mann selbst aber auch als Hans Castorp, als »Sorgenkind des Lebens«. Der rastlos Lernende, der in der Mitte steht und sich insgeheim entscheidet: indem er sich, wie sein Geschöpf, nicht zu entscheiden scheint. Wohl gelten die Bemerkungen über die deutsche Lebensform als eine solche der Mitte, über den bürgerlichen Sinn als einen solchen zwischen den Extremen, über die hanseatische Lebensform als eine solche der Distanz und Ironie. Das sind Eigentümlichkeiten des Zöglings Castorp wie seines »Schöpfers«. Allein der schildert den

Gesamtprozeß dieser Erziehung, und das vollendete Gebilde ist endlich doch Entscheidung: Entscheidung in Form eines Prozesses, nicht eines Resultats.

Die Erziehung Hans Castorps ist also Selbsterziehung neben der Form des Berichts und der aus der Selbsterziehung gewonnenen Lehre. Schon hier klingt die *Beziehung zu Goethe* an. Es war nicht zufällig, daß Thomas Mann die Amsterdamer Tischrede von 1924 mitten während der Entstehung des ›Zauberberg‹ in die Parteinahme für das Leben ausklingen ließ, also das Grundmotiv des ›Zauberberg‹, ohne welche Haltung man »wahrhaft nur ein trüber Gast auf der dunklen Erde wäre«. Das ist Goethes Botschaft des »Stirb und Werde«. Allein auch die Beziehung zu ›Dichtung und Wahrheit‹ ist im ›Zauberberg‹ unverkennbar. Goethes Lebensgeschichte war beabsichtigt als pädagogische Botschaft. Das Leben eines Menschen, »der es sich sauer werden ließ«, sollte als Beispiel zur Nachahmung gelten, auch als Warnung. Darum stand als Motto über dieser Lebensbeschreibung der Vers des Sophokles, daß nur der erzogen werde, der im Leid zu erleben verstehe. Von dem neuen Humanismus, den Thomas Mann im Alter verkündet und der im ›Zauberberg‹ zum erstenmal geprägt hervortritt, erklärte der Dichter in seiner Züricher Rede aus dem Jahre 1948 über Nietzsches Philosophie »im Lichte unserer Erfahrung«, daß er »durch vieles hindurchgegangen, alles Wissen ums Untere und Dämonische hineinnähme in seine Ehrung des menschlichen Geheimnisses«.[4] Die Formel würde also dahin lauten, daß hier eine Autobiographie in Form eines gesellschaftlichen Freskos gegeben wird, dessen einzelne Figuren, neben ihrem Eigenwert und Eigenleben, ebenso viele Momente persönlicher Erfahrung darzustellen hätten. Die objektivierende Subjektivität sollte mitteilbar sein, pädagogisch auf Mitwelt und Nachwelt wirken: in Form humanistischer Botschaft.

Vergleicht man abermals mit Balzac und seiner Gestaltenfülle in der ›Menschlichen Komödie‹, so könnte an einen übersteigerten Subjektivismus gedacht werden, der unberechtigterweise die Erfahrungen seines Ich mit der Entwicklung einer Gesellschaft gleichzusetzen strebt. Balzac mochte noch so stark auch alle bedenklichen Züge seiner Gestalten bis zum Verbrecherischen in sich fühlen: die kriminelle Besessenheit Vautrins, den Ehrgeiz Rastignacs, den Geiz Gobsecks neben der Aufopferung des Vaters Goriot, so bleiben diese Figuren doch im wesentlichen objektive Wirklichkeit: sie sind nicht persönliches Erleben ihres Dichters. Anders die Gestalten des ›Zauberberg‹; anders allerdings auch die handelnden Personen in Goethes ›Wilhelm Meister‹.

Allein der scheinbare Subjektivismus in solcher Pädagogik Thomas Manns täuscht. Schon in einer frühen Studie, betitelt ›Bilse und ich‹, worin sich Thomas Mann gegen den Vorwurf wehren mußte, die Gestalten der ›Buddenbrooks‹ seien bloße Instrumente eines Schlüsselromans, hatte er bekannt, im Grunde habe er als Dichter in allen Gestalten immer nur von sich selbst erzählt. Trotzdem könnte die objektive Eigenexistenz der Figuren wohl kaum in Frage gestellt werden. Wie es theoretisch um solche dialektische Verknüpfung subjektiven Erlebens und objektiver Gestaltung stehe, hat Thomas Mann, abermals in der Entstehungszeit des ›Zauberberg‹, in seinem Fragment über ›Goethe und Tolstoi‹ wie folgt formuliert: »Es gibt ein gutes Wort, das lautet: ›Liebe zu sich selbst ist immer der Anfang eines romanhaften Lebens.‹ Liebe zu sich selbst, so kann man hinzufügen, ist auch der Anfang aller Autobiographien. Denn der Trieb eines Menschen, sein Leben zu fixieren, sein Werden aufzuzeigen, sein Schicksal literarisch zu feiern und die Teilnahme der Mit- und Nachwelt leidenschaftlich dafür in Anspruch zu nehmen, das hat dieselbe ungewöhnliche Lebhaftigkeit des Ichgefühls zur Voraussetzung, die, nach jenem klugen Wort, ein Leben ›romanhaft‹ macht – subjektiv für den Erlebenden, aber auch objektiv für die anderen, die Welt.« Unverkennbar ist hier abermals das zentrale Thema des ›Zauberberg‹ umrissen: Liebe zum Leben als Liebe zu sich selbst, Widerstand gegen Todessüchtigkeit und Verfall. Es ist die neue humanistische Botschaft aus dem Mund eines Dichters, der den ›Verfall einer Familie‹, die Novelle ›Tristan‹, den ›Tod in Venedig‹ und das Palestrina-Kapitel in den ›Betrachtungen eines Unpolitischen‹ geschrieben hatte.

Schaut man im einzelnen auf die Erfahrungen und Erziehungsresultate des ›Zauberberg‹, so ist eine Einsicht unabwendbar, die verblüffen mag. Hans Castorp nämlich wird nicht durch ein einzelnes umwälzendes Erlebnis geformt. Alle Eindrücke, Lektüren, Gespräche haften bei ihm, ohne daß einer der bewußten oder unbewußten Erzieher behaupten könnte, nun habe er das Sorgenkind in einen Zögling verwandelt. Wird Castorp überhaupt erzogen? Es scheint fraglich, ob er nach sieben Jahren überhaupt als ein Gewandelter in die Welt zurückfindet, die außerdem eine solche des Schützengrabens ist. Settembrini gibt ihm zwar als letzter das Geleit zum Bahnhof: aber beider Beziehung bleibt Sympathie, Freundlichkeit und Distanz. Nur im letzten Augenblick verwandelt sich beim Abschied das Sie in ein Du – und zwar nur im Wort des Pädagogen! Was Castorp dem Erzieher zum Abschied sagt, bleibt unerwähnt; bestimmt ist es kein Bekenntnis zur Identifizierung mit dem pädagogischen liberalen Ideal des Italieners. Es bleibt beim Gruß und Winken des Abschieds. Settembrini ist krank und bleibt als Kranker zurück. Alle anderen Erlebnisse sind mit dem Stigma der Krankheit und des Todes versehen: er lernt aus ihnen, ohne ihr Schüler zu werden. Das Erziehungsresultat ist weitgehend *Abwendung*. Spricht man von einem pädagogischen Resultat im ›Zauberberg‹, so kann es nicht im Sieg einer Idee oder einer Gestalt über den Geist des Zöglings bestehen. Gewirkt hat die Gesamtheit der Eindrücke. Das unmittelbare pädagogische Ergebnis nach jener inneren Einsicht, die Castorp im Schneesturm erfährt, daß man dem Tod nämlich widerstehen müsse, die Verwirklichung solcher Einsicht, die allein erst über ein Erziehungsresultat zu entscheiden vermag, findet sich einfach in der Tatsache der Abreise. Castorp bricht den Bann des hermetischen Berges, den Zauber des Hermes als Führers und Verführers zum Tode. Er kehrt ins Leben zurück, wenn es auch das etwas verächtlich angesehene »Flachland« der bürgerlichen Gesellschaft ist. Aber es ist das Leben, und in der Liebe zu ihm und zu den Menschen ist eine Daseinserfüllung möglich. Ist Daseinserfüllung – und Literatur möglich!

Es ist aber wenig bemerkt worden, daß eine ähnliche Umkehrung der wirklichen Verhältnisse im Erziehungsprozeß des Romans selbst vorgenommen wird. Nämlich in der Gestalt *Naphtas* und der Art ihres Auftretens. Unschwer kann man in dem kleinen Jesuitenprofessor jüdischer Abstammung den Zuordnungspunkt erkennen, der alle romantisch nachtseitigen Erfahrungen aus Thomas Manns Jugend mit schärfster geistiger Prägnanz zusammenfaßt. Naphta ist Romantiker, beinahe schon Expressionist; er liebt gotisch-stilisierte Bilder der Qual und die Abdankung des Geistes vor dem Gehorsamsgebot; er wiederholt getreulich des Novalis mystisch-erotische Umschreibung der Begriffe Bett und Totenbett, die Thomas Mann in seiner Rede ›Von deutscher Republik‹ ausführlich geschildert hatte und die schon im ersten Gespräch Naphtas, Settembrinis und Castorps vorgetragen werden. Naphta lebt im strengen Dualismus einer Scheidung von Geist und Natur. Die Natur »habe es nötig«, daß der Geist in sie hineingetragen werde. Abermals eine Lieblingsvorstellung deutscher Frühromantik. Sein Auftreten dient der Gleichsetzung eines metaphysischen, ästhetischen und politischen Prinzips. Bekenntnis zum Tod, zum Leiden als die metaphysische Seite; expressive Romantik als künstlerische Entsprechung; Antihumanismus und Antiliberalismus als deren politischer Ausdruck. Man kann nicht leugnen, daß viel vom Geist der Betrachtungen eines Unpolitischen in die Gestalt des fragwürdigen Erziehers eingegangen ist. Chronologisch steht also Naphta in der Selbstbildung Thomas Manns am Anfang, zwar in der Nachbarschaft der russischen Erlebnisse, bestimmt aber zeitlich früher als Settembrinis Ethik, die etwa den Erkenntnissen über deutsche Republik, neuen Humanismus und deutsch-französische Rechenschaft entsprechen könnte.

Der Roman jedoch vollzieht die Umkehrung. Die ersten Eindrücke im ›Zauberberg‹ stellen Hans Castorp (neben der vertraulichen hanseatischen Verwandtschaft des Vetters) vor den Theoretiker der bürgerlichen Revolution, den »nationalliberalen« Italiener, den Schüler Mazzinis, Carduccis und der positivistischen Naturwissenschaftler des 19. Jahrhunderts. Naphta dagegen, Thomas Manns Jugendwelt, wird erst im zweiten Band eingeführt, gleichsam in Form einer Verlegenheit, unter dem bewußt anspruchslosen Titel »Noch jemand«. Erscheint überdies in einem bemerkenswerten Augenblick geistiger Entwicklung des jungen Helden. Gerade hat Hans Castorp starke

Eindrücke von Objektivität und Beständigkeit des Weltalls erhalten. Festigkeit und wissenschaftliche »Stabilität« des Kosmos wurden dem jungen Sorgenkind auf seinem Balkon zum tiefwirkenden Erlebnis. Schon zog er die geistigen Konsequenzen eines Settembrini, indem er die fortlaufende Entwicklung der Menschheit in ununterbrochenen Strömen wissenschaftlicher Welterkenntnis als ein Bekenntnis zur »Menschheit« verarbeitete. Settembrini scheint gewonnen zu haben; auch der Vetter Joachim bemerkt bereits, beinahe strafend, daß Castorps Bekenntnis zur Menschheit offenkundig an Settembrini gemahne. In diesem pädagogischen Augenblick wird Naphta eingeführt, um alles abermals in Frage zu stellen. Die Bedeutung der Wissenschaft scheint plötzlich fragwürdig. Die Erziehbarkeit der Menschen wird als Überheblichkeit abgetan. Beseitigung des Leidens aus der Welt, der Plan Settembrinis, als unmenschlich, denn er beraube das Geschöpf seiner tiefsten Erlebnisse. Aus der Objektivität eines wissenschaftlichen Weltbilds wird die Gegenthese äußerster subjektiver Individualität entwickelt, mitsamt ihrer politischen Konsequenz des Gehorsams und des antidemokratischen Verhaltens. Die Geister der Romantik und der politischen Dunkelmännerei scheinen erneut die Oberhand zu gewinnen. Es ist kein Zufall, wenn später im ›Doktor Faustus‹ der Musiker Leverkühn gerade als Musiker auch eine »kosmische« Vision zu gestalten sucht. Sie sieht anders aus als der hochherzige Positivismus Hans Castorps auf seinem Balkon, wird zur ironischen Grimasse und mephistophelischen Tondichtung über eine Welt, deren Gefüge wert sei, zugrunde zu gehen.

Thomas Mann hat also die Zeitform vertauscht. Das Jugenderlebnis tritt nicht als These auf, sondern als späte Antithese. Wesen einer Antithese ist es jedoch, im dialektischen Prozeß aufgehoben und einer neuen Stufe anverwandelt zu werden. Das ist auch Naphtas Los. Von Sympathie zu diesem Geschöpf ist bei seinem Dichter wenig zu spüren. Vielleicht sind auch persönlich unliebsame Bekanntschaften Thomas Manns in diese Gestalt eingedrungen. Fast die gleiche Beschreibung von Naphtas »ätzender Häßlichkeit« findet sich im ›Faustus‹ bei der wenig geschmeichelten Beschreibung des Theoretikers Doktor

Chaim Breisacher. Dennoch vertritt gerade Naphta im ›Zauber-berg‹ viele einstige Thesen des ›Unpolitischen‹. Sein Tod ist jammervoll. Anlaß zu dem sonderbaren Duell, das eigentlich keines ist und mit Naphtas Selbstmord endet, wird die Verteidigungsrede, die der kleine Jesuitenprofessor für die politische Romantik der deutschen Freiheitskriege, die geistigen Anfänge eines modernen deutschen Nationalismus zu halten gewillt ist. Aus dem geistigen und moralischen Protest Settembrinis gegen die »Schlüpfrigkeit« dieses Themas, das abermals ein solches deutsch-romantischer Todessüchtigkeit ist, aus jenem Bereich also, vor dem die Rede ›Von deutscher Republik‹ die Jugend warnen sollte, erwächst Naphtas Untergang. Die Art seines Todeskampfes ist »kläglich«: sie hat nichts von Apotheose und heldischer Gebärde. Die Beschreibung dieser Augenblicke erinnert verblüffend genau übrigens an den Zusammenbruch und schauerlichen Todeskampf Thomas Buddenbrooks. Auch hier sind die Beziehungen spürbar. Nur fehlt es diesmal an Sympathie des Dichters für ein Geschöpf, das so schrecklich sein Ende findet.

Wie Naphta kann man nicht leben. Er war krank; seine geistige Haltung verurteilte ihn nicht bloß zum langsamen Sterben, wie alle anderen pädagogisch verurteilten Geschöpfe der großen pädagogischen Provinz, wie Frau Chauchat, wie Joachim, wie Settembrini und auch wie Hofrat Behrens, der krank und krankheitssüchtig in die untergehende Welt gebannt bleibt. Naphta zerbricht an der Brüchigkeit der Welt, die schließlich durch menschliche Würde und die Kraft des Lebens stärker widerlegt wird als durch alle Argumente. War es nicht bereits Herrn Peeperkorn gelungen, auf dem Höhepunkt seiner Vitalität, einfach durch die Kraft seiner Persönlichkeit, alle Argumente des scharfzüngigen Ideologen gleichsam wesenlos zu machen?

Hier ist durch Thomas Mann die endgültige Abrechnung mit der Welt Naphtas vollzogen. Die ersten Jahre nach 1919 hatten noch den Zwiespalt zwischen eigener Vergangenheit und Gegenwart gezeigt. Im ›Zauberberg‹ ist die Abkehr von Naphta vollzogen. Allein daraus wird keine Hinwendung zu Settembrini.[5] Gegen den Schluß des Romans erst, als das Leben wieder

Gewalt gewinnt, gelingt Settembrini so etwas wie eine Rangerhöhung bei seinem Zögling. Er begleitet Hans Castorp bis vor die Tore des verzauberten Berges. Von allen pädagogischen Einflüssen setzt sich der seine doch in etwas stärkerem Akzent durch. Er allein hatte vorher die Rückkehr Castorps in das Leben gefordert. Diese Rückkehr ist sein Sieg, wenn er selbst auch krank zurückbleibt.

Der ›Zauberberg‹ enthält in der Fülle seiner Gestalten den Querschnitt durch die bürgerliche Gesellschaft der Vorkriegszeit in all ihren Tendenzen und Ausprägungen. Alle aber sind krank, alle verurteilt. Auch der bürgerliche Liberalismus, auch die Lehre der bürgerlichen Revolution und der Geist der Nationalitätenkämpfe aus dem 19. Jahrhundert sind abgelebte Gestalt. Aus Settembrini-Mazzini ist inzwischen Naphta geworden, mitsamt dem Inventar der modernen Imperialisten und Nationalisten, und deren Ende wurde im Schicksal Naphtas geschildert. Die bürgerliche Demokratie weist zwar den Weg ins Freie, doch diese freie Ebene hat die Gestalt eines Schützengrabens angenommen. Nun geht es darum, mag Castorp untergehen, daß neue Generationen, die nicht mehr krank sind, bewußte Parteigänger des Lebens werden, statt solcher Krankheit und der todessüchtigen Nacht. Hier jedoch endet der Bereich dieser pädagogischen Provinz.

DAS BÜRGERLICHE SANATORIUM
(Die Kranken und ihre Krankheit)

I

Wo Vollständigkeit angestrebt wird, machen sich Lücken um so rascher bemerkbar. Wird bei Gelegenheit erwartet, daß sich alle Mitglieder eines Hauses, einer Fabrik, eines Orchesters oder einer Universität versammeln, so stellt sich bald heraus, wer fehlt. Es gibt Lücken im ›Zauberberg‹. Offenbar wurde auch hier Vollständigkeit angestrebt: eine Bestandsaufnahme aller Typen, Strömungen, Nationalitäten im Zeitalter der ersten Vorkriegszeit. Viele Deutsche finden sich im ›Zauberberg‹, auffallend wenig Schweizer, jedenfalls unter den Kranken, denn das Bedienungspersonal kann billigerweise nicht gerechnet werden. Man erfährt von ägyptischen Fürstlichkeiten, Skandinaviern, von der tragisch-theatralischen Mexikanerin, die zwei Söhne an die Krankheit verliert. Die Hauptgestalten sind einigermaßen harmonisch nach Herkunft und Typus verteilt: der Holländer Peeperkorn, bei der Ankunft von seiner Geliebten begleitet, der bereits wohlbekannten Madame Chauchat, die fern des zaristischen Rußland und ihres Gatten lebt; Leo Naphta ist ostjüdischer Abkunft und suchte den Weg zum Jesuitenorden gleichzeitig als geographischen Weg nach Westen; sein Gegenspieler Settembrini stellt sich gleichsam vor wie eine »platonische Idee« des bürgerlichen Humanisten, Liberalen und Nationalisten italienischer Prägung. Vielschichtig sind die Deutschen vertreten: Castorp und sein Vetter Joachim, der Hofrat Behrens und seine Höllengehilfin, die Oberschwester. Übrigens auch die wichtigsten Randgestalten, Frau Stöhr oder die Damen Iltis und Levi, nebst Herrn Wehsal von der traurigen Gestalt. Es läßt sich nicht verkennen, daß Thomas Mann den Deutschen innerhalb dieses internationalen und gemischten Krankenpublikums einen besonders hohen Prozentsatz zuweist. Offenbar nicht bloß dank besonderer Kenntnis der deutschen Typen, sondern auch mit dem geheimen Hinweis, daß die Krankheit im ›Zauberberg‹ *etwas von einer deutschen Krankheit* an sich habe. Dazu stimmt auch, daß wiederholt vom Erzähler der hohe Prozentsatz der Russen unter den Kranken hervorgehoben wird. Sie bilden gleichsam eine Provinz innerhalb der Gesamtprovinz. Man hat sie (oder sie haben sich selbst) nach Rang und Reichtum geschieden. Im Speisesaal gibt es einen »guten« und einen »schlechten« Russentisch. Wobei die Unterscheidung kaum nach ethischen Gesichtspunkten, sondern nach den Vermögensverhältnissen vorgenommen wurde. Es handelt sich natürlich um Bürger des Zarenreichs, denn der Roman endet mit dem Ausbruch des Weltkrieges von 1914. Es wurde aber bereits hervorgehoben, daß die ganze Erzählung »zurückdatiert« wurde: sie spielt sich ab vor dem Weltkrieg, ist aber nachher erdacht, bedacht und niedergeschrieben, so daß der berichtende Thomas Mann natürlich bei der Niederschrift weiß, was im Jahre 1917 in Rußland vor sich ging. Die Krankheit, um die es geht, ist also mit einer besonderen Anfälligkeit auch für die Untertanen des Zaren Nikolaus II. verbunden. Hinter dem medizinischen Tatbestand der Lungentuberkulose lauert ersichtlich noch ein anderes Problem.

Nun scheint es plötzlich auch nicht mehr so zufällig, daß der Prozentsatz der Schweizer unter den Kranken wenig beachtenswert erscheint. Ihre Anfälligkeit für die »eigentliche« Erkrankung muß demnach für den Erzähler weniger bemerkenswert sein. Damit stellt sich die Frage nach den anderen bedeutungsvollen *Lücken* innerhalb der Figurenwelt des Sanatoriums. Es fehlen die »kleinen Leute«, es fehlen ganz die Arbeiter. Das nimmt natürlich nicht wunder, denn der Roman läuft ab in einer vornehmen – und das heißt: sehr teuren – Heilanstalt. Das Sanatorium ist, wie sein Restaurant, »hell, elegant und gemütlich«, nur eben von etwas schauriger Helle, Eleganz und Gemütlichkeit. Dort hinzusterben, beansprucht viel Geld. Wenn der Ursprungsplan des großen Romans darauf hinauslief, eine Entromantisierung des Todes zu leisten, das Sterben (anders als im ›Tod in Venedig‹) in den berechenbaren Ablauf eines kapitalistischen Betriebs einzufügen, so ließ sich in der Tat kein besserer Rahmen wählen, als diese schweizerische Luxusanstalt für Kranke und Sterbende. Hier wurde nur aufgenommen, wer es bezahlen konnte. Schon der bürgerliche Intellektuelle Settembrini mit seinen bescheidenen Einkünften aus wissenschaftlicher und publizistischer Arbeit ist eines Tages gezwungen, der hohen Kosten wegen auf diese »Heilbehandlung« zu verzichten und sich in einem Privatquartier bei kleinen Vermietern unterzubringen.

Für Thomas Mann geht es noch um eine andere Form der Erkrankung – und in deren Gesamtbild fehlen bezeichnenderweise die arbeitenden Menschen und die armen Leute. Es fehlt noch mehr. In einer Untersuchung über den ›Zauberberg‹, die ausdrücklich als »kulturkritische Studie« bezeichnet wird, hat Johanna Graefe zusammengefaßt, welche Bereiche innerhalb dieser Inventaraufnahme des Gesamtromans vermißt werden: »So fehlt zum Beispiel die Geburt, es fehlt die Fortpflanzung, das Kind, und demzufolge fehlen auch die bürgerlichen Institutionen der Ehe und Familie sowie die Volksfamilie, die Nation samt Staat und dem contrat social. Und weiter fehlen Arbeit, Beruf, Erwerb, zumindest als gesellschaftlich-ökonomische Faktoren, es fehlen sozusagen ganze Ministerien: Wirtschaft, Finanz und Politik, Justiz und Kultus – summa summarum: es fehlt die Provinz des Lebens, das, was das Leben an die Erde bindet und das, was es erhält.«[1] Ganze Lebensschichten sind in ihren Trägern dem rattenfängerischen Ruf der Krankheit nicht gefolgt, also nicht in den verzauberten Berg eingezogen. Thomas Mann schreibt einige Jahre nach dem ›Zauberberg‹ abermals eine Geschichte, in der von Verzauberung und Unterjochung des freien Willens schon im Titel die Rede ist. In der Geschichte ›Mario und der Zauberer‹, von der noch zu sprechen sein wird[2], sind es gerade die einfachen Menschen, die Fischer und der kleine Kellner Mario, die sich dem Zauberblick und Wink des faschistischen Hypnotiseurs am widerwilligsten und am wenigsten dauerhaft fügen. Sie und ihresgleichen sind auch nicht in den verzauberten Berg eingezogen. Nicht bloß aus Geldgründen. Denn die Bereiche der Arbeit und des Berufs, der Familie, des Volkes, der produktiven Ehe fehlen im Gesellschaftsfresko des großen Romans nicht bloß deshalb, weil die Krankheit eine gewisse Gleichartigkeit der Befallenen herbeiführt und weil sie, als eine eifersüchtige Herrin, keinerlei Beschäftigung zulassen will, als eben die Beschäftigung mit der Krankheit.

Das wäre zu verstehen. Sieht man sich aber diese bürgerlich Kranken in diesem bürgerlichen Sanatorium näher an, versucht man ihr Leben außerhalb des Zauberbergs zu rekonstruieren, diese Menschen im Mittelpunkt von Arbeit und Beruf zu denken, so drängt sich eine wunderliche Feststellung auf. Keiner von ihnen besitzt offenbar ein produktives Verhältnis zum Leben, zur Arbeit, zur Welt jener »dort unten im Flachland«. Frau Stöhr kennt auch in ihrer süddeutschen Heimat nur die leere Repräsentation der reichen Fabrikantenfrau, deren Dasein in der erschreckenden Anzahl verschiedener Fischsoßen gipfelt, die sie zuzubereiten versteht. Frau Chauchat reist ziellos durch Europa; sie lebt von den Geldanweisungen des fernen Ehemannes, wohl auch von den Geschenken wechselnder Liebhaber. Die Randgestalten sind Weltenbummler, Besucher der Riviera, der Spielkasinos, der internationalen Bäder, sie warten auf die Schecks und Anweisungen, ohne das eigener Arbeit verdanken zu müssen. Naphta, persönlich dem Gelübde der Armut unterworfen, lebt ein behagliches Dasein dank der Reichtümer seiner Gesellschaft Jesu. Auch er kennt nur eine »formale«, keine praktische Existenz eines produktiven Berufs. Genauso Joachim Ziemssen, der Fähnrich und Offiziersanwärter. Er möchte tätig sein, ins Leben zurückkehren: allein dies ersehnte Leben ist der Kasernenhof. Wenn Hans Castorp schließlich in dieses Leben zurückkehrt, ist es der Schützengraben. Zudem: sogar Hans Castorp ist ein Bürger ohne eigentlichen bürgerlichen Beruf. Wir machen seine Bekanntschaft gerade in dem Augenblick, da er aufhören möchte, wie bisher von der mittleren Erbschaft seiner Familie zu leben, und darangehen will, selbst als Ingenieur sein Brot zu verdienen. Gerade in diesem Augenblick wird die Krankheit konstatiert, *oder veranlaßt er insgeheim, daß sie konstatiert wird*: wodurch dieser Weg ins Leben und in den Beruf abermals vertagt wird. Auch er erlebt sein unproduktives Dasein im verzauberten Berg wie alle übrigen (vielleicht mit Ausnahme Settembrinis) als bloße Fortsetzung einer Lebensform, die *auch vorher* schon unproduktiv gewesen war. Wenn Joachim Ziemssen stirbt, dieser so wenig bürgerliche Mensch, bewegt er im Todeskampf seine Hand auf der Decke »in schwebender, rechender Bewegung wieder zu sich, so, als zöge und sammle er etwas ein«.³ Die Krankheit spielt sich ab unter bürgerlichen Menschen. Sie befiel ein Dasein, das von jeher unproduktiv war und hier, in der irrealen Zauberwelt, nichts anderes findet als die getreue Fortsetzung. Wie verhalten sich Menschen, die im Mittelpunkt ihres Daseins nicht ein Tun finden, sondern ein Leiden, nicht Pflichten, sondern bloße Ansprüche an die nährende und »betreuende« Hotelverwaltung? Ihnen spaltet sich das Leben auf zwischen Körper und Geist: ein krankhafter, für den Betrachter geradezu ekelerregender Anblick. Nicht die Krankheit erregt für den Außenstehenden diesen Ekel: er wäre absurd; wohl aber die völlige Nutzlosigkeit *gerade dieser Kranken*, die nicht ihre Heilung wollen, sondern das Weiterwirken des Krankseins; deren Dasein in ihrer früheren Existenz mit nichts Wesentlichem und Nützlichem beschäftigt war, die sich daher auch nicht nach der Rückkehr in Beruf und Leben zu sehnen vermögen. Darum ist Settembrini als Moralist so erzürnt über Hans Castorps Forderung, man müsse die Krankheit mit Ehrfurcht behandeln. Diese Krankheit und diese Kranken verdienen keine Ehrfurcht, denn sie lieben ihre Krankheit, sogar ihr Sterben in triumphierendem Hochmut gegenüber den arbeitenden Menschen im Flachland. Sie sind allesamt Nietzscheaner, die sich für die Vornehmheit entschieden haben und gegen die Teilnahme am gesellschaftlichen Leben der »Masse«. Doch eine teuflische Ironie ist in ihrem Schicksal wirksam. Indem sie alle nämlich ihre Krankheit als erlesenen Zustand genießen möchten, werden sie in Wahrheit immer fleischlicher, körperlicher, in einem groben Sinne »materialistischer«, als sie selbst vielleicht ahnen wollten. Man »ißt und trinkt und atmet, ruht und bewegt sich, kontrolliert viermal am Tage seine Temperatur, läßt sich ›behandeln‹, lebt dem ›Befunde‹ nach, läßt sich sogar durchleuchten, körperlich wie seelisch – und man wird sich erinnern, welch eine Rolle das Essen, Trinken, Messen, Liegen und Wandeln in unserem Romane spielt«.⁴ Körper und Geist haben sich voneinander getrennt, ganz wie die Zauberwelt der Krankheit vom wirklichen Leben. Arbeit können sie nicht verrichten, auch infolge des Gesundheitszustandes. Aber sie sind weit davon entfernt, geistig produktiv zu sein, was sich für die meisten mit ihrem Zustand durchaus vereinbaren ließe. Da sie niemals ernsthaft gearbeitet haben, nie etwas anderes kannten als den bürgerlichen Genuß, findet sich unter ihnen (abermals mit Ausnahme Settembrinis) doch niemand, der trotz aller Krankheit geistig weitergewirkt hätte, wie so mancher erkrankte Dichter oder Gelehrte, dessen Kranken- und Geistesgeschichte wir kennen. Das sogenannte geistige Leben im ›Zauberberg‹ ist bloßer Müßiggang mit dem einzigen Ziel, die Zeit zu vertreiben. Alles ist gut, alles belanglos: Gesellschaftsspiele und Schallplatten, politische Diskussionen und Vorträge. Wenn der kranke Staatsanwalt Passavant wirklich eine geistige Tätigkeit sucht, so läßt er sich die Aufgabe vom behandelnden Arzt zuweisen wie eine Diätkur und vergrübelt sich dann in die nutzlose Scheinproblematik des Perpetuum mobile.

In seinem frühen Buch über ›Materie und Gedächtnis‹ hat Henri Bergson das »intellektuelle Gleichgewicht des Menschen« bestimmt als ständigen und notwendigen Ausgleich zwischen zwei Ebenen, der »Ebene der Tätigkeit und der Ebene des Traums«.[5] Wo dieser Ausgleich nicht hergestellt wird, vollzieht sich eine geistige Erkrankung, die Körper und Geist, Tätigkeit und Traumwelt auseinanderfallen läßt. Nun ist der ›Zauberberg‹ ohnehin ein Roman, der viele Motive der Philosophie Bergsons bewußt verarbeitet: es sei nur erinnert an Hans Castorps Betrachtungen über die Zeit mit ihrem Gegensatz von äußerem Zeitablauf und innerem Zeiterlebnis.[6] Die kranken bürgerlichen Parasiten im Sanatorium Berghof wirken wie eine Illustration dieser Analyse. Neben ihrem körperlichen ist auch ihr geistiges Gleichgewicht gestört. Daß es so weit kam, findet seine Ursache in ihrem gestörten Verhältnis zur realen Gesellschaft. Schon unten im Flachland waren sie krank, kranke Glieder des gesellschaftlichen Lebens. Ihre Unproduktivität, die Sinnlosigkeit ihres Daseins war gesellschaftlich determiniert, noch bevor die körperlichen Symptome zum Ausdruck kamen.

Damit wird zugleich klar, warum Hans Castorp in einer solchen pädagogischen Provinz nichts lernen konnte, was nachzuahmen blieb, höchsten das eine: daß es hier nichts zu lernen gab! Diese Gesellschaft war verurteilt. Wer leben wollte, mußte den Zauberberg wieder verlassen. Man ahnt zugleich, warum Thomas Mann diesen Aspekt des bürgerlichen Sanatoriums erst nach Ausgang des ersten Weltkriegs für sich zu entwickeln vermochte. Zugleich wird damit verständlich, daß der ›*Zauber-berg*‹ *eine Weiterführung der* ›*Buddenbrooks*‹ bedeutet: im Licht neuer gesellschaftlicher Erfahrungen. Man wird aber nicht behaupten können, daß diese neuen Erkenntnisse den Grundlinien und Andeutungen in den frühen Novellen und dem Familienroman widersprochen hätten. Im Gegenteil erlaubt gerade das spätere Werk auch den Blick auf bisher verborgene Züge in der frühen Entwicklung Thomas Manns.

2

Wo sich Kranke und Krankheiten angesammelt haben, sind Ärzte vonnöten. Alles kommt darauf an, daß sie für die Krankheit und den Patienten die richtige Diagnose stellen und die geeignete Therapie vorschlagen. Nun steht es aber sonderbar um die Mediziner des ›Zauberberg‹. Hofrat Behrens ist offenbar ein vorzüglicher Sachkenner, ein Spezialist für Lungenkrankheiten. Daß er selbst gewisse Anfälligkeiten aufweist, die Krankheit also auch aus eigener Erfahrung kennt, mag angehen. Bedenklicher dagegen wirkt bei ihm die Mischung aus hochgesteigerter Geschäftstüchtigkeit und wissenschaftlichem Interesse. Wenn er Hans Castorp Einblick in seine wissenschaftliche Denkweise gewährt, muß man zu dem Ergebnis kommen, ihn interessiere am Menschen und Kranken ausschließlich das Phänomen des Todes, des Sterbens. Behrens hat kein Verhältnis zum Leben, also auch nicht zum Gesundwerden. Nun trifft es sich für ihn günstig, daß seine seelische Eigentümlichkeit und Interessenrichtung vortrefflich zusammenstimmt mit den geschäftlichen Interessen der Aktionäre seines Sanatoriums. In diesem Großbetrieb des Sterbens und Vegetierens ist die Heilung insgeheim unerwünscht, weil jeder abreisende Patient Geldverlust bedeutet. In der Gestalt des Hofrats und Chefarztes ist darum ein bösartiges Zerrbild der ärztlichen Tätigkeit gegeben: die korpsstudentischen Redensarten des ehemaligen Verbindungsstudenten plaudern es aus. Darum sympathisiert

Behrens so stark mit Vetter Joachim und seinem »preußischen« Lebensstil. Allein die alte »Burschenherrlichkeit« hat schnell den reibungslosen Übergang gefunden in die Philisterwelt des besitzenden und gesellschaftlich bewußten Bürgers. Wer wollte im einzelnen unterscheiden, was hier Anlage zum Scharlatan, romantische Todessüchtigkeit wäre – und was nacktes Privatinteresse des von seinen Geldgebern abhängigen Institutsdirektors! Als sich Thomas Mann 1925 unmittelbar nach Erscheinen des ›Zauberberg‹ gegen scharfe Kritik wehren mußte, die von medizinischer Seite nicht etwa gegen die ärztlichen Darlegungen des Romans, aber gegen die Behandlung der Ärzteschaft in diesem Buch erhoben wurde, gab er zu, sein Buch habe einen »sozialkritischen Vordergrund«, da sich in der »Welt des Hochgebirgssanatoriums die kapitalistische Gesellschaft Vorkriegseuropas spiegelt«.[7] Allein er umriß dann die Grundabsicht seines Buches wie folgt: »Sein Dienst ist Lebensdienst, sein Wille Gesundheit, sein Ziel die Zukunft. Damit ist es ärztlich. Denn diese Spielart humanistischer Wissenschaft, genannt Medizin: wie tief ihr Studium auch der Krankheit und dem Tode gehören möge – ihr Ziel bleibt Gesundheit und Humanität, ihr Ziel bleibt die Wiederherstellung der menschlichen Idee in ihrer Reinheit.«[8] Das ist selbstverständlich richtig und bildet eben jenen Bereich, der den ›Zauberberg‹ als pädagogische Provinz erscheinen läßt. Die Arztgestalten des Romans dagegen entsprechen diesem Ethos des Heilens nur wenig. Wenn der Erzähler Thomas Mann den Geist der Medizin zusammenklingen läßt mit der Absicht des Epikers, so folgt ihm Hofrat Behrens durchaus nicht. Es will einen sogar bedünken, daß Behrens selbst Gegenstand dieses pädagogischen Prozesses sein müßte. Anders ausgedrückt: daß er, vom Erzähler aus gesehen, *genau so einen Fall von Krankheit darstellt wie seine Patienten.* Im verzauberten Berg sind sie alle krank: die Ärzte wie die Objekte ärztlicher Kunst. Sie haben alle die gleiche Krankheit: nicht bloß in der körperlichen Form der Tuberkulose.

Das wird deutlich, wenn neben Hofrat Behrens sein Gehilfe tritt, der Doktor Krokowski: neben den scharlatanhaften Körperarzt der nicht minder fragwürdige Seelenzergliederer. Schon

die Aussprache und Sprechweise des Seelenarztes lassen seine
Herkunft unklar erscheinen. Die herzliche Kameradschaftlich-
keit im Tonfall zwingt den Angeredeten, von nun an auf der
Hut zu sein. Der hochgeschlossene schwarze Kittel erweckt
Vorstellungen von Kerkermeistern, Henkern, Bestattungsinsti-
tuten, lauter Formen des Todes und des Sterbens, nicht des
Lebens. Was ist Krokowski eigentlich – Lungenspezialist oder
Psychiater? Wenn er Seelenarzt ist, so häufen sich auch hier die
hochstaplerischen Züge. An die Wissenschaftlichkeit seiner so
streng anspruchsvollen »Vorträge« läßt sich schwer glauben;
dazu werden sie in den Prospekten des Sanatoriums allzu
marktschreierisch als kostspielige Extraleistung angepriesen. Es
geht ihm nicht so sehr darum, in seinen psychoanalytischen
Vorträgen wissenschaftliche Erkenntnisse zu vermitteln, denn
die Zeit zu vertreiben. Wenn Hans Castorp nach Davos
kommt, haben die Vorlesungen Krokowskis längst bereits
begonnen. Am Schluß seines Aufenthaltes liest der Gehilfe des
Chefarztes noch immer zur gleichen Stunde mit der gleichen
Regelmäßigkeit. Der Inhalt seiner Veranstaltungen ist also
offenbar ganz gleichgültig. Entscheidend ist bloß, *daß* sie abgehalten und von den Patienten gut bezahlt werden. Zudem hat
sich Krokowski gegen Ende der Erzählung in den Bereich
»okkulter Erlebnisse« begeben, die nun, bei allem wissenschaftlichen Getue, nichts mehr zu schaffen haben mit Wissenschaft,
auch nicht mehr mit der Psychoanalyse.[9]
Man kann gewiß nicht sagen, daß Krokowski eine Rechtfertigung der Lehre Sigmund Freuds bedeutet. Er ist ein Scharlatan
und hat die Psychoanalyse in den Gesamtbereich der Unter-
gangsstimmung eingefügt, wie sie über alle Gestalten des
Romans gebreitet ist. Krokowski ist genauso krank, seine
»Lehre« bedeutet genauso Krankheit und Krankhaftigkeit wie
das Treiben seiner Patienten oder wie der Leerlauf im Leben des
Hofrats, dessen Ölmalerei die gleiche Funktion hat wie die
verzweifelt sinnlose mathematische Spielerei des Staatsanwalts
Passavant.
Dennoch ist der ›Zauberberg‹ gerade in der Schilderung der
Krankheitssymptome und sogar in den Heilungsideen Thomas
Manns auch wieder undenkbar ohne den Einfluß der Tiefen-

psychologie. Wobei diesmal die Psychoanalyse nicht verstanden wird als hochstaplerisches Treiben eines Doktor Krokowski, sondern als Geist und Wirksamkeit *Sigmund Freuds.*

3

Der Zugang zu diesem Mediziner und Psychologen, von dem es in Thomas Manns Rede über ›Freud und die Zukunft‹ heißt, dieser »ärztliche Psycholog werde geehrt werden ... als Wegbereiter eines künftigen Humanismus«[10], ist ebenso kurvenreich verlaufen wie Thomas Manns Weg zu Goethe. In jener Wiener Rede vom 8. Mai 1936, die Thomas Mann zu Freuds 80. Geburtstag hält, um sie in ein solches Bekenntnis zu Freuds »Humanismus« ausklingen zu lassen, wird dieser Weg autobiographisch nachgezeichnet. Eigentlich waren es wohl zunächst die Psychoanalytiker, die, über die medizinisch-naturwissenschaftliche Grenzziehung ihres Lehrers hinausstrebend, bei ihren Bemühungen um tiefenpsychologische Deutung geschichtlicher Gestalten, völkerkundlicher Komplexe, literarischer Meisterwerke, auch auf das damals bekannte Schaffen Thomas Manns deutend hinwiesen. Die Kindheitserlebnisse Hanno Buddenbrooks, die »Organminderwertigkeit« des kleinen Herrn Friedemann, die Gefühlsverwirrung Gustav von Aschenbachs im ›Tod in Venedig‹ waren in der Tat »Wasser« auf die psychoanalytische Mühle. Hier hatte ein Erzähler, nahezu ohne Kenntnis des Lebenswerkes von Sigmund Freud, Gestalten von solcher Realistik geschaffen, daß der Tiefenpsychologe – zu Recht oder Unrecht – an ihnen seine Analyse vornehmen konnte wie an lebendigen Personen. Dies sprach zunächst allerdings mehr für die Gestaltungskraft des Dichters, als für die Berechtigung, ihm gegenüber die Methode des großen Wiener Seelenarztes anzuwenden. Thomas Mann glaubte, die Vielschichtigkeit seiner psychologischen, ohne Freuds Mitwirkung gewonnenen Erkenntnisse aus seiner Herkunft von der »Psychologie« Friedrich Nietzsches ableiten zu können. Er sah in zwei Elementen seines Künstlertums eine analoge Begabung zu jener der Analytiker: in einem »Wahrheitssinn, einer Empfindlichkeit und Empfänglichkeit für diese

Reize und Bitterkeiten der Wahrheit«, und in einem »Sinn für die Krankheit, einer gewissen, durch Gesundheit ausgewogenen Affinität zu ihr und dem Erlebnis ihrer produktiven Bedeutung«.[11]

Nach dem ersten Weltkrieg wird dann die Wiener Lehre zu einer Modeströmung, die nur allzuviel trüben Schlamm wissenschaftlich getarnter Plauder-Erotik, laienhafter Medizinmännerei und vulgär-psychologischer Traktate mit sich führte. Es spricht auch hier für Thomas Manns Gewissenhaftigkeit und geistige Ehrbarkeit, daß er nun, um sich zu unterrichten, auf die Quellen zurückging und die Analysen des Mediziners Freud genau so zu erarbeiten suchte, wie die Wissenschaft der Physiologen und Internisten. Daß Sigmund Freud dabei mehr durch seine Persönlichkeit, durch das Ethos seines wissenschaftlichen Strebens den Dichter anzog, als durch die Erkenntnisse und Thesen seiner Lehre, spürt man gerade in der behutsamen Würdigung am 80. Geburtstag des Forschers. In der Tat bedeutet Freud neben Goethe eine neue Etappe geistiger Erlebnisse in Thomas Manns Entwicklung. Nun war Konfliktstoff gegeben zwischen den einstigen Denkbildern und den neugewählten Meistern. *Dort die Dreiheit Schopenhauer, Wagner und Nietzsche – hier Freud und Goethe.* Wobei neuer Konfliktstoff entstehen mußte im Versuch, den Weg zu Goethe zu vereinigen mit einer Vorwärtsbewegung in den Bahnen Freuds! Der Weg zu Goethe führt, gerade in den Josephsromanen und dann erst recht im ›Faustus‹, unaufhaltsam fort aus dem Umkreis des musikalischen Pessimismus der Frühzeit. Daraus wird mit Notwendigkeit schließlich doch die Entgegensetzung: Nietzsche *oder* Goethe. Aber auch die Beziehung zu Freud stellte die Treue zu den einstigen Lehrgestalten auf eine harte Probe. Thomas Mann suchte ihr in höchst eigentümlicher und ironisch-eleganter Weise zu entgehen. Weithin sichtbar taucht zunächst das psychoanalytische Thema im ›Zauberberg‹ auf. Allein in doppelter Gestalt. In einer Darstellung der Psychoanalyse und eines Psychoanalytikers, nämlich des fragwürdigen Doktor Krokowski. Hier gibt es, wie angedeutet, erhebliche Distanzierung. Die Psychoanalyse erscheint geradezu als Krankheitssymptom, das sich organisch in den Sterbetanz der

Zauberbergbewohner einfügt. *Andererseits jedoch arbeitet der Erzähler selbst mit psychoanalytischen Methoden.* Wenn er Hans Castorp in der Lage zeigt, die Krankheit und den Aufenthalt im Zauberberg zu suchen, in diese Krankheit zu flüchten, genau wie Thomas Mann später den infizierten Adrian Leverkühn insgeheim allen Heilungsversuchen und aller ärztlichen Behandlung ausweichen läßt[12], so ist dies reinste psychoanalytische Technik. Nicht minder die erotische Parallele, die uns den jungen Castorp im Bann einer bestimmten slawischen Gesichtsbildung zeigt: auf dem Schulhof als Bindung an den Schüler Hippe, in Davos später an die ähnliche Gesichtsbildung und den gleichtönenden Stimmklang der Madame Chauchat. Wobei in beiden Fällen dem Liebeserlebnis die körperliche Krankheit auf dem Fuße folgt. Das bedeutet psychoanalytische Methode. Diesmal ist sie nicht ironisiert und als Dunkelmännerei behandelt, wie im Falle Krokowskis, sondern als Mittel der epischen Technik verwendet. In jedem Fall ist der ›Zauberberg‹ und sein Dichter der Tiefenpsychologie gegenüber in einem durchaus »ambivalenten« Verhältnis.

Je mehr nun Thomas Mann der Lehre Freuds Einfluß auf seine Entwicklung gewährt, um so dringender sieht man ihn bemüht, diese Lehre in Verbindung zu bringen mit seinen früheren geistigen Ahnen. So erlebt man in der Würdigung Freuds von 1936 die merkwürdige Bemühung, den Meister der Psychoanalyse als Fortsetzer Schopenhauers und Nietzsches darzustellen: wenn auch zugegeben werden muß, daß Freud in seiner Beschreibung des Ich und Es die entsprechenden Entgegensetzungen von »Wille« und »Intellekt« zweifellos nicht gekannt hat.[13] Von realen »Einflüssen« Schopenhauers und Nietzsches auf Freud kann man wissenschaftlich also nicht sprechen. Auch Thomas Mann bringt es nur zum Nachweis einer Parallelentwicklung, die ihn Freud als echten Sohn des 19. Jahrhunderts erklären läßt. Dabei ist diese Rede von 1936 im Versuch solchen Brückenbaus schon wesentlich behutsamer, als Thomas Manns Rede vor den Münchner Studenten vom 16. Mai 1926, die er bei der ersten Veröffentlichung mit dem Titel ›Reaktion und Fortschritt‹ versieht, um ihr dann ein Jahr später im Rahmen der gesammelten Aufsätze den Titel ›Die Stellung Freuds in der modernen Geistesgeschichte‹ zuzuerkennen.[14] Die Münchner Rede nämlich versucht Freud in »höchst merkwürdigen Beziehungen zu zeigen zur deutschen Romantik«.[15] Zugleich aber wird Freuds wissenschaftliche Methode in Anspruch genommen für einen Geist der »Aufklärung«, wie schon früher angedeutet.[16] In solchem Unternehmen wird Freud also gleichzeitig als legitimer Fortsetzer deutscher Romantik, auch der »romantischen« Philosophie Schopenhauers und Nietzsches gezeigt, wie als Rationalist und aufgeklärter wissenschaftlicher Geist. Diese schwierige Amalgamierung, die erklärlich ist aus dem verzweifelten Bemühen des um Deutschland bangenden Künstlers, die Jugend von der Bahn des faschistischen Absturzes fernzuhalten, kann nicht dauerhaft sein. In der Rede von 1936 zum gleichen Thema ist Thomas Mann wesentlich vorsichtiger, wenn er versucht, den Einfluß Freuds auf seine eigene Entwicklung wenigstens in einer gewissen Verwandtschaft des Tiefenpsychologen mit den geistigen Ursprüngen des Dichters zu erblicken. Doch wird jetzt klar herausgearbeitet, daß die wesentlichen Elemente dieser Psychologie etwas ganz anderes anstreben als die musikalischen Metaphysiker aus der zweiten Hälfte des 19. Jahrhunderts. Freud ist Naturwissenschaftler und bemüht sich, alle metaphysische Betrachtung aus dem eigenen Bereich auszuschalten. Thomas Mann zitiert schon 1929 den Satz des Arztes, der bekennt: »Als Psychoanalytiker muß ich mich mehr für affektive als für intellektuelle Vorgänge, mehr für das unbewußte als für das bewußte Seelenleben interessieren.«[17] Ein rational arbeitender Wissenschaftler aber macht damit das Affektive zwar zum Objekt seiner Betrachtung, wird aber selbst kein »affektiv« arbeitender Wissenschaftler. Dem Erzähler ist dies gerade recht. Auch er sucht wissenschaftliche Klarheit in seinen Essays und Gestalten. Damit ist grundlegend seine Beziehung zum Mythos geändert. Der Wagnerianer hatte den Mythos *gelebt*. Die romantische Ironie des frühen Thomas Mann hatte sich hingezogen gefühlt zu Krankheit und Tod, mit allen Vorbehalten, aber auch mit viel Sympathie. Im ›Zauberberg‹ war endgültig das Bekenntnis zum Leben ausgesprochen. Die Krankheit hörte auf, faszinierend und ehrwürdig zu sein, soweit sie sich als gesellschaftliche Erkrankung, als Untergang der bürgerlichen Welt präsentierte. Ihr mußte man nahen wie ein Arzt, der Diagnosen stellt, urteilen und verurteilen muß. Auch der Mythos, dem sich dann Thomas Mann im Josephsroman zuwendet, wird zum Objekt der Betrachtung, zur aufgehellten Aussage über menschliche Zusammenhänge: also gerade *nicht* zum irrationalistischen Abenteuer.

Nicht umsonst hatte Sigmund Freud zwei Jahre nach Erscheinen des ›Zauberberg‹ seine berühmte Studie über die ›Zukunft einer Illusion‹ veröffentlicht. Worin er der Menschheit die Aufgabe stellte, das religiöse »Bedürfnis« als Illusion zu erkennen und durch eine »Erziehung zur Realität« zu ersetzen. »Wir glauben daran, daß es der wissenschaftlichen Arbeit möglich ist, etwas über die Realität der Welt zu erfahren, wodurch wir unsere Macht steigern und wonach wir unser Leben einrichten können.«[18] Das waren Gedanken im Sinne der gewandelten Erkenntnis Thomas Manns. Hier schien ihm der Weg vorgezeichnet, der herausführte aus dem Zauberberg. Erziehung zum Leben und zur Realität, verstanden als humanistische Botschaft, mußte den Bruch bedeuten mit den aristokratischen oder willensfeindlichen Elementen, die durch Schopenhauer und Nietzsche bis dahin so stark auf den Dichter gewirkt hatten. Es war zugleich der Bruch mit Wagners Auffassung vom Mythos. Alle Bemühung um die Herstellung einer »organischen« Beziehung zwischen Freud (oder Goethe) und jenen frühen Denkbildern blieb brüchig und unfest. Im Grund gab es nun einen neuen Standpunkt zum Leben und zur Zukunft, so wie die Botschaft des ›Zauberberg‹ weggeführt hatte aus dem einstigen Bereich der romantischen Nacht und Musikalität. Settembrini hatte das elektrische Licht angeknipst, als er in Hans Castorps Krankenzimmer trat. Auch in Thomas Manns Werk und Denkart sind von nun an die Tageskonturen stärker herausgearbeitet. Freud hatte ihn gelehrt, die Krankheiten auf gewissen Teilgebieten klar zu diagnostizieren. Die Vorsicht Thomas Manns aber bewahrt ihn davor, die Welt von nun an ausschließlich mit den Augen des Psychoanalytikers zu sehen. Gewiß ist im späteren Werk bei der Schilderung Josephs, der Vatersorge Jaakobs, der religionspsychologischen Thematik, vor allem in der Gestalt Potiphars und seiner hohen Gemahlin die psychoanalytische Betrachtungsweise wesentlich geworden zur Klarlegung subtilster Beziehungen zwischen den Menschen, den Ideen und den Verhältnissen. Aber die Lehre Freuds bleibt doch Dienerin und Hilfsmittel. Der neuentstehende Humanismus Thomas Manns geht, bei aller Dankbarkeit gegen den Arzt und Psychologen, weit über das Weltbild des Psychoanalytikers hinaus. Sigmund Freuds Bedeutung in Thomas Manns Entwicklung ist ein wesentliches Moment, aber vor allem im Detail, in der Formgebung, in der Betrachtungsweise. Substanz des Weltbildes wird er nicht. Darin unterscheidet sich das späte Freud-Erlebnis des Dichters ganz entscheidend von dem gleichfalls spät und zögernd einsetzenden Goethe-Erlebnis. Schüler Freuds bleibt Thomas Mann vor allem darin, daß er lernt, die frühere Sympathie mit Krankheit und Kranken zu vertauschen mit der Anteilnahme des Arztes, der die Krankheit bekämpft und den Kranken zu heilen sucht. Übertragen auf das Problem der gesellschaftlichen Erkrankung, auf die Krankheit des Bürgertums, besagte das allerdings ein ärztliches Todesurteil. Die Welt des ›Zauberberg‹ erwies sich als unheilbar. Der Arzt kannte nur die Empfehlung für jeden, der gesund werden wollte, den Zauberberg zu verlassen, damit es den Toten überlassen bleibe, ihre Toten zu begraben.

GERHART HAUPTMANN
ODER DIE PERSÖNLICHKEIT

In der ›Entstehung des Doktor Faustus‹ berichtet Thomas Mann, wie er zu Beginn des Jahres 1946 dazu kam, das große und dreigeteilte Kapitel XXXIV des ›Faustus‹ zu entwerfen: die Schilderung der Apokalypse Johannis, vorletzten musikalischen Werkes des deutschen Tonsetzers Adrian Leverkühn. Gleichzeitig neben der Arbeit an diesem Abschnitt des großen Romans sind wie gewöhnlich laufende Verpflichtungen literarischer Art zu erledigen. Der emigrierte deutsche Kunsthistoriker Dr. Max Osborn hat seine Erinnerungen geschrieben und Thomas Mann um ein Vorwort gebeten. So blättert der Dichter in dem Memoirenband: er liest über Menzel, Max Liebermann und Max Klinger, über eine große Epoche bildender Kunst in Deutschland, eine Zeitspanne übrigens, die zusammenfällt mit seiner eigenen Entwicklung in der deutschen Literatur. Dabei wird dem Tagebuch folgende seltsam anmutende Betrachtung des einundsiebzigjährigen Thomas Mann anvertraut. »Lauter Persönlichkeiten! Ich glaube, ich bin keine. Man wird sich an mich so wenig erinnern wie etwa an Proust.«[1]
Das ist in der Tat eine seltsame Feststellung. Plötzlich taucht sie auf, plötzlich wird sie wieder weggespült. Doch sie haftet. Thomas Mann hat sie offenbar für wesentlich gehalten: er hat eine Art von Bekenntnis damit zu verbinden gedacht, sonst hätte er diesen höchst persönlichen Ausruf aus den intimen Aufzeichnungen kaum wiederholt und mit dem Bericht über Adrian Leverkühns schmerzvollen Schaffensprozeß in Verbindung gebracht. Zunächst verwundert die Beziehung zu Marcel Proust. Der Sucher »nach einer verlorenen Zeit« gehörte sonst nicht eben zu den konstitutiven Elementen in Thomas Manns geistiger Entwicklung, wenn auch die Betrachtungen Hans Castorps auf seinem Liegestuhl, seine plötzlich so denkscharfen Erwägungen über objektiven Zeitablauf und Erlebniszeit mit ihrer Verbindung zu Bergson natürlich auch jene zu Marcel Proust hergestellt hatten. Proust aber war ausschließlich Epiker; ausschließlich sogar Psychologe und Schilderer eigener

Erlebnisse: solcher der Sinne und solcher des Geistes. Er hat an Literarischem nichts hinterlassen als frühe psychologische Skizzen, ein Bändchen mit literarischen Parodien – und eben den riesigen Torso ›Auf der Suche nach einer verlorenen Zeit‹. Natürlich gibt es Parallelen zwischen Proust und Thomas Mann. Proust hatte nur von sich erzählt, von dem, was er sah, empfand, schmeckte und roch; von Gesprächen der läppischen und der höchsten Art; von gotischen Kirchen, blühenden Bäumen, geheimen musikalischen Entzückungen. Aus alledem schuf er objektive Kunstwirklichkeiten von verblüffender Genauigkeit; nie aber war die Beziehung zum erlebenden Ich, war die nachträgliche Gestaltung und Formung von Erinnerungen aufgegeben worden. Der frühe Thomas Mann hatte sein Verhalten zum epischen Stoff auch nicht anders betrachtet. In einer kleinen Studie über ›Königliche Hoheit‹ hatte es geheißen: »In mir lebt der Glaube, daß ich nur von mir zu erzählen brauche, um auch der Zeit, der Allgemeinheit die Zunge zu lösen, und ohne diesen Glauben könnte ich mich der Mühe des Produzierens entschlagen.«[2]

Trotzdem war der Unterschied der Gestaltungsweise gegenüber Proust unverkennbar. Der Pariser Epiker, der mondäne Kranke und Psychologe, hatte die Ablösung der Gestalten aus dem Erlebniszusammenhang gescheut; er hatte den ganzen Roman zwar durch einen eingeschobenen »Erzähler« berichten und erleben lassen – aber dieser Erzähler hieß nun einmal Marcel und berichtete in der Ichform. Daraus ergaben sich sogar technische Schwierigkeiten der Komposition, denn gelegentlich waren Erlebnisse anderer Gestalten zu berichten, die »Marcel« nicht gut selbst gesehen und erlebt haben konnte. Thomas Mann dagegen wählte von Anbeginn seines literarischen Schaffens bei aller autobiographischen Bindung und Bemühung stets die Form objektiver Schilderung. Zwar bleibt im ›Zauberberg‹ oder dem Josephsroman der Erzähler durchaus im Spiel; immer wieder bringt er sich in kurzen Anmerkungen dem Leser in Erinnerung und zerstört ironisch die Illusion, als ob sich »da etwas selber erzähle«. Trotzdem ist die Objektivität der Gestalten und der Gestaltung im Gesamtwerk Thomas Manns dem Zweifel enthoben: mögen alle Gestalten und Themen aus dem

Erleben ihres Dichters gespeist sein, so wird alle Subjektivität doch entscheidend in objektives Wirken der Gestalten, in objektive epische Wirklichkeit übersetzt.

Neben der so hergestellten Beziehung zu Proust ist also doch alle Verschiedenheit im Wirken der beiden Epiker festzuhalten. Überdies stimmt auch die Tagebuchbemerkung gar nicht, soweit sie das Leben des Schriftstellers Marcel Proust betrifft. Man werde sich, meint also Thomas Mann, später an ihn so wenig erinnern wie an Marcel Proust. Allein kaum ein Schriftsteller des 20. Jahrhunderts hat die Phantasie der Zeitgenossen und der Späteren *gerade als Person*, gerade durch Anekdote und Biographie so beschäftigt, wie eben der Dichter seiner eigenen Erinnerung. Die gewaltige Proustliteratur ist im Grunde so stark enttäuschend eben darin, daß sie der Person des Gestalters allzu volles Anteilnehmen entgegenbrachte: auf Kosten der eigentlich literarischen Betrachtung dieser Romane. Die Proustliteratur umfaßt beinahe ausschließlich Briefe und Erinnerungen, Anekdoten und psychologische Deutungen, bis hinein in die sehr eingehenden und oft müßiggehenden Betrachtungen über die »Modelle« für die Gestaltung des großen Romans. Auch Ernst Robert Curtius ist in seiner Proustdeutung bei allem Streben nach literarischer Analyse diesem biographischen Psychologismus nicht entgegengetreten.[3] Das private Dasein dieses Epikers, Ironikers und Psychologen war also sehr genau und vielfältig erinnert worden; die Anekdote hat sich des korkgepolsterten Krankenzimmers bemächtigt, der nächtlichen Feste im Hotel Ritz, der hohen Trinkgelder, des frierenden Kranken in seinem Pelzmantel. Kaum ein Künstler der Gegenwart war im Gegenteil so stark als Erinnerung wirksam geblieben, wie gerade jener, von dem Thomas Mann im Januar 1946 meinte, die Erinnerung an die eigenen Erdentage werde ebenso rasch vergehen wie jene der Zeitgenossen und Freunde eines Proust.

Wie läßt sich dieser Ausspruch des Faustusdichters erklären? Die Beziehung des epischen Dichters zur Umwelt ist dabei angedeutet. Proust ist der reine Epiker, ganz wie Thomas Mann. Die lyrischen, die dramatischen, die ironischen und die musikalischen Elemente seines Schaffens sind zu Bestandteilen der großen epischen Schilderung geworden. Hierin ist er Thomas Mann zu vergleichen, der ganz ausschließlich als epischer Dichter aufgetreten war, trotz der äußerlich dramatischen Form der ›Fiorenza‹, trotz der parodierten epischen Verssprache im ›Gesang vom Kindchen‹. Mit dem epischen Dichter aber steht es besonders, nach der Meinung Thomas Manns; es steht sogar besonders mit der Rolle und Funktion des Erzählers im ausgehenden bürgerlichen Zeitalter. Da es sich hier darum handelt, wesentliche Elemente herauszuarbeiten, die Thomas Manns Entwicklung in der Gesellschaft bestimmen, ist abermals der zeitliche Vorgriff notwendig. Die Apokalypse Leverkühns nämlich wird im ›Faustus‹ bezeichnet als »die Ablösung der dramatischen Form durch eine epische«, worauf hinzugesetzt wird, diese Entwicklung habe übereingestimmt mit wachsender Geringschätzung der »Lage des Individuums und alles Individualismus in der Welt«.[4] Im epischen Dichter, oder mehr noch: im epischen Künstler, also auch dem episch schaffenden Musiker der Gegenwart, soll sich demnach ein Prozeß vollziehen, der alles individuelle Schöpfertum mit fortschreitender Macht zurücktreten läßt vor der Objektivität der Gestaltung und der Form. Die entsprechende Stelle des ›Faustus‹ führt sogar weiter aus, daß dabei in der Welt eine Gesinnung entstehe, die »am Psychologischen nicht länger interessiert« sei, sondern auf objektive Kunstwirklichkeit dringe, jenseits der individuellen Eigenart, wohl auch der Pathologie des Werkschöpfers.

Hier ist in der Tat ein wesentliches Thema aus dem Bereich von Kunst und Gesellschaft angeschnitten. Wenn tatsächlich Kunst und Literatur der Gegenwart einem epischen Element zustreben; wenn das Gestaltete allein in seiner Lebenskraft bedeutsam werden soll, nicht dagegen mehr die subjektive Konfession und Aussage; wenn die gesellschaftliche Bindung durch das Werk gesucht wird, nicht mehr der Sonderfall des individuellen Künstlers und seiner Verwirklichung im Kunstwerk; wenn endlich der Weg der Kunst hinführt zu den objektiven Formen, weg von den subjektiven Antrieben, dann ist in der Tat das Element des lyrischen und auch wohl des dramatischen Dichters, denen der individuelle Schaffens- und Aussagecharakter eigentümlich sein muß, mehr und mehr ersetzt durch die epische Gestaltung. Dann ist die psychologische Nuance weniger bedeutsam als die Schilderung tatsächlicher Vorgänge. Bürgerliche Kunst in ihrer ausgeprägten Form war undenkbar ohne den Charakter lyrischer Aussage, den Bestandteil individueller Tragik auf dem Theater, ohne Psychologie und Subjektivität im Roman. Undenkbar allerdings auch ohne das Element der Abstand schaffenden Ironie! Es ist nicht zu leugnen, daß Thomas Mann hier gesellschaftliche Zusammenhänge im Schaffensprozeß des Tonsetzers Leverkühn mit höchster allgemeiner Gültigkeit zu versehen wußte. Demnach bedeutete also der epische Dichter der Zukunft einen werkschaffenden Typus, der aufgehört hätte, im bisherigen bürgerlichen Sinne als »Persönlichkeit« aufzutreten. In dem Maße nämlich, wie Richard Wagner eine »Persönlichkeit« war, oder Max Klinger, oder gerade auch Gerhart Hauptmann! Jene Eintragung des Tagebuchs deutet an, daß Thomas Mann seine eigene Spätentwicklung als *Hineinwirken in eine neue gesellschaftliche Zukunft* betrachtet: als epischer Dichter, der nicht »Persönlichkeit sei« im überlieferten Sinn, befinde er sich im Einklang mit gesellschaftlichen Entwicklungen, sei er insgeheim über die Grenzen des bürgerlichen Kunstschaffens hinausgelangt. Gerade weil er in jenem Sinne spätbürgerlicher Künstler nicht die starke Persönlichkeit gewesen sei, könnte es ihm gelingen, eine Welt zu überleben, die mit jenen zu Ende ging.

In solcher späten Aussage kulminiert Thomas Manns Verhältnis zu *Gerhart Hauptmann*. Hier finden sich aber auch die Grundlagen für Thomas Manns Verhältnis zum deutschen Bürgertum. Von hier aus ist die Frage zu stellen, wie es kommen konnte, daß Thomas Mann in seiner Laufbahn als bürgerlicher Schriftsteller in Deutschland so viel Widerspruch, Unbehagen und Protest erregen mußte, im Unterschied zu Gerhart Hauptmann, den seit seinen Anfängen, gegen allen Protest des preußischen Hofes, gegen alle Empörung des Kronprinzen, eine unerschütterliche Gefolgschaft bürgerlicher Kritiker, Lobpreiser, Biographen begleitet hatte. Wenn Thomas Mann bei Betrachtung der Erinnerungen Max Osborns von den »Persönlichkeiten« unter den großen Malern spricht, meint er insgeheim abermals Gerhart Hauptmann. Nicht umsonst ist der abschließenden Deutung ihres beiderseitigen Verhältnisses breiter Raum im Buch von der ›Entstehung des Doktor Faustus‹ gewidmet. Gerhart Hauptmann war zu Herrn Peeperkorn geworden, zur »Persönlichkeit«, die mitzuwirken hatte am Erziehungsprozeß Hans Castorps. Gerhart Hauptmanns Persönlichkeit, seine »wirkliche und echte deutsche Popularität, seine fürstlich repräsentative Stellung« hatte Thomas Mann schon 1922 beinahe demütig vor den scharrenden und mißvergnügten Studenten, den Zuhörern seiner Rede ›Von deutscher Republik‹, hervorgehoben.[5] Die populäre Persönlichkeit Gerhart Hauptmanns schien immer wieder ein Anlaß, die eigene Natur als Schriftsteller deutend, sichtbar und unterscheidbar zu machen.

Wenn Gerhart Hauptmann populär und Persönlichkeit war, so war es Thomas Mann in jenen Jahren bis zum Ende dieser deutschen Republik unter den Deutschen durchaus nicht im gleichen Maße. Er war nicht eigentlich populär – und er wurde erst recht nicht als »Dichterpersönlichkeit« im gleichen Maße anerkannt.

Man hat es Thomas Mann bei Erscheinen des ›Zauberberg‹ ziemlich verübelt, daß er dort in der Gestalt des Mynheer Peeperkorn eingestandenermaßen die Gestalt Gerhart Hauptmanns im Roman einmontiert hatte. Natürlich war es nicht Hauptmann, der Dichter, sondern die sehr absonderliche Sprechweise und Wirkungskraft dieses ungewöhnlichen Menschen mit seinem unvergeßlichen Äußeren. Auch hier war es absurd und ein Verkennen schaffender Epik, wenn der Leser die Gestalt des Peeperkorn einfach mit dem Dichter des ›Florian Geyer‹ identifizierte, ohne zu spüren, daß Peeperkorn aus eigener Substanz ein fülliges Dasein bestreitet, gerade auch für jenen Leser, der von der Vorlage dieser Gestalt nichts weiß. Hier zeigt sich Gestaltungskraft: ob es gelingt, auch die im »wirklichen Leben« bekannte Persönlichkeit als Modell zu verwenden, um daraus nun (auf völlig anderer Ebene) eine epische Persönlichkeit zu schaffen. Ähnlich arbeitete, um ihn abermals zu zitieren, Marcel Proust, wenn er seinen Baron de Charlus für den literarischen Kenner eindeutig nach dem

Modell des französischen Dichters Robert de Montesquiou geschaffen hatte. Heute aber, da Montesquiou, Verfasser eines Gedichtbandes ›Die Fledermäuse‹, weithin vergessen ist, blieb Prousts Baron als Realität neuer Art übrig.

Bleibt Peeperkorn also durchaus eigentümlich, auch ohne Bindung an die Gestalt Gerhart Hauptmanns, so ist von Thomas Mann dafür ein wesentliches Moment seines eigenen Verhältnisses zu Gerhart Hauptmann mit dem Auftreten der »Persönlichkeit« im Erziehungsprozeß Hans Castorps verbunden. Hauptmann selbst hatte die Entwendung seiner Eigentümlichkeiten durch den Romandichter gut, humorvoll und mit Verständnis aufgenommen. 1925 hatte er öffentlich über den ›Zauberberg‹ und mit großer Wärme geschrieben.[6] Sicherlich spürte er hinter aller Ironie bei Vorstellung des merkwürdigen Holländers mit seinen dezidierten Bewegungen und fragmentarisch verlaufenden Sätzen das Gefühl der Achtung, ja Bewunderung. Distanz und Bewunderung waren in der Tat in Thomas Manns Verhältnis zu Gerhart Hauptmann eigentümlich gemischt. Settembrini mag dem Hans Castorp beinahe fassungslos erklären, Peeperkorn »sei doch einfach ein dummer alter Mann«; der Schüler weiß es besser in seinem inneren Gefühl: er verhält sich zu dem italienischen Pädagogen als lernender, rational mitgehender oder widersprechender Zögling; vor Herrn Peeperkorn dagegen gibt es für ihn offenbar nur die Unterwerfungsgebärde des Schildknappen und »Gefolgsmannes«.

In der Zeit der Weimarer Republik ist Thomas Mann niemals »populär« gewesen; bestimmt nicht in einem Maße wie Hauptmann. Der »Ungeliebte«, so nannten die Belgier nach 1830 ihren ersten König Leopold aus dem Hause Coburg. Er wurde der »Schlechtgeliebte« genannt, war aber in seiner nüchternen, verfassungsmäßigen, durchaus bürgerlichen Art unter damaligen Verhältnissen für bürgerliche Schichten seines Landes vermutlich ein sehr guter Regent. Gefühlswirkungen vermochte er jedoch nicht auszulösen. Ungeliebt in einem ähnlichen Sinne war auch Thomas Mann in seinem Mannesalter, jedenfalls in Deutschland. Die Jugend hatte sich in frühen Novellen gern wiedererkannt, vor allem im ›Tonio Kröger‹. Im Zeitraum der Weimarer Republik dagegen hörte solche tiefere seelische Bindung für lange Zeit auf. Bis heute ist diese Fremdheit und Kühle geblieben. Gewisse schmerzvolle Episoden in der Erörterung um den emigrierten Dichter wurden in einem tieferen Sinne gerade dadurch möglich, daß keine Aura des Gefühls diesen Dichter und seine Leserschichten zu umgeben schien. Hermann Hesse erlebte um jene Zeit mit dem ›Demian‹ eine gewaltige und gefühlshafte Begegnung zwischen Leser und Schriftsteller; Thomas Mann wurde sie seit dem ›Tonio Kröger‹ oder dem ›Tod in Venedig‹ kaum mehr zuteil. Man spendete Bewunderung, nicht aber Ehrfurcht, gar Liebe.

Merkwürdig korrespondierte solche Distanz mit der kühlen Haltung fast aller schreibenden Zeitgenossen Thomas Manns gegenüber dem Menschen und seinem Werk. Gerade die Eigentümlichsten unter ihnen schienen wenig eigene Antriebe aus Thomas Manns Wirksamkeit zu erhalten: sie standen ihm fern und fremd gegenüber. Hugo von Hofmannsthal lebte ohne Berührung der Sphären als Zeitgenosse des Mannes aus Lübeck.[7] Daß Stefan Georges Schar und Bund keine Beziehung zu Thomas Mann haben mochten, versteht sich aus den Prämissen ihres Wirkens. Das musikalische Prinzip im Werk Thomas Manns und Georges musikfeindliche Verklärung des Plastischen waren Gegenpole. Rilke wiederum stand der Kunst Thomas Manns so fremd gegenüber, wie eben Beziehungslosigkeit besteht zwischen der Gegenstandsgebundenheit des besessenen Erzählers und dem Weltinnenraum des besessenen Lyrikers. Aber auch für Franz Kafka gab es keinen Weg des Herzens zu Thomas Mann, noch weniger für Brecht oder für die Romanwelten Robert Musils und Arnold Zweigs. Allenthalben war Fremdheit. Ihnen allen war Thomas Mann der Ungeliebte. Je mehr sie ihrem eigenen Werk seelische Verankerung zu schaffen vermochte, um so mehr drängten sie damit mögliche Wirkungen Thomas Manns, auch ohne es zu wollen, zurück.

Rückschauend wird man erkennen, daß Thomas Mann an solcher Fremdheit tief und heiß gelitten haben muß. War Gerhart Hauptmann eine »Persönlichkeit«, umgeben mit der Aura des gespendeten und empfangenen Gefühls, so war er selbst keine. Wenn Max Weber von der Soziologie der Herrschaftsformen spricht, also von jenen Beziehungen zwischen Regierung und Volk, die erst Einklang und Eintracht zu schaffen vermögen, so stellt er neben die Bindung aus Tradition jene aus vernunftsmäßiger Überzeugung, aber auch jene andere aus gefühlshafter Bindung, aus »Charisma« und seelischer Verzauberung. Thomas Manns literarische Herrschaft war eine solche der rationalen, der durch Leistung überzeugenden Art, keine Bindung im Sinne der »Führerschaft« oder der »Meisterschaft«. Das wußte er schon sehr früh. Die Erkenntnis berührte dabei nicht bloß die Art seines Wesens, sondern betraf offenbar Umfang und Grenze seiner Gestalt als Schriftsteller. Eben diesen Typ des durch Kunstverstand, Ordnungswillen, Fleiß und seelische Ökonomie wirkenden Künstlers hatte er daher in seinem Frühwerk immer wieder geschildert und aufgerufen. Aus allem wurden Selbstbildnisse. Da ist Gustav von Aschenbach im ›Tod in Venedig‹, von dem sein Gestalter auszusagen wußte, die Natur dieses Schriftstellers sei »zur ständigen Anspannung nur berufen, nicht eigentlich geboren«. Unverkennbar ist der Prozeß der geheimen Identifizierung mit Schiller in der Erzählung von der ›Schweren Stunde‹: der grauenvollerschöpfende Prozeß eines Künstlers, der aus dem Wollen schafft und dem Wissen, nicht eigentlich als strömende Entäußerung einer reichen Natur. Thomas Manns literarhistorische Anteilnahme gilt in der Frühzeit bis in die Mannesjahre hinein gerade jenen Gestalten der Literatur, die es »schwer hatten« mit der Ausbildung ihres Talents, bei denen es nicht strömte, sondern »tröpfelte«, um die Selbstkennzeichnung Fontanes anzudeuten; die sich durch Fleiß und Kunstverstand ihr Strömen durch Schrauben und Pumpen erzwangen, wie es Lessing in ähnlicher Kennzeichnung von sich bekannte. Darum ist Thomas Manns Akademierede bei der Lessingfeier des Jahres 1929 ein Dokument schriftstellerischer Selbstbehauptung. Nicht bloß in dem Bekenntnis über Lessing: »Er ist der Klassiker des dichterischen Verstandes, der Erzvater alles klugen und wachen Dichtertums«[8], man spürt zugleich die Deutung von Thomas Manns eigenem Hang zur Selbstkommentierung, wenn an der gleichen Stelle von Lessing als Typus eines Schriftstellers das Folgende gesagt wird: »Dieser kommt immer der Beurteilung zuvor, nicht nur um ihr vorzubauen, sondern einfach, weil er sein Dichtertum schriftstellerisch überwacht. Immer ist er es, der das Beste über sich selbst sagt: das Beste nicht im Sinne des Selbstlobes, sondern im Sinne der Wahrheit – und die anderen schwatzen es nach, selten zu seinen Ehren, meistens um gegen ihn auszunützen, was er ›ja selbst gesagt hat‹.«[9]

Natürlich war der Theaterkritiker Alfred Kerr abermals ungerecht, verkennend, war er Richter und Scharfrichter, wo ihm die Möglichkeit des Verstehens fehlte, wenn er, immerhin noch im Jahre 1913, über Thomas Manns dramatische Gespräche mit dem Titel ›Fiorenza‹ zu schreiben vermochte: »Der Verfasser ist ein feines, etwas dünnes Seelchen, dessen Wurzel ihre stille Wohnung im Sitzfleisch hat. Was zu ersitzen war, hat er hier ersessen. Es gibt ja zwei Gattungen von Schriftstellern; die erste gleicht in irgend etwas dem raschen Siegfried: heiter; unverwundbar kraft einer hörnenen Haut; schier; blitzend. Die andere Gattung (zu ihr zählt Herr Thomas Mann) ist weniger im Blitzen als im Sitzen stark.«[10] Als literarisches Urteil ist das nicht ernst zu nehmen; als Ausdruck gesellschaftlicher oder literarischer Meinung über Thomas Mann aber ist es bezeichnend. Gleichzeitig mag man dabei bedenken, wie gerade Alfred Kerr sich sein Bild vom Dichter nach dem geliebten, zuletzt so geschmähten Vorbild Gerhart Hauptmanns erschaffen hatte. Auch hier war also nur die Antithese möglich. War Gerhart Hauptmanns Gestalt wesensgleich dem Bild des Poeten, so war Thomas Mann offenbar keiner. »Persönlichkeit« in jenem rauschhaft gefühligen Sinne gab es bei dem Schlesier, nicht bei dem Lübecker. Vollzog Gerhart Hauptmann die große Wiederholung Goethes im Angesicht seiner Zeitgenossen, so war Thomas Mann vermutlich auf den gegnerischen Bereich Lessings oder Schillers verwiesen: auf den Bereich nicht des Dichters, sondern des »Schriftstellers«. Daher stimmen Thomas Manns kritische Beurteiler immer wieder mit diesem Urteil Alfred Kerrs überein: dem Ironiker und rationalen Gestalter der ›Buddenbrooks‹ fehle eigentliches Dichtertum. Thomas Mann selbst war bestrebt, ähnlichen Urteilen im Kampf der Selbstbehauptung weit entgegenzukommen, die eigene Möglichkeit des Schöpfertums zu verteidigen, wenn er sich auf

Schiller und Lessing berief, auf Fontane, im Grunde auch auf die artistische Machweise, die talenthafte, nicht aber geniehafte Gestalt Richard Wagners.

In allem Streit über Thomas Manns Dichtertum, in aller Frage, was eigentlich eine »Persönlichkeit« und ihre Wirkung ausmache, im Gegensatz des Herrn Peeperkorn zu den rationalen Erziehern Naphta und Settembrini, hinter der Problematik des Ungeliebten und hinter der Essayistik einer Selbstbehauptung Thomas Manns verbirgt sich also *das Thema des Dichters und des Schriftstellers.* Wirksamkeit und Nichtwirksamkeit Thomas Manns, gerade in der Gegenüberstellung mit Gerhart Hauptmann, bedeuten darum innerhalb der deutschen Literatur ein Anliegen allgemeiner Art. Der »Fall Thomas Mann« berührt ein Thema deutscher Gesellschaftlichkeit.

In seiner Lessingrede von 1929 hatte Thomas Mann den Umriß des Problems entworfen. Darum steht bereits in der Lessingrede der spöttische Satz: »Nun ist die Meinung, der Dichter dürfe kein Polemiker sein, er dürfe die Erscheinungen nur in stiller und edler Einfalt hinnehmen und verklären, tief in deutscher Anlage verwurzelt.« Thomas Mann hatte hinzugefügt, hinter solcher marktgängigen deutschen Auffassung von der Rolle des Dichters spüre man offenbar die Meinung, Welt und Wirklichkeit seien an sich gemein, so daß man sich selbst gemein mache, wenn man sich mit ihnen einlasse. Es ist dies zweifellos eine Auffassung vom Dichter und von der Wirklichkeit, wie sie seit einem Jahrhundert, ziemlich genau seit dem Scheitern der bürgerlichen Revolution von 1848/49, um sich gegriffen hat. Daß eine Literaturkonzeption, die ästhetisch den Primat der reinen Form vertritt, philosophisch aber eine streng idealistische Trennung von Geist (also auch von Kunst) und Wirklichkeit vornimmt, in enge Verbindung gebracht werden muß mit der geistigen Haltung des deutschen Bürgertums nach 1849, war der marxistischen Kulturkritik sehr früh schon bewußt geworden. In einer Studie über die deutsche Literatur seiner Zeit hatte Franz Mehring bereits im Jahre 1900 seine ›Literarischen Streifzüge‹ diesem Thema gewidmet.[11] Am Beispiel Hebbels und Otto Ludwigs hatte er nicht bloß gezeigt, sondern auch begründet, warum die bürgerliche Dichtung im Gefolge

einer revolutionären Niederlage den Weg sogenannter »Rückkehr zur Kunst« eingeschlagen hatte.[12] Auf philosophischem
Gebiet entsprach dieser Wendung bekanntlich der wachsende
Einfluß Arthur Schopenhauers. Auch das hatte Franz Mehring
betont. Als Ergänzung dieser Erkenntnisse kann man die Studie
›Schriftsteller und Kritiker‹ heranziehen, die Georg Lukács,
auch diesmal mit besonders starker Betonung der deutschen
Entwicklung, dem Tatbestand widmete: daß gegen das Ende
des bürgerlichen Zeitalters die früher selbstverständliche Einheit von großer Literaturschöpfung mit großer Literaturbe-
trachtung aufgelöst war; daß der »Schriftsteller« und der sogenannte »reine Dichter« ebenfalls zu antipodischen und getrenn-
ten Kategorien wurden.[13]
In Frankreich, auch in der russischen Literatur, hatte sich diese
künstliche und sterile Trennung niemals mit ähnlicher Vehe-
menz durchgesetzt. Paul Valéry ist sicherlich ein »reiner« Dichter im Sinne auch der formalistischen Auffassung. Dennoch
sind seine Untersuchungen über die Methode Leonardo da
Vincis, seine literarischen Versuche, seine kulturpolitischen
Schriften mit dem dichterischen Werk in eins verschmolzen.
Valérys berühmtes Buch vom ›Herrn Teste‹, dem Denkspieler,
beginnt mit dem Satz: »Dummheit ist nicht meine Stärke.«[14] Er
wollte damit andeuten, der Dichter habe durchaus nicht die
Pflicht, unintelligent zu sein und zu den Ereignissen des Tages
in bewußter Distanz zu stehen. Die Tatsache, daß ein Dichter
die Kraft besitze, gültig zu gestalten, gebe ihm kein Anrecht
darauf, im übrigen als Träumer oder Schlachtenbummler an den
Ereignissen seiner Zeit vorbeizulaufen. Nur in der deutschen
Literatur der letzten Generationen hatte sich der Gedanke
eingebürgert, ein Dichter sei zu einer träumerischen und welt-
fernen Existenz verurteilt; er habe sich um die Gerechtigkeit
des Alltags nicht zu kümmern, sondern ununterbrochen Feier-
tagsstimmungen zu empfinden und zu produzieren. Daraus
entstand das Bild des Goldschnittdichters oder des feierlich
einherschreitenden Barden, der jedesmal, wenn er sich zu Ta-
gesfragen äußerte, nur erhabene Plattheiten von sich zu geben
wußte. Ein Dichter, der gleichzeitig ein gewandter und kluger
Mann war, erschien allmählich in Deutschland als verdächtig.

Man kann noch weiter gehen: alle Dichter der klassischen
Epoche, mindestens bis zu Hebbel, waren gleichzeitig große
Künstler und große Kritiker. Bei Lessing wie bei Goethe, bei
Schiller wie bei Hölderlin oder Grillparzer steht der Essay, die
literarische oder philosophische Betrachtung, gleichwertig
neben dem eigentlichen dichterischen Werk. Die Aufsätze von
Kleist und die wissenschaftlichen Analysen Büchners gehören
untrennbar zur geistigen Gestalt dieser Dichter. Sie waren
gleichzeitig große Dichter und Schriftsteller. Dummheit war
nicht ihre starke Seite.

Diese Einheit bricht seit etwa 1848 jäh ab. Seit dieser Zeit
besitzen wir kaum noch große und wesentliche Essays aus der
Feder deutscher Dichter. Hugo von Hofmannsthal war eine
solche Ausnahme: man gewöhnte sich als Antwort daran, sein
Spätwerk dahin zu charakterisieren, er »habe sich ausgeschrie-
ben«. Die andere Ausnahme war Thomas Mann. Worauf der
Gemeinplatz der öffentlichen Benutzung zugänglich gemacht
wurde: Thomas Mann sei einfach kein Dichter, er sei ein
»Schriftsteller«. Dichter – das waren die Lyriker; um so größer
und reiner offenbar, je stärker sie sich von Gemeinwesen und
profaner Wirklichkeit fern hielten. Dichter war vor allem *Gerhart Hauptmann*, nämlich im öffentlichen Bewußtsein des
deutschen Bürgers zwischen den Weltkriegen. Hauptmanns
Reden und Bekenntnisse waren Klang, Gefühl, Geste und
symbolhaft wirkende Haltung; Erkenntnis brachten sie nicht.[15]
Herr Peeperkorn war in den Augen Settembrinis nur ein dummer, alter Mann. Doch seine Wirkung war unzweifelhaft.
Thomas Manns Stärke war das alles nicht. Dafür entschwand
ihm aber immer stärker die Möglichkeit, jene bürgerlichen
Menschen in Deutschland für sich zu gewinnen, als deren
Repräsentant und Sprecher er wirken wollte. Zu Beginn des
Jahres 1933 vollzog sich dann rasch die völlige Trennung zwischen Thomas Mann und der neu-alten Öffentlichkeit. Hatte
sich die Kritik am Schriftsteller Thomas Mann, der Vorwurf
mangelnden Dichtertums bis dahin auf gewisse Rezensenten
und literarische Gruppen beschränkt, so wurde sie bald ein
Programmpunkt der faschistischen Kulturpolitik. Daß auch
Gerhart Hauptmann, der Dichter, die Persönlichkeit, politisch

unbeliebt war, hing mit den politischen Zielsetzungen des Regimes zusammen. Hier fand die neue Propaganda mit ihrer Distanzierung von Hauptmann schon geringeren Widerhall. Thomas Mann aber wurde mit Argumenten abgelehnt. Nicht so sehr von der neuen Regierung ging der Angriff gegen Thomas Mann aus, sondern von Kritikern, Künstlern, Rezensenten. Die bürgerliche intellektuelle Schicht trennte sich bereits vom Dichter des ›Zauberberg‹, bevor dieser selbst für seine Person die Folgerung zog.

In den Tagebüchern, die Thomas Mann damals im Schweizer Exil führte, sind die Reaktionen aufgezeichnet. Am 23. Oktober 1933 notiert Thomas Mann, was ihm aus der deutschen Presse über sein Wirken und Sein gesagt wird: »Drucksachen aus Deutschland – jeder Blick hinein ist Ekel und Grauen. Die ›historischen‹ Fußtritte nach mir. ›Thomas Mann war nur der erste Schriftsteller, nicht der erste Dichter seiner Zeit‹ (Bücherwurm). Anekdote: Binding stellt den Satz auf, es gebe keinen echten Dichter, der nicht eines Verses fähig sei. Man ruft ihm, phantasielos und langweilig genug, meinen Namen zu; und, ›scheinbar in die Enge getrieben, wirft er nach Augenblicken des Besinnens die damals verwegene Behauptung hin‹, ich sei eben kein echter Dichter. ›Es war mehr als ein bon mot oder eine glänzende Ausflucht.‹ – Das nenne ich ein Gespräch! Welche Sorte trostloser Inferiorität und Dummheit diese ›Revolution‹ obenauf gebracht und ihrer selbst sieghaft bewußt gemacht hat, wird recht deutlich darin. Die damals verwegene Behauptung, das paradoxe bon mot des seiner Zeit voranstürmenden Binding – nun, da Deutschland ›deutsch‹ geworden, ist sie gerechtfertigt. Hätte man doch nicht immer mich Armen im Kopf, sondern hätte man ihm Jean Paul, Dickens, Dostojewski, Tolstoi, Balzac, Proust, Maupassant etc. ›entgegengerufen‹ – seine Replik wäre noch weiter über eine glänzende Ausflucht hinausgegangen. – Daß ich kein Dichter bin, könnte sein. Aber nicht, weil ich ›keines Verses fähig‹ bin. – Woher weiß man es übrigens?«[16]

Abermals also geht es um den Dichter und den Schriftsteller. Thomas Mann sei kein Dichter, also auch keine »Persönlichkeit«. Als solche wurde in der deutschen Literatur nur anerkannt, wer Verse schreibt, auf Gesellschaftskritik verzichtet, vor den Forderungen des Tages sein Herz und Ohr verschließt. Das alles hatte Thomas Mann nicht vermocht. Damit mußte er aufhören, weiter als »Repräsentant« des deutschen Bürgertums zu wirken. Thomas Mann hatte das elektrische Licht gesucht wie Settembrini; seine einstige gesellschaftstragende Schicht strebte dem Dunkel entgegen. Thomas Mann suchte den Mythos zu deuten, sie aber wollten den Mythos leben. Er suchte eine neue Humanität, die auf Ordnung und Vernunft aufgebaut sei; die anderen aber waren empfänglich gegenüber Lockungen der Wissenschaftsverachtung. Thomas Mann erstrebte politische Formen auf der Grundlage der Ratio; jene suchten das Charisma, den »Meister« und den »Führer«. Kurz: die Persönlichkeit. In ihrem Sinne war Thomas Mann keine. Hier behält das späte, selbstdeutende Wort aus der ›Entstehung des Doktor Faustus‹ plötzlich Gültigkeit und einen neuen, vom Gesellschaftlichen her bestimmten Sinn. Damit leitet die Gestalt des Herrn Peeperkorn, mit allen Leiden und Schmerzlichkeiten, die für Thomas Manns eigenes Schicksal mit ihr verbunden waren, über zum Themenkreis des späten Thomas Mann, zum Leiden an Deutschland, zur Vatersorge des Patriarchen Jaakob, zur neuen Integrierung mit der Substanz Goethes, zur neuen Humanität. Die Erzählung ›Mario und der Zauberer‹ sollte in der epischen Form, gegen Ausgang der Weimarer Epoche, zwischen ›Zauberberg‹ und Josephsroman, die neuen Erkenntnisse zum erstenmal auch mit dem neuen politischen Akzent versehen. Hatte der Prozeß der Rechenschaft inmitten der Unordnung an das Problem der bürgerlichen Demokratie herangeführt, so brachten nun die Gestalten Naphtas, des zwiespältigen Settembrini, der Führerpersönlichkeit Peeperkorns, ein neues Moment herauf, das Thomas Mann von nun an immer entscheidender beschäftigen sollte: den Untergang in die Barbarei.

Die Erzählung ›Mario und der Zauberer‹, 1930 erschienen, ist beim ersten Zusammentreffen zwischen Werk und Leserschaft entscheidend mißverstanden worden. Entweder hielt man sich an den privaten Tonfall der Erzählung, der anmutet (und anmuten soll) wie ein etwas lang geratener Brief mit Reiseberichten; oder man nahm das Werk von der psychologischen Seite, um darin, scheinbar gestützt auf den italienischen Rahmen der Novelle, eine Beziehung zum ›Tod in Venedig‹ zu erblicken. Als ein wichtiges Werk Thomas Manns wollte man die Geschichte im allgemeinen nicht anerkennen, übersah dabei jedoch, daß der Rhythmus seiner großen Romane vom Dichter immer wieder durch die Parallelordnung kleinerer Gebilde gestützt und unterstrichen wird. Das mag nicht immer gelingen: der ›Zauberberg‹ zum Beispiel war einer solchen Absicht schließlich und gründlich entwachsen, nicht anders später das Buch ›Lotte in Weimar‹. Die italienische Novelle hingegen gehörte in die Gesamtarchitektur des kunstvoll aufgebauten Lebenswerkes. Seit aber die Josephsgeschichte vollendet wurde, seit Thomas Manns Weg zu Goethe entscheidende Etappen erreichte, das Thema Wagner und Nietzsche im Lichte individueller und gesellschaftlicher Erfahrung neu überprüft werden mußte, erhält plötzlich auch die Geschichte vom Kellner Mario, vom Herrn aus Rom und vom Seelenverführer Cipolla eine neue Bedeutung.[1]

Der Erzähler steht in eigener Person hinter seinem Bericht. Man läßt uns wissen, daß in der Pension Eleonora, die man bezieht nach unerquicklichen Erfahrungen im Grandhotel des Seebades Torre di Venere, Herr und Frau Thomas Mann abgestiegen sind, begleitet von ihren zwei jüngsten Kindern. Zeitlich ist das Erlebnis, das als persönliches Abenteuer dargestellt wird, etwa 1927 anzusetzen. Die jüngste Tochter, Elisabeth, 1918 geboren, erregt in der Novelle durch ihre achtjährige Nacktheit, obwohl »mager wie ein Spatz«, das öffentliche Ärgernis einer sittenstrengen und faschistisch normierten Badegesellschaft. Auch Thomas Manns 1919 geborener jüngster

Sohn Michael ist in die Erzählung einbezogen. Elisabeth und Michael Mann, das sind hier »die Kinder«. Der Tonfall der Erzählung hat dieser privaten Häuslichkeit alle nachprüfbaren Umrisse belassen. Scheinbar fehlt es an aller Kunst der Komposition. Mehrfach redet der Erzähler einen Adressaten des Berichts in ausdrücklicher Apostrophierung und unter Wahrung aller Höflichkeitsformen an. Das ist nicht gemeint als Anrede »des Dichters« an »den Leser«: Thomas Mann scheint lebendig, verärgert, nachdenklich, doch wieder interessiert, im mündlichen Vortrag einige Badeerlebnisse im vertrauten Kreise zum besten zu geben. Vom Adressaten wird vorausgesetzt, daß er die Familie Mann, ihre Gewohnheiten und Lebensverhältnisse gut kennt, darum das Geschehen mit den Augen und Empfindungen des Berichterstatters zu betrachten weiß.

Zum drittenmal während eines Jahrzehntes bietet hier der häusliche Lebensbereich des Verfassers, sein privates Sein, den Rahmen eines epischen Werkes. Dreimal ist die jüngste der drei Töchter beteiligt. Das begann mit dem ›Gesang vom Kindchen‹, jener parodistisch wiederbelebten und eben durch die Parodie gleichzeitig vernichteten Epopöe; bot sich dann als Familiengeschichte, nach Abschluß des ›Zauberberg‹, in der Novelle ›Unordnung und frühes Leid‹. Jetzt begegnet man dem Dichter als Erzähler eigener Erlebnisse erneut im Rahmen der Familiengemeinschaft in ›Mario und der Zauberer‹.

Dennoch empfiehlt es sich, der privaten Beiläufigkeit des Tonfalls nicht allzusehr zu vertrauen. Die Inflationsnovelle ›Unordnung und frühes Leid‹ erschien erst, als die Münchner ersten Nachkriegsjahre bloße Erinnerung geworden waren. Das italienische Erlebnis wird keineswegs zu rascher Aktualisierung vom Autor unmittelbar nach seiner Rückkehr aus dem Seebad niedergeschrieben. Auch hier liegen einige Jahre zwischen dem Vorfall und der Formung. Aus Viktor Manns Erinnerungen erfahren wir, daß ›Mario und der Zauberer‹ 1930 abgeschlossen wird. Was am südlichen Gestade, am Strande des Tyrrhenischen Meeres, erlebt wurde, gelangt Jahre später am Strande der Kurischen Nehrung, an Thomas Manns geliebter Ostsee, zur Niederschrift. Merkwürdigkeit des Geschehens war es also nicht allein, was den Dichter, der 1929 inzwischen Nobelpreisträger geworden war, schließlich veranlaßte, die Geschichte eines gescheiterten, weil allzu erfolgreichen Hypnotiseurs aufzuschreiben.

Wenn Thomas Mann in seinem parodistischen kleinen Epos und den beiden Novellen mit der Münchner und der italienischen Umwelt scheinbar höchst persönliche Geschichten berichtet, so geht es ihm nicht um eine Heroisierung der bürgerlichen Umwelt eines Künstlers: wie Richard Strauß in seiner häuslichen Symphonie oder den Wintersport- und Skatszenen der Oper ›Intermezzo‹. Musik vermag den Alltag zu entwesen und zu entgiften. Das Familienleben in Fugenform leiht sich bei der unbürgerlichsten aller Künste die Mittel zur bürgerlichen Verklärung. Thomas Mann jedoch arbeitet, wenn es um seine häusliche Umwelt geht, nicht mit den musikalischen, sondern den ironischen Essenzen seiner Schriftstellerei. Dennoch geht es auch ihm um ein Ausbrechen aus der Bürgerlichkeit, um symbolhafte Überhöhung des scheinbar höchst Privaten. Am Beispiel der Inflationsgeschichte wurde das gezeigt. Mit der Angelegenheit des italienischen Verzauberers verhält es sich nicht anders. Es ist für das Gesamtgeschehen wichtig, daß wir nicht bloß den Vorgang kennenlernen, sondern auch den Erzähler, der ihn erlebt. Mario und die anderen Opfer des Willensprotzen sind nicht allein im Spiel. Auch Thomas Mann sitzt im Saal, wo sich die sogenannte Zauberveranstaltung abspielt. Sein Verhalten, sein Widerstand und Nichtwiderstand sind entscheidend für die Deutung der Vorgänge. Wie sich der Dichter mitten im Inflationsgetriebe als typischen Ausdruck von Verhältnissen gezeichnet hatte, bei aller unabstreitbaren Individualität, so läßt er auch diesmal keinen Zweifel darüber, daß die »Unordnung«, die der faschistische Experimentator auf seiner Abendveranstaltung anrichtet, gesellschaftlich bedeutsamen Charakter besitzt: nicht zuletzt durch die Reaktion des Erzählers auf diese Vorgänge.

Die Novelle ist in Thomas Manns literarischer Entwicklung zwischen der großen Bilanz des ›Zauberberg‹ von 1924 und dem Erscheinen des ersten Bandes der Josephsgeschichte (1933) angesiedelt. Unschwer sind durchlaufende Lebensmotive und Themen wiederzufinden. Im Kern behandelt ›Mario und der

Zauberer‹ abermals ein Thema des verwirrten Gefühls. Der
Konflikt zwischen Leib und Seele hat niemals aufgehört, Thomas Mann zu beschäftigen. Wo der Körper seine eigenen Wege
geht und alle seelische Haltung, alle Bewußtseinsklammern
zerbricht, spürt Thomas Mann immer wieder eine der heikel-
sten Verwirrungen menschlicher Natur. In solchen Augenblik-
ken erweist sich das geistige Sein, erweisen sich Sitte und
Sittlichkeit als bedroht, als kostbare, daher teuer zu hütende
Errungenschaften menschlicher Entwicklung. Thomas Buddenbrook war durch den Körper noch im Todeskampf genarrt
worden. Er starb nicht, wie er nach Haltung und Bewußtsein
hatte leben wollen. Ähnlich erging es dem Schriftsteller Gustav
von Aschenbach. Verwirrung der Gefühle, Aufstand des Körpers gegen den Geist, das war ein Romantikerthema. Der
Ausdruck stammte von Kleist. Gefühlswirrnis war eigentlich
das ausschließliche Thema des »preußischen Dichters« gewesen. In der Welt der Marionetten allein glaubte er die Sicherheit
zu finden gegen Überraschungen menschlicher Leiblichkeit.
Während der Arbeit am ›Mario‹ entsteht, nahezu gleichzeitig,
Thomas Manns Studie über Kleists ›Amphitryon‹.[2] In diesem
Stück aber fällt gerade aus dem Munde Alkmenes das Wort von
der »Verwirrung des Gefühls«. Hat man bemerkt, daß Thomas
Mann seine Studie mit einem kurzen Traktat über das Wesen
der Treue einleitet, über jenes Gefühl also, das geistigen Ur-
sprungs ist und Herrschaft über das Körpertreiben bedeuten soll.
An entscheidender Stelle der Josephsgeschichte, gerade des
ersten Bandes, ist dann der gleiche Konflikt zwischen Körper-
erlebnis und geistiger Vorstellung abermals dargestellt: in der
Gefühlsverwirrung des Hochzeiters Jaakob, der in nächtlicher
Brautkammer die geliebte Rahel zu besitzen glaubt – bis der
Morgen hereinbricht. »Da war's Lea.«[3] Fürchterliche Demütigung des Gefühls, das hier betrogen und verwirrt worden war.
Der Mensch und Mann fand sich geäfft. Wie tief Thomas Mann
über diesen Konflikt, den Zusammenfall oder Auseinanderfall
körperlichen und geistigen Seins nachzusinnen bereit war,
sollte später noch im ›Doktor Faustus‹ die schaurig-jämmerli-
che Geschichte des »behexten« Heinz Klöpfgeißel zu Meers-
burg bei Konstanz im späten 15. Jahrhundert erweisen.[4]

Die Geschichte Marios, des freundlichen jungen Kellners, den sein Hypnotiseur zwingt, in Verwirrung des Willens und Gefühls die scheußliche Krüppelgestalt des ›Zauberers‹ als die geliebte Silvestra zu küssen, gehört in den Gesamtkomplex verwirrter Gefühle, in den Themenkreis des Aufstandes unberechenbarer Körpertriebe und seelischer Anfälligkeiten. Wo das Gefühl verwirrt, und dem Menschen die freie Bewußtseinsentscheidung genommen wurde, ist seine Menschlichkeit verraten und preisgegeben. In der Möglichkeit solcher Vorgänge liegt eine stetige Bedrohung der Humanität.

Allein es bleibt nicht bei dieser allgemeinen Fragestellung. Daß es in allen Fällen einer Entmachtung des menschlichen Willens inhuman zugeht, hatte er wiederholt gezeigt: in essayistischer Form bei der umfangreichen Darstellung »okkulter Erlebnisse«[5]; nicht minder ausdrücklich in der dichterischen Verarbeitung dieser okkulten Geschichten im ›Zauberberg‹.[6] Hans Castorp hatte in jähem Zorn, als getreuer Schüler Settembrinis, das elektrische Licht angedreht, um dem Spuk der Erscheinung seines toten Vetters ein Ende zu machen. Auch die Rache des in seinen Gefühlen verwirrten jungen Italieners: die Kugel, die schließlich dem Zauberer und seiner Zauberei ein Ende setzt, wird in den Schlußszenen der Novelle als gerecht empfunden. »Ein Ende mit Schrecken, ein höchst fatales Ende. Und ein befreiendes Ende dennoch – ich konnte und kann nicht umhin, es so zu empfinden!«[7] Herr Cipolla blendet die Geister und verwirrt die Gefühle. Er ist ein Verzauberer, aber er ist vor allem auch ein *Faschist*. In kunstvoller Verknüpfung vermag Thomas Mann abermals die Beziehung herzustellen zwischen dem Umkreis des Geschehens, der Geschichte an sich und ihrer symbolhaltigen Deutung. Schon in der Geschichte Gustav von Aschenbachs war Venedig bereits mehr gewesen als ein Rahmen; der verzauberte Berg gehörte so notwendig in die Geschichte Hans Castorps, wie dieser mittlere Held in die Geschichte der untergehenden und verzauberten Welt. Genauso haben die mißlichen und unerquicklichen »Sommererlebnisse« der Familie Thomas Mann insgeheim mit der Tatsache zu tun, daß sie sich im faschistischen Italien ereignen.

Die Affäre des Herrn Cipolla gehört in einen umfangreichen

Erlebnisbereich. Schon die Witterung zeigt an, daß Unbehagen und Unordnung im Spiele sind. Nicht einmal das Erlebnis des Meeres vermag Befreiung zu bringen, da die gesellschaftliche Atmosphäre sogar den Genuß der Natur zu vergiften vermag. Alles ist unecht, unnatürlich vom ersten Augenblick an: die Kriecherei der Hotelverwaltung, die krampfige und törichte Römertugend der faschistischen Nutznießer am Badestrand, die Spitzelei und Feigheit der Behörden. Das Treiben des Hypnotiseurs gehört organisch in diesen Rahmen einer unorganisch lebenden Umwelt. Unbestechlich hat Thomas Mann 1930 bereits diese Zusammenhänge mit deutlichen Akzenten der Warnung aufgedeckt. Die Regierung Mussolinis wußte, warum sie die Novelle sogleich nach dem Erscheinen auf den Index setzte.

Dennoch ist es merkwürdig, wie wenig damals in Deutschland diese Querverbindungen beachtet wurden. Noch 1946 unternimmt es Arnold Bauer, von Thomas Mann im Zusammenhang mit der ›Krise der bürgerlichen Kultur‹ zu handeln, deren Analyse er allerdings nur bis zum Jahre 1933 führt; aber sogar bei solcher Beschränkung bleibt die Mario-Novelle völlig beiseite.[8] Als erster hat Georg Lukács mit Nachdruck die politische Bedeutung der Erzählung hervorgehoben.[9]

Herr Cipolla ist ein Krüppel. Er ist verwachsen, häßlich, geschminkt, innerlich unsicher; er braucht die äußeren Attribute des Rausches und Machtbesitzes, um sich die Willen immer von neuem zu unterwerfen. Dazu gehört der Alkohol, die diktatorisch pfeifende Reitgerte, eine leerlaufende, stets auf Wirkung bedachte Rhetorik, der deklamatorische Appell an die patriotischen Gefühle. Er sucht seinem Publikum vorzumachen, unbedingter Befehl und unbedingter Gehorsam seien miteinander identisch. »Die Fähigkeit«, sagte er, »sich seiner selbst zu entäußern, zum Werkzeug zu werden, im unbedingtesten und vollkommensten Sinne zu gehorchen, sei nur die Kehrseite jener anderen, zu wollen und zu befehlen.«[10]

Bezeichnend aber ist auch die Reaktion der Unterworfenen, die ein solches Spiel mit sich treiben lassen. Die Kinder zwar sehen in allem nur Theater und Spektakel. Sie nehmen nicht ernst, was in seiner Unnatürlichkeit und Unechtheit gar nicht ernst genommen werden darf. Anders die Erwachsenen. Sie müßten eigentlich pfeifen, das Schauspiel als solches ablehnen, dem Spuk im Namen ihrer geistigen Selbständigkeit ein Ende machen. Das tun sie keineswegs. Sie spielen mit: als Opfer, die es sein wollen. Freiwillig vollziehen sie die Abdankung des Willens: den Erzähler Thomas Mann mit eingeschlossen. Warum erhebt er sich nicht, den Saal zu verlassen, als nur allzu klar wurde, was hier gespielt wird? Das fragt er sich selbst; aber er bleibt sitzen. Seine Neugierde grenzt an Verfallensein und Schwächung des Willens. Er bleibt auch hier mitten im faschistischen Spuk, ganz wie er vorher bereits, trotz aller peinlichen Erlebnisse, in diesem Badeort, diesem Lande geblieben war. Sein Verhalten im Theatersaal stimmt zusammen mit diesem Vorgang eines halben Mitmachens. Was nützt es ihm also, wenn er den Spuk beobachtet und analysiert, solange er nichts tut, ihn aus dem eigenen Lebenskreis dadurch auszusperren, daß er aufsteht und nicht mehr mitmacht!

Es zeigt sich nämlich, daß man nicht *halb* dem Zauberer zu widerstehen vermag. Hier gibt es nur ganzen Widerstand oder ganze Preisgabe. Das zeigt sich am Beispiel des »Herrn aus Rom«. Er gehört offenbar der bürgerlichen Klasse an, will aber dem Zauberer, also dem Faschismus, ein Nein entgegensetzen. Unter dem Willen des schmierigen Magiers will er nicht tanzen. Doch es genügt nicht, daß man den fremden Willen ablehnt, solange man ihm keinen eigenen Willen entgegenzusetzen hat. Die Freiheit des Nichtwollens bleibt leer und abstrakt, wenn sie sich nicht mit Inhalten verbunden weiß. An der »Negativität« seiner Kampfposition scheitert schließlich der bürgerliche Antifaschismus. Er tanzt, nach kurzem Widerstreben, doch im Takt der Reitpeitsche. Das ist ein neuer Blick Thomas Manns auf die politische und gesellschaftliche Rolle des Bürgertums. Nicht zu erwähnen braucht man die sogenannten Oberschichten im Publikum des Theatersaales. Da gibt es natürlich die »gute Gesellschaft« des faschistischen Regimes. Neben ihnen aber sitzen die wohlhabenden Badegäste aus dem Auslande, die englisch und französisch sprechen. Keiner von ihnen denkt daran, dem Seelenverführer Einhalt zu gebieten. Sie machen mit, tanzen in Wollust und Hingabe, drängen sich sogar, wie jene englische Dame, nahezu ungerufen in den Kreis der Verzauberung. Auch die Frauen des Volkes sind anfällig. Willenlos folgt die brave Frau Sofronia dem Gebot des entsetzlichen »Führers«: die armen Rufe des Gatten verhallen ungehört. Cipolla nämlich ist ein Inbegriff. Dem Erzähler Thomas Mann erscheint er als die »Personifikation von all dem«, von allem, was ihm bis dahin in diesem Italien widerfuhr.

Den schwierigsten Stand aber hat der Magier mit dem Volk, mit den Fischern, Knechten und Dienern der Badegäste, die den Hintergrund des Saales erfüllen. Da ist der kräftige, schöne, allerdings auch primitive Junge, der immer wieder aufsässig wird, immer wieder für kurze Augenblicke durch die Hypnose und Reitpeitsche zur Ruhe gebracht wird, der sich auf Geheiß des Theaterdirektors in Darmkoliken krümmt und damit an jene Rizinusfoltern erinnert, wie sie Mussolinis Polizei in solchen Fällen der Resistenz anzuwenden pflegte. Die totale Verzauberung gelingt ihm gegenüber nicht. Herr Cipolla sieht sich immer wieder veranlaßt, gegen ihn »einzuschreiten«. Der körperlich schwächere, aber tiefere und echtere Mario dagegen, der kleine Kellner in seiner Natürlichkeit, Freund der Kinder, bereitet schließlich dem ekelhaften Schauspiel ein hartes, aber gründliches Ende. Auch er wird in Willen und Gefühl verstört, erwacht aber schließlich. Der Zauberer muß ihn erwecken. Die Rache des verwirrten Gefühls, der unterjochten Menschlichkeit ist gründlich und jäh. Der kleine Revolver Marios genügt, um Zauber und Zauberer hinwegzuräumen. Die Negativität des bloßen Nichtwollens hatte nicht genügt. Es mußte gründlicher Schluß gemacht werden. Der Erzähler findet das in der Ordnung. Mit dem toten Faschisten hat er kein Mitleid. Schließlich war es doch ein befreiendes Ende.

Dies alles ist 1930 kaum beachtet worden. Man nahm die Geschichte abermals psychologisch und literarisch. Wiederum waren die entscheidenden Gedanken Thomas Manns unbeachtet geblieben. Aber warum hätten die bürgerlichen Leser in Deutschland damals anders handeln sollen, als das bürgerliche Publikum des Zauberers im Theatersaal des kleinen italienischen Badeortes?

Für Thomas Mann selbst war der politische und pädagogische Charakter seiner Erzählung im mindesten nicht zweifelhaft. In seiner Rede vor Münchener Studenten über ›Reaktion und Fortschritt«, die am 16. Mai 1929 gehalten wurde, also während der Arbeit an der Marionovelle, steht als Warnung für die deutsche Jugend der folgende Satz: »Das niederschlagende Schauspiel ist uns nicht mehr ungewohnt, daß junge Körper greisenhafte Ideen tragen, sie in keckem Geschwindschritt, Jugendlieder auf den Lippen, den Arm zum römischen Gruß erhoben, dahertragen und den schönen Schwung ihrer Seele daran verschwenden. Es muß die Verwirrung steigern, wenn Jugend dem Alten und vor Alter Bösen ihre biologische Liebenswürdigkeit leiht. Aber es ist nur eine Verwirrung des Augenscheins, ein unbeständiges Trugbild.«[11] Das umreißt abermals die Thematik der Novelle. Der Faschismus ist greisenhaft und böse, in jeglicher Gestalt. Das italienische Beispiel wird hier den deutschen Zuhörern vorgehalten. Der Hypnotiseur Cipolla bleibt häßlich, verkrüppelt und böse, auch wenn ihm in verwirrtem Gefühl und entleertem Willen lebendige und gesunde junge Menschen huldigend erliegen. Er mag sie vorübergehend zwingen, ihm zu Willen zu sein. Sie mögen in ihrer Verwirrung seine Häßlichkeit und Bosheit als Schönheit, Jugend und Gesundheit erleben. Aber die Zauber vermögen nicht zu dauern. Reaktion bleibt böse und häßlich, und die jungen Menschen werden schließlich darüber hinwegschreiten. Das Ende Cipollas sollte der deutschen Jugend eine Warnung sein. Sie wurde nicht gehört.

IRONIE UND PARODIE

Als Thomas Mann (im November 1929) den Nobelpreis für Literatur erhielt, der ihm nicht für sein gesamtes Werk als Schriftsteller, sondern für ›Buddenbrooks‹ verliehen wurde, gab es in Stockholm aus solchem Anlaß die übliche Festlichkeit. Die Nachbarin des Dichters war Selma Lagerlöf: auch sie weltberühmt und Trägerin der gleichen Auszeichnung, auch sie damals in der Welt vor allem verbunden mit einem besonderen Roman, dem ›Gösta Berling‹. Nun berichtete die schwedische Erzählerin ihrem Nachbarn, der Roman sei eigentlich ganz anders geworden, vor allem auch anders aufgenommen worden, als sie selbst ursprünglich geplant hatte. Sie habe »etwas zum Lachen« schreiben wollen. Thomas Mann war bei dieser Eröffnung, nach eigenem Geständnis, freudig und vertraut angerührt, denn auch die ›Buddenbrooks‹ hatten nach dem ursprünglichen Plan eine heitere Familiengeschichte werden sollen: stark zugeschnitten auf den Hausgebrauch der Familie Mann, die darin zahlreiche Begebenheiten, Schnurren, Verwandte und Bekannte wiedererkennen mußte.

Nun wirkt in der Tat ›Gösta Berling‹ wie ein Epos, das beinahe den Erzähler vergessen läßt: so stark haben sich die überlieferten Geschichten gleichsam selbst erzählt. In drei Schichten lagern sich die heidnischen, christlichen und fast schon nachchristlichen oder »modernen« bürgerlichen Elemente übereinander. Ob geistig der Erzählerin die Spannkraft und Herkunft der Begebenheiten bewußt wurden, steht dahin. Sie wollte Geschichten heiterer Überlieferung vermitteln, übersah aber nicht genau, ob die Heiterkeit früher Vorzeit noch ein Gelächter in einer säkularisierten Gegenwart zu entfesseln vermag. Die Listen des Odysseus oder des Loki sind uns nicht mehr Anlaß der Heiterkeit, eher des Grauens. Richard Wagners Mime wirkt als grausige Selbstentlarvung seines Schöpfers, nicht als befreiende Posse.

Selbst wenn Thomas Mann in den ›Buddenbrooks‹ die Heiterkeit jüngerer deutscher und bürgerlicher Vergangenheit darstellen wollte, wenn ihm zunächst an Ergötzlichkeit der Familiengeschichten, an der Anekdote gelegen sein mochte, so ging sein Plan doch über die echte Naivität der Selma Lagerlöf hinaus. Das machte, er war ein Ironiker, kein naiver Künstler wie die nordische Epikerin, sondern sentimentalischer Schriftsteller spätbürgerlicher Zeitläufte. Die Ironie aber bezog sich in den Anfängen auf den Inhalt des großen Jugendromans, nicht auf die Form. Der ironische Kommentar bleibt unüberhörbar, wenn die Entwicklung der Konsulin Buddenbrook geschildert wird, die ehelichen Abenteuer der so lebensgefährdeten Toni darzustellen sind, wenn das Versinken Christians, sogar noch wenn die formale Versteinerung Thomas Buddenbrooks in Frage stehen. Zu schweigen natürlich von den eigentlich ironischen Episoden, den Herren Grünlich und Permaneder, der hansestädtischen Politik und der neudeutschen Schule mit ihrer nüchternen, doch bösartigen Gespensterei. Allenthalben waltet Ironie als geheimer Vorbehalt und als Kommentar des Dichters zu den Ereignissen und Gestalten. Indem er belachenswerte Aussprüche und Handlungen schildert, schildernd also ausgewählt hat, bietet er die ironische Distanz, den geheimen Vorbehalt.

Auch die Leitmotive dienen, neben ihren episch-musikalischen Zwecken, einer solchen Ironie. Das Leitmotiv bedeutet im epischen Geschehen ein Element der Zeitlosigkeit, der Erstarrung. Die ewig gleiche Lippenbewegung der ›Königlichen Hoheit‹ deutet an, daß dieser Mensch sich nicht entwickelt. Erstarrung aber bedeutet mechanisches Verhalten in der Welt: sie gehört dem Bereich des Automatenhaften an, worin Bergson das Wesen aller Komik und den Ursprung des Lachens erblickt hatte.[1] Indem Toni Buddenbrook mit dem Ton einer Fanfare »ihre« verschiedenen Männer regelmäßig und zornig aufzurufen pflegt, die Grünlich, Permaneder und Weinschenk, wirkt sie gerade in solcher rituellen Wiederholung komisch. Denn jeder Ritus, an den nicht mehr geglaubt wird, trägt, von außen her gesehen, ein Element der Komik herbei.

Ist somit schon die frühe Erzählkunst Thomas Manns durchtränkt mit Ironie, gibt es kaum eine unter den frühen Novellen, die nicht in dieser Weise ironisch getönt wäre: die Geschichte vom ›Wunderkind‹, von jenem eifrigen Savonarola, der vor dem Münchener Kunsthändler zum Bilderstürmer wird, die Geschichte vom ›Luischen‹, so bleibt dennoch die Ironie als erzählerisches Element zunächst nur auf den *Inhalt* beschränkt. Zu den Gestalten der Buddenbrooks hat Thomas Mann den Abstand des Ironikers, bei aller Betroffenheit vor dem Schicksal des Thomas oder Hanno. Die Form aber seines Werks ist ihm kein Gegenstand der Ironie. Hier soll die epische Tradition des 19. Jahrhunderts bewußt fortgeführt werden. Einflüsse des Wilhelm Meister sind zu spüren, der Franzosen, vor allem natürlich der Russen: Turgenjews und Tolstois. In ihrem Sinn soll ein großer bürgerlicher Roman aufgebaut werden, allerdings ein solcher spezifisch deutscher Prägung. Was für Thomas Mann damals bedeutet: ein Roman in ironischer Brechung und mit musikalischer Tönung. Gerade die Leitmotive zeigen abermals die Grenzen dieser Ironie. In ihrer inhaltlichen Wirkung erzeugen sie Erstarrung gleich Mechanisierung, gleich Komik. Im formalen Aufbau des Romans aber bedeuten sie eine künstlerische Neuerung: die Übertragung von Elementen des Musikdramas auf die epische Literatur.

Das ändert sich nach Vollendung des ›Tod in Venedig‹. Wenn Thomas Mann bekannte, daß der große Roman seines Mannesalters als heiteres Gegenstück zur venezianischen Geschichte gedacht war, als ironisch-muntere Behandlung des Todesproblems, woraus dann im Verlauf neuer gesellschaftlicher Erkenntnis etwas weitaus Größeres werden sollte, so spürt man zum erstenmal eine *Anwendung der Ironie auch auf die Form*. Der Tod Gustav von Aschenbachs war ernst behandelt worden, wenn auch der erste Auftritt des Todes auf dem Friedhof von München mit Rucksack und Lodenanzug einer leichten und ironischen Respektlosigkeit nicht entbehrte. Das romantische Thema war überwiegend romantisch behandelt worden, wenn auch mit den Mitteln des klar berichtenden, nicht des ergriffen wogenden, selbst romantisch bewegten Stils. Nun aber sollte die Faszination durch Tod, Kunst, Venedig und Meer dadurch abgeschüttelt werden, daß ihnen allen in der Sanatoriumsgeschichte ein heiterer und grimassierender Abgesang bereitet wurde. In der Novelle ›Tristan‹ war das Lungensanatorium nur als Hintergrund verwendet worden. In dem neuen Plan mußte sein Betrieb selbst Gegenstand werden. Der romantische Tod auf der Lagune sollte durch den Tod in Form des Geschäftsbetriebs nachgeäfft werden; der Grenzenlosigkeit des Meeres als dem Nichts sollte das Hochgebirge als äußerste Form harter Diesseitigkeit folgen; der zeitlos unbürgerlichen Stadt Venedig die höchst bürgerlich kaufmännische Welt eines schweizerischen Sterbeunternehmens. Ironie lag distanzierend bereit, um alle Erschütterung über den Untergang Gustav von Aschenbachs spöttisch in Frage zu stellen. Der Plan wurde aufgegeben, oder vielmehr: er wurde durch die Erlebnisse von Weltkrieg und erstem Nachkrieg so erweitert und in den Akzenten so verschoben, übrigens auch in den räumlichen und zeitlichen Ausmaßen des Buches, daß der ursprüngliche Gedanke einer Ironisierung des ›Tod in Venedig‹ immer stärker zurücktreten mußte. In der Tat denkt man unter dem unmittelbaren Eindruck des ›Zauberberg‹ wohl kaum und ohne besondere geistige Vermittlung an den Kontrast zur venezianischen Novelle. Immerhin hat dieser ursprüngliche Plan in Thomas Mann eine neue Etappe ironischen Schaffens enthüllt: die *Ironisierung der Form*. Allerdings sollte zunächst nur ein eigenes literarisches Erzeugnis des Dichters nachahmend ironisiert werden. Von Ironisierung der Romanform schlechthin war noch nicht die Rede. Der epische Stil des ›Zauberberg‹ ist tatsächlich durchaus frei von Einwirkungen des Ironikers auf die Roman*form*. Man wird sagen dürfen, daß dieser große Roman aus Thomas Manns Lebensmitte sein letztes Werk darstellte, das die überkommenen epischen Formen, besonders die Form des bürgerlichen Romans, vorbehaltlos weiterentwickelt hätte. Das Spätwerk Thomas Manns dagegen steht durchaus im Zeichen neuer Wirkungskreise der Ironie: der Punkt ist erreicht, *wo die Ironie sich als Parodie offenbart*.

Was aber bedeutet Parodie in unserer Zeit? Unsere Sprache, die einzelnen Wörtern so geheimnisvolle Doppeldeutigkeit beizulegen vermag, kennt den Begriff des »Nachmachens«. Wer eine Sache oder eine Person nachzumachen wünscht, ist in seiner Tätigkeit an ein Vorbild gebunden. Sie sollen kopiert werden. Das ist der erste Sinn des einfachen Nachmachens. Ein Gemälde wird nachgemacht durch den Kopisten; eine künstlerische Leistung durch den Epigonen. Das Wort bietet sogar den Ausdruck hochherzigen Strebens, wenn einer Leistung in Erschütterung, oder wenn einem bedeutenden Menschen nachgemacht, also nachgestrebt werden soll. Doch auch der boshafte Nebensinn weiß sich sogleich zu melden. Kinder pflegen »den Lehrer nachzumachen«, was gleichzeitig Kopie und Kritik bedeutet. Es steht aber so, daß nicht jede Nachahmung oder Kopie, auch wenn sie als Verzerrung gemeint ist, als komische Wirkung gelingen kann. Wer ungewöhnliche, durchaus eigentümliche Kunstleistung verzerrend »nachmacht«, wird selbst leicht zum Anlaß des Gelächters, statt daß er Gelächter über sein Vorbild hervorriefe. Friedrich Theodor Vischers Parodie zu Goethes Faust erscheint uns läppisch, ganz wie die Biedermeier-Travestierung der Äneis durch Aloys Blumauer. Das erfolgreiche, gelächterhafte »Nachmachen« setzt voraus, daß das nachgemachte Objekt (Mensch, Werk oder Stil) bereits einen Zustand der Erstarrung erreicht hat. Die große, unmittelbar wirksame Persönlichkeit läßt sich kaum in der Karikatur erfassen, es sei denn in ihren körperlichen Eigentümlichkeiten, nicht aber in ihrer Substanz. Um so besser gelingt die Karikatur von allem, was Anlaß zur Komik sein kann, weil es erstarrt, stereotyp und gleichsam verdinglicht wurde. »Wenn die Philosophie ihr Grau in Grau malt, dann ist eine Gestalt des Lebens alt geworden, und mit Grau in Grau läßt sie sich auch nicht verjüngen, sondern nur erkennen; die Eule der Minerva beginnt erst mit der einbrechenden Dämmerung ihren Flug!« So steht es in der Vorrede zu Hegels Rechtsphilosophie.[2] Die Philosophie bedeutet also als bilanzierende Gesamterkenntnis ein spätes Stadium der Gesellschaft und Geschichte. Sie tritt auf, wo eine Gestalt des Lebens alt wurde, erstarrte Formen gerade durch ihre Erstarrung der Deutung am meisten zugänglich wurden. Die Anatomie und gleichzeitig die Überwindung des Kapitalismus in Werk und Wirkung des Karl Marx wurden erst möglich, als feste Formen und Grundzüge diese Gesellschaftsweise übersehbar gemacht hatten. Auch die nachmachende Parodie setzt voraus, daß die nachgeäffte und ironisierte Form erstarrt ist: daß sie als Gestalt lebendiger Kunst »alt wurde«. Parodie setzt also die Konvention voraus. Eine Kunstform, die nicht mehr neu erscheint, sondern konventionell wurde, ist reif für die Parodie. Das zeigt sich bereits in den parodistischen Elementen der Komödie bei Aristophanes. Die Verspottung der Tragödie des Äschylos durch Euripides, und ihrerseits die Parodie der Tragödien des Euripides durch den Komödiendichter Aristophanes sind erst zu einem Zeitpunkt möglich, da die athenische Tragödie ihren Höhepunkt überschritten hat.[3] Platon verbrannte seine Dramen, da er davon überzeugt war, die produktive Wirksamkeit des Tragikers sei zu Ende. In den späteren Schauspielen vom ›Sterbenden Sokrates‹, bemerkt Walter Benjamin, »ist das Märtyrerdrama als Parodie der Tragödie entsprungen. Und hier wie so oft zeigt die Parodie einer Form deren Ende an«.[4]

Was hier der bedeutende, zu früh verstorbene deutsche Ästhetiker, der auch von Thomas Mann bewunderte Walter Benjamin über Ablauf und Funktion der Parodie aus Anlaß des griechischen Dramas konstatiert hat, findet sich, fast mit den gleichen Worten, auch bei Thomas Mann in einem kleinen Aufsatz aus dem Jahre 1921, aus der Zeit also, die der Entwicklung des Zauberbergthemas angehören sollte. Die Versidylle ›Gesang vom Kindchen‹ war erschienen, und Thomas Mann folgte einer Aufforderung, über die Entstehung dieser episch-metrischen Idylle auszusagen. Er stellte sie mit seiner Prosaidylle ›Herr und Hund‹ in Beziehung, berief sich auf das Vorbild von ›Hermann und Dorothea‹, fügte sogleich aber hinzu, daß er im Sprachlichen des kleinen Gesangs, in der Einfügung höchst moderner Wörter in den Fluß seiner Hexameter, gleichzeitig auch die Parodie solcher Epik habe bieten wollen. Der Aufsatz schließt mit dem folgenden Satz: »Kurz, der Mangel an eigentlicher Naivität äußert sich als Hang zum Parodistischen – und so wäre aus diesem kleinen dichterischen Vorkommnis dann wenigstens das Gesetz oder die Bestimmung abzuziehen, daß Liebe zu einem Kunstgeist, an dessen Möglichkeit man nicht mehr glaubt, die Parodie zeitigt.«[5]

Nun ist aber bereits Goethes großes Epos »nachgemacht«; es ist, vergleicht man es, wie das die Zeitgenossen zu tun liebten, mit Vossens ›Luise‹, weitgehend ironisch getönt und in einem literarischen Sinne »modern«. Es besitzt bereits wenig von der epischen Naivität der Antike. Kein Zufall auch, daß Goethes heroisch-ernsthafte ›Achilleis‹ unvollendet bleiben mußte. War also schon bei Goethe das Vertrauen in diese epische Form erschüttert, so konnte vollends Thomas Manns ›Gesang vom Kindchen‹ nur mehr den Charakter der Parodie annehmen. Bloß durch das Thema, die kindliche Welt, vermochten die Züge echter Naivität sich zu behaupten und das parodistische Werk davor zu retten als formale Karikatur zu entarten. Das Epos als eine Kunstform menschheitlicher Aufstiegszeit gewann einen letzten Rest der Naivität nur noch darin, daß die Kindheit eines einzelnen Menschen als Thema gewählt wurde. Aber bei Wahl dieser Form wirkte doch schon das Bewußtsein mit, daß diese Form alt geworden sei.

Das war Thomas Manns zweite Entwicklung auf dem Weg von der Ironie zur Parodie: nach der Selbstparodie gegenüber dem ›Tod in Venedig‹ nunmehr das Nachmachen naiver Epik in den beiden Idyllen vom Kindchen und vom Hund Bauschan. Thomas Manns Spätwerk wird aber nach Abschluß des ›Zauberberg‹ immer stärker ausgefüllt durch eine parodistische Bemühung, die Formen nachbildet, an deren mögliche Weiterentwicklung man nicht mehr zu glauben vermag. Vergleicht man ähnliche Bestrebungen anderer Gestalter unserer Epoche, so enthüllt sich in Thomas Manns Weg von der Ironie zur Parodie eine gesellschaftliche Strömung, wahrscheinlich gar die Grundsubstanz künstlerischer Problematik in unserer Zeit.

Gerade unseren eigenwilligsten Schriftstellern ist es eigentümlich, daß sie in einem hohen Maße mit dem »Nachmachen« beschäftigt sind: das Drama unserer Zeit etwa verhält sich anders als zu jenen Epochen, da das gesellschaftliche Sein unablässig neue, bis dahin noch nie behandelte Themenkreise der Bühne eroberte. Wenn Lessing das bürgerliche Trauerspiel und Lustspiel unserer Bühne nach englischem Muster entwarf, war damit jedenfalls für die deutsche Schaubühne etwas Neuartiges entstanden, wie auch vorher das englische Drama seine Bürgerwelt mit ihren Konflikten als einen durchaus neuartigen Bereich sich erobert hatte. Die historischen und mythologischen Dramen in Deutschland, von Schiller bis Hebbel, auch jene Victor Hugos in Frankreich mit ihrer Welt der »Burggrafen« oder des Ruy Blas, waren neue Themen; gerade Schiller blieb in seinen Entwürfen und Spekulationen ständig bemüht, ungewöhnliche und merkwürdige Historien oder Begebenheiten dank ihrer inhaltlichen Besonderheit der Schaubühne zu erschließen. Noch Ibsen bedeutet inhaltliche Neuartigkeit, in seiner Art auch noch Wedekind.

Seit 1919 etwa ist die naive Nachfolge für den Dramatiker nicht mehr möglich. Wo man bewußt daran geht, das gutgebaute Ibsentheater der bürgerlichen Konflikte erneut zu kultivieren, ist man entweder gezwungen, nach dem Beispiel eines (an sich minderen) Henry Bernstein immer neue Formen seelischer Abseitigkeit zu kultivieren, also Themen zu suchen, die wegen ihres pathologischen Sondercharakters bisher nicht behandelt wurden; oder man arbeitet bereits mit parodistischer Unterschwingung als Fabrikant, der überkommene Rezepte anwendet, an die er insgeheim nicht mehr glaubt. Was am Beispiel Jean Cocteaus zu beobachten ist. Wo dergleichen nicht geschieht, sondern mit einer gewissen routinierten Einfalt die alten Rezepte buchstäblich genommen werden, antwortet die kritische Reaktion mit Spott. Die ehemals neuen bürgerlichen Themen werden dann, da sie konventionell wurden, als »Melodrama« abgetan. Der Dramatiker historischer Stoffe aber, der in Schillers Nachfolge sich zu begeben sucht, wird den Vorwurf hören, er betreibe Historienmalerei im Sinne der Kaulbach und Piloty. Alles deutet auf Erstarrung in Thematik und Inhaltlichkeit. Die ehemals neuen und erregenden Stoffe wurden zur Konvention, zum Schema. Damit öffneten sie sich dem Wirken der Parodie.

Der reflektierende Dramatiker wurde dadurch gezwungen, die Parodie als gesellschaftliche Tatsache vorzufinden und in seinen Plan einzubeziehen. Alle Stoffe schienen bereits behandelt zu sein. Das 19. Jahrhundert als eine Epoche riesiger geschichtlicher Stoffansammlungen hatte dem ausgehenden bürgerlichen Zeitalter eine mächtige Erbschaft geschichtlicher Erkenntnis und Kunde hinterlassen. Seit mehr als hundert Jahren sind unsere Architekten imstande, Bauwerke stilgetreu in allen geschichtlich bekannten Formelementen aufzurichten: neue Gotik und neue Renaissance, Klassizismus in zweiter Potenz und nachgeahmtes Barock, Ornamente aus Kreta und Java. Die geschichtlichen Stoffe und Themen sind alle an der Reihe gewesen: Sakuntala und der Kreidekreis, römische und griechische Geschichte oder Mythologie, russische und schwedische Historie, Bauernprobleme aus Irland und Oberösterreich. Was für die Inhalte gilt, wurde nicht minder wahr für die Formen. Man kopierte die Stegreifkomödie der Italiener wie das Mantel- und Degenstück der Spanier, das Drama der Elisabethaner und das Jesuitendrama, bäuerliche Passionsspiele und die Dramatik der Samurai. Alles ist bereits »dagewesen«. Es gibt kaum einen Mythos der griechischen oder römischen Antike, den ein Schriftsteller unserer Tage nicht mit »neuem Blut« zu füllen versucht hätte. Sie alle sind von einer einstmals jungen Dramatik wieder auf die Szene geholt worden: Midas und Orpheus, Antigone und Ödipus, Phädra und Iphigenie, Ariadne und Elektra. Das reichte von Gerhart Hauptmann über Hugo von Hofmannsthal zu Hans Henny Jahnn, von Claudel bis Anouilh, von Sartre bis O'Neill. Allein Psychoanalyse und moderne Völkerkunde ergaben nur für den Augenblick eine kurzatmige neue Reizwirkung. Die Erstarrung blieb. Hier wurde »nachgemacht« aus dem Unvermögen, offenbar eigene Stoffe der Zeit zu Wirksamkeit und Katharsis zu führen.

Am stärksten hat Hugo von Hofmannsthal mit diesen Fragen gerungen. Er strebte daher dem »Nachmachen« zu, der Neugestaltung alter Themen, der Ariadne und der Elektra, dem Schicksal von Menelaos und Helena, auch der Erneuerung des katholischen Theaters Calderóns. Formal sind diese Werke durchaus als Parodie angelegt. Wenn der Bettler in Hofmannsthals ›Salzburger großem Welttheater‹ sich weigert, die Rolle des gesellschaftlichen Paria zu spielen und erklärt: »Die Jammerrolle spiel ich nicht! Und es soll sie kein anderer auch nicht spielen!«[6], so sprengt diese Parodie den bei Calderón geltenden Grundriß. Denn hier entspringt die Parodie der neuen gesellschaftlichen Problematik. Der Totentanz und das Welttheater der alten einheitlich katholischen Ordnung verläuft nicht mehr »reibungslos«. Die Gesellschaft ist in Bewegung und läßt sich nicht mehr dem hierarchischen Spiel einverleiben. Indem der Bettler nicht mehr mitspielen will, sprengt er die alte Form, die dadurch gleichsam sinnlos wird. Die »Lösung« des Spiels, mit der Hofmannsthal, fragwürdig genug, das Theaterspielen der Frau Welt doch noch möglich macht, die Vertröstung des Bettlers auf jenseitigen Lohn, ist seelisch für den modernen Zuschauer, wenn er nicht zufällig gläubiger Katholik ist, kaum mehr zu vollziehen. Hier sprengt die Parodie, da sie nicht ironisch, sondern formal affirmativ vorgehen möchte, den vorgefundenen dramatischen Grundriß. Aus dem gleichen Grund scheitert Hofmannsthals letztes großes Schauspiel, abermals ein Calderónthema, scheitert ›Der Turm‹ an der Unmöglichkeit, das alte Traumspiel mit moderner Gesellschaftlichkeit zu füllen. In zwei Projekten dramatischer Lösung bleibt als Abschluß die bare Hoffnungslosigkeit. Die ernsthafte Parodie vergangener Themen und Formen ist unserer Zeit unmöglich geworden. Die Musiker haben das früh erkannt. Auch sie waren an der historischen Überfütterung durch das 19. Jahrhundert erkrankt. Sie kannten von nun an die Schreibweise des Orlando di Lasso oder jene Händels, die Rezepte des romantischen Klangbildes oder Quartenfolgen Debussys, konnten klassisch, romantisch, impressionistisch und barock musizieren. Eine Zeitlang half der Griff auf die Folklore, auf die musikalischen Elemente russischer und tschechischer, norwegischer oder ungarischer Überlieferung. Als auch dies aufgezehrt, oder wenigstens angezehrt war, entstand eine Krise der Formen wie der Inhalte. Die Schule Arnold Schönbergs suchte in Schreibweise und Klangbild jede Erinnerung an bekannte und bereits konventionell gewordene Ausdrucksformen auszulöschen. Ihr Musizieren war gedacht als Abkehr von aller bisherigen Überlieferung.[7] Auch mit der Reihentechnik des Zwölftonsystems ließ sich, wie Beispiele rasch bewiesen, ein durchaus konventioneller musikalischer Ausdruck verbinden. Außerdem bewies sich im Gefühlsbereich die neue Tonsprache sehr schnell als einer neuen Konvention zustrebend. Die neue künstlerische Form war nicht unabhängig zu gewinnen von einer neuen gesellschaftlichen Inhaltlichkeit. Den anderen Ausweg im Bereich der »Neuen Musik« unserer Gegenwart versuchte Igor Strawinskij. Er bekannte sich zur Parodie als der einzig möglichen musikalischen Wirkungsart einer Spätzeit. Staunend sahen die Zeitgenossen, wie der ehemalige Schöpfer musikalischer Inhalte aus dem Geist der Folklore nacheinander jetzt alle musikalisch alt gewordenen Gestalten der musikalischen Vergangenheit neu aufzuputzen und grimassierend gleichzeitig aufzuheben sucht: Pergolese und Weber, Gluck und Tschaikowskij, den Stil des Concerto grosso und jenen des klassischen Balletts. Alle musikalischen Gemeinplätze und Formeln werden sorgfältig konserviert, gleichzeitig aber auch parodiert.[8] Die Wirkung ist vergleichbar dem Eindruck, der entstehen muß, wenn man Goethes Iphigenie plötzlich auf einem Puppentheater höchst ernsthaft durch Marionetten agieren ließe.

Die Krise von Form und Inhalt, die sich als Parodie so allgemein äußern sollte, war gesellschaftlich nicht bloß auf die Literatur beschränkt, sondern hatte auch jene Kunstübung erfaßt, die von Wort und Sinn am weitesten entfernt scheint. Wesentlich ist überdies, daß man bei diesem gesellschaftlichen Prozeß, der sich als Vorgang der Erstarrung konventionell gewordener Inhalte und Formen darstellt, einer doppelten Art gegenübertrat, parodistisch in unserer Zeit Kunstwerke zu schaffen. Wir haben die einfache, wenn auch bewußte Nachahmung überkommener Form – und wir haben die Möglichkeit des parodierenden Ironikers, die Formen als leblose zu behandeln, mit ihnen zu spielen, statt sie (vergeblich) mit Inhalten der Gegenwart zu füllen.

Wird in solcher Weise gearbeitet, so entsteht eine späte Kunst, doch ist sie ehrlich, weil sie parodierend ironisch ist; weil sie den Formen nur *das* noch als Inhalt anvertraut, was solchen Formen gemäß sein kann. Andernfalls bleibt Zusammenbruch und Scheitern, wo der ernsthaft parodierende Nachgestalter tätig wurde, wie im Falle Hugo von Hofmannsthals. Oder es bleibt die scheinbar so folgerichtige und doch folgenlose Abkehr von aller Konvention durch Sprengung sämtlicher Formen: im Surrealismus, in der abstrakten Malerei, in vielen Tonwerken Arnold Schönbergs.

In solcher Lage wählte Thomas Mann im Verlauf seiner reifen Mannesjahre immer klarer den Weg ironischer Parodie oder parodierender Ironie. »Ich kenne im Stilistischen eigentlich nur noch die Parodie. Darin nahe bei Joyce ...«, heißt es bekenntnishaft in der ›Entstehung des Doktor Faustus‹.[9] Und wenn, in dem gleichen Buch und Zusammenhang, Thomas Mann die Arbeit eines amerikanischen Literarhistorikers über Joyce erwähnt und einen Satz daraus, wonach die Romane des irischen Erzählers »Romane seien, um alle Romane damit zu endigen«, so unterstreicht Thomas Mann das nicht bloß für Joyce, sondern ausdrücklich für den ›Zauberberg‹, den Josephsroman und den ›Faustus‹.[10] Allerdings besteht der grundlegende Unterschied darin, daß Joyce den Weg der Zerschlagung alter Formen ging, den Weg Schönbergs oder Picassos, während Thomas Mann zwar Romane schuf, die in ihrer Art ein Ende bedeuten sollten, doch unter ironischer Beibehaltung, wenn auch Auflockerung der überkommenen Form. Wobei zudem noch zwischen der epischen Form im ›Zauberberg‹ und jener bewußt arbeitenden Parodie in den mythologischen Geschichten oder im ›Faustus‹ der entscheidende Unterschied zu finden ist: zwischen Ironisierung des Inhalts und Parodierung der Form. Im ganzen aber steht all diese Kunst im Zeichen des Endzustandes. Der ›Faustus‹ ist gerade darum so wahr und rücksichtslos, weil er das Ende einer Epoche und einer künstlerischen Tradition zum Inhalt macht: als ein Roman, der alle bisherigen Romane parodieren und beenden sollte, und gleichzeitig im geschichtlichen Prozeß zu zeigen hatte, woher dieses Ende stammt. Parodie ist Erstarrung, ist letztlich Sterilität. Indem Thomas Mann das parodistische, das sterile, das isolierte Kunstwerk aus dem Leben, aus der seelischen und geistigen Sterilität Leverkühns entstehen ließ, schuf er ein Werk, das von der Sterilität handelt, selbst aber durch den Umfang seiner Erkenntnis davor bewahrt wurde, seinerseits steril zu wirken.

In der Entwicklung des frühen Thomas Mann hatte die Ironie gewaltet als Distanz des Erzählers zum Erzählten. Mit den Geschichten Josephs und seiner Brüder wird der Bereich der Ironisierung auf die Form ausgedehnt, denn hier wird romanhaft etwas erzählt, was sich »romanhaft« nicht erzählen läßt. Die beiden Novellen aus der Entstehungszeit des Josephsromans, die ›Vertauschten Köpfe‹ und vor allem ›Das Gesetz‹, dienen dem gleichen Prinzip. *Der Goetheroman ist bereits doppelte Parodie*, denn es wird zu zeigen sein, daß bereits in Goethes Verhältnis zum Stoff das Element des »Nachmachens« seine bedeutende Rolle gespielt hat. In ›Faustus‹ aber sind Parodie und Ironie wieder auf einer dialektisch höheren Stufe zur Einheit geworden: alle Mittel der Ironie sind aufgeboten, um Distanz des Erzählers und des Erzählten zu erzeugen. Der Kunstgriff des eingeschobenen »Erzählers« Zeitblom dient wesentlich diesem Ziel. Allein ein solches Verhältnis später, vorbehaltsvoller Kunstbestätigung zu ihrem Stoff ist hier selbst zum Stoff, zum Inhalt des Buches geworden. Dadurch erhält die Parodie und Ironie in ihrem höchsten Stadium ein neues Element echter Inhaltlichkeit zugestellt: den Ernst einer bewußt erlebten und gestalteten Endzeit.

Joseph und die große Wiederholung

I

»Tief ist der Brunnen der Vergangenheit. Sollte man ihn nicht unergründlich nennen?« So lautet der erste Satz des Josephromans. Mit diesen beiden kurzen Phrasen beginnt ein episches Werk, das als ›schöne Geschichte‹ in sechzehnjähriger Arbeit zu seinem Titel zurückgeführt wurde. Den Titel nämlich von ›Joseph und seinen Brüdern‹ ließ Thomas Mann in typographischer Distanz als Abschluß setzen. Aber auch die präludierenden ersten beiden so kurzen Sätzchen waren als eigener Abschnitt vom nachfolgenden Text getrennt gehalten: sie bildeten gleichsam das Vorspiel des Vorspiels ›Höllenfahrt‹. Oder auch jenen Urgrund des Geschehens, der rasch zu verlassen war, wollte man für den Bericht eine feste Grundlage erhalten.

Aus tiefem Schacht der Vergangenheit hatte Thomas Mann für sich selbst diese Geschichte heraufgeholt. Das »Ägyptische« des Themas mußte bestimmend mitgewirkt haben, den Stoff zum Objekt des dritten erzählerischen Abenteuers nach den ›Buddenbrooks‹ und dem ›Zauberberg‹ zu machen. Der jüngste Bruder aus dem Lübecker Hause in der Mengstraße, Viktor Mann, dem der Dichter des Joseph später den Schlußband der Tetralogie mit der Widmung für »Viktor – Benjamin« überreichen sollte, hat berichtet, wie er unter den Lieblingsbüchern der Familie, vor allem der Brüder Heinrich und Thomas, einen zerlesenen und brüchigen Band über das ›Land der Pyramiden‹ entdeckte – mit vielen Illustrationen![1] Von hierher hatte Thomas Mann in seiner Kinderzeit in Lübeck erst Kenntnisse ägyptischen Lebens bezogen, die ihn schon in der Schule insgeheim dem Lehramtskandidaten überlegen machten, aber leider, infolge gebotener Distanz zwischen Schüler und Unterrichtsbeamten, nicht überlegen werden ließen. In der ›Pariser Rechenschaft‹ von 1926 hat Thomas Mann unter Hinweis auf das Buch vom ›Land der Pyramiden‹ dieses unausgeheilt gebliebene Jugendtrauma aufgedeckt.[2] Hier haben früheste Kindheitsvorlieben weitergewirkt. Aber es war wohl nicht das Stoffliche beim ägyptischen Thema allein. An anderer Stelle der ›Pariser Rechenschaft‹ spricht Thomas Mann noch deutlicher über die untergründigen Beziehungen, die das Ägyptische zu seinen Lebensmotiven und Denkbildern seit langem unterhalten hatte, wenn es auch bis zum Erscheinen des ›Zauberberg‹ durch korrespondierende oder scheinbar vordringliche Motive überdeckt worden war. Die merkwürdige Stelle aus dem Jahre 1926 lautet, formuliert gleichzeitig als Rückblick und Weiterschau: »Worauf ich einen Blick geworfen haben mußte, war Spanien und Ägypten – seelisch verwandte Länder. Ich meine: untereinander verwandt. – Über das ›Spanische‹ im ›Zauberberg‹. Das Ägyptische ist noch nie zum Vorschein gekommen. Es wird schon.«[3] Hier ist zweierlei bemerkenswert: die unterirdisch laufende Querverbindung zwischen spanischer und ägyptischer Motivik; dann aber die offenbare Selbstsicherheit in der »Vertagung« der ägyptischen Denkbilder, die ruhig zurückgestellt werden, da der Erzähler im großen Lebenspensum ihre Stunde schon noch herankommen sieht.

Eine andere, schon weniger verdeckte Querverbindung behandelte, nach Vollendung der vier Bände, der Verfasser des ›Joseph‹ in seinem vor amerikanischen Hörern vorgetragenen Aufsatz über das Josephswerk.[4] Als dieser Vortrag gehalten wird, ist das »Ägyptische« bereits unzähligen Lesern in aller Welt bekannt gemacht. Aber auch ›Lotte in Weimar‹ liegt vor. Nun führt Thomas Mann gleich zu Beginn seines autobiographischen, authentisch kommentierenden Essays an, wie er als Erzähler der Josephsgeschichte bewußt den Fußstapfen Goethes gefolgt sei. Man kennt den Bericht aus ›Dichtung und Wahrheit‹, aus dem vierten Buch des ersten Teils, wo Goethe jenen Rückblick vollzieht auf seine Kindheitsbekanntschaft mit den Erzvätergeschichten. In Tonfall und geistiger Haltung wirkt die Erzählung stellenweise wie eine Vorwegnahme der späteren, gewaltig erweiterten Parallelerzählung Thomas Manns. Plötzlich taucht ein Satz auf, der, vielleicht etwas ironischer getönt, auch als Motto und als Talisman der Josephsgestalt Thomas Manns beigegeben werden könnte: »Der

Mensch mag sich wenden, wohin er will, er mag unternehmen, was es auch sei, stets wird er auf jenen Weg wieder zurückkehren, den ihm die Natur einmal vorgezeichnet hat.«[5] Dann aber beschreibt Goethe weiter, wie auch er als Knabe das Beispiel des schreibunlustigen Vaters nachahmte und zum Diktieren seine Zuflucht nahm. Einem »jungen Mann von vielen Fähigkeiten, der aber durch Anstrengung und Dünkel blödsinnig geworden war«, diktiert der Sohn des kaiserlichen Rats ein »täglich aufquellendes biblisches prosaisch-episches Gedicht über die Geschichte Josephs«, worin er sich »alle Begebenheiten bis ins kleinste Detail vergegenwärtigte«. Denn schon der junge Goethe lebte unter dem Eindruck, die bezaubernde Geschichte sei in ihrer biblischen Fassung nach Stoff und Gehalt zu wenig ausgeschöpft worden.

Diese Episode aus ›Dichtung und Wahrheit‹ gehörte, nach des Erzählers eigener Aussage, gleichfalls zu den geheimen Reizstoffen, die das Josephsthema, neben seiner ägyptischen Aura, für Thomas Mann besessen hatte. Der Knabe Goethe im Hause am Großen Hirschgraben war dem Stoff untreu geworden: die »Vergegenwärtigung« und Ausmalung der Details allein hatte nicht genügt, den Josephsstoff mit Goethes Leben weiter wachsen zu lassen, wie etwa die Handlung vom Doktor Faust. Thomas Mann dagegen hatte den Stoff warten und reifen lassen. Als *er* den Vorgang der Vergegenwärtigung auf seine Weise unternahm, um 1927, lag ein Reichtum der Seelen- und Gedankenmotive bereit, wie er für eine solche, fast beispiellose Expedition notwendig erscheinen mußte. »Die Versuchung, der der junge Goethe naiv gefolgt war, den legendären Kurzbericht der Genesis ›in allen Einzelheiten‹ auszuführen, wiederholte sich bei mir auf einer Altersstufe, die es der fabulierenden Ausführung wohl erlaubte, auch einen menschlichen und geistigen Gehalt zu gewinnen.«[6] Hier sind zwei Begriffe zunächst in der biographischen Beziehung zum Josephsstoff miteinander verknüpft: *Wiederholung* und *Entwicklung*. In der Niederschrift der Josephsgeschichte wiederholt Thomas Mann sein Jugenderlebnis mit dem Bilderbuch vom ›Land der Pyramiden‹. Er repetiert aber zugleich Goethes Jugenderlebnis: die Beziehung des Knaben Goethe zum Knaben Joseph. In sechzehnjähriger

Arbeit am Ufer der Isar, am Zürichsee, endlich in Kalifornien vollendet Thomas Mann, was Goethe als Unternehmen einst liegen ließ. Dennoch ist diese imitatio Goethes hier Nachfolge auf neuer, eigentümlich veränderter Grundlage. Nicht der Knabe Thomas Mann versucht dem Knaben Goethe im Stoff gleichzukommen, sondern ein spätgeborener Erzähler, der die Wendemarke des fünfzigsten Lebensjahres hinter sich ließ. Fast unauftrennbar verflechten sich im Josephsroman die Elemente der Wiederholung und der Neudeutung.

Ähnlich zweideutig angelegt ist daher der Eingangsgedanke des Buches: die ›Höllenfahrt‹. Wie in Faustens Weg zu den Müttern bleibt fraglich, ob es hinab geht oder hinauf. Steigt der Erzähler hinunter in den Brunnenschacht, um sich dort, im Einst, anzusiedeln? Oder vollzieht er einen Vorgang des Hinaufseilens, indem er die Geschichte ans Tageslicht unserer Gegenwart heraufholt; jenen Ismaeliten vergleichbar, die den nackten und verunstalteten Joseph aus der Brunnenhöhle zu neuer Geburt emporziehen? Die Eingangsworte des Romans bleiben mehrdeutig: sie sind Hinweis auf Wiederholung und Gegenwart in einem.

In Thomas Manns Werken steht kein Satz da wie von ungefähr. Am wenigsten gilt das für Eingang und Abschluß der großen Werke. Deren Analyse ist stets beinahe gleichbedeutend mit dem Zugang zum Gesamtwerk. Das Eingangstor vermittelt wirklich den Eingang. Die ›Buddenbrooks‹ sind sogleich als lebendige Szene und Szenerie gefaßt. Genauso hatte Tolstoi die Geschichte von ›Krieg und Frieden‹ begonnen, noch analoger dann später den Roman der ›Anna Karenina‹. Jener gleiche Tolstoi, dessen Bild während der Niederschrift der ›Buddenbrooks‹ auf Thomas Manns Junggesellenschreibtisch in der Marktstraße in München gestanden hatte.[7] Der ›Zauberberg‹ führte sogleich das Zeitproblem zwischen Erlebniszeit und äußerem Zeitablauf, einem Motto vergleichbar, herauf. Mit übertriebener Entschlossenheit wird verkündet, Hans Castorp fahre nur zu Besuch auf drei Wochen. Ebenso übertrieben aber ist gleichsam die Lustigkeit des Erzählers, der sich selbst Mut macht: die Geschichte werde »in Gottes Namen ja nicht geradezu sieben Jahre« fortdauern. Sie wird sieben Jahre dauern.

»Tief ist der Brunnen der Vergangenheit. Sollte man ihn nicht unergründlich nennen?« Mit der »Tiefe« beginnt es. Schon das ist zweideutig: auf den Brunnen bezogen, geht es um Raumestiefe. Zugleich aber auch um Zeitentiefe, denn von der Vergangenheit ist die Rede. Der »Brunnen« aber, das ist in dieser Josephsgeschichte die »Grube«, der Joseph zu wiederholten Malen anheimfällt. Brunnen oder Grube sind Leitmotive der ganzen Tetralogie. Am Brunnen steht der junge Joseph; am Brunnen hatte der Bote Jizchaks das Mädchen Rebekka gefunden, als er, der Knecht Elieser, für seinen jungen Herrn zur Werbung auszog, wobei ihm auf der Fahrt »die Erde entgegensprang«. In den Brunnen geworfen wird Joseph von seinen Brüdern, um daraus als ein notdürftig Gewandelter, nackt und bloß in neuer Geburt hervorzutreten. Eine neue Grube, ein neues Grab zeitweiliger Vergessenheit steht für ihn bereit am Ende des dritten Bandes, als Potiphar Gericht gehalten hat und Joseph verschickt wird in die Obhut des staatlichen Kerkermeisters Mai-Sachme. Brunnen und Grube sind im Verlauf der Erzählung immer stärker wesensgleich geworden. Mit der Grube ist das Grab oder die Gruft verbunden, in der Osiris weilt, in Totenbinden gewickelt, jedoch versehen mit den Anzeichen des Lebens und der Männlichkeit. Die leere Grube wird bewacht von den trauernden Jüngern Christi, denen verkündet wird, das Grab habe den Erhöhten »nicht gehalten«. Brunnen und Grube sind bedeutende Merkmale im Prozeß von langsamem Reifen in der Verborgenheit und plötzlichem Hervortreten. Sie gehören zum dialektischen Prozeß in der Metamorphose der Pflanzen, zu Korn, Frucht und Samen, zum Vorgang von Negation und Negation der Negation. Brunnen und Grube führen aber auch hinunter, nicht bloß hinauf. Das Vorspiel, dem das Wort vom tiefen Brunnen der Vergangenheit vorangestellt ist, trägt den Titel ›Höllenfahrt‹.

Die drei tragenden Begriffe des ersten Satzes erweisen sich schon bei raschem Anblick als sinnträchtig und vieldeutig. Raum und Zeit sind ineinandergeschlungen. Tiefe Vergangenheit, höchst gegenwärtige Bedeutung, immanente Leitmotivik des Werkes in der Rolle von Brunnen und Grube. Zugleich aber schon eine Fülle der Beziehungen, die den Josephsstoff übersteigen, überhaupt den ganzen Roman als ein Sinngefüge erkennen lassen, das vieles außerhalb der Erzählungssphäre meint, indem es sich selbst meint und erzählt.

Hier beginnt ein Buch des Anfangs. Die Anfangsworte des Buches sind Worte des Anfangs. Zunächst mag es nur eine Sinnverknüpfung sein, wie sie der Kritiker vornimmt, um sich den Zusammenhang zu deuten, wenn ihm der erste Satz des Josephsromans als Es-Dur-Akkord erscheint. Als jenes tiefe Es des Rheingoldvorspiels, als jener Punkt, von dem aus in steigenden und wogenden Es-Dur-Akkorden das Element des Rheines, des Fließens geschaffen wird, und damit die Grundlage überhaupt für Richard Wagners Ringtetralogie. Thomas Mann hat oft von diesem unerhörten, mythologisch bedeutsamen Präludium gesprochen.[8] So hatte *Richard Wagner*, nach Thomas Manns Worten, sich »einen mythischen Kosmos selbst zu erbauen . . . das tönende Schaugedicht von der Welt Anfang und Ende«. Im ›Faustus‹ war dann gleichsam auch eine »Zurücknahme« dieses Kosmos vollzogen worden. Entscheidend war bei Richard Wagner das tiefe Es des Anfangs. In der Faustischen Wehklage des deutschen Tonsetzers Adrian Leverkühn dagegen blieb entscheidend der verhallende hohe Ton des Ausklangs und Endes, der verhallenden Klage. Im Josephsroman aber gestaltet Thomas Mann eine Welt vom Anfange her. Aus der Tiefe muß ihm daher der Ursprung seines epischen, nichtmusikalischen Schaugedichts erwachsen.

Allein der Hinweis auf Richard Wagner enthüllt noch mehr. Thomas Mann schuf eine Tetralogie, ein viergeteiltes Werk, ganz wie Wagner. Er hatte das zunächst nicht beabsichtigt, ebensowenig wie der Schöpfer des Nibelungenrings. Als 1934 der zweite Band, die Geschichte des jungen Joseph, erscheint, wird im Anhang der Ausgabe noch vom dritten abschließenden Buch gesprochen. Erst das Jahr 1936 enthüllt beim Erscheinen des dritten Bandes, daß sich die Trilogie inzwischen zur Tetralogie wandelte. Dem epischen Dichter erging es in seiner Werkgestaltung wie einst dem Musikdramatiker. Auch er hatte bei der großen Zäsur des Jahres 1933 seinen jungen Joseph verlassen müssen, wie einst Wagner den jungen Siegfried unter der Linde. Auch Thomas Mann hatte im Prozeß der Werkgestal-

tung »Einschaltungen« aus anderen Sphären gekannt, vor allem
die Welt Goethes und der Frau Hofrätin Lotte Kestner, ganz
wie Richard Wagner neben dem Tristan die deutsche bürgerliche Welt der Meistersinger als Einschaltung zu bewältigen
hatte, bevor er von neuem am Mythenzauber der Nibelungen
wirken konnte. Man kann den Vergleich zwischen dem ›Ring
des Nibelungen‹ und der Geschichte von Joseph und seinen
Brüdern bis in verblüffend formale Analogien verfolgen. Da ist
die Urzelle der Siegfriedgeschichte hier, der ägyptischen Abenteuer Josephs dort. In beiden Fällen die Notwendigkeit, der
eigentlichen Erzählung den Bericht vorzulagern von Eltern und
Voreltern. Da steht vor allem am Beginn beider Werke das
unergründliche Motiv des Anfangs. Verwandtschaftliche Empfindungen zu Richard Wagners Schaffenserlebnis hat Thomas
Mann nach Vollendung des ›Joseph‹ selbst einbekannt: »Der
unerwartete Entwicklungsweg, den die Erzählung von Joseph
eingeschlagen, war insgeheim gewiß doch auch immer von der
Erinnerung an Wagners grandiosen Motivbau bestimmt, eine
Nachfolge dieses Sinnes gewesen.«[9] Aber neben aller Analogie,
die auch hier als Wiederholung auftrat, stand doch sogleich die
*entscheidende Differenz zwischen Richard Wagner und Thomas
Mann.* Wagners Ring begann zwar mit dem Weltenanfang,
hatte insgeheim aber den Abschluß mit dem Weltenende
geplant: mit der Götterdämmerung. Die Tetralogie war Gestaltung des Endes. Wenn die Rheinwogen zum Beginn zurückführen, so bedeuten sie Gewesensein, Zerstörung, Vergessenheit.
Die Josephstetralogie war vom Anfang der Dinge aufgebrochen, die Geschichte war aus der Brunnentiefe emporgeholt
worden, um schöne Gegenwart zu werden und weiterzuwir-
ken. Hier entstand (und sollte entstehen) ein Buch des Anfangs.
Dies alles ist enthalten in dem Satz vom tiefen Brunnen der
Vergangenheit.

Erst später, unter dem Eindruck der Kriegserlebnisse, schrieb
auch Thomas Mann sein Buch vom Ende, den ›Doktor Faustus‹. Wenn er dem Abenteuer der Josephsgeschichte die Patenschaft Richard Wagners nur insofern voranstellte, als sie Element des Anfangs und der Jugend in sich barg, sogleich aber die
Patenschaft Goethes weitaus stärker hervorhob, so umgreift er

später desto entschiedener den *deutschen musikalischen Bereich*, wenn es galt, ein Buch des Endes zu schreiben. Damit gehören Josephsroman und ›Faustus‹ zueinander: das Buch vom Ursprung in der Zeitentiefe und jenes von der verklingenden hohen Wehklage des Endes. Es sind parallele Gestaltungen: wie Michelangelos Bilder von der Schöpfung der Welt und vom Jüngsten Gericht.

Kein Mythos von der Götterdämmerung steht hinter der Geschichte Josephs. Hier wurde keine Erzählung von Abstieg und Verfall unternommen, wie einst bei Entstehung der ›Buddenbrooks‹. Eine heitere, menschenfreundliche, emporstrebende Geschichte soll beginnen: die Geschichte emporstrebender, in Wiederholungen und Erneuerungen lebender Menschheit. Dem ersten Satz des Buches ist daher sogleich ein zweiter beigesellt. »Tief ist der Brunnen der Vergangenheit«, worauf es weiter heißt: »Sollte man ihn nicht unergründlich nennen?« Sollte »man« – wer ist das eigentlich? Die Frage enthält einen Adressaten. Jemand ist angeredet und jemand redet an. Plötzlich, im zweiten Satz bereits, gibt es den Erzähler und sein Publikum. Gewiß ist solche Frage ein Kunstgriff des Redners. Kunstgriffe braucht man aber vor Zuhörern. Sogleich wurde damit menschlicher Kontakt beschworen. In Unterhaltung und Erörterung soll Josephs Geschichte dargestellt werden. Wo man aber erörtert und disputiert, obwalten menschliche Verhältnisse. Der erste Satz hatte Raumes- und Zeitentiefe beschworen, Brunnen, Grube und Gruft, die Vergangenheit und die Auferstehung. Der zweite Satz macht dies alles zum Gegenstand menschlicher Erörterung, zum Thema des »schönen Gesprächs«. Damit ist der Mythos nicht mehr, wie bei Richard Wagner, rauschhaft erlitten und als Untergangsvision gestaltet; er ist menschliches Thema und heitere Verknüpfung vergangener Geschichten mit Gegenwärtigem. Er ist kein musikalisch-chaotischer Mythos, sondern eine humanistisch-humoristische Beschäftigung mit mythischem Stoff. Damit dieses Unterfangen aber gelinge, hat sich sogleich auch die Ironie beigesellt. Denn wie anders sollte man jene Ansprache des Erzählers an seine Leser beschreiben, diese Kontaktnahme zwischen dem Ich, das erzählt, und dem Man, das als Zuhörerschaft gedacht ist? Hier wird gespielt und parodiert. Der Erzähler denkt sich als orientalischen Märchenerzähler im Kreise hockender Lauscher. Er beginnt seinen Bericht. Allein die Käufer von Produkten moderner Verlage sind nicht um den Epiker gelagert. Die Gebärde des Orients ist im heutigen Okzident nicht vollziehbar. Nur ein Ironiker kann parodierend mit ihr spielen.

Die mythische Wiederholung erscheint in der Form des Gesprächs abgehandelt: von einem Ironiker. Dies führt zum Kern der Josephsgeschichte. In zwei präludierenden Sätzen ist alles enthalten.

2

In den Anmerkungen, die Goethe zum »besseren Verständnis« des ›West-östlichen Divan‹ anfügt, findet sich eine Kennzeichnung orientalischer Dichtung, die an Vieldeutigkeit, Tiefe und als Form Goethischer Selbstdarstellung kaum übertroffen werden kann. »Der höchste Charakter orientalischer Dichtkunst ist, was wir Deutsche Geist nennen, das Vorwaltende des oberen Leitenden; hier sind alle übrigen Eigenschaften vereinigt, ohne daß irgendeine, das eigentümliche Recht behauptend, hervorträte. Der Geist gehört vorzüglich dem Alter oder einer alternden Weltepoche. Übersicht des Weltwesens, Ironie, freien Gebrauch der Talente finden wir in allen Dichtern des Orients. Resultat und Prämisse wird uns zugleich geboten; deshalb sehen wir auch, wie großer Wert auf ein Wort aus dem Stegreif gelegt wird. Jene Dichter haben alle Gegenstände gegenwärtig und beziehen die entferntesten leicht aufeinander, daher nähern sie sich auch dem, was wir Witz nennen; doch steht der Witz nicht so hoch, denn dieser ist selbstsüchtig, selbstgefällig, wovon der Geist ganz frei bleibt, deshalb er auch überall genialisch genannt werden kann und muß.«[10] Man kann hier auch eine vorwegnehmende Kennzeichnung der Kunst Thomas Manns erblicken. Auch seine Dichtung ist »Geist« in einem sehr hohen Verstande, insofern vor allem, als sie eine Dichtung hergestellter Beziehungen, Entsprechungen und Korrespondenzen zu sein strebt. »Übersicht des Weltwesens, Ironie, freien Gebrauch« finden wir gerade dem Josephsroman als wesentliche Elemente vorbehalten. Die Erfahrung von Jahrtausenden wirkt sich sprachlich, stilistisch, gedanklich oft bis zum Paradoxen aus: es entsteht ein Sprachkunstwerk, das unbekümmert zwischen den Stilen, Kulturen und Zeitaltern zu wechseln pflegt. Der ›West-östliche Divan‹ hatte es schon ähnlich gehalten. Wie ließe sich der besondere Wiederholungscharakter im Josephsroman, diese Einfügung in eine Tradition, der man doch zugleich ununterbrochen ein Schnippchen schlägt, reiner verkörpern, als mit Goethes Satz von den Dichtern, die »alle Gegenstände gegenwärtig haben und die entferntesten Dinge leicht aufeinander beziehen«. Ironie und Witz sind für Goethe zum Inbegriff des Geistes, und damit seiner Vorstellung von orientalischer Dichtung geworden. Thomas Mann hatte es in seiner Kunst, die aus allem »etwas zu machen« suchte, ohne darin aufzugehen, ähnlich gehalten.

Auch dies ist Wiederholung. Die Nacherzählung des biblischen Berichts verzichtet schon an ihrem Beginn auf Ursprünglichkeit, Einzigartigkeit, auf ein eigenes Recht am und zum Stoff. Sie will Tradition weiterführen und »nachmachen«. Auf das Verhältnis zu ihren Vorgängern legt sie gravitätisch, und gerade darum etwas spöttisch, besonderen Wert. Goethe hatte sein Spiel zwischen westlichem und östlichem Gelände in den Noten und Anmerkungen noch ernst genommen. Neben das lyrische Wort trat erzählerischer Wille. Thomas Mann hat die Ironie zur Parodie gewandelt.

Solche Kunst hatte Goethe auch nach ihrer gesellschaftlichen Beziehung gedeutet: »Der Geist gehört vorzüglich dem Alter oder einer alternden Weltepoche.« Dem spät- und nachgeborenen Thomas Mann ist das in einem erschütternden Maße bewußt. Der Josephsroman ist *ein Buch vom Anfang, konzipiert als Alterswerk in einer zu Ende gehenden Zeit.* In seiner Abschiedsrede vor dem Einbruch des Wahnsinns spricht der deutsche Tonsetzer Adrian Leverkühn von unserer Zeit, »wo auf fromme, nüchterne Weis', mit rechten Dingen kein Werk mehr zu tun«. Eine neue Epoche müsse kommen, »die dem schönen Werk wieder Lebensgrund und ein redlich Hineinpassen zu bereiten verstehe«.[11]

So steht es in Thomas Manns Buch des Endes. Allein auch die humanistische Josephs-Utopie trägt alle Züge des Alters und alternder Weltzeit. In allem waltet die Wiederholung. Die Tetralogie findet sich eingeordnet in eine ehrwürdige, wenn auch nicht ganz ernst genommene literarische Tradition. Am bisherigen Endpunkt dieser Kette von Gestaltungen findet Thomas Mann das dichterische Spiel des Knaben Goethe mit dem Josephsstoff. So wird hier die neue Wiederholung zur imitatio Goethes. Den literarischen Anfangspunkt bezeichnet natürlich die biblische Schilderung. Aber auch sie ist bloße Vorlage. Um ihren Anfangscharakter, ihre Priorität steht es fragwürdig. Joseph bedeutet selbst ein *sehr spätes* Stadium menschlicher Geschichte. Die mehr als fünfzig Seiten des Vorspiels ›Höllenfahrt‹ haben vor allem die Aufgabe, das nachzuweisen. Jede Phase der schönen Geschichte, jeder Ausspruch Josephs ist gespeist und getränkt mit geschichtlicher Tradition. Josephs ganze Existenz ist »Wiederholung«, bewegt sich im eigentlichen Wortsinn »in ausgefahrenen Gleisen«. Er steht mitten im Prozeß einer Götterentwicklung, die zugleich, und vor allem, menschliche Entwicklung ist. Er lebt Wiederholung, lebt in der Wiederholung – und bedient sich der Reize einer solchen repetierenden Existenz. Auch dies bedeutet »Geist« in Goethes Sinn: Ironie und Spiel der Bezüge. Damit wirkte bei Thomas Mann die Wiederholung in doppelter Weise. Das Geschehen selbst, die Josephsgeschichte, entwickelt sich als Imitation voller Anspielungen mit vollem Symbolcharakter. Wiederholung ist aber ferner die literarische Gestaltung dieser Geschichte durch den spätgeborenen Dichter. *Denn sie kennt zugleich alle ihre Vorgänger,* weiß sie zu benennen und sich von ihnen abzusetzen. Das führt von der literarischen Form in den Büchern Mosis bis zu Goethes Bericht aus ›Dichtung und Wahrheit‹. Dazwischen liegen Josephsgeschichten der mannigfaltigsten Art. Thomas Mann kennt und nennt sie alle. Da ist die Josephsgeschichte in der zwölften Sure des Korans; da ist der novellistische Stoff des »keuschen« Joseph und der Frau des Potiphar: geradezu als literarischer Gemeinplatz in den Epen der großen persischen Literatur. Hier gibt es die verschiedenen Fassungen der Geschichten von Jussuf und Suleika, das kleine

Epos des Firdusi.[12] Selbst Hafis wendet sich im Alter nach Vollendung des ›Divan‹ dem Stoff auch seinerseits zu.[13] Jussuf und Suleika – das ist aber auf neuer Ebene schon wieder der ›West-östliche Divan‹. Die Goethische Prägung, die große Wiederholung Goethischer Gestaltung, durchdringt auch hier das Werk des heutigen Epikers.

Alles ist bewußt und bleibt bewußt. Oft führt es zu den verblüffendsten Anklängen. Am schönsten überrascht es vielleicht, mitten im dritten Band, in Josephs Schlaflied-Psalmen für den Hausmeister und Freund Mont-Kaw, wenn Joseph plötzlich den Nachtspruch als Verbindung von Mondlicht und Seelenfrieden in poetisch-prosaischer Vorwegnahme mit Goethes Gedicht ›An den Mond‹ zusammenfließen läßt. Wenn der Zauberspruch zur Nacht lautet: »Auf dich, über dich, fülle die Seele ganz.«[14] Bedenkenlos wird hier Bildkraft und Thematik des berühmten Gedichts in die Josephsgeschichte einbezogen. Soll man über »Anachronismus« reden? Aber er ist ja gewollt, soll gerade die Ähnlichkeit und Gleichförmigkeit menschlicher Situation bedeuten. Nicht minder bewußt wird die andere, höchst persönliche Grundbeziehung der gesamten Tetralogie angedeutet, das sonderbar zwiespältige Verhältnis des Romans zu Wagners Nibelungenring, wenn Joseph, der gelegentlich als junger Goethe auftritt, dann als Jussuf des ›West-östlichen Divan‹, dann wieder als Vorwegnahme der Christusgeschichte, plötzlich im Tonfall des Siegmund aus der ›Walküre‹ redet. Er steht vor Potiphar und soll sich selbst bezeichnen. Allein wie wäre eine so vielschichtige Existenz zu umreißen? Joseph antwortet wie Siegmund in der Hundingshütte: »Einen Weh-Froh-Menschen muß ich mich nennen.«[15] Das ist Siegmunds selbstgewählter Name eines »Wehwalt.« Allenthalben spielen die Beziehungen und humoristischen Anspielungen hinein, um der Gesamtgeschichte ihren Charakter eines sehr späten, freiheiteren Spiels der wechselnden Belichtung zu verleihen. Alles ist Ironie und Parodie in einem: Geist eines sehr späten Zeitalters, und Geist einer Altersdichtung. Die aber weiß, in bezauberndem Hohn, ihre Würde zu bewahren. Es klingt sehr würdevoll, wenn der im zweiten Satz des Vorspiels insgeheim eingeführte Erzähler sich vor den imaginären Zuhörern mit seiner Genauigkeit brüstet, die »zutage zu fördern und den schönen Wissenschaften einzuverleiben unsere Version und Fassung sich rühmen darf«.[16]

Der Erzähler faßt seinen Bericht auf als »Kommentar«, womit er nun wieder parodierend die theologischen und bibelhistorischen Traktate nachahmt, die in langer Reihe der Jahrhunderte das Wort des Alten und des Neuen Testaments ausgelegt und »gereinigt« hatten. »Seit wann aber, darf man fragen, nimmt ein Kommentar den Wettstreit mit seinem Text auf? Und dann: Kommt nicht der Erörterung des ›Wie‹ so viel Lebenswürde und -wichtigkeit zu wie der Überlieferung des ›Daß‹? Ja, erfüllt sich das Leben nicht recht erst im ›Wie‹?«[17] In der Art und Weise des Berichts, dem »Wie«, scheint der Stoff an die Form ausgeliefert. Er ist zum Vorwand geworden für Belichtung und Beleuchtung. Dennoch bietet sich nicht jeder Stoff einer so vielfältigen Brechung dar. Die Josephsgeschichte hat es offenbar »in sich«, daß ihr ein solcher Reichtum der Reflexe abgewonnen werden kann. Auch Hans Castorp war nur scheinbar der belanglose junge Mensch der Mitte. Er hatte es dennoch »in sich«, denn nicht jedem vermag jede Geschichte zuzustoßen, die buchenswert bleibt.

Im Prozeß der Wiederholung wird eine naive Vorerzählung der Bibel zur sentimentalischen Nacherzählung durch den modernen Epiker. Sie verhalten sich zueinander wie Urform und Kommentar. Die Antinomien aus Schillers berühmtem, Thomas Mann so nahestehenden Essay, sind aufgerufen. Allein die untergründige Ironie des Heutigen vermag sogleich zu zeigen, daß es um die Naivität der ursprünglichen Josephsgeschichte einigermaßen fragwürdig bestellt ist. Nicht bloß bei Thomas Mann, sondern offenbar schon im Verlauf der Urgeschichte selbst enthüllt sich der Sohn Jaakobs als ein reflektierender, bewußter, später Geist, der bereits das Ende eines Geschichtsablaufs mit sich trägt. Mit dieser Deutung des Stoffes aber hat Thomas Mann den entscheidenden Kunstgriff, der sein künstlerisches Unterfangen für den heutigen Hörer oder Leser erst möglich macht. Damit Joseph und die Seinen in heutiger Darstellung nicht wie schlechte Kopien nach primitiven Gemälden erscheinen, müssen sie selbst in der Empfindungsweise den

heutigen Menschen nahestehen. Die Kunst eines späten Zeitalters kann nicht mehr naive Menschen in argloser Vollendung
hervorbringen, sondern bloß noch sentimentalische. Die Wiederholung des Josephsstoffes ist also nur möglich, weil Joseph
selbst als Endpunkt von Wiederholungen geschildert wird: als
ein Mittler und dialektischer Zurechnungspunkt. Die Fahrt in
den Brunnen der Vergangenheit ist halb so gefährlich. Die
große Zeitenkluft findet sich kaum zwischen unserer Welt und
jener der Söhne Jaakobs. Sie findet sich vielmehr zwischen uns
und den uns zugehörigen, nahen Protagonisten der Josephsgeschichte – gegenüber zahllosen Generationen aus der eigentlichen Brunnentiefe der Menschheit, den eigentlichen Menschen
des »Anfangs«. Uns trägt daher, dank solcher Wiederholung,
wie Joseph die gleiche Ebene. Im Josephsroman Thomas Manns
berichtet der Dichter einer alternden Zeit über Menschen einer
alternden Zeit. Dadurch aber wird das Leitmotiv des »Anfangs«
noch verstärkt. Für die Menschheit gibt es kein Ende. Auf
alternde Epochen folgt der neue Anfang. Darum kann diese
späte Geschichte im Tonfall der Heiterkeit vorgetragen werden.

3

In kunstvoll verschlungener Synthese, die gleichzeitig Wiederholung früherer *und* Begründung ganz neuer Standpunkte ist,
hat Thomas Mann im Josephsroman die *drei* großen Denkbilder seiner Jugendentwicklung zu neuer Einheit verbunden:
Wagner, Schopenhauer und *Nietzsche*. Der musikdramatischen
Tetralogie des Nibelungenrings steht die epische Tetralogie
Thomas Manns näher, als es scheinen möchte. Nicht nur in der
Gesamtanlage oder im analog verlaufenden Entstehungsprozeß
der beiden Werkgebilde. Parodistische Nachgestaltung ist abermals tätig, um insgeheim, für den Kenner jedoch sichtbar,
Beziehungen und Parallelitäten herzustellen. Das Vorspiel zum
ersten Band des Romans war aus der Urtiefe aufgebrochen, wie
sich das für ein Buch des Anfangs geziemen mochte. Der erste
Band in seiner Gesamtheit war Exposition von der Tiefe her,
aber auch nicht minder aus der Höhe. Das ergab bei Wagner die
Rheinestiefe, das Erdinnere des Zwergenreichs und die Höhe

der Burg von Walhall. In den Geschichten Jaakobs gibt es in gleicher Weise Geschichten der Tiefe und des Herniedersinkens aus der Höhe. Es gibt die große »Haupterhebung« Jaakobs, der er den Beinamen »Israel« verdankt, und es gibt die bäuerlichen Erdmythen von Kain, Esau und Ismael, deren Beziehung zum Tode und zur Unterwelt nicht minder sichtbar ist als ihr mythischer Fruchtbarkeitscharakter. Im Bild des gestürzten Engels schneiden sich sogar auf der göttlichen Ebene die Sphären der Tiefe und der Höhe. Daß auch ein menschlicher Schnittpunkt möglich ist, wird erst die Josephsgeschichte erweisen, als Laufbahn eines Menschen, der gesegnet ist mit den Kräften geistiger Höhe und irdischer Vitalität.

Doch es gibt noch eine engere und bewußtere Nachahmung des Wagnerwerkes im Aufbau des Josephsromans. Das ›Rheingold‹ war insgesamt ein Vorspiel gewesen, mit seinem Beginn als Vorspiel eines Vorspiels. Doch auch der vierte Abend, die ›Götterdämmerung‹, veranlaßt den Musikdramatiker nochmals zu einem Vorspiel. Die Nornenszene verknüpft erneut alle Lebensmotive der Gestalten, um der metaphysischen Deutung willen. Alles weitere Geschehen, bis zur Rückkehr des Goldes in den Ursprungsbereich des Stromes, ist dann bloße Demonstrierung der unfrei-freien Schicksalsentscheidung der Nornen.

Auch bei Thomas Mann beginnt der vierte Band mit einem ›Vorspiel in oberen Rängen‹.[18] Abermals wird der theologisch-philosophische Apparat bemüht, dem Leser in denkerischer Gestalt anzudeuten, was er sogleich in dargestellter Handlung erleben soll. Doch wie der Schlußband einer Harmonie entgegenstrebt, keiner Götterdämmerung, wie er in menschliche Gegenwart und Zukunft auszumünden bestimmt ist, nicht in befriedigtes Chaos der Elemente, so waltet über dem Vorspiel zur Geschichte des ›Ernährers‹ auch nicht ein Geist der Determination, nicht die Parze oder Norne, sondern die Stimmung eines freien Zukunftsexperiments.

Die Engel plaudern, ja klatschen untereinander über des höchsten Wesens mutmaßliche Absichten mit dem Menschengeschlecht. Man ist in den oberen Rängen einigermaßen ungehalten über dies ganze humane Abenteuer. Placet experiri – der Weltspruch des Herrn Settembrini scheint vom Weltenschöpfer

übernommen zu sein. Es hat offenbar gefallen, experimentell
eine Kreuzung zwischen Engelhaftigkeit und Tierhaftigkeit
vorzunehmen: Geschöpfe zu bilden nach dem göttlichen Ebenbild, die aber, zum peinlichen oder verächtlich empfundenen
Unterschied von den Himmelsbewohnern, zeugungskräftig
waren, wie die Tiere. Es ist nun wahrhaft bezaubernd, wie
Thomas Mann das Engelsgespräch mit der Gebärde des eunu-
chenhaften Hofklatsches darzustellen weiß. Schon in der
Geschichte des jungen Joseph hatte der himmlische Bote unver-
kennbare Züge mannweiblicher Synthese oder Geschlechtslo-
sigkeit aufzuweisen.[19] Von ähnlicher Gemütsstimmung zeugt
nun der Engelsspott, der allzu pikiert und von Eifersucht auf
den Menschen getränkt ist, als daß er Eindruck machen könnte.
Übrigens ist er auch machtlos, denn das göttliche Experiment
geht weiter. Joseph dient zur entscheidenden Demonstrierung
für den glücklichen Ausgang des menschlichen Abenteuers.
Thomas Manns pädagogischer Plan enthüllt sich auch hier
wieder in der Annäherung an die Vorspiele des Nibelungenrings, wie in der entscheidend neuen Färbung und Themenstellung.

Auch *Schopenhauer* spukt im Josephsroman. Der schwedische
Essayist Gustav Lundgren sah die Beziehung vor allem in einer
Neuaufnahme der berühmten Abhandlung Schopenhauers
»Über die anscheinende Absichtlichkeit im Schicksale des einzelnen«, die als Erlebnis Thomas Buddenbrooks bekanntlich
schon früh ihre Rolle gespielt hatte.[20,21] Es ist richtig, was
Lundgren unterstreicht: »Auch Schopenhauer habe wie Thomas Manns Joseph sagen können, daß das Ich der Mittelpunkt
des Universums ist. ›Die Welt ist meine Vorstellung!‹«[22] Aber
dieser Gedanke Schopenhauers bezieht sich nur auf Josephs
Selbstdeutung: auf die geheime Quelle seines hochstaplerisch-
ernsthaften Spiels mit den Göttersymbolen, auf seinen redlichen Eifer bei Durchsetzung des angeblich göttlichen Heilsplanes. Dennoch geht Joseph mitsamt seinem Erzähler schon hier
entscheidend über Schopenhauer hinaus. Der Philosoph des
metaphysischen Pessimismus versteht alle reale »Absichtlichkeit« menschlicher Schicksale als Gegenstand seiner »transzen-
denten Spekulation«. Thomas Manns Josephsgestalt scheint

zwar, mit optimistischer Variante, insoweit Schopenhauerianer
zu sein. Aber darum ist es sein Dichter noch lange nicht! Die
Ironie soll man nicht vergessen, die solchen Träumereien
Josephs als harmonische Basis unterlegt ist. Auch der Beduine,
dem Joseph von seinem Ich als dem Weltnabel spricht, hat nur
ein Kopfschütteln . . .

Weitaus realer sind Annäherung und Trennung in der überwiegend ernsthaft gedachten Kernmetaphysik des Romans. Thomas Mann hat sich eingehend in der Gedankenwelt der Gnostik, des Manichäismus, den spätantiken Erlösungslehren
umgetan, um, vorsichtig und versuchsweise, die Menschheits-
geschichte als »Roman der Seele« darzustellen.[23] Aus der Vereinigung der Weltseele mit einer »widerspenstigen Materie«, im
»Liebesringen«, also einem erotisch-mystischen Prozeß, sei der
Mensch geschaffen worden, mit dem Ziel, durch menschlichen
Geist diese Einheit von Weltseele und Materie in fruchtbarer
Einheit und Spannung zu erhalten. Löse sich die Seele, taub
gegen den Geist als ihren »Widersacher«, von der Materie los,
so werde die Materie abermals formlos, die Seele unmächtig.
Der menschliche Geist erscheint in solcher Metaphysik als
höhere Kraft gegenüber der bloßen Seelenhaftigkeit. Geist ist
eigentlich menschliche Schöpferkraft. Er ist zugleich auch hier,
nach Thomas Manns ständiger Deutung, »produktives Mittler-
tum: zwischen ungeistiger Materie und immaterieller Gefühls-
strömung«.[24] Mit Recht sieht Käte Hamburger hier einen
Roman hinter dem Roman, und die Darstellung einer Lehre
Thomas Manns: daß sich »das Geheimnis der menschlichen
Seele am schönsten und sichtbarsten bei solchen begünstigten
und erwählten Wesen verkörpert, in denen Materie und Geist
zu solcher Harmonie vereinigt sind«.[25]

Auch hier ist abermals Schopenhauer: aber nicht bloß dank
seiner seltsamen kleinen Studie über ›Lenkung und Determination im Einzelschicksal‹. Thomas Manns gnostischer Roman
der Seele hat zu tun – schon durch die gemeinsame Beziehung
zur Gnostik – mit Schopenhauer als dem Denker über die ›Welt
als Wille und Vorstellung‹. Für Schopenhauer »ist die Materie
dasjenige, wodurch der Wille, der das innere Wesen der Dinge
ausmacht, in die Wahrnehmbarkeit tritt, anschaulich, sichtbar

wird. In diesem Sinn ist also die Materie die bloße Sichtbarkeit des Willens, oder das Band der Welt als Wille mit der Welt als Vorstellung«.[26] Pessimistische Philosophie im bürgerlichen Zeitalter war niemals so trostlos, daß sie nicht danach gestrebt hätte, harmonisierende Synthesen herzustellen: Mittlerschaften zwischen scheinbaren Antinomien. Sogar Schopenhauer hatte ein Bindeglied zwischen dem Weltwillen gesucht und der Welt als Vorstellung. Bezeichnend war, daß seine Wahl auf die Materie fiel. Man war in dieser Epoche noch weit entfernt vom »Geist als Widersacher der Seele«, also von den späteren Gesprächen der Untergangspropheten im ›Doktor Faustus‹. Auch Kant hatte sein analytisches Weltbild übergipfeln wollen. Ihm galt die »Kritik der Urteilskraft als ein Verbindungsmittel der zwei Teile der Philosophie zu einem Ganzen«.[27] Theoretische und praktische Vernunft sollten im ästhetischen Bereich der Lustempfindungen ihre Verknüpfung finden. Daraus war dann dem Kantianer Schiller sein Prinzip des ästhetischen Staates als oberster Stufe erwachsen. Aber Thomas Mann steht nicht mehr bei Schiller oder Kant. Er hat *noch* von Schopenhauer die Dualismen übernommen, doch *nicht mehr* die Art, sie zu versöhnen. Nicht die Materie, wie bei Schopenhauer, ist Band zwischen Seele und Geist; der Geist ist der Mittler. Er verknüpft Willens- und Gefühlsströme des schöpferischen Prinzips mit jener Materie, in der und an der allein die Schöpferkraft sich zu erfüllen vermöchte. Damit ist der Mensch – denn es geht doch wohl um den menschlichen Geist – zum »Herrn der Schöpfung« geworden. In solcher Rolle des humanen und geistigen Tuns hat er sich in Wahrheit von aller göttlichen Schöpfung emanzipiert. Er bedarf nicht mehr des Gottes, aber die »Seele« bedarf zu ihrer Daseinserfüllung des Menschen. Thomas Manns Metaphysik hört schließlich auf, Metaphysik zu sein: sie wird einfach menschliche Praxis. Mögen die Engel ihren Klatsch verbreiten: das Experiment mit dem Menschen war für Gott um seiner selbst willen ersichtlich notwendig. Der Weg Josephs ist, von dem erwählten Geschöpf her gesehen, vielleicht die Verwirklichung eines göttlichen Heilsplanes. Gott aber braucht den Menschen Joseph noch dringender. Das praktische Leben Josephs gestaltet den angeb-

lichen Heilsplan – und damit zugleich auch dessen angeblich
göttlichen Urheber. Indem er sein Leben schafft, erschafft
Joseph seinen Gott. Das weiß er, denn das hatte schon Jaakob
zu seiner Zeit gewußt. Thomas Mann war von Schopenhauer
aufgebrochen. Nun aber befindet er sich, bei solchem Vorgang
menschlicher Gotteserfindung, im Bereich *Ludwig Feuer-
bachs.*[28] Was Josephs Geschichte darstellt, hatte Feuerbach,
hundert Jahre vor Vollendung des Josephsromans, in dem Satz
zusammengefaßt: »Gott entspringt einem Gefühl des Mangels.«

Ludwig Feuerbach hatte den Menschen allein an menschliche
Wirklichkeit gekettet. Aus solcher Botschaft waren Romane
eines großen Realismus entstanden: Gottfried Kellers ›Grüner
Heinrich‹ und ›Was tun?‹ von Tschernyschewskij. Es waren
Bücher vom »neuen Menschen«, wie der russische Dichter im
Untertitel seines Buches bemerkt hatte. Auch Thomas Manns
Joseph ist ein »neuer Mensch«. Er ist neu gegenüber der Welt
seiner Väter und Brüder; neu durch die Bewährung in fremder
Umwelt; neu durch die Bewährung in der gesellschaftlichen
Praxis, nicht bloß in der theologischen Spekulation. Er ist neu
als Mittler zwischen den Kräften der Erde und der Geistigkeit;
er bedeutet eine neue Phase als Vermittler zwischen fremden,
einander bis dahin ausschließenden Kulturen. Vor allem ist er
ein *Vermittler zwischen den Grundprinzipien der Wiederholung
und der Entwicklung.* Das besagt: er trägt vergangene Überlieferung im Prozeß der Wiederholung, erschöpft sich aber nicht
in Wiederholung und Tradition. Er ist zielgerichtet. »Denn das
Wesen des Lebens ist Gegenwart, und nur mythischerweise
stellt sein Geheimnis sich in den Zeitformen der Vergangenheit
und der Zukunft dar.«[29] Vergangenheit wird in der Wiederholung beschworen. Der vollendete Mythos, der nichts will als die
ewige Wiederholung, verknüpft sich der Vergangenheit und
damit dem Tode. Entwicklung ohne Vorsorge und Planung,
ohne Weiterreichung der Tradition, bleibt kraftlose Utopie
oder Planlosigkeit. Sie wird sich nicht verwirklichen und
bedeutet in ihrer Ohnmacht abermals Tod. Joseph aber dient
dem Leben, wie es schließlich auch Hans Castorp getan hatte:
sein Leben ist produktiv gewordene Vergangenheit, Verknüp-

fung der Tradition mit planender menschlicher Vorsorge. Erst
damit hat er sich wahrhaft vom Tod und vom Mythos gelöst. In
seinem Wirken ist der Mythos zum schaffenden Prinzip geworden. Das war mehr, als Ludwig Feuerbach gewollt hatte.
Es bedeutet auch die endgültige Trennung von *Nietzsche*. Denn
auch ihn findet man, neben Wagner und Schopenhauer, in
diesem Buch des Anfangs. Der Mythos bedeutet große Wiederholung. Hatte davon nicht bereits die Lehre von der »ewigen
Wiederkunft« gehandelt? Auch das war als Synthese gedacht:
zwischen den Prinzipien der Entwicklung und der Bewertung
des Daseins.[30] Allein Nietzsche verstand die Verknüpfung der
Wiederholung mit der Zukunft als »individuellen Kraftakt, als
auswählendes Prinzip, im Dienst der Kraft (und Barbarei!!)«.
Damit war, in unmöglicher Synthese, der Pessimismus ewiger
Wiederkehr des Gleichen mit der Forderung nach »irrationaler
Tat« vereinigt. Beides bedeutete Tod und Absurdität, die gräß-
liche Wiederkehr und die wilde Geste planloser Aktion. Kein
Zufall also, daß der Existentialismus diesen Gedanken nach der
Seite seiner Planlosigkeit und Inhumanität noch unterstreichen
mußte. In seiner sonderbaren Vorliebe für unmögliche Synthesen, die alle zum Scheitern bestimmt sind, hat sich Karl Jaspers
gegen das Prinzip der Wiederholung und der Entwicklung
gewandt. Es sei weder wahr, daß sich der Mensch immer gleich
bleibe, noch daß er sich im gesellschaftlichen Prozeß entwickle.
Man könne nur leben im freien Entschluß, »aber in der Beschei-
dung, nicht zu wissen, was daraus wird«. So ergab sich für ihn
»die Notwendigkeit zu handeln ohne Wissen des Ganzen und
daher ohne Wissen aller Folgen meines Handelns«.[31] Damit
aber waren Traditionswiederholung und planende Praxis im
gleichen Augenblick preisgegeben. Es bleibt menschliche Planlosigkeit in einem Dasein ohne Beziehung zur Vergangenheit,
ohne Hoffnung für die Zukunft. Die schrille Zuversicht Nietzsches war ersetzt durch Unzuversicht. Solche Lehre war abermals dem Tod verfallen. In seiner Goetherede von 1947 hatte
Jaspers Goethe und Nietzsche gleichfalls zur unmöglichen Synthese verbinden wollen. Thomas Mann hat im Josephsroman
die Trennung vollzogen. Wiederholung und Entwicklung sind
in Joseph zur schöpferischen Einheit verschmolzen. Das ist

noch Mythos und schon keiner mehr. Noch Theologie, aber eine solche, die bereits ohne Gott auszukommen vermag. Noch individuelle Planung, aber schon mit dem Ziel der Vorsorge für die Mitmenschen.

Drei Vorlieben mochten den Erzähler zu seinem Stoff, gerade zu *diesem* Stoff, geführt haben, nicht bloß die Freude an der Patriarchenwelt aus der Morgenfrühe der Menschheit. Der Josephsroman erzählt *zunächst* einmal von einer Vatersorge. Darum war dem Dichter die Gestalt Jaakobs so besonders ehrwürdig, ergreifend und nahe. Der Weg Josephs bedeutete *zum anderen* Verknüpfung der Kulturen, Scheidung humanen Lebens von Primitivität und Barbarei. Deshalb war es in dem Kapitel von der ›Höllenfahrt‹ besonders darum gegangen, Joseph nicht als ferne, sondern als nahe Gestalt verstehbar zu machen: als Menschen unseresgleichen, dessen Tun uns betrifft. Joseph war *endlich* der Mittler als Schnittpunkt zwischen wiederholter Tradition und geschaffener Zukunft, zwischen Mythos und menschlicher Wissenschaft, Tod und Leben, Geist und Kraft. Als »Gegenwart eines Menschentums, das gesegnet wäre mit Segen oben vom Himmel herab und mit Segen von der Tiefe, die unten liegt«.[32] So steht es in den vorausschauenden Betrachtungen zu Anbeginn der Tetralogie. Diese menschliche Synthese verkörpert sich im Bild, das uns Thomas Mann von Joseph entwirft: nicht durch dessen Sein, sondern durch dessen in Leid und Erfahrung gereiftes Tun. Es ist die gleiche Synthese, die Goethe in ›Lotte in Weimar‹ anstreben und bedeuten soll. Der vollkommene Mensch aber, erfüllt in Körper und Geist, ist inmitten des biblischen Themas nicht als Genie gefaßt; seine Vollendung ist nicht jene des Künstlers, wie im Falle Goethes, sondern die Vollendung künftiger Menschheit. Daß es in der Geschichte von Joseph und seinen Brüdern, diesem Buch menschlichen Anfangs und menschlicher Zukunft, um ein pädagogisches Anliegen geht, zeigt sich gerade in jener Gipfelung des Romans, da Joseph aufhört, durch Sein, Genie und Begnadung zu wirken; da er, mit Goethe zu sprechen, sehnsuchtsvoll seinen Weg sucht, den er den Brüdern zu zeigen hat und zu zeigen gedenkt.

Joseph, der Ernährer
(Dichtung und Wissenschaft)

Als Thomas Mann im Frühsommer 1943 die Anfangskämpfe
mit dem Stoff des ›Doktor Faustus‹ durchlebt, also der
Geschichte eines Musikers, muß er feststellen, daß seine bisherige Beziehung und Nähe zur Musik vor dem neuen Stoff nicht
mehr genügen kann. Diesmal »war das Zünftige« gefordert: die
genaue fachliche Kenntnis der Musiktheorie. »Ich werde Musik
studieren müssen«, gesteht der Planende dem Bruder Heinrich.[1]
Die übliche Versuchung der Biographen Thomas Manns: noch
einmal in anderen Worten zu wiederholen, was der rastlos
autobiographische Analytiker selbst schon vorgeprägt hat, wird
vor den vier Bänden des Josephsromans zur Gefahr, gar zur
Irreführung. Denn die Alterswerke Thomas Manns enthalten
mancherlei Geheimnis, Selbstzitat, vielerlei Episoden, die der
Autor gleichsam zu seiner eigenen, verschwiegenen Freude in
das Werk aufnahm: als Fest des Wiedererkennens für die wenigen.

In jedem großen Werk der Literatur gibt es Elemente des
Erlebnisses, ohne deren Aufdeckung vielleicht eine Deutung
nicht möglich ist, die trotzdem aber weniger entscheidend sind
als gewisse sachliche Gehalte, die im Werk verborgen liegen.
Natürlich ist unser Goethebild dadurch bereichert, daß wir
heute wissen, wer Suleika war oder Lida. Dennoch vermöchte
eine Deutung des ›West-östlichen Divan‹ nur geringe Tiefen zu
erreichen, wenn sie sich auf das Psychologische und den
»Erlebnischarakter« der einzelnen Verse und Gedichte verläßt.
Thomas Mann folgt der Altersdichtung Goethes weitgehend
auch darin, daß er unablässig in seinem Werk »Beziehungen«
herzustellen sucht: daß also hinter der Schilderung stets eine
Welt symbolhafter Entsprechungen und »Bedeutungen« sichtbar zu machen ist. Bei ihm gibt es niemals die sogenannte
poetische Lizenz oder die Zufälligkeit von Formulierung und
Episoden. Gestalten, Gedanken und Sätze sind geprägt durch
ihre Beziehung zur Gesamtanlage des Werks – oft über das
einzelne Werk hinaus. Alle Gelegenheitsarbeiten essayistischer
und novellistischer Art, die jahrelang dem Erscheinen des

ersten Josephsbandes vorausgingen, hatten neben ihrer eigenen Bedeutung auch die Funktion von »Vorläufern« und »Vorreitern« erhalten, deren oft seltsames Gebaren erst klar wurde, wenn das Eigentliche schließlich dastand. Hörer Thomas Manns, die bei der Lessingfeier der Preußischen Akademie der Künste in Berlin im Januar 1929 seine ›Rede auf Lessing‹ anhören durften, mochten zunächst verwundert sein über das sonderbare Präludium dieser Rede mit ihrem Nachsinnen über das Problem des »Anfangs« in seiner mythologischen Bedeutung. Was aber 1929 absonderlich wirkte, war 1933, nach Erscheinen des ersten Josephsbandes, als organische Prägung sichtbar geworden. Es gibt keine Deutung von Einzelwerken Thomas Manns, wenn darin nicht in jedem Augenblick die Gesamtheit dieses Werkes mitschwingt.

Eine erste Bekanntschaft mit der ägyptologischen und orientalistischen Literatur zeigt bereits, wie Thomas Mann im ganzen Werk, besonders in den beiden »ägyptischen Bänden«, kaum ein Detail dem Zufall überließ. Der Schlußband wirkt bei der ersten Lektüre wie ein ganz lockeres, heiteres, scheinbar krausabstruses Spiel. Das entspricht dem Willen des Erzählers. Schon im Jahre 1936, als erst der dritte Band vorlag, hatte Thomas Mann in seinem Briefwechsel mit Karl Kerényi geschrieben: »Mehr und mehr sehe ich in dem Ganzen in erster Linie ein Sprachwerk, zu welchem alle möglichen Sphären herhalten und Material liefern müssen.«[2] Allein dies Sprachkunstwerk war im Detail außerordentlich genau gearbeitet. Unsere Großväter hatten die Romane des Ägyptologen Professor Ebers, vor allem seine »Ägyptische Königstochter«, aufrichtig bewundert, ob ihrer Sachkunde und Genauigkeit der historischen Einzelheit. Dabei mußte es für den kritischen Leser bei Ebers auch sein Bewenden haben. Deutsch-spießbürgerliches 19. Jahrhundert hatte sich hier mit dem gelehrten Detail zu völlig unorganischer Gemeinschaft verbunden. Gustave Flaubert hatte in seiner ›Salambo‹ eine Fülle kulturgeschichtlichen Stoffes über die Welt der Karthager und Römer verarbeitet; dennoch war dies ein echtes Buch von Flaubert. Gleiches gilt für die Geschichte des »Ernährers«. In einzigartiger Weise bietet sie beinahe alle wesentlichen Lebensmotive

Thomas Manns – und dennoch ist beinahe jede Einzelheit geschichtlich und wissenschaftlich belegbar. Da steht fast im »Rahmen«, und zwar im dritten Hauptstück, das Kapitel über »Die Vergoldung«.[3] Joseph, der Erhöhte, steht nach seiner Ernennung unter dem Balkon des inneren Schloßhofes und wird von Pharao und der schönen Gemahlin mit Goldgeschenken aller Art überschüttet. »Alles schwamm in Farben und Pracht, in freigebigster Gnade und frohem Entzücken.« So wird die Szene beschrieben, die selbst, als Schilderung, in Farben und Pracht sich vollzieht. Allein der scheinbar dichterisch erfundene Vorgang entspricht in allen Einzelheiten der Darstellung eines Reliefs, wie es aus der Zeit Echnatons überliefert ist.[4] Nur ist es in dem geschichtlichen Original nicht Joseph, sondern einer der historischen Günstlinge Echnatons, der Priester Eje samt Gattin, der so mit »Lobgold« vom Pharao überschüttet wird. Der Kerkermeister Josephs, sein späterer Hausbesorger Mai-Sachme, ist sicherlich eine echte Erfindung Thomas Manns. Allein der Name ist einer geschichtlichen Handlung aus der Zeit Echnatons entlehnt. Die Königinmutter Teje finden wir nach Jahrtausenden in der Lebensähnlichkeit einer Plastik aus der Berliner Sammlung ägyptischer Kunst.[5] Die Ebenholzstatuette entspricht genau der Schilderung, die Thomas Mann während der Darstellung des großen Gesprächs zwischen Pharao, der Königinmutter und Joseph vom Anblick der »Großen Mutter« im Licht der »Kretischen Laube« zu geben weiß. Kaum etwas scheint dem Zufall überlassen. Im Hause Potiphars, im dritten Band, hatte man die Bekanntschaft mit dem großen Geschwister- und Gattenpaar Huj und Tuj gemacht. Die noch stark hieratische Statue der Tuj aber findet sich in der ägyptischen Kunstsammlung des Louvre.[6] Die Gestalt des Huj wurde dagegen von Thomas Mann erfunden, wie überhaupt das Problem Potiphars aus dieser Besonderheit des Elternpaares hergeleitet wurde.

Pharao selbst, Amenhotep IV., der Echnaton, nach selbstgewähltem Titel, ist von Thomas Mann in genauester Rekonstruktion der geschichtlichen Gestalt dargestellt worden. Thomas Manns Beschreibung bedient sich bewußt anachronistischer Züge, wenn sie den Pharao mit folgenden Worten vorstellt: als »einen jungen, vornehmen Engländer von etwas ausgeblühtem Geschlecht: langgezogen, hochmütig und müde, mit nach unten ausgebildetem, also keineswegs mangelndem und dennoch schwachem Kinn, einer Nase, deren schmaler, etwas eingedrückter Sattel die breiten, witternden Nüstern desto auffallender macht, und tief träumerisch verhängten Augen, von denen er die Lider nie ganz aufzuheben vermochte, und deren Mattigkeit in bestürzendem Gegensatz stand zu der nicht etwa aufgeschminkten, sondern von Natur krankhaft blühenden Röte der sehr vollen Lippen«.[7] Allein genauer konnte die Schilderung auch nicht sein, wenn sie, statt einer dichterischen Darstellung, etwa danach gestrebt hätte, eine der berühmten Büsten Echnatons genau wiederzugeben: sei es aus der Berliner, sei es aus der Pariser ägyptologischen Sammlung.[8] Wissenschaftlich genau ist die seelische und körperliche Anfälligkeit Echnatons im Roman geschildert. Die moderne Forschung nimmt nach den Berichten und Abbildungen eine nicht ganz aufgeklärte Verkrüppelung des Pharaos an, eine »Organminderwertigkeit«. Die epileptischen Anfälle des Herrschers bei Thomas Mann entsprechen durchaus den geschichtlichen realen Tatsachen, wie auch die moderne Psychologie der Traumdeutung jene Traumvisionen Pharaos von den fetten und den mageren Kühen mit Vorliebe aus einer psychologischen Problematik von Potenz und Impotenz zu behandeln pflegte.[9] Auch dies entspricht dem Bild, das Thomas Mann entwirft. Pharao schwelgt in Liebkosungen und Küssen. Unabweislich wird dadurch das französische Sprichwort anbezogen: »Qui trop embrasse, mal étreint.« Dem Kenner der Psychoanalyse ist daher wohl auch die geschichtliche Tatsache psychologisch erwünscht gewesen, daß Echnaton von der »schönen Gemahllin« in der Reihe seiner Kinder nur Mädchen erhielt, keinen Sohn. Auch dies entspricht der geschichtlichen Realität.

Der rasche Zusammenbruch der Reformen Echnatons, sein einsamer und verzweifelter Tod und die Rückkehr des Staates zur konservativen Religion des Amon, erklären sich nicht zuletzt aus dem Fehlen eines männlichen Thronfolgers.[10] Auch die königlichen Prinzessinnen, die Töchter des Pharao, sind heute noch in Statuen sichtbar. In alledem verbindet sich das wissenschaftliche Detail mit einer großen epischen Planung, die eigentlich etwas ganz anderes anstrebt als solche Wissenschaftlichkeit: eher deren Gegenteil. Im parodistischen Grundzug des Romans wirkt solche Fülle genauester Forschung fast wie eine eigene Ironie und Parodie. Sauberste Fachwissenschaft soll dazu dienen, ein Gebilde möglich zu machen, das im letzten Bereich danach strebt, eben *nicht* historisch exakt, sondern anachronistisch, überzeitlich, antik und aktuell zugleich zu sein. Je mehr daher das epische Detail die Sattelfestigkeit des Erzählers erweist, um so weniger kommt es ihm gerade hierauf an.

Gewiß stimmt alles in verblüffendem Maße: Pharaos Anweisung an seine Maler und Bildhauer, sie sollten an Stelle des konservativen und hieratischen Stils ein Höchstmaß realistischer Schilderung setzen.[11] Ebenso ist auch die theologische Lehre des Echnaton, mitsamt ihren geschichtlichen Widersachern, in ihrer Tendenz zum Monotheismus genau wiedergegeben. Die Darstellung eines maßgebenden Kenners ägyptischer Religionsgeschichte konstatiert: »Es gibt nur den einen Gott und keinen anderen neben ihm; was sonst die Menge der anderen Götter gewirkt hatte, das wirkt er jetzt allein, denn Millionen von Leben sind in ihm. Er hat sich selbst geschaffen, und jeden Morgen schafft er sich aufs neue. Am Tage zieht er über den Himmel, aber wie dies geschieht, erfahren wir nicht, denn wenn es auch nach alter Ausdrucksweise heißt, die Sonne ›fahre‹, so ist doch nirgends von ihrem Schiff die Rede und nirgends von all den anderen Vorstellungen, die sich sonst an diese Fahrt geknüpft hätten. Auch das bleibt unklar, wo die Sonne in der Nacht weilt, vermutlich in der Unterwelt, doch werden diese Dinge, wie wir unten sehen werden, nicht gern berührt.«[12] Allerdings geht Thomas Mann über diesen geschichtlichen Untergrund einen entscheidenden Schritt hinaus, wenn er den Pharao Echnaton nach Josephs geistiger Hilfsstellung zur Formel vom »Vater im Himmel« für die Göttlichkeit der Sonne vorstreben läßt. Hier ist bewußt eine »Mittlerstellung« Echnatons zum Gottesbegriff des späteren Christentums geschaffen worden. Im übrigen aber bleibt es bei der geschichtlichen Genauigkeit, so wie sie die zahlreichen

Dokumente und Inschriften der Echnatonzeit, die Überreste von El-Amarna, seit den Ausgrabungen der zwanziger Jahre sichtbar gemacht haben. Es stimmt Thomas Manns Darstellung der ägyptischen Verkehrs- und Landwirtschaftsverhältnisse, des Gefängnis- und Gerichtswesens, der religiösen Gegensätze und familiären Verhältnisse; es stimmt der Verschwörungscharakter im Hause der Pharaonen, dessen Reflex im Schicksal des Mundschenken und Oberbäckers samt ihren Träumen überliefert wird; es stimmt die dichterische Begabung Echnatons und seiner Sonnenpoesie.[13]

Betroffenheit daher, wenn plötzlich hinter all dieser Akribie an entscheidender Stelle ein Höchstmaß dichterischer Freiheit und *Ungeschichtlichkeit* festgestellt werden muß. Echnaton lebt in diesem Roman in seiner ganzen geschichtlichen Eigentümlichkeit. Seine Welt, Person, Begabung sind gleichsam mit der Kunst des Miniaturmalers wiedergegeben. Bleibt allerdings die entscheidende Frage, was überhaupt der Pharao Amenhotep IV., genannt Echnaton, der um 1360 vor der Zeitwende regierte und der Phase des Neuen Reichs angehört, in dieser Geschichte von Joseph und seinen Brüdern zu suchen hat! Echnaton wird in aller Geschichtlichkeit dargestellt. Auch Joseph und die Seinen besitzen ein Höchstmaß an Geschichtlichkeit in ihren Lebensverhältnissen. Nur passen beide, der Sonnenverehrer und sein Wirtschaftsminister, geschichtlich durchaus nicht zusammen . . .

Die alttestamentliche ebenso wie die ägyptologische Wissenschaft hat schon früh darauf hingewiesen, daß die biblische Erzählung von der Einwanderung der Hebräer in Ägypten mitsamt der Erhöhung Josephs innerhalb der Lebensverhältnisse des Neuen Reichs unmöglich sein mußte. Will man nicht das Geschichtsbild von subjektiven Antrieben der Dynasten abhängig machen, also daß der Pharao Amenhotep IV. einwanderungsfreudig gewesen sei, der spätere Ramses II. dagegen hebräerfeindlich, als er die Israeliten zur Sklavenarbeit heranzog, so bleibt die Verpflichtung nach objektiver geschichtlicher Deutung. Die heutige Geschichtsforschung verlegt daher die Einwanderung der Hebräer in Ägypten übereinstimmend in jenen Zeitraum ägyptischer Geschichte, der mit der Herrschaft

der *Hyksos* verbunden ist. Um 1700 v. Chr. wird die Nilland-
schaft von diesem asiatischen Volksstamm erobert, über dessen
genauen Ursprung noch Unklarheit herrscht, der in jedem Fall
aber weder nach Herkunft noch Religion oder Sitte ägyptisch
war.[14] Erst um 1580 v. Chr. gelingt es dem ägyptischen Pharao
Amoses, die Hyksos wieder zu vertreiben.[15] Diese Hyksos, die,
neben manchen asiatischen Sitten und Errungenschaften, zuerst
das Pferd nach Ägypten brachten, sind früh schon von der
Forschung mit der Einwanderung der Hebräer nach Ägypten in
Verbindung gebracht worden. Sie sind allerdings sicher nicht
identisch mit diesen Hebräern, wie zur Römerzeit unter Titus
und Domitian der jüdische Geschichtsschreiber Flavius Josephus annahm.[15] Wenn Josephus also in seiner Verteidigung der
jüdischen Geschichte gegen Apion den Staat der Hyksos
geschichtlich mit den Hebräern gleichsetzte, so war das eine
unhistorische Identifizierung.[17] Allein daß unter der Herrschaft
dieser Hyksos eine geschichtliche Möglichkeit bestand für den
Stamm Israel, in Ägypten seßhaft zu werden, dürfte heute
kaum mehr bestritten werden. Nur so erklärt sich die
geschichtliche Sonderbarkeit der Einwanderung und späteren
raschen Versklavung des Volkes, als da ein Pharao zur Herrschaft kam, »der nichts mehr von Joseph wußte«. Nimmt man
daher die Herrschaft der Hyksos als geschichtliches Datum
zwischen 1700 bis 1580 v. Chr., anschließend die Epoche des
Neuen Reichs, so wäre die Einwanderung der Hebräer zeitlich
einigermaßen umrissen. Zugleich wäre damit aber auch klar,
daß von einer Einwanderung unter Echnaton (um 1360 vor der
Zeitwende) und der entsprechenden Datierung der Josephsgeschichte keine Rede sein kann. Im Mittelpunkt des Josephsromans steht damit, neben aller Fülle des exakten Details, eine
große dichterische, unhistorische Lizenz.
Wie ist sie zu deuten? Man kann heute mit einiger Wahrscheinlichkeit behaupten, daß die biblischen Berichte über den Einzug
des Stammes Israel in Ägypten, die spätere Fronsklaverei und
den schließlichen Auszug aus dem Bedrückerland geschichtlichen Ursprungs sind. Thomas Mann bietet im Gesamtverlauf
seines Romans neben aller echten Gelehrsamkeit auch das
parodistische Schauspiel einer gemimten Wissenschaftlichkeit;

denn selbstverständlich wäre es absurd, ernsthaft die Einzelheiten des »schönen Gesprächs« zwischen Joseph, dem Pharao und der Königinmutter Teje »wissenschaftlich« rekonstruieren zu wollen. Die Befriedigung, mit welcher Thomas Mann als Erzähler das »vierte Hauptstück« des Romans einleitet, um festzustellen, daß »dieses berühmte und dabei fast unbekannte Gespräch ... nun von Anfang bis zu Ende ... wiederhergestellt und für immer in aller Genauigkeit festgehalten ist«[18], ist parodistischer Art. Der Erzähler parodiert den Tonfall und die Gebärde des Wissenschaftlers. Allein der geschichtliche Gesamtprozeß von Einzug und Auszug des Hebräerstammes läßt sich auf einen geschichtlichen Kern reduzieren. Wir stützen uns dabei vor allem auf die sozialgeschichtliche Arbeit von Fritz Helling über die ›Frühgeschichte des jüdischen Volkes‹.[19] Das Buch hat Thomas Mann nicht vorliegen können, da es erst nach Abschluß des Josephsromans erschien. Trotzdem gibt Helling einen Aufriß der Struktur jüdischer Frühgeschichte, die sich mit dem dichterischen Bild bei Thomas Mann höchst verblüffend ergänzt. Dabei stützt sich Helling vor allem auf die berühmten »Sinaidenkmäler«. Bei den Sinaiexpeditionen der Jahre 1904 bis 1905, später noch von 1935, waren Inschriften bekanntgeworden, die nach ihrer Entzifferung Dokumente der Klage und des Protestes gegen die Fronarbeit enthielten, von welcher die Schreibenden bedrückt waren. Der Zusammenhang ergab Fronarbeit im Dienste der Ägypter. Die Inschriften selbst aber waren semitischer Art, verfaßt in einer Sprache, die dem biblischen Hebräisch sehr verwandt war. Der Spezialforscher Hubert Grimmel stellte fest, daß »um 1500 v. Chr. auf Sinai reines Hebräisch gesprochen worden ist«.[20]

Damit war die geschichtliche Feststellung verbunden, daß tatsächlich um das Jahr 1500 v. Chr. Hebräer in der Sinaigegend als ägyptische Fronsklaven tätig waren: eine Entdeckung, die nunmehr eine zeitliche Fixierung des mosaischen Auszuges aus Ägypten erlaubte. Damit übrigens auch dem Nachspiel zu Thomas Manns Josephsroman den geschichtlichen Rahmen verlieh, nämlich der um Moses kreisenden Novelle ›Das Gesetz‹. Konnte man also den Auszug aus Ägypten zwischen die Zeit von 1500 bis 1450 ansetzen (auch dies also noch ein

Jahrhundert vor der Lebenszeit Echnatons!), so mußte nach geschichtlicher Wahrscheinlichkeit die Einwanderung in Ägypten, also die Josephsgeschichte, viele Jahrhunderte früher angesetzt werden. In Zusammenfassung der einschlägigen Literatur kommt Helling zu dem Ergebnis, »daß Joseph unter dem Hyksospharao Apophis nach Ägypten gekommen sei«.[21] Einmal läßt sich das bestätigen durch die Möglichkeit der Einwanderung unter diesen gleichfalls asiatischen Eroberern und Herrschern. Es wäre, unter rein ägyptischer Herrschaft, die Vermählung Josephs mit der vornehmsten Priestertochter und seine eigene formale Versetzung in die Priesterkaste sonst unerklärlich. Das »Mädchen Astaroth« aus Thomas Manns Roman, höchstes Symbol priesterlicher Jungfräulichkeit, schlechthin das »göttliche Mädchen« im Sinne der Mythenforschung Karl Kerényis, wäre also im »normalen Ablauf« ägyptischer Kulturgeschichte des Neuen Reichs an Josephs Seite undenkbar. Noch ein weiteres historisch feststellbares Faktum kommt dieser Deutung zu Hilfe: nach der biblischen Erzählung wird Joseph bei seiner Erhöhung als Großwesir noch über die beiden Wesire des Südens und des Nordens gesetzt, als Großwesir des oberen und unteren Landes. Nun war aber die Teilung in einen Tätigkeitsbereich des südlichen und des nördlichen Wesirs erst im Neuen Reich durchgeführt worden. Die geschichtliche Monopolstellung Josephs verband sich auch hierin also nur mit der Hyksosepisode in der ägyptischen Geschichte: diese fremden Herrscher konnten in der Tat daran denken, mußten es sogar, ihre Herrschaft straff zentralistisch zu gestalten.

Man ist also im Bereich der Wissenschaft zu der Annahme genötigt, daß die Josephsgeschichte um das Jahr 1700 vor der Zeitenwende zu fixieren wäre. Damit trennen Jahrhunderte diesen geschichtlichen Kern der Josephsgeschichte von der ebenfalls geschichtlich genau fixierbaren Herrschaft und Wirksamkeit des Pharaos Amenhotep IV., dem Pharao des Atonkultes.

Thomas Mann hat also im Mittelpunkt seiner Erzählung vom Aufstieg Josephs zum »Ernährer« in kühnster Kombination zwei geschichtlich scharf umrissene Komplexe zu völlig ungeschichtlichem Gegenspiel widereinander gestellt. Unsinnig zu vermuten, hier habe Vater Homer plötzlich geschlafen. Die Sorgsamkeit in der wissenschaftlichen Vorarbeit für den großen Roman ist allenthalben so stark spürbar, daß an eine Absichtslosigkeit nicht gedacht werden kann.

Als ein »Sprachkunstwerk« wollte Thomas Mann den großen Roman vor allem betrachtet sehen. Kurz nach Vollendung des dritten Bandes über den ägyptischen Joseph schreibt er an Kerényi die folgenden Worte über die Gesamtanlage seines Buches: »Die Idee hat einen stark humoristischen Einschlag, wie die ganze Theologie des ›Joseph‹, und mit dem Humoristischen steht es eigentümlich: ganz unernst ist es zwar nicht, will aber auch nicht streng beim Wort genommen sein, sondern ist eine Art von Wahrheitsspaß, der sich wohl hören lassen kann, aber mit wirklicher Wissenschaft nicht konkurriert. So kommt es, daß meine Freude an den reichlichen sachlichen Ergebnissen Ihrer Arbeit durch gar kein schlechtes Gewissen getrübt wurde.«[22] Das Wort vom Wahrheitsspaß soll also bedeuten, daß es hier im letzten doch um ganz andere Dinge geht als um historische Rekonstruktion: daß Thomas Mann nicht ernstlich daran denkt, mit dem dichtenden Ägyptologen Georg Ebers von einst in Konkurrenz zu treten. Wie die mythologischen Beziehungen im Buche durcheinandergehen, babylonische und syrische, hebräische, griechische und ägyptische Religionsvorstellungen einander durchdringen und überschneiden, alle überdies in Beziehung gesetzt zur späteren Christologie, wie ein parodistischer Geist gleich jenem des ›West-östlichen Divan‹ hier waltet und plötzlich Begriffe wie »Lunch« oder »Internat« mitten in den Sprachbereich einfließen läßt, so geht es schließlich bei der Josephsgeschichte doch eben um eine »große Wiederholung«. Ein Dichter des 20. Jahrhunderts steigt in den Brunnen der Vergangenheit hinab, um eine Geschichte nach oben zu schaffen, nicht aber, um drunten zu verharren.

Die Altertumswissenschaft dient also der Vermittlung höchst moderner Lehre und Botschaft. Auf die dichterische Verkündung, das humanistische Programm kam es Thomas Mann vor allem übrigen an: darum wurden die Jahrhunderte zwischen Joseph und Echnaton bedenkenlos überbrückt, ging es doch um die Deutung, den paradigmatischen Vorgang. Wohin aber die Botschaft zu richten war, zeigt sich sogleich an einer weiteren höchst anachronistischen, um nicht zu sagen, »schöngefärbten«, im wörtlichsten Sinn jetzt schön gefärbten Episode des Romans. Das Thema, dem der Titel des Buches entspricht: die Rolle des ›Ernährers‹. Auch hier klaffen geschichtliches Substrat und dichterische Ausgestaltung so ersichtlich auseinander, daß die Absicht des Erzählers offen daliegt.

Im Grunde findet sich der Konflikt zwischen dichterischer Schau und sozialer Wissenschaft bereits in der Darstellung von Echnatons Religionsreform. Zwar ist uns die Gestalt dieses einzigartigen Pharaos, des ketzerischen Herrschers, auch durch die Geschichtswissenschaft überliefert im Bilde des Ideologen, der um seiner dichterischen Visionen und Gottesvorstellungen willen die realen Verhältnisse des Landes umkehrt, die eigene Herrschaft gefährdet und auch die religiöse Reform daran schließlich scheitern läßt. Der seelische Aspekt ist sicherlich auch in der geschichtlichen Realität entscheidend gewesen. Echnatons Sonnengesänge, sein leidenschaftlicher Radikalismus in der Reduzierung der Priesterschaft, der Austilgung des Amonkultes, der sogar vor dem eigenen Namen Amenhotep nicht haltmacht, lassen auf einen Menschen von geschwächter Lebenskraft schließen, der um so bewegter den Träumen der Kraft, Potenz, Erdhaftigkeit nachhängt, als er sich insgeheim ihrer Erfüllung nicht gewachsen weiß. Dennoch gibt es hinter dieser Religionsumformung, die in Ägypten einzigartig geblieben ist, auch sehr reale machtpolitische Interessen. »Echnaton hoffte, auf diese Weise die Macht besonders der örtlichen Priester, die in jedem Teil des Landes ihren eigenen Göttern dienten, zu beseitigen und allen kostbaren Besitz der Tempel und ihrer Priester in seinen Händen zu vereinigen.«[23] Auch in ›Joseph, der Ernährer‹, wird diese Thematik immer wieder wenigstens angedeutet, wenn auch Thomas Mann, entsprechend der für ihn künstlerisch notwendigen Charakterisierung Echnatons, den ideologischen Gegensatz zwischen dem vergeistigten Sonnenpharao und der realen Macht der Amonspriester mit stärkeren Akzenten versieht. Wobei auch der Gegensatz zwischen Mutter und Sohn in solchem Rahmen ausgetragen wird. Körperliche Anfälligkeit Pharaos und die unerschütterte

Sicherheit der traditionsverbundenen Königinmutter Teje stehen einander gegenüber: unterirdisch schwelender Haß des Pharaos gegen die Vorgängerin, Gegnerin und Mutter wirkt als weitere Verstärkung des stark weiblichen Zuges in seinem Charakter.

Ist hier das Macht- und Wirtschaftsproblem zwar hinter den Religionsreformen reduziert, aber nicht um der künstlerischen Wirkung willen verändert, so verhält es sich wesentlich anders mit der dichterischen Darstellung der *Wirtschaftsreform* im gesamten Wirken des »Ernährers«. Auch hier weiß Thomas Mann natürlich genau, daß er wohlwollend, ja schönfärberisch, einen großen geschichtlichen Prozeß harmonisiert. Abermals die Rolle der Kunst, grauenvolles äußeres Geschehen in Wohlklang und seelische Hochstimmung zu verwandeln. Am Vorgang der Musik war das im Schallplattenkapitel des ›Zauberberg‹ demonstriert worden. Schon damals übrigens an einem ägyptischen Stoff: am Schicksal von Aida und Radames. Im sehnsüchtigen Todesgesang des eingemauerten und verurteilten Paares war reinster Wohlklang entströmt; alles Gedenken an realen Todeskampf war im Klang der Sopran- und Tenorstimme fortgeschwemmt worden.

Um Josephs Amt der »Vorsorge« steht es kaum anders. Allerdings verklärt hier nicht die Musik, sondern die epische Ironie, die genau weiß, was sie tut. Thomas Mann beläßt seiner Schilderung alle Zweideutigkeit, um anzudeuten, daß hier, um der Architektonik der Geschichte willen, trotz aller ironischen Devotion vor der biblischen Vorlage, beschönigt wird und beschönigt werden muß. Josephs Wirtschaftspolitik ist »ein zusammengesetztes System von Ausnutzung der Geschäftslage und Mildtätigkeit, von Staatwucher und fiskalischer Fürsorge, wie man es noch nie erlebt hatte, so daß es in seiner Mischung aus Härte und Freundlichkeit jedermann, auch die von der Ausnutzung Betroffenen, märchenhaft und göttlich anmutete; denn das Göttliche benimmt und äußert sich auf diese zweideutige Art – man weiß nicht, ob man es grausam oder gütig nennen soll«.[24] In der geschichtlichen Wirklichkeit vollzog sich offenbar die Verwandlung des Landbesitzes feudaler Adelsgeschlechter und regionaler Fürsten in Staatseigentum, wodurch

ganz Ägypten virtuell zum Eigentum Pharaos gemacht wurde.
Damit vollzog sich in Ägypten der gleiche Prozeß, den man in
Europa im 17. Jahrhundert beobachten kann: Entmachtung des
Hochadels durch die monarchische Zentralgewalt, die sich, wie
im Frankreich Richelieus und Mazarins, weitgehend auf die
bürgerlichen Mittelschichten stützte; damit verbunden das
Anwachsen einer gewaltigen staatlichen und zentralistischen
Bürokratie, um diesen neuen Staatsaufgaben der Planung und
Verwaltung gewachsen zu sein. Entsprechend formuliert Brea-
sted auch für Ägypten: »Das große Ziel der Regierung war, das
Land landwirtschaftlich stark und produktiv zu machen. Um
dies zu erreichen, wurden seine Ländereien, die jetzt haupt-
sächlich im Besitz der Krone waren, von den Leibeigenen des
Königs bearbeitet, von seinen Beamten beaufsichtigt oder vom
Könige als dauernde und unteilbare Lehen den von ihm begünstigten Adligen, seinen Parteigängern und Verwandten anvertraut. Teilbare Parzellen konnten auch von Leuten aus den
titellosen Klassen verwaltet werden.« Und weiter: »Wenn wir
der hebräischen Überlieferung, wie sie uns in der Josephsgeschichte erhalten ist, Glauben schenken, so umfaßten die Steu-
ern ein Fünftel vom Ertrag des Landes. Sie wurden von Pro-
vinzbeamten eingetrieben, und ihr Empfang wie ihre Auszah-
lung aus den verschiedenen Magazinen erforderte eine Unzahl
von Schreibern und Unterbeamten.«[25] Die entscheidende Regu-
lierungsfunktion besaß im Neuen Reich (also jedenfalls *nach*
der Herrschaft der Hyksos!) der Wesir des Südens. Der biblische Bericht von Josephs administrativer und ökonomischer
Tätigkeit wird daher im allgemeinen mit dem Amt eines Wesirs
des Südens in Verbindung gebracht.[26]
Diese Vorgänge sind in Thomas Manns Darstellung keinesfalls
verschwunden, doch sind sie gleichsam und bewußt bagatelli-
siert. Hier soll nicht ägyptische Sozialgeschichte beschrieben
werden, sondern die schöne Begebenheit von Fall und Erhe-
bung eines Menschen. Zu diesem Zweck legt Thomas Mann
den entscheidenden Akzent auf die Identität der Interessen
Pharaos und seines Ministers einerseits, des Volkes zum anderen. Immer wieder wird Josephs vorsorgliche Wirtschaftspolitik als Krönung ägyptischen Lebensgefühls bezeichnet. Die

einzigartige Oase Ägyptens ist von Grund auf abhängig von den »wäßrigen Dingen«, von Überschwemmung oder Zurückhaltung des Nils. Damit ist ein Element der Unsicherheit, aber auch der Vorsorglichkeit dem Charakter des Volkes bis hinauf in dessen Gottesvorstellungen beigemischt. In Joseph erhält dies Element seine höchste Steigerung und Erfüllung. Das bedeutet Harmonie, Enthusiasmus, Dankbarkeit bei denen, über welche der »Ernährer« erhöht worden ist. Aus der geschichtlichen Grundlage eines vermutlich erbitterten und langwierigen Kampfes der Königsmacht gegen den Sonderbesitz des Adels, aber nicht minder gegen das von nun an gewaltig steuerpflichtige Volk, wird in Thomas Manns epischem Bericht gleichsam eine Gemeinschaftsarbeit von Volk, Fürst und Minister. Daß es dabei im Verlauf der »mageren Jahre« nicht immer harmonisch zuging, läßt Thomas Mann durchblicken. »Die Lage ist nicht extravagant genug zu denken.« In doppelter Weise aber rechtfertigt er das Abweichen von der geschichtlichen Wirklichkeit und den Verzicht auf alle krassen Disharmonien, die Josephs und Pharaos Bild hätten entwerten müssen. Das eine Argument des Erzählers ist noch entschieden historisch-sozialer Art, wenn von Josephs Aktion gesagt wird: »In Wirklichkeit vollendet er nur eine ohnehin weit fortgeschrittene Entwicklung, indem er Verhältnisse, die schon vor ihm bestanden hatten, befestigte, rechtlich klärte und zum vollen Bewußtsein brachte.«[27] Der zweite Hinweis gilt einer seelischen Eigentümlichkeit der Josephsgestalt: in des Ernährers Vorsorge für die Hungernden, die sich nicht zu helfen wußten, trotz aller Sehnsucht nach Vorsorge, so daß der überlegene Geist ihnen zu helfen hatte, »bewährte sich seine Sympathie, diese Grundeigenschaft seines Gemüts«.[28] Er fügt hinzu, solches Sympathiegefühl des Erhöhten für die Entbehrenden im Geiste und im Fleisch habe »mit dem Witz zu tun«. Also wohl auch mit der Ironie . . .

Die Konfrontierung des geschichtlichen Vorgangs mit dem epischen Bericht des modernen Erzählers läßt ahnen, worum es im letzten Akt der Josephsgeschichte entscheidend geht. Um der künstlerischen Wirklichkeit willen wird die historische Realität gebeugt, so daß, über Jahrhunderte hinweg, die Begegnung Echnatons und Josephs zustande kommen kann. Die gleiche künstlerische Entelechie aber macht, getreu der biblischen Vorlage, aus einem großen sozial-ökonomischen Prozeß streitender Interessen das gemeinschaftliche Zusammenwirken von patriarchalischer Vorsorge und plebejischer Dankbarkeit. Auch diese Lage kann man sich nicht »extravagant« genug denken. Fraglos geht es hier um moderne Anschauungen, hat sich das moderne und ironische Märchen des biblischen Stoffes bemächtigt. Im Grunde steht man wieder beim Roman ›Königliche Hoheit‹. Damals hatte sich die feudale und formale Existenz des Prinzen Klaus Heinrich mit der Milliardärswirklichkeit der Imma Spoelmann verbunden. Unter dem »Summen und Dröhnen der Glocken, vermischt mit den Hochrufen des Volkes«. Damals ging es Thomas Mann nicht bloß um ironisierte Märchen-, gar Operettenwirklichkeit, sondern insgeheim um die Synthese aus deutscher Monarchie und bürgerlich-kapitalistischer Interessensphäre. Eine ähnliche Mischung des Märchenhaften und der Ironie vollzieht sich in Joseph, dem »Ernährer«.

Allerdings geht es diesmal um gesellschaftliche Problematik des Jahres 1943: um eine gesamtmenschheitliche Fragestellung zudem, und nicht mehr um die (außerdem noch begrenzt deutsche) Themenstellung des Jahres 1909, also die Synthese aus königlicher Hoheit und amerikanischer Finanzmacht. Joseph ist der »Mittler«: zwischen Fürst und Volk. Das schafft eine Doppelbeziehung. Pharaos formale und allzu geistbeschwerte Existenz muß mit den Sorgen seines Volkes verknüpft werden. Ohne den Mittler und Ernährer vollzöge sich auch im epischen Bericht jener Antagonismus und schließliche Zusammenbruch, wie ihn der geschichtliche Echnaton tatsächlich erlebt hat. Die Josephsgeschichte aber soll in Harmonie enden. Darum steht Joseph neben Pharao, zwischen ihm und dem Volk. Er wird zum Mittler zwischen Geist und gesellschaftlicher Not. Schlüge er sich (als schmeichlerischer Günstling) auf die Seite des Herrschers allein, so wäre ihm abermals die »Grube« gewiß: es kämen die mageren Jahre, die Not des Volkes, die wachsende Entfremdung zwischen Gottesträumen des Königs und Hungerträumen des Volkes. Pharao wäre bedroht, der Günstling noch mehr. Die Josephsgeschichte besäße wenig Aussicht, als »schöne Geschichte« zu enden. Der jüdische Günstling Joseph würde enden wie der Günstling Joseph Oppenheimer: *wie der Jud Süss*. Darum bleibt Joseph schon in dem ersten großen Gespräch in der kretischen Laube nicht bloß allein mit Pharao, sondern wirkt in einer Dreierkombination zusammen mit Echnaton und der realistisch-traditionsgebundenen Königinmutter, so daß in den großartigen Windungen dieses Gesprächs der junge Traumdeuter, der diesmal weit mehr leisten muß als Traumdeutung, bald den Standpunkt der Mutter, bald den des ekstatischen Gottesträumers Pharao einzunehmen hat. Der erhöhte Joseph hat diese Rolle in der Wirklichkeit auszubauen. Damit rettet er sich, den Bestand seiner Erhöhung, die Religionsreformen Pharaos, des Königs Beziehung zum Volk, nicht zuletzt den glücklichen Ausgang der ganzen Geschichte. Der Ernährer wird zum Mittler zwischen isolierter Geistigkeit und realer gesellschaftlicher Praxis. Der Mittler zwischen Pharao und dem Volk wird gleichzeitig auch zum Vermittler zwischen Volk und König-Gott. Die Sympathie als Grundzug Josephs bedeutet Mittlerstellung, praktische und geistige Nachhilfe. Seelische Nachhilfe hatte Joseph bereits für Potiphar geübt, dann theologische für Pharao; nun wird er der politisch-ökonomische Vermittler.

Allein auch hier vermischen sich in seltsam aktueller Weise die sozialen Strukturen. Den Pharao und seine »formale« Existenz versöhnt Joseph mit den Realitäten seines Reichs. Zu diesen Realitäten aber verhält er sich in sonderbar »verschlagener« Art. Nicht umsonst spielt Joseph die Rolle des Hermes, der nach eigenem Eingeständnis Thomas Manns Lieblingsgottheit darstellt.[29] Hermes hatte als Seelenführer den Tierkopf besessen, war aber dem Jaakob im Traum als Alup mit der Replik entgegengetreten: »Ich werde meinen Kopf schon noch los.«[30] Damit hatte Thomas Mann die »Karriere eines Gottes« andeuten wollen.[31] Aus Alup sollte später der Hermes der Griechen werden, mit einem menschlichen Kopf in klassischer Schönheit. Auch Josephs Gottesspiel verwischt die Grenzen zwischen der Gottheit, die er spielt – und die er zu sein glaubt. Der Ernährer wirkt mit aller zweideutigen Sympathie für einen Gott, der gleichzeitig Schutz des Handels bedeutet und Geleiter in die Totenwelt. Denn welcher Art ist eigentlich die »Vorsorge« des erhöhten Joseph? Sie ist »bürgerlich«, ganz ohne Zweifel. Der Wirtschaftende bedenkt seinen Vorteil und den Pharaos, er handelt mit Zähigkeit, aber auch insgeheim voller Güte und Sympathie für wirkliche Not. Das sind widerstreitende Wirtschaftsprinzipien. Von Grund auf verschieden stehen einander gegenüber die Interessen des Getreideverkäufers, der Vorteil erstrebt – und der Hungernden, die billig einkaufen wollen. Im Sympathieelement aller Wirtschaftspolitik des hebräischen Wirtschaftsministers ist ein Element der *Planung* gegeben, die sich insgeheim als Interessengleichheit von Minister und Volk ausdrückt. Josephs Vorsorge will dem Volk helfen, gleichzeitig aber nach Sparsamkeitsgesetzen verhindern, daß ungestüme Schreie nach Bedürfnisbefriedigung die künftige Ernährung gefährden könnten. Hier will sich der Mittler einschalten zwischen den geäußerten und den »wohlverstandenen« künftigen Interessen des Volkes. Diese Haltung aber ist schon nicht mehr bürgerlich.

Es mag paradox klingen, hat aber in Thomas Manns Darstellung realen Boden, wenn man Joseph als einen *Kalvinisten* bezeichnet. Er sieht sich in einem Heilsplan Gottes und sucht durch Nachhilfe den Plan zu glücklichem Ende zu führen. Der vorausgeplante Enderfolg soll eine Bestätigung bilden zugleich für Gott, seine Existenz – und seine Absichten dem gegenüber, der selbst mithilft und nachhilft. Genauso verhält sich die kalvinistische Ethik im Prozeß kapitalistischer Wirklichkeit.[32] Der materielle Erfolg bewies schließlich, ob einer von Gott erwählt und in der Gnade war. Der protestantische Kapitalist hatte also bei der Gnadenwahl tatkräftig mitzuhelfen. Ganz wie Joseph, dessen Charakter und Sein im Schlußband des großen Berichts nicht zufällig eindeutig »amerikanische« Züge angenommen hat: als Reflex des Landes, in dessen Bereich dieses Buch entstand.

Trotzdem sind solchen Zügen kalvinistisch-kapitalistischer Wirklichkeit auch wieder andere beigemischt, die darüber bereits hinausführen: die Elemente der Vorsorge, der Planung, der Sympathie, der Identität zwischen Wirtschaftspolitik und

Volksinteresse. Das ironische Märchen umspielt jetzt mehr als die Synthese aus deutscher Fürstlichkeit und amerikanischer Wirtschaftsweise. Diesmal schillert die Ironie des Erzählers bei Darstellung Josephs, des »Ernährers«, indem sie *höchst bürgerliches* und *höchst unbürgerliches Wirtschaften* in der Aktion des »Mittlers« ineinanderfließen läßt.

Vermittlung nämlich ist das Losungswort der ausklingenden Josephsgeschichte. Neben dem Drang nach materieller Synthese steht Josephs Aktion des geistigen Brückenbaus. Er ist Mittler zwischen Pharao und Volk, Geist und Gesellschaft; als Hebräer ist er der Mittler zwischen Ägypten und Israel, wobei es nicht ohne Kompromisse, vor allem von seiner Seite, angehen kann. Er schafft eine synthetische Gottesvorstellung zwischen ägyptischer traditioneller Theologie, Echnatons reformierten Gottesvorstellungen und Jaakobs schwer errungenem Religionsbegriff. Damit verliert der Zwischenträger für sich selbst zwar den Anschluß an die große Patriarchentradition und muß gar, nach Jaakobs Geheiß, auf den eigenen Stamm Joseph zugunsten der Söhne Ephraim und Manasse verzichten. Aber er gibt dafür dem gesamten Stamm Israel neue Heimat in Ägypten: das Problem jüdischer Emanzipation steht auch hier als eines der Grundmotive des Josephsromans. Als Mittelpunkt und Vermittlungsinstanz steht Joseph aber auch in einem breit gespannten Bereich religiöser Vorstellung. Halb hochstaplerisch, halb innig treibt er das Spiel des wiedererstandenen Gottes. Seine Geschichte arrangiert er sich nach den Denkbildern des Tammuz und Osiris, seine Laufbahn lenkt hinüber zum Hermes der Griechen, dem Mercurius der Römer. Vor allem aber ist sie, inmitten des Alten Testaments, ein vermittelndes Vorspiel der Christusgeschichte. Josephs Auftauchen aus der Grube, seine dreifachen Denkbilder von Niederfahrt, Erhöhung und Nachkommenlassen der Geschwister bildet in einer großen Mythentradition der Menschheit den mittleren Punkt zwischen den frühesten Mythenträumen und ihrer späteren Ausprägung in der Christusgeschichte. Nur, daß Erhöhung und Nachkommenlassen bei Jesus irdisch real gedacht sind, nicht aber verlagert in die endgültige Mythologie des »Vaters im Himmel«, wie Joseph für Pharao bezeichnenderweise zu deuten weiß.

Höchst irdisch, heiter und gesellschaftlich real geht diese große Geschichte zu Ende. Muß man nicht sagen, Gott sei in der Vorstellung Josephs am Ende überflüssig geworden, wenn alle Tatkraft des Menschen offenbar notwendig war, den Heilsplan zu verwirklichen? Was Joseph bewirkt, gelang ihm durch eigene Bewährung, Einsicht, Zurückhaltung und Umsicht. Er war gescheitert, solange er sich ganz auf den Heilsplan verließ, ohne daran selbst mitzuwirken. Das elterliche Erbe hatte ihm Schönheit und Klugheit mitgegeben, Geist und Zauber. Solange er die einfach wirken ließ und ihrem Reiz naiv und anspruchsvoll vertraute, waren Untergang und Leid unabweislich. Bewährung und praktisches, gesellschaftlich nützliches Verhalten wurden von ihm gefordert. Darum mußte sein Gespräch mit Pharao wesentlich anders verlaufen, als vorher die erste Begegnung mit Peteprê. Im Ablauf der Geschichte wirkt Joseph immer weniger durch das Sein, durch den Zauber seiner Persönlichkeit, immer mehr durch sein Tun, Planen, seine Umsicht und menschliche Sympathie. Nur dadurch kann die schöne Geschichte sich vollenden.

Wäre es vermessen, diesen Menschen als »*Faust, der Ernährer*«, anzusprechen? Einen Faustroman, einen unmittelbar goethischen noch dazu, hat Thomas Mann in der Josephsgeschichte geschrieben. Auch Joseph muß schließlich »Magie von seinem Pfad entfernen«, wenn er sich aus eigener Kraft in der Welt bewähren will. So gelingt der Heilsplan. Aber kann man das noch einen Heilsplan nennen? Die Sorge hat Joseph kennengelernt, doch hat er sie zur gesellschaftlichen Vorsorge erweitert. Auch darin wird er Mittler: zwischen dem mythologischen Gehalt biblischer Erzählung und der gesellschaftlichen Wirklichkeit dessen, der die große Geschichte neu und für neue Menschen zu erzählen unternahm.

Darum spürt man allenthalben gerade in dem letzten Band unüberhörbar die goethischen Züge, die *Momente der sozialen Utopie*. Hier wurden Parodie und »Nachmachen« zu legitimen Hilfsmitteln einer Weiterbildung goethischen Geistes in einer neuen Wirklichkeit. Die Verse der kleinen Serach, Tochter Aschers, die Töne, in denen sie Jaakob von der Errettung Josephs berichtet, sind in Tonfall, Klang und Gehalt genau nach den Schlußgesängen aus Goethes ›Novelle‹ gestaltet. Sie sind Nachbildung und schöpferische Neugestaltung zugleich. Der faustische Weg Josephs aber leitet zurück zum Ausklang des echten ›Faust‹ wie der ›Wanderjahre‹. Die Geschichte von Joseph und seinen Brüdern war vom Urgrund der Menschheit aufgebrochen, als ein Buch des Anfangs. Sie leitet in der Form ironischer Utopie hinüber in eine Wirklichkeit, die nicht mehr utopisch sein sollte.

DER WEG ZU GOETHE

I

Wenn Stefan George in klassischem Rhythmus ›Goethes letzte Nacht in Italien‹ zu gestalten sucht[1], wird ihm der erdichtete Monolog des deutschen Dichters vor der Rückkehr nach Weimar zum eigenen Bekenntnis. Dann erblickt Goethe plötzlich ein Knabenpaar in statuenhafter Nacktheit, glaubt südliche Schönheit zu schauen und erkennt »Söhne meines Volkes«, also Deutsche. Die angeblich goethische Botschaft ist unverkennbar eine solche Stefan Georges.

»Bis sich verklebung der augen euch löst und ihr merket: Zauber des Dings – und des Leibes, der göttlichen norm.«

Man denkt an eine boshafte Kritik Paul Rillas, der das Goethebuch des George-Schülers Friedrich Gundolf analysierte und zu dem Ergebnis kam, in solcher Deutung habe Goethe offenbar den ›Faust von Stefan George‹ geschrieben.[2] – Wenn Paul Valéry am 30. April 1932 in der Sorbonne in Paris eine ›Rede zu Ehren Goethes‹ hält, sieht er bewundernd Goethes höchste Möglichkeit darin gipfeln, lange genug gelebt zu haben »um sich von sich selbst mehrere verschiedene Vorstellungen zu machen und um sich davon zu befreien und sich immer noch umfassender kennenzulernen«.[3] Damit wird Goethe gleichsam zu einer geschichtlichen Erläuterung der von Valéry erfundenen Figur des Denkspielers ›Herr Teste‹. Goethe wird mithin zu einem Problem Paul Valérys, wie vor ihm bereits Leonardo da Vinci.

Auch Thomas Manns Weg zu Goethe ist gekennzeichnet als Prozeß einer Identifizierung und Anverwandlung. Thomas Mann vollzieht, in fortschreitender Lebensentwicklung, den Prozeß einer tiefen und bewußten Nachahmung, die aber nicht als Imitation der Stoffe auftritt, wie bei der seltsam büstenhaften Goethekopie des späten Gerhart Hauptmann, sondern aus ähnlicher Substanz, und gleichzeitig im Bewußtsein unendlicher Andersartigkeit, goethische Probleme in einer neuen Zeit zu behandeln sucht. Für ihn ist Goethe weit mehr als ein

Bildungserlebnis. Was sich der späte Thomas Mann bildungs-mäßig zueignete und in bestimmter Hinsicht als gemäß emp-fand, hat er essayistisch aufgezeichnet, oder auch in Form einer seiner berühmten »Einschaltungen« den erzählerischen Spät-werken anvertraut. So die Begegnung mit dem Don Quijote⁴, oder die Begegnung mit Shakespeares Sonetten, die sich sowohl essayistisch wie in der Konstellation der Figuren (zwei Männer und die Frau) in Adrian Leverkühns Lebensgeschichte wieder-findet.

Die Begegnung mit Goethe ist anderer Art. Schon der Umfang, den goethische Probleme in Thomas Manns Werk einnehmen, hebt diesen Fragenkreis weit über die Sphäre des »literarischen Einflusses« heraus. Etwas selbstspöttisch bekennt der Dichter in seiner Gedenkrede ›Goethe und die Demokratie‹ vom Jahre 1949, seine Beschäftigung mit Deutschlands größtem Dichter habe ihn selbst »wahrhaftig zu dem Ruf eines gewissen Speziali-stentums, ja einer imitatorischen Jüngerschaft geführt«.⁵ In der Tat rechnet Thomas Mann »ein halbes Dutzend Aufsätze« zusammen nebst »einem ganzen Roman«, die er der Gestalt Goethes bis zum Jubiläumsjahr 1949 gewidmet habe. Wozu noch die deutsche ›Ansprache im Goethejahr 1949‹ treten sollte. Alles deutet auf eine sehr angelegentliche Beschäftigung mit Gestalt und Werk des Faust-Dichters. Mag ›Lotte in Wei-mar‹ auch ein echtes Werk Thomas Manns sein, so ist sie doch gleichzeitig ein Werk, das sich eines Dichters Gestalt zum Thema wählt: mithin also ›Dichtung über Dichtung‹ zu bieten hat, während im ›Faustus‹ Thomas Mann später ›Dichtung über Musik‹ erzeugt.⁶

Goethes Dichtung als Objekt für späte Altersdichtung Thomas Manns mußte mithin eine geheime Beziehung besitzen zu den Motiven, Aussagen und Empfindungen seines Famulus. Das besaß sie nicht von Anfang an. Von seinen frühen Lehrmeistern Schopenhauer, Wagner und Nietzsche hat schon der junge Thomas Mann gern und freudig gesprochen. Auch ohne diese Selbstdeutung wären die Einflüsse und Leitmotive unverkenn-bar. Vom Einfluß Goethes heißt es in der Altersrückschau, er habe sich »in späteren Jahren an erster Stelle« durchgesetzt. Die Oxforder Gedenkrede von 1949 schildert sogar in der Rück-

schau das Befremden des jungen Thomas Mann vor Goethes
Begriff der »Lebenswürdigkeit« – und fügt hinzu: »Die Zeit
war fern, da ich Goethes Willen und Fähigkeit, aus den Dingen,
das heißt aus schwierigsten Voraussetzungen ›einen Erfolg zu
machen‹, als das größte und liebenswürdigste Vorbild betrachten sollte.«⁷ Die Goethegestalt ist also keineswegs seit den
Anfängen ein zentrales Thema gewesen; sie ist dazu geworden.
Thomas Manns Entwicklung begann nicht als Weg mit Goethe,
wie dies, unter allen Verkennungen und Vortäuschungen, für
Hermann Hesse gelten mochte. Statt eines Weges *mit* Goethe
erleben wir einen Weg *zu* Goethe. Damit ist ein Prozeß individueller Bildung angedeutet, der seine mannigfaltigen Abzwei-
gungen besitzt: seelisches Erleben, Wandel des künstlerischen
Geschmacks, literarische Einflüsse, Reifevorgänge im Empfin-
dungsleben.

Ebenso sicher aber bedeutet Thomas Manns Weg zu Goethe ein
gesellschaftliches Problem. Die stark politisch-demokratisch
gefärbte Goetherede von 1949 behauptet, die vier Lehrmeister,
die sämtlich Deutsche sind, hätten allesamt ein »stark überdeut-
sches, europäisches« Gepräge getragen: Schopenhauer wie
Wagner, Nietzsche wie Goethe. »Es war das Europäische auf
deutsch, was ich in ihnen fand, ein europäisches Deutschland,
welches immer das Ziel meiner Wünsche und Bedürfnisse bildete – sehr im Gegensatz zu dem ›deutschen Europa‹, dieser
Schreckensaspiration des deutschen Nationalismus, die mir von
je ein Grauen war und mich aus Deutschland vertrieb.«⁸ Das ist
insoweit evident, als diese vier Gestalten in ungewöhnlichem
Maße die kulturelle Entwicklung gerade auch der außerdeutschen Welt beeinflußt haben. Nur gehen diese Einflüsse ebenso
fraglos in verschiedene Richtung. Die außerdeutsche Wirkung
Goethes war völlig anderer Art als die Rezeption Schopenhauers, als die Wirkung Richard Wagners auf die französische
Kunst der Jahrhundertwende, erst recht als die Ablegerschaft
aller deutschen und außerdeutschen »Affen Nietzsches«, um
ein eigenes Wort Nietzsches über den Komponisten Goldmark,
den »klugen Affen Wagners«, anzuführen.

Schopenhauer und Wagner und Nietzsche haben in ihrer außerdeutschen Wirkung an der antihumanistischen Entwicklung

einer Gesellschaft mitgewirkt. Das bedeutet eine sozialwissenschaftliche Feststellung, nicht im mindesten ein geistiges oder
künstlerisches Werturteil. Goethe umgekehrt ist immer als
menschenfreundlicher Geist, als Künder der »Lebenswürdigkeit« begriffen worden. Damit wurde er im Zeitalter der Men-
schenverachtung politisch immer weniger »brauchbar«. Wenn
sich mithin Thomas Mann immer stärker zu ihm bekannte und
hingezogen fühlte, traf er selbst damit eine große Lebensentscheidung. Jeder Schritt auf dem Wege zu Goethe mußte ihn
kritisch und ernüchternd wegführen von den drei Standbildern
seiner Jugend. Daher sieht man, wie Thomas Mann im Prozeß
seiner Hinwendung zu Goethe immer dringender, doch auch
immer kritischer um eine Neudeutung Schopenhauers, Wagners, vor allem Nietzsches im Licht der neuen Lebenserfahrungen bemüht ist. Immer wieder wird versucht, deren »unsterbliches Teil«, wenn auch geschmälert und reduziert, in die
Zukunft hinüberzuretten. Der Weg zu Goethe ist also nichts
anderes als jener gesellschaftliche Prozeß, der Thomas Mann
wegführte aus dem Bereich des versinkenden Bürgertums. In
Thomas Manns Stellung zu Goethe vereinigen sich also deutsche Problematik, bürgerliches Schicksal, Stellung zwischen
Lebenssehnsucht und Todessehnsucht.

2

Das gesellschaftliche Moment wird deutlich, wenn man Thomas Manns Beschäftigung mit der Goethegestalt nicht als
höchst persönliche Angelegenheit eines deutschen Dichters
zwischen zwei Weltkriegen des 20. Jahrhunderts abtut, sondern
feststellt, daß die Auseinandersetzung mit Goethe für jeden
Zeitgenossen dieser Epoche entscheidend sein mußte. Es war in
gleicher Weise bedeutsam, ob diese Auseinandersetzung
gesucht oder gemieden wurde, ob sie sich als Deutung oder
Verzerrung Goethes kundtat. Darum sind Thomas Manns
große Goethereden aus dem Jahre 1932, also kurz vor Anbruch
des Drittes Reichs, wichtig als Gesellschaftsdokument. Es mag
reizvoll sein, sie einen Augenblick mit einer anderen vielbe-
sprochenen Gedenkrede aus dem März 1932 zu vergleichen;

ganz wie es die spätere Lage in Deutschland überhell erleuchtet, wenn man Thomas Manns Goethereden von 1949 mit der Goethedeutung von Karl Jaspers konfrontiert.

Am 13. März 1932 hielt Doktor Leopold Ziegler, Goethepreisträger von 1929, auf Einladung der Gesellschaft für Deutsches Schrifttum eine Goetherede im deutschen Reichstag in Berlin. Sie rief, wie der Redner im Vorwort seiner gedruckten Ansprache hervorhebt, mancherlei Ärgernis hervor. Mehrere hundert Zuhörer verließen protestierend den Saal; Zwischenrufe, die den Redner aufforderten, ein Ende zu machen, störten den Verlauf der etwas merkwürdigen Feier. Liest man den Text der Ansprache, die gar nicht besonders umfangreich ist, so daß Langeweile wohl kaum die Ursache der Zwischenfälle gewesen sein konnte, so bleibt für die Rückschau ein solcher Skandal fast unverständlich. Leopold Zieglers Rede ist weder despektierlich noch etwa besonders kühn. Sie hält zwischen obligater Lobpreisung und mäkelnder Heldenentzauberung meist den gebührenden Abstand. Allerdings gehört sie in das Jahr 1932, das Anlaufsjahr für den äußeren Erfolg des Nationalsozialismus. Man muß also daran erinnern, daß bereits Thomas Manns »Deutsche Ansprache« am 17. Oktober 1930, nur kurz nach dem Wahlsieg der Nationalsozialisten vom 14. September des gleichen Jahres, in Berlin durch Störungen und Zwischenrufe gehemmt worden war, daß im Jahre 1933 die berühmte Gedenkrede zum 50. Todestag Richard Wagners zum äußeren Anlaß wurde, dem Redner die Rückkehr von der Schweizer Ferienreise zu widerraten.

Der Protest gegen Leopold Zieglers Rede kam also offensichtlich von der gleichen Seite, die zwar Thomas Manns Weimarer Goethereden einige Tage nach der verunglückten Feier im Berliner Reichstag mit äußeren Anzeichen des Respekts entgegennahm, aber auch ihm wenig später ein ebenso haßerfülltes Antlitz zuwenden sollte.

In Leopold Zieglers Goethebild[9] gibt es Betrachtungen gesellschaftswissenschaftlicher Art, die besonders bei der Analyse des Werther an die spätere Deutung durch Georg Lukács gemahnen.[10] Es mußte denjenigen, die eine glatte und gefällige Festrede erwartet hatten, unerquicklich erscheinen, wenn Leopold Ziegler formulierte: »Es ist, um alles mit einem Wort zu sagen, das beispiellos aufwühlende und bis ins Mark erschütternde Erlebnis von der vollkommenen Unvereinbarkeit des eigenen Soseins mit der geltenden Gesellschaftsordnung, an welchem Goethe zum Dichter wird.« Es trug auch nicht dazu bei, das »Unzeitgemäße« der Gedankenführung Zieglers für die neuen Ideologen abzumildern, wenn der Kulturpsychologe vor der »Hemmungslosigkeit des Ekstatikers« und vor den neuen Modeworten »Bluttriebe und Erbmasse« seine Geringschätzung offenbarte.[11] Andererseits spürt man in dieser Rede, gerade wenn man sie mit den Goethereden Thomas Manns aus den gleichen Tagen zusammenhält, die tiefe Zerspaltenheit des bürgerlichen Denkens. Auch Ziegler war von den gleichen Gestirnen geleitet worden, wie einst Thomas Mann. Davon hatte er im Goethehaus in Frankfurt am 28. August 1929 gesprochen, als er einen Preis empfing. Er deutete an, »wie Goethe, frühere Einflüsse Schopenhauers, Hartmanns, Wagners allmählich verdrängend, immer mächtiger eingriff in mein geistiges und sittliches Wachstum, wie er mit Nietzsche der eigentliche Erzieher, wenn ich so sagen darf, der Wahl- und Ziehvater des früh vaterlos gewordenen Jünglings wurde«.[12] Nimmt man Eduard von Hartmanns ›Philosophie des Unbewußten‹ als Wurmfortsatz der pessimistischen Wertlehre Schopenhauers, so bleibt auch für Ziegler die Dreiheit, zu der sich der junge Thomas Mann bekannt hatte. Auch er nahm von dort, wie der Dichter des ›Zauberberg‹, den Weg zu Goethe. Dennoch sind die Gegensätze unverkennbar. Ziegler sucht ein Goethebild, das sich mit dem mitgebrachten geistigen Mobiliar »organisch« zusammenpacken läßt. Er nennt in der gleichen Rede Edgar Dacqué und den krausen Mythenforscher Herman Wirth neben Freud und Jung, Klages und George. Das ist ziemlich genau jener Kreis, den Thomas Mann um die gleiche Zeit in München in seinen sonderbarsten Ablegern beobachten kann, von dem ihn tiefe Fremdheit trennt, dessen irrationalistisches, geist- und gesittungsfeindliches Bestreben er verabscheut – und dem er im ›Doktor Faustus‹, bei Beschreibung dieser Jahre im Leben Leverkühns, die eindeutig verwerfende Prägung geben sollte. In der Tat mündet Leopold Zieglers Goetherede nach ihrem Präludium durchaus in den Bereich der Psychologie Carl Gustav Jungs. Goethe wird als der große »Kosmologe« geehrt; da wird das goethische Lebenselement der Verwandlung, von dem auch das traumhafte letzte Gespräch aus ›Lotte in Weimar‹ kündet, als »kosmische Metamorphose« bezeichnet. Da soll Pindars Wort »Werde der du bist« für Goethe »genau so in Kraft bleiben wie für Nietzsche«.[13] Dies ist als Vorwegnahme bereits der gleiche Versuch einer unmöglichen Synthese wie sechzehn Jahre später das Wort des Karl Jaspers: wonach man auf Goethe ebensowenig verzichten könne wie auf Nietzsche.

Sicherlich: von dieser Sehnsucht weiß sich auch das Spätwerk Thomas Manns immer wieder bedrängt. Das Goethethema aus ›Lotte in Weimar‹ ist kontrapunktisch mit dem Nietzschemotiv im ›Doktor Faustus‹ gekoppelt. Dennoch dürfte das Streben Thomas Manns weitgehend der Goethedeutung Leopold Zieglers entgegenlaufen. Leopold Ziegler – er steht hier für eine Strömung der damaligen deutschen bürgerlichen Geisteshaltung – sucht hinter den gesellschaftlichen Realitäten einen »überwirklichen« Zusammenhang. Der Mythos soll neu gefunden werden, damit man ihn neu leben kann. Die christlichen Bindungen sind schlaff geworden. Die einstige bürgerliche Aufklärung hat Erben und neue Träger gefunden, die aufhörten, bürgerlich zu sein. In solcher Konstellation sucht ein Teil der bürgerlichen Geister nach neuen Bindungen. Auf Goethe will man nicht verzichten. Hier wird nur der »plebejische« Nationalsozialismus ganze Arbeit und reinen Tisch machen. Man späht also nach einer Amalgamierung Goethes mit den Konzepten der bürgerlichen Endzeit: mit der Nachfolge Nietzsches, mit den Meistern des Mythos und der »Zucht«, des »Lebens« und der »neuen Norm«. Darum muß ihnen Goethe zum Mythiker und Kosmologen werden, muß man die soziale Altersbotschaft der Wanderjahre und des Faust unterschlagen.

Das ist nicht der Weg Thomas Manns. Indem er sich Goethe zuwendet, entfernt er sich, halb noch unbewußt, von den Sternbildern seiner Jugend. Goethe läßt sich mit jenen nicht amalgamieren. Meint man es ernst mit dem Weg zu ihm, so geht man damit einen *neuen Weg des Humanismus*. Man geht zugleich auch neuen Trägern des Humanismus entgegen. Dann bleibt der Mythos ein Gegenstand der Wissenschaft. Er wird nicht mehr gelebt, sondern gedeutet, schließlich ironisiert und parodiert: bei allem schuldigen Respekt. So zeigt sich der grundlegend neue Weg bereits in Thomas Manns Goethereden des März 1932. Schon im Titel erklären sie Goethe nicht als mythisches, sondern als gesellschaftliches Phänomen. Es geht um »Goethes Laufbahn als Schriftsteller« und um Goethe als »Repräsentant des bürgerlichen Zeitalters«. Ungemein deutlich ist gerade im Vergleich der Goethereden Leopold Zieglers und Thomas Manns die geschichtliche Entscheidungsstunde des bürgerlichen Geistes für Deutschland umrissen.

3

Der Goethedeutung Thomas Manns ist wiederholt vorgeworfen worden, sie bleibe im letzten unangemessen, denn ihr fehle das Verständnis für Goethes besondere Religiosität, für jenes Bekenntnis zur »Gott-Natur«. Thomas Mann aber sei von Grund auf unreligiös: als ein Erbe des rationalistischen 19. Jahrhunderts; geheimer oder offener Nietzscheaner auch im Bekenntnis zu Goethe; darum könne er in den Schlußworten der Wahlverwandtschaften, diesem Schlußakkord der Wiederauferstehung, bestenfalls einen artistischen Schnörkel sehen, nicht aber ein Zeugnis goethischer Religiosität. Obwohl auch beide Teile des Faust, ganz wie die Wahlverwandtschaften, im Anruf überirdischer Mächte verklingen. In einer Studie über ›Thomas Manns Goethebild‹ hat Grete Schaeder diesen Vorwurf erhoben. Sie sieht in der Anlage des Josephsromans wie des Goetheepos das Suchen nach einem »humanen Übermenschen«.[14]

Nun bleibt die Gottesvorstellung Thomas Manns eigentümlich unklar, zwielichtig. Er sucht keine Religion, keine leibliche Diesseitigkeit wie George; er ist zu stark gesellschaftlich, sogar polemisch beschäftigt, um dem »Weltinnenraum« zugewandt zu bleiben wie Rilke; er hat wenig Beziehung nach Abkunft und Laufbahn zu einem Katholizismus, dem Hofmannsthal entgegenstrebte. Thomas Mann ist bürgerlicher Protestant,

Erbe einer Reformation also, die in Aufklärung und moderne Wissenschaftlichkeit einmünden sollte. Dennoch umgibt eine Aura zarter Glaubensmöglichkeiten das Alterswerk. Man macht es sich zu leicht, sieht man Thomas Manns Bild des neuen Humanismus ausschließlich als gesellschaftliche Diesseitigkeit. In der Rede über ›Goethe und die Demokratie‹ vom Jahre 1949, die sicherlich für angelsächsische Hörer bestimmt und in protestantischer Tönung angelegt ist, steht ein merkwürdiger Satz: »Man könnte auf den Gedanken kommen, daß es heute eine protestantische Anlage und Erziehung sein mag, die einen Geist abhält, beim kommunistischen Glauben sichernde Unterkunft zu finden.«[15] Ein unvermitteltes Bekenntnis, das sowohl auf geheimes Streben zum Kommunismus hindeutet, wie auf Vorbehalte der Abkunft und Erziehung, die der Dichter diesmal nicht mehr, wie noch früher, als *bürgerliche* Hemmungen darstellt, sondern als *protestantische* Überlieferung. An der Ernsthaftigkeit dieser Worte, am Fehlen ironischer Beiklänge ist kaum zu zweifeln. Damit aber erhalten die religiösen Ausklänge des Goetheromans wie des ›Faustus‹ einen neuen Akzent.

Gewiß, die Abschiedsworte Goethes in dem irrealen und realen Gespräch im Wagen sind Parodie der Wahlverwandtschaften: »In meinem ruhenden Herzen, teure Bilder, mögt ihr ruhen – und welch freundlicher Augenblick wird es sein, wenn wir dereinst wieder zusammen erwachen.« Sie sind Parodie, aber keine Verfälschung Goethes, denn die Apotheose Eduards und Ottiliens ist hier auf Goethe selbst bezogen: auf sein übermächtiges Streben nach Unsterblichkeit, nach Wiederauferstehung mitsamt allen erkannten und erlebten Menschenbildern. Das ist, in solcher Prägung Thomas Manns, authentisches Bekenntnis Goethes. Wie in den ›Urworten‹ hat sich auch im Ausklang der ›Wahlverwandtschaften‹ die Elpis, die Hoffnung, eingestellt. Von ihr hat Walter Benjamin in seiner großen Studie über die ›Wahlverwandtschaften‹ gesagt, sie sei »das einzige Recht des Unsterblichkeitsglaubens, der sich nie am eigenen Dasein entzünden darf«.[16] Der Ausklang im Gespräch zwischen Goethe und Lotte gibt daher zumindest eine letzte und gültige Deutung des goethischen Lebensgefühls, keine Blasphemie.

Aber sie rührt damit auch an eine seltsam flackernde, doch vorhandene Gläubigkeit Thomas Manns, der wir in allen Höllenkreisen des ›Doktor Faustus‹ wieder begegnen. Sie gehört, jedenfalls in der Altersentwicklung, zu Thomas Manns eigenem Lebensgefühl. Von dieser Grundlage her läßt sich der Weg überblicken, der Thomas Mann fortführen sollte aus dem Fakkelschein Schopenhauers, Richard Wagners und Friedrich Nietzsches.

4

Thomas Manns Weg zu Goethe beginnt als Annäherung an *Schiller*. Die sympathetische Beziehung aber zu dem großen sentimentalischen, also nicht naiven Dichter hat in ihrer ersten Form den Umriß der Parodie. Man war im allgemeinen gewöhnt, Thomas Manns Beziehung zum Themenkreis Schiller und Goethe vom Jubiläumsjahr 1905 an zu datieren, also mit der Schillernovelle ›Schwere Stunde‹.[17] Die reizvollen Erinnerungen Viktor Manns, des jüngsten Bruders, haben aber einen höchst überraschenden neuen Ansatzpunkt ergeben. Wenn hier der 1890 geborene Benjamin des Hauses Mann aus seiner Kinderzeit berichtet und von jenem ›Bilderbuch für artige Kinder‹, das ihm die »großen Brüder« Heinrich und Thomas zusammenmalten und zusammenschrieben, so möchte das als biographisches Detail zunächst nur eine reizvolle Anekdote ergeben. Das ›Bilderbuch für artige Kinder‹ besitzt, nach Viktor Manns Angaben[18], als Herausgeber einen »Oberlehrer Doktor Hugo Giese-Widerlich . . . der mit tückisch-strenger Miene, Brille, Fischmaul, schütterem Bart und zweireihig hochgeschlossenem Rock geradenwegs aus der dunkelsten der damaligen Mittelschulen kam und mir Angst vor meinen künftigen Lehrern einjagte«. Der Widerliche wohnte natürlich in der Nachbarschaft von Heinrich Manns Professor Unrat. Er stammte aus der Familie der Herren Wulicke und Mantelsack, der Peiniger des kleinen Hanno Buddenbrook. Dieser von Thomas und Heinrich erfundene neudeutsche Musterpädagoge ist natürlich Kantianer wie Wulicke; er ist natürlich aber auch Schillerianer, denn Schiller ist im Hohenzollernreich das

Schreckgespenst eines »Nationaldichters«, wie Kant die Karikatur eines »Kasernenhofdenkers« werden mußte. Thomas und Heinrich Mann aber sind in ihren Anfängen Nietzscheaner. Sie bekennen sich zu Nietzsches musikalisch-pessimistischer Kulturpolitik und haben gelesen, wie Nietzsche mit billigem Kalauer sich der Gestalt Friedrich Schillers als eines »Moraltrompeters von Säckingen« zu erwehren suchte. Für die beiden jungen Dichter muß daher der deutsch-idealistische Dichter als Zerrbild erscheinen: er ist gut genug, einer normierten deutschen Jugend verekelt zu werden, damit sie sich später in der eigenen Weltentwicklung von ihm abwende.

Bietet schon der preußische Schulbetrieb, der auch in Lübeck herrscht, ein Zerrbild Schillers, so gilt es offenbar, das Zerrbild noch weiter zu verzerren. Im Mittelpunkt dieses Bilderbuches steht daher ein »langes und höchst pathetisches Gedicht« mit dem ergreifenden, von der Kritik der praktischen Vernunft durchtränkten Titel »Raubmörder Bittenfeld vom Sonnenuntergang überwältigt«. Daß dieses Gedicht ausführlich vom Herausgeber »kommentiert« wurde, vergleichbar den erschreckend vielwisserischen Goetheausgaben Düntzers, trug noch bei zur Persiflage des damaligen Klassikerkultes. Aber neben der Parodie der Form, vor allem auch des schillerischen, im Grunde unlyrischen Tonfalls, des bösartig imitierten »Gedankenflugs«, findet sich bereits eine Parodie der idealistischen Werksubstanz. Raubmörder Bittenfeld ist Kantianer wie Schiller. Er sieht den gestirnten Himmel über sich und spürt das Sittengesetz »in der verstockten Brust«. Die Träne quillt, die Erde hat ihn wieder. Folgt man der Schilderung Viktor Manns, der wir uns anvertrauen müssen, da das offenbar bezaubernde Original des Bilderbuches verlorenging, so hat man sich den Raubmörder Bittenfeld als einen Karl Moor vorzustellen, vielleicht sogar als einen Spiegelberg oder Wurm, der Schillers Abhandlung ›Über das Erhabene‹ zwecks seelischer Läuterung in sich aufgenommen hat. Die Reaktion der jungen Nietzscheaner gegen den »sogenannten Idealdichter« und seine »Marionetten mit himmelblauen Nasen und affektiertem Pathos«, um Georg Büchners[19] Worte gegen Schiller zu gebrauchen, ist an diesem Gelegenheitsgedicht klar erkennbar.

Am Anfang stand die Parodie, die wesentlich Abstand bedeutet, mehr noch: »Vorbehalt«, um es mit einem Wort auszudrücken, dem Thomas Mann in den späteren Studien über Goethe und Tolstoi für sein Leben und Schaffen eine gleichsam leitmotivische Bedeutung einräumen sollte.[20] Noch ist es allerdings eine ironisierende Parodie, während sich der spätere Thomas Mann der nachmachenden und nachschaffenden Tätigkeit des Parodisten aus einer Gesinnung der Sympathie obliegt. Auch im Verhältnis zu Schiller tritt bald schon an die Stelle der ironischen Ablehnung ein geradezu leidenschaftlich geäußertes Bekenntnis von Wahlverwandtschaft. Es findet sich – ziemlich genau zehn Jahre nach Abfassung der Moritat vom kantianischen Raubmörder Bittenfeld – in der Schillernovelle des Jubiläumsjahres 1905.

Die Erzählung handelt von der ›Schweren Stunde‹ eines schwer, bewußt unnaiv schaffenden Künstlers: eben dieses Friedrich Schiller, der mit dem Stoff des Wallenstein ringt.[21] Mit dieser Geschichte beginnt die Reihe der Anverwandlungen Thomas Manns, die ihn, in fast ununterbrochener Kette, mit wesentlichen Künstlergestalten der Vergangenheit in ein Verhältnis »mystischer Einheit« treten lassen. (Der Ausdruck der »unio mystica« wird von Thomas Mann wiederholt gebraucht, vor allem für das späte Verhältnis zu Goethe.) Stets wird die Wahlverwandtschaft mit solchen Künstlern unterstrichen, die kein ursprüngliches, strömendes, gleichsam unbewußtes Verhältnis zur Kunst besitzen; die in schweren Stunden wirken: mit kritischem Eifer, Fleiß, Zähigkeit, indem sie ihrer Natur alles entlocken, was förderlich sein könnte, ohne daß es sogleich und ungerufen zur Hand wäre. Um ein Lieblingswort Thomas Manns zu gebrauchen: er fühlt sich jenen Künstlern verbunden, die »aus einer Sache etwas zu machen verstehen«. Schöpfer einer solchen Art ist Schiller im höchsten Maße. Er hat sogar das Wesen dieses Künstlertums formuliert in dem Aufsatz über ›Naive und sentimentale Dichtung‹: als Rechtfertigung des eigenen sentimentalischen Kunstschaffens gegenüber der angeblich goethischen Naivität. Mit der raum- und zeitgreifenden Forderung zudem, das Kulturleben der Gegenwart entferne sich immer mehr von den naiven Gestalten vom Schlage

Homers, um den sentimentalen Künstlern, den Schöpfern ele-
gischer oder satirischer Weltbilder allen Platz zu überlassen.
Das sollte heißen: nur der sentimentale Dichter ist im eigentlichen Sinne als »*modern*« anzusehen. So lauteten These und
Selbstbehauptung Schillers. Thomas Mann hat sie sich für sein
ganzes Leben und Schaffen angeeignet. Immer wieder kommt
er auf Schillers Studie zurück: sie steht als Jugenderkenntnis
gleichwertig neben den frühen Eindrücken mit Wagner, Schopenhauer oder Nietzsche. Der schwer, bewußt und gründlich
»arbeitende« Thomas Mann spürt Verwandtschaft zu Schiller.
Als Affinität von Charakter und Talent, vor allem als Ähnlichkeit der Zeitverhältnisse. Wenn schon zu Schillers Zeiten die
naive Dichtung gesellschaftlich gefährdet war, also in den Auf-
stiegstagen der bürgerlichen Gesellschaft, so erst recht in der
bürgerlichen Spätzeit, die Thomas Manns Lebenskreis bezeichnen sollte. Zwar hatte der Erzähler aus Lübeck von jeher den
Begriff der Epik mit jenem des Meeres verbunden.[22] Meer und
Epik waren Grundelemente seines Daseins. Dennoch war
gerade diese Epik weit entfernt vom Lebensgefühl der Odyssee.
Auf lyrische und dramatische Dichtung hatte Thomas Mann
verzichtet. Er hatte sie als Bestandteile epischer Schöpfungen zu
nutzen gewußt, so daß es lyrische und dramatisch-dialogische
Stellen in den großen Erzählungen und Romanen ergab. Aber
das war Verzicht, gewissermaßen auch Notbehelf einer höchst
spezifischen und bewußt »verwertenden« Dichternatur. Übrigens besagte es nichts gegen den Rang der Schöpfungen. Große
Musiker hatten ähnlich gearbeitet: Schumann, Hugo Wolf,
vielleicht sogar Brahms. Sicher war es der Fall Lessings, dem
Thomas Mann in seiner Rede von 1929 eine Würdigung zu
geben wußte, die unverhohlen ebenso mit autobiographischen
Zügen ausgestattet war wie die Schillernovelle.
Der Weg zu Goethe beginnt als Identifizierung mit Schiller. »In
der Wurzel ist das Bedürfnis, ein kritisches Wissen um das
Ideal, eine Ungenügsamkeit, die sich ihr Können nicht ohne
Qual erst schafft und steigert. Und den Größten, den Unge-
nügsamsten ist ihr Talent die schärfste Geißel.«[23] Und das
Talent oder Genie Goethes? Es wird hier gespiegelt, filtriert,
gebrochen. Man erlebt Goethe in der Sicht Friedrich Schillers.

(Später wird man in ›Lotte in Weimar‹ umgekehrt Schiller in der Spiegelung Goethes kennenlernen.) Für den Schiller dieser Erzählung ist Goethe das ganz andere: naive Vitalität und Triebhaftigkeit, Lebensgier, amoralische Schöpferkraft. Zum erstenmal ist der Kunstgriff gewählt, Goethes Bild im Spiegel zu zeigen. Der Goetheroman von 1939 sollte dies Mittel von neuem aufgreifen, wenn der Reigen um die Hofrätin Kestner anhebt: die Prozession aller Statisten, von denen jeder einen Teilaspekt gleichzeitig zu sehen und zu verkennen weiß. Allerdings folgt dann im Roman das große »Siebente Kapitel« mit Goethes innerem Monolog. Aus der Vermittlung, dialektisch gesprochen, wird plötzlich die Unmittelbarkeit. Im ›Doktor Faustus‹ kehrt Thomas Mann dann erneut, wenn es sich um die Gestalt Nietzsches handelt, zur Spiegelung und vermittelten Schilderung zurück: man erlebt Adrian Leverkühn im Bild Zeitbloms, wie man 1905 die Gestalt Goethes als Denkschema Schillers erfahren konnte.

Von nun an wird das Goethethema bei Thomas Mann in immer reicherer Besetzung vorgetragen. Die »Karriere« dieses Themas begann in schriller parodistischer Instrumentierung. In der Schillernovelle hat es die Funktion einer kontrastierenden Nebenstimme. Kontrastierend wirkt es auch in Thomas Manns nächster Arbeit am Goetheproblem, in den ›Fragmenten zum Problem der Humanität‹ aus dem Jahre 1922, die im Haupttitel zwei Namen vereinigen: ›*Goethe und Tolstoi*‹.[24] Scheinbar sind die großen Namen, des Deutschen und des Russen, hier als Einheit und Ergänzung gefaßt. Indem man sie zusammenfügt, hat man die Gegenspieler ausgeschaltet und doch heimlich zugleich mitgenannt: Schiller und Dostojewski. Allein bei aller scheinbaren Gemeinsamkeit Goethes und Tolstois demonstrieren diese Humanitätsstudien sogleich auch eine starke Differenz *zwischen* Goethe und Tolstoi. Die Studie handelt eigentlich von Tolstoi; die Gestalt Goethes ist kontrastierend, ergänzend, bekräftigend hinzugefügt. Damit wird Goethe so stark in den Bannkreis Tolstois einbezogen, daß sein spezifisches Wesen davon betroffen wird. Zudem befindet sich der analysierende Dichter in einer entscheidenden Übergangsentwicklung. Die ›Betrachtungen eines Unpolitischen‹ hat er hinter sich

gelassen, die Arbeit am ›Zauberberg‹ wurde zum »Hauptgeschäft«. Man befindet sich zwischen Lebenssympathie und
einstiger Todesverwandtschaft, zwischen deutscher Romantik
und Klassik. Um die gleiche Zeit war in der Rede ›Von deutscher Republik‹ zum erstenmal aus Thomas Manns Munde eine
Warnung ergangen vor dem Zauber der romantischen Nacht
und Gruft, die den Tod bedeutet und den Willen zum Ende.
Zum erstenmal war, noch schüchtern und vorbehaltvoll, Goethes Appell an das Leben angedeutet worden, den die späten
Goethestudien Thomas Manns immer eindringlicher wiederholen sollten.

>»Entzieht Euch dem verstorbenen Zeug,
> Lebendiges laßt uns lieben.«

Im ›Zauberberg‹ ist das noch eine distanzierte Stellungnahme:
dem Tod soll man keine Macht einräumen über seine Gedanken. Das ist negativ formuliert. »Liebe zum Leben« bedeutet
und verlangt mehr. Erst recht die Liebe zu einem Leben, das
gesellschaftlich konkretisiert wurde und Goethes ›Forderung
des Tages‹ als Aufgabe gestellt hat. Mit solcher Humanität des
späten Thomas Mann haben die Betrachtungen über Goethe
und Tolstoi noch wenig zu tun. Sie sind innerlich stark gebrochen. Die positiven Züge dieses neuen Goethebildes hat Georg
Lukács herausgearbeitet: »Thomas Mann fixiert einen wichtigen Teil dieser ihrer gemeinsamen Tendenz, interessanterweise
als Pädagogik und Selbstdarstellung, wobei man beide Tätig-
keitsgebiete als innig miteinander verbunden sich vorstellen
muß. Die Konfession, die Gestaltung des eigenen Lebens ist für
beide keine Selbstabsperrung ins Ich, sondern im Gegenteil: das
Herausstellen der allgemeinen großen Lebensströme an der
Hand der Etappen des eigenen Lebens, worin diese besonders
plastisch zum Ausdruck gekommen sind. Also ebenfalls eine
Aufhebung der Widersprüche des modernen Individualismus.«[25]
Andererseits entdeckt man nicht ohne Überraschung ein
Goethebild in dieser Studie Thomas Manns, das im Sinne
Nietzsches mit gewissen »dionysischen« Zügen ausgestattet
wurde. Der »reaktionäre Goethe« nimmt einen beträchtlichen
Raum ein: Züge des Mißbrauchs von Autorität, Leibessinnlich-

keit ohne geistige Entsprechung, pädagogisches Streben mit dem Ziele der Untertanenerziehung, Fehlen einer Sprach- und Literaturerziehung innerhalb der »pädagogischen Provinz« aus den ›Wanderjahren‹. Die Züge stimmen im einzelnen, allein das Gesamtbild ist verzerrt. Man hat das Gefühl, als habe es sich vor allem darum gehandelt, bei Goethe Parallelen zu jenem Tolstoi zu finden, der bereits durch seinen Sprecher Konstantin Lewin in der ›Anna Karenina‹ so tiefe Zweifel am Wert der Volksbildung, des Wissens, der sogenannten höheren Bildung geäußert hatte. Thomas Mann ist noch stark im Banne Nietzsches und auch jener verzerrenden Deutung Tolstois durch Mereschkowskij, wenn er die Züge des bäuerlichen Ideologentums bei Tolstoi in entsprechender Übertragung seinem Goethebild anzugleichen versucht.[26]

Der weitere Weg führt durch den ›*Zauberberg*‹, denn natürlich ist dieser Roman aus Thomas Manns Mannesalter auch (und nicht zuletzt) eine Auseinandersetzung mit Goethe: als Darstellung der pädagogischen Provinz.[27] In ihrer Studie bemerkt Grete Schaeder: »Nicht nur Goethe hat bei Thomas Manns Erziehungsroman Pate gestanden, sondern auch Novalis.«[28] Das ist richtig, aber Novalis als Stellvertreter der folgerichtigen deutschen Romantik besitzt in jenen Jahren für Thomas Mann keineswegs mehr den ausschließlichen Charakter tristanisierender Todessüchtigkeit. In der politischen Rede vor den Münchener Studenten aus dem Jahre 1929, die später unter dem Titel ›Die Stellung Freuds in der modernen Geistesgeschichte‹ in den ›Gesammelten Aufsätzen‹ erscheint, wird mit der Gestalt Friedrich Hardenbergs sogar der Gedanke der Aufklärung verbunden und betont, »wieviel französische Revolution sich etwa in des Novalis seelischem Radikalismus wiederfindet«.[29] So ist es denn weder nach der Entstehungszeit noch dem Anlaß überraschend, wenn das unmißverständlich neue Goethebild Thomas Manns zum erstenmal in jenem Jubiläumsjahr 1932 verkündet wird, das gleichzeitig ein Jahrhundert abschließt seit Goethes Tod, und das letzte Jahr darzustellen hat im kurzen Leben der Weimarer Republik.

Zweimal tritt Thomas Mann in den Märztagen 1932 als Festredner zu Goethes Ehren hervor. Zweimal in Weimar, der Stadt

Goethes und am Ausgangspunkt dieser deutschen Nachkriegs-republik. Die Überschriften der beiden Reden verraten sogleich ein Doppeltes: daß Thomas Mann eine Selbstidentifizierung mit Goethe vorzunehmen beabsichtigt, und daß er ein Goethebild zu entwerfen gedenkt, dessen Proportionen nicht mehr ver-schoben sind durch Anklänge an Nietzsche oder Tolstoi. Von ›*Goethes Laufbahn als Schriftsteller*‹ wird in der einen Anspra-che gehandelt. Die andere, noch bedeutungsvollere, schildert ›*Goethe als Repräsentant des bürgerlichen Zeitalters*‹.[30] Beide Reden bieten zum ersten Mal die Identifizierung mit Goethes Gestalt und Laufbahn. War man in der Novelle von 1905 darauf bedacht, aus der Erfahrung eigener Schöpferpro-zesse, die Gestalt Schillers zu beschwören, bei dieser Gleichset-zung aber die goethische Welt und Lebensform als insgeheim ungemäß von sich fortzudrängen, so scheint dem Festredner von 1932, der die Wende seines fünfzigsten Jahres hinter sich hat, der zur Weltgeltung aufgestiegen ist und den Nobelpreis empfing, der Vergleich mit wesentlichen Elementen der Goethegestalt nicht mehr als abwegig. Ein psychologisches Element mag mitgewirkt haben: die vertiefte, unkonventionel-lere Deutung Goethes, die sich Thomas Mann inzwischen erarbeiten konnte. Nun erschien ihm der Dichter des Faust, des Wilhelm Meister nicht mehr als »hell, tastselig, sinnlich, gött-lich-unbewußt«, um die Charakterisierung aus der frühen Schillernovelle anzuführen. Eine größere Vertrautheit wirkt sich als Gefühl der Nähe aus. Zum Ergebnis der Psychologie tritt das *pädagogische* Bedürfnis. Thomas Mann will in beiden Reden auf seine deutschen Zeitgenossen einwirken. Von der Gestalt Goethes, von dieser Jahrhundertfeier, sollen Wirkun-gen ausgehen über den Tag hinaus; wirkliche und gemäße Größe soll den »lieben Deutschen« vorgestellt werden als Kon-trast zu jenem Führergerichter, das sich damals anschickt, mit dem Anspruch aufzutreten, »großes Deutschtum« zu sein. Der verzweifelte Zorn Thomas Manns, den man schon in der Münchener Rede von 1929 spüren konnte, noch deutlicher in der ›Deutschen Ansprache‹ von 1930[31] – in den Goethereden wirkt er sich noch unverhohlener aus. Immer stärker hat sich damit Thomas Mann von der früheren Synthese »*Goethe und*

Nietzsche« entfernt, die noch in der ›Deutschen Ansprache‹ von 1930 angedeutet worden war.[32] Die beiden Reden von 1932 geben zum erstenmal ein überwiegend positives Bild Goethes und ein Bekenntnis zu Goethe. Gerade damit sind sie von aller Romantik wesentlich entfernt: sowohl von der offen als todessüchtig dargestellten, wie von der (in der Münchener Rede) rationalistisch und aufklärerisch umgedeuteten Novaliswelt. Noch einmal taucht Novalis auch in diesen Reden auf: im wesentlichen als Gegenpol zur Goethewelt, als Belastungszeuge, den man anführt, um auch der Gegenpartei ein Element zur Charakteristik Goethes abfordern zu können.[33]

Vom Schriftsteller und vom Bürger Goethe handeln diese Ansprachen. Schriftsteller ist auch Thomas Mann. Als Bürger glaubt er sich immer noch bezeichnen zu können. Damit hat er zwei Züge für sein Goethebild ausgesucht, die ihm eine Möglichkeit geben, vom Anlaß der Feier zu sprechen und gleichzeitig Selbstaussagen zu machen. Goethe wird als »Schriftsteller« vorgestellt, wobei gleichzeitig hinzugefügt wird, es sei »eine recht unfruchtbare kritische Manie, zwischen Dichtertum und Schriftstellertum lehrhaft zu unterscheiden – unfruchtbar und selbst undurchführbar, weil die Grenze zwischen beiden nicht außen, zwischen den Erscheinungen, sondern im Innern der Persönlichkeit selbst verläuft und auch hier noch bis zur Unbestimmbarkeit fließend ist«.[34] Dieser Satz zielt durchaus auf die deutsche Gegenwart und eine eigensinnig versteifte deutsche Literaturkritik, die alle Poeterei nur gelten lassen möchte, wenn sie genügend unintelligent aufzutreten vermag. Kritiker solchen Dünkels hatten denn auch niemals verfehlt, Thomas Mann »nur« als »Schriftsteller« einschätzen zu wollen. In seinen Deutungen der »Persönlichkeit« Gerhart Hauptmanns hatte Thomas Mann die Problematik und Ungerechtigkeit solcher kritischen Behauptungen enthüllen können.[35] Wenn daher Thomas Mann einem überraschten deutschen Publikum zur Goethefeier den größten deutschen Dichter nun gerade als Schriftsteller vorstellt, so mußte dies bereits Ärgernis geben. Um so mehr, als der Redner als Kronzeugen dieser Goethedeutung zwar einen großen Namen, aber einen »Ausländer« vorweist: den amerikanischen Philosophen Emerson.[36] Der idealistisch philosophierende amerikanische Essayist des 19. Jahrhunderts hatte Shakespeare als den großen Dichter der Menschheit, Goethe als ihren großen Schriftsteller gefeiert. In Hamlet und Wilhelm Meister schienen ihm diese beiden Gegensatztypen in ihrer reinsten Form ausgeprägt.[37] Damit wollte er Wilhelm Meister vor allem in den bürgerlichen Zügen dieses Buches kennzeichnen. Thomas Mann folgt ihm darin, weshalb in der Rede über Goethes Bürgerlichkeit die Laufbahn Meisters entscheidend, im Sinne Emersons, als Produkt eines bürgerlichen Schriftstellers, eines Schriftstellers der Bürgerlichkeit geschildert wird. Die Studie über den Schriftsteller Goethe führt dann bei Thomas Mann zu einer höchst detaillierten Betrachtung all jener Mißhelligkeiten, Anfeindungen, Polemiken, Unmutsäußerungen im Problemkreis ›Goethe und das Publikum‹. Es sind Probleme eines jeden Schriftstellers, verstärkt durch besondere Mißhelligkeiten des deutschen Schriftstellers mit seinem deutschen bürgerlichen Publikum.[38]

Der eigentliche Schriftsteller ist für Thomas Mann zugleich gerade dadurch Erzieher. Diesmal entwickelt der Betrachter das pädagogische Grundanliegen Goethes nicht mehr in den Formen des individualistischen Eigensinns oder eines dämonischen Autokratismus, wie in den entsprechenden früheren Ausführungen über Goethe und Tolstoi; trotz allem erscheint Goethe diesmal in einem ergreifenden und sehr nietzschefremden Sinn als »Unzeitgemäßer« in seiner Zeit: als ein deutscher Schriftsteller, der es sich sauer werden läßt mit der Erziehung zu deutscher Nationalkultur, die er nur zu verstehen vermag als Wechselwirkung mit den Traditionen anderer Völker. Dies schriftstellerische und pädagogische Beginnen aber habe Goethe gegen Ende seines Lebens immer tiefer in die Vereinsamung und Versteinerung getrieben, so daß er am Schluß wie ein »ruhmreiches Petrefakt« gewirkt habe, mit den äußeren Zügen eines »bösen alten Mannes«: als Ergebnis dieses lebenslangen verantwortungsvollen Strebens.[39]

Die wichtigere zweite Rede über ›*Goethe als Repräsentant des bürgerlichen Zeitalters*‹ versucht im Anschluß an diesen Gedankengang zu begründen, worauf diese späte Isolierung und Einsamkeit des größten deutschen Schriftstellers zurückzufüh-

ren sei. Auch hier beginnt Thomas Mann mit einer Identifizierung. Hatte er einst in der ›Pariser Rechenschaft‹, halb
geschmeichelt und halb verschüchtert, abgewehrt, als französische Festredner sein Lübecker Elternhaus mit der Geburtsstätte
am Großen Hirschgraben in Frankfurt verglichen, so wagt er es
jetzt selbst, dieses Geburtshaus zu beschwören und zu seinen
eigenen lübischen, reichsstädtischen und patrizischen Ursprüngen in Beziehung zu setzen. Nun wird Thomas Mann nicht
müde, aus Goethes Leben und Wirken die Züge bürgerlicher
Praxis, Regelmäßigkeit, einer rechenhaften und nach Berechen-
barkeit strebenden Lebensform aufzuzeigen. Mit alledem will
er die eigene Arbeitsweise, der es auf das Fertigmachen und
Durchhalten besonders ankommt, zugleich als Grundzug
Goethes und als gemeinsamen Grundzug bürgerlicher Lebenshaltung hervorheben. Allerdings steht es um Goethes Bürgertum dabei genauso wie um das behauptete Bürgertum Thomas
Manns. Beide sind abermals stilisiert, wie nahezu alle Bürger-
probleme Thomas Manns im Verlauf seiner ganzen Entwicklung. Die Züge des Ökonomischen und Rationalen sind in der
Tat Grundzüge des bürgerlichen Charakters. Sie erlangen
jedoch im Verlauf der kapitalistischen Entwicklung eine andere
Funktion.

Als Thomas Mann 1932 diese Züge beschwört, hat der bürgerliche Charakter nichts mehr gemein mit einer Lebensform der
Goethezeit. Die »Rationalität« hat sich einerseits im laufenden
Band amerikanischer Fabriken, andererseits in der planmäßigen
Vernichtungswirtschaft imperialistischer Kriegsvorbereitungen
verkörpert. Immer schneidender kontrastiert Thomas Manns
sogenanntes Bürgertum zu diesen realen Zügen zeitgenössi-
scher Bourgeoisie. Wenn der Goetheredner daher Goethes
Bürgerlichkeit im Wort der »Lebensbürgerlichkeit« auszudrük-
ken versucht[40], so hat dieser Begriff in diesem Zusammenhang
nur noch historischen, abgeschiedenen Charakter. Mit Recht
gipfelt diese Goetherede in einer Darstellung, die befaßt ist mit
dem »träumerischen und kühnen Blick des großen Goethe in
eine neue, nachbürgerliche Welt hinein«.[41] Thomas Mann
scheut sich nicht, den »technisch-rationalen Utopismus« der
Wanderjahre, des zweiten Faust, aller Vorlieben des späten

Dichters, mit der Idee des Kommunismus in Verbindung zu bringen.[42] Unverkennbar wird dadurch nicht bloß eine Deutung gegeben für Goethes späte Entfremdung von seiner bürgerlichen Mitwelt, sondern nicht minder für die scheinbare oder reale Isolierung Thomas Manns innerhalb seiner deutschen Mitwelt des Jahres 1932. Wer nämlich diese Rede über Goethe als Repräsentant des bürgerlichen Zeitalters mit allen Zwischentönen aufzufangen vermag, allen schmerzlichen und sehnsuchtsvollen Akzenten, muß diese Ansprache als Absage auffassen an die bisherigen bürgerlichen Lebens- und Gesellschaftsformen. Der Redner hat einen geistigen Standort eingenommen, der sich außerhalb der alten Gesellschaftlichkeit befindet. Thomas Manns Weg zu Goethe hat ihn über die bürgerliche Welt hinausgeführt. Indem Thomas Mann ständig größere Distanz schuf zu seinen eigenen geistigen und praktischen Grunderlebnissen, zu seinen bürgerlichen Ursprüngen wie den spätbürgerlichen Philosophien des Verfalls, wurde er fähig, einen neuen Zugang zu Goethe zu finden. Der Weg zu Goethe wurde zu einem Weg ins gesellschaftliche Neuland. Darum wird später der Abschluß des Josephsromans zur Wiederaufnahme des Goethischen Faust. In der Tätigkeit als »*Faust, der Ernährer*« finden sich alle Züge der »Sorglichkeit, der Zeitheiligkeit und Zeitökonomie«, die Thomas Mann 1932 als spezifische Goethezüge hervorgehoben hatte. Sie sind zugleich Züge des neuen Menschentyps, den Joseph zu verkörpern hat: Planwirtschaft, menschliche Vorsorge, sind hier in toller und kühner Weise vermischt mit unverkennbaren Zügen höchst gerissener Kaufmannsbegabung. Dies alles hatte Thomas Mann bereits an dem »technisch-rationalen Utopismus« des großen Deutschen aufgespürt; in der Gestalt des »Ernährers« gibt er ihm ein Gegenstück im eigenen Schaffen.
Die große *Faust*darstellung, die Thomas Mann zu Beginn seines amerikanischen Exils in einer Vorlesungsreihe 1938 an der Universität Princeton unternimmt, gipfelt in der folgenden Goethecharakteristik: »Wie er es gut mit sich selber meint und fühlt, daß er erlöst werden kann, so meint er es auch gut mit der Menschheit, will ihr wohl, will, daß ihr geholfen sei, positiv, liebreich, vernünftig, will nicht, daß man sie verwirre, sondern

daß man sie befriedige.«[43] Noch deutlicher wird Thomas Mann in der vielleicht glanzvollsten und elegantesten seiner Goethe-studien: in der ›*Phantasie über Goethe*‹, die er als Einleitung zu einer amerikanischen Goethe-Auswahl verfaßt. Hier hat der gleiche, über die bürgerliche Welt hinausführende Gedanke die Fassung angenommen, in Goethes Alterswerk finde sich »die Selbstüberwindung einer individualistischen Humanität, zugunsten menschlicher und erzieherischer Grundsätze, die erst unseren Tagen eigentlich angehören«. Und weiter: »Es wetterleuchtet in dem Buch von Ideen, die weit abführen von allem, was man unter bürgerlicher Humanität versteht, weit ab von dem klassischen und bürgerlichen Kulturbegriff, den zu schaffen und zu prägen Goethe selbst in erster Linie behilflich gewesen war.«[44] Diese Erkenntnis ist für Thomas Mann so grundlegend, sie ist in so hohem Maße als Überwindung des individualistischen und liberalen Ideals wesentlich, daß er wört-lich diesen ganzen Absatz 1949 in seine Rede übernimmt, die dem Thema ›*Goethe und die Demokratie*‹ gewidmet sein soll.[45] Seit 1932 ist der Weg zu Goethe identisch geworden mit der Überwindung des liberalen und individualistischen Bürgeride-als der eigenen Ursprünge. Geradezu gereizt wird Thomas Mann, wenn er sehen muß, wie spätbürgerliche Ideologen den Ausklang der *Wanderjahre* oder des *Faust* zu bagatellisieren und zu formalisieren suchen. Natürlich muß es einer Goethe-deutung in solchem Verstand höchst unlieb sein, wenn die Lösung des Faustproblems bei Goethe im Gemeinschaftsideal des »freien Volkes auf freiem Grund« gefunden wird.[46] Thomas Manns ›*Ansprache im Goethejahr 1949*‹ sieht sich daher genö-tigt, mit Schärfe zu erklären: »Nur Geister, die nicht wollen, daß etwas geschehe, daß irgend etwas sich ändere, können behaupten, nie sei es dem Dichter ernst gewesen mit Fausts ›höchstem Augenblick‹, mit seinem Sozialwerk der Menschen-beglückung.«[47] Goethe war es aber ernst damit, dem Goethe-deuter Thomas Mann nicht minder.

5

>»Durch allen Schall und Klang
Der Transoxanen
Erkühnt sich unser Sang
Auf deine Bahnen!
Uns ist für gar nichts bang.
In dir lebendig;
Dein Leben daure lang,
Dein Reich beständig!«

Das sind Divan-Verse aus dem Zweiten Buch, dem ›Buch der Betrachtungen‹. Als Huldigung für Carl August hatte sie Goethe gedacht, als er sie im Frühjahr 1815 dem Großherzog nach Wien schickte, wo der Kongreß der Restaurationsmächte tagte.[48] Wie Hafis mit dem Segenswunsch der letzten beiden Verszeilen den »Schach Sedschan« grüßen wollte, der über Goethes zwei Strophen steht, so verband sich der Dichter des ›West-östlichen Divan‹ seinem Fürsten und Fürstenhaus.

Thomas Mann hat das Gedicht dem Roman ›*Lotte in Weimar*‹ vorangestellt. Soll es einen »Hilferuf an Goethe« einleiten, wie Ferdinand Lion das Schlußkapitel seines Thomas Mann-Buches überschreibt?[49] Tatsächlich ist die Anrufung nicht frei von Sorgen und mitschwingender Erregung. Goethes Reich wird angerufen; Goethes lebenspendende Kraft möge wirken in der Welt; Goethes humane Gesinnung durchwalte die Wirklichkeit. Wird dieser Wunsch mehr Dauer bewirken als Goethes Anrufung an Carl August von Sachsen-Weimar-Eisenach? Der Großherzog hatte noch dreizehn Jahre nach Empfang des Gedichts gelebt. Sein Dichter sollte ihn überleben. Über die »Herrschaft des Hauses Sachsen ist die Zeit hinweggegangen wie über die des Königs Kabus und des Schahs Schudschâ«.[50] Diesmal, nämlich in Thomas Manns Beschwörung der Goethegestalt, ging es nicht um materielle Herrschaft, auch nicht um physisches Leben, sondern um geistige Zeugung und Durchgeistigung von Lebensverhältnissen. Dennoch bestand kein Anlaß, besonders zuversichtlich zu sein und mit bequemer Ausflucht auf die »unzerstörbaren geistigen Werte« zu vertrauen. Der Roman ›Lotte in Weimar‹ erscheint 1939, im Ausbruchsjahr des zweiten Weltkriegs. Er wird niedergeschrieben nach Vollendung des dritten Josephsbandes als eine jener großen »Einschaltungen«, von denen bereits die Rede war. Das Buch vom Besuch der Frau Hofrätin Kestner in Weimar, dessen Geschehen dem September 1816 angehört (ein Jahr ist verflossen, seit Goethe seine Glückwunschverse schrieb), entsteht in den letzten Friedensjahren. Während der Niederschrift wird Österreich eine Beute des Nationalsozialismus, führt die Septemberkrise des Jahres 1938 zur Zerstörung der Tschechoslowakischen Republik, wird der Überfall auf Polen vorbereitet.

Ein »kleiner Roman« mochte von Thomas Mann beabsichtigt sein. So lautete noch der Untertitel von ›Lotte in Weimar‹, als die Zeitschrift ›Maß und Wert‹ in Zürich (Herausgeber Thomas Mann und Konrad Falke) die ersten Kapitel des neuen Romans der Öffentlichkeit bekanntmachte. Dann kamen Sorgen, Gedanken, deutsche und außerdeutsche Probleme und begehrten in »goethischer« Filtrierung an der Substanz des Buches teilzunehmen. Der Stoff schwoll an. Zwar erreichte er nicht den Umfang des ›Zauberberg‹, jener kleinen Erzählung, über die dann der erste Weltkrieg hereingebrochen war; immerhin ergab sich auch diesmal ein Buch von fünfhundert Seiten.

Ein heiteres Buch, trotz aller Sorge. Beruhigend ist schon die Anrufung. Gewiß schwingt in ihr Bedenklichkeit, sogar Angst. Über allem aber waltet Zuversicht. Anders lautet das Motto zum ›Doktor Faustus‹, das den Beginn des zweiten Gesangs aus Dantes Hölle darstellt: mit Versen, die den Abstieg zur Hölle vorbereiten sollen. Wer sich die italienischen Terzinen, die dem Faustusroman vorangestellt sind, in Fausts »geliebtes Deutsch« überträgt, weiß sogleich: hier beginnt ein herbes, schreckliches, schmerzhaftes Buch. Über der Weimarer·Geschichte aber weht trotz allem herbstlich milde Luft. An mancher Stelle spürt der Leser, daß sein Erzähler der orientalischen Welt Josephs nach wie vor verhaftet blieb.

Eine kleine Geschichte wird höchst ausführlich erzählt. Hatte dem Epiker Thomas Mann schon die knappe Fassung des biblischen Berichts über die Josephsgeschichte mißfallen, da sie nicht »genau genug« vorgetragen worden war, so bleibt vollends die geschichtliche Vorlage für den Aufenthalt der Lotte

Kestner in Weimar in einem Maße dürftig, daß es beinahe hoffnungslos erschien, aus diesem Stoff viel »herauszuholen«. Goethes Tagebuch verzeichnet unter dem 25. September 1816 zunächst die Abfassung eines Gedichts für das Dienstjubiläum des Staatsministers von Voigt. Dann einen kurzen Hinweis auf Theaterfragen und geologische Sendungen. Nachher Ankunft des Erbgroßherzogs und seiner Gemahlin. Abends ›Fidelio‹ im Theater. Dazwischen, höchst beiläufig, ein einziger Satz: »Mittags Ridels und Madame Kestner aus Hannover.«[51] Das ist alles. Auch der eifrigste Goetheforscher konnte an Dokumentarischem nicht viel beisteuern. Das kurze Begrüßungsbillett der Hofrätin Kestner geborene Buff, die Feststellung der Tischgesellschaft bei jenem Mittagessen des 25. September, Goethes Briefchen vom 9. Oktober mit der Theatereinladung: das war nicht viel. Goethe sah weder für sich selbst noch für seine Freunde und Korrespondenten irgend Anlaß, den Besuch der Hofrätin als »buchenswertes« Ereignis aufzufassen. Buchenswert fand den Besuch der Wertherlotte in Weimar höchstens der Kellner Mager aus dem Gasthof »Zum Elephanten«, dieser von Thomas Mann als Prolog und Epilog erfundene, leicht sächsisch sprechende Kommentator. Buchenswert aber fand auch Thomas Mann das Ereignis. Bei Goethe eine Tagebuchnotiz. Bei Thomas Mann ein buchenswertes Ereignis, das fünfhundert Seiten beansprucht. Also muß für den nachgeborenen Erzähler, der Dichtung über einen Dichter schreibt, mit diesem Stoff allerhand verbunden sein an persönlicher und überpersönlicher Sorge. ›Lotte in Weimar‹ wird zum Höhepunkt dieses spannungs- und umwegreichen Weges zu Goethe.

In einem staunenswerten, kaum noch verhüllten Maße ist dies Goethebuch Thomas Manns als Bekenntnis gedacht. Gerade wenn man den Blick hinüberleiten kann von diesem Roman mit dem Erscheinungsjahr 1939 zum letzten Band des biblischen Epos und zum ›Faustus‹, die folgen sollten, wird das persönliche Element der Weimarer Geschichte offensichtlich. Von mystischer Union mit Goethe während der Entstehungszeit hat der Erzähler wiederholt selbst gesprochen. Diese Union aber ist nicht bloß als Anwandlung und Anverwandlung des spätgeborenen Dichters zu denken, sondern auch als geheime, spät bewußt gewordene *Parallelität des Schicksals*. Das mag sonderbar anmuten: gewiß stammt Thomas Mann, wie Goethe, aus dem Patrizierhaus einer freien Reichsstadt; dennoch wäre es absurd, seine Entwicklung als Schriftsteller mit jener Goethes vergleichen zu wollen. In überreichem Maße drängen sich die Unterschiede auf. Um nur ein Moment anzuführen, das im Goethebild des Romans eine wesentliche Rolle spielt: Thomas Mann entscheidet sich schon früh für die Ehe und die Begründung einer zahlreichen Familie. Goethes Unstetigkeit dagegen, sein Hang zum erotischen »Parasitismus«, seine Scheu vor Bindungen, die Absonderlichkeit seines Verhältnisses zu Christiane, zum einzigen überlebenden Kind, werden eindrucksvoll genug in den Reden der Goethestatisten vor Lotte Kestner abgehandelt. In alledem ist Thomas Manns Leben gar nicht goetheanisch. Auch die Züge der äußeren Lebensstellung wären nur in aller Relativität miteinander zu verbinden: Goethes Doppelstellung als großer Dichter und »großer Herr« im Fürstendienst – Thomas Manns sorgenfreie, ungemein in der Welt geachtete Stellung als großer bürgerlicher Schriftsteller. Allerdings hat Heinrich Mann, als er von der »außerordentlichen Namhaftigkeit« seines Bruders sprach, sogleich hinzugefügt, sie sei in wesentlichen Zügen eine Weiterentwicklung des patrizischen Vatererbes.[52] Parallelen drängen sich trotzdem auf: der frühe Ruhm von ›Götz‹ und ›Werther‹ hier, der ›Buddenbrooks‹ dort; der ›Zauberberg‹ als Wilhelm-Meister-Phase in seiner Erscheinungsform als pädagogische Provinz; das Spätwerk vollends von goethischen, besonders faustischen Zügen geprägt. Und doch: die geheime Verwandtschaft, die Thomas Mann vor der Gestalt Goethes empfand, erst spät in einer Deutlichkeit empfand, berührt tiefere Schichten in beider Persönlichkeit und Künstlertum. Indem sie der Goetheroman bloßlegt, gelingt ihm nicht nur eine überraschende Realität der Goethegestalt, sondern auch eine nahezu schonungslose Enthüllung wesentlicher Persönlichkeitselemente Thomas Manns. Mit einem Tasso-Zitat als Motto waren schon zwanzig Jahre vor Erscheinen des Goetheromans die ›Betrachtungen eines Unpolitischen‹ eingeführt worden. »Vergleiche dich! Erkenne, wer du bist!« ›Lotte in Weimar‹ wird gleichsam zu einem ununterbrochenen Vergleich Goethes mit dem Bild, das sein novellistischer Biograph zu entwerfen gesonnen ist. Ohne Vertauschung geht es dabei nicht ab. Die schwarzen und die blauen Augen sind vertauscht: nicht nur im ›Werther‹, wo Goethe, zum Kummer Charlottens, die eigene Augenfarbe (oder auch jene Friederikens) an die Stelle der blauen Originalfarbe Lottes gesetzt hat. Auch sonst waltet der Austausch dergestalt, daß ganze Partien des Romans, besonders als Gespräch oder Selbstgespräch Goethes, den Charakter einer Konfession des heute lebenden Erzählers annehmen. Nicht umsonst geht es in ›Lotte in Weimar‹ abermals um das Problem der *Wiederholung*. Dem Erzähler bleibt stets bewußt, daß der Stoff aus dem Jahre 1816 in den großen biblischen Roman »eingeschaltet« wurde, und von dessen Problemen einiges abbekommt. Goethe spricht im Roman von der »hochheiteren Feier der Wiederholung« als einem Element der »Lebenserneuerung«.[53] Die Wiederholung ist also eine seelische und künstlerische Notwendigkeit als Ausgang geistiger Erneuerung. In der Verschmelzung Thomas Manns mit der Gestalt Goethes geht es auch ihm ersichtlich um die eigene schöpferische Erneuerung.

Sie vollzieht sich zunächst im Bewußtsein tiefer Verwandtschaft. Um die aber steht es nicht ganz geheuer. Es mag banausisch und unverständig sein, wenn konservative Betrachter des Romans ›Lotte in Weimar‹ von Respektlosigkeit sprechen. Soweit dieser Vorwurf die Darstellung menschlicher, allzu menschlicher Züge meint, ist er kaum der Erörterung wert, denn Realität wurde angestrebt, nicht statuenhafte Erhöhung eines bereits Erhöhten. Respektlosigkeit – kaum. *Lieblosigkeit?* Hier wird der Boden bereits weniger sicher. Kein Zweifel natürlich, daß Thomas Mann mit tiefer Verehrung die Gestalt Goethes beschwört, wahrhaft anruft. Dennoch verrät die Zentralgestalt des Romans nicht bloß selbst Züge der Lieblosigkeit, sondern ist auch mit einer Härte und Klarheit geformt, die auf ein entsprechendes Quantum liebloser Hellsichtigkeit beim Gestalter schließen lassen. Gerade an diesen Stellen aber spürt man bei Thomas Mann in der Schilderung Goethes eine *geheime Selbstdarstellung*, wenn nicht Selbstentblößung. Schrecklich klingt herüber, aus Goethes Monolog, das Selbstbewußtsein der starken und einzigartigen Vitalität, die um sich her Verkümmerung sieht und sich als Ursache dieser Verkümmerung weiß.

Die Riemer und Meyer verkümmern in Goethes Schatten, der eigene Sohn, früher die Schwester, der jene Lebenskraft abging, die offenbar nur für den gewaltigeren Bruder ausgereicht hatte. Schrecklich ist Goethes Blick auf den Sohn und die späteren Träger des Namens Goethe als auf ein »Nachspiel . . . bei dem die Natur gähnend und achselzuckend nach Hause geht«.[54] Goethes Gespräch mit August ist mit bösen und untergründigen Spannungen geladen. Beide scheuen sich offensichtlich in ihrem »windschiefen« Dialog vor Gefühlen und Gedanken. Das Gespräch ist entscheidend durch alles, was nicht ausgesprochen wird. Ruchlosigkeit scheint im Egoismus des ungeheuren Mannes zu walten. Die Umwelt scheint es zu spüren; der Durchschnittsdeutsche fragt sich, ob Goethe »Gemüt« besitze. Goethe weiß in diesem Roman, was ihm fehlt; er glaubt die gespenstische Erbschaft des Kaiserlichen Rats Goethe in sich zu spüren, das »Vatervorbild«. So klingt das plötzlich im Roman als Goethewort: »Gemüt, Gemüt, ich glaub's und will's. Das Leben wäre nicht möglich ohne etwelche Beschönigung durch wärmenden Gemütstrug – gleich drunter aber Eiseskälte.«[55] Dann folgen Sätze über den Vater, den »dunklen Ehrenmann«, nach dem Wort Faustens. Man mochte die Sätze bei Erscheinen des Goetheromans überlesen. Seit aber ›Doktor Faustus‹ vorliegt, geht das nicht mehr an. Diese Vatergestalt, dieses Problem der Eiseskälte, der leidenschaftlichen Bemühung um Gemütswärme – finden wir sie nicht als konstituierende Elemente der Gestalt Leverkühns? Muß man nicht sagen, daß Thomas Mann in solcher Leitmotivik auch von sich selbst sprach: mitten im erfundenen Selbstgespräch Goethes? Vatervorbild und Vatersorge, das sind Grundmotive des Goetheromans, aber auch des Josephsromans. Das Verhältnis von Jaakob und Joseph ist zum Glücklichen gewendet; das Verhältnis Johann Wolfgang Goethes und August Goethes steht im Zwiespalt von Übermacht und Verkümmerung. Sollte in alldem nicht Thomas Mann, der Sohn und der Vater, geahnt werden? Und wäre man nicht zur Frage berechtigt, inwieweit

das Thema der Liebe und Lieblosigkeit, der Eiseskälte und
Gemütswärme, als geheime Selbstdarstellung des Menschen
und Künstlers aufzufassen ist?

Damit ist ein anderes Grundthema des Goetheromans angedeutet, das als *Frage nach der Existenzberechtigung dieses Buches*
auftritt. In der Tat ist es ein seltsames Unterfangen, im Jahre
1939 mit einer Überfülle authentischen Materials, gleichsam in
Form einer gewaltigen Montage, die Gestalt des größten deutschen Dichters und seiner Umwelt rekonstruieren zu wollen.
Das Unterfangen nahm einen glücklichen Ausgang. Lebens-
nähe und Realistik des Romans können nicht geleugnet werden.
Bleibt aber zu fragen, warum dergleichen unternommen wurde.
Die Besorgnis um den Sturz eines Götterbildes mag wenig
besagen. Seltsam bleibt dennoch dies Unternehmen einer Dichtung im Vollzug einer Anverwandlung. Das hat abermals mit
der *Parodie* zu tun. Auch mit der Frage des Deutschtums. Von
den Deutschen nämlich heißt es in Goethes morgendlichem
Selbstgespräch:»Sie schauen grimmig drein dabei, weil sie nicht
wissen, daß Kultur Parodie ist – Liebe und Parodie.«[56] Und
fünfzig Seiten weiter im gleichen Monolog:»Humanität als
universelle Ubiquität – das höchste, verführerische Vorbild als
heimlich gegen sich selber gerichtete Parodie, Weltherrschaft
als Ironie und heiterer Verrat des einen an das andere –, damit
hat man die Tragödie unter sich, sie fällt dorthin, wo noch nicht
Meisterschaft – wo noch mein Deutschtum nicht, das in dieser
Herrschaft und Meisterschaft besteht, und repräsentativerweise
besteht, denn Deutschtum ist Freiheit, Bildung, Allseitigkeit
und Liebe.«[57]

Wer spricht da, Goethe oder Thomas Mann? Es gilt wohl für
beide. Goethes Spätwerk ist Nachschöpfung und schöpferi-
sches Nachmachen, freies Spiel der Bedeutungen und Anspielungen, Vertauschung der Landschaften, Kulturen, Epochen.
Er nannte es Geist, später Zivilisation. Hundert Jahre nach
Goethes Tod hat Thomas Mann seine Kunst auf diese Begriffe
der Ironie und Parodie gestellt. Sie strebt hin zum Epischen,
fort vom bürgerlichen Trauerspiel; sie entgleitet den strengen
Festlegungen nach Raum, Zeit und ästhetischer Regel. In allen
Spätwerken Thomas Manns durchdringen sich Sprachformen,

Stilformen, Lebensformen. Der Josephsroman verwendet unbedenklich Ausdrucksformen des modernen Lebens zur Darstellung der ägyptischen und hebräischen Verhältnisse; in ›Doktor Faustus‹ durchdringen sich 16. und 20. Jahrhundert; Goethes Monologe und Themen sind im Roman zum Teil seiner eigenen Welt entnommen, zum Teil der Gegenwart Thomas Manns. Trotzdem ist das Ergebnis nicht Buntscheckigkeit, sondern Einheit. Parodie nämlich ist mehr als ein Formprinzip, das dazu dienen soll, vorhandene Gebilde nachzubilden. Es ist im Spätwerk Thomas Manns, dem Werk einer späten Zivilisation, überreich besetzt mit kulturpolitischer Aufgabenstellung. Die Vermischung der Zeiten und Formen, auch der Gestalten, soll jenem großen Vorgang der *Lebenserneuerung* dienen, von dem Goethe im Roman spricht, den Thomas Mann in diesem Roman vor allem meint. Als ›Lotte in Weimar‹ entsteht, herrscht der Faschismus in Deutschland. Die Goethegestalt des Romans ist eine groß gedachte Widerlegung dieses sogenannten »Deutschtums«. Darum hat die Parodie hier mit der Kultur und mit der Liebe zu tun. Sie bedeutet nämlich Bewahrung des geistigen Erbes *und* Liebe zu geistigen Formen und Gebilden, wo immer sie unter den Menschen in Zeit und Raum aufgetreten sein mögen. *Das* meint Goethe mit der Parodie; das meint Thomas Mann als Parodist der Goethegestalt in seinem Roman aus dem Jahre 1939. Goethes Gestalt dient nicht bloß zur eigenen Verjüngung als »Sieg über Jugendfurcht, Ohnmacht und Lieblosigkeit«.[58]

Die Goethegestalt ist auch als Beschwörung für die Deutschen gedacht, als Anruf zur seelischen Erneuerung in der Anverwandlung an Goethes Geist und Goethes Auffassung des geistigen Lebens. Denn den Menschen »ist gegeben, das Geliebte noch einmal zu leben, geistverstärkt«, und Thomas Mann verkündet seine eigene Aufgabe am Vorabend des zweiten Weltkrieges, indem er Goethe sagen läßt: »Das aber ist's, daß ich für die Versöhnung weit eher geboren als für die Tragödie. Ist nicht Versöhnung und Ausgleich all mein Betreiben und meine Sache Bejahen, Geltenlassen und Fruchtbarmachen des einen wie des anderen, Gleichgewicht, Zusammenklang? Nur alle Kräfte zusammen machen die Welt, und wichtig ist jede,

jede entwicklungswert, und jede Anlage vollendet sich nur durch sich selbst.«[59] Dies Thomas-Mann-Bekenntnis entspringt jenem frühen Wort, wonach er sich eher zum »Repräsentanten« geschaffen fühle, denn zum Kämpfer und Märtyrer. Auch hier möchte er repräsentieren: Humanität nämlich, aber eine Menschengesinnung, die bereits alle Züge des rein bürgerlichen Humanismus von sich abgestreift hat. Im Goetheroman von 1939 ist Goethe nicht mehr auf die Formel eines »Repräsentanten des bürgerlichen Zeitalters« festgelegt wie in der Rede von 1932. Die neue Humanität will abermals verbindend und vermittelnd sein, denn »Geist ist Mittler«: nach der Formel, die man im Goetheroman findet, wie in dem biblischen Epos. Deutschtum und Überdeutschtum, Nationalkultur und Weltkultur fließen in Goethes Selbstvorstellung zusammen. Genauso will es Thomas Mann für sich halten. Auch dies aber vermag bloß Etappe zu sein. Das Buch ist hier insgeheim eine Anrufung der Deutschen von 1939 *zur Versöhnung mit der Umwelt.* Zwischen dem Faschismus und den Kräften des Friedens und menschlichen Fortschritts war aber eine Versöhnung nicht möglich. Das Goethe-Motto des Romans mußte Klang bleiben und Schönheit des Verses. Dies Leben im Geist konnte nicht dauern; ein Reich Goethes aber gab es nicht, das man oberhalb der kämpfenden Fronten hätte gründen können. ›Lotte in Weimar‹ bedeutete Verjüngung und Selbsterneuerung Thomas Manns im Vorgang goethischer Wahlverwandtschaft. Zur Erneuerung einer sterbenden Kultur vermochte sie nicht beizutragen.

Der Autor muß es gewußt haben. Das wahre Geheimnis Goethes finden wir nicht in dem inneren Monolog, sondern in der geheimnisvollen, zwischen Sein und Nichtsein schwebenden Schlußszene des Buches. Die Hofrätin Charlotte Kestner empfing bei der Ankunft in Weimar Besucher von mancherlei Art. Sie alle standen im Umkreis Goethes, wehrlos angezogen vom übermächtigen Licht. Sie hat am Frauenplan zu Mittag gespeist, am 25. September 1816, ohne von dem Jugendfreund an ihrer Seite mehr gehört zu haben als ein Lob des böhmischen Tafelwassers. Am 6. Oktober schickt er ihr seinen Wagen, um sie ins Theater zu geleiten. Dort sieht sie, gerührt und doch voll inneren Widerstands, eine hochherzige Trauerspielerei Theodor Körners. Als sich der Vorhang gesenkt hat, steigt sie wieder in Goethes Wagen – und Goethe sitzt neben ihr, um ein abschließendes Gespräch mit ihr zu führen. Sitzt er wirklich dort, oder endet der Roman mit einem inneren Monolog Lottes, dem sie die Form eines nicht geführten Gesprächs gibt? Der Roman hat es offengelassen. Vieles spricht für den visionären Charakter des scheinbaren Abschiedsdialoges. Wir hatten im siebenten Kapitel das große innere Gespräch Goethes erlebt; sein morgendliches Erwachen mit allen Zeichen sinnlicher Erregung beim Entweichen des Traums; die klar gliedernde Vorgestalt künftiger Pläne und die ebenso klar emporrufende Erinnerung an Vorgänge des langen und reichen Lebens. Vielleicht hat der schön formende Epiker am Schluß des Romans diesem großen Monolog Goethes einen großen abendlichen Monolog Lottes gegenübergestellt, den sie, als Frau, nur in der Zwiesprache mit dem Mann, dem fernen Jugendfreund, zu führen imstande ist. Allerdings ist zu sagen, daß hier zum erstenmal im Roman Goethes Gestalt und Wesen gleichsam unreflektiert als Gefühlsgewalt spürbar werden, ohne die Zwischenschaltung eines Kommentators. Bis zu jenem morgendlichen inneren Selbstgespräch nämlich hatten wir Goethe nur in Spiegelungen erlebt. Das Mittagessen am Frauenplan erfahren wir ausschließlich unter dem Blickwinkel Lottes, die beobachtet und kommentiert; der große Monolog zeigt Goethe gleichsam als Kommentator Goethes. Erst in der letzten Szene spüren wir ihn als wirkende Kraft im unmittelbaren Gefühlsbekenntnis.

Wie dem auch sein möge: es ist anzunehmen, daß Goethes Auftauchen im Wagen abermals zu jenen Vorgängen gehört zwischen der Möglichkeit und der Wirklichkeit, von denen in dem Buch so oft und bedeutungsvoll die Rede ist. Nimmt man das letzte Gespräch als Vision und verkapptes Selbstgespräch der Titelheldin, so wird das Gefühl der Eiseskälte stärker, das man mit Goethes Gestalt im Verlauf der Geschichte zu verbinden hatte. Dann läßt Goethe die Jugendgeliebte abermals allein, damit sie sich aus eigenem einen Abschluß ihrer Geschichte finde. Optiert man für Goethes reale Anwesenheit im Wagen, so erfolgt am Schluß noch im Sinne des Josephsromans ein

»schönes Gespräch«, das Verwirrungen löst, und auch die Träne zu lösen vermag.

Aber vielleicht bedarf es gar nicht mehr der äußeren Harmonie eines friedsamen Zusammentreffens, denn auf höherer Ebene, jener des kulturellen Bereichs, ist diese Harmonie in Goethes Abschiedsworten bereits hergestellt. Die Worte weisen in die Zukunft: nicht bloß in das zukünftige Werk Goethes. Faust und die Sorge klingen an, damit aber auch der Ausklang des faustischen Lebens (und des goethischen Lebens) im praktischen Tun. Das Gedicht ›Selige Sehnsucht‹ zieht als Paraphrase vorüber mit dem Motto des »Stirb und werde«. »Laß unseren Blick sich auftun und unsere Augen groß sein für die Einheit der Welt – groß, heiter und wissend.«[60] Was dann noch folgt, ist abermals Paraphrase: »In meinem ruhenden Herzen, teure Bilder, mögt ihr ruhen – und welch freundlicher Augenblick wird es sein, wenn wir dereinst wieder zusammen erwachen.«[61] Wie hieß es von den Liebenden am Schluß der ›Wahlverwandtschaften‹? »Und welch ein freundlicher Augenblick wird es sein, wenn sie dereinst wieder zusammen erwachen.« Ist dies bloß ein unernst gemeinter ironischer Schnörkel?[62] Echt christlich ist es bei Thomas Mann kaum, wenngleich die protestantischen Anklänge um Thomas Manns Goethedeutung trotz allem nicht unterschätzt werden sollten. Allein auch hier ist etwas formale Parodie beigemischt. Beide Teile des Faust endeten mit einer Intervention »von oben«. Wilhelm Meisters Lehrjahre schlossen mit dem biblischen Gleichnis von Saul, der ausging, »seines Vaters Eselinnen zu suchen, und ein Königreich fand«. Die Wahlverwandtschaften enden gleichsam in einer Auferstehungs-Aura. Nur Wilhelm Meisters Wanderjahre bleiben im Diesseitigen: im Erwachen inmitten tätiger Menschen und geselliger Aufgaben.

Auch Thomas Manns Weg zu Goethe führte diesen Zielen entgegen. Sosehr ›Lotte in Weimar‹ als umfassende Deutung der Goethegestalt angelegt ist, so stark in dem Roman die lebenserneuernde Botschaft anklingt, so spannungsreich ist auch die Entstehungszeit dieses Buches als Abschlußphase einer Zeit zwischen zwei Weltkriegen in dem Roman einbezogen. Das letzte Wort Thomas Manns über Goethe und damit auch

über die Goethegestalt seines Romans findet sich zehn Jahre
später in den Goethereden des Jahres 1949. Hier steht auch das
lösende Wort über die positive Aufgabe des Geistes, der nicht
bloß Mittler sein soll und Versöhner, nicht bloß »Repräsentant«, sondern zu Zeiten auch Oppositioneller: wenn es nämlich die Opposition gilt gegen die Feinde des Lebens und der
menschlichen Aufwärtsentwicklung. So heißt es 1949 als endgültige Anrufung in der Rede über ›Goethe und die Demokratie‹[63]:

»Halten wir es mit ihm, mit seiner Vornehmheit und seiner
Sympathie! Wir werden dann niemals das Unglück haben, in
Opposition zu stehen gegen Liebe und Leben.«

Das Siebente Kapitel des Romans ›Lotte in Weimar‹, das mit Goethes mürrischen, bald selbstgefälligen, bald träumerisch-utopischen Gedanken und Wachträumen angefüllt ist, wird insgeheim immer wieder thematisch durch die Gestalt Schillers beeinflußt. Die Schillernovelle von 1905 hatte uns Goethes Gestalt dargeboten in der Filtrierung durch den Gegenspieler; der Goetheroman von 1939 bietet als Gegenstück ein Schiller-bild in prismenhafter Brechung durch den überlebenden Goethe. Zweideutig und zwielichtig ist das Verhältnis der beiden Dichter: der Psychologe würde von »Ambivalenz« spre-chen. Etwas wie eine mann-weibliche Beziehung scheint zu walten. Zart klingt sie an in jenen Worten, die Thomas Mann dem Selbstgespräch Goethes darüber verleiht. »Nun, er war Mann gar sehr, Mann im Übermaß und bis zur Unnatur, denn das rein Männliche, Geist, Freiheit, Wille, ist Unnatur, da er denn vor dem Weiblichen einfach albern war: seine Weiber sind ja zum Lachen.«[1] Das ist richtig: als ästhetische wie als psycho-logische Bemerkung. Man kann sogleich die gegenteilige Folge-rung anschließen: Goethes Reihe der Frauengestalten von Adel-heid oder Lotte über Stella, Gretchen und Klärchen bis zu den großen Frauengestalten der Romane deutet auf eine Beimi-schung weiblicher Elemente in Goethes Schöpfertum, also daß ihm gerade in solcher Beimischung die wesentlichen weiblichen Gestalten gelingen konnten: während Schillers bedeutsamste Frauen durch ihren männlich-spekulativen, kühn-diplomati-schen Zug gekennzeichnet sind: Elisabeth, Eboli, Gräfin Terzky.

Schon das englische 18. Jahrhundert konnte dazu übergehen, Bücher und Mappen zusammenzustellen nach den zahlreichen Zeichnungen, zu denen Shakespeares Frauengestalten die bil-dende Kunst angeregt hatten. Heinrich Heine vermochte 1838 eine solche Sammlung durch die entsprechende literarische Galerie von ›Shakespeares Mädchen und Frauen‹ ausführlich einzuleiten.[2] Es gibt Dichter, in deren Werk das weibliche Heldentum in entscheidendem Übergewicht dergestalt hervortritt, daß der Kreis der Frauengestalten den weitaus größten Bereich des Gesamtwerkes anzudeuten vermöchte: von Racine und Kleist bis zu Gerhart Hauptmann und Bernard Shaw. Es wäre übrigens nicht bloß an die Dramatiker zu denken, denn im epischen Bereich sind die Beispiele nicht minder häufig: gerade bei Künstlern, die Thomas Mann besonders nahestanden, also bei Tolstoi, dem epischen Vorbild des jungen Thomas Mann, oder bei Heinrich Mann. Bei ihm stehen die Frauenromane als Trilogie der ›Göttinnen‹ am Beginn eines Gesamtwerkes, das immer wieder Frauennamen als Titel aufzuweisen hat (Mutter Marie, Eugenie oder Madame Legros) und in dem Spätwerk ›Der Atem‹ abermals ein Frauenschicksal zu formen weiß.

Wie steht es mit Thomas Manns Mädchen und Frauen? Ganz offenbar: sein Gesamtwerk gehört *nicht* zu jenen Schöpfungen, die man in der Darstellung von Frauengestalten auszumessen vermöchte. Ein einziges Mal taucht ein weiblicher Name im Titel eines Werkes auf, in der Überschrift ›Lotte in Weimar‹: gerade hier aber ist die Heldin nur bedingt als solche anzusprechen. Sie erfüllt viel eher die Aufgabe, Anlaß zu sein für das Wirken der eigentlichen Zentralgestalt, eben Goethes. Das hat der Titel im Grund gemeint, denn die Verbindung des Namens Lotte mit dem historischen Inbegriff Weimar dient schließlich dazu, alle Selbständigkeit der Frau Hofrätin Kestner in dieser Geschichte weitgehend zu reduzieren. Es ist ihre Geschichte, sicherlich. Doch »ihre« Geschichte ist nur eine kleine Einschaltung, ein »Fragment« in der umfassenderen Gesamtgeschichte, die unverkennbar Geschichte eines *Mannes* ist. Die übrigen Frauengestalten? Sie sind niemals in ihrem selbständigen Schicksal bei Thomas Mann so bedeutsam, daß sie die Ehren einer Zentralfigur anzunehmen vermöchten. Mehrfach dagegen erleben wir Buchtitel, die zwei männliche Gestalten schon in der Überschrift zusammen nennen: Mario und den Zauberer; Leverkühn und seinen Freund; Joseph und die Gegengruppe seiner Brüder. Die »*Vertauschten Köpfe*« gehören zwei Freunden, Schridaman und Nanda, um deren Geschichte es sich eigentlich dreht, auch wenn der erste Satz der indischen Legende etwas heuchlerisch verspricht, man werde »die Geschichte der schönhüftigen Sita« berichten.[3] Immer wieder treten Männer auf, schon im Titel der Werke. ›Luischen‹ ist die grausame und komische Geschichte eines zu Maskenzwecken in Weiberkleidung exhibierten Mannes. Das mag wie eine Äußerlichkeit anmuten, wenngleich bei Thomas Mann die Titelgebung stets mit den zentralen Problemen der jeweiligen Arbeit umsichtig verknüpft zu sein pflegt. Fragt man daher nach Thomas Manns Frauengestalten, so wird beim ersten Überblick bereits offenbar, daß sich in diesem Gesamtwerk die Mädchen und Frauen gleichsam an der Peripherie zusammengefunden haben: daß ihnen meist auferlegt wurde, funktionell einer männlichen Zentralgestalt zu dienen. In Thomas Manns Gesamtwerk sind die Frauen nur allzuoft menschlicher und künstlerischer Anlaß. Um ihrer selbst willen wäre die Geschichte vermutlich nicht vom Dichter heraufgeholt und erzählt worden.

Allerdings vollzieht sich in Thomas Manns Entwicklung auch hierin eine entscheidende Wandlung. Im Jugendwerk sind die weiblichen Figuren dort am klarsten umrissen, wo ihnen Züge der Karikatur beigemischt werden konnten. In der Bühnensprache könnte man von reizvollen »Chargen« sprechen. Das gilt vor allem für Toni Buddenbrook und ihre Mutter, auch für die Randfiguren des großen Romans. Gerda Buddenbrook ist weitgehend und bewußt passiv. Sie ist undenkbar ohne jene Geschlechter skandinavischer, französischer und russischer Heroinen aus der Literatur des ausgehenden 19. Jahrhunderts. Das gilt noch mehr für die Frau Klöterjahn der Tristannovelle oder für Lisaweta Iwanowa, Tonio Krögers russiche Freundin, die gleichsam einen symbolischen Inbegriff von russischer Literatur und Lebensform in der Vorstellungswelt des jungen Thomas Mann zu verkörpern hat. Die Milliardärstochter Imma Spoelmann, künftige Gattin der ›Königlichen Hoheit‹, ist allerdings höchst real, auch an ihr aber haften chargenhafte Züge. Überdies ist sie am wenigsten um ihrer selbst willen in der Geschichte. Der Dichter »braucht« sie, damit das wunderliche und ironisch gebrochene Märchen seinen heiteren, betont realen Abschluß finden kann.

Bei Gustav von Aschenbach vollends, der in krampfig zusammengeballter, eben darum fragwürdiger Männlichkeit vorgeführt wird, fehlt dem Werk und Leben das weibliche Element mit einer Konsequenz, daß ihn der Zusammenbruch gerade dadurch zu ereilen vermag. Seine Männlichkeit wird angezogen durch die Jungmännlichkeit des Knaben Tadzio, dessen Anblick Verfallenheit, Untergang, schließlich Tod bedeutet. Die nur-männliche Einsamkeit erweist sich im Physischen als Zusammenbruch, im Schöpferischen (Thomas Mann läßt es ahnen) als geheime Unfruchtbarkeit.

Nun steht es aber so, daß Thomas Mann gerade diesem Gustav Aschenbach wesentliche Züge seines eigenen frühen Künstlertums als Mitgift gegeben hatte: nicht bloß, indem er eigene dichterische Pläne, die aufgegeben waren, nun als Lebenswerk des Schriftstellers Aschenbach dem Leser darbot. Von der Gestalt dieses Schriftstellers her, der untergeht, und der übrigens bei Thomas Mann der erste Schriftsteller ist, *den er als Künstler ernst nahm*, was bei Herrn Spinell und Tonio Kröger kaum der Fall war, ausschließlich überdies ein epischer Schriftsteller wie sein Autor, lassen sich entscheidende Eindrücke auch von den Männergestalten Thomas Manns gewinnen. Unfruchtbar, unbeweibt, auch hierin »formal«, war der Großherzog des höfischen Romans. Er hatte auch als Mann abgedankt, bevor er als Fürst resignierte. Thomas Buddenbrooks Ehe ist keine gute Ehe. Die Partner finden sich nicht. Jeder ist allein in seiner Einsamkeit. Sie haben ein einziges Kind, das lebensunfähig ist und die Familie nicht fortsetzen wird, vielmehr sein höchstes Gefühl in der Kunst und der Knabenfreundschaft verströmen läßt. Tonio Kröger seinerseits liebt den Mitschüler Hans Hansen; aber auch dies ist eigentlich nur die Liebe zum Andersartigen, zum Gegentyp, zudem nicht frei von einem gewissen selbsterfüllten Hochmut. Die blonde Inge vollends ist nur Umriß des Gegentyps. Wenn sie sich gleichsam »organisch« zu Hans Hansen findet, so wird damit verkündet: nur als Bündnis solcher unangefochtenen Naturen sei eine Ehe oder Bindung zwischen Mann und Weib möglich. Tonio Kröger liebt eigentlich weder den Schulfreund noch das blonde Mädchen, noch die russische »mütterliche Freundin«. Um ihn weht bereits die eisige Luft des späten Adrian Leverkühn, der keinen Zugang finden kann zu Mann, Weib oder Kind.

In einem der letzten Schauspiele des Franzosen Jean Giraudoux, in ›Sodom und Gomorrha‹, soll die Menschheit gerettet
werden, wenn sich in der Stadt Sodom ein einziges glückliches
Paar, ein einziger Fall gemeinschaftlichen Glücks, zu finden
vermag.[4] Es wird nicht gefunden – und die Stadt stürzt zusammen. Wäre das Leben der Menschheit identisch mit jener Welt
von Schicksalen und Lebensformen, wie sie der frühe Thomas
Mann schildert, der Untergang wäre auch hier unabweisbar.
Allerdings: auch in den späteren Werken des Dichters gelangt
niemals eine Frau zur vollen und selbständigen Lebensgestal-
tung. Immer wieder wird sie in die Funktion verdrängt, und
damit dem eigenen Wirken in sich und für sich selbst entrissen.
Madame Chauchat im ›Zauberberg‹ hat gewiß ihre eigene
Geschichte, die wir ahnen und andeutend erfahren; sie ist eine
sehr reizvolle, liebenswerte, höchst lebendige Frau, trotz der
Krankheitselemente in ihrem Röntgenbild. Aber sie steht in der
Geschichte Hans Castorps, nicht in ihrer eigenen. Sie ist sogar
in Herrn Peeperkorns Geschichte eigentlich Zubehör. In der
Geschichte der Gesamtgesellschaft aber hat sie außerdem noch
vom Dichter den Auftrag erhalten, den Problemkreis »Rußland«, als Erbteil der Lisaweta Iwanowa, mit zu vertreten. Die
Frau des Potiphar wiederum, Eni, füllt als gewaltige Frauengestalt den dritten Band des biblischen Epos. Alle Züge weiblicher Leidenschaft, der Scham und Schamlosigkeit, der Gier und
Sitte, des Geisteslebens und des Trieblebens sind in ihr entfes-
selt. Dennoch ist sie Episode, die nicht um ihrer selbst willen
behandelt wird. Ihre Entfesselung und Verkümmerung erfolgt
sogar gerade dadurch, daß sie in dieser fremden Geschichte
steht und damit aller »normalen« Erfüllungen beraubt sein
muß. Josephs Geschichte nämlich kann sich nur »erfüllen« (in
jenem zweideutigen und humoristischen Sinn, den Thomas
Mann, fern aller Schicksalsgläubigkeit, diesem Motiv zu geben
weiß), wenn die Frau des Potiphar als Episode und »Charge«
zurückbleibt; wenn also die »schöne Geschichte« Josephs und
seiner Brüder *nicht* in der Liebeserfüllung zwischen dem Haus-
hofmeister und der »Herrin« verläuft. Zudem: nicht ohne
Grund verweist Thomas Mann auf den bedenklichen Doppelcharakter und sprachlichen Urgrund, den das Wort »Herrin«

verrät. Hier ist ein männliches Element beigemischt. In Josephs Verhältnis zur begehrenden Frau des Peteprê sind die Rollen des Mannes und Weibes vertauscht. Die Herrin tritt in der männlichen Rolle des Begehrens auf; daher nicht zuletzt Josephs Widerstand und »Keuschheit«. »Seine erweckte Männlichkeit wollte nicht ins leidende Weibliche herabgesetzt sein durch einer Herrin männisches Werben, nicht Ziel, sondern Pfeil sein der Lust.«[5] Wird man nicht gerade bei dieser Gestalt abermals an Schillers große politische Heroinen erinnert? Übrigens auch bei der großen weiblichen Gestalt des vierten und abschließenden Bandes, bei dieser Thamar, der entschlossenen Nicht-Hebräerin, die sich in die biblische Geschichte »einschaltet«, um das Geschlecht der Juden recht eigentlich fortzuführen, und die der Dichter selbst »die verblüffendste Figur dieser ganzen Geschichte« zu nennen wagt.[6] Auch sie handelt in durchaus männlicher Entschlossenheit: politisch, planend, überweiblich. Ihre Weiblichkeit ist ihr Mittel zu einem eigentlich unweiblichen Zweck, wie nur je bei einer Dramengestalt Friedrich Schillers. Sonderbar genug steht sie mit diesen männlichen Zügen neben Eni, der »Herrin«.

Die weiblichen Figuren im ›Doktor Faustus‹ schließlich sind entweder bloße Umrahmung, ähnlich den Damen Stöhr oder Levi im ›Zauberberg‹; oder sie dienen lediglich als Motiv, das Verhältnis zwischen zwei Männern zum Höhepunkt und Abschluß zu bringen, wie die Gestalt der Marie Godeau, die nur um Leverkühns und des Geigers Schwerdtfeger willen im Spiel ist; oder sie sind sogar aller leiblichen Gegenwart entbunden, wie Leverkühns »ferne« Gönnerin, die, übernommen aus Tschaikowskijs Leben (gerade Tschaikowskijs Leben!), in die Geschichte des deutschen Tonsetzers herübergenommen wurde.

Es steht sonderbar um Thomas Manns Frauengestalten. Allerdings haben wir dabei jene rührende, weibliche Gestalt der Rahel noch nicht genannt. Alle weiblichen Schicksale in Thomas Manns Gesamtwerk besitzen also die gemeinsame Funktion, in männliche Schicksale auslösend, hemmend oder klärend verwickelt zu sein, Thomas Manns Gestaltenwelt hat zu tun mit Fragen des Mannes und der Männlichkeit. Es sind aber

Fragen, die im Keim über das Psychologische hinausreichen und durchaus auch als überindividuelle Problematik gestaltet werden.

Die Ehe zwischen Jaakob und Rahel ist eine glückliche Ehe. Sie steht ohne Gegenstück in Thomas Manns gesamtem Werk, wenn man nicht das persönliche Eheerlebnis heranziehen will, wie es als »Wir«, also als Lebensgemeinschaft, hinter dem Ehepaar Cornelius in der Novelle ›Unordnung und frühes Leid‹ sichtbar wird, oder in dem privat anmutenden Bericht des Erzählers von sich und seiner Familie in ›Mario und der Zauberer‹. Sonst aber fehlt es an ehelichen Verbindungen in diesem Werk, die »aus der Höhe und aus der Tiefe« gesegnet wären. Toni Buddenbrooks scheitert in drei Ehen, wenn man den Bund ihrer Tochter Erika mit Herrn Direktor Weinschenk hinzurechnet. Die Königliche Hoheit und die Milliardärstochter entschwinden gerade noch rechtzeitig unter lachender Verbeugung bei fallendem Vorhang, so daß die Frage offenbleiben muß, wie es ihnen ergehen wird. Thomas Buddenbrooks Lebensgemeinschaft ist gefährdet: ihr entspringt nur ein gefährdetes einziges Kind. Die schönhüftige Sita in der indischen Legende kommt nicht zu dauerhaftem Glück, da auch bei Vertauschung der Körper und Häupter ihres Gatten und ihres Freundes jedesmal Wünsche offenbleiben und bedürftige Sehnsucht weiterwirkt: bald ist der Ehebund im Körperlichen, bald im Geistigen unerfüllt.

Nur Jaakobs und Rahels Ehe ist wahrhaft glücklich. Um einen Preis allerdings: daß die hübsche und schöne Rahel, Thomas Manns bezauberndste Frauengestalt, auf die Rolle der Geliebten beschränkt bleibt. Sie hat keinen Anteil an Jaakobs Gottesträumen und geistig-geistlichen Sorgen. Das bleibt »Mannessache« zwischen Jaakob und dem Diener Elieser, später, nach dem frühen Tod der Geliebten, zwischen Jaakob und Joseph, dem Sohn der Rahel. Sie selbst aber ist von allen Lebensbereichen des Gatten insgeheim ferngehalten. Um das Hauswesen kümmern sich Lea, die Mägde, die heranwachsenden Söhne Leas und der Mägde. Rahel ist nicht bloß schön und liebreich, sie ist auch tapfer, klug und eifrig. Aber ihr mißlingt alles außerhalb des Liebeslebens. Auch ihre Mutterschaft verläuft nicht »normal« im Sinne weiblicher Tüchtigkeit, wie bei den anderen Frauen des Stammes. Joseph ist ein spätes Kind und wird unter Schmerzen geboren. Bei Benjamins Geburt, beim Erscheinen des »Todessöhnchens«, stirbt Rahel. Schön und erfüllt ist ihr Dasein nur in der Liebe – und dann in der Art ihres Todes, den Thomas Mann mit unvergleichlicher Gefühlskraft geschildert hat. Diese einzigartige Frauengestalt ist reine Weiblichkeit: aber gleichsam in der »platonischen Idee« reiner erotischer Partnerschaft. Das gilt auch für die indische Sita zwischen ihren beiden Männern, deren Dasein immer wieder gipfelt und aufgerührt wird durch das Problem erotischer Glückserfüllung. Jenseits ihrer – allerdings glanzvollen – Schönheit hat man offenbar von ihr nicht viel zu halten. Die große Göttin Kâlî, die Weltenmutter der indischen Mythologie, geht daher nicht sehr zartfühlend mit diesem Geschöpf ins Gericht. »Du dumme Ziege« – das ist noch die zärtlichste Anrede, deren sich Sita von der Göttin zu vergewärtigen hat.[7] Überdies gerade mit Sita als zentraler Frauengestalt der ›Vertauschten Köpfe‹ geht es merkwürdig zu. Ihre Geschichte soll hier erzählt werden; eigentlich aber ist es die Geschichte ihrer beiden Männer, des Vergeistigten und des Körperschönen. Wohl wird in ausführlicher Behaglichkeit Sitas Nacktheit im Bade beschrieben, doch unaufhaltsam wendet sich der Erzähler später der männlichen Schönheit und »Tüchtigkeit« zu, indem er gleichsam alle Vor- und Nachteile weitgehend aus der Sphäre des männlichen Körpers in die Verwicklungen der Geschichte einzuschalten weiß. Wir erleben daher abermals und insgeheim eine Männergeschichte: erzählt ist sie aus dem Blickfeld der glücksuchenden Frau. Nicht um Sita geht es eigentlich, sondern um Vorgänge des männlichen Körpers. Es ist abermals ein *umgekehrtes Verhältnis zwischen den Geschlechtern*, wie bei dem gleichsam männlichen Begehren, das die Frau des Potiphar nach Josephs Körperlichkeit verspürt hatte. Männliche Tüchtigkeit und Potenz spielen überhaupt in Thomas Manns Altersdichtung eine nicht unbeträchtliche Rolle: bei Jaakobs Eheschließung, bei Josephs Keuschheit, in Goethes Morgengedanken, nicht zuletzt in der sonderbaren Einschaltung im Faustusroman, die der »verhexten« Körperlichkeit des Heinz Klöpfgei-

ßel aus Konstanz gegen Ende des 15. Jahrhunderts gilt.[8] Das
Thema körperlicher Mächtigkeit und Unmächtigkeit wird
immer wieder abgewandelt. Die Gestalt Potiphars und der
beiden Zwerge ist entscheidend dadurch geprägt; übrigens auch
Goethes berühmtes (oder »berüchtigtes«) Gedicht ›Das Tagebuch‹, das August von Goethe andeutend in sein Gespräch mit
Lotte Kestner einfließen läßt. Die männliche Physis gehört
daher als Problem und Moment unzweifelhaft in eine Darstellung von Thomas Manns Lebensmotiven.
Allenthalben also verlagert sich die Darstellung auf die männliche Sphäre. Immer wieder tauchen in den Werken die mann-
männlichen Konstellationen auf, die niemals eines erotischen
Beiklangs oder sogar einer Vollziehung entbehren. Sie treten
auf im Knaben- und Jünglingsalter: zwischen Hanno Buddenbrook und seinem Freund Kai; zwischen Tonio Kröger und
Hans Hansen; zwischen dem Schüler Castorp und dem Schüler
Hippe; oder als männliches Begehren nach der Schönheit des
Knaben im ›Tod in Venedig‹; oder in den verhüllten, doch
geahnten Beziehungen zwischen Isaak und Ismael; zuletzt mit
entscheidender Akzentsetzung in der erotischen Beziehung
zwischen Leverkühn und Schwerdtfeger.
Mit diesem Themenkreis hat Thomas Mann zweifellos ein
Phänomen der deutschen Geschichte, vor allem in ihrer jüngsten Vergangenheit, behandelt und offensichtlich auch behandeln wollen. Denn überall dort treten die Beziehungen von
Mann zu Mann in seinem Werk auf, wo es darum geht, gerade
eine *deutsche* Problematik zu behandeln. Man braucht nur an
den Kreis Stefan Georges zu erinnern oder an die erotische
Wandervogel-Philosophie Hans Blühers.[9] Die Rolle von Män-
nerbünden auf erotischer Grundlage in der Bewegung der
Freikorps, der nationalistischen Gruppen ist bekannt. Übrigens
finden sich ähnliche Züge schon in den deutschen Männerbün-
den aus der Zeit der napoleonischen Kriege. Nicht umsonst
hatten die faschistischen Gruppierungen nach dem ersten Weltkrieg in Abzeichen, Symbolsprache oder Femewesen die entsprechenden Überlieferungen Lützows, Schills und der ersten
Burschenschaften nachgeahmt.
Thomas Mann hat früh erkannt, daß diese Form der Männer-

bünde in ihrem Willen zur geschlechtlichen Unfruchtbarkeit eng mit dem Tode sympathisierte. Solange seine eigene deutsche Entwicklung im Umkreis pessimistischer und musikalischromantischer Kulturphilosophie verlief, selbst dieser Sympathie mit dem Tod nicht abhold war, mußte auch in seinem Werk die Bindung von Mann zu Mann im wesentlichen mit positiven Akzenten vorgetragen sein. Schließlich waren Stefan George oder Alfred Schuler[10], die auf diesem Wege am weitesten vorgestoßen waren, waren Klages und Ludwig Derleth, denen man in boshaft überscharfer Zeichnung im ›Faustus‹ wiederbegegnen sollte, sämtlich nicht denkbar ohne Nietzsche. Als sich daher Thomas Mann zum erstenmal auch in der Öffentlichkeit klar gegen alle romantische Todessüchtigkeit unter den Deutschen ausspricht: in jener von der akademischen Jugend mit Mißbilligung aufgenommenen Rede ›Von deutscher Republik‹, kommt er sogleich auch auf dieses Phänomen des Männerbundes zu sprechen. Von dieser Form des Eros heißt es dort: »Die politische Einstellung seiner Gläubigen pflegt nationalistisch oder kriegerisch zu sein, und man sagt, daß Beziehungen solcher Art den geheimen Kitt monarchistischer Bünde bilden, ja, daß ein erotisch-politisches Pathos nach dem Muster gewisser antiker Freund-Liebschaften einzelnen terroristischen Akten dieser Tage zugrunde gelegen haben. Nun, Harmodios und Aristogeiton waren Demokraten, und von einer tieferen Gesetzmäßigkeit dessen, was heute Regel scheint, kann nicht die Rede sein.«[11] Auch hier will er der deutschen Jugend zeigen, daß die Romantik des Novalis nichts zu tun habe mit jenem späten, verfallenden, untergangsreifen Treiben.

Je mehr Thomas Mann aber selbst im Verlauf seiner Entwicklung den deutschen Bereich sich weiten sieht, so daß allgemeine Fragen der bürgerlichen Gesellschaft und ihres Schicksals in den Vordergrund treten, um so ferner rücken diese Konstellationen männlicher Bindung. Mit dem Durchbruch der Lebenssympathie treten zum erstenmal auch entscheidend die Frauengestalten in diesem Werk hervor. Niemals werden sie Träger der Werke wie in der künstlerischen und menschlichen Entwicklung Heinrich Manns; aber sie wirken überall im Sinne einer neuen Humanisierung. Mit ihrer Hilfe gelingt es nicht zuletzt, wenn – nach den Worten des Goetheromans – der »todverbannende Kreisschluß« vollzogen wird als »Sieg über Jugendfurcht, Ohnmacht und Lieblosigkeit«. Die Entwicklung seit den Anfängen läßt sich daran ablesen, daß eine epische Rückkehr in den deutschen Bereich sogleich auch wieder auftritt als Ohnmacht, Einsamkeit und Lieblosigkeit. Sogleich ist auch der Ausgleich durch die Frau aufgehoben: die mann-männliche Bindung stellt sich wieder her. Aus diesen Elementen baut sich das Leben Adrian Leverkühns, des deutschen Künstlers, in einer untergehenden Gesellschaft. Aber Thomas Mann ist nicht mehr im Einklang mit Leverkühn. In der Geschichte Leverkühns wird ein Buch des Endes geschrieben – aber der Erzähler gedenkt dieses Ende zu überleben: so daß es mit der Endgültigkeit dieses Endes nicht allzu wörtlich bestellt sein kann. Zwei Männer sind im Spiel, zwei deutsche Freunde. Aus ihrer geheimen Identität erwächst die Problemstellung dieses Faustromans als ›Buch des Endes‹, dem die faustische Utopie im ›Buch des Anfangs‹, in der Josephsgeschichte, als Ergänzung bestimmt war.

BUCH DES ENDES
(›Doktor Faustus‹)

»Am 23. Mai 1943, einem Sonntagmorgen, kaum mehr als zwei
Monate, nachdem ich jenes alte Notizbuch hervorgezogen,
dem Datum, an dem ich auch meinen Erzähler, Serenus Zeitblom, sich an sein Werk machen lasse, begann ich, Doktor
Faustus zu schreiben.«[1] Das epische Unternehmen findet seinen
Epiker auf dem amerikanischen Kontinent: an jener Küste, die
als »äußerster Westen« dem Pazifischen Ozean zugewandt ist
und damit gleichsam zum »Fernen Osten« eine Verbindung
herstellt. Der Erzähler Thomas Mann erzählt von einem ande-
ren Erzähler, dem Dr. phil. Serenus Zeitblom vom Jahrgang
1883. Auch Zeitblom setzt sich in Freising an der Isar an den
Schreibtisch, um ein gewaltiges Schreibewerk zu beginnen.
Nicht genau auf den Tag wie sein Autor und »Schöpfer« in
Kalifornien, wodurch die allzu nahe Schicksalsverbindung
etwas gelockert wird, doch ziemlich genau um die gleiche Zeit.
Thomas Mann beginnt am 23. Mai 1943, Doktor Zeitblom in
Bayern ergreift die Feder am 27. Tage des gleichen Monats und
Jahres.[2] Zwei Jahre, so schreibt Zeitblom, seien verflossen,
seitdem Adrian Leverkühn starb, will sagen: »Zwei Jahre,
nachdem er aus tiefer Nacht in die tiefste gegangen.« Auch hier
liebt der berichtende Zeitblom und sein durch ihn berichtender
Erzähler einige kleinere Ungenauigkeiten. Die Zweijahresfrist
seit Leverkühns Tod nämlich ist am 27. Mai 1943 um einiges
überschritten. Am 25. August 1940 erfährt der Freund des
Verstorbenen die Todesnachricht. An diesem Tage starb der
deutsche Tonsetzer Adrian Leverkühn. Um diese Zeit stand das
Dritte Reich nach der Niederwerfung Frankreichs auf der Höhe
seiner äußeren Erfolge, waren die Truppen ihres »Führers« in
Paris eingezogen. Gleichzeitig waren am 25. August 1940 auf
den Tag vierzig Jahre vergangen, seit Friedrich Nietzsche in
Weimar die Augen schloß, will sagen: »Vierzig Jahre, nachdem
er aus tiefer Nacht in die tiefste gegangen.« Dies alles bedeutet
eine sonderbare Mischung. Was ist hier eigentlich real: der
Erzähler Thomas Mann oder sein zwischen Autor und Stoff
eingeschalteter Erzähler Zeitblom? Wer bestimmt das Gesetz

des anderen? Thomas Mann etwa, wenn er die Datierung des realen Werkbeginns mit der Datierung des imaginären Werkbeginns verknüpft – wobei von einem »imaginären« Werkbeginn des imaginären Biographen Zeitblom nun auch wieder nicht gesprochen werden kann, denn das Ergebnis seiner schriftstellerischen Arbeit steht schließlich als reales Buch vor uns: als etwa achthundert Seiten Lebensgeschichte, »erzählt von einem Freund«!

Ist Adrian Leverkühn identisch mit Friedrich Nietzsche, aus dessen Leben so viele Einzelheiten in seine Biographie übernommen wurden, vor allem die Art seiner Krankheit und auch die Art und Weise, wie es zu ihr kam? So daß sogar das Todesdatum beider (Leverkühn und Nietzsche) dem Tage nach gemeinsam ist; so daß außerdem in diesem Buch kaum ein wichtiger Name der zeitgenössischen Dichtung, Literatur, der produktiven und reproduktiven Musik ungenannt bleibt, von Friedrich Nietzsche allerdings nirgendwo gesprochen wird. Auch nicht von Thomas Mann übrigens, der immerhin dieser Lebenszeit Leverkühns als nicht unbeträchtlicher Zeitgenosse angehörte. Leverkühn ist ziemlich genau zehn Jahre nach Thomas Mann geboren, im Jahre 1885. Den genauen Geburtstag verschweigt uns der sonst so präzise Berichterstatter Zeitblom. In etwas umständlicher Poeterei wird der Geburtstag Leverkühns in die Frist verlegt, da »im Jahre 1885 Blütezeit war«.[3] Eine etwas ungenaue Geburtsdatierung für einen Biographen. Es blühte aber »eine mächtige, zur Junizeit mit herrlich duftenden Blüten bedeckte, von einer grünen Bank umlaufene alte Linde«. Juni also. Am 6. Juni 1875 wurde Thomas Mann geboren.

Immer sonderbarer wird die »Montage«. Geht es um eine Lebensgeschichte Nietzsches? Wohl nicht unbedingt. Wenn auch, neben allem übrigen, die Frist geistigen Schaffens, die diesem philosophierenden Musiker oder musikalischen Philosophen gegeben war, abermals mit Leverkühns Schaffenszeit zusammenfällt. (Übrigens auch genau mit jener Frist, die dem Doktor Faustus im Deutschen Volksbuch vor der Höllenfahrt bewilligt worden war.) Warum aber plötzlich die autobiographischen Anspielungen um Leverkühns Geburtstag, so daß man zugespitzt sagen könnte: der von Thomas Mann erfundene Komponist Leverkühn sei genau zehn Jahre nach Thomas Manns Geburt zur Welt gekommen, genau vierzig Jahre nach Nietzsches Tod gestorben . . . Auch sonst gibt es autobiographische Elemente Thomas Manns im ›Faustus‹: nicht zuletzt die Lebensgeschichte der Schwester und Schauspielerin Carla Mann, deren Schicksal in der Gestalt der Schauspielerin Clarissa Rodde in den Romanteppich verwoben wurde.[4] In alledem scheinen sich historische und epische Wirklichkeit ununterbrochen zu durchdringen, wenn nicht zu äffen. Balzac wurde im Gespräch ungeduldig, als man über Tagesereignisse sprach. Er verlangte, man solle über Wirklichkeiten reden. »Sprechen wir von Eugénie Grandet!« Sie war eine Romanfigur, sein Geschöpf, diese Eugénie Grandet.

Sieht man die Gestalten des ›Faustus‹ in ihrer Gesamtheit, so gehören sie *drei* verschiedenen Formen von Wirklichkeit an. Allein auch hier durchdringen sich Wirklichkeit und Möglichkeit im mutwilligen, doch hintergründigen Spiel des Erzählers. Reale Zeitgenossen treten unter ihren eigenen Namen auf: Kapellmeister wie Klemperer, Bruno Walter oder der Züricher Volkmar Andreae, der Dr. Willi Schuh, Musikkritiker der ›Neuen Zürcher Zeitung‹. Orchester und Konzertzyklen werden mit der imaginären Musik in Verbindung gebracht: die Donaueschinger Festspiele für neue Musik aus der Zeit der Weimarer Republik. Oder es fährt Adrian Leverkühn nach Graz zur »wirklichen« Erstaufführung von Richard Strauss' Salome.

Alles bedeutet eine *erste* Sphäre der Wirklichkeit: reale Menschen und Ereignisse als Bestandteile eines imaginären Lebens. Auf der *zweiten* Stufe sogenannter Realität finden wir viele Randfiguren des Buches, die so unverblümt nach wirklichen und bekannten Zeitgenossen gearbeitet wurden, daß sie mit vollster Absicht des Dichters Schlüsselcharakter besitzen müssen. Leverkühns Freund Rüdiger Schildknapp verrät in jedem Zug die menschliche »Vorlage«. Was Thomas Mann nach Erscheinen des Buches keineswegs zu verheimlichen sucht, im Gegenteil wie ein Kompliment behandelt, das man der Genauigkeit des Porträtisten gemacht hat.[5] Jeanette Scheurl ist unverkennbar als Porträt der Erzählerin Annette Kolb gedacht. Die peinlichen und ohne alle Sympathie vom Dichter »getroffenen« Münchener Ideologen des herannahenden Faschismus sind ebenfalls, bei allem typischen Gebaren, nach lebenden Mustern gearbeitet. Ihre erfundenen Namen im Roman könnten oft gegen die bekannten Eigennamen dieses Professors der Kunstgeschichte oder jenes Theoretikers einer Literaturgeschichte der »Stämme und Landschaften« ausgetauscht werden. Das ist eine zweite Form der Wirklichkeit im Buch und gleichzeitig im »Leben«.

Einem *dritten* Problem der Realität begegnet man bei anderen Randgestalten, etwa den sonderbaren Theologieprofessoren aus Halle, die Leverkühns Studienzeit der »Gottesgelahrtheit« angehören: den Herren Ehrenfried Kumpf und Eberhard Schleppfuß. Zum dritten Problemkreis des Realen gehören vor allem die beiden Hauptfiguren: der deutsche Tonsetzer Adrian Leverkühn und sein Freund Serenus Zeitblom. Während alle anderen Gestalten in ihren äußeren Zügen, der Art ihres Sprechens, des Stimmklanges, des Akzents umrissen wurden, ist Thomas Mann diesen beiden gegenüber in der Anwendung üblicher Mittel der epischen Vergegenwärtigung überaus zurückhaltend. Von der äußeren Gestalt Leverkühns erfährt man eigentlich erst ein wenig nach Eintritt der Umnachtung, als ganz bewußt die Krankheitszüge Nietzsches mit seiner äußeren Gestalt zusammenfallen. Sonst aber gilt hier ein geheimes Selbstverbot, eine auferlegte Sperre. »Ein Verbot war hier einzuhalten – oder doch dem Gebot größter Zurückhaltung zu gehorchen bei einer äußeren Verlebendigung, die sofort den seelischen Fall und seine Symbolwürde, seine Repräsentanz mit Herabsetzung, Banalisierung bedrohte.«[6] Dieses Verfahren schien dem Dichter notwendig vor seinen beiden Hauptgestalten, »die zuviel zu verbergen haben, nämlich das Geheimnis ihrer Identität«.[7]

Wie nun aber? Somit wäre geheime Identität vorhanden zwischen dem unglücklichen und versinkenden Musiker Leverkühn, und Zeitblom, dem klassischen Philologen, dem überlebenden Freund und Vertrauten, dem Epiker und psychologisierenden Biographen? Abermals wird man in die historische

Wirklichkeit zurückgetrieben. Es schließt sich der Kreis. Die beiden Hauptgestalten des Romans, die keinerlei Schlüsselcharakter besitzen sollen, sondern wesentlich Symbolcharakter, sind also insgeheim identisch – und führen zurück zu realen Menschen unserer Gegenwart und Vergangenheit. Leverkühns Todestag ist Nietzsches Todestag. Sein Geburtstag hat offensichtlich mit dem Lebensbeginn Thomas Manns zu tun. Wenn beide aber in einer tiefen und entscheidenden Sphäre so identisch sind wie Faust und Mephisto, Tasso und Antonio, übrigens wohl auch Hans Castorp und Joachim Ziemssen im ›Zauberberg‹, dann hat mithin auch der erzählende Freund Zeitblom mit Nietzsche zu tun. Mit Nietzsche – und mit Thomas Mann. Für den Leser wird es offensichtlich, daß sich im Verhältnis Thomas Manns zur Figur des eingeschalteten Biographen im Verlauf der Geschichte eine wesentliche Entwicklung vollzieht. Zunächst ist Zeitblom als eine Gestalt gedacht, die keineswegs mit dem Erzähler identifiziert werden dürfte. Zeitblom schreibt als Deutscher in Deutschland, als anständiger, etwas gymnasial-unzeitgemäßer Humanist aus guter bürgerlicher Tradition. Er schreibt überdies in der Furcht der Gestapo und in Besorgnis vor den hitlertreuen eigenen Söhnen. Das legt seiner Darstellung gewisse »Rücksichten« auf, die er im Verlauf der nahenden Katastrophe immer mehr fallenläßt.[8] Gegen Ende des Buches aber, wenn der Zusammenbruch des Hitlerreichs eintritt und auch den erzählenden Zeitblom in seiner kleinen Stadt an der Isar äußerlich einbezieht, verschmelzen dessen Erkenntnisse und Konfessionen immer distanzloser mit den Bekenntnissen des eigentlichen Erzählers, der im fernen Kalifornien dieses Schicksal beschreibt. »Er kann sagen, schrieb jemand frei nach Goethe, er sei nicht dabeigewesen. Nicht doch, ich bin dabeigewesen. Wie einer das Schmerzensbuch von ›Doktor Faustus‹ gelesen haben und dann noch sagen kann, ich sei nicht dabeigewesen!«[9] So gestand Thomas Mann bei seinem ersten Deutschlandbesuch 1949 vor dem Publikum der Frankfurter Paulskirche und des Deutschen Nationaltheaters in Weimar. Er war in wesentlichen Portionen seines eigentlichen Schicksals verbunden mit Zeitblom, wie er sich auch verbunden fühlte mit Leverkühn. Damit wird eine neue Form der Realität für die

Hauptgestalten begründet: gemischt aus objektiver Bericht-
erstattung, historischer Vorlage, dichterischer Erfindung, symbolhafter Bedeutung und selbstbekennender Aussage.

Als *Selbstaussage* ist der große Altersroman gedacht. Immer
wieder hat Thomas Mann betont, wie ungemein nahe er sich
gerade mit diesem Buch und seiner Schmerzenswelt verbunden
fühle. Es war offenbar von Anfang an dazu bestimmt, zu
Konfessionen benutzt zu werden. Das läßt sich sogar an scheinbar nebensächlichen Momenten beobachten. Viel literarisches
Erlebnis aus den Emigrationsjahren Thomas Manns wurde in
diesem Roman wenigstens andeutungsweise »verwertet«, da
offenbar die Zeit nicht mehr blieb, solche Themen noch essayistisch zu bewältigen. Klopstock und Clemens Brentano, Keats,
Shakespeares Lyrik und Dramatik. Viel literarische Eindrücke
hat der Erzähler dem Musiker Leverkühn zur entsprechenden
künstlerischen Verwendung abgetreten, ganz wie der Schriftsteller Gustav von Aschenbach von Thomas Mann die Themen
des Friedrich-Romans und des Maja-Epos geerbt hatte. In der
Tat wird man im ›Doktor Faustus‹ zahlreiche Rudimente und
Fragmente nicht geschriebener Essays finden können. Daneben
natürlich ein Kompendium politischer Bekenntnisse, wie sie
durch den Selbstkommentar über die Entstehung des ›Doktor
Faustus‹, diesen »Roman eines Romans«, noch unterstrichen
werden.

Essayistische Selbstaussage in einem tieferen Sinne ist aber das
ganze Buch auch insoweit, als es aufgefaßt werden muß wie die
Nachholung fälliger Abrechnungen mit geistigen Grunderlebnissen des jungen Thomas Mann. Vom Einfluß Schopenhauers
hatte sich Thomas Mann wohl am frühesten befreit. Das war an
der entscheidenden Wegbiegung des Josephsromans sichtbar
geworden, die von Schopenhauer abzuführen bestimmt war.[10]
Theoretisch wurde die Ergänzung gegeben im Schopenhauer-
Essay von 1938, die äußerst distanziert auftritt.[11] Hier schreibt
rückblickend der alternde Thomas Mann, der als junger
Mensch Schopenhauerianer gewesen war: »Schopenhauer ist
recht etwas für junge Leute – gewiß aus dem Grunde, weil seine
Philosophie die Konzeption eines jungen Mannes ist.«[12] Noch
ironischer und entfremdeter (bei aller parodistischen Laune)

redet in der indischen Legende die Weltenmutter Kâlî zur schönhüftigen Sita: »Ich habe die Ohren voll sowieso von der Salbaderei der Denker, das menschliche Dasein sei eine Krankheit, die ihre Ansteckung durch die Liebeslust weitertrage auf neue Geschlechter.«[13] Hierin liegt also arger Spott, auch viel Selbstverspottung des einstigen Schopenhauerianers, wenn ausgerechnet eine indische Göttin gesteht, daß ihr die pseudoindische Maja-Philosophie Schopenhauers und seiner Jünger allgemach auf die Nerven gehe. (Man geht wohl auch nicht fehl, in den ›Vertauschten Köpfen‹ unter anderem eine burleske Parodie auf Hermann Hesses Erzählung ›Siddhartha‹ zu sehen.[14]) Das Schopenhauer-Thema war damit für Thomas Mann abgeschlossen. Der Weg zu Goethe hatte das angestrebte Aussichtsziel erreicht. Nach ›Lotte in Weimar‹ mußte die Aussage über Goethe wie eine Ergänzung und Wiederholung wirken. Das Tolstoi-Problem war abgehandelt. Das Erlebnis Richard Wagners hatte essayistische Form gefunden, blieb aber als Problematik der Kunst, über den Fall Wagner hinaus, bestehen. Der Roman des deutschen Tonsetzers war daher nicht zuletzt auch als Abrechnung mit dem Wagner-Thema gedacht.

Es blieb das Problem *Nietzsche* unter den großen individuellen und überindividuellen Antrieben aus Thomas Manns Entwicklung. Mit dem Namen Nietzsches war aber sogleich auch derjenige Dostojewskijs ausgesprochen. Essayistisch wurde dieses russische und epische Jugenderlebnis in einer späten Studie abgehandelt, die ›Dostojewskij – mit Maßen‹ betitelt war und damit bereits Distanz verriet.[15] Hier ist der kranke, ergrimmt reaktionäre Epiker, mit dessen Anrufung einst die ›Betrachtungen eines Unpolitischen‹ begonnen hatten, von Thomas Mann zum Leseobjekt reduziert: zum Gegenstand interessanter Lektüre, bei der man sich aber hüten müsse, als kritischer Leser abzudanken, so wie der junge Thomas Mann vor langen Jahren gleichsam bewußt und freudig abgedankt hatte.

Demnach ist der ›Doktor Faustus‹ *auch ein Dostojewskij-Buch* neben der Auseinandersetzung mit Friedrich Nietzsches Philosophie im Lichte gegenwärtiger Erfahrungen. Der Dostojewskij-Essay entsteht, während Thomas Mann am ›Faustus‹

arbeitet. Denn: »die im Zeichen des Faustus stehende Lebensepoche zeigte ein entschiedenes Vorwiegen des Interesses an
Dostojewskijs apokalyptisch-grotesker Leidenswelt vor der
sonst tieferen Neigung zu Tolstois homerischer Urkraft.«[16]
Übrigens muß man die Abwendung von Tolstoi dabei nicht
wörtlich nehmen, denn nicht ohne Zustimmung zitiert Thomas
Mann in der ›Entstehung des Doktor Faustus‹ ein Gespräch mit
einem zeitgenössischen Tonsetzer, mit Igor Strawinskij, der
behauptet, Tolstoi sei »wesentlich deutsch und protestantisch«
gewesen.[17] Womit denn auch wieder das Grunderlebnis Tolstoi
neben dem Bereich Dostojewskijs in einen Roman hineinragt,
der in der Tat den Problemen des Deutschtums und des Protestantismus so entscheidend zugewandt ist. Über allem aber
bleibt die geistige Selbstaussage im ›Doktor Faustus‹ mit der
Gestalt Nietzsches verbunden. Ein letztes »richtendes Wort«
war über diesen Gegenstand zu sagen. Dieses Jugenderlebnis,
das Thomas Mann mit seiner ganzen Generation zu teilen hatte,
ließ sich nicht in Form des Essays bewältigen. Ebensowenig wie
das Goethethema. Essayistisch wurde es noch einmal aufgegrif-
fen in der Züricher Rede von 1948 mit dem Titel ›Nietzsches
Philosophie im Lichte unserer Erfahrung‹.[18]
Dort wird auch die Nutzanwendung gezogen. Der alternde
Thomas Mann glaubt nicht mehr den schrillen Aphorismen des
»Übermenschen«, wonach es keinen festen Punkt außerhalb
des Lebens gäbe, von dem aus über das Dasein reflektiert
werden könnte, und keine Instanz, vor der das Leben sich
schämen könnte. Thomas Mann repliziert: »Wirklich nicht?
Man hat das Gefühl, daß doch eine da ist, und möge es nicht die
Moral sein, so ist es schlechthin der Geist des Menschen, die
Humanität selbst als Kritik, Ironie und Freiheit, verbunden mit
dem richtenden Wort. ›Das Leben hat keinen Richter über
sich?‹ Aber im Menschen kommt doch irgendwie Natur und
Leben über sich selbst hinaus, sie verlieren in ihm ihre
Unschuld, sie bekommen Geist – und Geist ist die Selbstkritik
des Lebens.«[19] Die Nietzscherede, die als Anhang, gleichsam als
Teilkommentar nach Vollendung des ›Faustus‹ verfaßt wird,
führt folgerichtig über Nietzsche hinaus zur Skizze des Grund-
gedankens einer neuen, nicht mehr bürgerlichen Humanität.

Die eigentliche Auseinandersetzung aber mit Nietzsche, die weit mehr sein muß als bloße Klärung des Verhältnisses zu einem unheimlich verführerischen Denker und Schicksalspräger, vollzieht sich in Form des großen Romans.

War ›Lotte in Weimar‹ ein Goetheroman und gleichzeitig mehr, gleichzeitig Selbstaussage, so gilt das genauso für den ›Doktor Faustus‹, der Selbstaussage ist und gleichzeitig Nietzscheroman. Jetzt erst entscheidet Thomas Mann, ob eine Synthese aus Goethe *und* Nietzsche möglich wäre. Sie ist nicht möglich. Auch für ihn nicht. Um das aber zu erkennen, muß man abermals das Gesamtwerk des späten Thomas Mann einbeziehen: neben den Nietzscheroman gehört der Goetheroman, neben den ›Faustus‹ als »Buch des Endes« gehört das »Buch des Anfangs«, die Josephsgeschichte. Auch hier gilt für das Gesamtwerk des Dichters, was besonders für die Einzelheiten des faustischen Themas gilt: kein Element kann isoliert betrachtet werden, auch nicht dieser Roman losgelöst vom übrigen Wirken und Schaffen. Gewiß ist der ›Faustus‹ im tiefsten Selbstaussage: schon durch die Identität der beiden Titelgestalten und die gemeinsame Verknüpfung mit ihrem Verfasser. Im schmerzlichen Ablauf dieser Lebensgeschichte, Gesellschaftsgeschichte und Geschichte des deutschen Volkes wirkt Thomas Mann, nach Nietzsches Wort, in der Selbstaussage nicht bloß wie ein Selbstdenker, sondern geradezu wie ein »Selbsthenker«. Wenn Leverkühn im Abgrund versinkt, in geistige Nacht, wenn Zeitblom im Zusammenbruch nur mehr den Schmerz kennt und ein nichtchristliches Gebet, so blieb Thomas Mann als Überlebender, um all dies aufzuschreiben. In der Buchgestalt des ›Doktor Faustus‹ ist auch eine Antwort gegeben, einfach die Antwort des Weiterlebens, die weder tröstlich ist noch trostlos. Zur Selbstaussage aber gehört gerade auch dieses Faktum: daß es zu einer Selbstaussage und damit zu einer Deutung, und damit auch schon zu einer Klärung kommen konnte.

Theologisch-politischer Traktat

Adrian Leverkühn wurde im Frühsommer 1885 zu Kaisers-
aschern als zweiter Sohn des Ehepaars Jonathan und Elsbeth
Leverkühn geboren. Eigentlich bestand der Geburtsort nur aus
einer Dorfgemeinde Oberweiler, zu welcher der Buchelhof der
Familie Leverkühn gehörte. Die Leverkühns waren ein
Geschlecht von gehobenen Handwerkern und Landwirten.
Adrians Vater betrieb neben der Hofwirtschaft noch ein Fuhr-
unternehmen. Oberweiler, so berichtet der Erzähler, liegt bei
Weißenfels an der Saale, von wo man in dreiviertelstündiger
Bahnfahrt nach »Kaisersaschern« gelangen kann, jener Stadt, in
der Adrian Leverkühn aufwachsen soll und die man sich, um
zunächst den geographischen Umkreis, nicht den symbolischen, zu umreißen, etwa in der Gegend von Naumburg zu
denken hat. Wobei immerhin daran zu erinnern sei, daß Friedrich Nietzsche im Pfarrhaus zu Röcken bei Lützen geboren
wurde und seine Jugend in Naumburg verlebte.
Leverkühns Jugendgeschichte ist mit diesem erfundenen Kaisersaschern höchst entschieden in einer »spezifischen« Landschaft angesiedelt: man befindet sich in Mitteldeutschland, in
jener Spanne zwischen Eisenach, Weimar, Naumburg, Halle
und Leipzig, die nicht bloß landschaftlich und in den gut
konservierten Resten altertümlicher Architektur die Vorstellung von »emergierender Deutschheit« hervorruft, um es mit
Worten des jungen Goethe zu sagen, sondern zudem mit drei
wichtigen Komplexen eng verknüpft ist, die im ›Doktor Faustus‹ eine herrschende Rolle spielen. Da ist das frühe 16.
Jahrhundert, die Reformation mit Luther und Thomas Münzer;
da ist die Theologie mit Halle, Wittenberg und Leipzig. Da ist
die Musik mit Bach und Händel, aber auch mit Robert Schumann, Richard Wagner und Friedrich Nietzsche.
Doch sogleich wird mit der Gestalt des »Helden« auch eine
neue Selbstaussage verbunden. Bei der Entstehung des Buches
schwankte der Erzähler zwischen den Vornamen Andreas,
Anselm oder Adrian.[20] In jedem Fall war an eine »südliche«
Namengebung gedacht. Im Namen Leverkühns findet sich
abermals die wohlbekannte Vermischung von nördlichem und

südlichem Gelände. Leverkühn ist ein deutscher Name, der nun wiederum in heimlicher Ironie an Nietzsches Satz vom »gefährlichen Leben« anknüpft, an das berüchtigte »vivere pericolosamente« der faschistischen Nacheiferer des Willens zur Macht. Adrian aber führt in den Süden. Dieser Vorname leistet in zarterer Tönung das gleiche wie der mögliche Vorname Anselm, der nun wieder allzu stark mit Gedankenverbindungen an den Maler Feuerbach und sein nord-südliches Streben erinnert hätte. Südlicher Vorname, verbunden mit nördlicher Familienbezeichnung: diese Mischung hatte früher bereits den Namen ›Tonio Kröger‹ ergeben. Dessen Namensmischung aber war als leise Selbstanzeige gedacht. Auch »Adrian Leverkühn« leitet daher den Blick nicht bloß auf Nietzsche, sondern immer wieder auch auf Thomas Mann.

Man soll nicht irregehen; es wäre Absurdität, den ›Doktor Faustus‹ als Nietzscheroman oder gar als Thomas-Mann-Roman zu lesen. Daher war es auch ein sonderbares Mißverständnis, wenn sich Arnold Schönberg die Identifizierung mit Leverkühns Schicksalen ausdrücklich verbat. Leverkühn ist Leverkühn. Wenn hier Bestandteile einer Montage gezeigt werden, so geschieht das zum Zweck umfassender Deutung, nicht als Simplifizierung. Die Entknäuelung aber, wenigstens der gröbsten Art, ist notwendig, soll die ungeheure »Stimmigkeit« dieses Romangewebes sichtbar werden. So dicht nämlich sind die Ebenen ineinandergeschoben, Realität und Bedeutung miteinander verschmolzen, daß alle Deutung irregehen muß, die nicht versuchte, den Gang der Handlung auf den verschiedenen Ebenen gleichzeitig zu verfolgen. Sonderbarste Mißdeutungen des Werkes nach seinem Erscheinen haben Anlaß gegeben, hier vorsichtig zu verfahren.

Verfolgt man daher die Selbstaussage Thomas Manns in der Gestalt Leverkühns weiter, so wird eine neue Beziehung sichtbar. Die erfundene, noch halb mittelalterliche, spezifisch deutsche Stadt Kaisersaschern bedeutet zunächst den Zuordnungspunkt für den reformatorischen, theologischen und musikalischen Bereich im Roman. Doch auch mit dem autobiographischen Bereich hat die Stadt zu tun, denn in der genauen Schilderung des Rathauses, des »spitzgetürmten Stadtbildes mit

Türmen und Wällen« ist mit einem Male auch wieder das Bild
Lübecks beschworen. Wenn der Erzähler all jene abseitigen,
seelisch und körperlich verkrüppelten Gestalten beschwört,
deren Neurotik mit einer altertümlichen, spätmittelalterlichen
Seelenverfassung erschreckende Gemeinsamkeit aufweist, so
verlegt er Lübecker Jugenderinnerungen in dieses Stadtbild von
Kaisersaschern. Die Romanschilderung deckt sich nahezu wörtlich mit Thomas Manns Rückblick auf Lübeck in der amerikanischen Rede über ›Deutschland und die Deutschen‹, die ohnehin als wesentlicher Beitrag zur Entschlüsselung des ›Doktor
Faustus‹ angesehen werden muß. »Aber wie Luther, der Refor-
mator, nach Denkungsweise und Seelenform zum guten Teil
ein mittelalterlicher Mensch war und sich zeit seines Lebens mit
dem Teufel herumschlug, so wandelte man auch in dem protestantischen Lübeck, sogar in dem Lübeck, das ein republikani-
sches Glied des Bismarckschen Reiches geworden war, tief im
gotischen Mittelalter.«[21]
Nicht bloß also, daß die Lübecker Jugendwelt des Dichters hier
mit der Jugendgeschichte Leverkühns verbunden wird; daß wir
jenen entgleisten und verkrümmten Gestalten in Kaiseraschern
begegnen, die aus Thomas Manns frühen Novellen bereits
einigermaßen bekannt sind; wichtiger ist die Erkenntnis, daß
Kaisersaschern in solcher Synthese nord- und mitteldeutscher
Eindrücke zu stehen hat für eine deutsche Problematik im
allgemeinen. Wo Leverkühn steht, lebt man in einer solchen
deutschen Problematik. Gerade der Teufel muß es kopfschüt-
telnd und boshaft in der großen Vision des Teufelspaktes dem
Musiker Leverkühn vorhalten: »Wenn du den Mut hättest, dir
zu sagen: ›Wo ich bin, da ist Kaisersaschern‹, gelt, so stimmte
die Sache auf einmal.«[22] Wo Leverkühn sich befindet (während
des Teufelsgesprächs bietet Italien den Rahmen), da ist auch
Deutschland in jenem altertümlich-neurotischen Sinne, der hier
gemeint ist. Nun beginnt aber Heinrich Manns Porträt des
Bruders mit folgenden Worten: »Als mein Bruder nach den
Vereinigten Staaten übersiedelt war, erklärte er schlicht und
recht: ›Wo ich bin, da ist deutsche Kultur‹.«[23] Man muß also
folgendermaßen schließen: wo Thomas Mann ist, hat sich auch
Kaisersaschern eingestellt.

Adrian Leverkühn besucht das Gymnasium zu Kaisersaschern, findet den Mitschüler Serenus Zeitblom, worauf eine Beziehung entsteht, die vonseiten Adrians mit aller Herzenssprödigkeit, Kontaktlosigkeit und Herzensdürre belastet ist. Der Freund und spätere Biograph nennt Leverkühn mit Vornamen. Das bleibt ohne Gegenseitigkeit, wobei es in der Tat auch einem anderen als Leverkühn schwer sein müßte, die Anrede »Serenus« im vertrauten Umgang zu verwenden. Seine musikalische Begabung macht sich früh bemerkbar, wenn man überhaupt in einem überlieferten Sinne dort von Musikalität sprechen kann, wo der junge Komponist oder Tonsetzer selbst vor allem eine berechenbare Konstruktion anzufertigen bestrebt ist. Das führt jedoch bereits in die Besonderheiten von Leverkühns Künstlertum. Allgemein erwartet seine Umwelt, auch sein Freund, er werde nun Musik studieren; doch schon in der Oberprima beschäftigt sich der junge Leverkühn mit dem Studium des Hebräischen, wobei er gesteht, er werde protestantische Theologie studieren, und zwar nicht mit der Absicht, einen geistlichen Beruf auszuüben, sondern für die künftige Laufbahn eines akademischen Lehrers der Theologie. Die Familie ist damit zufrieden, nur der klarblickende Vertraute vermag den Gedanken nicht von sich zu schieben, Leverkühn habe »seine Wahl aus Hochmut getroffen«.[24] Der Teufel gibt später einen Kommentar dazu. »Willst du leugnen, daß du die beste der Künste und Wissenschaften auch nur als Spezialist und Liebhaber studiert hast? Dein Interesse galt – mir.«[25] Man sieht, dieser angehende Schüler hat nichts an sich von der Naivität des jungen Studenten, den Mephisto berät und der nun in seiner Begeisterung Theologie studieren möchte, was der verneinende Geist in Fausts Talar nun wieder abzulenken hat.

An der Universität Halle finden sich die beiden Freunde als Studenten wieder. Zeitblom bereitet sich auf die Laufbahn des Gymnasiallehrers für alte Sprachen vor, Leverkühn studiert Theologie, wobei er sogleich den vorgeschriebenen Studienplan für sich umwirft und jene Vorlesungen besucht, die eigentlich erst den höheren Semestern vorbehalten sind: Religionsphilosophie, Ethik und Dogmatik. Zwei Dozenten höchst gegensätzlichen Typus sind die bevorzugten Lehrer: der Ordinarius der systematischen Theologie Professor Ehrenfried Kumpf und der Religionspsychologe Privatdozent Eberhard Schleppfuß. Zwei Semester lang bleibt Leverkühn in dieser Fakultät. Den Sommer 1905 verbringt er häufig im Kreis einer Studentenverbindung junger Theologen, die auf ihren Wanderungen und in den Jugendherbergen endlose Erörterungen pflegen über Philosophie und Politik, deutsches und außerdeutsches Wesen, Individualismus und Sozialismus. Zu Beginn des Wintersemesters 1905 wechselt der Student hinüber zur Universität Leipzig, wobei er bereits vorsichtig andeutet, er werde von nun an das Musikstudium »mehr in den Vordergrund treten lassen«. Tatsächlich ist die Theologie für ihn abgetan. Von nun an wendet er sich jenem Beruf zu, der vorherbestimmt schien.

In diese Leipziger Zeit fällt, unmittelbar nach der Ankunft, jenes Erlebnis, das Thomas Mann frei nach einer entsprechenden Kölner Begebenheit aus Friedrich Nietzsches Leben übernommen hat. Ein sonderbarer Fremdenführer, dem der junge Student den Auftrag gegeben hatte, ihm die Stadt zu zeigen, die sich noch im Trubel der Herbstmesse befindet, verschleppt Leverkühn unversehens in ein Freudenhaus. Beim Anblick der Mädchen ist er gleichsam wie erstarrt, steuert, wie Nietzsche in der historischen Vorlage, auf das Klavier im Zimmer zu und löst sich mit einigen Akkorden aus dem Bann. Eines der Mädchen aber streift ihn. Die Berührung bleibt in seiner Haut. Er sucht später die Frau, die inzwischen nach Preßburg in ein ähnliches Unternehmen verschlagen wurde. Ein Jahr lang vermag er den Bann abzuwehren, im Mai 1906 aber fährt er zur österreichischen Erstaufführung der ›Salome‹ nach Graz, von dort nach Preßburg. Das Mädchen ist syphilitisch infiziert. Sie warnt den jungen Mann vor ihrem Körper. Er beachtet die Warnung nicht. Als er sie verläßt, um nach Leipzig zurückzukehren, ist er angesteckt. Zwei Ärzte, die er in Leipzig aufsucht, wobei er wahllos im Adreßbuch blättert, werden jeweils nach drei Behandlungstagen von weiterer Tätigkeit abgehalten. Der eine liegt plötzlich tot im Zimmer, der andere wird just in dem Augenblick verhaftet, da Leverkühn in der Sprechstunde erscheinen will: vermutlich hat er verbotene Abtreibungen vorgenommen. Der Kranke nimmt diese »Zufälle« wie einen

Wink des Schicksals, verzichtet auf weitere Ärzte und damit auf die Heilung. Äußerlich treten keine neuen Krankheitssymptome auf. Allerdings verstärkt sich eine frühe Anlage zu heftigen Kopfschmerzen, die später mit Fieberschauern und Schüttelfrost gemeinsam auftreten.

Von nun an beschäftigt sich Leverkühn ausschließlich mit Komposition. 1910 verläßt er Leipzig und begibt sich bald darauf nach München, wo er als Untermieter einer »Senatorswitwe aus Bremen namens Rodde in der Rambergstraße« eine neue Wohnung findet.[26] Die Senatorin wohnt dort mit ihren beiden Töchtern. Es sind Haus und Wohnung der Senatorin Julia Mann, die in eben dieser Rambergstraße 2 mit ihren Kindern, darunter den beiden Schwestern Karla und Julia Mann, nach der Übersiedlung von Lübeck gewohnt hatte.[27] Fast zwanzig Jahre nach Thomas Manns Münchner Aufenthalt in der mütterlichen Wohnung Rambergstraße 2 bezieht also Adrian Leverkühn dies gleiche Haus, um dort, wenigstens dem äußeren Umriß nachgezeichnet, Thomas Manns Mutter und seine beiden Schwestern zu finden, zu denen er sich als »Untermieter« gesellt. Kurz darauf zieht der junge Musiker als Untermieter auf ein Bauerngut unweit des Dörfchens Pfeiffering, dessen Bahnstation sich in Waldshut an der Bahnlinie München–Garmisch befindet. Die Lebensverhältnisse auf dem Gut und bei der Frau Schweigestill, einer mütterlichen Frau, sagen ihm zu; hier wird er, nur durch gelegentliche Reisen unterbrochen, bis zum Eintritt der Umnachtung im Jahre 1930 dauernden Aufenthalt nehmen. Ende Juli 1910 aber zieht Leverkühn zunächst einmal für zwei Jahre nach Italien. Der junge Schriftsteller und Übersetzer Rüdiger Schildknapp begleitet ihn. Sie werden heimisch in den Sabiner Bergen, in dem Dörfchen Palestrina, dem antiken Praeneste, zugleich Geburtsort des Komponisten Pierluigi Palestrina. Im zweiten Jahre des italienischen Aufenthalts hat Leverkühn dort eine Vision oder Halluzination, die er für sich aufzeichnet: als ein umfangreiches, durch Anziehung und Abstoßung, Ecken, Kurven und Kompromisse bemerkenswertes Gespräch mit dem Teufel. Das weitere Leben Leverkühns ist dann vergleichsweise arm an äußeren Ereignissen. Die meiste Zeit lebt er in Pfeiffering, komponiert, fährt gelegentlich zu Konzerten nach München, einige Male auch zu Aufführungen eigener Werke. Seine Bedeutung als Komponist wächst, wenn sie auch auf einen kleineren Kreis der Fachleute beschränkt bleibt. 1930 bricht die Umnachtung aus, während er einer Gruppe geladener Gäste in Pfeiffering sein letztes Werk am Klavier vorspielt: die Wehklage und Höllenfahrt des Doktor Faustus. Den Erkrankten holt seine Mutter nach Hause. Er stirbt in Trübung des Geistes am 25. August 1940.

Soweit der Lebensumriß des deutschen Tonsetzers Adrian Leverkühn. Der Biograph Zeitblom folgt dem Ablauf der Ereignisse; in den meisten Fällen kann er aus eigener Anschauung berichten, stützt sich wiederholt auf Briefe oder nachträgliche Erzählungen Leverkühns. Das aufgezeichnete Teufelsgespräch fand er unter den nachgelassenen Papieren. Die Werkanalysen bietet er als ungemein sachkundiger musikalischer Laie, der immerhin im frühen Umgang mit dem Musikfreund viel gelernt hat, auch selbst die altertümliche Bratsche, die Viola d'amore, recht ansprechend zu spielen weiß.

Die äußere Chronik war einigermaßen ausführlich darzustellen, denn erst auf dieser Grundlage ist die Betrachtung aller anderen Beziehungen möglich, die mit dem geschilderten Lebensablauf verwoben sind. Was mit der unmittelbaren Selbstaussage Thomas Manns oder auch mit berühmten Fakten aus der Lebensgeschichte Nietzsches unmittelbar zusammenhängt, wurde bereits gestreift.

Diese Geschichte Leverkühns aber stellt sich gleichzeitig dar als *Leben eines modernen Doktor Faustus*. Es ist allerdings richtig, wenn Anni Carlsson in einer Studie über das ›Faustmotiv bei Thomas Mann‹ erklärt: »Doktor Faustus tritt nicht in persona auf. Längst hat er sich von seiner eigenen mystischen Existenz als Sternbild und Paradigma abgelöst . . . als Einzelmensch ›ist‹ dieser Deutsche Tonsetzer Adrian Leverkühn, als Paradigma ›ist‹ er Doktor Faustus. Leverkühn ›als‹ Doktor Faustus ergibt das nationale Paradigma.«[28] Aber das Schicksal des Doktor Faustus nach dem alten Volksbuch mit den vierundzwanzig eingeräumten Jahren magischer Herrschaft ist auch auf Leverkühn übergegangen. Eigentlich sind es fünfundzwanzig Jahre, denn die Spanne rechnet weniger von der Infizierung bis zum Eintritt der Umnachtung, als von jener ersten seelischen Infizierung beim Anblick der Dirne im Jahre 1905. Fünfundzwanzig Jahre schweben dem Dichter insgeheim vor. Das XXV. Kapitel des Buches ist entsprechend der »Zahlenmystik«, die in allen Faustgeschichten ihre Rolle zu spielen hat, dem Gespräch zwischen Leverkühn und dem Teufel gewidmet.

Noch merkwürdiger stellt sich das Leben Leverkühns gegen den Aufriß der Faustdichtung *Goethes*. Alle wesentlichen Elemente sind auch bei Thomas Mann zu finden; alle haben sie aber eine entscheidende Umbiegung dergestalt erfahren, daß sie gleichsam Umkehrungen oder Widerlegungen der Faustgestalt bei Goethe sind. Wenn Leverkühns Faust-Oratorium später von ihm als die große »Zurücknahme« der letzten Beethoven-Symphonie gedacht ist, als eine Neunte Symphonie der Inhumanität, so wirkt, im ganzen wie im einzelnen, Leverkühns Geschichte wie eine einzige »Zurücknahme« von Goethes Faust. Leverkühn sucht nicht Erkenntnis wie der Magister und Doktor unserer klassischen Dichtung, sondern Zeitvertreib. Sein Motiv ist nicht leidenschaftliche Liebe zur Wahrheit, sondern »Interesse« in einer weitgehend unverbindlichen Art. In einem Jugendgespräch zwischen Zeitblom und Leverkühn, noch in die gemeinsame Schulzeit fallend, bekennt sich der spätere Humanist und Pädagoge zur Liebe als dem stärksten Affekt. Leverkühn hält das Interesse für stärker: als Ausdruck einer »Liebe, der man die animalische Wärme entzogen hat«.[29] Goethes Faust sucht Verbindlichkeit, Leverkühn die distanzhafte Unverbindlichkeit, die nicht bereit ist, an irgendeinem Geschehen aktiv und tätig mitzuwirken.

Den Faust sucht und umwirbt der Teufel, er schleicht sich ein, erhascht den günstigsten Augenblick zu einem Teufelspakt, den Faust voller Unglauben und Verzweiflung eingeht, tief davon überzeugt, daß der Pakt ihm nichts werde bieten können. Leverkühn sucht insgeheim selbst den Teufel und die Magie. Das visionäre Gespräch mit dem höllischen Partner vollzieht sich in seiner Vorstellung nahezu fünf Jahre, seit der Pakt in Form der Krankheit durch das Blut geschlossen wurde. Leverkühn suchte die Erkrankung, denn umsonst warnte das

unglückliche Mädchen den Besucher vor ihrem Körper. Leverkühn will sein Schicksal, weshalb es wohl nicht angeht, mit Ernst Fischer von bloßen »Zufällen« zu sprechen und zu behaupten, der ›Faustus‹ streife »hart an manche Monsterstücke der Romantik«. Was Fischer vor allem mit den Zufällen begründet, die sich im Schicksal der behandelnden Ärzte einer Heilung Leverkühns entgegenstellten.[30]
Aber Leverkühn *will* insgeheim gar nicht geheilt werden. Thomas Mann verwendet dabei sicherlich psychoanalytische Erkenntnisse. Der Teufel spricht in dem großen Dialog davon, sie beide, er und Leverkühn, hätten die Ärzte weggeschoben. Da sich nun das Teufelsgespräch real als innerer Monolog des Fieberkranken darstellt, wird offenbar, wie Leverkühn selbst den Heilungsprozeß zu sabotieren wußte. Man mag Zweifel an dieser psychoanalytischen Motivierung hegen, von »Zufall« aber kann jedenfalls nicht gesprochen werden.
Faust hat alle Wissenschaften des Geistes und der Natur durchaus studiert mit heißem Bemühen. Er hat seine Examina abgelegt und seine Paragraphen gelehrt und gelernt. Er scheitert in einem durchaus ernst und aktiv betriebenen Erkenntnisprozeß. Leverkühns Studien tragen rein rezeptiven Charakter. Er hat für alles Interesse, ohne irgend etwas, außer der Musik, ernsthaft zu betreiben. In seiner Studienzeit erleben wir ihn nur als Zuhörer und Zuschauer. Er nimmt die Vorlesungen der Theologen zur Kenntnis, ganz wie die umfangreichen soziologischen, geschichtsphilosophischen und politischen Debatten der anderen Studenten. Er studiert alles, aber nicht durchaus und mit heißem Bemühen, sondern kalt, distanziert, neugierig und unbeteiligt. Er weiß, daß er scheitern will, wenn man die Preisgabe wenig ernsthafter Anstrengungen noch als »Scheitern« bezeichnen kann. Er will die Magie und schließt den Pakt, noch ehe der teuflische Partner vor ihn tritt. Den entscheidenden Glücksmoment des praktisch tätigen Menschen erlangt Faust weitgehend aus eigener Entschlußkraft, wenngleich unter tätiger Mithilfe der teuflischen Heerscharen. Dem deutschen Tonsetzer Adrian Leverkühn aber gelingt kein Werk jenseits der Krankheit und fieberhaften »Illuminierung« des Gehirns. Auch das sagt er sich selbst im Dialog mit dem Teufel. Lever-

kühn stellt sich dar nicht bloß als Zurücknahme von Goethes Faust, sondern als *Zurücknahme der dichterischen Gestalt Goethes*. Goethe erlebt aus eigener Substanz alle die Freuden, die unendlichen, alle Schmerzen, die unendlichen. Thomas Manns Teufel kennt auch die geänderten Zeitläufte der heutigen untergehenden Kunst und Gesellschaft, wenn er von Goethe erklärt: »Was der in seinen Klassenläuften allenfalls ohne uns haben konnte, das haben heutzutage nur wir zu bieten.«

Verfolgt man den Handlungsablauf bei Goethe und Thomas Mann, so wirkt die Geschichte des modernen epischen, also nicht mehr dramatischen Faust in allen Punkten als Widerlegung. In Gretchen verführt der an den Teufel Gebundene das reine Bild weiblicher Unschuld. Leverkühn erleidet die Verführung durch das vollendete Bild weiblicher Unreinheit: der kranken Dirne. Faust sucht das klassische Phantom der Schönheit in Helena als höchster Form menschlicher Schönheit und Vollendung. Leverkühn gesellt sich in wachsender Umnachtung und traumhafterweise der kleinen Seejungfrau aus Andersens Märchen, der Undine, die keine Seele hat, sondern das unermeßliche und gefühllose Element des Meeres verkörpert. Er leidet Schmerzen gleich ihr, wenn sie den Fischschwanz abstreift, um unter Körperqualen menschliche Gestalt anzunehmen.[31] Die Ehe Leverkühns mit dieser Seejungfrau Hyphialta, einem weiteren Symbol des Teuflischen, ist abermals in gespenstischer Form dem goethischen Gedanken entgegengesetzt. Das ewig Weibliche zieht Faust hinan, die Weiblichkeit der Meeresjungfrau aber zieht Leverkühn herab; halb zieht sie ihn, halb sinkt er hin, wie der Fischer bei Goethe. »Indem die weibliche Kreatur des Bösen wunschgemäß hinabzieht, zieht sie ihn auch aus der Welt hinaus.«[32]

Die Kindergestalt des Knaben Echo, der Leverkühns Schwesterkind ist, verhält sich zu Goethes Euphorion abermals als »Zurücknahme«: der junge, stürmende Mensch, dem Bund Faustens und Helenas entsprossen, scheitert am eigenen ungestümen Tun, am rasenden Himmelsflug. Das Kind Echo ist bloßes und erschütterndes Opfer, reine kindliche Passivität, deren Reinheit erwürgt wird in den Erstickungen der tödlichen Krankheit. So daß Leverkühn nicht mehr das Gefühl menschlicher Solidarität für sich aufrechtzuerhalten vermag, sondern, in Magie verstrickt, nur noch den Willen zum Ende, dieses: Es ist genug! als Rest menschlicher Gefühlswärme aufbringen kann. In Grundriß und Ausführung strebt alles zum Gegenpol des klassischen deutschen Faust: *nicht zur Erlösung*, zur menschlichen Kraft und sozialen Utopie, *sondern zur Höllenfahrt*, zur menschlichen Ohnmacht und Untergangsbereitschaft. Ernst Fischer formuliert, daß »der Teufel Thomas Manns in sich das Element der kapitalistischen Welt trägt, aber nicht mehr des aufsteigenden, sondern des untergehenden Kapitalismus«.[33] Dazu gehört auch, daß Goethes Faust ein ganzes Leben mit dem dienenden Teufel an seiner Seite vor sich hatte, während die Magie Leverkühns, kurzfristig abgezirkelt, nur auf vierundzwanzig Jahre bemessen ist. Oder daß Faust durch die große und kleine Gesellschaft geführt wird, während der Weg Leverkühns nicht bloß hinabführt in die Wässer der Tiefe oder die Feuer der Geisteshölle, sondern zugleich hinausführt aus der Gesellschaft in die »siebente Einsamkeit« Friedrich Nietzsches. Damit ist die *dritte* Ebene beschritten: die *theologische*. Auch sie ist jedesmal zugleich von innen und von außen betrachtet: als Darstellung theologischer Probleme – und als deren gesellschaftlich-politische Deutung. Der Magie, will sagen: seinem Künstlertum, ergibt sich dieser Doktor Faustus in dem Augenblick, da das Studium der Theologie für ihn ein negatives Ergebnis aufweist. Aber kann man von einem negativen Resultat sprechen, wenn insgeheim gar kein Ergebnis erwartet wurde? Der psychologische Freund und Humanist an Leverkühns Seite wußte sogleich, daß der hochbegabte Musiker seinen Umweg über die Theologie zur Musik wohl nur nahm in der Erwartung, die eigentliche »Lösung« noch etwas hinauszuzögern. Das theologische Studium Leverkühns besitzt in diesem Lebensgange, musikalisch gesprochen, die Funktion eines »Vorhalts«, einer zögernden Wendung, die der notwendigen Einkehr in die vorgeschriebene Tonart einen höheren Spannungsreiz verleihen soll. Mit solchen Vorhalten hatte die romantische Musik, im höchsten Maße ihr Vollender Richard Wagner, gearbeitet. Der kleine Hanno Buddenbrook hatte diese besonderen Reize geliebt und war vom Organisten Herrn

Pfuehl deshalb streng vermahnt worden. Der musikalische *Vorhalt* kann zugleich die Funktion eines ethischen (oder auch ironischen) *Vorbehalts* erfüllen. Von alledem liegt etwas in Leverkühns Weg über die Theologie zur vorgeschriebenen Grundtonart seines Lebens als »Tonsetzer«. Auch hier verläuft die Bahn anders als bei Goethes Doktor Heinrich Faust. Dem Humanisten der klassischen Tragödie ging es wirklich um die Erkenntnis. Die Schranken menschlicher Erkenntnis führten zu einer tragischen Erschütterung. Nichts von alledem bei Leverkühn. Auf ihn wartet die Magie von Anbeginn. Seine »Migräne« tritt schon frühzeitig auf, als Vorform der späteren Gehirnerkrankung. Er ist gezeichnet bereits *vor* seiner »spezifischen« Infektion. Der Magie, somit dem Teufel in der Sprache dieses Buches, ist er von Geburt an verfallen. Sein Künstlertum tritt in der Form der Erbsünde auf.

Daraus ergibt sich ein absurder theologischer Zustand. *Der Weg dieses Faustus bis zur Höllenfahrt ist streng determiniert.* Er ist eigentlich viel stärker kalvinistisch als lutherisch verstanden. Er ist von Anfang an verworfen. Also nicht in der Gnade. Oder doch? Die Begnadung seines Künstlertums stellt sich dar als theologische »Ungnade«. Gott und Teufel scheinen identisch zu sein.

Was soll hier noch ein Teufelspakt, wenn alles bereits festliegt und im Vorgang der Geburt bereits vollzogen wurde. Vor der Geburt sogar, denn der Vater Leverkühn, der »dunkle Ehrenmann« mit seinen chemisch-physikalischen Experimenten und seiner Bemühung, Anorganischem die äußeren Formen organischen Lebens zu verleihen, ist ebenfalls »gezeichnet« und im teuflischen Bund. Bedeutet somit, wenn man richtig zu lesen versteht, die Existenz des genial begabten Menschen einen »Sündenfall«, so ist der ethische Kampf Fausts mit Mephisto sinnlos geworden. Dann ist alle menschliche Entscheidung vorher gebunden, dann hat die menschliche Wissenschaft ihr Recht verloren, aber auch die Theologie. Denn welches Recht könnte sie jetzt noch aus der Schuld oder Unschuld des Menschen herleiten? Welche Spannung könnte es noch geben in der Entscheidung für den Himmel oder die Hölle? Die Geschichte Adrian Leverkühns ist daher zugleich die *Selbstaufhebung der christlichen Theologie.* Sie vermittelt auf neuen Wegen die historische Erkenntnis, daß gerade der kalvinistische Protestantismus als fördernde Kraft der Entwicklung des Kapitalismus diente und damit – der Säkularisierung des Christentums.

Leverkühn hat das wohl schon gewußt, bevor er nach Halle ging, um dort, höchst überflüssigerweise, als Zuschauer zu erfahren, was er ohnedies bereits wußte. Alles erschien wie determiniert. Der kluge und in gewissem Maße nüchterne Zeitblom erkannte es schon sehr früh: »War es nicht ›Kaisersaschern‹, was aus meines Freundes Entschluß sprach, Theologie zu studieren? Adrian Leverkühn und diese Stadt – gewiß, das ergab zusammen wohl Theologie; nachträglich fragte ich mich, was ich denn sonst erwartet hatte.«[34] Das soll sagen: die Überreste mittelalterlichen Denkens und Lebens in der deutschen Gegenwart drängten einen so typischen deutschen Künstler wie Leverkühn in die Richtung einer Theologie, die es im strengen mittelalterlichen Sinne gar nicht mehr war und gar nicht mehr sein konnte. Hier setzt nämlich sogleich Thomas Manns Deutung aus den gesellschaftlichen Beziehungen ein, um zu verhindern, daß diese theologische Fragestellung ins Mystische entgleiten könnte. »Auch dieser heutige Faustus ist wohl voll von Theologie, aber die Theologie erledigt sich selbst, sie bleibt zurück als ein enger, atavistischer Rückstand, eine mittelalterliche Insel in der heutigen Welt.« So formuliert Erich Kahler in seiner eindringlichen, von Thomas Mann gerühmten Studie über den ›Faustus‹.[35]

Das ist aber nur der erste Teil einer Feststellung. Restbestände früherer Geschichtsepochen in unserer Zeit erfüllen Funktionen oder wirken als Antrieb, die durchaus mit der Gegenwart und der Zukunft zusammenhängen. Das ist dialektisch nicht voneinander zu trennen. Mittelalterliche Theologie und Gemütsverfassung mitten in untergehendem Kapitalismus haben ihren Beitrag zu leisten bei diesem Untergangsprozeß. Darüber läßt die Geschichte Leverkühns kaum einen Zweifel aufkommen. Die Theologie nämlich hat ein beachtenswertes Bündnis geschlossen mit den modernsten säkularisierten Untergangsphilosophien. *Der Gott von gestern hat sich mit dem Teufel von heute synthetisch vereinigt.* Mittelalterliche Reste

leisten ihr Scherflein bei der Aufrichtung modernster, spätbürgerlicher Ideologie. Wir kennen das aus den Vermischungen
von Pascal, Kierkegaard, existentialistischer Philosophie und
Irrationalität der bürgerlichen Ideologen. Diese Zusammenhänge sind Thomas Mann durchaus bewußt. Sie mischen sich in
die Unterhaltungen der Kommilitonen Leverkühns während
der Studienzeit in Halle, um ihre fortgeschrittene Virulenz in
den zwanziger Jahren unter den faschisierenden Münchener
Intellektuellen zu erleben. Übrigens hat Zeitblom das früh
schon gesehen. Er beobachtete: »deutlich die Infiltration des
theologischen Denkens durch irrationale Strömungen der Philosophie, in deren Bereich ja längst das Untheoretische, das
Vitale, der Wille oder Trieb, kurz ebenfalls das Dämonische
zum Hauptthema der Theorie geworden war«.[36] Der liberale
Humanist vermochte sich vor dieser Entwicklung eines
»Gefühls des Unheimlichen« nicht zu erwehren.
Zeitblom hatte recht und unrecht zugleich. Vom Standpunkt
des liberalen Humanismus, klassischer deutscher Ästhetik
mußte diese Mischung vernunftfeindlicher Philosophie und
notdürftig renovierter mittelalterlicher Theologie befremdlich
und gefahrenvoll anmuten. Er selbst hatte diesen Gedankengängen aber, vielleicht ohne es zu wissen, träumerisch oder
halbbewußt, schon mehr als ein halbes Gehör gegeben. Nicht
er selbst vielleicht, der Studiosus Serenus Zeitblom, aber die
Geistesrichtung, die er zu verkörpern bestrebt war. Freudig
lauscht er im Hörsaal dem berühmten Philosophen Nonnenmacher und freut sich, daß auch Leverkühn dessen Vorlesungen
mit großem »Interesse« verfolgt. Der Professor bedeutet etwas
wie einen fernen und späten Abglanz von Friedrich Schleiermachers Wirken in Halle, von jener menschenfreundlichen, ästhetisch geprägten Vermittlungsbereitschaft zwischen protestantischer Ethik und idealistischer Philosophie. Aber auch die
Nachfolge Schleiermachers führt in den Strudel bürgerlichen
Geistzerfalls. Professor Nonnenmacher behandelt nicht Sokrates, sondern die Vorsokratiker. Hat Friedrich Nietzsche doch
den Bann ausgesprochen über den ethischen Rationalismus und
den skeptischen Willen zur Selbsterkenntnis, dem Xanthippens
Ehegatte verfallen war. Auch der platonische Idealismus wird

ausgeklammert, den Schleiermacher so hoch verehrt hatte. Von Schleiermachers liberaler Theologie war David Friedrich Strauß hergekommen, der Bekenner und Kritiker, eines der ersten Opfer »unzeitgemäßer« Betrachtungen von Friedrich Nietzsche. Das alles macht Nonnenmacher nachdenklich. Bei aller Bemühung um klassischen Humanismus wird er doch »zeitgemäßer« Denker der bürgerlichen Endzeit. Nonnenmacher betreibt »Kosmologie« wie später der Symphoniker Leverkühn, übrigens auch wie der experimentierende Vater Leverkühn. Immer wieder kehrt er zurück zu Pythagoras und seiner Lehre von Maß und Zahl, wobei aber das rationalistische Element der Pythagoreer sogleich verknüpft wird mit der Zahlenmystik, dem Autoritätsglauben an die Führergestalt des Meisters, dem diskussionslos zu folgen ist, und dem Gedanken der streng exklusiven Sekte und verschworenen Gemeinschaft. Bedeutungsvoll schaut Zeitblom zur Nebenbank, wo der Freund sitzt, wenn des Pythagoras Lehre in einer modernen Fassung angetönt wird: »Der Meister hat immer recht ...« Sublime Ironie: Professor Nonnenmacher folgt nicht dem Platonismus Schleiermachers, sondern strebt sogleich von Pythagoras und den Vorsokratikern zu Aristoteles, aber zu jenen Elementen Aristotelischer Philosophie, die wegführten vom wissenschaftlichen Empirismus, um dem späten mittelalterlichen Denken eine geheimnisvolle Metaphysik der Beziehungen zwischen Stoff und Form zu hinterlassen. Es ist genau jene Lehre über das Verhältnis von Geist und Materie, die wir in der Gnostik wiederfinden und die Hermann Hesses »Demian« durchzieht, dieses Lieblingsbuch der deutschen Jugend nach dem ersten Weltkrieg; die aber zugleich, parodiert und halb ernst gemeint, auch im Josephsroman als »Roman der Seele« ihr Wesen treibt.[37]

So steht es bereits mit der Welt des Serenus Zeitblom, mit den spätbürgerlichen Humanisten und ihren Lehren. Die eigentlichen Dozenten aber der Theologie in Halle verkünden das gleiche Gesellschaftsgesetz weit unverhüllter. Zwei von ihnen lernen wir kennen. Die Lehrer Adrian Leverkühns: Professor Kumpf und Privatdozent Schleppfuß. Sie sind ergötzlich in ihrer scharf, überscharf konturierten Lebenswirklichkeit. Aber sie sind außerdem auch Zuordnungspunkte. In überscharfer Belichtung sieht man dies: *hier wird protestantische Theologie vorgetragen von Martin Luther und vom Teufel in eigener Person.* Professor Kumpf hat den Umriß einer Lutherparodie, aber eines Doktor Martinus Luther, der im Jahre 1910 als königlich preußischer Professor tätig ist. Er liebt Wein, Weib und Gesang, führt autoritäre, nicht eben sehr geschmackvolle Tischgespräche, die daran erinnern lassen, daß bereits Lotte Kestner an Goethes Tisch in Weimar den Gedanken an den Hausvater und Tischredner Luther wie eine ärgerliche Vision von sich abwehren mußte. Kumpf ist musikalisch, wie sollte er nicht. Es ist die erschreckende Musikalität deutscher Männergesangvereine. Er ist sinnlich in allen Züchten und Ehren, sozusagen aus Weltanschauung. Er wirft mit Semmeln nach dem imaginären Teufel, um den Wurf mit dem berühmten Tintenfaß wenigstens einigermaßen nachzuholen, doch ohne Schaden für die bürgerlichen Gardinen. Er ist eine Figur, die in den sprachlichen Zügen und in gewissen Traditionen noch Lutherelemente übernommen hat, aber er ist nicht Luther. Ihm fehlt die Leidenschaft, die Größe, der Mut, der revolutionäre Starrsinn des Reformators. Vor allem das tiefe, sprachmusikalische Künstlertum. Diese Lutherparodie hat mindestens soviel an sich von Treitschke wie von Luther. Die Sprache ist Parodie und verhält sich zum Lutherdeutsch wie die Butzenscheiben-Renaissance zur deutschen Renaissance, oder wie der Blut-und-Bodenroman zu Luthers Bibelübersetzung. Herr Kumpf ist ein Deutschnationaler, ein aggressiver Nationalist, dröhnend, taktlos, gewalttätig, sentimental. Seine Theologie vermöchte gewiß keine Schranke aufzurichten gegen die herandrohende Barbarei. Seinesgleichen schwimmen mit dem allgemeinen Strom.

Der Privatdozent Eberhard Schleppfuß landet an der gleichen Stelle des Zusammenflusses. Es wurde bereits gesagt, daß er nicht bloß dem Namen nach dem Bereich des Mephisto angehört. Hier hat sich der Teufel offenbar, wie in der Schülerszene des Faust, den Talar des Professors angezogen, um sein Werk der zu lehrenden Vernunftfeindschaft betreiben zu können, wenn der Talar auch bloß einem Privatdozenten angezogen wurde. Schleppfuß ist als Inkarnation des Teufels gedacht. Er liest nur zwei Semester in Halle, genau jene zwei, da Leverkühn dort studiert. Dann verschwindet er wieder von der Bildfläche, ohne daß man von ihm nochmals etwas gehört hätte. Unheimlich geht es mit ihm zu, weshalb der Biograph Zeitblom der Schilderung dieses sonderbaren Theologen das Kapitel XIII eingeräumt hat. Auch Leverkühn muß diese Zusammenhänge empfunden haben, denn in dem großen, durch Fieberhitze und Eiseskälte ausgezeichneten Gespräch mit dem Teufel erscheint ihm der Partner plötzlich in der Gestalt des einstigen akademischen Lehrers, des »ergebensten Dieners« beim Werk der Zersetzung. Schleppfuß befaßt sich mit Religionspsychologie. Es gehört abermals zu Thomas Manns großartigen Einsichten und Ironien, daß der Teufel Psychoanalyse vorträgt. Abermals offenbart sich das ambivalente Verhältnis des Epikers zur Lehre Sigmund Freuds. Einerseits arbeitet er selbst ununterbrochen mit gewissen Erkenntnissen der Tiefenpsychologie, um die Beziehungen zwischen seinen Gestalten zu erhellen: in der Art etwa, wie Leverkühn seine Heilung von der Geschlechtskrankheit verhindert, oder in der geheimen Mordabsicht gegen den Freund Schwerdtfeger und in der Art, wie er selbst die scheinbar geplante Ehe mit Marie Godeau hintertreibt. Gleichzeitig aber wird in der theologischen Sexualpsychologie des Dozenten Schleppfuß enthüllt, daß hier ein Element der geistigen Auflösung tätig ist, welches der Triebbefriedigung alle ethischen Normen unterwirft und planende Vernunft nur mehr als dünne und leicht zerstörbare Decke betrachtet, unter welcher in mächtiger Wirklichkeit das Dämonentreiben fortdauert. Der Antihumanismus des Privatdozenten führt zur Lobpreisung einer angeblich höheren Humanität des theologischen Mittelalters, wie wir sie als Theorie des kleinen Naphta im ›Zauberberg‹ kennen. In der weiteren Geschichte Leverkühns ist es dann die Aufgabe des Ideologen und Irrationalisten Doktor Chaim Breisacher, aus den theologisch-psychoanalytischen Gedanken des Herrn Schleppfuß die aktuell-politischen Folgerungen zu ziehen. Naphta – Schleppfuß – Breisacher bilden in einem höheren Sinne die Einheit jener modernen Ideologien, die den Weg in die Barbarei auf dem Umweg über eine höchst entwickelte Intellektualität zu finden suchen. Daß die Psychoanalyse dabei als wesentliches Hilfselement erscheint, bedeutet abermals ein kennzeichnendes Verhalten Thomas Manns.

Alle Wege führen nach Rom, also zurück in den Schoß der katholischen Kirche? Es scheint wohl so, daß hier alle Wege zum Teufel führen. Daß aber der Teufel offenbar identisch ist mit sämtlichen Bestrebungen unserer Gegenwart, die Jahrhundertentwicklung der Vernunft, des Bewußtseins, menschlichtätiger Planung und Wissenschaftlichkeit rückgängig zu machen. Der Erbe Schleiermachers ist am Kreuzweg genauso zum Stelldichein erschienen wie der Nachfahre Luthers und der intellektuelle Theoretiker des Antiintellektualismus. Sie alle wandern gemeinsam der Barbarei entgegen. Allein es ist nur scheinbar ein »Rückfall« in die romantisch überglänzte Zaubernacht des Mittelalters. In Wirklichkeit wird diese Nacht erhellt durch die technisch am weitesten entwickelten Lichterzeuger der modernen Zivilisation, so wie in den Folterkammern des Dritten Reiches barbarisches Tun beleuchtet war durch technische Wunderwerke der Lichterzeugung. Nicht umsonst spricht der Teufel zu Leverkühn von der Hölle in Bildern, die wir unmittelbar mit Szenen aus den Verliesen Geheimer Staatspolizei verbinden müssen. Der gesellschaftlich-politische Sinn der theologischen Traktate im ›Doktor Faustus‹ ist allenthalben unverkennbar.

Wie nämlich tritt der Teufel in diesem Buch dem faustischen Partner gegenüber? Man muß zunächst fragen, *wann* er erscheint. Der Teufelspakt wird geschlossen vier Jahre nach Eintritt der Krankheit. Erst der fortschreitende Prozeß der Infizierung, das Eindringen der Krankheitskeime ins Gehirn macht Leverkühn »fähig«, den Teufel überhaupt wahrzunehmen. Der Pakt ist durch das Blut und dessen Vergiftung längst besiegelt, wenn der Teufel erscheint. Er braucht als Pakt nicht einmal besiegelt zu werden, denn Leverkühns ganzes Leben steht bereits im Zeichen der Verschreibung. So kommt es auch nicht, wie bei Goethe, zu einem Topp und Handschlag. Sie sind unnötig, auch gar nicht möglich, denn ein Vertrag setzt freien Willen voraus, während hier offenbar Determinierung gewaltet hat.

Leverkühns Hölle ist eigentlich identisch mit seiner Gegenwart, weshalb ihm auch der Teufel sagen muß, nach der Höllenfahrt werde Faustus nichts Neues erleben, nur Fortsetzung seiner bisherigen Existenz. *Die Hölle – das ist Leverkühns Mitwelt und Umwelt.* Scheinbar klingt das genau wie bei Sartre: »Die Hölle, das sind die anderen.«[38] Aber Thomas Manns Roman geht doch an gesellschaftlicher Konkretheit weit über diese These hinaus. Nicht »der« Mitmensch ist für den anderen die Hölle wie in Sartres Theorie, sondern die höchst konkrete und höchst reale bürgerliche Endzeit ist zur Hölle geworden, so daß die metaphysische Hölle auch nichts anderes zu bieten vermöchte als die teuflische Gegenwart faschistischer Systeme und Eroberungskriege. Lebt also Adrian Leverkühn schon seit seiner Geburt insgeheim in der Hölle, so macht er die Bekanntschaft des Teufels doch erst in einem späten und vorgeschrittenen Stadium seiner Krankheit. Er begegnet ihm in Italien. Der Deutsche trifft den Teufel im Süden, dem eigentlichen Land romantischer Sehnsucht, dem Land zugleich, das mit Deutschland zusammen den Weg des Faschismus gehen sollte.

Nun häufen sich die Selbstaussagen und symbolischen Verknüpfungen in geradezu erschreckender »Stimmigkeit«, nach allen Gesetzen strenger Komposition. Der Teufel erscheint in dem Dörfchen Palestrina. Es ist der Bereich der »kleinen Stadt«, die wir aus Heinrich Manns Roman kennen.[39] Also aus jenem Buch, zu dem sich der Bruder Thomas sehr früh schon und entschieden bekannte. In dieser kleinen Stadt entstanden die Buddenbrooks. Das bedeutet Rückkehr zu den Anfängen. In diesem italienischen Städtchen erwachte Thomas Manns Künstlertum, begann seine Laufbahn als Schriftsteller. Genau zehn Jahre nach Thomas Manns Aufenthalt kehrt Leverkühn, zehn Jahre jünger als sein Dichter, an der gleichen Stelle ein. Von hier aus beginnt auch *seine* Künstlerlaufbahn. An ihrem Beginn aber steht das Zusammentreffen mit dem Teufel. Palestrina heißt der Ort. Hier wurde der große päpstliche Komponist geboren, der mit der Messe des Papstes Marcellus die abendländische Musikentwicklung recht eigentlich begründete oder jedenfalls rettete. Ein bedeutsames Faktum auch für die Lebensgeschichte des deutschen Tonsetzers Adrian Leverkühn. Pierluigi Palestrina ist die zentrale Figur in Hans Pfitzners

›Musikalischer Legende‹ aus dem Jahre 1916, deren Textbuch mit einem Schopenhauer-Zitat eingeleitet wird und deren Deutung und geistiger Gehalt in Thomas Manns ›Betrachtungen eines Unpolitischen‹ eine wesentliche Rolle spielen sollten. Im Leben des italienischen Tonsetzers Pierluigi Palestrina hatte der spätromantische Musiker Hans Pfitzner das Künstlertum der bürgerlichen Endzeit zu gestalten gesucht. Noch schafft Palestrina im Auftrag der großen Musiker aus der Vergangenheit das gewünschte Werk, das die abendländische Musik weiterzuführen bestimmt ist. Er stellt sich in die Tradition der großen Musiker, doch im Gefühl der Endzeit, einer Endzeit der bisherigen Kunst- und Lebensform. Er glaubt nicht mehr an die Erneuerung der Kunst, wenn er im Gespräch mit den himmlischen Geistern der vergangenen Meister ausruft:

> »Ihr lebtet stark in einer starken Zeit,
> Die dunkel noch im Unbewußtsein lag
> Als wie ein Korn in Mutter-Erde-Schoß.
> Doch des Bewußtseins Licht, das tödlich grelle,
> Das störend aufsteigt wie der freche Tag,
> Ist feind dem süßen Traumgewirk, dem Künste-
> Schaffen.«[40]

Und vorher bereits:

> »Ich bin ein alter, todesmüder Mann
> Am Ende einer großen Zeit.
> Und vor mir seh ich nichts als Traurigkeit –
> Ich kann es nicht mehr zwingen aus der Seele.«[41]

Indem der Teufel also im Dorf Palestrina auftritt, verkörpert er diesen dicht verflochtenen Komplex aus: Erinnerung des Dichters an die eigenen Anfänge; seelischer Rückkehr in den deutschen Bereich seiner Ursprünge; Abrechnung mit musikalischer Romantik und pessimistischer Kulturphilosophie im Geiste Schopenhauers und Wagners; nationaldeutscher Politik aus der Zeit des ersten Weltkrieges; krisenhafter Erschütterung der bürgerlichen Kunst und Kultur.
Alle Elemente des ideologischen Treibens sind hier ineinandergefügt. Die Teufelsvision überrascht Leverkühn bei der Lek-

türe. Er hat gerade das Buch ›Entweder – Oder‹ von Soeren
Kierkegaard auf den Knien und liest dort die Betrachtungen des
Dänen über das Verhältnis von Musik und Verführung, also
jene Kapitel über die Stufen des Erotischen bei Mozart, die
dazu dienen sollen, die Unmöglichkeit künstlerischer Existenz
in der Wirklichkeit nachzuweisen. Man ist abermals bei
Schleppfuß und seinen Beziehungen zwischen Geist und Trieb,
abermals auch bei den spätbürgerlichen Philosophen und Theologen, die als Schüler Kierkegaards danach streben, Wissenschaft und Kunst, Ethik und Ästhetik, erst recht natürlich
Politik und gesellschaftliche Praxis als sinnloses Tun wegzu-
schieben, damit der Mensch um so besser fähig sei, die Leere
des Nichts zu erkennen, das ihm allenthalben entgegengrinse.
Auch hier mündet der theologische Traktat in den politischen.
Es geht, mit Erich Kahler zu sprechen, in der Tat um eine
Säkularisierung des Teufels.[42] Das Schicksal der Kunst, insbesondere der Musik, bildet jenen zweiten Fragenkreis, den das
Faustusthema zu durchmessen hat. Wiederum durchdringen
sich Selbstaussage, theoretische Erkenntnis und gesellschaftliche Erfahrung in bestürzender Symmetrie.

Das Schicksal der Kunst

I

Mädchen in »Flatter- und Flitterröckchen« traf Adrian Leverkühn in dem Leipziger Haus, deren eine schon durch die bloße
Berührung der Haut seine mühsam aufrechterhaltene Unnah-
barkeit gefährdete. Die Beschreibung, die der junge Musiker
dem philosophischen Freund gibt, entbehrt nicht einer faden
Kleinbürgervorstellung von erotischer Wonne. Das ist beabsichtigt. Thomas Mann bedient sich der etwas peinlichen erotischen Vision des späten Nietzsche, wenn er in den ›Dionysos-
Dithyramben‹ von 1888 die ›Töchter der Wüste‹ beschwört, die
ihm das Gift hinterließen, wenn er sich in die Wüste gelagert
hat, »von kleinen Flügelkäfern umtänzelt und umspielt«.[43] Thomas Mann durchschaut diese krampfige, insgeheim unsinnige
Haltung des kranken Nietzsche, der sich gleichsam selbst zum

Lebensgenuß aufzuquälen sucht. Darum übernahm er nicht bloß das Bordellerlebnis aus Nietzsches Biographie, sondern auch die Art seiner Wirkung auf den »Befallenen«. Er selbst spricht von »gräßlicher Schwatzhaftigkeit«, und den Nöten einer »kasteiten Sinnlichkeit«.[44]

Vom Flügelkäfer spricht Thomas Mann aber nicht in seiner Nietzschedeutung; dies Motiv nämlich hat er im Faustusroman verarbeitet. Da ist der historische Tatbestand aus Nietzsches Leben: das Freudenhaus, die Mädchen in Gazeröckchen, die dichterische Verarbeitung des Erlebnisses in Nietzsches Spätwerk mit dem Motiv des Flügelfalters. Da ist ferner, im biographischen Teil des Faustusromans, das analoge Erlebnis Leverkühns mit den Flitterröckchen und jenem verhängnisvollen Geschöpf, das die Krankheit zu vermitteln bestimmt ist. Auch Leverkühn sieht die Frau im dichterischen Bild des Flügelschmetterlings, dem er den Namen Esmeralda gibt. Nun ist dieser Name aber für ihn mit Kindheitserinnerungen belastet: mit der naturphilosophischen Spekulation seines Vaters, der frühen Einführung, die Vater Leverkühn dem Sohn und dessen Freund in das Reich der Schmetterlinge vermittelt hatte, wobei einiger Geschöpfe aus der Welt der Glasflügler besonders gedacht worden war, jener Falter nämlich, die »gar keine Schuppen auf ihren Schwingen führen«. In Violett und Rosa hatte sich einer von ihnen präsentiert, also in der Farbe der Gazeröckchen. Nur einen dunklen Fleck wies er im übrigen auf. Die Naturwissenschaft nannte den Schmetterling »Hetaera esmeralda«.[45]

Aus dieser Erinnerung wählt Leverkühn für das kranke, seuchentragende Mädchen in Violett und Rosa mit dem dunklen Fleck der Vergiftung für sich den Namen der Hetäre Esmeralda. Er kann sie nicht vergessen, und so erlebt sie, auf einer dritten Ebene, ihre Wiederholung im Leben des *Tonsetzers* Adrian Leverkühn. Sie war Schmetterlingsmotiv, wurde dann Frau und Verderberin, bis sie der Musiker zum Kunstelement erhob. Kurz nach seiner Erkrankung komponiert er Lieder nach Texten von Clemens Brentano. Eines beginnt mit den Worten: »O lieb Mädel, wie schlecht bist du.« Die musikalische Substanz wird gebildet aus den Tönen h e a e es: Hetaera

esmeralda.⁴⁶ Wer die Tonfolge auf dem Klavier anschlägt, wird
bestürzt und verblüfft innehalten. Das Motiv erscheint in der
Tat in »eigentümlich schwermütigem Gepräge«. Auch wenn es
nicht notengetreu übernommen ist, erscheint die Herkunft
unabweisbar. Im Motiv der Hetäre Esmeralda erklingt die »alte
Weise«: der schwermütige Sologesang des Englischhorns aus
dem Vorspiel zum dritten Akt des ›Tristan‹. Sogleich ist damit
auch der Bereich des Tristanbildes beschworen: der einsame,
tödlich verletzte, dahinsiechende Ritter auf seinem Krankenlager, gequält in körperlicher und geistiger Not, weggerissen aus
aller Berührung mit menschlicher Sympathie. Thomas Manns
Tagebuch aus der Entstehungszeit des ›Doktor Faustus‹ vermerkt die Eintragung: »Und doch werde ich am Klavier des
Tristan-Akkordes nicht satt.«⁴⁷ Mit diesem Bild des kranken
Tristan ist aber nicht bloß die Lebenslage des erkrankten
Adrian Leverkühn beschworen. Zugleich tritt die Tristanmusik
als gestaltete Krankheit auf. Die Todessüchtigkeit und romantische Nachtbereitschaft sind auch hier wieder, wie im ›Zauberberg‹, als Untergangsmotive gefaßt. Bei Leverkühns Erkrankung geht es auch um die Krankheit der Kunst, insbesondere
der Musik: es geht um die *Kunst als Krankheitsform.* Das
Thema Esmeralda inmitten der Gesamtkomposition vermochte
alle Schichten miteinander zu verbinden. Man weiß, wie entscheidend das Tristanerlebnis in Thomas Manns Entwicklung
gewirkt hat. Die Verbindung der Tristanmusik mit der krank-
heitspendenden Esmeralda ist also gleichzeitig als Selbstaussage
angelegt. Thomas Mann wollte diesen Roman »als Geheimwerk
und Lebensbericht«.⁴⁸ Nach Abschluß des Buches hat er
bekannt, eine Veröffentlichung dieses Gebildes mit so starkem
Bekenntnischarakter habe gar nicht im ursprünglichen Plan
gelegen.

In solcher korrespondierenden und koordinierenden Tätigkeit
spürt man die Arbeit am »organischen« Aufbau eines Lebenswerkes. Ein Quadrat ist angelegt aus den Werken ›Buddenbrooks‹, ›Tod in Venedig‹, ›Zauberberg‹, ›Doktor Faustus‹. Es
ist gleichsam das »magische Quadrat« der deutschen Thematik
bei Thomas Mann. Der Goetheroman und das biblische Epos
stehen außerhalb. Sie können natürlich in Wahrheit nicht aus

dem Gesamtkreis entfernt werden. Durch ihr Dasein bewirken sie bereits, daß sich der ›Doktor Faustus‹ als Kunstproblem, als deutsche Problematik, abermals auf der Ausgangsebene der ›Buddenbrooks‹ wiederfindet. In Wirklichkeit ist es ein spiralenförmiger Weg, der nach oben führt. Die Geschichte Leverkühns bedeutet Rückblick auf die Ursprünge des Dichters, Rückschau und Selbstabrechnung. Schon 1901 dachte Thomas Mann an die Behandlung des Fauststoffes und holte am 27. März 1943 den alten Drei-Zeilen-Plan hervor. Im Unterschied zwischen der einstigen Werkvorstellung und der späteren Werkgestaltung liegt Thomas Manns ganze Entwicklung.

2

Indem sich diese Musikergeschichte als Selbstabrechnung erweist, bedeutet sie zugleich Abrechnung mit der eigenen Kunst. Nicht bloß sein eigenes Schicksal, seinen Charakter, sein Künstlertum wollte Thomas Mann mit der Gestalt des unseligen Adrian Leverkühn verbinden, sondern sein geheimstes Urteil über das eigene Werk. Auch hier wird Selbstabrechnung und Gerichtstag gehalten. Mit gutem Grund setzte Georg Lukács das Ibsen-Wort über seine Thomas-Mann-Betrachtung:

> »Lieben heißt – dunkler Gewalten
> Spuk bekämpfen in sich,
> Dichten – Gerichtstag halten
> Über sein eigenes Ich.«[49]

Gerichtstag aber wird hier gehalten nicht über Probleme der Begabung, sondern über die gesellschaftlichen Möglichkeiten von Kunst. Es wird zu Gericht gesessen über einen Gesellschaftszustand, der sich auszuweisen hat nach seinen Möglichkeiten, dauerhafte Kunstwerke hervorzubringen.

Nun wird offenbar, warum der ›Doktor Faustus‹ als ein *Buch des Endes* angelegt ist. Es kam darauf an, in den Gestalten ein »wunderliches Aquarium von Geschöpfen der Endzeit«[50] vorzustellen. Das »Gefühl des Endes in jedem Sinn« sollte beschworen werden.[51] Ende des bürgerlichen Künstlers, Ende des Bürgertums, Ende der bisherigen Kunst, Ende der bisheri-

gen Philosophie, Ende überlieferter Gottesvorstellungen, Ende
des traditionellen Humanismus, Ende des Vernunfts- und Wis-
senschaftsbegriffs, Ende des liberalen Staates, Ende der kapitalistischen Gesellschaft: die Erscheinungsformen einer Endzeit
lassen sich beliebig ergänzen. Das bisherige Deutschland geht
zugrunde. Die bisherigen Träger des kulturellen Lebens treten
ihre Höllenfahrt an. Nicht umsonst ist der einstige Problemkreis der ›Buddenbrooks‹ auch geschichtlich erweitert. In dem
Familienroman von 1901 war die bürgerliche Gesellschaft in
Deutschland in Frage gestellt. Das bürgerliche Sanatorium des
›Zauberberg‹ hatte die Diagnose auf die gesamte bürgerliche
Gesellschaft der ersten Vorkriegszeit ausgedehnt. Im ›Doktor
Faustus‹ werden die Probleme des deutschen Bürgertums abermals als Schicksal der gesamten bürgerlichen Gesellschaft
behandelt, aber nach rückwärts ausgedehnt bis zu jenem Punkt,
der am Ende des Mittelalters die Anfänge der bürgerlichen
Gesellschaft markiert. Damit dieser Zusammenhang sinnfällig
werde, durchdringen sich immer wieder die Sphären des frühen
16. und des mittleren 20. Jahrhunderts als Zeit vom historischen
Scharlatan Faustus über Goethes Faust bis zum Doktor Faustus
des untergehenden Bürgertums. Daß es sich hier um bürgerliche
Endzeit handelt, wird gerade in der Gegenüberstellung mit dem
bürgerlichen Anfang und Aufstieg sichtbar gemacht.

Das Ende der bürgerlichen Kultur ist notwendiger Bestandteil
im Untergangsprozeß der bürgerlichen Gesellschaft. Die
abendländische *Musik* aber bildet eines der wichtigsten Erzeug-
nisse der bürgerlichen, sogenannt abendländischen Kultur.

Um die Musik aber, jene »neue Musik«, die Leverkühn im 20.
Jahrhundert zu schreiben gedenkt, ist es folgendermaßen
bestellt: sie war als Musikübung des Volkes aufgebrochen. Ein
Erlebnis gemeinschaftlicher Musikübung hatte die ersten
Bereicherungen und Verfeinerungen hervorgebracht. Wenn die
Mägde auf dem elterlichen Gut Leverkühns zur Abendstunde
singen, erklingt das alte Lied »O wie wohl ist mir am Abend«.
Man pflegt es als Kanon zu singen. Eine Stimme beginnt, die
anderen folgen in regelmäßigen Abständen, aber im strengen
Eigensinn, dem Ablauf der Oberstimme. Dennoch ergibt sich
aus solcher Vielstimmigkeit, bei welcher keiner der Sänger

scheinbar die Töne des Mitsängers beachtet, ein gemeinschaftliches Klangbild von hohem Reiz. Einstimmigkeit schlägt um in Vielstimmigkeit. Aus scheinbarer Primitivität entsteht eine erste Form von Künstlichkeit. Aus dem Elementaren und der Volksmusik ist die Entwicklung aufgebrochen. In unseren Zeitläuften strebt sie unaufhaltsam zu ihren Ursprüngen zurück. Sie durchlief alle Formen neuer Künstlichkeit und Kunstfertigkeit. Der Historismus des 19. Jahrhunderts hatte dann alle Stile und Gebilde gesammelt und katalogisiert: die Staatstheorien und Architekturformen, die Wirtschaftssysteme und Musikstile. Der bürgerliche Historismus aber hatte nur zu sichten gewußt, ohne die Entwicklung zu deuten. Alles Überlieferte war ihm gleich wert und wichtig. Der Onkel Leverkühns besitzt ein riesiges Lager mit Musikinstrumenten aller Art. Ein ungeheurer musikalischer Hausrat der Urväter ist angesammelt. Die Erben verwenden und verschwenden. Sie können in allen Stilen bauen: Gotik und Renaissance, Barock und Tempel im ionischen Stil. Sie können alle Musikstile der Vergangenheit erneuern: bald gibt es eine Händel-Renaissance, bald einen Kult der Musik vor Erscheinen Sebastian Bachs. Historisch übernommen sind die italienischen Vortragsbezeichnungen, diese Allegros und Adagios, sind die Passacaglien und Sarabanden, die Sonaten und Fugen. Alles ist historisch übernommen, mit Vergangenheit belastet, und sollte nun mit neuem Inhalt gefüllt werden. Schon zur Zeit der klassischen Musik war das »schwer geworden«. So meint es Wendell Kretzschmar, Leverkühns Lehrer, wenn er Beethovens letzte Sonate, dies Werk des Abschieds von der bisherigen Musik, erläutert, oder Beethovens bereits unfrei gewordenes Verhältnis zur Fuge, oder wenn Leverkühn später Beethovens letztes Quartett Opus 132 anführt, den »Dankgesang eines Genesenden«, der bereits aus den temperierten Tonarten von neuem herausstrebt.

Von einer Rückkehr der Musik zu ihren elementaren Ursprüngen hatte Kretzschmar in einem seiner Vorträge gehandelt. Der junge Leverkühn hatte aufmerksam zugehört, weshalb ihm sogar die absurde gottesdienstliche Musik eines Johann Conrad Beißel, der um die Mitte des 18. Jahrhunderts in Pennsylvania gewirkt hatte und eine primitiv-barbarische Zuordnung von

Wort und Ton lehrte, ungemein reizvoll vorkam. Hier wurde die künstlerische Entwicklung der abendländischen Musik negiert und in religiösen Primitivismus zurückgelenkt. Der humanistische Zeitblom ist belustigt, der moderne Musiker Leverkühn angeregt. Die barbarische Mechanik Beißels erzeuge eine Musik, die »jedenfalls nicht sentimental« genannt werden könne. Eine gute Gesetzlichkeit für die Musik, die »allerlei gesetzliche Abkühlung gebrauchen könne.«[52] Sie soll also nicht mehr »sentimental« sein, die sogenannte neue Musik. Beethovens große Messe sollte noch, nach dem Willen ihres Tonsetzers, »von Herz zu Herzen gehen«. Hundert Jahre später strebt Leverkühn zur Ausrottung des Gefühls, der Herzenswärme, der Seelenhaftigkeit. Dies Streben hängt mit seiner Krankheit zusammen. Bei seinem ersten Besuch in dem Leipziger Haus hatte er, aus dem Unbewußten, einige Töne spezifisch deutscher Romantik, Freischütz-Klänge, heraufgeholt. In dem großen Brief, den er kurz darauf an den Freund schreibt, regt er an, man möge viel Chopin spielen. Mit zunehmender Krankheit und Vereisung wird nicht bloß die musikalische Romantik immer höhnischer zurückgewiesen, sondern überhaupt alle Musik, die noch zu Menschen und Herzen sprechen könnte. Es geht um die »Zurücknahme« der Neunten Symphonie, um eine Neunte Symphonie der Inhumanität.

Der moderne Musiker Leverkühn strebt weg vom Historismus, damit zugleich aber von aller Musik bisheriger Zeitläufte. Seine Kunst wird immer strenger, architektonischer, gefühlskälter. *Sie wird gleichzeitig immer künstlicher – und primitiver.* Voller Verachtung leugnet der Tonsetzer, es komme auf das Klingen und Hören der Partituren an. Ihm genügt es, sie als Schöpfer innerlich gehört und gedacht zu haben. Darum nimmt er auch an den Aufführungen seiner Werke im allgemeinen keinen Anteil. Diese Musik erstrebt keinen Zugang zu Hörern, überhaupt zu Mitmenschen. Sie ist sich selbst genug, »selbstsüchtig« im äußersten Maße. Indem sie alle Bindung an die Tradition abzustreifen sucht, den Begriff des klassischen musikalischen Erbes negiert, alle Tradition als hemmende Belastung im eigenen Schaffen betrachtet, muß sie immer weiter in die Vergangenheit zurückgehen, um ausweichen zu können.

Der Teufel ist in seinem Dialog mit Leverkühn exakt in der Analyse. Er bietet nicht mehr die Nachfolge klassischer Musik. »Mein Lieber, was wir erfahren lassen, das ist das Archaische, das Urfrühe, das längst nicht mehr Erprobte.«[53] Damit ist ein Thema angeschnitten, das sich nicht bloß in der Entwicklung der modernen Musik entfaltet: wir finden es in der bildenden Kunst als Hinwendung zur frühen griechischen Plastik, zur Bildnerei primitiver Völker. In der Literatur als Surrealismus, der das logische Gefüge der Sprache zu entwirren unternimmt, um allein den prälogischen Bewußtseinsformen echten Rang zuzuerkennen. Die Rückkehr ins Archaische äußert sich in der abstrakten Kunst, der surrealistischen Lyrik, der exklusiv gewordenen Musik. Das Problem des *Formalismus* ist gemeint. Wenn irgendeiner, so ist Adrian Leverkühn Formalist. Seine Musik hat, nach Absicht des Tonsetzers, keinerlei gesellschaftliche Funktion, denn sie will nicht wirken und klingen. Sie hat nicht einmal eigene musikalische Substanz, denn sie will gar nichts mehr ausdrücken. Sie ist in unheimlicher Folgerichtigkeit, nach dem Wort des ehemaligen Wagnergegners Eduard Hanslick, ein »Spiel tönend bewegter Formen«. Das bedeutet höchste Künstlichkeit und Exklusivität. Sie möchte eine neue Unschuld darstellen, insofern sie unbelastet sein will von aller musikalischen Überlieferung. Das Ergebnis bedeutet jedoch nicht Primitivität, sondern – Barbarei. »Das Problem des kulturellen Rückschritts aber, des Rückfalls in die Barbarei, ist das zentrale Thema unserer Epoche, ganz besonders für den Schriftsteller. Barbarei jedoch bedeutet in unseren Zeitläuften nichts anderes als den Rückfall in Gesellschaftsformen, in Denk- und Lebensweisheiten, die geistig durch frühere Epochen bereits überwunden waren. Man hüte sich, Primitivität mit Barbarei zu verwechseln. Die Geistesart der primitiven Völker ist ›primitiv‹ im Verhältnis zum Erscheinungsreichtum des modernen Geistes, aber sie ist nicht ›barbarisch‹. Der Begriff der Barbarei knüpft sich für uns niemals an eine Haltung, die vorwärtsstrebt, sondern stets an den Prozeß eines Zerfalls, eines ›Rückfalls‹. Barbarei bedeutet heute den Rückfall in überwundene Formen der menschlichen Kultur.«[54] Es mag dabei nicht unwesentlich sein, daß solche Sätze geschrieben wurden als Rückblick auf die faschistische Bücherverbrennung. Auch dies gehört zum Thema des ›Doktor Faustus‹, denn Thomas Mann hat den ›Hexenhammer‹ sehr genau gelesen.[55] Institoris hieß einer der Verfasser des Gesetzbuches für Hexengerichte. Doktor Institoris heißt aber auch im Roman ein deutscher Intellektueller (Kunsthistoriker!), der vom Faschismus angekränkelt ist . . .

Das Schicksal formalistischer Kunst verbindet sich also nicht mit einer Primitivität, die den Epochen echten Gemeinschaftslebens angehört, sondern mit dem Vereinsamungsprozeß des spätbürgerlichen Individuums. Das Ergebnis ist Barbarei, und zwar eine solche höchst raffinierter, technisch glanzvoller Modernität. Leverkühn erstrebt daher insgeheim den Wiedereintritt der Barbarei. Auch dieser Prozeß hängt zusammen mit dem Schicksal der bürgerlichen Kultur. Das geht noch in die Zeit vor Nietzsches Tätigkeit zurück. Erich Kahler erwähnt mit Recht den Satz des französischen formal-ästhetischen Dichters Théophile Gautier »La barbarie nous vaut mieux que la platitude«.[56] Es trifft sich aber höchst sonderbar und bekräftigend, daß dieses Wort Gautiers, wonach Barbarei immer noch besser sei als Plattheit, nämlich in seinem Sinne: als menschliche Verantwortlichkeit und Humanität, in wörtlicher Zitierung und Kommentierung bei einem deutschen Schriftsteller unserer Gegenwart auftaucht, der unbedingt als Gestalt und Wirksamkeit in den Umkreis des ›Doktor Faustus‹ gehört. Hier seine Worte: »Halten wir uns vorläufig an den schönen Spruch von Théophile Gautier: ›La Barbarie nous vaut mieux que la platitude.‹ Das ist in der Tat eine Alternative, über die sich reden läßt; vor allem, wenn man befürchtet, daß der Mensch sich zu beiden zugleich zu entschließen gedenkt.«[57] So steht es (1936 geschrieben) bei *Ernst Jünger*. Das Schicksal der Musik, überhaupt der modernen Kunst, ist in strengster Übereinstimmung des musikalischen Gewebes mit der gesellschaftlichen Gesamtproblematik verbunden.

Diese Tragödie der Kunst gipfelt abermals im großen Dialog zwischen Leverkühn und dem Teufel, der natürlich ein visionärer Monolog ist, denn der Höllenfürst sagt Leverkühn nur Dinge, die dieser schon weiß und seit langem zu leben gewohnt ist; wie auch die Eiseskälte, die vom Teufel ausgeht, in der inneren Vereisung des kranken Musikers ihr Gegenstück findet. Ernst Fischer hat in seiner großen Auseinandersetzung mit dem ›Doktor Faustus‹ bemerkt, es gereiche »Thomas Mann zur hohen Ehre, daß er den Teufel die Philosophie Friedrich Nietzsches verkünden läßt«.[58] Aber der Teufel tritt nicht bloß als Nietzscheaner auf, was auch nicht so notwendig ist, da Leverkühn selbst in hohem Maße eine nietzscheanische Existenz durchlebt. Der Teufel verwandelt sich mehrfach während der Auseinandersetzung, denn viele, nahezu alle typischen Ausdrucksformen der bürgerlichen Verfallsepoche tragen teuflischen Charakter. Mephisto nahte sich noch als fahrender Schüler, denn Faust erlebt den Teufel im Zentrum eines *Erkenntnisproblems*. Der Künstler Leverkühn im modernen Kapitalismus sieht den Teufel zunächst einmal in der Erscheinungsform des Zuhälters. Das bezieht sich auf die Dirne als Gegenspiel Gretchens, auf die Hetäre, an deren Seite der Zuhälter als Sendbote aufzutauchen pflegt. Hier äußert sich aber nicht minder deutlich der Zustand der modernen Kunst, die Warencharakter angenommen hat und den Gesetzen des Marktes wie des aushaltenden Kapitalisten anheimgegeben ist. Ohne den kapitalistischen Zuhälter oder »Mäzen« kann der moderne Künstler, kann besonders der exklusive und formalistische Künstler nicht gedeihen. Darum trägt auch später im Buch der amerikanische Impresario Saul Fitelberg, der als Versucher in der Wüste auftritt, um Leverkühn die Welt zu Füßen zu legen, ganz deutlich teuflische Züge. Auch er ist abermals Teufel, kapitalistischer Agent und Zuhälter in einem.

Dies ist die erste Erscheinungsform des Fürsten der Finsternis. Wenn es dann im Gespräch um die Metaphysik geht, so hat der Teufel die Gestalt gewandelt und erscheint als Privatdozent Schleppfuß, als Psychologe und Psychoanalytiker. Zwischendurch aber, im großen Gesprächsabschnitt, der sich mit dem Schicksal der Musik, der modernen Kunst befaßt, hat sich das Aussehen abermals verändert. Der Teufel trägt jetzt die Hornbrille des Intellektuellen, wirkt dabei auf Leverkühn übrigens wesentlich sympathischer. Die vorübergehende Erdengestalt, die ihm Thomas Mann, genau porträtierend, für diesen Augenblick verleiht, löst abermals Verwunderung aus. Wir glauben uns nicht zu täuschen, wenn diesmal Leverkühns Partner die Züge jenes Musiktheoretikers annimmt, den Thomas Mann als »wirklichen Geheimrat« für die musikalischen Partien des Buches ausgiebig befragte. Es handelt sich um *Theodor W. Adorno*.[59] Der Teufel doziert nämlich über die Problematik des modernen Musikers: »Es kommt dahin, daß seine Kompositionen nichts mehr als solche Antworten sind, nur noch die Auflösung technischer Vexierbilder. Kunst wird Kritik – etwas sehr Ehrenhaftes, wer leugnet's! Viel Ungehorsam im strengen Gehorchen, viel Selbständigkeit, viel Mut gehört dazu. Aber die Gefahr des Unschöpferischen – was meinst du? Ist sie wohl Gefahr noch oder schon fix und fertiges Faktum?«[60] Kurz vorher hatte er schon erklärt: »Das Komponieren selbst ist zu schwer geworden, verzweifelt schwer. Wo Werk sich nicht mehr mit Echtheit verträgt, wie will einer arbeiten?« Oder an anderer Stelle: »Droht nicht die Produktion auszugehen? Und was an Ernstzunehmendem noch zu Papier kommt, zeugt von Mühsal und Unlust. Äußere, gesellschaftliche Gründe? Mangel an Nachfrage – und wie in der vorliberalen Ära hängt die Möglichkeit der Produktion weithin vom Zufall der Mäzenatengunst ab?«[61] Man kann ohne Mühe mit den Zitaten fortfahren und weiterdozieren, daß »die fortgeschrittene Musik, welche durch Autonomie eben jenes demokratisch breite Publikum von sich stieß, das sie einmal durch Autonomie erobert hatte, nun an die der Ära vor der bürgerlichen Revolution zugehörige und in ihrem Wesen Autonomie gerade ausschließende Einrichtung der Auftragskomposition sich erinnert«. Wobei dieser letzte Satz schon wörtlich aus dem entsprechenden Zusammenhang Adornos genommen ist, nämlich aus seiner ›Philosophie der neuen Musik‹, der Thomas Mann in weiten Punkten folgt, gerade auch in der für Leverkühn kennzeichnenden Analyse des Einsamkeitscharakters des modernen Musikers und der neuen Musik.[62]

Zu den teuflischen Elementen der modernen Kunstentwicklung gehört mithin auch das Überwuchern der Kritik über die eigentliche künstlerische Produktion, *der Kunsttheorie über die künstlerische Praxis*. Solche Vertauschung geschieht in der Tat in Epochen, wo, nach Leverkühns Wort, in der bisherigen Weise nicht mehr geschaffen werden kann, wo vom Kunstwerk behauptet wird: »Es ist etwas, wovon der Bürger möchte, es gäbe das noch.« Der bewußt moderne Künstler am Ende der Bürgerzeit weiß aber, daß es das bürgerliche Kunstwerk mit gültiger Aussage nicht mehr geben wird. Es gibt bloß noch ein Spiel mit früheren Formen, historische Verdauung des Hergebrachten, Suchen nach dem Neuen in der Tiefe des Abgrundes, um Baudelaire zu zitieren. Es gibt aber auch das Spiel mit überlieferten Formen, an deren Wahrheit und Echtheit der Künstler insgeheim nicht mehr zu glauben vermag. Spätbürgerliche Kunst – an Leverkühns Schaffen beweist es sich – nimmt immer mehr die Ausdrucksformen einer Parodie an. Abermals hat uns der Roman aus der gesellschaftlichen Deutung moderner Kunstentwicklung zurückgeführt zur geheimen Selbstaussage Thomas Manns.

Bei Gelegenheit der *Parodie* kommt es zu einem heftigen Zusammenstoß zwischen Leverkühn und dem Teufel. Man hat plötzlich den Eindruck, einem Dialog zwischen Thomas Mann und Theodor W. Adorno beizuwohnen. Oder auch: Thomas Mann liefert sich selbst Gegenargumente, die sein eigenes Schaffen in Frage stellen. Plötzlich wirkt sein eigenes Werk wie angekränkelt von des Bewußtseins Blässe, von der Einsicht des spätlebenden Künstlers.

3

Der Teufel doziert: Musik könne im Ernst nicht mehr daran denken, Gefühle zu vermitteln. Alle seelischen Empfindungen seien konventionell geworden und erinnerten im modernen Tonwerk unvermeidlicherweise an ihre entsprechenden Vorgänger. Das gilt übrigens nicht bloß für die Musik, sondern schlechthin für die moderne Kunst. Musik sei mitgerissen in den Wirbel der Krise, obwohl sie kein Bild zu vermitteln imstande sei. »Was der Kritik verfällt, ist der Scheincharakter des bürgerlichen Kunstwerkes.« So der Teufel, der zeitweilig in Adornos Maske theoretisiert. Leverkühn antwortet, der Teufel repliziert und provoziert. Im Dialog (oder Fiebermonolog) sieht das folgendermaßen aus: »Ich: – Man könnte das wissen und sie jenseits aller Kritik wieder anerkennen. Man könnte das Spiel potenzieren, indem man mit Formen spielt, aus denen, wie man weiß, das Leben geschwunden ist. Er: – Ich weiß, ich weiß. Die Parodie. Sie könnte lustig sein, wenn sie nicht gar so trübselig wäre in ihrem aristokratischen Nihilismus. Würdest du dir viel Glück und Größe von solchen Schlichen versprechen? Ich (erwidere ihm zornig): – Nein.«[63]

Was Leverkühn hier entgegnet, ist Thomas Manns Kunstprinzip der Parodie, die mit abgelegten Formen spielt, und weiß, daß sie spielt. Er selbst hat das als Monologthema Goethes, als Substanz und Deutung des Josephsromans, immer wieder ausgesprochen. In der ›Entstehung des Doktor Faustus‹ bekennt er seine wachsende Neigung, »alles Leben als Kulturprodukt und in Gestalt mythischer Klischees zu sehen«.[64] Übrigens beeilt er sich sogleich hinzuzufügen, dieser Hang zur Imitation und Parodie, der im ›Faustus‹ so deutlich hervortrete, sei mehr als eine persönliche Eigenart und besitze allgemeinen gesellschaftlichen Charakter. Leverkühn spricht abermals höchst eindeutig als Thomas Mann. Doch der Teufel als kalte Bewußtheit läßt sich nicht beirren. Er hält eine Kunst, die bloß noch Parodie sein will, für aristokratischen Nihilismus. Übrigens auch für unfruchtbar. Leverkühn kann das ernstlich nicht bestreiten und wird zornig (das einzige Mal im ganzen Gespräch), womit er beweist, an entscheidender Stelle getroffen zu sein.

Hier ist eine Tiefe und Schonungslosigkeit der Selbstaussage erreicht, die schaudern macht. Der Teufel sagt dem parodierenden Künstler nur dessen eigene und geheime Gedanken ins Ohr. Leverkühn »verdrängt« sie und reagiert im Affekt. Er weiß also: das bürgerliche Kunstwerk ist auch in seinem Spätstadium als Parodie und Imitation von der Vereisung und Isolierung bedroht, die allem Kunstschaffen der untergehenden Gesellschaft anhaften. Daß Thomas Mann weder seine Person noch sein Schaffen von diesem Gesetz auszunehmen gedenkt, spricht für den Ernst des Buches. Denn nun verwirren sich die Ausblicke. Ist alle spätbürgerliche Kunst, die im Rahmen des Bürgertums weiterschafft, vom Nihilismus der Einsamkeit bedroht, auch der Sterilität, was alles am Schicksal Leverkühns demonstriert wird, so kann man auch Thomas Manns Roman

›Doktor Faustus‹ nach des Dichters eigenem Willen nicht aus-
nehmen! Gerade der Faustusroman ist im höchsten Maße Parodie, Montage, Verarbeitung früherer Formen und Formeln. In
der Vielgestaltigkeit seiner Verschlingungen setzt er Leser
höchsten Bildungsranges voraus. Die aristokratische Tendenz
des anspruchsvollen Buches ist nicht zu leugnen. Scheinbar
auch nicht seine nihilistische Haltung; denn Leverkühn versinkt, seine Werke sind Teufelswerk, artistisch vollendet, kaum
zugänglich, nicht für ein Publikum bestimmt. Wäre hier wirklich der Selbstdenker Thomas Mann zum Selbsthenker geworden?

Die Antwort muß abermals hinausgezögert werden. Der Faustusroman ist allerdings ein Buch des Endes. In seiner Analyse
hat Erich Kahler behauptet, das könne man gleichfalls von allen
übrigen Romanen des 20. Jahrhunderts behaupten, worauf er,
neben einigen sonderbaren Modeprodukten, denen er zu Unrecht wesentlichen Rang zubilligt, vor allem auf die großen
Romane von Proust, Joyce, Kafka, Musil und auf die ›Falschmünzer‹ von André Gide verweist.[65] Sie sind in der Tat, bei
unterschiedlichem Wert und unterschiedlicher menschlicher
Substanz, sämtlich Bücher einer Endzeit dergestalt, daß sie die
Form des bürgerlichen Romans aufgelöst haben. Sie ermangeln
einer eigentlichen Fabel und Handlungsführung, sind an allem
interessiert, außer an der eigentlichen Erzählung, überladen das
Gesamtgebilde mit (gelegentlich glanzvollen!) Essays, die aber
zu einem Überwuchern der Literaturtheorie innerhalb der
eigentlichen Literatur führen. Sie haben auch alle weder Anfang
noch Ende, sind auch im wesentlichen unvollendbar geblieben.
Proust starb über dem Torso seiner ›Suche nach einer verlorenen Zeit‹, die alle Realität schließlich in Erinnerung und romanhaften Nachgenuß einstiger Wirklichkeiten auflöste. Der ›Ulysses‹ von James Joyce endet höchst äußerlich, indem mitten in
einem wüsten Bewußtseinsstrom eine Fermate und gleichgül-
tige Schranke errichtet wird. Musils ›Mann ohne Eigenschaften‹
blieb Torso und läßt dem Spiel der Figuren völlig freie Bahn.
Die ›Falschmünzer‹ knüpfen in der Neugier sinnlicher Gegenwart das Ende an den Anfang. Mit dem Schlußsatz könnte die
ganze Geschichte noch einmal beginnen. Keine Gestalt besitzt

die einstigen Realitätsformen Balzacs, Tolstois oder Gottfried Kellers. Diese Romane nehmen sich aus wie zusammenmontierte Essays. Der Roman als bürgerliches Kunstwerk hat sich in ihnen selbst zur Absurdität entwickelt.

Es könnte scheinen, als sei auch der ›Doktor Faustus‹ in solchem Betrachte als Ende des bürgerlichen Romans anzusprechen. Tatsächlich sind alle Auflösungstendenzen der bürgerlichen Epik hier einbezogen, aber als Auflösungstendenzen *gestaltet* und enthüllt. Hier liegt bereits ein wesentlicher Unterschied. Kafka und Joyce, zu schweigen von Sartre oder Camus, zeigen eine absurde Welt und wollen glauben machen, »die« Welt sei absurd. Sie meinen aber bloß die untergehende bürgerliche Gesellschaft, die keineswegs mit einer möglichen neuen, nicht-bürgerlichen Gesellschaft identifiziert werden darf. Hier wird der Untergang der bürgerlichen Kultur immer wieder als allgemeine Götterdämmerung hingestellt und gerade dadurch – ideologisch umhüllt. Thomas Mann ist in der gesellschaftlichen Aussage viel präziser: er spricht nur von der bürgerlichen Endzeit, vom Ende des bürgerlichen Kunstwerks. Wenn er sich selbst dabei einbezieht, so in jenen gewichtigen Bereichen seines Werkes und seiner Person, die nach wie vor dem bürgerlichen Umkreis angehören. Aber der Faustusroman ist trotz allem streng realistisch gestaltet. Die Parodie wird im Ergebnis als Mittel zu realistischer Darstellung und Erzählung gebraucht, ganz wie das Wagnersche Leitmotiv im ›Zauberberg‹ seiner ursprünglichen musikdramatischen Rolle beraubt wurde. Das Buch vom Tonsetzer Leverkühn schildert die Endzeit der bürgerlichen Kultur, ohne vorgeben zu wollen, nun sei überhaupt das Schicksal des Menschen sinnlos geworden.

Denn nicht alles ist zusammengebrochen. Bedroht ist nur eine endzeitliche Ästhetik, die sich mit der Barbarei gemein machte; todkrank ist nur der in sich zersetzte, aller realistischen Erzählung beraubte Roman. Es bleibt doch Anmaßung, die großen Romane des 20. Jahrhunderts bloß auf der Linie Kafka, Proust und Joyce zu sehen. Wie steht es mit Gorkis ›Klim Samgin‹, mit ›Pelle, der Eroberer‹ von Martin Andersen-Nexö; mit Scholochows großem Epos vom stillfließenden Don; mit Romain Rollands Buch vom deutschen Tonsetzer Johann Christoph

Krafft; mit den ›Früchten des Zorns‹ von John Steinbeck und dem ›Siebten Kreuz‹ der Anna Seghers? Auch das sind Werke unserer Zeit, größtenteils noch unter den Bedingungen der untergehenden bürgerlichen Gesellschaft geschaffen. Trotzdem vollendet sich in ihnen die große Tradition des bürgerlichen Romans, ganz wie in Thomas Manns eigenen Schöpfungen und in Heinrich Manns Spätwerk vom guten König Heinrich. In all diesen Büchern aber ist humanistische Substanz wirksam, die hinausreicht über die traditionellen Gehalte bürgerlicher Humanität, wie über die Verhüllungen und Todessüchte spätbürgerlicher Barbarei. Es ist trotz allem nicht zweifelhaft, daß Thomas Manns ›Doktor Faustus‹ dieser Gruppe zuzurechnen ist, also nicht das Schicksal derer teilt, die mit den Barbaren und als Barbaren zur Hölle fahren müssen. Der Josephsroman war ein Buch vom Mythos, doch kein mythisches Buch. Der Faustusroman ist ein Buch vom »Faschismus«, wenn wir diesen Begriff in der geschilderten umfassenden Bedeutung verstehen. Ein Buch vom Faschismus, aber wahrhaftig kein faschistisches Buch.

Der ästhetische Formalismus, den der Teufel lehrt, zusammen mit Nietzsche-Philosophie, hat die ästhetische Barbarei ganz bewußt mit der politischen Barbarei zusammengekoppelt. So treiben es die Münchner Ideologen, denen Zeitblom wie Leverkühn zwar zuhören, aber nicht beistimmen. So meint es vor allem geradeheraus der Teufel, wenn er dem formalistischen Künstler die Hölle schildert als »schalldichten Keller, tief unter Gottes Gehör«. Er will nichts mehr vom »schlechten, bürgerlichen 19. Jahrhundert« wissen. Nichts mehr von bürgerlicher Humanität, auch nichts mehr von der Psychologie Nietzsches, die Thomas Mann aus diesem bürgerlichen 19. Jahrhundert in seine Entwicklung übernahm. Die Barbarei kennt einen neuen Lebensstil: »Der wird einfach eins über den Schädel bekommen, der das Leben stört durch Psychologie.«[66]

Das Schicksal der bürgerlichen Kultur folgt der Entwicklung bürgerlicher Gesellschaft. Ihre herrschenden Schichten haben sich abgekehrt von den einstigen Idealen der bürgerlichen Tradition, von Persönlichkeitsbildung und liberaler Humanität, vom realistischen Roman wie von der psychologischen Ana-

lyse, von der Gefühlsmusik der Neunten Symphonie wie des
›Tristan‹. Mit alledem gedenkt das bourgeoise Endstadium
kurzen Prozeß zu machen. Wer an den alten Traditionen
festhält, muß erwarten, in schalldichten Kellern eins über den
Schädel zu erhalten. Die Tragik der bürgerlich redlichen Geister und Künstler in diesem Stadium wird darin bestehen,
mitgeholfen zu haben, diese Entwicklung vorzubereiten, um als
Opfer selbst auf der Strecke zu bleiben. Kein Zeifel: erlebte
Adrian Leverkühn bei vollem Bewußtsein die Epoche des Dritten Reichs, er hätte bloß die Wahl, sich noch tiefer auf sich
selbst zurückzuziehen, oder als »Kulturbolschewist« (der er
gewiß nicht wäre) eins über den Schädel zu erhalten. Auch
Thomas Mann blieb, mit allen Leverkühn-Elementen seiner
Persönlichkeit, nicht bewahrt vor Verfolgung, Heimatlosigkeit
und Verhöhnung durch die Machthaber des Tages. Er war
beteiligt an Leverkühns Werk und Geschick, ohne mit ihm zu
verschmelzen. Das Buch des Endes führte über dies Ende
hinaus.

Deutschland und die Deutschen

Jetzt kommt der Augenblick *des Doktor Serenus Zeitblom.*
Nach der Romanüberschrift möchte man glauben, der episch
und psychologisch begabte Freund Leverkühns verdanke sein
Dasein einem bloßen Kunstgriff des Erzählers, der den »Räson-
neur« einschaltet, wie man ihn aus dem bürglichen Schauspiel
kennt, als Sprachrohr des Autors und Kommentator, der ausspricht, was der Verfasser selbst nicht sagen kann, doch gesagt
haben möchte. Oder er wäre, im Stil des klassischen Dramas,
der »Vertraute«, dem der Hauptheld sich erschließt wie Hamlet
seinem Horatio. Das alles leistet Zeitblom in der Tat. Sein
Dasein gibt Thomas Mann die Chance, den Roman auf drei
Ebenen zu führen: als Lebensgeschichte Leverkühns, als Entstehungszeit der von Zeitblom verfaßten Lebensgeschichte
Leverkühns – und als Entstehungsgeschichte des von Thomas
Mann verfaßten Faustusromans, dem Zeitblom genauso angehört wie Leverkühn selbst. Aber mit Zeitblom hat es doch eine
ernstere Bewandtnis. Hans Castorp war als Charakter nicht
wichtig, dennoch wurde im ›Zauberberg‹ nicht zufällig *seine*

Geschichte erzählt. Doktor Zeitblom ist keine starke Persönlichkeit mit seiner bürgerlichen Normalexistenz, seinem faden »Eheweib« und seiner hitlertreuen Nachkommenschaft. Er steht in Leverkühns Schatten und hat sich auch dorthin gestellt. Sich selbst nimmt er nur wichtig, insofern sein Schicksal mit dem des Musikers verbunden bleibt. Dennoch ist diese Bindung nicht zufällig. Wenn Leverkühn ihm allein unter allen Jugendgefährten sich anschließt und bis in die umnachtete letzte Rede hinein doch eine Art von Treue hält, so spricht das für Zeitbloms Eigentümlichkeit. Er ist nicht zufällig in diese Geschichte geraten und zu ihrem Chronisten geworden.

Thomas Mann hat es bereits verraten: Leverkühn und Zeitblom haben das *Geheimnis ihrer Identität* zu hüten. Darum sind sie in ihren Gesichtszügen und Körperformen so blaß gezeichnet. Nun ist Leverkühn aber in tausend Verstrickungen mit der Person und dem Werk Thomas Manns zusammengeflochten. Ist Leverkühn aber mit Zeitblom Teil einer höheren Einheit, so hat auch der Chronist vom Dichter manches mitbekommen. Übrigens ist Zeitblom auch, neben Leverkühn, an einigen Elementen der Nietzschegestalt »mitbeteiligt«. Wenn Nietzsche dem Musiker seine Kulturphilosophie und sein Lebensschicksal vererbte, so hinterließ er dem *klassischen Philologen* Zeitblom die Ausgangsposition der Altertumswissenschaft. Allerdings reicht es bei Zeitblom, der auch aus Kaisersaschern stammt, nicht, wie bei Nietzsche, zum ordentlichen Lehrstuhl der klassischen Philologie, sondern bloß zum Gymnasialdienst. Dafür aber spürt man an der psychologischen Hellsichtigkeit des Biographen eine verfeinerte Empfindlichkeit für kulturelle Strömungen, wie sie Nietzsche den nachfolgenden Generationen hinterlassen sollte.

Zeitblom ist übrigens Katholik, Leverkühn ist Lutheraner. Beide zusammen bieten den Gesamtaspekt christlicher Religion am Ende der Bürgerzeit. Aber auch zwischen Thomas Mann und Serenus Zeitblom spinnen sich die Fäden her und hin. Beide miteinander zu identifizieren, wäre ebenso absurd wie die Ersetzung des Namens Leverkühn im Roman durch den seines Autors. Schon die Stilunterschiede zwingen zur Vorsicht. Drei Stilelemente vor allem finden sich im Roman.[67] Das nachge-

ahmte Lutherdeutsch des Herrn Kumpf oder auch Leverkühns;
die noble liberale Prosa Zeitbloms, die jedoch, drittens, gelegentlich getrübt ist durch verschüchterte oder unbewußte
Anleihen beim Sprachstil des Dritten Reichs. Zeitblom ist kein
»Nazi«. Aber er lebt in diesem sonderbaren Zustand sogenannter »innerer Emigration«, bleibt im Amt, schickt seine Kinder
in die Hitlerjugend, liest die Presse und hört den Rundfunk in
einer Zubereitung, die sein Führer angeordnet hat. Erst gegen
Ende des Romans, wenn der faschistische Zusammenbruch
unverkennbar wurde, lösen sich sein Geist und seine Sprache.
Gegen Ende des Buches stimmen die politischen Betrachtungen
des unpolitischen Zeitblom immer unverkennbarer überein mit
Thomas Manns eigenen Überzeugungen, wie er sie in seinen
Rundfunkansprachen an die »Deutschen Hörer« verkündet und
später noch einmal im Eigenkommentar zum ›Doktor Faustus‹
ergänzt.[68] Nun wird offenbar, daß Zeitblom doch auch damit
betraut war, Thomas Manns Kommentar zur Geschichte des
Musikers mitzuliefern.
Doktor Zeitblom ist bürgerlicher Humanist, der eigentlich
nirgendwo über die bürgerliche Gesellschaft hinauszuschauen
vermöchte, in deren Umkreis sein Leben verlief. Gelegentlich
macht er Andeutungen, die ahnen lassen, auch ihm sei es
bewußt, einer Endzeit anzugehören. Davon kann ihn übrigens
seine Isolierung und Einsamkeit mitten im Kriege des Dritten
Reichs überzeugen. Er spricht es selbst aus, sein »Gefühl, daß
eine Epoche sich endigte«, die am Ausgang des Mittelalters
begann: die Epoche seiner »weiteren geistigen Heimat,
kurzum, die Epoche des bürgerlichen Humanismus«.[69] Auch
sie gehört der Endzeit an: gerade durch ihre Machtlosigkeit
gegenüber der Barbarei. Mit seinesgleichen hatte er geglaubt,
durch Wissenschaft, Sozialreform und Psychologie die Kultur-
krise einzudämmen. Mit Leverkühn hatte er dafür einen zahn-
ärztlichen Ausdruck gebraucht. Sie suchten die Zahnschmerzen
der Zeit durch »exakte Wurzelbehandlung« zu heilen. Am
Gespräch der faschisierenden Intellektuellen, erst recht an der
Praxis des Hitlerreichs muß er lernen, daß so viele Umstände
nicht mehr beliebt sind. Die kranke Kultur soll nicht mehr
»behandelt«, sondern, wie ein kranker Zahn, einfach und wohl

noch ohne örtliche Betäubung ausgezogen werden. Die Welt dieser Zahnchirurgie ist ihm aber von Grund auf fremd und verhaßt. Gemahnt er nicht an den »Herrn aus Rom« in Thomas Manns Novelle von Mario und dem faschistischen Zauberer? Der bürgerliche Liberale aus Rom muß schließlich doch zur Reitpeitsche tanzen. Auch der deutsche liberale Humanist Zeitblom wird zum »Mitläufer«. Seine Herkunft und Lebensentscheidung hat ihm scheinbar nichts anderes als Wahl belassen. Er bleibt im bürgerlichen Bereich, und wird gerade dadurch in den Zusammenbruch verstrickt, ohne sich von aller Mitschuld freisprechen zu können. Hatte nicht auch Thomas Mann als Zuschauer des faschistischen Zauberers insofern mitgemacht, als er sitzenblieb und das Schauspiel passiv bis zum Ende miterlebte? Man wird auch im Schicksal Zeitbloms eine Selbstaussage Thomas Manns erblicken müssen, der sich hier identifiziert mit den Menschen seines bürgerlichen humanistischen einstigen Umkreises.

Dann aber trennen sich die Wege. Thomas Mann hat schließlich das Schicksal Doktor Zeitbloms nicht geteilt. In seinem Roman stellt er dar, wie alle Strömungen inmitten des deutschen Bürgertums, nicht bloß des deutschen, nur die Wahl haben, sich als Quellflüsse in den breiten Strom der Barbarisierung zu ergießen, oder den bürgerlichen Bereich zu verlassen. Von hier allein ist die Deutung möglich, die der ›Doktor Faustus‹ dem Schicksal Deutschlands und des deutschen Volkes anzukündigen hat. Sie ist vielfach mißverstanden worden. Von jenen Polemikern soll man nicht sprechen, die behaupten, hier habe der große deutsche Autor im fernen Kalifornien ein »antideutsches« Buch geschrieben. Das ist ebenso absurd wie der Vorwurf, die Gestalt des Konzertagenten Fitelberg, die Deutschtum und Judentum miteinander konfrontiert, besitze judenfeindliches Gepräge.[70] Die Schlußworte Zeitbloms und seines Erzählers, wonach Gott der armen Seele Leverkühns und Deutschland gnädig sein möge, sind weit entfernt von pharisäerhaftem Hochmut, denn Leverkühn ist weitgehend Selbstaussage Thomas Manns, der sich selbst in die Anrufung einbezieht. Es ist aber eine Verkennung, wenn Ernst Fischer im ›Faustus‹ nur eine dämonisierte und ideologisierte Darstellung der deutschen

Katastrophe und ihrer Ursachen erblicken will.[71] Gewiß, auch im ›Faustus‹ fehlen wesentliche Schichten des deutschen Volkes, ganz wie im ›Zauberberg‹ wesentliche Bereiche der modernen Gesellschaft ausgeklammert waren. Der ›Faustus‹ hat *nur* mit dem deutschen Bürgertum zu tun, seiner Kultur und seiner Gesellschaft. Sie werden vom Teufel geholt, das heißt: sie selbst sind der Teufel, der sich in den Untergang stürzt. Alle ihre Elemente sind höllenhaft verzerrt.

Natürlich fehlt die »exakte« nationalökonomische Analyse, die ausspräche, welche Faktoren der kapitalistischen Entwicklung diesen Prozeß verursachen. Aber Thomas Mann läßt keineswegs verkennen, daß er von ihnen weiß, und daß er sie in Rechnung setzt. In der ›Entstehung des Doktor Faustus‹ geben die politischen Tagesanalysen das vollständige und ergänzende Bild in der wirtschaftlichen und politischen Sphäre. Was Zeitblom über Hitler und Mussolini zu sagen hat oder über die Funktion des Antibolschewismus in der faschistischen Propaganda, gehört, bei aller Skizzenhaftigkeit, zur Gesamtanalyse.[72] Es geht also nicht an, von Sätzen wie dem folgenden zu abstrahieren, den Zeitblom im Namen Thomas Manns niederschreibt: »Die russische Revolution erschütterte mich, und die historische Überlegenheit ihrer Prinzipien über diejenigen der Mächte, die uns den Fuß auf den Nacken setzten, litt in meinen Augen keinen Zweifel.« In allen Andeutungen wird diese gesellschaftswissenschaftliche Analyse vorausgesetzt, ohne verpflichtet zu sein, im einzelnen noch die bekannte Weltentwicklung zwischen 1914 und 1950 geschichtsbuchartig zu rekapitulieren. Thomas Manns Aufsatz über die »Grundtorheit des Antibolschewismus« gehört ebenso in diese Gesamterkenntnis, wie die Radiobotschaften und Studien über den Endsieg der Demokratie, die nicht mehr bürgerliche Demokratie sein wird. Von einem Mangel an ursächlicher Deutung des bürgerlichen Untergangs kann man wohl kaum sprechen. Dagegen hat Ernst Fischer richtig gesehen, daß die gesellschaftlichen Gegenkräfte im Roman fehlen. Der »Faust des 20. Jahrhunderts« sei verkörpert »in der revolutionären Arbeiterklasse«, schreibt Fischer.[73] Das besagt: das Proletariat wird zur Erbin der klassischen bürgerlichen Kultur und Tradition. Es wird die Botschaft des

Goethischen Faust »aufheben« und die Botschaft der Neunten Symphonie. Thomas Manns Roman wird das kaum bestreiten. *Leverkühn ist kein Nachfolger, sondern ein Gegenspieler des Doktor Heinrich Faust.* Er schreibt die Neunte Symphonie der Inhumanität, denn das Bürgertum hat sich von seiner eigenen großen Tradition abgewendet und dazu entschlossen, sie selbst zu negieren und zu zerstören. Damit sind neue gesellschaftliche Erben außerhalb des Bürgertums aufgerufen. Nichts anderes aber ist im ›Doktor Faustus‹ demonstriert. Allerdings werden diese neuen gesellschaftlichen Erben außerhalb des Bürgertums nicht gezeigt. Der Roman bleibt im Bereich bürgerlicher Existenzen. In der Mario-Novelle hatten die arbeitenden Menschen dem faschistischen Zauber am stärksten und erfolgreichsten Widerstand entgegengesetzt. Der Kellner Mario hatte schließlich den Faschisten getötet. Im ›Zauberberg‹ gab es keinen kranken Arbeiter. Auch im ›Faustus‹ sehen wir das deutsche Volk nur in seiner gesellschaftlichen sogenannten »Oberschicht«. Die einfachen Menschen stehen außerhalb der Höllenkreise. Leverkühns älterer Bruder, ein einfacher Mensch, führt ein gesundes Leben, ohne Einsamkeit, allerdings auch ohne Berauschung. Das letzte Wort bei der Erkrankung des Musikers hat die mütterliche Frau Schweigestill, wenn sie in zornigem Mitleid die hohlen Trabanten und Snobs hinausjagt. Sie hat Mitleid und menschliches Verständnis, jene echte Solidarität, die den zweideutigen Gestalten der »guten Gesellschaft« vollkommen abgeht.

Frau Schweigestill ist ihr Name. Schweigend erlebt sie die Katastrophe, ohne sie abwenden zu können. Noch besitzt das Volk keine Kraft, Geschlossenheit und Führung, um das Treiben der Usurpatoren zu beseitigen. Es schweigt, ohne aber mitzumachen bei der Ungerechtigkeit. Trotz allem ist dies eine andere Haltung als bei Zeitblom, oder beim bürgerlichen Herrn aus Rom.

Soll man Thomas Mann einen Vorwurf daraus machen, die Gegenkräfte in Deutschland nicht gezeigt zu haben? Während Zeitblom seinen Bericht niederschreibt, sterben sie auf den Schafotten, in den Lagern, erleiden sie die Qualen jener Hölle, die der Teufel seinem Opfer Leverkühn so reizvoll ausgemalt hatte. Oder sie wirken als Illegale, die keinen Weg finden zu Doktor Zeitblom, dem Mann der inneren Emigration mit zwei Söhnen, die ihn bespitzeln. Es hat schon Sinn, wenn diese Kräfte im Faustusroman keine Gestalt angenommen haben. So zwingen sie zu der Erkenntnis, daß sich das deutsche Volk nicht selbst aus der Barbarei zu befreien fähig war. Das hat auch Thomas Mann gemeint. Deutlich hat er es in seiner letzten Rundfunkansprache an seine Hörer ausgesprochen, die am 10. Mai 1945 gehalten wird, am Tage des Waffenstillstandes, wenn es von Deutschlands Gegenwart heißt: »Wenn es sich selbst hätte befreien können, früher, als noch Zeit dazu war, oder selbst spät, noch im letzten Augenblick, wenn es selbst mit Glockenklang und Beethovenscher Musik seine Befreiung, seine Rückkehr zur Menschheit hätte feiern können, anstatt daß nun das Ende des Hitlertums zugleich der völlige Zusammenbruch Deutschlands ist – freilich, das wäre besser, wäre das Allerwünschenswerteste gewesen. Es konnte wohl nicht sein.«[75] Es hat sich nicht ereignet, darum vor allem fehlen jene Gegenkräfte im Roman. Damit läßt sich die Geschichte Leverkühns als Selbstabrechnung mit seiner deutschen Entwicklung und mit der deutschen Entwicklung zusammenfassen.

Wenn sich ein Mensch dem Teufel ergibt, was ein anderer Ausdruck ist für: Abdankung des Willens, also für Unfreiheit, so müßten eigentlich Bosheit und Schlechtigkeit verstärkt bei ihm hervortreten. Dann wäre nicht nur sein Tun ein Teufelswerk; auch sein Wesen müßte teuflisch anmuten. So wirkt der Teufelspakt in der Seele von Oscar Wildes ›Dorian Gray‹, so als Übermacht der seelischen Nachtseite in R. L. Stevensons seltsamer Geschichte vom Doktor Jekyll und vom Mr. Hyde, die Thomas Mann als »einschlägige« Lektüre bei Abfassung seines Romans benutzte.[76] Aber die eigentliche Tradition der Faustdramen hat diese erschreckende Folgerung nicht gezogen. Faust ist zwiespältig, geistesstolz und bleibt es, schwankend zwischen Trieb und Geistigkeit, bis die Höllentrabanten ihn abholen. So sieht ihn Christopher Marlowe im ›Doktor Faustus‹ von 1588.[77] In Lessings Faustentwurf hat der deutsche Professor »nur einen Trieb, nur eine Neigung: einen unauslöschlichen Durst nach Wissenschaften und Kenntnis«.[78] Damit, verkündet Satan,

werde er nur um so sicherer eine Beute der Hölle. Die Goethische Gestalt wandelt sich gleichfalls nicht zum Schlechten; sie
bleibt strebend bemüht; sie bedeutet Problematik der gespalte-
nen Seele; Unheil ist ihr Werk, aber ihr Streben ist meistens auf
das Gute gerichtet. Es schlägt zwar, trotz allen Strebens, nur
allzuoft zum Üblen aus: für Gretchen; für Philemon und
Baucis; mit dem Papiergeld; nicht zuletzt wohl auch mit dem
Teufelswerk des Dammes gegen Einbruch der Meeresflut.
Faust hat dies alles so »nicht gewollt«: aber so wollen es Geist
und Buchstabe des Höllenpaktes. Um des Strebens willen, oder
des wachsenden Widerstandes gegen die Magie, bleibt der
gewaltige Aufwand des Mephisto schließlich doch nutzlos ver-
tan. Faust ist gerettet.

Thomas Manns epischer Faust bleibt durchaus in dieser Überlieferung. Niemals wird man Haß oder Verachtung empfinden
können vor dem Leben und Leiden des unseligen, des seelen-
kalten Adrian Leverkühn. Er ist scheu, kalt, hochmütig, einsam,
und findet doch immer Menschen, die ihm Wärme, Liebe,
Freundschaft, Sorglichkeit entgegentragen. Wo er zerstörend
wirkt, wie beim Untergang Schwerdtfegers, oder sich schuldig
wähnt, wie beim Tod des Kindes, leidet er selbst tiefe Qual.
Der Teufel gebot ihm: »Du darfst nicht lieben.« Aber Leverkühn versucht es, dem Pakt zum Trotz, doch immer von neuem
und immer vergeblich. Der eigenen Herzenskälte sucht er ein
Gefühl der Reue abzugewinnen: es reicht jedenfalls zu einer
letzten, schonungslosen Lebensbeichte vor Eintritt der
Umnachtung. Ist Leverkühn verloren? In physischem Sinne
zweifellos. Aber sein Werk, das Kunstwerk blieb. »Das Leben
ergreift das kühne Krankheitserzeugnis, verspeist, verdaut es,
und wie es sich seiner nur annimmt, so ist's Gesundheit . . .
Von deiner Tollheit werden die Buben in Gesundheit zehren,
und in ihnen wirst du gesund sein.«[79] So hört es Leverkühn aus
dem Mund des Widersachers. Eine tröstliche Botschaft: das
Werk bleibt, auch wenn Krankheit, Vergiftung und Einsamkeit
an seiner Wiege standen. Das Krankheitsprodukt wird zum
Bestandteil gesunder Kultur. Meint der Teufel.

Wie aber, wenn auch das Leben und die Kultur *krank* sind,
wenn sich also das kranke Teufelswerk einer kranken Kultur

einverleibt? Darüber schweigt der Teufel; den Leverkühn aber läßt es nicht ruhen. Das »Werk« ist zu schwer geworden: nicht bloß durch überwuchernde Kritik, sondern durch die wachsende Entfremdung zwischen dem Menschen und dem gesellschaftlichen Chaos. Dennoch bleibt der schöpferische, kranke Musiker immer wieder ums Humane bemüht. Es stimmt nicht, wenn Ernst Fischer meint, Leverkühns letzte Erkenntnis, daß die Welt zu verändern sei, um dem Kunstwerk endlich wieder Heimatrecht zu geben, erfolgte abrupt und unvorbereitet.[80] Insgeheim ist das ganze Schaffen des Künstlers geprägt durch den Trotz gegen eine inhumane Welt, und durch das Streben nach neuer Humanität. Er träumt von einer »Kunst ohne Leiden, seelisch gesund, unfeierlich, untraurig – zutraulich, einer Kunst mit der Menschheit auf Du und Du«. Das ist Ringen um eine neue humane Kultur. Nicht umsonst landet der formbesessene Musiker immer wieder bei Texten von höchster Innigkeit und Substanz: bei Shakespeare, Klopstocks ›Frühlingsfeier‹, bei der Bibel, zuletzt beim alten deutschen Volksbuch vom Doktor Faustus. So entsteht an den Höhepunkten eben doch keine »formalistische«, sondern eine Menschheitskunst: die darauf wartet, in einer neuen Menschheit heimisch und »zutraulich« zu werden. Nicht aus Höllengeist entspringt der Plan, im Werk die Menschheitsbotschaft Beethovens »zurückzunehmen« und durch eine Neunte Symphonie der Inhumanität gleichsam zu ersetzen, sondern aus der Erschütterung beim Tode des Kindes. »Es soll nicht sein – das Gute und Edle, was man das Menschliche nennt, obwohl es gut ist und edel.«[81] Das ist ein Aufschrei. So entsteht Leverkühns Tonwerk von der Weheklage des Doktor Faustus: *als ein Werk inhumaner Tendenz aus humaner Erschütterung*. Als Menschheitsklage über unmenschliche Zeitläufte. Die bürgerliche Endzeit taugt dem echten Künstler nur noch als Eingebung für Werke der Klage und Anklage. Stand dies aber nicht bereits in klassischer deutscher Vergangenheit fest, als Schiller über »naive und sentimentale Dichtung« schrieb? Die Abschiedsworte des versinkenden Künstlers sind also wahrhaftige Zusammenfassung seines ganzen Strebens und Leidens: es sei »klug zu sagen, was vonnöten auf Erden, damit es dort besser werde, und besonnen dazu zu tun, daß unter den Menschen solche Ordnung sich herstelle, die dem schönen Werk wieder Lebensgrund und ein redlich Hineinpassen bereiten«.[82]

Abermals ist damit von Deutschland und den Deutschen die Rede. Wird Faust-Leverkühn dank seines Strebens erlöst werden können? Wird sein Werk Bestand haben auch in neuen, geordneten Zeiten, obwohl es in finsteren Zeiten entstand? Wobei weiter zu fragen bleibt, ob dieser deutsche Künstler als stellvertretend zu gelten hat für die deutsche Tragödie. Nichts zu schaffen hat diese Kunst mit dem Geist des Hitlerstaates, wenngleich sie in ihren Antrieben und gesellschaftlichen Voraussetzungen durchaus das Signum einer Zeit trägt, die Hitlers Gewalt erst möglich machte. Eine Welt trennt die apokalyptischen Visionen dieses Musikers vom »Kunstschaffen« des Dritten Reiches. Aber diese Kunst leistet auch nichts an Abwehr *gegen* die heraufziehende Barbarei. Damit wird sie schuldig und mitschuldig. *Ganz wie Zeitblom in Passivität mitschuldig wird.* Hochmütig spricht Leverkühn vom »garstigen politischen Lied« – und zieht sich in die Einsamkeit zurück. Die »unpolitische« deutsche Innerlichkeit, ihr Name ist Adrian Leverkühn. »Soll Faust der Repräsentant der deutschen Seele sein, so müßte er musikalisch sein; denn abstrakt und mystisch, d. h. musikalisch, ist das Verhältnis des Deutschen zur Welt.« So erklärt Thomas Mann 1945, während er am ›Doktor Faustus‹ schreibt, in einem Vortrag über die deutschen Dinge.[83] Wenn dieser Faustus eine Aussage zur deutschen Entwicklung vermittelt, so hat er jedenfalls nichts mit dem Treiben der faschistischen Mitläufer zu tun, oder nur insofern, als er nicht widersteht. Leverkühns Untergang bedeutet nicht die Höllenfahrt von Führer und Unterführern. Aber er hat zu tun mit Leid und Tod von Menschen, die nicht schuldlos litten: als Gegenleistung für Leid und Tod, die von ihresgleichen anderen Völkern zugefügt wurden. Schon bei Lessing wird Faust eine Beute des Teufels, gerade dadurch, daß er ausschließlich – und nur für sich selbst! – nach Erkenntnis strebte, ohne den Weg zu suchen, den er, nach Goethes Wort, »den Brüdern zeigen« soll. Deutsche Wissenschaftler, Ärzte, Ingenieure, Physiker wurden hineingerissen in die aktive und praktische Unmenschlichkeit, indem sie hochmütig aufgegeben hatten, danach zu fragen, was andere aus ihrem Erfinden und Denken »zu machen« gedächten. Von ähnlicher Art ist auch die deutsche Tragödie Leverkühns. Sein einsames, gesellschaftloses Künstlertum ermöglicht am anderen Pole ein schreckliches »Deutschtum«, weil die »guten« Deutschen den Widersacher walten ließen.

Hier trifft Leverkühn und Zeitblom identische Schuld: ihr »gutes« Deutschtum ist kontrapunktisch mit jenem anderen verknüpft. »Eines mag diese Geschichte uns zu Gemüte führen«, so deutet abermals Thomas Mann die deutsche Entwicklung, seine eigene Entwicklung und den Gang seines Romans[84], »daß es nicht zwei Deutschland gibt, ein böses und ein gutes, sondern nur eines, dem sein Bestes durch Teufelslist zum Bösen ausschlug.« Der widerliche deutsche Nationalimus ist geschichtlich gekoppelt mit der Geschichte jener unpolitischen »Innerlichkeit«, der die Welt so herrliche Leistungen verdankt an Poesie, Erkenntnis und – Musik. Dabei ist das Wort von der »Teufelslist« nur symbolisch gemeint: der Roman und die Deutschlandrede ergänzen den Begriff mit aller wissenschaftlichen Präzision. Wie nämlich entstand jenes unpolitische, nach innen gewandte, hochmütig weltfremde Deutschtum, das Leverkühn so erschütternd illustriert? Als Karl Marx 1845 seine elf ›Thesen über Feuerbach‹ niederschreibt, umreißt er den allgemeinen Tatbestand im vierten Lehrsatz wie folgt: »Die Tatsache, daß die weltliche Grundlage sich von sich selbst abhebt und sich ein selbständiges Reich in den Wolken fixiert, ist eben nur aus der Selbstzerrissenheit und dem Sich-Selbst-Widersprechen dieser weltlichen Grundlage zu erklären.«[85] Die *Aufspaltung der deutschen Entwicklung in unpolitische Kultur und politische Aggression* ist das Ergebnis der realen deutschen Geschichtsentwicklung. Die Geschichte Adrian Leverkühns spielt in einem Zeitbereich von mehr als vier Jahrhunderten; darum ist es nicht bloß Artistik, sondern Geschichtserkenntnis, wenn auch sprachlich alle Ausdrucksformen auftreten: vom Lutherdeutsch der Reformationszeit über die klassisch-humanistische Prosa bis zum zackigen Sprachstil des Dritten Reiches. Mit der Reformationsgeschichte hatte es begonnen: damals entstand aus den Widersprüchen der »weltlichen Grundlage«

die Ablösung des Wolkenbereiches innerlicher Kultur. Martin Luther, der sich auf Musik, Theologie und den Teufel verstand, wie Leverkühn, hatte mitgeholfen: er »haßte den *Bauernaufstand*, der, wenn er gesiegt hätte, der ganzen deutschen Geschichte eine glücklichere Wendung, die Wendung zur Freiheit hätte geben können«.[86] Der Bauernkrieg endete mit einer Niederlage. Aber Thomas Mann geht in der Analyse noch weiter. So hat »Deutschland nie eine Revolution gehabt und gelernt, den Begriff der Nation mit dem der Freiheit zu vereinigen«. Denn alle deutschen Revolutionen sind gescheitert: »die von 1525, die von 1813, die 48er Revolution, die an der politischen Hilflosigkeit des deutschen Bürgertums scheiterte, und endlich die von 1918«.[87] Man kann es nicht klarer zusammenfassen. Daher, und seitdem, trägt das deutsche Leben einen Doppelcharakter: gute und verhängnisvolle Züge sind ineinandergemischt, Fortschritt und Reaktion, Kultur und Barbarei. Das gilt für Luthers Wirken wie für den klassischen Humanismus, die deutsche Romantik und die Freiheitsbewegung von 1813, nicht zuletzt für Substanz und Funktion der deutschen Musik. Adrian Leverkühn sieht darin eine Determinierung und meint: »Interessantere Lebenserscheinungen haben wohl immer dies Doppelgesicht von Vergangenheit und Zukunft; wohl immer sind sie progressiv und regressiv in einem.« Aber der humanistische Zeitblom erwidert sogleich, diese These sei eine »Verallgemeinerung von häuslichen nationalen Erfahrungen«.[88] Man kann ihm nur zustimmen. Die deutsche Geschichte weist solche Doppeldeutigkeit auf als Folge gescheiterter Freiheitsbewegungen. Das mag »interessant« sein; zum Heile ist es dem deutschen Volk nicht ausgeschlagen.

Leverkühn versinkt, und Deutschland erlebt 1945, wenn Zeitblom die Feder niederlegt, einen Absturz, der einer Höllenfahrt gleicht. Dennoch endet das Buch im Licht der *Hoffnung*, das in aller scheinbaren Hoffnungslosigkeit scheint, so wie auch Leverkühns letztes Werk ausklang in einer Klage, die trotz allem nach oben, dem Leben entgegen, schwang. ›Buddenbrooks‹ hatten, ironisch verhüllt, mit Worten des *Glaubens* geschlossen; der ›Zauberberg‹ mit dem Klang der *Liebe*. Diesmal gilt, wie in Goethes ›Urworten‹, der *Hoffnung* ein letzter

Ruf. Das Leben geht weiter; das Kunstwerk wird leben, wenn ihm neue gesellschaftliche Ordnung eine redliche neue Harmonie zu schaffen vermag. Als sich Thomas Mann am Tage deutscher Kapitulation von seinen »deutschen Hörern« verabschiedete, klang seine Trauer und Sympathie aus in einer Botschaft des Selbstbesinnens und des neuen Aufbaus. Das alte deutsche Reich war vergangen; mit ihm sah der Geschichtsdeuter dahingehen die Welt des Bürgertums, dem er entstammte, dessen Schuld er als eine eigene empfand. Es blieb aber die große geistige Leistung der Vergangenheit, die nun, unter neuen Verhältnissen, wahrhaft erschlossen und von aller »Regression« zu befreien war. Ähnlich tröstend war auch die Schlußansprache des Hans Sachs aus den ›Meistersingern‹ gemeint gewesen; denn auch in diesem volkstümlichsten Werk deutscher musikalischer Romantik hatte nicht der Wahn, nicht die Einsamkeit das letzte Wort, sondern die gesellschaftliche Harmonie zwischen Künstler und Volk.

Leverkühns Leben ergab ein Buch des Endes und der Warnung. Daneben aber steht die Botschaft des neuen Anfangs. In seiner Rede über »Deutschland und die Deutschen« von 1945 spricht Thomas Mann davon, wie »überall die Menschheit der ökonomischen Demokratie zustrebt, um eine höhere Stufe ihrer sozialen Reife ringt.« Ein »über die bürgerliche Demokratie hinausgehender sozialer Humanismus« wird zur Forderung des Tages.[89] Das klingt anders als der bürgerliche Humanismus des Dr. Serenus Zeitblom.

Als der Romanist Karl Voßler von Thomas Mann gefragt
wurde, warum er sich so früh und ausschließlich der spanischen, italienischen oder französischen Welt genähert habe,
kam die Antwort: »Es war das Bedürfnis nach dem ganz
anderen.« Den Fragenden machte diese Antwort betroffen,
denn er hatte als Essayist eigentlich nur im deutschen, vertrauten Bereich gewirkt. »Ich wäre zufriedener mit mir, wenn ich
über Pascal, Diderot, Vauvenargues oder Wordsworth und
Keats gearbeitet hätte, statt über Kleist, Wagner und selbst
Goethe.«[1] Aber man wählt sich nicht achtlos und zufällig für
das Leben seine Sterne der schönsten Höhe. Leicht wäre sogar
eine Deutung wesentlicher Entwicklungsmonente bei Thomas
Mann aus der Negative zu gewinnen: durch Aufzählung jener
selbst deutschen Gestalten, die ihn *nicht* zur produktiven Auseinandersetzung reizten. Da fände man die Barockliteratur wie
die Stürmer und Dränger, Heine und Büchner, Kant und
Hegel, Marx und Engels, Mozart und Sebastian Bach. Ungeheure Bereiche mithin der deutschen Kultur wie der Weltkultur. Thomas Mann fand auch die auf seinem Wege; aber er hat
nicht an ihnen gelitten; er hat sich nicht an und mit ihnen
verwandelt.
Aber der Wanderer schreitet fort. Viele Wegsteine bleiben
zurück. Der Abschied vom Doktor Faustus war gleichbedeutend mit schmerzlicher Trennung von alten Weggefährten.
Immer neue Landschaften tauchen auf. Überraschende neue
Gesellschaftserkenntnisse enthüllen sich in den Reden und
Büchern seit Ende des zweiten Weltkrieges. Thomas Manns
Vorstellung vom neuen Humanismus erscheint immer klarer in
den Konturen. Die politischen Äußerungen sind immer weniger »stilisiert«; sie haben darauf verzichtet, unmögliche Synthesen und Mittlerstellungen zu entwerfen. Vor dem Grauen des
Atomkrieges, der letzten Auseinandersetzung zwischen dem
Fallenden und dem Neuen, im Angesicht deutscher Zerrissen-
heit weiß der deutsche Humanist, daß keine stilisierte »Bürgerlichkeit« den Anblick der realen Bourgeoisie verkleiden darf. Er

weiß, und sagt aus Anlaß französischer Zustände, wie es »um die unverbesserte Verfassung der französischen Bourgeoisie und Oberklasse«[2] auch nach dem Zusammenbruch des Dritten Reiches steht.

Als Deutschlands neuere Geschichte begann: mit dem Ausgang des Mittelalters, der reformatorischen Bewegung, mit Hoffnung, Utopie und Niederlage der Bauern, waren die möglichen Standpunkte in Männern gewaltigen Ausmaßes gleichsam zum Sinnbild geworden. Wer heute in Sympathie sich zu einem von ihnen neigt, hat damit auch über seine eigene gegenwärtige Lebensentscheidung etwas ausgesagt. *Martin Luther* bleibt dem deutschen musikalischen Dichter und Sprachkünstler Thomas Mann im letzten fremd und befremdend. Doch auch der »feine Pedant« *Erasmus* ist nicht sein Mann[3]: jener Literatus zwischen den Fronten, den sich der verzweifelnde Stefan Zweig zum Vorwand »verschleierter Selbstdarstellung« erwählte.[4] Der Autor des ›Faustus‹ sieht Zweigs Alternative zwischen Luther und Erasmus »gar nicht als notwendig an«. Es gibt andere Entscheidungen. Auch Thomas Münzer aber spricht nicht zu ihm, der »Theologe der Revolution«, wie ihn Ernst Bloch genannt hat. Thomas Mann hat für sich gewählt: »Damals lebte in Deutschland ein Mann, dem meine ganze Sympathie gehört, *Tilman Riemenschneider*.«[5] Ein großer Künstler, Plastiker, nicht Musiker, hochgerühmt, Schöpfer schöner Dinge, der die Sache der Bauern als gerecht ansah und ihr beitrat. »Es zwang ihn, ergriffen von den großen und grundsätzlichen Gegensätzen der Zeit, herauszutreten aus seine Sphäre rein geistiger und ästhetischer Kunstbürgerlichkeit und zum Kämpfer zu werden für Freiheit und Recht.« Auf der Folter hatte er diese Entscheidung mit seinem Leibe zu besiegeln. Thomas Mann fährt fort: »Auch das gab es in Deutschland, auch das hat es immer gegeben.« Man spürt abermals die Selbstaussage. Schließlich war auch er, Thomas Mann, herausgetreten aus seiner Sphäre rein geistiger und ästhetischer »Kunstbürgerlichkeit«, um Partei zu ergreifen. Es wäre denkbar, wenn das weitere Alterswerk des Dichters und Kulturkritikers immer stärker von nun an geprägt würde durch jene anderen deutschen und außerdeutschen Überlieferungen, die bisher auf diesem Wege nicht zu liegen schienen. »Wisse, Metamorphose ist deines Freundes Liebstes und Innerstes, seine große Hoffnung und tiefste Begierde.« So klingt es als Goethewort (und als Selbstaussage!) in der Schlußszene des Romans ›Lotte in Weimar‹.[6] Das ist Goethes »Stirb und werde!«, seine selige Sehnsucht; es ist aber zugleich eine große Wiederholung aus Goethes Geist. So verstand Thomas Mann die Botschaft Goethes für sich und für das deutsche Volk, als er im Sommer 1949 in die Heimat zurückkehrte, um in der Frankfurter Paulskirche und in Weimars Deutschem Nationaltheater, zwei Stätten deutscher Hoffnung und Möglichkeit, zu sprechen. Er schloß aber wie folgt[7]: »Das ›gute Deutschland‹, das ist die Kraft, gesegnet durchs Musische, gesittete Größe. So konnte ein Deutscher musterhaft werden. Vorbild und Vollender seines Volkes nicht nur, sondern der Menschheit, zu deren Selbst er sein Selbst erweiterte.«   (1950)

FÜR UND WIDER

Noch scheint dies alles zu unserer Zeit und Gegenwart zu gehören. Viele haben ihn sehen und hören dürfen, bewahren die Erinnerung an überfüllte Säle, an die schlanke Gestalt des Vorlesers, der in makelloser Aussprache, mit höchst beweglichem Mienenspiel berichtet, wie der Professor Kuckuck mit den Sternenaugen im Speisewagen Paris-Lissabon dem künstlerischen Hochstapler und hochstaplerischen Künstler Felix Krull auseinandersetzt, »Sein sei nicht Wohlsein; es sei Lust und Last, und alles raum-zeitliche Sein, alle Materie habe teil, sei es auch im tiefsten Schlummer nur, an dieser Lust, dieser Last, an der Empfindung, welche den Menschen, den Träger der wachsten Empfindung, zur Allsympathie lade«.

Vor zehn Jahren, am 6. Juni 1955, feierte eine dankbare Lesewelt den epischen Zauberer, Verfasser der ›Buddenbrooks‹ und des ›Zauberberg‹, der lang ausgesponnenen und schönen Geschichte von Joseph und seinen Brüdern, die ausführlich erzählt werden mußte, beileibe also nicht mit biblischem Lakonismus, weil es eine so schöne Geschichte war, und der Begebenheiten mit dem deutschen Tonsetzer Adrian Leverkühn und dem Hochstapler Felix Krull. Abermals war Thomas Mann nach Deutschland gekommen, zum Westen wie zum Osten, wie schon einmal im Goethe-Jahr 1949. Diesmal galt es dem Andenken Friedrich Schillers. Der große Schiller-Essay, in verkürzter Fassung im Mai 1955 als Stuttgarter und Weimarer Gedenkrede vorgetragen, war Schillers Andenken, wie es in der Widmung hieß, »in Liebe gewidmet«. Er war als Vermächtnis gedacht und ist zum Vermächtnis geworden.

Frieden schien eingekehrt zu sein im Verhältnis Thomas Manns zu Deutschland und den Deutschen. Friede auch konnte noch geschlossen werden, nach mehr als fünfzig Jahren, zwischen ihm und seiner Vaterstadt Lübeck, deren Gesellschaftsleben er tief aufgestört, deren Selbstbewußtsein er tief verstört hatte, als er sich in jungen Jahren unterfing, alle geheimen Vorgänge in den lübeckischen Bürger- und Patrizierhäusern auf freiem Markt auszuplaudern.

Natürlich hatte man in Lübeck immer gewußt, daß sich jener junge Sohn aus bester Familie gelegentlich über den Silberschrank der Eltern hermachte, wenn er Geld brauchte für eine neue Liebschaft. Aber davon sprach man nicht. Nun kam plötzlich der junge Sohn von Senator Mann und plauderte alles romanhaft aus; wenn er auch den Namen des Übeltäters änderte, so wußte man an der Trave doch genau, wer gemeint war. Das alles ist fünfzig Jahre lang nicht verziehen worden. Schließlich aber fand die Versöhnung statt: wenige Wochen vor dem Tode. Der achtzigjährige Thomas Mann starb, hochgeehrt, von einer Welt betrauert am 12. August 1955.

Inzwischen erschienen zwölf Bände einer Gesamtausgabe, die das epische Werk des bedeutenden Erzählers nahezu vollständig, sein überaus reiches essayistisches Wirken in allen wichtigeren Erzeugnissen von neuem zugänglich gemacht hat. Dazu drei Briefbände, die auch dem künftigen Leser zu beweisen vermögen, daß Thomas Manns Briefe dem gleichen Schreibimpuls und der gleichen Diktion zu folgen hatten wie die Erzählungen und Romane. Thomas Mann blieb sich gleich in allem, was mit der Feder geleistet werden konnte. Der Mensch Thomas Mann war anders. Hatte er das Arbeitszimmer verlassen und die Tür hinter sich zugemacht, so wurde er ein anderer. Der Zauberer hatte Mantel und Zauberstab im Arbeitszimmer gelassen. Vor fand man einen ausgezeichnet erzogenen, heiter konversierenden, hochgebildeten Zeitgenossen, der vielleicht auch ein hoher Beamter oder patrizischer Handelsherr hätte sein können, wären da nicht die blauen Augen gewesen, in denen es plötzlich aufleuchtete, ganz rasch, es hatte eine Momentaufnahme gegeben, hier war eine Geste fotografiert worden, die der also Registrierte dann später vielleicht bei einer Romanfigur des Zauberers wiederfinden konnte.

Hat sich in diesen zehn Jahren unser Verhältnis zu Thomas Mann geändert? Eine Konferenz der Kritiker, die im Mai dieses Jahres in der Berliner Akademie der Künste zusammentrat, um »In Sachen Thomas Mann« zu einer kritischen Bilanz zu kommen, blieb – glücklicherweise – ohne Ergebnis. Der Fall mußte vertagt werden. Gewiß sind die jungen Leser von heute weniger leicht bereit als frühere Generationen, dem Zauberer willig zu folgen. Der späte Thomas Mann hat es ihnen nicht leicht gemacht. Allzuviel Bildung, essayistisches Beiwerk und Gestrüpp versperrt gelegentlich den Weg. Der Ironiker Thomas Mann spielt am Schluß sogar noch mit der eigenen Ironie. Die gewissenhaften Arbeitsresultate dieses sein Lebtag so fleißigen Künstlers, noch im ›Zauberberg‹ und sogar in den Josephs-Romanen höchst glücklich ins epische Strömen einbezogen, haben sich im Goethe-Roman ›Lotte in Weimar‹, im Faustus-Roman, im ›Erwählten‹ selbständig gemacht: essayistische Gesteinsbrocken im epischen Fluß.

Daß die jüngeren deutschen Autoren heute eher bei Franz Kafka schwören als bei Thomas Mann, war bekannt. Dennoch geht derjenige nicht fehl, der bei sorgfältigem Lesen feststellt, daß ein Romancier wie Günter Grass nicht bloß seinen Jean Paul und E.T.A. Hoffmann genau studiert hat, sondern auch seinen Thomas Mann.

Dieser selbst sah am Ende seines Lebens einigermaßen skeptisch auf das eigene Werk und war auch nicht hoffnungsvoll, wenn er an den eigenen Nachruhm dachte. In seiner Rede »Meine Zeit«, die Thomas Mann vor fünfzehn Jahren aus Anlaß seines 75. Geburtstags hielt, stehen gleich zu Beginn merkwürdige Sätze, die von tiefer Beunruhigung künden:

»Ich las neulich, daß in Deutschland, wo es viel ›name calling‹ gibt, ein geistliches Gremium meinem Lebenswerk jede Christlichkeit abgesprochen habe. Das ist schon Größeren geschehen, es weckt allerlei Erinnerungen. Aber für den eigenen Fall habe ich besondere Zweifel, – die sich weniger auf den Inhalt meiner Schriften als auf den Impuls beziehen, dem sie ihr Dasein verdanken. Wenn es christlich ist, das Leben, sein eigenes Leben, als eine Schuld, Verschuldung, Schuldigkeit zu empfinden, als den Gegenstand religiösen Unbehagens, als etwas, das dringend der Gutmachung, Rettung und Rechtfertigung bedarf, – dann haben jene Theologen mit ihrer Aufstellung, ich sei der Typus des a-christlichen Schriftstellers, nicht so ganz recht. Denn selten wohl ist die Hervorbringung eines Lebens – auch wenn sie spielerisch, skeptisch, artistisch und humoristisch schien – so ganz und gar, vom Anfang bis zum sich nähernden Ende, eben diesem bangen Bedürfnis nach Gutmachung, Reinigung und Rechtfertigung entsprungen, wie mein persönlicher und so wenig vorbildlicher Versuch, die Kunst zu üben.«

Mit greisenhafter Abklärung haben solche Gedanken nicht eben viel zu tun. Übrigens auch nicht mit Christlichkeit, wie Thomas Mann selbst weiß. Hier treibt er mit den christlichen Zentralbegriffen der Schuld und der Gnade ebenso sein Spiel, wie in dem Legendenroman vom »erwählten« großen Sünder Gregorius, an dem er damals arbeitete und den er 1951 herausgab. Das war ein heiter-arabeskenhaftes Spiel mit christlichen Motiven, wobei es sich von einer ähnlich christlich-arabeskenhaften Literatur in Rilkes ›Marienleben‹ oder dessen ›Geschichten vom lieben Gott‹ vor allem durch die größere Aufrichtigkeit und einbekannte Spielhaltung unterschied. Aber christliche Dichtung wurde nicht daraus – und die »Reinigung und Rechtfertigung«, die Thomas Mann hier, in der Bekenntnisrede eines Fünfundsiebzigjährigen, als eigentliches Ziel der eigenen Schriftstellerei bezeichnet, ist durchaus diesseitig und innerweltlich zu verstehen.

Was aber war gemeint mit solchen Begriffen wie »Reinigung und Rechtfertigung«? Ein Vergleich mag weiterhelfen: mit einem Schriftsteller, der ziemlich genau dreißig Jahre nach Thomas Mann zur Welt kam. Thomas Mann wurde am 6. Juni 1875 in Lübeck geboren. *Jean-Paul Sartre* kam drei Jahrzehnte später, am 21. Juni des Jahres 1905, zur Welt. Wir kennen heute seine Jugendgeschichte mit dem Titel ›Die Wörter‹ als Darstellung eines seltsamen Unterfangens: des Versuchs nämlich, die eigene, als überzählig und unnotwendig empfundene Existenz mit Hilfe einer literarischen Ersatzreligion, durch literarisches Schaffen, zu legitimieren. »Mein einziges Bestreben ging dahin, mich, der nichts in den Händen und den Taschen hatte, durch Arbeit und Glauben zu retten . . . Ohne Ausrüstung und Gerät machte ich mich mit Haut und Haar ans Werk, um mich mit Haut und Haar zu retten.« So zu lesen auf der Schlußseite des Buches von den Wörtern. Freilich zeigte Sartre, daß diese Rechtfertigung durch Produktion von Kunstwerken eine Gläubigkeit voraussetzt, die zum Inventar des 19. Jahrhunderts gehört habe: als säkularisierte Kunstreligion. Sartre bekennt sich heutzutage – vorerst wenigstens – zu einem integralen Atheismus, der auch auf den Gottersatz der literarischen Unsterblichkeit verzichtet hat.

Soll man demgegenüber behaupten, im Vergleich zu Sartre sei Thomas Mann, der jenen Nobelpreis annahm, den der um dreißig Jahre jüngere Franzose verwarf, ein Schriftsteller gewesen, der den Literaturgötzen des 19. Jahrhunderts noch die Treue hielt? Man zögert, mit der einfachen Affirmation zu antworten. Gewiß hielt Thomas Mann bis zum Lebensende daran fest, daß alle Reinigung und Rechtfertigung nur durch das Werk bewirkt werden könne: durch Produktivität, Arbeitsethos, Dienst an jener »höheren Heiterkeit«. Doch Sartres Zweifel daran, daß ein solcher Prozeß der Selbstlegitimierung durch Schreiben überhaupt möglich und dauerhaft sein könne, klingt immer wieder auf in Thomas Manns letzten Lebensjahren. Wohlgemerkt: zu einer Zeit, da sein Weltruhm nirgendwo eigentlich, wie so oft vorher, ernsthaft bestritten wurde. Trotzdem heißt es in der Rede vom Jahre 1950: »Und so wird es gehen bis zuletzt, wo es mit Prosperos Worten heißen wird: ›And my ending is despair‹, ›Verzweiflung ist mein Lebensend‹.«

In ganz ähnlicher Weise, nahezu krampfhaft ins Positive gewandt, noch vier Jahre später (1954) im letzten großen Essay, neben der Schiller-Rede des Jahres 1955, den Thomas Mann niederschrieb: in seinem ›Versuch über Tschechow‹. Natürlich ist auch dieser Essay, wie stets bei Thomas Mann, eine geheime Selbstdarstellung unter dem Vorwand, den Anton Pawlowitsch Tschechow, den Dramatiker des ›Kirschgarten‹ und der ›Drei Schwestern‹, aus Anlaß des fünfzigsten Todestages zu ehren. Der deutsche Erzähler, der in seinen Anfängen, in den kurzen Geschichten von Tobias Mindernickel oder vom kleinen Herrn Friedemann und noch in den Schlußpassagen des ›Tonio Kröger‹ so viel von Tschechow gelernt hatte, weiß rückblickend zu resümieren:

»Dies Dichtertum hat es mir angetan. Seine Ironie gegen den Ruhm, sein Zweifel an Sinn und Wert seines Tuns, der Unglaube an seine Größe hat von stiller, bescheidener Größe soviel. ›Unzufriedenheit mit sich selber‹, hat er gesagt, ›bildet

ein Grundelement jedes echten Talents.‹ In diesem Satz wendet
die Bescheidenheit sich denn doch ins Positive. ›Sei deiner
Unzufriedenheit froh‹, besagt er. ›Sie beweist, daß du mehr bist
als die Selbstzufriedenen, – vielleicht sogar groß.‹ Aber an der
Aufrichtigkeit des Zweifels, der Unzufriedenheit ändert er
nichts, und die Arbeit, die treue, unermüdliche Arbeit bis ans
Ende, in dem Bewußtsein, daß man auf die letzten Fragen ja
doch keine Antwort wisse, mit dem Gewissensbiß, daß man
den Leser hinters Licht führe, bleibt ein seltsames Trotzdem.«
Und dann noch: »Und man arbeitet dennoch, erzählt die
Geschichten, formt die Wahrheit und ergötzt damit eine
bedürftige Welt in der dunklen Hoffnung, fast in der Zuversicht, daß Wahrheit und heitere Form wohl seelisch befreiend
wirken und die Welt auf ein besseres, schöneres, dem Geist
gerechteres Leben vorbereiten können.«
Dies ist Selbstaussage Thomas Manns, ganz ohne Zweifel. Hier
spricht er gleichsam als »Tschechow«, so wie er in früheren
Essays jeweils »als« Lessing oder Goethe gesprochen hatte.
Unruhe war in ihm seit den Anfängen. Wohl behütet schienen
die Anfänge des Patriziersohnes zu sein, ruhmerfüllt war der
Lebensabschluß. Dennoch spürt man in den Erzählungen, den
Essays, vor allem natürlich in den Briefen die unablässige
Selbstbefragung und jene tiefe Skepsis, die immer wieder in
Produktion verwandelt werden mußte. Ein Klassiker also, dem
man Gipsbüsten oder auch Marmorbüsten errichtet, ist Thomas
Mann niemals geworden. Da er stets den Ausgleich zu suchen
hatte zwischen Einsamkeit und Geselligkeitslust, Inspiration
und Reflexion, Deutschtum, oder eigentlich Lübeckertum, und
Weltbürgerlichkeit, kam es immer wieder in seinem äußeren
und inneren Leben zu Spannungen. Man konnte sie in der
äußeren Welt einigermaßen ausgleichen, die innere Reizbarkeit
vermochte sich im Werk zu entladen. Allein wer fähig ist,
Thomas Mann genau zu lesen, spürt hinter so viel Ironie und
kühler Distanz die fiebrige Unruhe. Vielleicht hat sie verhindert, daß Thomas Mann in so vielen Erfolgen und Leistungen
jemals ganz glücklich zu werden vermochte. Aber gibt es
eigentlich eine bessere Garantie des geistig-künstlerischen
Weiterlebens als eben dies? (1965)

»Ein unsicherer Kantonist. Hat er nicht als Theaterkritiker einmal gestanden, eigentlich könne er immer geradesogut das Gegenteil sagen?« Sätze des fünfunddreißigjährigen Thomas Mann über den alten Fontane. Im Jahre 1910 war ein neuer Band von Briefen Theodor Fontanes erschienen. Der Verfasser der ›Buddenbrooks‹ schrieb dazu eine ausführliche Anzeige, die ihm abermals, wie stets in solchen Fällen, zur Selbstanzeige ausartete. Es gibt in diesem so umfangreichen essayistischen Werk, wenn es darum geht, eine Gestalt der Geistesgeschichte zu porträtieren, kaum eine Figur, die bei Thomas Mann nicht dazu herhalten muß, der Anverwandlung zu dienen.

Selbstaussagen aus Anlaß von Schiller und Lessing, von Schopenhauer und Nietzsche und Freud, von Goethe und Tolstoi, Platen und Storm. Zuletzt noch, im letzten Lebensjahr (1954), eine autobiographische Aussage unter dem Vorwand, von Anton Pawlowitsch Tschechow zu sprechen.

Und immer wieder Richard Wagner, immer von neuem Theodor Fontane. Thomas Mann berichtet noch im Alter voller Genugtuung vom Lob Richard Dehmels, dem er, als er dem damals hochberühmten Lyriker mit eigenen ersten Prosaarbeiten nahte, gestanden habe, vor allem ein Schüler Theodor Fontanes gewesen zu sein. Immer wieder Rezensionen und Miszellen über den Meister des ›Stechlin‹: zuletzt noch eine kurze Anzeige neuer Fontane-Briefe aus dem letzten Lebensjahr 1954. Am 21. Juli 1954 schreibt Thomas Mann an einen amerikanischen Fontane-Forscher über den gemeinsamen Liebling: »Ich wollte, er hätte das Erscheinen von ›Buddenbrooks‹ noch erlebt. Es hätte ihm sicher gefallen, vielleicht hätte er sogar darüber geschrieben.«

Welcher Fontane aber ist hier gemeint? Unverkennbar der alte Mann, Schöpfer der ›Effi Briest‹ und des ›Stechlin‹, der unsichere Kantonist, hochalte Frondeur und Traditionsverächter. Theodor Fontanes sonderbare Alterskunst und – scheinbare – künstlerische Alterspubertät hat es ihm angetan. Vom Problem eines geistigen Klimakteriums, von dem also, was Gottfried

Benn später unter dem Titel ›Altern als Problem für Künstler‹ abhandeln sollte – im gleichen Jahr übrigens, da Thomas Mann die letzte seiner Fontane-Studien abfaßte –, war Thomas Mann seit jeher fasziniert: man kennt den venezianischen Tod Gustav von Aschenbachs und auch das Gegenstück dazu, das Gaukelspiel von Mutter Natur an der »betrogenen« Rosalie von Tümmler. Vermutlich hängt auch Thomas Manns Sympathie für die Kunst Hermann Hesses zusammen mit der bis ins hohe Alter weitergeführten Spätpubertät des Demiandichters. Das unablässige Nachsinnen aber über den sonderbar späten Wachstumsprozeß des Künstlers Fontane hat bei Thomas Mann nicht nur mit dem Phänomen geistiger Erneuerung zu tun, sondern auch mit der *Gattungsproblematik* der Schöpfungen, die damals entstanden. Schon der Essay von 1910 über den alten Fontane verbindet daher das Phänomen der *Altersproduktivität*, einer Dichtung also der späten Lebenszeit, mit jenem anderen einer *Spätzeit der Dichtung*. Darüber kann man bei Thomas Mann folgendes lesen:

»Man hat ihn oft einen ›Causeur‹ genannt, und er selbst hat es getan. Jedoch die Wahrheit ist, daß er ein Sänger war, auch wenn er zu klönen schien, und sein Causeurtum, das nach ›Effi Briest‹ in einer dichterisch wohl eigentlich bedenklichen Weise überhandnahm, besteht in einer Verflüchtigung des Stofflichen, die bis zu dem Grade geht, daß schließlich fast nichts als ein artistisches Spiel von Ton und Geist übrigblieb. War das Verfall? Er selbst scheint es dafür gehalten zu haben. ›Das Buch‹, schreibt er über ›Poggenpuhls‹, ›ist kein Roman und hat keinen Inhalt. Das ›Wie‹ muß für das ›Wer‹ eintreten, – mir kann nichts Lieberes gesagt werden. Natürlich darf eine Literatur nicht auf dem Geschmack ganz, ganz alter Herren aufgebaut werden. Aber so nebenher geht es.‹ Eine Auffassung, die ihm wohl ansteht, nicht ebensowohl aber uns anderen ziemen würde. Wenn unsere erzählende Literatur etwas mehr von diesem Geschmack eines ganz, ganz alten Herrn beeinflußt worden wäre, so hätten wir heute im deutschen Roman mehr Kunst und weniger Philisterei.«

Mutet es nicht an wie ein Plädoyer des damals fünfunddreißigjährigen Romanciers und Novellisten Thomas Mann für die eigene Epik? Diese Literatur nämlich nach dem Geschmack ganz, ganz alter Herren hatte es schon dem jungen Thomas Mann angetan. Ganz so, wie er (1954) im Rückblick von Tschechow sagen sollte: »Dies Dichtertum hat es mir angetan. Seine Ironie gegen den Ruhm, seine Zweifel an Sinn und Wert seines Tuns, der Unglaube an seine Größe . . .«

Von Anfang an hielt der spätere Autor des ›Joseph‹ und des ›Faustus‹ seine höchst eigentümliche Art, Romane und Novellen zu komponieren, für nicht mehr als ein geschicktes »Arrangement« aus Fleiß, Wissen und verhältnismäßig bescheidenem Talent. Immer wieder vergleicht er sich mit den Großen und Ganzgroßen der Erzählkunst, um sich in der Relation niedriger einzuschätzen, dadurch aber trotzdem eine Beziehung zu ihnen herzustellen. Seit den Anfängen der Vergleich mit Tolstoi und Goethe, später mit Proust, sogar mit der »Persönlichkeit« Gerhart Hauptmanns. In einem Brief, zwei Jahre vor dem Ende geschrieben (vom 2. August 1953), heißt es immer noch: »Ich lese abwechselnd Dostojewski und Balzac. Was für eine wilde Größe! Man senkt das Haupt – bei den ›Karamasoffs‹ wie bei ›Glanz und Elend der Kurtisanen‹. Es ist da bei aller Verschiedenheit eine Verwandtschaft, die diese beiden Ungeheuerlichen absondert von allen Übrigen.«

»Ungeheuerlich« war er selbst nicht und wollte es auch nicht sein. Da war wenig Raum für wilde Größe, die undenkbar ist ohne die künstlerische Eruption eines genialischen Jünglings und eines kraftvoll-männlichen Künstlers.

Thomas Mann neigte schon früh zu einer Literatur nach dem Geschmack der ganz, ganz alten Herrn, nach einer Epik im Sternzeichen Theodor Fontanes. So entstand eine merkwürdige Nachfolge und Nachvollziehung: romanhafter Altersstil, geschaffen von einem noch jungen Menschen.

Das wurde fruchtbar. Die Produktivität hielt an bis zum Josephs-Roman, da hier alle spätzeitliche Ironie immer wieder dadurch belebt werden konnte, daß eine frühzeitliche Story der Menschheit mit extrem spätzeitlichen Kunstmitteln reproduziert wurde. Terminologie und Gehabe eines wissenschaftlichen Gelehrten von heute wird höchst belustigend parodiert, indem der Gestus der Quellenkritik auf einen Tatbestand übertragen wird, der notwendigerweise aller Quellen entbehrt, also auch aller Quellenkritik. Wenn ein Hölderlin-Philologe den geschätzen Kollegen wegen verfehlter Deutung der ›Friedens-feier‹ abkanzelt, so bleibt das im Bereich üblicher Spielregeln; wenn jedoch der Erzähler des Josephs-Romans bei Thomas Mann in ähnlicher Weise stolz-verächtlich das Gespräch Josephs mit Pharao »rekonstruiert«, so erlebt man Epik als doppelte Parodie: als Parodie von Wissenschaftsgetue wie als Nachäffung einer traditionell realistischen Erzählkunst.

Hier freilich wurde die Grenze erreicht, bis zu welcher der alte Fontane seinen Schüler und Imitator geleiten konnte. Je älter Thomas Mann wurde, um so fragwürdiger sah es mit seinem eigenen Altersstil aus. Der alte Thomas Mann hat kein *Spät-werk* geschaffen, das sich mit Fontanes hoher Greisenkunst vergleichen ließe. Sein eigener Spätstil wird gleichfalls und in anderer Weise zur doppelten Parodie: zur Imitation des alten Fontane *und* des frühen Thomas Mann. Man vergleiche die epischen Travestierungen der Josephs-Tetralogie mit der Le-gendentravestie des ›Erwählten‹, um das Absinken der Kurve konstatieren zu müssen. Das macht: Fontane glaubte an sein aus Widerspruchsgeist, Überdruß am Früheren und wachsen-dem Zutrauen zu sich selbst entstandenes Spätwerk. Überdies waren diese letzten Fontane-Romane das Werk eines Men-schen, der Freude daran hatte, sich mitzuteilen, zu kommuni-zieren. Die Schönheit dieser Epik ist daher essentiell eine solche von Gesprächen, die eigentlich Selbstgespräche sind: Theodor Fontanes mit Theodor Fontane.

Auch Thomas Mann war sein Lebtag ein großartiger Brief-schreiber. Dennoch haperte es bei ihm, je älter er wurde, mit der Kommunikation. Die Einsamkeitskunst seines deutschen Tonsetzers Adrian Leverkühn besaß ihr Korrelat in der Ein-samkeitskunst des späten Thomas Mann. Der Zauberer im Zauberkabinett. Hatte er am Vormittag genug gezaubert, so verließ er das Arbeitszimmer, um sich in den Familienvater, Mitbürger, berühmten Schriftsteller Thomas Mann zu verwan-deln. Zaubermantel und Stab blieben im Kabinett. Nicht zufäl-lig kommt Thomas Mann gegen Ende seines Lebens, in seiner Rede zum eigenen 75. Geburtstag, in Briefen, im ›Versuch über

Tschechow‹, immer wieder auf Shakespeares Prospero zu sprechen, der den Zauberstab in Meerestiefe versenkt. So entsteht
keine Dichtung der Kommunikation, sondern bloß die Parodie
einer solchen. Je eine Textstelle aus dem Spätwerk Thomas
Manns und Theodor Fontanes mag die Verschiedenheit dieser
Spätstile demonstrieren und verstehen lassen, warum das Wort
vom »Avantgardismus der Greise« vielleicht für den Autor des
›Stechlin‹ gelten mag, nicht aber für jenen, der die letzten
Kapitel des Hochstaplers Felix Krull niederschrieb.

In beiden Texten wird ein Vorgang in der Natur, genauer der
Tierwelt, zum Anlaß genommen für moralische und anthropo-
logische Betrachtungen: das Phänomen der *Bienenwabe* im
›Stechlin‹, der Vorgang des *Wiederkäuens* in einem der letzten
Kapitel aus dem ›Felix Krull‹.

Der alte, todkranke Stechlin unterhält sich mit dem treuen
Engelke:

»»Siehst du, Engelke‹, sagte er nach einer Woche, ›daß ich mich
wieder wohler fühle, das macht die Wabe. Denn man muß jedes
Fisselchen mitessen. Wachs und alles, das hat er mir eigens
gesagt. Das is grad so wie beim Apfel die Schale; die hat die
Natur so gewollt und is ein Fingerzeig und muß respektiert
werden.‹

›Ich bin aber doch für abschälen‹, sagt Engelke. ›Wenn man so
sieht, was mitunter alles dran ist . . .‹

›Ja, Engelke, ich weiß nicht, du bist jetzt so fein geworden.
Aber ich bin noch ganz altmodisch. Und dann glaub ich
nebenher wirklich, daß in dem Wachs die richtige ›gesamte
Heilkraft der Natur‹ steckt, fast noch mehr als in dem Honig.
Krippenstapel übrigens ist jetzt auch so furchtbar gebildet und
hat so viel feine Wendungen, wie zum Beispiel die mit der
›gesamten Heilkraft‹. Aber so fein wie du is er doch noch lange
nicht, darauf will ich mich verschwören. Und auch darauf, daß
er sich keine Birne schält.‹

In dieser guten Laune verblieb Dubslav eine ganze Weile, sich
mehr und mehr zurechtlegend, daß er sich die Quälerei mit all
dem andern Zeug eigentlich hätte ersparen können; ›denn wenn
alles drin ist, so ist doch auch Bärlapp und Katzenpfötchen drin
und natürlich auch Fingerhut oder wie Sponholz sagt: ›Die

Digitalis<. Engelke freilich wollte von diesen Sophistereien nichts wissen; sein Herr aber ließ sich durch solche Zweifel nicht stören und fuhr vielmehr fort: ›Und dann, Engelke, macht es doch auch einen Unterschied, von wem eine Sache kommt. Die Katzenpfötchen kommen von der Buschen, und die Wabe kommt von Krippenstapel. Das heißt also, hinter der Wabe steht ein guter Geist, und hinter den Katzenpfötchen steht ein böser Geist. Und das kannst du mir glauben, an solchen Rätselhaftigkeiten liegt sehr viel im Leben, und wenn mir Lorenzen seine Patsche gibt, so ist das ganz was anders, wie wenn mir Koseleger seine Hand gibt. Koseleger hat solche weichen Finger und auf dem vierten einen großen Ring.‹ ›Aber er is doch ein Superintendent.‹ ›Ja, Superintendent is er. Und er kommt auch noch höher. Und wenn es nach der Prinzessin geht, wird er Papst. Und dann wollen wir uns Ablaß bei ihm holen; aber viel geb ich nicht.‹«

Der Hochstapler Felix Krull alias Marquis de Venosta geruht in Madrid das Naturkundemuseum zu besichtigen und belehrt den Assistenten Hurtado mit Weisheiten, die er selbst auf der Fahrt nach Lissabon bei Hurtados Chef, dem Professor Kukkuck, aufgeschnappt hatte. Hurtado hatte gefragt: »Sie sind Weidmann, nehme ich an?« Krull repliziert:

»»Nur gelegentlich. Nur wenn gerade die gesellschaftlichen Umstände es mit sich bringen. Hier ist mir nichts weniger als weidmännisch zu Sinn. Ich glaube, ich könnte nicht anlegen auf den da. Er hat ja was Legendäres. Und dabei – nicht wahr, Senhor Hurtado, dabei ist doch der Hirsch ein Wiederkäuer?‹ ›Gewiß, Herr Marquis, wie seine Vettern, das Rentier und der Elch.‹ ›Und wie das Rind, sehen Sie, man sieht es. Er hat etwas Legendäres, aber man sieht es. Er ist weiß, ausnahmsweise, und sein Geweih gibt ihm etwas vom König des Waldes, und sein Geläuf ist zierlich. Aber der Körper verrät die Familie, – gegen die ja nichts einzuwenden ist. Vertieft man sich in den Rumpf und das Hinterteil und denkt etwa dabei an das Pferd, es ist nerviger, das Pferd, obgleich es bekanntlich vom Tapir stammt –, so kommt der Hirsch einem vor wie eine gekrönte Kuh.‹ ›Sie sind ein kritischer Beobachter, Herr Marquis.‹

›Kritisch? Aber nein. Ich habe Sinn für die Formen und Charaktere des Lebens, der Natur, das ist alles. Gefühl dafür. Eine gewisse Begeisterung. Die Wiederkäuer haben, nach allem, was ich davon weiß, den merkwürdigsten Magen. Er hat verschiedene Kammern, und aus einer davon stoßen sie das Gefressene wieder auf ins Maul. Dann liegen sie und kauen mit Genuß die Klumpen noch einmal recht gründlich durch. Sie mögen sagen, es sei sonderbar, zum Waldeskönig gekrönt zu sein bei solcher Familiengewohnheit. Aber ich verehre die Natur in allen ihren Einfällen und kann mich ganz gut hineinversetzen in die Gewohnheit des Wiederkäuens! Schließlich gibt es etwas wie Allsympathie.‹

›Zweifelsohne‹, sagt Hurtado betroffen. Er war wirklich etwas verlegen ob meiner gehobenen Ausdrucksweise – als ob es eine weniger gehobene gäbe für das, was ›Allsympathie‹ besagt.«

Das ist natürlich Rollenprosa; in doppelter Weise sogar, denn einmal muß sich Krull als Marquis aufspielen, zum andern als Forscher. Der Leser weiß, wie es in beiden Hinsichten mit ihm steht. Dennoch hat man den Eindruck, als zwinge sich Thomas Mann innerlich zu dieser Rollenprosa wie zu einer Schulaufgabe. Der künstlerische Abstand ist hier exakt meßbar. Einmal an der Unfrische des Tons im Vergleich zu den munteren Schwindeleien der ersten Krull-Kapitel; zum andern im Vergleich mit ähnlichen Passagen aus dem ›Zauberberg‹, wo auch Hans Castorp gelegentlich die Unverfrorenheit besitzt, die Wissensbrocken, die er bei Settembrini oder Naphta aufgeschnappt hatte, sogar vor seinen Lehrmeistern wiederzukäuen. Der alte Stechlin wurde im Sprechen gegenwärtig, mit dem jungen Krull verhielt es sich ähnlich, auch mit dem Sorgenkind Castorp. Die Rollenprosa des späten Krull dagegen war zur artifiziellen Fleißarbeit herabgesunken.

Thomas Mann hat auch das gewußt. Ein Brief an Erika Mann vom 27. Januar 1954, der die Abschriften der letzten beiden Krull-Kapitel begleitet, zeugt von geradezu wütendem Überdruß: »Im übrigen sehe ich das Ganze mit trüben Augen an, freudlos und mehr als gleichgültig. Es quält mich, daß die Leute sich so darauf spitzen. Ist ja doch dummes Zeug, und gefallen daran tut mir eigentlich nur Felixens Rede im Kreuzgang. Das hat eine gewisse eindringliche Komik . . . Nimm es aber nur nicht zu genau mit dem Manuskript und mach Dir nicht zuviel Mühe. Wer kümmert sich schon drum, wenn wirklich die 40 Jahre eine oder die andere kleine Vergeßlichkeit gezeitigt haben? . . . Ich bin zu träge, um nachzusehen. Bin überhaupt sehr träge und habe seit Abschluß von Krull I. Teil eigentlich nichts geschrieben, als einige Seiten über den neuen Band Fontane-Briefe für die ›Weltwoche‹ . . .«

Mit greisenhaftem Avantgardismus hat dies nicht eben viel zu tun. Der literarische Spätstil Thomas Manns erweist sich als ein Abbröckeln, nicht als krönender Werkabschluß. Schon im Goethe-Roman, erst recht im ›Faustus‹, von der Geschichte des erwählten Sünders Gregorius zu schweigen, war die künstlerische Synthese aus Begabung, Fleiß, Wissen und Können ausgeblieben. Brocken oder gar Klumpen der Essayistik, bisweilen gar der unverarbeiteten Lesezitate, ragen hervor aus dem epischen Fließen. Hinter den Gesprächen werden nicht mehr glaubhafte Gestalten sichtbar wie damals, da sich noch Thomas und Toni Buddenbrook unterhielten, Klaus Heinrich und Imma, Settembrini und Naphta, Jaakob und Joseph. Nun sprechen Kunstfiguren miteinander einen Dialog, der alles in einem sein möchte: reales Gespräch, Spielerei des Autors mit seinen Gestalten, Stil und Stilparodie. So entstehen Produkte einer verdrossenen Beharrlichkeit. Im ›Doktor Faustus‹ hatten noch politisches Pathos und autobiographisches Selbstgericht dafür gesorgt, daß ein Werk entstand, welches für den Augenblick stark zu wirken vermochte, allein es war nur allzu zeitgemäß geblieben. Der zeitliche Abstand ließ die Sprünge im Bau immer deutlicher hervortreten. Der Werkrest hingegen entbehrte sogar der subjektiven Notwendigkeit. Wir haben nichts dadurch verloren, daß die Geschichte des Hochstaplers Felix Krull ein Fragment blieb, denn das konnte in jedem Augenblick abgebrochen oder unendlich forterzählt werden. Das Ergebnis blieb sich gleich.

Beim späten Fontane mußte, wie er selbst es genannt hat, das »Wie« für das »Was« eintreten. Beim späten Thomas Mann spürt man, im Gegensatz zur Epik von ›Buddenbrooks‹ bis zum ›Joseph‹, den Überdruß am »Wie« neben der Gleichgültigkeit für das, was erzählt werden soll. Er selbst, Thomas Mann, neigte der Ansicht zu, diese Konstellation hänge mit einer Endzeit des Romans zusammen. Es hatte aber weit mehr zu tun mit der Tatsache, daß die Erbschaft Theodor Fontanes aufgezehrt worden war. Der alte Thomas Mann war plötzlich zurückversetzt in die eigene Jugend, die Kindheit Hanno Buddenbrooks. Er hatte mit der Goldfeder einen schönen sauberen Doppelstrich quer über das ganze Blatt des Familienbuches gezogen, mit der Begründung: »Ich glaubte . . . ich glaubte . . . es käme nichts mehr.« Es kam trotzdem bekanntlich noch zu weiterer Familiengeschichte der Buddenbrooks, insgeheim aber hatte der kleine Hanno dennoch nicht unrecht. Thomas Manns erzählerisches Spätwerk bedeutete gleichfalls einen sauberen Doppelstrich quer über das ganze Blatt. Es wurde damit zwar nicht die Endzeit der Romankunst verkündet, doch als Selbstaussage Thomas Manns über Thomas Mann hatte es seine Berechtigung. (1966)

ZUR POLITISCHEN ENTWICKLUNG
EINES UNPOLITISCHEN

»Wie aber kann ich mein ganzes Selbst preisgeben, ohne zugleich die Welt preiszugeben, die meine Vorstellung ist? Meine Vorstellung, mein Erlebnis, mein Traum, mein Schmerz? Nicht von euch ist die Rede, gar niemals, seid des nun getröstet, sondern von mir, von mir [. . .].«

Diese Sätze, bereits 1906 geschrieben, stehen in der gleichzeitig polemischen und autobiographischen Studie, ›Bilse und ich‹, worin sich der als Verfasser eines angeblichen Schlüsselromans befehdete Autor der ›Buddenbrooks‹ abzugrenzen sucht gegen einen durch ihn auf solche Weise der Vergessenheit entrissenen Leutnant Bilse, den Verfasser eines authentischen Schlüsselromans. Der Schopenhauerianismus des jungen Thomas Mann ist auch an dieser Stelle zu spüren. Die Welt wird als »meine Vorstellung« bezeichnet. Aber dann heißt es weiter in dem Essay von 1906, die Welt sei nicht bloß »meine Vorstellung«, sondern »mein Erlebnis, mein Traum, mein Schmerz«. Das war damals schon mit ungewöhnlicher Hellsicht von einem einunddreißigjährigen Schriftsteller als Selbstaussage formuliert: Dichtung als Selbstdarstellung, und zwar insbesondere als Darstellung des Erlebten, Erträumten, des Erlittenen. Betrachtet man das Lebenswerk, so vereinigt es in einzigartiger Weise, in beständiger Folge von Selbstdarstellungen eben dies: Erlebnis, Traum und Schmerz. Aber es sind nicht voneinander getrennte Gefühlsweisen oder Bereiche. Der Schmerz entspringt dem Erlebnis, der Traum desgleichen.

Ein anderes Beispiel, diesmal aus dem Jahre 1939: aus dem Roman ›Lotte in Weimar‹. August von Goethe fragt den Vater, der ihn nur mürrisch, fast widerwillig empfängt, woran er gerade arbeite: etwa an der »Lebensgeschichte«, also an ›Dichtung und Wahrheit‹? Thomas Mann läßt seine Goethe-Gestalt antworten: »Nicht accurat. Lebensgeschichte ist's immer.« Auch bei ihm selbst, bei Thomas Mann, war es immer Lebensgeschichte.

Daher die Schwierigkeit, eine in sich schlüssige Darstellung der politischen Entwicklung dieses Mannes zu geben. An Arbeiten über den Politiker Thomas Mann, sein Verhältnis zur Politik, auch über die politische Relevanz der Romane und Erzählungen fehlt es nicht. Als Subjekt wie Objekt des Politischen wurde der berühmte Erzähler und Nobelpreisträger analysiert. Thomas Mann und seine Gegenspieler, die Politik eines Unpolitischen, Entwicklungsphasen wie Kontinuitäten: alles war bereits einmal Gegenstand von Sekundärliteratur. Nicht mit Unrecht nannte der französische Germanist Edmond Vermeil im Jahre 1938 – zu einer Zeit mithin, da Thomas Mann im Exil war und Zweifel nicht mehr geäußert werden konnten an seiner politischen Position – in einem umfassenden Überblick über geistige Wegbereiter des deutschen Nationalismus des 20. Jahrhunderts nicht bloß die Spengler und Ernst Jünger oder Moeller van den Bruck, sondern auch den Philosophen Walter Rathenau, auch Thomas Mann als Autor der ›Betrachtungen eines Unpolitischen‹.[1] Es gibt den Aufsatz Max Rychners über ›Thomas Mann und die Politik‹ von 1947, den Thomas Mann selbst noch gelesen und voller Nachdenklichkeit gebilligt hat; Klaus Schröter analysierte die politischen Aufsätze des debütierenden Zwanzigjährigen; Erich Heller hat sich des Themas ebenso angenommen wie Roman Karst und Kurt Sontheimer.

Dennoch bleibt ein Rest. Will es nicht scheinen, es werde alles nur um so unklarer, je machtvoller die Dokumentierung sich anhäuft? Es liegt wohl an folgendem. Einer Untersuchung, die sich mit Thomas Manns politischer Entwicklung befassen möchte, bieten sich *zwei methodische Möglichkeiten*. Das übliche Vorgehen hält sich an die unübersehbare Fülle der Selbstaussagen, »Lebensgeschichte ist's immer«. Thomas Mann liebte es von jeher, sich gleichsam historisch zu sehen: mit allem Aufwand an Periodisierung einer literarischen Entwicklung und mit dem Bemühen, offenbar höchst gegensätzliche Haltungen und Meinungen durch sanftes Arrangement zu einer – vermittelten – Kongruenz zurechtzurücken. Folgt man ihm darin, indem man gleichsam eine Sekundärliteratur der zweiten Hand produziert, nachdem sich der Primärautor selbst allzu willig fand, eine Sekundärliteratur der ersten Hand beizusteuern, so findet sich alles hübsch geordnet. Man nimmt den Autor beim Wort, glaubt ihm aufs Wort, zeichnet die breiten Straßen auf, benennt Sackgassen und Holzwege: stets in Übereinstimmung mit dem Autor.

Der ließ in läßlichen Dingen gern mit sich reden. Als ich im Jahre 1954 den Auftrag übernahm, zum achtzigsten Geburtstag (1955) für den Aufbau-Verlag in Ostberlin eine erste zwölfbändige Gesamtausgabe zusammenzustellen[2], waren zwei Schwierigkeiten von vornherein evident: Wie hält man es mit den ›Betrachtungen eines Unpolitischen‹? Wie ist die Auswahl zu treffen aus dem kaum zu überblickenden Werk der Essays, Rezensionen, Gelegenheitsreden und Miszellen? Die ›Betrachtungen‹ gedachte ich zu opfern. Sie hätten einen eigenen Band beansprucht, der nützlicher durch andere Texte ausgefüllt werden konnte. Da die gesamte Ausgabe in Gesprächen am Züricher See und auch brieflich sehr genau vorbereitet wurde, ergab sich hierüber ein rascher Konsens. Thomas Mann hatte nicht die geringsten Bedenken, die ›Betrachtungen‹ vorerst wegzulassen. Zumal ihm sogleich vorgeschlagen wurde, den Riesenessay aus dem Jahre 1918 später als Ergänzungsband zu publizieren. Auch ihm schien es wichtiger zu sein, die Rundfunkreden an die deutschen Hörer in der Gesamtausgabe zu präsentieren, und die Tagebücher ›Leiden an Deutschland‹, oder die großen politischen Reden aus der zweiten Nachkriegszeit.

Man war also im Einklang mit Thomas Manns Meinungen und Taten etwa seit dem Jahre 1922, wenn man sich aussprach gegen die Schriften aus der ersten Kriegszeit: von jenen ›Gedanken im Kriege‹ vom September 1914, die auch bis heute weder in Ostberlin noch in der Frankfurter postumen Gesamtausgabe reproduziert sind, bis zu den ›Betrachtungen‹ aus dem letzten Jahr des Ersten Weltkriegs.

Dennoch kann dies alles nicht befriedigen. Glaubt einer seinem Autor, dem rastlosen Autobiographen, jedes Wort, so läßt sich die politische Entwicklung ziemlich scharf umreißen. Dann gibt es zwei Texte, die eine Zäsur markieren und auch akzentuieren sollen: die Rede ›Von deutscher Republik‹ aus dem Jahre 1922, später den berühmten Neujahrsbrief vom 1. Januar 1937 an den Germanisten Franz Obenauer, damaligen Dekan der Philosophischen Fakultät in Bonn, der Thomas Mann den Entzug seines Ehrendoktorats mitgeteilt hatte.

Die Rede ›Von deutscher Republik‹, in Berlin gehalten im Oktober jenes Jahres in Anwesenheit des Reichspräsidenten Friedrich Ebert und des Dichters Gerhart Hauptmann, dem der Text zum sechzigsten Geburtstag gewidmet werden sollte, war gedacht und wurde verstanden als neue Auseinandersetzung Thomas Manns mit den vier Jahre vorher erschienenen ›Betrachtungen eines Unpolitischen‹. Der Redner wußte es. Er hatte diese Konfrontierung gewollt und herausgefordert. Dennoch suchte er sogleich in einem sonderbaren Vorwort, das er der Rede für den Druck beisteuerte, seine ehemalige geistige Gefolgschaft aus der Weltkriegszeit zu bedeuten: gar so groß sei der Gegensatz nicht zwischen dem Damals und Jetzt. »Wenn der Verfasser also auf diesen Blättern teilweise andere Gedanken verficht als in dem Buche des ›Unpolitischen‹, so liegt darin eben nur ein Widerspruch von Gedanken untereinander, nicht ein solcher des Verfassers gegen sich selbst. Dieser ist derselbe geblieben, einig in seinem Wesen und Sinn, und zwar so sehr, daß er denen sowohl, die ihn ob seines »Wandels« loben, wie denen, die ihn dafür des Verrats am Deutschtum zeihen, antworten darf: Dieser republikanische Zuspruch setzt die Linie der ›Betrachtungen‹ genau und ohne Bruch ins Heutige fort, und seine Gesinnung ist unverwechselt, unverleugnet die jenes Buches: diejenige deutscher Menschlichkeit.« Dies ist zweideutig und bewußt ambivalent formuliert. Was soll relativiert werden: der damalige Nationalismus oder der jetzige bürgerlich-demokratische Republikanismus?

In den ›Betrachtungen eines Unpolitischen‹ hatte Thomas Mann noch einmal den Versuch einer Sinngebung seiner Jugendträume aus der Zeit der Jahrhundertwende unternommen. Allein er ahnte wohl schon 1918, daß seine Exempel und polemischen Antithesen nicht sehr loyal gewählt wurden. Politische Aufklärung erschöpft sich nicht im Typus des »Zivilisationsliteraten« vom Schlage d'Annunzios; die bürgerliche Demokratie, so fragwürdig sie in der eigenen Entwicklung sein mag, läßt sich in ihrer Größe und Grenze nicht mit Dostojewskijs Hohn über das »Städtchen Paris« als Stätte europäischer Umwälzungen annullieren. Thomas Mann hat in seinen späteren Reden und Werken zu eindeutig auch die großen Seiten der bürgerlichen Demokratie und Emanzipation, der Menschenrechte und Theorien sozialer Erneuerung erkannt und dargestellt, als daß er mit gutem Gefühl den summarischen Urteilen seines Buches nach wie vor beistimmen konnte.

Wesentlicher aber als die negativen Positionen waren jene Sinngebungen und positiven Akkorde, mit denen Thomas Mann damals (1918) die deutsche kulturelle Wirklichkeit zu deuten und zu verklären strebte. Die Welt der Romantik wird aufgerufen: die holde, gesellschaftsfremde und »unpolitische« Gestalt von Eichendorffs ›Taugenichts‹; Endpunkt der Schopenhauer-Philosophie; Abkehr von der Gesellschaft in Hans Pfitzners ›Palestrina‹; Friedrich Nietzsches Deutung des Vorspiels zum ersten Akt der ›Meistersinger‹, als angebliche deutsche Antwort auf die politische Sinngebung der außerdeutschen, westlichen Welt. Mit alledem soll der Nachweis geliefert werden, des Deutschen Verhältnis zur Politik sei mit Notwendigkeit asketisch, unverstehend, apolitisch: als Verhältnis eines geisterfüllten, eben darum gesellschaftsfremden Volkes. Denn im Sinne Nietzsches, der Wagner-Musik, jener Gleichsetzung von geistiger Existenz und gesellschaftlicher Einsamkeit muß die höchste Form geistiger Verfeinerung mit der stärksten Abkapselung vom sozialen Geschehen zusammenfallen. Dies sei deutsche Mission und Wirklichkeit.

Zur Widerlegung braucht nichts gesagt zu werden. Der spätere Thomas Mann hat alles von Grund auf revidiert. Es war abermals ein ironisches Märchen, eine musikalisch-rhapsodische Phantasie, was geboten wurde, ähnlich der ironischen Hochzeit der ›Königlichen Hoheit‹ mit der ›Dollarprinzessin‹. Wie wenig das wilhelminische Deutschland jenem Traumbild aus Nietzsche-Aphorismen und Meistersinger-Akkorden, aus Eichendorff-Romantik und geistiger Verfeinerung entsprach, wie sehr die Politiker und Generale Wilhelms II. um höchst reale Ziele kämpften, alles ist bekannt und wurde von Thomas Mann später immer wieder selbst formuliert.

Die erste kritische Distanzierung von der Welt Wilhelms II., dieses »Talentes«, wie Thomas Mann spöttisch bemerkt, wird öffentlich in der Rede ›Von deutscher Republik‹ vollzogen: »Wir bissen uns lächelnd auf die Lippen, wenn wir hinblickten, wir sahen uns nach den Mienen der anderen um in Europa, wir suchten darin zu lesen, daß sie uns nicht für das Lustspiel verantwortlich machten, was sie aber doch taten; wir wollten hoffen, daß sie zwischen Deutschland und seiner Repräsentation unterschieden, wozu sie von weitem schwer imstande waren – und wandten uns den kulturellen Dingen wieder zu, melancholisch durchdrungen von der Gottgewolltheit des Hergebrachten, des beziehungslosen Auseinanderfallens von politischem und nationalem Leben.« Seltsames Bekenntnis. Ist doch damit alle Reduktion des »Deutschen« in den ›Betrachtungen eines Unpolitischen‹ von Grund auf entwertet. 1918 sollten in bekenntnishafter Form die kulturellen Dinge als echte Substanz des deutschen nationalen Lebens erkannt werden: gerade daran, daß sie nicht politisch waren. 1922 wird zugegeben, daß diese Lehre, der Liebe zu Deutschland entspringend, wie aller Eros, auch der pädagogische, einem Bewußtsein des Mangels entstamme. Weil im Zeitalter des Wilhelminischen Imperialismus geistiges und politisches Leben auseinanderklafften, rief Thomas Mann in Kriegszeiten die nationale Kultur als »unpolitische« auf, das ganze Deutschland provisorisch zu repräsentieren. Auch das war märchenhaft: wie die Ehe Klaus Heinrichs mit Imma Spoelmann. Allein dies ersehnte Deutschland Eichendorffs oder auch Schopenhauers war Thomas Manns eigenste Sehnsuchtsschöpfung. Die Wilhelminische Wirklichkeit las man bei Heinrich Mann im ›Schlaraffenland‹, im ›Untertan‹, auch in Carl Sternheims Komödien aus dem bürgerlichen Heldenleben. Im Grunde hatte Thomas Mann das immer gewußt. 1922 sprach er es aus.

Auch Manns Rede auf Einladung des Klubs der demokratischen Studenten an der Universität München vom 16. Mai 1929 hat es zu tun mit der künftigen deutschen Gesellschaftsentscheidung zwischen einem Staat, gegründet auf Gerechtigkeit, auf der Anerkennung fortschrittlicher Literatur als eines notwendigen Bestandteils gesunder Entwicklung, und dem Versinken in einer geschichtlichen Reaktion, die rückschrittlich bleibt, nämlich gelenkt von einer rückschrittlichen Gesellschaft, selbst wenn sich diese Gesellschaft zu Verhüllungszwecken ein modisches Kleid aus scheinbar höchst neuartigen Gedankenflicken zurechtgemacht hat. Merkwürdig übrigens, daß Thomas Manns Vortrag im ersten Abdruck August 1929[3] die Überschrift ›Reaktion und Fortschritt‹ trägt, während der gleiche Vortrag, ein Jahr später, in einem der Essaybände des Dichters unter dem Titel ›Die Stellung Freuds in der modernen Geistesgeschichte‹ vorgestellt wird. Nun ist der Vortrag über Reaktion und Fortschritt im damaligen deutschen Leben weitgehend auf kulturpsychologischen Gedanken Sigmund Freuds aufgebaut, fällt mit ihnen aber keineswegs völlig zusammen. Man hat den Eindruck, als habe der Dichter im Jahre 1930 seine Gedanken durch die spätere Titelgebung etwas aus dem unmittelbar politischen Bereich herausleiten wollen. Denn es handelt sich ganz entscheidend um einen politischen Traktat. Der Klub demokratischer Studenten – das war 1929 bereits eine kleine hinwelkende bürgerliche Minderheit an den Universitäten. Hinter ihr stand ebensowenig liberale Bürgerlichkeit wie hinter der entsprechenden politischen Partei, der »Deutschen Demokratischen Partei« und ihren damaligen Wortführern im Reichstag Dr. Theodor Heuss und Dr. Gertrud Bäumer.

Thomas Mann geht es – in diesem Vortrag – um die »Gerechtigkeit«: um die Rettung des 19. Jahrhunderts gegen alle damals so modische Herabsetzung durch die Lemuren der mannigfaltigen nationalistischen Strömungen. Als »stupides 19. Jahrhundert« hatte der französische Royalist Léon Daudet die Epoche bezeichnet. Thomas Mann will zeigen, wie sogar die romantischen Strömungen dieser bürgerlichen Epoche insgeheim dem Neuen zugewandt seien: »Das revolutionäre Prinzip, es ist schlechthin der Wille zur Zukunft, die Novalis ›die eigentlich bessere Welt‹ genannt. Es ist das zu höheren Stufen leitende Prinzip der Bewußtwerdung und der Erkenntnis.«

Auch diese Erklärungen aus der Endzeit der Weimarer Republik sind nicht frei von politischer Ambivalenz. *Einerseits* sind sie zu verstehen als Parteinahme gegen die Hitler-Bewegung, die Deutschnationalen, die Schwarmgeisterei damaliger Nationalbolschewisten. Thomas Mann bekennt sich zur Weimarer Verfassung und parteipolitisch, vor allem in den Reichstagswahlen von 1930 bis 1932, zur Sozialdemokratie. *Gleichzeitig* wird trotzdem versucht, dadurch Kontinuität zu dokumentieren, daß abermals die deutsche Romantik, weniger diejenige Eichendorffs als jene Hardenbergs, dazu dienen soll, die geistige Substanz der einstigen ›Betrachtungen‹ mit den neuen politischen Positionen zu versöhnen.

Das konnte nicht gelingen. Es vermochte auch Thomas Mann weder vor dem Exil zu bewahren noch vor der Ausbürgerung. Trotzdem ließ er sich noch vier Jahre lang dem Dritten Reich gegenüber abermals auf Zweideutigkeiten ein. Die inzwischen publizierten Dokumente, beispielsweise die Erinnerungen des Verlegers Gottfried Bermann-Fischer, erhellen die gleichsam privaten Motivationen. Wichtiger war wohl abermals die politische Ambivalenz. Auf sie kommt Thomas Mann in jenem ›Neujahrsbrief von 1937‹ zu sprechen. Er habe schweigen wollen und geglaubt, sich »durch die Opfer, die ich gebracht, das Recht auf ein Schweigen verdient zu haben, das es mir ermöglichen würde, etwas mir herzlich Wichtiges, den Kontakt mit meinem innerdeutschen Publikum aufrecht zu erhalten.« Auch dies war undurchführbar: nur ein profund Unpolitischer hatte so räsonieren können. Thomas Mann folgerte daraus: »Ich habe es mir nicht träumen lassen, es ist mir nicht an der Wiege gesungen worden, daß ich meine höheren Tage als Emigrant, zu Hause enteignet und verfemt, in tief notwendigem politischem Protest verbringen würde. Seit ich ins geistige Leben eintrat, habe ich mich in glücklichem Einvernehmen mit den seelischen Anlagen meiner Nation, in ihren geistigen Traditionen sicher geborgen gefühlt. Ich bin weit eher zum Repräsentanten geboren als zum Märtyrer, weit eher dazu, ein wenig höhere Heiterkeit in die Welt zu tragen, als den Kampf, den Haß zu nähren. Höchst Falsches mußte geschehen, damit sich mein Leben so falsch, so unnatürlich gestaltete. Ich suchte es aufzuhalten nach meinen schwachen Kräften, dies grauenhaft Falsche, – und eben dadurch bereitete ich mir das Los, das ich nun lernen muß, mit meiner ihm eigentlich fremden Natur zu vereinigen.«

Von nun an schien Einklang hergestellt zu sein zwischen Thomas Manns innerer und äußerer Welt: zwischen der geistigen Substanz des Erzählers Thomas Mann und der politischen Wirklichkeit im Krieg und Nachkrieg. Schon im Schnee-Kapi-

tel des ›Zauberberg‹ setzte Thomas Mann der Todessüchtigkeit
deutscher Romantik und der eigenen früheren ›Betrachtungen‹
ein Bekenntnis zu jenem »Leben« entgegen, über welches er
sich als Lübecker Schüler, gemeinsam mit Bruder Heinrich, in
einem ›Bilderbuch für artige Kinder‹ so ausgiebig mokiert hatte.
Jetzt führt der Weg zur Goetheschen Forderung des Tages;
dem Mythos Wagners von der Götterdämmerung wird in den
Josephs-Romanen ein umfunktionierter Mythos der aufkläreri-
schen Praxis und sozialen Nützlichkeit entgegengestellt. Die
politischen Schriften aus Krieg und Nachkrieg sprechen von
sozialer Transformierung der bürgerlichen Demokratie, von
kulturellen und politischen Aufgaben eines vereinigten Europa.
Die letzten Essays freilich, inspiriert durch die politische Nach-
kriegsentwicklung seit 1945, bezeugen einen Kulturpessimis-
mus, der sich zurückzutasten scheint zu Thomas Buddenbrooks Meditationen einer Absage an den Weltwillen im Zeichen Schopenhauers. Übrigens hatte sich – abermals im Schnee-
Kapitel des ›Zauberberg‹ – die geheime Kontinuität auch dieser
Erlebnisbereiche des jungen Thomas Mann manifestiert.
Daran aber wird deutlich, daß die sogenannte mitgehende
Interpretation nicht ausreichen kann: trotz der Überfülle an
Selbstaussage, mit welcher sie arbeiten darf. Die Frage nämlich
nach der Diskontinuität oder Folgerichtigkeit in Thomas
Manns politischer Entwicklung läßt sich nicht durch zäsurhaft
gemeinte Texte beantworten. Von der jeweiligen Tagespolitik
her gesehen sind freilich die Positionen Thomas Manns in den
Jahren 1918 und 1938 kaum miteinander zu vereinbaren. Die
Aspekte ändern sich jedoch, sobald man all diesen Selbstaussa-
gen, die meistens stilisiert waren, die Treugläubigkeit verwei-
gert. Seit es möglich wurde, den Briefschreiber Thomas Mann
ausgiebiger kennenzulernen, läßt sich die Entwicklung seiner
Aussagen über die Gesellschaft besser verstehen. Es läßt sich
demonstrieren, daß die Entwicklung hin zu den ›Betrachtungen
eines Unpolitischen‹ sehr tief hinabreicht in seine geistigen
Anfänge. Keine Rede davon, hier habe es sich um die politische
Entgleisung eines deutschen Patrioten gehandelt.
Der monströse Essay von 1918 gehört unmittelbar zur Welt des
Erzählers Thomas Mann und kann zurückverfolgt werden bis

in die ersten epischen Skizzen und tagespolitischen Aufsätze eines Zwanzigjährigen. Daraus aber kann gefolgert werden, daß seine Absage an die Welt jener ›Betrachtungen‹ stets nur die aktuell-politischen Implikationen jener Grundposition meinen konnte, nicht aber das geistige Grundsubstrat selbst, ohne welches die Laufbahn des Erzählers Thomas Mann nicht gedacht werden kann.

Die übliche dualistische Betrachtungsweise der Thomas-Mann-Literatur täuscht. Es gibt nicht den einheitlichen Kosmos des Erzählers Thomas Mann, der in Technik, Motivik und Stilisierung als Einheit verstanden werden dürfte: von den frühen Erzählungen bis zu den letzten Kapiteln des ›Felix Krull‹. Wenn behauptet wurde – auch vom Autor selbst –, die Schreibweise der ersten Kapitel des Hochstapler-Romans habe sich in allen Jahrzehnten, bis in die letzte Schaffenszeit hinein, kaum gewandelt, so wäre unverständlich, daß einer solchen schriftstellerischen Kontinuität eine evidente politische Diskontinuität gegenüberstehen sollte. Mann scheint sich selbst unter diesen dualistischen Aspekten gesehen zu haben. Es ist zu fragen, ob er sich nicht täuschte.

Der literarische Briefwechsel des jungen Thomas Mann ist aufschlußreich, fast erschreckend. Man hat oft angemerkt, er habe im Gegensatz zu seinem Bruder Heinrich in München kaum Teilnahme bezeugt am potenten literarischen Schaffen seiner Zeitgenossen. Das hat sich im Grunde niemals geändert. Tiefe Antipathie gegen Thomas Mann bezeugten immer wieder Musil und Döblin, Benn und Brecht, Stefan George und Hans Henny Jahnn, die Expressionisten wie die Dadaisten. Mann hat es ihnen durch Hohn, Ironie oder Nichtachtung vergolten. Heinrich Mann war in München in der ersten Vorkriegszeit eng verbunden mit Wedekind und Sternheim. Auch mit mancherlei Bohème, die Thomas Manns schönes Haus nicht betreten durfte. Er selbst gefiel sich im Umgang und Briefwechsel mit subalternen und herzhaft reaktionären Literaten wie Kurt Martens. Es gibt keinen literarischen Briefwechsel Thomas Manns mit einem bedeutenden Zeitgenossen. Der Briefwechsel mit Hermann Hesse widerlegt diese These keineswegs, denn er ist nicht-literarische Korrespondenz.

Auch dies gehört zu Thomas Manns Selbststilisierung und Selbstverteidigung. Er kennt nicht irgendeine Form der geistigen und damit politischen *Solidarität*. Da seine Kunst von Anfang an danach strebte, menschliche Schwäche und Einsamkeit gleichzeitig zu heroisieren und zu ironisieren, kann es für diesen Schriftsteller keine Gemeinschaft geben. Damit im Grunde auch keine Politik. Wenn trotzdem politisch reflektiert wird, handelt es sich nur um Reaktionen eines tief Unpolitischen. Da ist ein Brief an Kurt Martens vom 28. März 1906, wo es heißt: »Ich halte also Leute wie Herakles oder Siegfried für populäre Heroen, aber nicht für Helden. Heldenthum ist für mich ein ›Trotzdem‹, überwundene Schwäche, es gehört Zartheit dazu. Klingers schwacher kleiner Beethoven, der sich auf den großen Götterthron gesetzt hat und, sich inbrünstig conzentrierend, die Fäuste ballt, – das ist ein Held. Körperliches Leiden scheint mir historisch eine beinahe notwendige Begleiterscheinung der Größe zu sein und das leuchtet mir psychologisch ein. Ich glaube nicht, daß Caesar Caesar geworden wäre ohne seine Schwächlichkeit und seine fallende Sucht, und wenn ers geworden wäre, so wäre er ohne sie in meinen Augen weniger ein Held gewesen. Schließlich, liegt nicht in der zähen Repräsentation des erschöpften Thomas Buddenbrook eine ganze Menge Heldentum?«[4]

Da ist sie bereits: die Antithese von Leiden und Größe, wie fast dreißig Jahre später in der Essay-Sammlung ›Leiden und Größe der Meister‹.

Im ›Tod in Venedig‹ wird Gustav von Aschenbach so beschrieben: »Seine Vorfahren waren Offiziere, Richter, Verwaltungsfunktionäre gewesen, Männer die im Dienste des Königs, des Staates ihr straffes, anständig karges Leben geführt hatten. Innigere Geistigkeit hatte sich einmal, in der Person eines Predigers, unter ihnen verkörpert; rascheres, sinnlicheres Blut war der Familie in der vorigen Generation durch die Mutter des Dichters, Tochter eines böhmischen Kapellmeisters, zugekommen. Von ihr stammten die Merkmale fremder Rasse in seinem Äußeren. Die Vermählung dienstlich nüchterner Gewissenhaftigkeit mit dunkleren, feurigeren Impulsen ließ einen Künstler und diesen besonderen Künstler erstehen. [. . .] und das Tap-

fer-Sittliche daran war, daß seine Natur von nichts weniger als robuster Verfassung und zur ständigen Anspannung nur berufen, nicht eigentlich geboren war.«
Zwei Jahre aber nach Erscheinen des ›Tod in Venedig‹ konnte man in den so fragwürdigen ›Gedanken im Kriege‹ vom September 1914 das folgende lesen: »Sind es nicht völlig gleichnishafte Beziehungen, welche Kunst und Krieg miteinander verbinden? Mir wenigstens schien von jeher, daß es der schlechteste Künstler nicht sei, der sich im Bilde des Soldaten wiedererkenne. Jenes siegende kriegerische Prinzip von heute: Organisation – es ist ja das erste Prinzip, das Wesen der Kunst. Verachtung dessen, was im bürgerlichen Leben ›Sicherheit‹ heißt (›Sicherheit‹ ist Lieblingsbegriff und lauteste Forderung des Bürgers), die Gewöhnung an ein gefährdetes, gespanntes, achtsames Leben[5]; Schonungslosigkeit gegen sich selbst, moralischer Radikalismus, Hingebung bis aufs Äußerste, Blutzeugenschaft, voller Einsatz aller Grundkräfte Leibes und der Seele, ohne welchen es lächerlich scheint, irgend etwas zu unternehmen; als ein Ausdruck der Zucht und Ehre endlich Sinn für das Schmucke, das Glänzende: Dies alles ist in der Tat zugleich militärisch und künstlerisch. Mit großem Recht hat man die Kunst einen Krieg genannt, einen aufreibenden Kampf.«[6]
Es ist unverkennbar, daß Thomas Manns ›Betrachtungen‹ im Ersten Weltkrieg tief hinabreichen zu den Impulsen seiner Tätigkeit als schöpferischer Schriftsteller. Gewiß stammt der Text von 1906 vom Briefschreiber Thomas Mann, ist Aschenbach eine Kunstfigur, spricht ein Essayist seine ›Gedanken im Kriege‹ aus. Trotzdem wäre die Vorstellung nicht abwegig: ein Gustav von Aschenbach, der gesund nach München zurückkehrt und den Weltkriegsausbruch erlebt, wäre zum Verfasser jener ›Gedanken im Kriege‹ geworden. Wer den unpolitischen Kritiker Thomas Mann aus jener Zeit verwirft, urteilt damit über den Erzähler Thomas Mann.
Auch dies hat er gewußt, wie überhaupt sein Hang zur Selbstinterpretation und zum Autobiographischen fast immer akzentuiert wurde durch Selbstkritik, die fast Selbstquälerei genannt werden konnte. Mit dem Alter wurde Thomas Mann – so wie er

es als Kennzeichen des alten Fontane hervorgehoben hatte –
immer skeptischer gegenüber dem Ablauf des eigenen Lebens
und gegenüber dessen »Hervorbringungen«, wie er selbst sich
auszudrücken pflegte. Das Shakespeare-Wort von jenem, der
»in so fragwürdiger Gestalt« auftrete (in such a questionable
shape), wird in späteren Essays und Dokumenten mehrfach
zitiert oder paraphrasiert: nicht ohne ein bißchen Genuß an
solcher selbstquälerischen geistigen Entblößung.

Ohne den Rekurs auf diese geistige Evolution und dauernde
Selbstkontestation wäre die Anordnung der Hauptfiguren im
›Zauberberg‹ kaum zu verstehen. Man pflegt über dem schnel-
len Pingpong der Kontroversen zwischen Settembrini und
Naphta zwar nicht die dominierende und charismatische Persönlichkeit des Mynheer Peeperkorn zu übersehen, wohl aber
den braven Soldaten *Joachim Ziemssen*. Er gehört zu seinem
Vetter Hans Castorp, wie der Künstler, nach Thomas Manns
frühen Kombinationen, zum Soldaten paßte, wie der Preußenkönig interpretiert wurde als Synthese aus künstlerischer und
soldatischer Existenz, und wie Aschenbach dargestellt worden
war als Synthese aus beidem. Von den beiden Protagonisten des
Romans ›Doktor Faustus‹ hat Thomas Mann später in seinen
Aufzeichnungen zum Prozeß der Roman-Entstehung betont,
die Unschärfe der Personen-Charakteristik bei Leverkühn und
Zeitblom sei beabsichtigt. Über beiden walte geheimnisvolles
Verschweigen. Notdürftig zu verhüllen war, wie Thomas Mann
zweideutig formulierte, das »Geheimnis ihrer Identität«. Auch
Ziemssen und Castorp sind in ähnlicher Weise einander zugeordnet. Settembrini und Naphta stehen in Wechselwirkung
zueinander als dialektische Positionen. Da kann es wohl einmal
geschehen – und es geschieht –, daß sich die Stellungen ver-
schieben und man die Gegner plötzlich im Raum des Antagoni-
sten antrifft. Der Soldat aber und das Sorgenkind des Lebens
Hans Castorp, die beiden Hanseaten mithin, die nur der
Abwechslung halber nach Hamburg verwiesen wurden, statt
wieder einmal nach Lübeck, teilen gleichfalls das Geheimnis der
Identität. Mit der Maßgabe freilich, daß im Jahre 1924, bei
Erscheinen des ›Zauberberg‹, die Position Ziemssen vom
Roman-Verfasser nur noch als Anachronismus gestaltet werden

konnte. Der Tod Joachims und seine Beschwörung als »Soldat und brav« mit Hilfe eines sonoren Baritons, der Gounod singt, ist als subtile politische Aussage zu verstehen. Damit freilich abermals als eine Art der Selbstaussage.

Schon Gustav von Aschenbachs Tod in Venedig präsentierte sich als umfassende Selbstabrechnung. Kein Zufall, daß alle Schriften des geachteten Autors Aschenbach, die aufgezählt werden, nichts anderes sind, wie man heute weiß[7], als aufgegebene Arbeitsprojekte Thomas Manns: einschließlich von Aschenbachs »starker Erzählung, die ›Ein Elender‹ überschrieben ist und einer ganzen dankbaren Jugend die Möglichkeit sittlicher Entschlossenheit jenseits der tiefsten Erkenntnis zeigte«.

In Thomas Manns eigenen Skizzen zu einer Erzählung mit dieser Überschrift wird deutlich, daß nicht bloß ein episches Nachspiel zu der unangenehmen und gelegentlich auch unwürdigen Polemik zwischen Thomas Mann und Theodor Lessing geplant wurde, sondern im Keim bereits hier jene Auseinandersetzung mit Heinrich Mann entworfen war, die erst acht Jahre später als ›Betrachtungen eines Unpolitischen‹ publiziert werden konnte. Vergleicht man jedoch den ›Tod in Venedig‹ mit Thomas Manns eigenen politischen und literarischen Aussagen aus der Entstehungszeit der berühmten Erzählung, so frappiert die weitaus größere – auch politische – Klarheit der Novelle gegenüber den Briefen und Essays. Der gleiche Vorgang sollte sich zehn Jahre später, während der Arbeit am ›Zauberberg‹, wiederholen. Der Tod Gustav von Aschenbachs und Joachim Ziemssens muß als Preisgabe einer zukunftslosen ideologischen Position verstanden werden. In beiden Werken stellt sich der Rücktritt von privaten politischen Mythologien ohne Haltbarkeit dar als Überwindung von schweren Schaffenskrisen.

Der späte Thomas Mann war es gewohnt, seine politisch-ideologischen Hervorbringungen aus Essay, Ansprache oder Zeitungsaufsatz als repräsentativ zu deuten. Es war ihm wiederum gelungen, nach kurzer Zeit eines behaglichen Martyriums, von neuem ein Repräsentant zu werden.

In dem Erinnerungsbuch, das Heinrich Mann während des Krieges in der kalifornischen Emigration niederschrieb und nach Kriegsende abschloß, in diesem höchst eigentümlichen Memoirenwerk mit dem Titel ›Ein Zeitalter wird besichtigt‹, steht ein umfangreiches Kapitel unter der Überschrift ›Die Gefährten‹. Heinrich Mann beginnt seine Analyse mit folgenden Worten: »Als mein Bruder nach den Vereinigten Staaten übersiedelt war, erklärte er schlicht und recht: ›Wo ich bin, ist die deutsche Kultur‹.« Das waren Worte, die 1939 gesprochen wurden, zu Beginn des Zweiten Weltkriegs, während die Herrschaft des Nationalsozialismus über Deutschland stabil und stabilisiert zu sein schien.[8]

Diese Behauptung eines einzelnen, eines wenn auch noch so bedeutenden Schriftstellers konnte als Hybris aufgefaßt werden: sie wurde es aber nicht. Thomas Mann wurde gehört und ernst genommen. Man stimmte ihm zu. Dies aber beschäftigt Heinrich Mann bei der Rückschau. Er fragt den Gründen nach, die zum Beispiel das amerikanische Publikum zu der Übereinkunft brachten, »Thomas Mann den ersten Schriftsteller der Welt zu nennen«. Der ältere Bruder erinnert sich gleichzeitig daran, daß im Grunde auch die klarblickenden Deutschen die gleiche Meinung hatten und daß sie nur »unterschiedlich gehemmt waren, sie auszusprechen«. Worauf der Memoirenschreiber Heinrich Mann fortfährt: »Damit ein einzelner dieses unbezweifelte Ansehen erwirbt, muß er mehr darstellen als nur sich selbst: Ein Land und seine Tradition, noch mehr, eine gesamte Gesittung, ein übernationales Bewußtsein der Menschen. Eins wie das andere trug bis zu diesen Tagen den Namen Europas. Es war Europa selbst.«

Dies alles ist zweifellos richtig. Wenn ausgerechnet Heinrich Mann diesen Tatbestand bezeugte, so durfte an der Berechtigung dieser These nicht gezweifelt werden. Andererseits hatte just Heinrich Mann auf dem Höhepunkt der Auseinandersetzung zwischen den Brüdern zu Beginn des Jahres 1918, in einem Brief, der nicht abgeschickt wurde, aber im Entwurf erhalten blieb, die charakterologische Eignung Thomas Manns bestritten, jemals etwas anderes ausdrücken zu können als die Empfindungen und Gedanken des eigenen Selbst. Wie aber wäre unter solchen Umständen ein politisches Denken möglich, das die Neigung zur Reflexion über das Schicksal auch anderer

Menschen voraussetzen muß? »Selbstprüfung, Kampf erleben noch einige neben Dir, wenn schon bescheidener; aber dann auch Reue u. neue Thatkraft: nicht nur eine ›Behauptung‹, die so große Umstände nicht verlohnt, nicht nur das ›Leiden‹ um seiner selbst willen, diese wüthende Leidenschaft für das eigene Ich. Dieser Leidenschaft verdankst Du einige enge, aber geschlossene Hervorbringungen. Du verdankst ihr zudem die völlige Respektlosigkeit vor allem Dir nicht Angemessenen, eine ›Verachtung‹, die locker sitzt wie bei keinem, kurz, die Unfähigkeit, den wirklichen Ernst eines fremden Lebens je zu erfassen. Um Dich her sind belanglose Statisten, die ›Volk‹ vorstellen, wie in Deinem Hohenlied von der ›K(öni)gl(ichen) Hoheit‹. Statisten hätten Schicksal, gar Ethos?«[9]

Heinrich Manns politisch-polemisches Porträt des Bruders (1918) kulminiert in dem Vorwurf, in Thomas Manns ganzem Leben und Schreiben manifestiere sich »die Unfähigkeit, ein fremdes Leben ernst zu nehmen«. Jener Brief schloß mit den Worten: »Du aber, der den Krieg gebilligt hat, ihn noch immer billigt und meine Haltung – ich ließ ein Stück aufführen, das kein ohnmächtiger Reim auf die schlechte Gegenwart ward, und schenkte, als Erster von Allen, den Gequälten das Vertrauen in eine bessere Zukunft – Du aber, der dafür meine Haltung der vollständigen Abscheulichkeit zeiht, wirst, will Gott es, noch einmal 40 Jahre Zeit haben, Dich zu prüfen, wenn nicht zu ›behaupten‹. Die Stunde kommt, ich will es hoffen, in der Du Menschen erblickst, nicht Schatten, u. dann auch mich.«

War das nur Polemik, Aufgeregtheit, Unbill? Es ist, soweit man sieht, nicht auszumachen, ob Thomas Mann den Briefentwurf jemals zu Gesicht bekam. Max Rychner hat vermutlich recht, wenn er in seinem Essay über ›Thomas Mann und die Politik‹ nach wie vor die ›Betrachtungen eines Unpolitischen‹ als zentrale Äußerung interpretiert, aber die vielen publizistischen Dokumente einer späteren Zurücknahme, Selbstreinigung als unerheblich ansieht. Gewiß hat Thomas Mann durch seine politischen Ansprachen an die »deutschen Hörer« später auch politisch zu wirken vermocht. Seine Essays über europäische Einigung, Funktionswandlungen der Demokratie, über eine Synthese aus Planökonomie und bürgerlichem Liberalismus sind viel gelesen und zitiert worden. Bewirkt haben sie kaum etwas außer dem Mißverständnis: hier meditiere einer, dem es ernst sei mit der Politik. Vieles spricht hingegen dafür, daß Thomas Mann, auch der eigenen Meinung nach, zwar Aschenbach und Ziemssen sterben ließ, übrigens auch den kleinen Naphta, übrigens auch Adrian Leverkühn, daß aber seine reale und nicht bloß verbale Positionsänderung kaum in diesen Schriften gefunden werden kann. Eine kleine Zeugenaussage darf unsereiner auch hierzu beisteuern. Als der Schlußband jener zwölfbändigen Gesamtausgabe von 1955 konzipiert wurde, verlangte Thomas Mann ausdrücklich, und er schickte noch ein insistierendes Telegramm der mündlichen Aussage hinterdrein, bei der Überschrift des Bandes müsse das Wort »Politik« weggelassen werden. Die Überschrift habe zu lauten: ›Schriften zum Zeitgeschehen‹. Dies bedeutete mehr als eine bloße Frage der Formulierung. Wieder einmal war es Autobiographie und Selbstkritik in einem. Die eigentliche politische Evolution vollzog Thomas Mann, nach dem Tode Aschenbachs und Ziemssens, in seiner Tetralogie über den biblischen Joseph, seine Ahnen und seine Brüder.

Daß diese Tetralogie abermals autobiographisch zu verstehen sei, hat der Epiker nicht verheimlicht. Nicht so sehr die Verbindungen zwischen Felix Krull und Joseph sind bemerkenswert mitsamt ihrer mythischen Beziehung zu Hermes als dem Gott, der Kommerz und Literatur zu symbolisieren hatte: als reinste Synthese von *Lübeck als geistiger Lebensform*. Wichtiger war die »Zurücknahme«, um das spätere Wort Adrian Leverkühns anklingen zu lassen, des Götterdämmerungsmythos in der Ring-Tetralogie Richard Wagners. Umfunktionierter Mythos diesmal. Ein Buch des Anfangs und des menschlichen Aufstiegs statt eines Abstiegs der Götter. Dies war in der Tat neu bei Thomas Mann. Max Rychner hat es sehr präzise gedeutet[10]: »Mit Joseph hat der Dichter einen auserlesenen Jüngling ins Politische hineingeführt, hat ihn daran und darin groß werden lassen, einen biegsam-zielsicheren Bändiger des Nahen, Aufgegebenen, Wirklichen, dessen Extratouren in die Traumwelt sogar noch dem allgemeinen Besten zugute kommen. Und an ihm hat er getan, was er an Thomas Buddenbrook versucht hatte: er hat ihn hinübergeführt in die vollendete Reife, in die Mannesjahre, wo das Schweifen in den offengehaltenen eigenen Möglichkeiten aufhört und jeder Tag die Bewährung verlangt. Joseph steigt auf im fremden Ägypten, er assimiliert sich und gewinnt eine ähnliche Stellung wie einst Walther Rathenau in Deutschland, nur unter glücklicherem Stern; er wird der ›Ernährer‹, der Lebenshüter und -mehrer und als solcher der mythische Sohn des lebensspendenden Vaters Nil. Die weiche Hand dieses Realpolitikers ist eine glückliche Hand, die innersten Bedürfnisse der Menschen selbst scheinen sie zu verlangen und sich nach ihrem milden Gebot zu ordnen.«

Die letzte politische Position Thomas Manns findet sich deshalb weder in einer politischen Rede noch einer anderen Schrift zum »Zeitgeschehen«. Thomas Manns politisches Vermächtnis, falls es das gegeben hat, wäre zu erschließen aus einem epischen Text der letzten Lebenszeit, den er selbst gern vorzulesen pflegte: wobei die Stimme vibrierte vor Emotion. Die Stelle findet sich in dem Gespräch zwischen Felix Krull und dem Professor Kuckuck im Speisewagen zwischen Paris und Lissabon, wenn der Professor dort doziert, und Thomas Mann mit ihm: »Sein sei nicht Wohlsein; es sei Lust und Last, und alles raum-zeitliche Sein, alle Materie habe teil, sei es auch im tiefsten Schlummer nur, an dieser Lust, dieser Last, an der Empfindung, welche den Menschen, den Träger der wachsten Empfindung, zur Allsympathie lade.«

Allsympathie! Thomas Mann verstand sie keineswegs als gerührte O-Mensch-Emphase der Expressionisten. Über die und ihresgleichen heißt es in der Rede ›Meine Zeit‹: »Wenn ich zurückdenke – ich war nie modisch, habe nie das makabre Narrenkleid des Fin de siècle getragen, nie den Ehrgeiz gekannt, literarisch à la tête und auf der Höhe des Tages zu sein, nie einer Schule und Koterie angehört, die gerade obenauf war, weder der naturalistischen noch der neu-romantischen, neu-klassischen, symbolistischen, expressionistischen, oder wie sie nun hießen. Ich bin darum nie von einer Schule getragen, von Literaten selten gelobt worden.« Er meinte auch nicht, daß Allsympathie im Sinne Rilkes als unkritisches, unterschei-

dungsloses »Rühmen aller Dinge« verstanden werden dürfe.
Zwar hatte die Ansprache zum Schiller-Jubiläum des Jahres
1955, gehalten in Stuttgart und in Weimar, wenige Monate vor
dem Tode Thomas Manns, mit folgender Exhortation geschlossen: »Von seinem sanft-gewaltigen Willen gehe durch das Fest
seiner Grablegung und Auferstehung etwas in uns ein: von
seinem Willen zum Schönen, Wahren und Guten, zur Gesittung, zur inneren Freiheit, zur Kunst, zur Liebe, zum Frieden,
zu rettender Ehrfurcht des Menschen vor sich selbst.« Allein
die Rede selbst lief nicht in ähnlicher Hochstimmung und
menschenfreundlicher Zuversicht ab. Das Gedicht ›Klage der
Ceres‹ von Schiller, woraus der Redner zitierte, beklagte den
fortschreitenden Verfall zwischenmenschlicher Gesittung, was
Thomas Mann nach wie vor als bürgerliche Gesittung verstand.
Hier sprach ein alter Mann, der den Träumen seiner Jugend
treu zu bleiben gedachte. Den ›Don Carlos‹ hatte schon Tonio
Kröger vor Hans Hansen gerühmt. Im Schillerjahr 1905 präsentierte sich die Erzählung ›Schwere Stunde‹ als Anverwandlung
des Erzählers Thomas Mann an den schwer und verzagt am
›Wallenstein‹ arbeitenden Friedrich Schiller. Nun sprach ein
Mann, der den Tod vor Augen hatte und offensichtlich sonder
großes Bedauern wegzugehen entschlossen war.
Wird man sagen können, der späte Thomas Mann, der am
›Felix Krull‹ weiterschrieb und den ›Versuch über Schiller‹
entwarf, habe die zornige Mahnung des 1950 verstorbenen
älteren Bruders beherzigt: daß man fremdes Leben ernst nehmen müsse? Manches spricht immer noch dagegen. Zwar
berichtet das Tagebuch über die Entstehung des ›Doktor Faustus‹, der Roman sei konzipiert worden als Bericht über die
Endzeit einer Gesellschaft, der bürgerlichen nämlich. Identität
der beiden Hauptgestalten; zeitliche Spannen von der Reformation bis zum Zweiten Weltkrieg; in Kalifornien beim Schreiben
des Buches erinnerte Käuze und Schwarmgeister aus der
Jugendzeit in Lübeck: alles soll dazu dienen, den Abgesang des
deutschen Bürgertums als satirisch-elegischen Roman, senti-
mentalisch mithin, zu projizieren. Aber fremdes Leben wird
auch diesmal nur ernst genommen, wenn Sterben geschildert
werden muß. Bloß dem Knaben Nepomuk-Echo bleibt die

Kälteregion erspart, die alles andere umgibt, einschließlich der Protagonisten. Dafür muß das Kind sterben: wie Aschenbach und wie Ziemssen.

Als Roman einer Endzeit wurde das Buch entworfen, was für Thomas Mann heißen wollte: Endzeit des Romans. Da er Wirklichkeit sein Leben lang im Grunde nicht wahrnahm, außer in literarischer Gestalt, verstand sich das Ende einer Epoche für ihn als Ausklang ihrer charakteristischen Literaturform. Weil er selbst Erzähler sein wollte, nichts anderes, interpretierte er die moderne – prekäre – Romanentwicklung als Sterbesymptom auch für sich selbst. Daß seine Kunst einer Endzeit angehöre, wußte er recht gut. Nur sah er, in der Literatur, kein neues und gelobtes Land in der Nähe oder auch Ferne. Die politischen Betrachtungen des Serenus Zeitblom und seines Autors sollten nicht täuschen: auch der ›Doktor Faustus‹ wurde *kein* politisches Buch. Nach wie vor blieb er konzipiert als Antithese von Geist gleich Literatur und politischer Wirklichkeit. Der Verfasser der einstigen ›Betrachtungen eines Unpolitischen‹ blieb identisch mit den – ihrerseits identischen – Zeitblom und Leverkühn.

Thomas Manns eigentliche Sphäre blieb – ein ganzes Leben und Werk hindurch – der *ästhetische* Bereich. Wobei er, ohne Kierkegaard genauer gelesen zu haben, den Erotismus unbedenklich der ästhetischen Sphäre zuordnete. Thomas Manns Schriften – Belletristik und Essayistik, Politisches wie Unpolitisches – gehören im höheren Verstande, nicht bloß der Thematik nach, zum erotisch-kulinarischen Bereich. Etwas »höhere Heiterkeit« zu bewirken, das bezeichnete er 1937 als eigentliches Ziel seiner Produktivität, und noch 1954 rühmte er, in tiefem Einverständnis, eben solches Tun an Anton Tschechow.

Das Untergangsdenken des späten Thomas Mann, und auch des frühen, denn der weltberühmte erste Roman bereits trug den Untertitel ›Verfall einer Familie‹, blieb stets ästhetisch. Genuß von Verfall und Zusammenbruch. Auch Karl Kraus war ein Leben lang fasziniert vom Untergangsdenken. Die ›Letzten Tage der Menschheit‹ identifizierten den Untergang des Habsburgerreiches mit dem Weltuntergang. Allein Kraus bleibt *Ethiker*: auch in der Politik. Thomas Manns politische Betrach-

tungen hingegen sind stets, wie bei den deutschen Romanti-
kern, von denen er nicht loskam, Politisieren aus ästhetisch-
erotischem Impuls.

Sören Kierkegaard hat in der ›Unwissenschaftlichen Nachschrift‹ der ästhetischen Lebenssphäre die *Ironie* zugeordnet, als
Konfinium des Ethikers jedoch den *Humor* bezeichnet. Tho-
mas Mann blieb Ästhetiker auch in der Ironie; selbst seine
politische Ironie war ästhetisch gemeint. In einer ›Notiz über
Heine‹ bewunderte er vor allem die Episode, daß Heine, nach
Erscheinen seines Buches über Ludwig Börne, auf Vorwürfe
wegen der politischen Ungeschicklichkeit dieser Publikation
bloß geantwortet habe: »Aber ist's nicht schön ausgedrückt?«[11]
Der Erotiker und Ironiker Heine hatte bereits den ganz jungen
Thomas Mann aufgeregt. Ein Beitrag ›Heinrich Heine *Der
Gute*‹ entstand 1893 als Arbeit eines Achtzehnjährigen.[12] Darin
wehrte sich der gescheiterte Gymnasiast und angehende Literat
gegen Rettungsversuche der Ethiker an Heinrich Heine. Der
junge Patrizier aus Lübeck mochte nicht zulassen, daß Heine
dem ästhetischen Bereich, seinem eigenen mithin, durch ethische Manipulation entfremdet werde.

Dies alles freilich wird erst sichtbar, wenn man es aufgab, die
vielen Selbstaussagen Thomas Manns zu repetieren. Das Urteil
Heinrich Manns blieb rechtskräftig. Sicher war es kein Zufall,
daß Thomas Mann seit 1930 im wesentlichen die »richtigen«
Prognosen in der Politik stellte. Aber fremdes Leben hat er
trotzdem nicht wahrgenommen. Das bezeugen jene sozialen
Schichten, die in seinem Erzählwerk vertreten sind, ebenso wie
jene, die bezeichnenderweise dort nicht auftauchen. Doch hatte
Heinrich Mann auch darin recht, daß in eben dieser Grundent-
scheidung für das Ästhetische, Ironische, Erotische die Stärke
des Schriftstellers Thomas Mann zu finden sei: die Ursache
seiner »Hervorbringungen«.

Im unvollendeten Roman über den Hochstapler und Künstler
Felix Krull ist das *Spiel* eigentlicher Mittelpunkt der Konzeption. Drei große Spielberichte sind nicht etwa eingesprengt,
sondern als Grundthemen einkomponiert: Operette, Zirkus,
Stierkampf. Die erotische Sphäre in ihnen ist wohlbekannt. Da
alle Lust die Ewigkeit will, wie Nietzsche vermutet, bliebe die

Spielsubstanz des ›Felix Krull‹ weniger als Allsympathie zu deuten, denn als Panerotik. Vielleicht ist der Roman aus diesem Grund ein Fragment geblieben: mit inniger Zustimmung seines Verfassers. (1970)

DER TOD IN VENEDIG
EIN THEMA MIT VARIATIONEN

Da ist eine Erzählung von Thomas Mann vom Jahre 1913, eigentlich bereits aus dem Jahre 1912, denn der Erstausgabe bei Fischer war ein Liebhaberdruck vorausgegangen. Da ist ein Film von Luchino Visconti ›Morte a Venezia‹ von 1970[1]. Da ist eine sonderbare Querverbindung zwischen Thomas Mann und Gustav Mahler, die nicht erst von Visconti etabliert werden mußte; es gibt eine Oper von Benjamin Britten, und da ist, nicht zuletzt, eine Art von Gegenroman oder Gegenerzählung von Wolfgang Koeppen: ›Der Tod in Rom‹ aus dem Jahre 1954, dem zwei Motti voranstehen. Ein Motto als Wortprägung aus Dantes ›Inferno‹; das andere bildet bei Thomas Mann den Schlußsatz seines Berichts über Gustav von Aschenbach. »Und noch desselben Tages empfing eine respektvoll erschütterte Welt die Nachricht von seinem Tode.« Dem entspricht, bei Koeppen, der folgende Abschlußrapport: »Die Zeitungen meldeten noch am Abend Judejahns Tod, der durch die Umstände eine Weltnachricht geworden war, die aber niemand erschütterte.« Judejahn war ein SS-General und Massenmörder, der entkommen konnte und Waffengeschäfte dort abwickelte, wo es abermals etwas einbringt.

Ein Roman also, und ein anderer, der mit ihm korrespondiert, eine Oper, ein erfolgreicher Film. Wie soll man dergleichen ordnen und benennen? Hier bereits erweist es sich, daß alle Untersuchungen über die Wechselwirkung zwischen Werken der Literatur und des Films theoretisch bisher nur oberflächlich reflektiert worden sind. Nach wie vor grassiert in Zeitungsberichten das dumme Wort von der »Verfilmung«. Als habe Visconti den Thomas Mann »verfilmt«. Oder als sei der ›Tod in Venedig‹ durch Benjamin Britten »veropert« worden.

Solche Wendungen, die alle an eine »Verarbeitung« erinnern möchten, reduzieren den ›Tod in Venedig‹ auf eine Story, die nur mäßig spannend ausfiel: wenig »Action«, und zwischen Aschenbach und Tadzio spielt sich, wenn man nur die berühmten harten Tatsachen gelten läßt, rein gar nichts ab. Natürlich gibt es »Verfilmungen« von Literatur, wobei dieser Ausdruck abschätzig gemeint sein soll. Dann nämlich, wenn auf der Leinwand irgendwelche Schauspielergesichter auftauchen, dem Publikum gut bekannt, um sich mit einem Namen benennen zu lassen, den man aus der Literatur kennt.

Effi Briest etwa oder Anna Karenina, Raskolnikoff oder auch Thomas Buddenbrook. Die ›Buddenbrooks‹ nämlich hat Alfred Weidenmann in der Tat verfilmt. Er war darauf aus, einen zweibändigen Roman, der Story nach, als zweiteiligen Film zu präsentieren, und machte sich kaum Gedanken darüber, daß das genialische Jugendwerk Thomas Manns einen Titel besaß, und einen Untertitel. ›Buddenbrooks. Verfall einer Familie‹. Wobei diese Dekadenz vertrackterweise vom Verfasser durchaus nicht als haltloses Absinken beschrieben wird, sondern als dialektischer Vorgang von äußerem Niedergang und geistiger Verfeinerung, sodaß Hanno schließlich höchst subtil dahinlebt, und ganz untüchtig. Der Tod Hanno Buddenbrooks meinte einen gesellschaftlichen und geistigen Prozeß; das Ende eines Menschen und einer Gesellschaftsform. Darum hat sich jene Verfilmung nicht groß gekümmert.

Dies muß erinnert werden, um die Divergenz zu Visconti anzudeuten. Visconti nämlich hat den ›Tod in Venedig‹ ebensowenig verfilmt, wie etwa – um den Fall Britten einmal auszuklammern – Alban Berg den ›Woyzeck‹ von Büchner oder Wedekinds ›Lulu‹ veropert hätte.

Was aber wurde in solchen Fällen geleistet? Es handelt sich um einen in der Geschichte aller Künste wohlbekannten Vorgang, der in der abendländischen Kulturgeschichte bis in die Antike zurückreicht und in seiner Terminologie jenen Vorgang recht eigentlich zu charakterisieren sucht. Der Ausdruck des *Hellenismus*, der auch für unser Thema des Apollinischen und Dionysischen im ›Tod in Venedig‹ einige Bedeutung hat, erläutert, daß eine Epoche fasziniert war von der Verarbeitung, Umarbeitung und Neudeutung bereits vorhandener Werke der Kunst und der Literatur. Mit Hilfe von Gelehrsamkeit, von Zitaten, sogar dessen bisweilen, was man heute als Montage zu bezeichnen pflegt. Wer damals bloß den Abstand markieren wollte zwischen solchen Nachfahren und Nacharbeitern, und den bewunderten Modellen, spottete über die Epigonen und die Alexandriner. Was sie trieben, war *Kunstschaffen mit Hilfe einer bereits vorhandenen Kunst.* Jede gesellschaftliche und künstlerische Spätzeit hat es seitdem nicht anders gehalten. So entstanden Kunstwerke des Raffinements, die mit dem Konsumenten im Einverständnis waren. Sie waren vermittelt, nicht unmittelbar, setzten Kenntnis der Modelle wie selbstverständlich voraus.

Unsere Epoche hat diese Arbeitsweise in allen Kunstbereichen bis zur Vollendung entwickelt. Im ›Ulysses‹ von James Joyce wird die Kenntnis des Homer ebenso vorausgesetzt, wie in Picassos Bildzyklus nach dem Atelierbild mit Zwergen von Diego Velasquez diese berühmte Komposition ›Las Meniñas‹. Brechts ›Heilige Johanna der Schlachthöfe‹ hat ganze Szenen und Versgruppen aus Goethe, Schiller und Hölderlin als Bauelemente verwandt; die ›Lyrische Suite‹ von Alban Berg treibt, auf dem musikalischen Höhepunkt, einem Tristanzitat zu.

Bedeutende Filmemacher unserer Aera sind nicht anders vorgegangen. Die Filmkunst entstand in einer gesellschaftlichen Spätzeit: sie mußte sich die Techniken dieser Spätzeit nutzbar machen. *Drei* spezifische Wechselwirkungen mit anderen Künsten lassen sich beobachten. Einmal, wie in unserem Vorgang, die Nutzbarmachung eines Werkes der Literatur für ein Filmkunstwerk. Zum anderen die Umfunktionierung von Teilen eines bedeutenden Filmkunstwerks sogenannt »klassischer« Art innerhalb von neuen und späteren Filmen. Sequenzen etwa von John Ford bei seinen Jüngern und Schüler, die plötzlich – mit einer Bildfolge und Konstellation – den Filmbesucher ausdrücklich und zitathaft an jenen einstigen Meisterfilm erinnern möchten. Drittens, und das ist vielleicht die merkwürdigste Korrelation, ist es möglich geworden, daß Filmwerke ihrerseits in Werken der Literatur zitiert und erinnert werden. Peter Handke hat sich wiederholt solcher Technik bedient, indem er Filme zitierte, so wie andere früher die Werke der Literatur, oder wie er selbst später den Gottfried Keller.

Es mag hier nicht erörtert werden, ob daraus im einzelnen Falle bedeutende neue Arbeiten entstehen konnten, oder vorsichtiger formuliert: ob dabei neue Werke einer Nachbarkunst entstehen konnten, die eigenen Wert besitzen. Der Kunstprozeß allein ist wichtig. In doppelter Weise: als Arbeitsverfahren des Künstlers, hier also des Filmemachers, und als stellvertretende Produktionsweise einer Gesellschaftsepoche.

Von solchen theoretischen Überlegungen sollte, wie mir scheint, eine Analyse der Relationen zwischen Thomas Mann und Luchino Visconti ausgehen. Sogleich wird aber dabei eine neue theoretische Schwierigkeit evident. Vom ›Tod in Venedig‹ ist auszugehen: das versteht sich. Was aber wäre damit gemeint? Das sorgsame Lesen eines Textes aus dem Jahre 1912, einer ersten Vorkriegszeit also, kann nicht genügen, und Visconti wollte sich damit durchaus nicht zufrieden geben. Sein Film macht offenbar, daß eine *Kenntnis geschichtlicher Folgen* vorausgesetzt wird, die Thomas Mann damals nicht haben konnte. Die objektive Diagnose einer Krankheit zum Tode findet sich, ausgesprochen nicht allein für den Fall Aschenbach, sondern für die gesamte Lidogesellschaft, bereits bei Thomas Mann. Visconti arbeitet, seit seinem Film ›La caduta degli dei‹, also seit den »Verdammten«, mit einer Chiffrenwelt, die stets hinter dem Einzelschicksal der Gestalten einen Verfallsprozeß der bourgeoisen Gesellschaft demonstrieren möchte. Zweiter Vorkrieg in den ›Verdammten‹ von 1968, wo Kruppwelt und Anfangsphase eines Dritten Reiches den Hintergrund abgeben; erster Vorkrieg eines internationalen parasitären Bürgerlebens im ›Tod in Venedig‹ von 1970. Bemerkenswert ist es übrigens, daß Thomas Mann selbst, im ersten Nachkrieg nach 1918 und nach seinen durchaus Aschenbachischen ›Betrachtungen eines Unpolitischen‹, vieles von dem, was sich heute bei Visconti findet, als Zivilisationsanalyse vorwegnahm in seinem ›Zauberberg‹ von 1924. Nicht verwunderlich daher, daß immer wieder Nachrichten in der Presse erschienen, wonach Visconti an eine Filmschöpfung denke: nach und mit dem ›Zauberberg‹.

Das bloße, wenngleich genaue Lesen des epischen Textes kann folglich nicht genügen. Die Zeitspanne zwischen 1922 und 1970 muß mitgelesen werden. Die orthodoxe *Produktionsanalyse* kommt nicht weit. Aller »New Criticism« aus Yale und alle sogenannt »mitgehende« Interpretation kann die geschichtliche Kenntnis des nachlebenden Interpreten nicht ungeschehen machen und so tun, als kenne man nichts als den Text. Was Visconti aufblättert, war im Text virtuell angelegt, doch erst die historische Erfahrung machte uns sehend: uns und übrigens auch Thomas Mann.

Eine sich absolut setzende *Rezeptionsästhetik* jedoch muß gleichfalls ihre Grenzen erkennen. Visconti ist ein produktiver Leser des ›Tod in Venedig‹ vom Jahre 1970. Sein Lesen jedoch wird nach wie vor gelenkt durch eine Lebens- und Kunstkrise des Schriftstellers Thomas Mann um das Jahr 1910. Nicht allein Thomas Manns Begegnung mit dem Künstler *Gustav Mahler* und mit seiner Kunst mußte neu reflektiert werden. Wichtiger ist, daß der ›Tod in Venedig‹ unter allen Werken dieses Verfassers, mit Ausnahme des späten ›Doktor Faustus‹, am meisten von den geheimen Krisen und Kunstsorgen des ›Zauberers‹ offenbart. Man wird an die Bedeutung des ›Werther‹ für Goethes Weiterleben erinnert. Thomas Mann tötet seinen Aschenbach, um sich damit von den Konflikten und Kunstmaximen der bisherigen Existenz loszusagen. Das tiefe Unbehagen Heinrich Manns bei der Lektüre war nicht durch Prüderie motiviert. Der ältere Bruder und Freund-Feind erkannte früh, daß hier *insgeheim die Literatur in Frage gestellt wurde, und mit ihr die Aufklärung*. Weil dies alles mit der Substanz des ›Tod in Venedig‹ zusammenhängt, muß es erinnert und neu interpretiert werden. Die Kenntnis der Erzählung wird vorausgesetzt. Ein Mann von sechsunddreißig Jahren schrieb den ›Tod in Venedig‹. Nach den Vorstellungen damaliger Zeit war er damit längst von allem Jungsein abgetrennt. Die beiden Polenjungen, etwa dreizehnjährig, diese Tadzio und Jaschu, die es wirklich gegeben hat und die später auch ihrerseits über den eigenen Anteil an einer berühmten Erzählung zu berichten wußten, stellten fest, daß sie »der alte Mann wieder einmal beobachtete«. Freilich logierte Thomas Mann nicht allein, wie Aschenbach, im Grand-Hotel des Bains am Lido, sondern mit seiner Frau Katia und seinem Bruder Heinrich.

Die Novelle, zuerst im Oktober- und Novemberheft 1912 der ›Neuen Rundschau‹ publiziert, bedeutet in Thomas Manns Leben und auch in seiner Schaffensweise etwas durchaus Neues. Mit dem ›Tod in Venedig‹ ging, also mit Aschenbachs

Sterben, eine Phase zu Ende. Das ist nicht im Sinne der
üblichen germanistischen Periodisierungsversuche zu verstehen, sondern als ein Versiegen aller bisherigen Schaffensimpulse
und als profunde Skepsis des Autors gegenüber seinen bisherigen Themen und Positionen. Im ›Tod in Venedig‹ läßt Thomas
Mann, in der Kunstfigur Aschenbach, das eigene bisherige
Schaffen untergehen. Da der Vorgang komplex ist, muß er
skizziert werden. Es ist die Frage: *Warum und woran stirbt
Aschenbach in Venedig?* Wenn vorausgesetzt wird, woran der
Text nicht zweifeln läßt, daß er diesen Tod insgeheim will.

Thomas Mann hatte als Lyriker debütieren wollen, sich dann
aber der Erzählung verschrieben: zuerst der kleinen Form,
dann den langsam und pflichtbewußt geformten Großformen:
ganz wie es die Erzählung auch von Aschenbach berichtet. Der
Künstler als Bajazzo und als Scharlatan: das war ein erstes
Thema. Sehnsucht nach den Wonnen bürgerlicher Gewöhnlichkeit, gepaart mit Bürgerverachtung und Selbstverachtung.
Das ließ sich fortspinnen mit der Variante: der Scharlatan und
Hochstapler als Künstler. Also als Felix Krull. All diese
Berichte jedoch waren von der Position des Scharlatans her
geschrieben worden. Ein würdeloses Leben wurde genau dargestellt: durchaus nicht ohne Reue und Sehnsucht, aber auch
mit trotzigem Behagen am Treiben solcher bürgerlich unwürdi-
ger Boheme. Daß sich hinter solcher Insistenz der Thematik
und Entscheidung für die verantwortungslose Existenz eines
Artisten viel Selbsterlebtes des jungen Thomas Mann verbarg,
brauchten die Philologen nicht erst aufzudecken: der späte
Thomas Mann, der sich eines fast krankhaften Hanges zur
Autobiographie bezichtigte, hatte den Weg gewiesen. Ein
schlechter Schüler, der beim vorzeitigen Schulabgang, um es
mit seinen Worten zu sagen, »so alt war wie der Westerwald«,
von dem der frühverstorbene Vater und Senator nicht viel
erwartet hatte. Dann der halbe und halbherzige Bohemien, der
in München und Italien sein Erbteil bedachtsam verlebt, ab und
zu etwas Geld mit einer kleine Erzählung verdient, und der mit
der Verbissenheit so vieler Halbtalente dem Traum von einem riesenhaften Kunstwerk nachhängt, das alles wenden und den Hochstapler in einen weltbekannten Meister transformieren wird.

So träumen und hoffen viele: wider alle Hoffnung. Dieser hier jedoch hielt durch. Er hatte etwas zum Lachen und für die Familienabende aufschreiben wollen. Es wuchs sich aus und hieß ›Buddenbrooks‹. Der Fall ist vergleichslos, daß ein Schreibender mit 25 Jahren, nicht etwa ein Gedicht wie das »Mailied« von Goethe oder auch ein Theaterstück wie ›Dantons Tod‹ verfassen, sondern die epischen Riesenmassen dieses Familienromans bewältigen, durchorganisieren und als Sprechkunstwerk präsentieren konnte. Der Bohemien und würdelose Unbürger, der das von sich forderte, war insgeheim ein bürgerlich-protestantischer Leistungsethiker. Als einen »Leistungsethiker« hat der Autor des ›Tod in Venedig‹ seinen Aschenbach ausdrücklich bezeichnet. Wie tief Thomas Mann sein Versagen vor dem Vater und dem hanseatischen Bürgertum gefühlt haben muß, macht eine Episode vom Lebensende ahnen. Wenige Wochen vor dem Tode, im Frühsommer 1955, wurde der Lübecker zum Ehrenbürger seiner Vaterstadt ernannt. In seiner Dankrede kam er auf den Vater Senator zu sprechen. Er hege den unsinnigen Gedanken, daß jener ihn sehen könne: den unwürdigen Sohn, der dennoch etwas Rechtes geworden sei. Der inzwischen dreißigjährige und erfolgreiche Romancier heiratete im Jahre 1905 ein schönes, kluges und sehr reiches Mädchen: übrigens ihrerseits mit Abitur, wie der glückliche Ehemann feststellte. Der Bohemien hatte eine Familie gegründet. Der Schluß des zweiten Romans ›Königliche Hoheit‹ erzählt, wie dieses »strenge Glück« konzipiert wurde. Ein sonderbarer Ausspruch des Bräutigams läßt ahnen, was aufgegeben und gewollt worden war. »Ich habe mir eine Verfassung gegeben!« Ein absoluter Selbstherrscher machte sich zum konstitutionellen Monarchen. Man lebte von nun an als Repräsentant: einer Familie, einer bürgerlich angesehenen Lebensform, einer sittlich unanfechtbaren und in keiner Weise außenseiterhaften oder skandalösen Art von Literatur. Einer Literatur gleich jener des Gustav von Aschenbach, den die Gnade eines Monarchen sogar, ob solcher sittigenden Schreibweise, geadelt hatte.

Der Mann Aschenbach schien sich wohl dabei zu fühlen: auch als Schreibender. Nicht so der glückliche Gatte und Vater

Thomas Mann. Die Erzählung ›Wälsungenblut‹ von 1906 ist recht eigentlich ein Putschversuch dieses konstitutionellen Monarchen, der schreibend versucht, die rücksichtslos amoralische, auf menschliche Empfindungen nicht eingehende Schreibweise der Buddenbrookzeit restituieren zu wollen. In seinen Notizen[2] bezeichnete sie der Autor als »Tiergartennovelle«: denn sie spielt in Berlin im Viertel der arrivierten jüdischen Bürger. Gemeint ist natürlich München und die Welt der Schwiegereltern. Auch eine kleine antisemitische Pointe fehlt nicht am Schluß der Urfassung. Der Skandal bleibt nicht aus: wie damals in Lübeck bei dem Familienroman. Aber ›Wälsungenblut‹, das bereits in der ›Neuen Rundschau‹ gedruckt ist, darf nicht erscheinen. Das Januarheft 1906 der Zeitschrift wird nicht ausgeliefert. Familienstreit, dem der Autor weicht. Er hat sich eine Verfassung gegeben. Er kehrt zurück zur Position des Leistungsethikers – und beginnt mit der Konzeption eines Romans über Friedrich von Preußen und Sanssouci. Geschrieben hat ihn dann, wie jeder Leser des ›Tod in Venedig‹ weiß, nicht Thomas Mann, sondern Gustav Aschenbach. Vollendet wird in schwerem Ringen die Umwandlung der Tiergartengeschichte in eine Art von utopischem Lustspiel in Romanform: in ›Königliche Hoheit‹.

Allzuviel hat der Verfasser dieser gewaltsam harmonisierten Geschichte vom freischwebenden und bindungslosen Menschen, der sich verbürgerlichen will, nicht von seinem zweiten Roman gehalten. Es war eine – sehr reizvolle – Fleißarbeit. Die Kritik verhehlte nicht ihre Enttäuschung. Positive Kritiken wurden dankbar entgegengenommen. Was Thomas Mann selbst von der ›Königlichen Hoheit‹ gehalten hat, bezeugt ein wichtiger und ungemein ehrfurchtsvoller Brief vom September 1910, der die Zusendung eines Widmungsexemplars begleiten soll. Darin heißt es: »Als Gegengabe für das, was ich von Ihnen empfangen, ist es freilich schlecht geeignet und muß federleicht wiegen in der Hand eines Mannes, in dem sich, wie ich zu erkennen glaube, der ernsteste und heiligste künstlerische Wille unserer Zeit verkörpert. Ein epischer Scherz. Vielleicht vermag er Sie ein paar müßige Stunden lang auf leidlich würdige Weise unterhalten. Ihr ergebener Thomas Mann.«

Der ernsteste und heiligste künstlerische Wille unserer Zeit. Auf leidlich würdige Weise. Abermals die Würde. Adressat dieses Briefes ist *Gustav Mahler*.[3] Am 12. September 1910 hatte in München unter des Komponisten Leitung die Uraufführung seiner Achten Symphonie in Es-Dur stattgefunden, jener von der Reklame als »Symphonie der Tausend« angepriesenen Schöpfung für Solisten, Riesenchor, Kinderchor und großes Orchester, das in zwei Teilen das Pneuma des Geistes besingen möchte: mit der lateinischen Hymne des Hrabanus Maurus ›Veni creator spiritus‹ und der Schluß-Szene aus Faust II. Nach dem Konzert war Thomas Mann mit Mahler und auch mit Max Reinhardt zusammen. Möglicherweise waren Thomas und Katia Mann, wie Peter de Mendelssohn mitteilt, bereits auf der Hauptprobe gewesen. Mahler war befreundet mit den Pringsheims, denn Klaus Pringsheim, Katias Zwillingsbruder, hatte in Wien mit dem Operndirektor Mahler gearbeitet.

Katia glaubt sich, nach dem Konzert, an einen Ausspruch ihres Mannes zu erinnern: »Das war wohl das erste Mal in meinem Leben, daß ich das Gefühl hatte, mit einem wirklich großen Mann zusammen zu kommen.« Der Tonfall ist echt; der Widmungsbrief an Mahler paßt dazu. Woher die Erschütterung jenseits des musikalischen Erlebnisses? Aschenbach erhielt nicht allein den Vornamen des großen Musikers, sondern wurde konzipiert als ein Amalgam aus dem Künstlertum Thomas Manns und Gustav Mahlers. Bei Visconti trägt Dirk Bogarde die Gesichtszüge Mahlers, aber auch den Schnurrbart Thomas Manns. Der Erzähler des ›Tod in Venedig‹ stand sich selbst ein Leben lang höchst skeptisch gegenüber. Alles schien, trotz allem, auf eine Art höherer Scharlatanerie hinauszulaufen. Thomas Mann verglich sich insgeheim stets mit den anderen. Das Zitat aus Goethes ›Tasso‹: »Vergleiche dich! Erkenne wes du bist!« steht als Motto über dem Riesenessay der ›Betrachtungen eines Unpolitischen‹, die sechs Jahre nach dem ›Tod in Venedig‹ abgeschlossen wurden. Indem er sich mit Mahler verglich, wie später mit Goethe und Tolstoi, konfrontierte Thomas Mann das eigene Künstlertum eines Artisten, der stets den bürgerlichen Kompromiß eingeht, weder ganz Bohemien ist noch ganz bürgerlicher Moralist, mit der naiven Unbedingtheit eines Musikers wie Mahler, dem in der Achten Symphonie die Antithesen Schillers von Sittlichkeit und Sinnlichkeit, Geist und Eros wie selbstverständlich in eins fließen. Das offenbar war gemeint mit jener »zweiten Naivität«, der auch Thomas Mann nachtrachtete: wie vor ihm Kleist und nach ihm Brecht.

Was aber geschieht mit einem Künstler, der *nicht* Mahler heißt, dem sich also Eros und bürgerliche Ethik als schroffe Antinomien präsentieren? Das wird im ›Tod in Venedig‹ beschrieben. Gustav Aschenbach ist nicht Gustav Mahler. Er repräsentiert für seinen Autor auch nicht, im kruden Handlungssinne, eine autobiographische Konfession. Zwar sind die Umstände der Reise nach Venedig, mit Frau und Bruder, im wesentlichen erlebt worden: mitsamt allen ungemein präzisen Randgestalten dieser berühmten Geschichte. Einschließlich der polnischen Familie und des schönen kleinen Barons, der Wladyslaw hieß und Wyaschiu gerufen wurde, nicht Tadzio.

Das trug sich zu gegen Ende Mai und im Juni 1911, als in Venedig einige Cholerafälle auftraten. Vorher war man im damals österreichischen Brioni gewesen, wo man sich nicht wohl fühlte und unter Umständen, die für Aschenbach übernommen wurden, an den Lido zu reisen beschloß. In Brioni hatten die österreichischen Zeitungen täglich vom Todeskampf des schwer herzleidenden Mahler berichtet. Er war am 18. Mai in Wien gestorben. Eine »respektvoll erschütterte Welt« hatte die Nachricht empfangen.

Im Juli 1911 beginnt die Arbeit am ›Tod in Venedig‹, die ein Jahr beansprucht. Sie wird nicht allein zur Absage an alle eigenen »leistungsethischen« Entwürfe um Friedrich von Preußen, Geist und Kunst, sittliches Künstlertum, sondern auch, nach dem mißglückten Ausbruchsversuch im ›Wälsungenblut‹, zur Zurücknahme der ›Königlichen Hoheit‹ und der selbstgegebenen Verfassung. Auch Gustav von Aschenbach hatte sich, ein Leben und Schreiben lang, eine Verfassung gegeben. In Venedig geht er als Hochverräter an sich selbst zugrunde. All seine eigenen gescheiterten literarischen Entwürfe gibt ihm Thomas Mann mit auf die Todesreise. Er läßt ihn sterben, um selbst weiterschreiben zu können. Vielleicht um zurückzufinden zur Freiheit der früheren, scheinbar verantwortungslosen Artistik.

Da wartet nach wie vor der Torso des Krull-Romans. Die venezianische Episode sollte eine hübsche kleine Geschichte werden. Auch das war illusionär. Krull ist niemals vollendet worden. Man konnte nicht zurück. Das gerade war am Fall Aschenbach zu lernen.

Noch etwas anderes war ihm als Erkenntnis abzugewinnen. Bei Mendelssohn wird eine Notiz aus dem Arbeitsprozeß mitgeteilt. Da heißt es, formuliert während der Arbeit und ihrer Klärung: »Eros ist für den Künstler der Führer zum Intellektuellen, zur geistigen Schönheit, der Weg zum Höchsten geht für ihn durch die Sinne. Aber das ist ein gefährlicher lieblicher Weg, ein Irr- und Sündenweg, obgleich es einen anderen nicht giebt. ›Den Dichtern wird ein solcher Aufschwung immer versagt bleiben. Ihr Aufschwung ist immer die Tragödie . . .‹« Der letzte Satz steht im Notizbuch in Anführungszeichen. Er bedeutet ein Zitat. Noch ein weiterer Zitatsatz wird angefügt, wo der Zitierte erklärt hatte: »Im Leben (und der Künstler ist der Mann des Lebens!) muß die Liebe Sehnsucht bleiben: es ist ihr Glück und ihre Tragödie«. Hier liegt eine der Keimzellen für den ›Tod in Venedig‹. Aschenbach ist ein Künstler, doch kein bildender Künstler und auch kein Musiker wie Gustav Mahler. Sein Weg zum Höchsten, dieser gefährliche Irr- und Sündenweg, muß als Tragödie enden.

Jenes Zitat, dieser wichtige Baustein zum ›Tod in Venedig‹, stammt von *Georg Lukács*. Damals noch Georg von Lukács. Thomas Mann fand es im 1911 erschienenen Essayband ›Die Seele und die Formen‹. Lukács war ihm aufgefallen als einer der eindringlichen Interpreten von ›Königliche Hoheit‹. Kennengelernt haben sich die beiden erst nach weiteren vierzehn Jahren. Thomas Mann hat niemals aufgehört, von Lukács zu lernen, und sich den Mann selbst vom Leibe zu halten. Für Lukács war das eine Tragödie, die er nie verwunden hat.

Der ›Tod in Venedig‹ wird übrigens nicht zur Demonstration der These von Lukács. Der Erzähler wählt auch hier den Kompromiß des Weder-Noch. Gewiß, Gustav von Aschenbach ist kein Gustav Mahler. Musik ist eine sinnliche Kunst aus Exaktheit und Ekstase. Mahler hatte nach der Achten Symphonie ein ›Lied von der Erde‹ geschrieben. Aschenbach aber stirbt

nicht als tragischer Held. Allerdings wird sein bisheriges Leben
und Schreiben durch den Eros widerlegt. Thomas Mann gibt
ihm diese Introspektion als Selbsterkenntnis. »Wer enträtselt
Wesen und Gepräge des Künstlertums! Wer begreift die tiefe
Instinktverschmelzung von Zucht und Zügellosigkeit, worin es
beruht. Denn heilsame Ernüchterung nicht wollen zu können,
ist Zügellosigkeit.« Dieser Satz könnte auch in Serenus Zeitbloms Bericht über den mit dem Teufel verbündeten Musiker
Leverkühn, den ›Doktor Faustus‹, stehen.

Warum also und woran stirbt Aschenbach in Venedig? Man
könnte es boshaft so formulieren: Er stirbt an der Schillerschen
Philosophie, die ihn lehrte, den Schilleraner, *die Anmut von
der Würde zu trennen, den Eros vom Ethos*. Das mochte für den
Bürger einige Geltung haben als Triebverzicht zugunsten der
kapitalistischen Investition. Aschenbach aber, der Schriftsteller, blieb bloß ein Möchtegernbürger, ganz wie Thomas Mann.
Wenn er den Eros im Leben und Schreiben aussparte, war er in
seiner literarischen Substanz gefährdet. Das hatte der Autor
dieser Erzählung erkannt. Er schrieb sich frei, indem er
Aschenbach sterben ließ.

Wie aber, wenn Aschenbach *nicht als Schriftsteller* interpretiert
wird, sondern – gleich Gustav Mahler – als Tonsetzer? Das
möchte Visconti erzählen.

Für den Musiker Aschenbach gilt *nicht* die Diagnose von
Lukács: sein Künstlerweg muß nicht als Tragödie enden. Eros
hatte das Dichtertum Aschenbachs verdorren lassen, denn die
klassische Prosa, die sein Autor ihn beim Anblick der Schönheit
des Epheben Tadzio schreiben läßt, kann nicht demonstriert
werden. Wir müssen unserem Autor glauben. Visconti zeigt
einen Künstler im Vollbesitz seines musikalischen Schöpfertums, wenngleich man ihm vorhält, seine Kunst habe sich von
der Menschheit entfernt. An diesen Stellen des Films hat Visconti das Musikertum Adrian Leverkühns aus dem ›Doktor
Faustus‹, also ein Werk des siebzigjährigen Thomas Mann,
einbezogen. Die Bordellszene mit der Hetäre Esmeralda gehört
zum Roman ›Doktor Faustus‹. Auch im übrigen ist die Genauigkeit bemerkenswert, mit welcher Visconti die Gedankenwelt
Thomas Manns aus dem epischen Bericht zu lösen und in eine

Kunst zwischen sichtbaren Menschen zu transformieren sucht. Die 22. Szene des Films in Aschenbachs Tiroler Ferienhaus zwischen Gustav und seinem Schüler Alfried gipfelt in den Thesen Aschenbachs, der bei Visconti erklärt: »L' atto creativo è un atto spirituale«, worauf der Schüler repliziert: »No, Gustav . . . la bellezza appartiene ai sensi . . . Soltanto ai sensi . . .« Aschenbach steigert sich und ruft die Weisheit an, die menschliche Würde, die Beherrschung der Sinne. Die dämonischen Kräfte der Kunst weist er von sich. Alfried entgegnet, das sei ein Fehler: »Il male è una necessità, è l'alimento stesso del genio!«

Das ist authentischer Thomas Mann insoweit, als es dazu dient, am Ergehen und Verhalten Aschenbachs am Lido seine künstlerischen Maximen entwesen zu machen. Es gehört zur Selbstwiderlegung der Aschenbachelemente in seinem eigenen Leben und Schaffen durch Thomas Mann. Darum muß Aschenbach sterben. Indem jedoch Visconti getreulich seinem literarischen Mentor zu folgen sucht, macht er das Konzept seines Films tief brüchig. Bei Thomas Mann war Aschenbach zwar erschöpft von mißlungener Arbeit, doch nicht krank. Er stirbt an der Cholera und am Eros. Im Film erleben wir einen kranken Musiker. Die körperlichen Zusammenbrüche Gustav Mahlers werden zitiert, allein dadurch wird der Tod Aschenbachs in Venedig zu einem nicht unerwarteten Exitus.

Bedenklicher ist es, daß der Spiritualismus Aschenbachs am Fall eines Musikers Aschenbach nicht demonstriert werden kann. Das zeigt die Musik Mahlers, die Visconti dem Film unterlegt. Das Adagietto aus der Fünften Symphonie kann niemals für Aschenbachs Credo der antidämonischen würdevollen Kunst einstehen. In Mahlers Dritter Symphonie ist ein Panerotismus gestaltet, der weit eher einem Felix Krull angemessen ist (der Ausdruck Panerotismus stammt von Thomas Mann und meint den verführerischen Hochstapler), als dem Aschenbach im Film ›Morte a Venezia‹. Die Filmbilder mögen die Entwürdigung des *Mannes* Aschenbach zeigen, doch können sie nicht die Selbstwiderlegung seiner *Musik* demonstrieren. Der Literat Aschenbach wird in der schöpferischen Substanz getroffen. Was er am Lido erfährt, ist eine Zurücknahme seines Schreibens.

Die Übertragung der Schriftstellerproblematik auf die Welt eines Gustav Mahler, frei nach Thomas Mann, bleibt substanzlos. Nicht bloß die erklingende Musik spricht dagegen, sondern auch die schauspielerische Führung der Hauptgestalt. Dirk Bogarde ist ein verklemmter Erotiker, kein naiv-spiritualistisches Genie wie Gustav Mahler. Um es zu wiederholen: der Film zeigt die Selbstentwürdigung eines alternden Mannes, aber keine Künstlertragödie im Sinne von Lukács und Thomas Mann. So kommt es nicht, wie in der Erzählung, zu einer harmonischen Lösung, indem Aschenbach den Tadzio als Todesboten annimmt: Hermes als Weggeleiter. Die Musik Aschenbachs im Film, komponiert im Angesicht der Schönheit, will nicht zu dem Zustand und Verhalten des Schreibenden passen.

Visconti muß es gespürt haben. Darum scheint er bemüht, auch diesen Film in den größeren Zusammenhang seiner Filme vom Untergang einer bürgerlichen Gesellschaft einzugliedern. Bereits in den ›Verdammten‹, dem vorangehenden Film, der gleichfalls Dirk Bogarde agieren ließ, war eine Hauptgestalt aufgetreten, gespielt von Helmut Griem: ein hoher Offizier der SS, der die SA entmachten möchte, um den SS-Staat errichten zu können. Der Mann hieß, nach Viscontis Willen, Aschenbach.

Was Visconti vorschwebte, hat *Wolfram Schütte* unter dem Titel ›Kommentierte Filmografie‹ in einer Gesamtanalyse aller Filme von Visconti so interpretiert: »Viscontis Film ist weniger der Ausdruck eines gefaßten Abschieds (wie es der ›Leopard‹ war), als die Geschichte eines physischen, psychischen und moralischen Verfalls, dem ein großbürgerlicher Künstler, abgeschnitten vom Volk, das ihn verachtet, und unbeachtet von der Bourgeoisie, in deren Lebenssphäre er sich aufhält, zu Beginn des Jahrhunderts . . . sich aussetzt.«[4] Wobei ergänzt werden muß, daß Visconti den Fall nicht als historisch abgetan, sondern als aktuell und virulent interpretiert. Nicht allein, daß er Aschenbach als Musiker verschmelzen möchte mit dem deutschen Tonsetzer Leverkühn aus dem ›Doktor Faustus‹; er will an Aschenbach auch das Einsamkeitsschicksal der Kunst in einer bürgerlichen Spätzeit demonstrieren.

Dabei gerät er abermals in Widersprüche. Unklar blieb bei ihm die erotische Sphäre, die Aschenbach umgab. Das Mahlermotiv der Kindertotenlieder und die Bilder vom Tod seiner Tochter passen nicht zu jenem Aschenbach-Bogarde, den man agieren sieht. Tadzio erinnert den alternden Mann an das Schockerlebnis mit der Hetäre Esmeralda: das mag stimmig sein. Allein Tadzio soll auch an die verstorbene Tochter erinnern, und da stimmt gar nichts mehr. Kunstfigur Thomas Manns, biographisches Detail aus Gustav Mahlers Leben und Schauspielkunst Bogardes ergeben eine konturlose Klexographie.

Das Amalgam aus Thomas Mann und Gustav Mahler kommt nicht zustande. Aschenbach in der Erzählung kann nur ein Schriftsteller sein, und was, jenseits der autobiographisch-ästhetischen Sphäre, den Autor Thomas Mann zu Anfang fasziniert hatte, war das *Phänomen der Entwürdigung des Genies durch die Erotik.* Vorbild der alte Goethe in seiner Leidenschaft für die blutjunge Ulrike von Levetzow, die er unbedingt heiraten wollte. In einem Brief vom 4. Juli 1920 hat der Erzähler sich dazu geäußert: »Leidenschaft als Verwirrung und Entwürdigung war eigentlich der Gegenstand meiner Fabel – was ich ursprünglich erzählen wollte, war überhaupt nichts Homo-Erotisches, es war die – grotesk gesehene – Geschichte des Greises Goethes zu jenem kleinen Mädchen in Marienbad . . .«.[5] Der Goetheroman ist dann noch geschrieben worden: freilich mit der Hofrätin Kästner als Partnerin. ›Lotte in Weimar‹. Die Groteske wird im Fall von Aschenbach entschärft, denn Tadzio wird nicht wahrhaft begehrt. Er ist zwar Hermes, ganz wie der Hochstapler Krull, aber nicht als Kuppler, sondern als Todesbote. Aschenbach stirbt würdig, nicht erniedrigt, außer vor sich selbst: respektvolle Erschütterung darf bezeugt werden.

Die Kunst Gustav Mahlers hat *Adorno* zwischen die Antinomien von Zerfall und Affirmation gestellt. Ihre Negativität sei ihre wahre Größe. Weshalb der Musikästhetiker, der später Thomas Mann beim ›Doktor Faustus‹ beraten sollte, ausgerechnet die Achte Symphonie schroff ablehnt. »Die Achte ist angesteckt von dem Wahn, erhabene Gegenstände, jener Hymnus Veni Creator Spiritus, die Schlußszene des Faust, bürgten für die Erhabenheit des Gehalts. Aber erhabene Gegenstände, an die das Kunstwerk sich heftet, sind zunächst nicht mehr als dessen Vorwurf.« Die Moralität und Würde des Konzepts, das also, was Thomas Mann bei der Uraufführung so tief berührt hatte, sei dem Kunstwerk zum Verhängnis geworden.

Im Film von Luchino Visconti sollen drei Themen miteinander zur künstlerischen Einheit verbunden werden: Überwältigung eines spiritualistischen Künstlers durch den Eros; Gustav Mahlers Musik als Kunst einer Endzeit; Endzeit einer Gesellschaft und ihres ästhetischen Selbstverständnisses. Das kann nicht gelingen. Der Eros wird zum Todessymbol; die Musik widerspricht durch ihre unverbrauchte Potenz der Dekadenzthese; die Gesellschaft ist bloße Staffage für den Alleingang eines Schauspielers.

Die große Entwürdigung findet nicht statt. Der sterbende Aschenbach des Films wiederholt die Thesen Thomas Manns. »Wir sind weder von Geburt her weise noch würdig. Moral der Form, der Ruhm, die Treue, der Erziehungsanspruch: alles Lügen.« So spricht Aschenbach, dem Todesboten Tadzio zugewandt. Alle Kosmetik fällt ab. Auch dieser Tod ist schließlich unwürdig. Wie jeder Tod. Nicht allein der Tod in Venedig. (1975)

THOMAS MANN UND BERTOLT BRECHT
ZUR INTERPRETATION EINER FEINDSCHAFT

Daß sie einander nicht zärtlich liebten, die beiden Schriftsteller
Thomas Mann und Bertolt Brecht: es hat sich herumgespro-
chen. An Dokumenten der Animosität fehlt es nicht. Bisweilen
hatten die Bosheiten und Diatriben durchaus literarischen
Rang. Im groben Humor bei Brecht, der meistens den Angrei-
fer abgab, bei Thomas Mann in Repliken einer hochmütigen
Ironie.

Das könnte man als Literatenfehde abtun, von Konkurrenzge-
fühl oder privatem Ressentiment sprechen; allein mit solcher
Literaturpsychologie kommt man nicht weit. Thomas Mann
und Brecht standen sich, soweit man urteilen kann, als Schriftsteller ohne Neid gegenüber. Wenn Musil oder Alfred Döblin
und Arnold Zweig mit schöner Regelmäßigkeit höchst abfällig
über den Autor des ›Zauberberg‹ und der Josephsgeschichten
zu urteilen pflegten, geschah das in eigener Sache: hier lehnten
Romanciers einer durchaus anderen erzählerischen Position den
erfolgreichen Widersacher ab. Robert Musils berühmt gewordener Terminus des »Großschriftstellers« war insgeheim auf
Thomas Mann gemünzt. Brecht verglich sich nicht mit dem
anderen: um auf solche Weise der eigenen Identität inne zu
werden. Er wußte, wer er war. Außerdem empfand er sich, falls
er überhaupt bereit war, ein Prinzip der Spezialisierung anzuerkennen, als Stückeschreiber und als Lyriker. Für beides war
Thomas Mann, der Erzähler und der Essayist, kein Neben-
buhler.

Der junge Brecht aus Augsburg und vom Jahrgang 1898 wurde
in den expressionistischen Kaffeehäusern von München, wohl
auch in Berlin, um jenes Jahr 1920 mit leiser Achtung als
vielversprechende Begabung erwähnt. Gemeinsame Antipathie
Thomas Manns und Brechts gegen die expressionistische
Menschheitsdämmerung hätte durchaus zu einer Annäherung
in München führen können, wo beide kurz nach Ende des
Weltkriegs und zu Beginn der zwanziger Jahre ihren Wohnsitz
hatten. Auch gab es gemeinsame Bekanntschaften.

Lion Feuchtwanger, der Freund im Hause Thomas Manns, hatte Brecht entdeckt, als dieser, ein unbekannter und struppiger junger Mann, das Manuskript von ›Trommeln in der Nacht‹ ins Dramaturgenbüro der Münchner Kammerspiele brachte. Feuchtwanger ließ das Stück aufführen. Es hatte außerordentlichen Erfolg, Brecht bekam den Kleistpreis, wurde als Dramaturg an die Kammerspiele verpflichtet und verfaßte hier, zusammen mit Feuchtwanger, eine Bearbeitung der Historie Christopher Marlowes über König Eduard den Zweiten von England, die 1924 gleichfalls in München uraufgeführt wurde. Bei dieser Gelegenheit nun schrieb Thomas Mann zum ersten Mal über seinen jungen Kollegen: anerkennend und gleichzeitig ganz ungewöhnlich reserviert. Man muß wissen, daß literarische Verrisse von Büchern und Schriftstellern bei diesem Rezensenten zur höchsten Seltenheit gerechnet werden müssen: abgesehen von Polemiken in eigener Sache, wo der Patriziersohn und Hanseat massiv werden konnte. Sonst aber: gegen Ausgang der Zwanziger Jahre waren seine Lobsprüche für junge Debütanten, oft ohne besonderes Verdienst, so penetrant geworden, daß man unter den Berliner Verlegern spöttisch meinte, sensationell könnte höchstens noch bei einer Neuerscheinung der Hinweis wirken: »Bisher noch nicht gelobt von Thomas Mann.«

Die kühle, fast feindselige Distanz macht diesmal aufhorchen. Thomas Mann nimmt Gegenposition ein. Zudem weiß er, daß Heinrich Mann in diesem Bert Brecht die große Hoffnung sieht. Auch die theaterbesessenen älteren Kinder Klaus und Erika kennen Brecht, haben ihn bereits in der Stadt getroffen. Sein Mythos wurde im Haus des Vaters von ihnen verkündet. Da heißt es, den Abstand wahren. Ein »starkes, aber einigermaßen nachlässiges Talent«.

Auch Brecht war nicht in Feindschaft zum Autor des ›Tod in Venedig‹ aufgewachsen. Mit 22 Jahren schrieb er, am 26. April 1920, für die sozialdemokratische Zeitung »Der Volkswille« in Augsburg, die Rezension eines Vorleseabends von Thomas Mann im übergroßen und ganz unakustischen Augsburger Börsensaal. Der Bericht schimpft zunächst über die Veranstalter, die »einen der bewußt repräsentativsten Vertreter deutschen

Schrifttums, Thomas Mann, in die Gefahr einer völlig unverdienten Blamage« gebracht hätten. Unruhe im Saal, während, wie Berichterstatter Brecht gar nicht befriedigt, sondern verärgert notiert: ». . . die weiter hinten verstauten, unglücklichen Billetkäufer überhaupt nichts hörten und teilweise den Saal räumten«.

Reizvollerweise las Thomas Mann aus dem damals entstehenden ›Zauberberg‹, für den Brecht später, als das Buch herauskam, nicht Hohn genug aufbieten konnte: bis hin zu einer bösartigen Zusatzstrophe zur ›Ballade vom angenehmen Leben‹ aus der Dreigroschenoper, wo auch dem Autor eines Buches mit dem Titel ›Der Zauberberg‹ die Lebensmaxime bescheinigt wird: »Nur wer im Wohlstand lebt, lebt angenehm«.

Sechs Jahre später, also 1926, klingt alles ganz anders. Der Ton ist rauh geworden, nahezu brutal bei dem einen, mühsam korrekt, voll der zurückgehaltenen Empörung beim anderen. Anlaß der Affäre war Klaus Mann. Bereits mit 18 Jahren begann er zu publizieren: lyrische Skizzen, kleine Romane, Theaterstücke, worin er bisweilen auch selbst mitspielte. Mit 26 Jahren verfaßte er eine erste Autobiographie mit dem Titel »Kind dieser Zeit«, worin programmatisch verkündet wird, auch das Privateste müsse als Teil eines Ganzen begriffen werden.

Hinzu kam, daß der Erstgeborene einer neuen Buddenbrook-Generation kein Bedenken trug, mit dem berühmten Namen kokett zu prunken. Einen Debütanten von zwanzig Jahren hätte das literarisch nicht eben belangvolle, doch vielgelesene Berliner Magazin mit Namen ›Uhu‹ kaum nach seinen Generationserfahrungen gefragt. Vom Sohne Thomas Manns wollte man es genau wissen. Im Augustheft des ›Uhu‹ verbreitete sich Klaus nach seiner damaligen Weise über »Die neuen Eltern«. Das konnte der Redaktion nicht genügen. Sie verschaffte sich für dieselbe Nummer zwar keinen Gegenartikel des Vaters, immerhin aber einen Interviewtext, der die Überschrift ›Die neuen Kinder‹ bekam. Es war müßig, halbwahr, daher unwahr, ließ zwei Außenseiter des Lebens, Vater wie Sohn, über den scheinbaren Alltag des Lebens plaudern.

Nun hatte Brecht sein Stichwort. In der Wochenschrift ›Tage-

buch‹ erschien am 14. August 1926 seine Antwort unter dem
Hohnwort »Wenn der Vater mit dem Sohne mit dem Uhu«.
Brechts Polemik ist von exquisiter Bosheit. Es muß ihm Spaß
gemacht haben. Das fängt so an: »Heute nacht habe ich
geträumt, daß ich mir habe die Haare schneiden lassen, und
hernach waren sie wieder so lang wie vorher. Heute früh las ich
den ›Uhu‹. Darin blickt Herr Thomas Mann (wer ist Herr
Thomas Mann?) sorgenvoll auf seinen berühmten Sohn (wer
kennt ihn nicht?) . . .« Brecht kämpft nach zwei Seiten: gegen
die einstigen Vatermordtiraden der Expressionisten, wie gegen
den jungen Klaus, der die Losung ausgibt: man trage den
Vatermord mittlerweile nicht mehr. Den neuen Eltern, also
dem Autor des ›Zauberberg‹, wird zunächst einmal liebevoll
bescheinigt, ihr literarischer Vater sei Friedrich Spielhagen
(1829 bis 1911) gewesen, und der könne in der Tat – sehr
vergleichsweise – ein Revolutionär genannt werden. Im Vergleich zu Spielhagen erscheine Sohn Klaus (und Vater Thomas)
als reaktionär. »Selbst wenn ich an die Schwächsten meiner
Generation denke – (und ich habe da kolossale Auswahl), wie
ragt das Riesenmaß der Leiber, um mit einem noch älteren, also
noch neueren Dichter zu sprechen, über diese unsere Nachge-
burt von Feuilletonschlieferln hinaus . . .«
Über diesen Satz wäre eine Seminarstunde lang zu reden: von
der bewußt falschen Genealogie Spielhagen / Thomas Mann, die
tatsächlich den Betroffenen in die demütigende Position drängt,
sich gegen Spielhagen verteidigen zu müssen; über das Schiller-
zitat vom »Riesenmaß der Leiber«, das von einem Autor
stammt, den der damalige Brecht zu verhöhnen liebte und der
gerade recht kommt, um gegen Thomas Mann ausgespielt zu
werden; bis zu dem Wiener und Karl-Kraus-Ausdruck von den
Feuilletonschlieferln.
Nun war eine Replik von Thomas Mann fällig. Er nahm sich
Zeit und wartete einen guten Anlaß ab. Der fand sich ein im
Oktober. Das liberale ›Berliner Tageblatt‹ wollte von dem
berühmten Autor des ›Zauberberg‹ ein kräftig Wörtlein über
die neue und junge deutsche Literatur hören. Die Antwort, die
man aus München nach Berlin schickte, ist ein sonderbarer
Text. Gönnerhaft wird von ein paar jungen Autoren geredet,

etwa so: »Ich habe sie mit großem Vergnügen gelesen, Prosa und Verse. Es ist da Intensität und eine gewisse stille Kühnheit...« Man kann es nicht weimarerischer formulieren. Die lobend erwähnten Namen kennt heute keiner mehr. Thomas Mann war kein besonders eifriger Entdecker von wirklichen Talenten. Dafür bestätigt der Text ungewollt, daß Brechts perfides Thomas-Mann-Zitat als Motto jener Polemik gegen Vater und Sohn und ›Uhu‹ nicht grundlos herausgehoben wurde: »Ich kann nur von mir reden.«

Er redete in der Tat auch hier allein von sich. Von sich, und gegen Bert Brecht. Ein erster Absatz der Höflichkeiten für die Redaktion der mächtigen Zeitung, ein zweiter voll der Allgemeinheiten über den ›Zauber‹, der dem Wort Jugend entströme. Nun ist man beim Thema der Väter und der Söhne, und damit sogleich bei jenem unseligen Interview mit dem ›Uhu‹, das Thomas Mann inzwischen weidlich verwünscht zu haben scheint. Er habe sich dort »gesprächsweise mit so eklatantem Ungeschick geäußert . . ., daß es für den wachsamen Bert Brecht allzu schwer war, keine Satire zu schreiben«. Worauf er sich, wie ein echter Don Quijote, ausführlich zur Relation Friedrich Spielhagen und Thomas Mann zu äußern beginnt. Erwünschenswerteres konnte Brecht nicht geschehen. »Ich bin nicht in der Lage, Brecht zu kontrollieren, denn ich habe nie eine Zeile von Spielhagen gelesen . . .« Eine kleine eigene Angriffsinitiative wird bald zurückgenommen, nachdem Thomas Mann, gar nicht so unberechtigt, darauf hingewiesen hatte, der Haß der nunmehr Jungen gegen die nunmehr Alten habe wohl auch damit zu tun, daß »sie uns mehr schulden, als ihnen lieb ist – unvergleichlich mehr jedenfalls als wir dem Vater Spielhagen, rein künstlerisch genommen«.

Das mochte durchaus auf die damals ansetzenden Vertreter einer »Neuen Sachlichkeit« zutreffen; nur konnte es niemand von dem realen Gegner Brecht behaupten. Noch weniger ließen sich die Beispiele der von Thomas Mann gelobten »Unbekannten« mit ihrer Intensität und gewissen stillen Kühnheit für die gegen Brecht aufgestellte, höchst sonderbare These anführen: wonach in jenen literarisch bisher noch Namenlosen »das Nachbürgerliche mit dem Vorbürgerlichen sich findet«.

Als Sieger war er nicht heimgekehrt aus dieser ersten offenen Auseinandersetzung mit Brecht. Von nun an jedoch war Feindschaft etabliert. Sie hielt an bis zum Tode der Kontrahenten, hat den Tod gar insoweit überdauert, als die Eintragungen Brechts in seinem ›Arbeitsjournal‹, die 1973 freigegeben wurden, vom Haß künden, den der exilierte Brecht gegen den exilierten Thomas Mann am gemeinsamen Exilort Los Angeles nach wie vor destillierte.

Was jedoch wird ausgesagt jenseits der Antipathien und Polemiken? In der Masken- und Verkleidungskunst waren beide hocherfahren. Hier ein sich betont bürgerlich gebender Patrizier, der sich jeweils, wie eine Figur von E.T.A. Hoffmann, morgens zwischen neun und zwölf Uhr ins Arbeitszimmer zurückzog, um höchst Unbürgerliches zu Papier zu bringen. Der ›Zauberer‹, so nannte man ihn in der Familie ob solchen Treibens. Dort der Sohn eines Augsburger Fabrikanten, der zwar in einem Exilgedicht hoffte, seine Bürgerklasse werde ihn »mit gutem Grund« verjagt haben, doch immer nur als Sympathisant (und meistens auch als heterodoxer Häretiker) die Wege und Aktionen der Kommunisten begleitete. Als Adelskinder wie Arnold Vieth von Golssenau, genannt Ludwig Renn, oder Bürgerkinder wie Becher und Anna Seghers das kommunistische Parteibuch nahmen, blieb Brecht draußen: ein »fellow traveller«. Sonderbares Amalgam aus Bürgerlichkeit und Nachbürgerlichkeit bei beiden. Doch mit grundverschiedener Amalgamierung. Hier beginnt, jenseits des Privaten und sogar des bloß Literarischen, die geschichtliche Bedeutsamkeit dieser Gegnerschaft.

Grundverschieden ist zunächst die Auffassung dieser beiden von der Literatur und vom Literaten, der sich beruflich mit ihr einließ. Das hat nicht bloß mit dem Primat des Epischen bei Thomas Mann, dem des Stückeschreibens (und der Lyrik) bei Brecht zu tun. Beide haben sehr divergierende Vorstellungen von der literarischen Identität. Thomas Mann bleibt insoweit ein Mann des bürgerlichen 19. Jahrhunderts, als er die arbeitsteilige Spezialisierung anstrebt, wohl auch, aus Gründen der besonderen Begabung, anstreben muß. Ein Lesedrama wie ›Fiorenza‹ oder lyrische Einlagen in der Josephstetralogie bestätigen, daß hier einer, wie es der späte Thomas Mann voller Selbstkritik zu bekennen pflegte, sein »höchst persönliches Arrangement« mit einer nur ihm gemäßen Literatur gesucht und gefunden hatte. Es bestand in einer reizvollen Mischform aus Erzählen und Essay. Daß er damit nicht allein seine Individualität verwirklichte, sondern beim Suchen nach neuen Formen des Erzählens voranging, war ihm gegen das Lebensende durchaus bewußt: er brauchte nur Musil und Hermann Broch anzuschauen, Gide und Aldous Huxley, Camus wie Max Frisch.

Eben dies war es jedoch, was Brecht als hippokratisches Zeichen einer sterbenden bürgerlichen Literatur erkannt zu haben glaubte. Brecht hegte die Vorstellung von einer handwerkmäßig betriebenen Literatur ohne bürgerlich-individualistische »Aura«. Nicht Literatur der Selbstverwirklichung, sondern – in einer durchaus an der Antike orientierten Doktrin – die Verschmelzung des Schönen mit dem Nützlichen. Horaz war wirklich einer seiner Lieblingsautoren. Wenn die deutschen Schriftsteller einer jungen bürgerlichen Literatur, von Lessing bis zu Hebbel, das Signum literarischer Meisterschaft in der Fähigkeit erblickt hatten, die verschiedenen Gattungen zu beherrschen und zu bereichern, so gedachte Brecht es ihnen nachzutun. Den Plan seiner Gesamtausgabe, den er noch selbst entwarf, hatte er nach Gattungen gegliedert, die bezeichnet waren mit Begriffen wie Stücke, Gedichte, Prosa, Schriften. Als diese Edition postum herauskam, schrieb Max Frisch nicht ohne Ironie vom Klassiker Brecht. Er wußte jedoch ganz gut, daß sich Brecht stets als Schüler von Klassikern verstanden hatte: der Antike; bei aller Einzelpolemik auch der deutschen Stürmer und Dränger, und Goethes; vor allem natürlich der Klassiker des Marxismus.

Thomas Mann hingegen blieb zeit seines Schaffens ein Autor der subjektiven Erlebniskunst, die allein in literarischer Spezialistenarbeit zu erreichen war. Darin weit romantischer, auch als er sich im ›Zauberberg‹ notdürftig von Novalis und aller Sympathie mit dem Tode losgesagt hatte, als der antikisch-klassische Brecht. Doch war auch Brecht nach wie vor ein Autor der bürgerlichen Spätzeit, was er ingrimmig sich eingestehen mußte. Thomas Mann bekannte sich stets zum Jugenderlebnis Nietzsche: bis hin zum Roman ›Doktor Faustus‹.

Literarisches Spezialistentum gegen meistermäßige Handwerkskunst; Schreiben als Selbstfindung wider Schreiben als Lehre und Kunstfertigkeit; bürgerliche und plebejische Tradition; romantische und klassische, wenngleich nicht klassizistische Nachfolge. Dazu nun als tiefste Antithese die Grundantinomie, die den Vertreter der Sozialreform vom Revolutionär trennen muß. Jenseits des Persönlichen und selbst alles Literarischen kulminiert die Feindschaft zwischen Thomas Mann und Bertolt Brecht *in ihrer Auffassung vom sozialen Reformismus.* Das läßt sich an dokumentarischen Zeugnissen nicht weniger belegen als an den kontrastierenden Werken der beiden Autoren: am deutlichsten in Brechts ›Heiliger Johanna der Schlachthöfe‹ und dem Basiskonzept der Josephs-Romane.

Brecht hat durchaus nicht alle Werke seines Widersachers abgelehnt. Im Gegenteil verfolgte er wachsam die Aktionen und Manipulationen des anderen. Was ihm am Werk des Autors Thomas Mann (jenseits des Persönlichen) widerwärtig war, fand er konzentriert in den beiden großen Roman-Enzyklopädien des ›Zauberberg‹ und des ›Joseph‹. Die Geschichte Hans Castorps legte er sich in den Zwanziger Jahren zurecht als Versuch einer Legitimation der bürgerlichen Existenzen und Ideologien. Vermutlich sah er später ein, daß der ›Zauberberg‹ weit eher das Gegenteil sein wollte. Der ›Joseph‹ hingegen blieb dem Leser Brecht immer unausstehlich. In Hollywood arbeitete Brecht an seinem letzten großen und nicht ausgeführten Projekt: dem Roman seines Hasses gegen die tatenarmen, gedankenvollen und liebedienerischen Intellektuellen. Er suchte seine Beispiele bei Aristoteles, Homer, Dante, Cervantes, Voltaire, also bei den größten Meistern. Aber auch die ›Verliese des Vatikan‹ von Gide sind ergiebig. Nicht minder ist es der ›Joseph‹. Komik im Verhalten von Intellektuellen soll demonstriert werden. Weshalb sich Brecht notiert: »Joseph in Ägypten kauft als Ratgeber des Pharao das Getreide auf, verursacht so eine Hungersnot und beseitigt sie wieder, indem er das Getreide zu hohen Preisen verkauft. Er wird als Wohltäter der Menschheit gefeiert.«

Leider läßt sich die Notiz nicht datieren. Es wäre reizvoll zu wissen (wofür die Zeitumstände sprechen), daß dieses Beispiel nach der Lektüre von ›Joseph, der Ernährer‹ aufgezeichnet wurde. Natürlich ist der Vorgang bereits im Alten Testament berichtet: hohen Lobes voll für Josephs Voraussicht. Im Schlußband von Thomas Manns Tetralogie, die in den letzten Kriegsjahren und in Kalifornien abgeschlossen wird, was Brecht als Nachbar natürlich verfolgt, wird diese »komische« Spitzbüberei dem hungernden Volk gegenüber vom Erzähler Thomas Mann als Aktion planwirtschaftlicher Sozialreform gepriesen: in bewußt anachronistischer Anlehnung an das kurzlebige ›New Deal‹ des Präsidenten Franklin Roosevelt. Das wird nicht ohne Ironie geschildert, auch nicht unbedingt beschönigt. Für Brecht war Joseph ein skrupelloser und liebedienerischer Tui. Das Gesamtwerk unlesbar. Nach einem Gespräch mit dem Musiker Hanns Eisler, der übrigens bei der Familie Thomas Manns wohlgelitten war, notierte Brecht im ›Arbeitsjournal‹ am 19. Oktober 1944, Eisler habe den Joseph nicht weiterlesen können. Das sei eine »Enzyklopädie des Bildungsspießers«. Wer hat es gefunden, das ebenso böse wie ingeniöse Wort? Beiden war es zuzutrauen: Brecht wie Eisler. Waren sie sich darüber klar, daß sie die Formel Nietzsches vom »Bildungsphilister« übernommen und auf Thomas Mann angewandt hatten?

»Enzyklopädie des Bildungsspießers«. Das klingt zweideutig. Gemeint kann sein: Enzyklopädie, die ein Bildungsspießer verfaßte. Es kann aber zugleich bedeuten wollen: Enzyklopädie *für* Bildungsspießer. Die erste Auslegung entspricht der abschätzigen Bewertung eines Schriftstellers, der alles auftischt, was die Speisekammer aufbewahrte: Ethnologie und Religionswissenschaften, Psychoanalyse wie Archäologie, Jung und Freud und Malinowski und Alfred Baeumler, dazu Goethe und Schopenhauer und Richard Wagner. Die zweite Interpretation trifft den Autor Thomas Mann mitsamt seinen Lesern. Schon den ›Zauberberg‹ verstand Brecht als bourgeoise literarische Maßarbeit. Jetzt stellt sich ihm die Tetralogie von Joseph und seinen Brüdern als bourgeoise Erbauungsliteratur dar. Eine schöne Geschichte, die gut ausgeht und demonstriert, wie ein planwirtschaftlicher Sozialreformismus den Aufruhr verhindert. Sozialreformismus zwischen den kämpfenden Klassen hatte auch Brecht behandelt. Johanna Darc, die heilige Johanna der Schlachthöfe, war so vor die Wirklichkeit hingetreten, um sterbend zu erkennen: »Wie gerufen kam ich den Unterdrükkern.«

Was sie trennt, Brecht und Mann, ist ihr Verhältnis zur Utopie. Brecht lehnt jeden Rückfall in utopischen Sozialismus ab. Thomas Mann kann, aller Bildung ungeachtet, mit keiner seriösen Kenntnis des Marxismus aufwarten, von Hegel zu schweigen. Das macht: er ist letztlich nicht an einer Veränderung gesellschaftlicher Umstände interessiert, sondern an der Nutzung von Eindrücken, Tatsachen und Emotionen für ein heikles und besonderes Kunstschaffen. Allen politischen Leitartikeln und Ansprachen zum Trotz bleibt er ein Unpolitischer – und weiß das.

Thomas Manns humanistische Aufklärungsgläubigkeit ist gutherzig, nicht ganz ernsthaft, nicht ohne Mißtrauen ins Tun der Literaten und die Macht der Literatur. Brecht denkt groß von der Literatur; er spürt in sich den Lehrer, doch von den Tuis trennt er sich voller Haß und Hohn. Auch Thomas Mann ist für ihn ein Tui, ganz wie dessen Kunstfigur Joseph. Ist auch Selbsthaß bei Brecht im Spiel? An dieser Stelle einer Analyse von Antipathien und Animositäten scheint sich, allem Wollen der Antagonisten zum Trotz, sogar eine Annäherung der Standpunkte zu vollziehen. Erklärbar aus der Tatsache, daß beide das angeborene Bürgertum transzendieren möchten, dabei jedoch genötigt sind, sich der Arbeitsmaterialien und Traditionen ebendieses Bürgertums und seiner Literatur zu bedienen.

Diese literarischen Methoden und Traditionen einer bürgerlichen Schriftstellerei, nicht allein in Deutschland, haben sich seit den Tagen der Aufklärung am *Streit über den Realismus* entwickelt. Wobei kein bloßer Stilbegriff intendiert war, sondern Literatur, die realistische nämlich, als Auseinandersetzung mit der jeweiligen gesellschaftlichen Lage, als ein Darstellen zum Zweck des Veränderns, verstanden wurde. »Forderung des Tages« hat es Goethe benannt, und Thomas Mann setzte dies

Zitat gegen den Ausgang der Weimarer Republik über einen Essayband.

Was aber war die Aufgabe der exilierten Schriftsteller nach Ausbruch des Dritten Reiches? Sturz des Führers und seiner Helfershelfer: darüber gab es kein Debattieren. Mit welchen Mitteln und Strategien jedoch? Was heißen mußte: mit welchen Bundesgenossen? Thomas Manns Tagebücher aus jenen Jahren zeigen einen verwirrten Zeitungsleser, der sich die Befreiungstat von den westlichen Mächten und Großmächten erhofft, was notwendigerweise, angesichts der Chamberlain und Laval, ein Wechselbad aus Hoffnung und Verzweiflung bedeuten mußte. Zudem hält sich der exilierte Schriftsteller Thomas Mann ausdrücklich fern jener großen Sammlungsaktion der Intellektuellen gegen den Faschismus, die 1935 im Pariser Kongreß kulminiert, den Heinrich Mann leitet, wo Aragon und Gide sprechen, Musil und Ernst Bloch, Klaus Mann und Bertolt Brecht.

Zehn Jahre später, als Thomas Mann am 6. Juni 1945 den siebzigsten Geburtstag beging, schrieb Georg Lukács eine emphatische Würdigung, worin er behauptete: als Künstler und Kulturkritiker habe sich Thomas Mann von den politischen Bewußtseinsschranken eines Settembrini befreit. Seine Beziehung zum Sozialismus sei als Überwindung des bürgerlichen Denkens zu verstehen. Seit seinem Bekenntnis zur Demokratie befinde sich der Schriftsteller Thomas Mann im Bündnis mit der Arbeiterschaft. Liest man heute, nach dreißig Jahren, eine solche Laudatio für eine Ehrenpromotion Thomas Manns als Demokrat und Sozialist, während alle neue Kenntnis der Texte beweist, daß Thomas Mann stets ein »Unpolitischer« blieb, so wirken solche Worte von Lukács fast absurd.

Brecht hat mit großer Bitterkeit auf solche Thesen von Lukács reagiert. Er mußte sich an jene Debatte erinnern, die im Jahre 1937 in Moskau zwischen zwei Zeitschriften der deutschen Emigration geführt wurde: zwischen der ›Internationalen Literatur‹, deren deutsche Ausgabe von Johannes R. Becher redigiert wurde, wobei ihm Lukács assistierte, und der Zeitschrift ›Das Wort‹, die Willi Bredel in Moskau herausgab, unterstützt von den Mitherausgebern Brecht und Feuchtwanger. Das begann als Streit darüber, ob expressionistische Literatur als

»kulturelles Erbe« angesprochen werden dürfe, oder gemeinsam verdammt werden müsse mit aller anderen bürgerlichen Dekadenz. Die Erörterung weitete sich aus, wie bekannt, zur Auseinandersetzung über traditionalistische und experimentelle Literatur. Es war insgeheim, wie man heute zeigen kann, ein *Streit um Thomas Mann und Bertolt Brecht*. Der Verfasser der Josephsromane selbst nahm nicht teil an diesem Streit um eine Literaturtheorie der deutschen Emigration.

Man darf sich fragen, ob Thomas Mann überhaupt begriff, was vor sich ging in der Auseinandersetzung zwischen Lukács und Alfred Kurella auf der einen, Brecht und Ernst Bloch auf der anderen Seite. Lukács kämpft hier insgeheim gegen Brecht und für Thomas Mann, dessen Name allerdings nicht erwähnt wird. Auch Brecht, der erbittert war über die schroffen Trennungen von Lukács , wenn es um »Fortschritt« ging und um »ideologischen Verfall«, vermied es in seinen erst postum veröffentlichten Entwürfen einer Entgegnung an Lukács, selbst nur dessen Namen niederzuschreiben. Im ›Arbeitsjournal‹ wird »die Moskauer Clique« voll Haß erwähnt. Am 18. August bricht es hervor: »Indem Lukács, dessen Bedeutung darin besteht, daß er von Moskau aus schreibt, fast durchwegs *formale* Kennzeichen für den *Realismus* angibt, liefert er seinen lernbegierigen Leser doch letzten Endes an die zeitgenössischen, von ihm mit großen, wenn auch leicht verlegenen Komplimenten bedachten berühmten bürgerlichen Romanciers aus, welche diese formalen Kennzeichen aufweisen . . .«

In derselben Eintragung bezieht Brecht dann gleichzeitig Position gegen den ›Henri Quatre‹ von Heinrich Mann und gegen die Josephsromane des literarischen Gegenspielers. Was Lukács an beiden als konkrete Totalität großer Romankunst rühmt, hält Brecht für fragwürdig. Bei Heinrich Mann ergebe das ein solches »Gewirr« von verschiedenen Menschenschicksalen . . ., daß sich kein Mensch mehr auskenne. Wenn Lukács an Thomas Mann rühme, daß er »das ganze Leben des biblischen Joseph . . . in seiner Breite vollständig entfaltet«, so resümiert Brecht lakonisch und schnöde: »Mir ist da Breite genug.«

Als das Walhall des dritten Reiches in Flammen steht und das Kriegsende vorausgesehen werden darf, leben die beiden Antagonisten in der selben kalifornischen Riesenstadt: freilich in geziemender Distanz voneinander. Nur wenn Brecht den Freund Feuchtwanger aufsucht, kommt er in den Bannkreis des anderen. Auch Abende bei gemeinsamen Bekannten lassen sich nicht vermeiden. Am 1. August 1943 treffen sie bei dem Regisseur Berthold Viertel (einem Schüler von Karl Kraus und Freund von Brecht) zusammen und entwerfen mit anderen einen Aufruf an das deutsche Volk. Der letzte Satz lautet: »Wir sind überzeugt, daß es ohne eine starke deutsche Demokratie einen dauernden Weltfrieden nicht geben kann.« Gezeichnet: Thomas Mann. Heinrich Mann. Lion Feuchtwanger. Bruno Frank. Bertolt Brecht. Berthold Viertel. Hans Reichenbach. Ludwig Marcuse.

Allein zum Jahresende 1943 ist die Allianz schon wieder zerbrochen. Brecht ist ein Deutscher, der scheiden möchte zwischen Faschisten und Nichtfaschisten. Thomas Mann erlebt um dieselbe Zeit gewisse Emotionen eines antideutschen Chauvinismus, wie er sie von Jugend auf seinem Nietzsche nachzureden liebte. Im Ersten Weltkrieg ergab er sich der unpolitischen Deutschtümelei. Nun scheint für ihn die Stunde der nicht minder unpolitischen Deutschenfeindschaft geschlagen zu haben. Ließ er sich von Frau oder Tochter beeinflussen, wie oft behauptet wird? Auch das spräche bloß für seine Lässigkeit.

Brecht ist, aus wirklich politischen Gründen und angesichts eines grassierenden Deutschenhasses, über Äußerungen Thomas Manns besorgt, der keine Möglichkeit anzuerkennen scheint für eine künftige Demokratie auf deutschem Boden. So entschließt er sich am 1. Dezember 1943 zu einem *Brief an Thomas Mann*. Das Schreiben ist betont höflich und erbittet eine Solidarität der deutschen Emigranten zugunsten eines künftigen demokratischen Deutschland. »Ich stelle . . . eine echte Furcht bei allen unseren Freunden fest, daß Sie, sehr geehrter Herr Mann, der Sie mehr als irgend ein anderer von uns das Ohr Amerikas haben, die Zweifel an der Existenz bedeutender demokratischer Kräfte in Deutschland vermehren können, denn die Zukunft nicht nur Deutschlands, sondern auch Europas hängt wohl davon ab, daß diesen Kräften zum Sieg verholfen wird.«

Dieser Text wurde zuerst im Jahre 1964 bekannt, allein schon in Thomas Manns ›Tagebuch über die Entstehung des Doktor Faustus‹ von 1949 wird das Eintreffen dieses Briefes notiert. Brecht habe ihm Vorwürfe gemacht, weil er nicht an die deutsche Demokratie glaube. Thomas Mann fragt sich im Tagebuch, wie der Gegner das entdeckt haben könne. In der Tat fehle es an Glauben an eine Deutsche Demokratie. Erst der Brief von Brecht bringt den »Zauberer« zur Selbsterkenntnis. Der Vorfall ist sonderbar. Er schreibt daher am 10. Dezember 1943 aus Kalifornien an Brecht einen langen und interessanten Brief, der sich offensichtlich zur Herzlichkeit zwingt, dann aber fortfährt: »Tatsächlich besteht nicht nur die Gefahr, sondern wir hätten zweifellos damit zu rechnen, daß unser Zusammenschluß als ein nichts als patriotischer Versuch gedeutet werden würde, Deutschland vor den Folgen seiner Untaten zu schützen . . . Es ist zu früh, solche Forderungen aufzustellen und an das Gefühl der Welt zu appellieren für eine Macht, die heute noch Europa in ihrer Gewalt hat und deren Fähigkeit zum Verbrechen keineswegs schon gebrochen ist.«
Die Allianz war zerbrochen. Thomas Mann schrieb als Amerikaner und als Seismograph amerikanischer Empfindungen. Brecht war nicht emotionslos, wenn es um die Untaten des Dritten Reiches ging. Man solle nicht von »Schicksal« reden, sondern von Schande, heißt es in der berühmten Szene von der »Jüdischen Frau«. Allein Brecht machte sich auch Sorgen um Deutschland, weil er stets die Rückkehr dorthin als Ziel vor sich sah. Auch hatte er nicht vergessen, wie es zugegangen war an jenem 1. August, als man gemeinsam das Dokument unterzeichnete. Das ›Arbeitsjournal‹ vom 9. August kommt auf die Episode zurück. »Als Thomas Mann vorigen Sonntag, die Hände im Schoß, zurückgelehnt sagte: ›ja, eine halbe Million muß getötet werden in Deutschland‹, klang das ganz und gar bestialisch. Der Stehkragen sprach, kein Kampf war erwähnt, noch in Anspruch genommen für diese Tötung, es handelte sich um kalte Züchtigung . . .«
Das Weitere ist bekannt. Im Jahre 1948 haben sie eine Weile in Zürich in sehr ferner Nähe miteinander zugebracht. Beide hatten die USA verlassen: Brecht als ein Gefährdeter, Thomas

Mann aus Widerwillen gegen die Schnüffeleien eines Senators McCarthy gegen alles, was als »rot« denunziert werden konnte. Zusammengetroffen sind sie wohl nicht mehr. Eine geistige Kupplerin, die es gut konnte mit beiden, die Schauspielerin *Therese Giehse*, hat mir folgende Geschichte erzählt. Zu Ehren Brechts wurde die ›Mutter Courage‹ neu auf den Spielplan des Schauspielhauses gesetzt. Die Giehse spielte die Titelrolle und brachte Thomas Mann dazu, die Aufführung anzuschauen. Sein Urteil über Stück und Verfasser: »Leider sehr begabt, das Scheusal!« Was die Zwischenträgerin dem »Scheusal« weitergab. Brecht war entzückt und rief aus: »Sehr begabt, hat er gesagt? Nun ja, seine kleinen Erzählungen sind es ja auch!«

Sie sind einander dann nicht wieder begegnet. Im November 1948 kam Brecht nach Ostberlin und begründete wenig später seine berühmte Theatertruppe: das ›Berliner Ensemble‹. Thomas Mann besuchte zweimal noch die sowjetische Besatzungszone, die spätere DDR: im August 1949 zur Goethe-Feier und im Mai 1955 zum Schiller-Jubiläum. In Weimar wiederholte er, zwei Tage nach seinem Auftritt in Stuttgart, den großen Schiller-Vortrag im Nationaltheater. Es gab am Mittag nach der Veranstaltung ein Festessen im Hotel Elefant, wo Thomas Mann zum letzten Mal auch kurz, auf ein paar höfliche Redensarten sich beschränkend, mit Georg Lukács zusammentraf. Brecht blieb fern.   (1975)

NACHWORT ZU EINEM JUBILÄUM
Ansprache zur Eröffnung der Thomas-Mann-Ausstellung in der Orangerie
des Schlosses Charlottenburg am 1. September 1975

»Ein liebenswürdiger Mensch, nein das war er nicht. Er war
sogar eine unausstehliche Belastung und Herausforderung der
Mitwelt.« Die beiden Sätze stehen natürlich in Anführungszeichen und bedeuten ein Zitat: von Thomas Mann, wie es sich
versteht, und von Richard Wagner ist die Rede. Hart geht es zu
bei der Analyse, alles wird beim Namen genannt: »Wagner, das
Pumpgenie, der luxusbedürftige Revolutionär, der namenlos
unbescheidene, nur von sich erfüllte, ewig monologisierende,
rodomontierende, die Welt über alles belehrende Propagandist
und Schauspieler seiner selbst.« Eine Weile geht das so fort, bis
die große Umkehr folgt mit einem »Und doch!«.
Es handelt sich um einen späten Text von Thomas Mann, aus
dem Jahre 1951, vier Jahre vor dem Todesjahr entstanden: als
Einleitung zu einer Ausgabe bis dahin unbekannter Wagner-
Briefe. Abermals Wagner im Leben und Denken von Thomas
Mann, abermals die Faszinationskraft einer engen, fast unlösli-
chen Verbindung von Leiden und Größe, wobei Leiden auch
hier sowohl als ein Erleiden wie als ein Leidenmachen verstanden wird. Der unausstehliche Mitmensch Richard Wagner als
Schöpfer des ›Tristan‹, den der Autor des ›Doktor Faustus‹ bis
zum Schluß als modellhaftes Kunstwerk auch für sich selbst
angesehen hat.
Leiden und Größe: unter diesem Titel faßte Thomas Mann
seinen ersten Essayband nach dem Heimatverlust im Jahre 1933
zusammen. Der Text ›Leiden und Größe Richard Wagners‹,
der Anlaß abgab für das Exil, weil man ihn in München als
Schimpf auffaßte und Rache forderte für Richard Wagner, ist
dort zu finden. Leiden und Größe: das meint jedoch etwas
Heikleres als etwa bloß »Tod und Verklärung«, als Nachruhm
mithin, der auf Mißhelligkeiten des Daseins folgt.
Thomas Mann hielt nicht viel vom Nachruhm, ganz gewiß
nicht in eigener Sache. In seinem vorletzten großen Essay von
1954, dem ›Versuch über Tschechow‹, ist er voll der Skepsis,

auch der Selbstironie. Daß sein eigenes Schaffen plötzlich als vorbildhaft gefeiert werde, will ihm nicht einleuchten. Leiden und Größe: verstanden ist das zumeist als Kontrast von Lebensführung und Leistung. Insgeheim als ein Doppelleben. Daran sollte man denken beim Besuch einer Ausstellung, die dies Leben und Schaffen zur Einheit zwingen möchte: Leiden, Leidenmachen *und* Kunstwerke der Literatur. Es gibt einen Ausspruch vom jungen Bertolt Brecht, der sich wehrte gegen biographische Zudringlichkeit, welche von den Gedichten her, etwa der Ballade vom armen BB, auf den realen Verfasser zu schließen glaubte. Brecht replizierte: »Wen immer ihr hier zu finden glaubt, ich bin es nicht.« Thomas Mann war ein Widersacher des jungen wie des alternden, des armen wie des erfolgreichen BB. Er liebte es sogar, sich freimütig, oder scheinbar!, über das eigene Leben und Schreiben vor einer Öffentlichkeit zu verbreiten. Er gab sich gern als Repräsentant, wenn irgend es anging.

Und doch! Wen immer man in dieser Ausstellung zu finden glaubt, der »eigentliche« Thomas Mann ist es nicht. Was soll das heißen? Bedeutet es gar einen Rückfall in den berüchtigten Jargon der Eigentlichkeit? Durchaus nicht. Bloß die Diskrepanz zwischen Thomas Mann im Leben und im Schreiben, im Leiden und in der Größe soll angedeutet werden. Die Fotografien sind echt, und beim Fotografieren der Handschriften ging es redlich zu – vom Familienbild in Lübeck bis zur Idylle von Großvater und Enkel. Aber hat man es bei alledem mit dem Manne zu tun, der den komisch-schauerlichen Selbstmord des kleinen Naphta schilderte und den Krebsbefund bei der betrogenen Rosalie von Tümmler, die Choleravisionen im ›Tod von Venedig‹ und die gemütlichen Enthauptungen in der indischen Legende von den ›Vertauschten Köpfen‹?

Bei kaum einem Autor der neueren Weltliteratur scheint eine so große Divergenz zu bestehen zwischen dem äußeren und inneren Lebenslauf, erst recht zwischen der bürgerlichen Biographie und der durchaus unbürgerlichen, unheimlichen, oft sehr bösartigen Thematik der Werke, wie bei Thomas Mann. Ist der Mensch, den unsere Ausstellung zeigt, wirklich zugleich der Autor jener Bücher? Die Kinder hatten schon in München den

Beinamen »Der Zauberer« erfunden, und der bestellte Biograph hat ihn übernommen. Frau Katia schien es wenig zu lieben, daß man aus der Familiengeschichte so viel Wesens machte, und wehrte ab: der Name Zauberer sei übriggeblieben von einem Maskenfest, wo der Familienvater als Magier erschien. Allein es war doch wohl mehr. Der Beiname »Zauberer« zeigt den Riß an in dieser Existenz.

Wie ein Hofrat bei E.T.A. Hoffmann, der tagsüber in Dresden amtiert und im übrigen als Salamanderkönig regiert, so hatte auch Thomas Mann, seit seiner Jugendzeit, erst recht seit der Ehe mit Katia Pringsheim vor nunmehr siebzig Jahren, seinen Tag und seine Welt eingeteilt in den bürgerlich überschaubaren, vorzeigbaren Alltag und in die Stunden der Klausur, ungestört und unbelauscht, wo morgens am Schreibtisch gezaubert wurde. Was brach da auf in der Innenwelt, in solchen Zauberstunden? Wir kennen die Resultate, doch kaum die Ursachen und Anlässe. Thomas Mann verfügte nicht über eine unerschöpfliche Einbildungskraft, war kein Lebensphantast wie Jean Paul oder auch der exakt das Doppelleben auskostende Hoffmann. Geschichten des Verfassers der ›Buddenbrooks‹ sind aus Beobachtung und innerem Erleben gewirkt. Der Alltag diente dem Beobachten. Alles ließ sich verwerten. Allein worauf ließ sich die genaue Darstellung exzessiver Gefühle, Taten und Untaten zurückführen? Doch nicht auf irgendein in irgendeiner Ausstellung vorzeigbares Substrat? Und muß doch gleichfalls Leben des Autors Thomas Mann gewesen sein.

Ein Doppelleben der diskretesten Art: Als Repräsentant *und* als Zauberer des nicht Geheuren – wobei in der Novelle von ›Mario und dem Zauberer‹ auch berichtet wurde, was einem Zauberer zustoßen kann, wenn sich die mißbrauchte Alltagswelt des eindimensionalen Menschen zur Wehr setzt. Wie wenig das aus bloßer Interpretation der Texte hervorgeht, wie genau es aber zur Existenz dieses Mannes gehörte, weiß jeder, der ihn erlebt hat. Ein höflicher Herr, der gut zuhören konnte, offenbar interessiert war am jeweiligen Gegenüber: das Gegenteil des wagnerischen Rodomontierers und Monologisierers. Folglich durchaus keine »unausstehliche Belastung und Herausforderung der Mitwelt«. Blieb die sonderbare Frage, ob jener Mann, dem man gegenübersaß, wesensgleich sein konnte mit dem Verfasser der Bücher von Thomas Mann. Manchmal freilich, wenn es im Gespräch aufblitzte in den blauen Augen, glaubte man es zu ahnen. Dann war der höfliche Alltag unheimlich geworden.

»Ein liebenswürdiger Mensch, nein, das war er nicht.« Man kann auch durch Schweigen und Kälte befremden, nicht allein, wie im Falle Wagner, durch allzuviel und fieberhaftes Gerede. Thomas Mann hat oft durch Kälte und Härte befremdet, und hat es gewußt, auch gewollt. Daß er gleichgültigen Leuten so bereitwillig antwortete und Rede stand, aber die Briefe seines Bewunderers Georg Lukács geflissentlich ignorierte, hat noch den alten Mann in Budapest mehr geschmerzt als vieles Leid im eigenen Lande. Die teuflische Eiseskälte, die im Roman ›Doktor Faustus‹ den deutschen Tonsetzer Adrian Leverkühn umgibt, Thomas Mann hat sie gekannt, wohl auch darunter gelitten, doch kaum je durchbrechen wollen. Auch die Nächsten empfanden zumeist, daß Umgang mit Zauberern ganz ohne Fremdheit nicht abgehen kann.

Erschreckende Züge der Grausamkeit hat auch der Biograph konstatieren müssen, schon bei dem schlechten Schüler des Lübecker Katharineums. Da stellt sich einer in der Pause vor die Klasse, macht unter Jubel den armseligen Schulmeister nach, der mittlerweile eingetreten ist, und schleicht sich keineswegs entsetzt auf seinen Platz, sondern führt die Vorstellung im Angesicht des Opfers zu Ende. Spricht man von der Tagseite des Humanisten Thomas Mann, so darf jene Nachtseite nicht ignoriert werden, denn die Impulse zu den großen Werken dieses Weltautors kamen von dort her. Man darf nicht unterschlagen, was Brecht in seinem Arbeitsjournal berichtet: daß sich der Emigrant T. M. in Los Angeles am 1. August 1943, bei einer Zusammenkunft mit anderen deutschen Autoren, darunter Heinrich Mann, Feuchtwanger, Brecht und Ludwig Marcuse, laut darüber ausließ, wie viele Deutsche wohl sterben müßten, bis eine deutsche Demokratie möglich würde. Er meinte nicht bloß Sterben, sondern Töten, und nannte eine erschreckend hohe Zahl, so daß Brecht zusammenschrak. Man mag das bei ihm nachlesen.

Auch über jenen Brief, den ich vor kurzem, als er gedruckt worden war, bei aller Verehrung für den Meister wahrhaft entsetzt anstarrte, darf ein Nachwort zur Jahrhundertfeier nicht hinweggehen. Er handelt von Theodor Lessing, einem polemischen Literaturgegner Manns aus ferner erster Vorkriegszeit. Der Philosophieprofessor Lessing in Hannover wurde dann von Nationalisten, die ihm ein literarisches Porträt des Reichspräsidenten von Hindenburg vorwarfen, aus Deutschland vertrieben. Am 30. August 1933 wurde Lessing von unbekannten Tätern in Marienbad erschossen. Zwei Tage später schreibt Thomas Mann an den Sohn Klaus: »Mein alter Freund Lessing ist ja ermordet worden. War immer schon ein falscher Märtyrer.«

Warum muß dies unbedingt heute und an dieser Stelle erwähnt werden? Weil es dazugehört: zu Leiden und Größe Thomas Manns. Die Säkularfeier ist vorüber. In Lübeck und München und auch sonst an vielen Orten wurde die Leistung eines der größten Schriftsteller unseres Jahrhunderts analysiert. In diesen Tagen gibt es Feiern in der finnischen Hauptstadt Helsinki. Kein deutscher Schriftsteller hat sein Land und seine Literatur in der Welt so eindrucksvoll repräsentiert wie dieser hier. Keiner hat so integrierend im geteilten Deutschland wirken wollen und gewirkt.

Daß er seine Goethe-Rede beim Jubiläum des Jahres 1949 nicht bloß in Frankfurt, sondern auch in Weimar hielt, wurde hierzulande sehr ungünstig aufgenommen. Auch das kann man nachlesen. Er ließ sich nicht beirren und wurde sechs Jahre später rückfällig: bei der Schiller-Feier im Mai 1955. Die zwölfbändige Gesamtausgabe seiner Werke, die er am achtzigsten Geburtstag, am 6. Juni 1955, in Kilchberg entgegennahm, wurde vom Ostberliner Aufbau-Verlag überreicht, denn der Frankfurter Verleger hatte das finanzielle Risiko abgelehnt. Auch dies gehört ins Nachwort zu einem Jubiläum, denn die Heiligsprecher sind an der Arbeit.

Die größte Paradoxie eines Werkes und seiner Wirkung liegt vielleicht darin, daß man diesen Autor immer wieder, auch in den verklungenen Festreden, als politischen Propheten und streitbaren Humanisten gefeiert hat, während jede genauere

Betrachtung der Texte und Dokumente bald herausfindet, daß alle Weltangelegenheiten dem Schriftsteller T. M. kaum mehr bedeutet haben, als Impulse, Stoffe und Substanzen für das schriftstellerische Werk. »Ich kann nur von mir reden«, schrieb er einmal, und Brecht zitierte das grinsend und glaubte sich darüber lustig zu machen. Dabei sprach einer zur Welt und wurde gehört: indem er von sich sprach. Das ist einzigartig geblieben.

In der DDR hat man eine ganz neue Ideologie um ein Aufsätzchen Thomas Manns getürmt, das im amerikanischen Exil entstand als Gelegenheitsarbeit, und das die Hexenprozesse des antikommunistischen Senators McCarthy analysierte. Daß der »Antikommunismus eine Grundtorheit unseres Jahrhunderts« sei, wurde dort erklärt, und jede Erwähnung Thomas Manns pflegt von Ostberlin bis Wladiwostok darauf einzugehen. Allein Ablehnung des militanten und sturen Antikommunismus, all dieser Faschismen und McCarthys, bedeutete für Thomas Mann nicht umgekehrt ein Bekenntnis zum Kommunismus. Das kann jederzeit und leicht nachgewiesen werden. Ich habe Thomas Mann zweimal in Weimar erlebt: er blieb dort ein höflicher Gast in einem fremden Land, das aber gleichfalls Deutschland war.

Sich selbst hielt er wohl für einen demokratischen Sozialisten. Das kommt nicht bloß in den späten Reden zum Ausdruck, wo postuliert wird, eine menschliche Zukunft sei ohne planwirtschaftliche Züge nicht denkbar, sondern, was wichtiger ist, im Romanwerk. ›Joseph, der Ernährer‹ ist bewußt anachronistisch angelegt als Kopie des Rooseveltschen New Deal zum einen, einer demokratischen Systemveränderung zum anderen. Brecht verstand die Position genau und griff sie erbittert an, und höhnisch.

Dennoch läßt sich die These wagen, alle politischen Maximen und Reflexionen Thomas Manns seien bis zum Schluß, mit ihm selbst zu sprechen, ›Betrachtungen eines Unpolitischen‹ gewesen. Die Welt interessierte nur insoweit, als sie relevant war für das allein zählende Werk: für die Arbeit des Zauberers.

»Lebt man denn, wenn andere leben?«, hat Goethe gemeint. Thomas Mann hat den Satz in ›Lotte in Weimar‹ zitiert und ausgiebig kommentiert: wohl nicht ohne Billigung. Sätze solcher Diktion entstehen aus der Fremdheit des Genies. Man empfindet sich, wie Goethe zu sagen pflegte, und wie es Thomas Mann wohl nachempfinden mochte beim Zaubern, als »inkommensurabel«. Alle Postulate der sogenannten »Engagierten Literatur« versagen vor solchen Konstellationen. Man mag dann abschätzig vom neunzehnten Jahrhundert reden und von einer abgeklungenen Künstlerreligion: gegenüber Phänomenen wie dem Zauberer erweisen sich alle Beschwörungsformeln insgeheim als unangemessen. Denn der einsame und nur sich selbst verantwortliche Schreiber schafft plötzlich ein Werk, worin sich eine Welt wiederzuerkennen vermag. Das ist, im Grunde, das geheimnisvollste Phänomen dieser Jahrhundertfeier gewesen, und kaum einer hat davon gesprochen.

Um dies jedoch möglich zu machen, genügte nicht die Einsamkeit und Kälte und Werkbesessenheit. Hinzu kommen mußte, und hinzu kam bei Thomas Mann, dem Schriftsteller, die Weichheit und Fülle, die er – charakteristischerweise – an Goethe so ausgiebig zu rühmen wußte. Die Fähigkeit zum Leiden, auch zur Sympathie in aller Härte wie Kälte, war ein Bestandteil dieses Zaubermannes. Ohne sie hätte er nicht den Tod von Hanno Buddenbrook und von Rahel, das Gespräch zwischen Joseph und Pharao, jenes andere zwischen Krull und Professor Kuckuck im Speisewagen redigieren können.

Ernst meinte es der alte Mann, der das schrieb. So beendete er seine Schiller-Rede vom Mai 1955 mit dem Aufruf an den »Willen zum Schönen, Wahren und Guten, zur Gesittung, zur inneren Freiheit, zur Kunst, zur Liebe, zum Frieden, zu rettender Ehrfurcht des Menschen vor sich selbst.« (1975)

DER TOD IN DÜSSELDORF (›DIE BETROGENE‹)

Harmlos und freundlich war sie ausstaffiert, Thomas Manns letzte Erzählung, beim ersten Erscheinen im Jahre 1953.[1] Zwei stilisierte Blumen standen auf dem Umschlag gegeneinander und übereinander: ähnlich, sehr sogar, doch nicht gleich. Wer die »Novelle« las, denn Thomas Mann hatte diesmal ersichtlich den klassischen Erzählstil gewählt, der, nach Goethes Meinung, zu einer einmaligen und »unerhörten Begebenheit« gehört, entdeckte die Blumensymbolik wieder in den Meditationen der ›Betrogenen‹, also der scheinbar liebeskranken, in Wahrheit todkranken Frau Rosalie von Tümmler: »Rosalie, die die Schneeglöckchen ihres Gartens mit Liebe begrüßt hatte, konnte sich früher als sonst, fast vorzeitig, am Märzenbecher – dann gleich auch am kurzgestielten Krokus erfreuen . . .«
Die alternde Frau, vom Tod schon gefaßt, was sie nicht ahnt, wird nachdenklich beim Anblick des Krokus. »Ist es nicht merkwürdig . . . wie er der Herbstzeitlose gleicht? Es ist ja so gut wie dieselbe Blume! Ende und Anfang – man könnte sie verwechseln, so ähneln sie einander, – könnte sich in den Herbst zurückversetzt meinen beim Anblick des Krokus und an Frühling glauben, wenn man die Abschiedsblume sieht.«[2]
Die Abschiedsblume. Der Buchumschlag mit den ähnlichen, doch nicht gleichen Formen des Krokus und der Herbstzeitlose hatte angespielt auf diese Episode der Erzählung. Ihre Symbolik war aufdringlich, bei aller Evidenz, und gehörte eher in den Gesichtskreis der liebenswürdigen Frau von Tümmler, die von ihrer Tochter bisweilen als geistig »schlicht« bezeichnet wird, als in jenen des Erzählers Thomas Mann. Dennoch hatte die Blumensymbolik, mit ihrem Verwirrspiel zwischen den Jahreszeiten und Lebenszeiten, Liebe und Tod, das Grundthema der ungewöhnlichen Begebenheit sichtbar gemacht.
Was harmlos und freundlich daherkam, war verstörend und schrecklich. Das Werk eines achtundsiebzigjährigen Verfassers: seine letzte Erzählung, wie sich erweisen sollte. Der Klappentext teilte mit: »Thomas Mann unterbrach die Arbeit an den ›Bekenntnissen des Hochstaplers Felix Krull‹, um diese Erzäh-

lung zu schreiben.« Abermals also, wie oft in diesem Leben und Werk, eine Art von »Einschaltung«, wie der Schreibende selbst zu formulieren pflegte. Den ›Krull‹ hat dann Thomas Mann als Fragment hinterlassen: als einziges seiner großen Romanprojekte, das er nicht zu Ende brachte. Nur ein erster Band, präsentiert als ›Der Memoiren erster Teil‹, war ein Jahr nach der ›Betrogenen‹ herausgegeben worden. Es war, wie man heute weiß, im wesentlichen alles, was über Krull niedergeschrieben wurde. Vieles sprach dafür, daß die Geschichte des Hochstaplers unvollendet bleiben sollte, denn in seinen letzten Lebensmonaten war der nunmehr achtzigjährige Thomas Mann mit einer neuen »Einschaltung« beschäftigt, einem Lustspielentwurf sogar, über die Hochzeit eines Mönchs: des Doktor Martinus Luther. Da mußte der Panerotiker Felix abermals zurücktreten.

Seltsames Gebaren des Erzählers in diesen letzten Jahren nach Vollendung des ›Doktor Faustus‹. Den kleinen Roman ›Der Erwählte‹ von 1951 konnte man noch als Annex zum ›Faustus‹ verstehen, denn die Geschichte vom übergroßen Sünder und späteren Heiligen Gregorius hatte Thomas Mann bereits seinem deutschen Tonsetzer Adrian Leverkühn zugeschanzt, war dann aber entschlossen, den Stoff auch noch für sich selbst zuzuschneiden. Es verhielt sich also mit dem ›Erwählten‹, in Relation zum ›Faustus‹, wie mit dem ›Tonio Kröger‹ nach Abschluß der ›Buddenbrooks‹, oder wie mit dem Bericht über den Auszug aus Ägypten in der mosaischen Erzählung vom ›Gesetz‹, und dem Einzug der Israeliten ins Ägypterland im Roman von Joseph und seinen Brüdern.

Der Krull war ein Hauptgeschäft seit der ersten Vorkriegszeit, und er war es geblieben. Mit immer größerem Widerwillen betrachtet, wie aus seinen Äußerungen zu Erika Mann und anderen hervorgeht, von seinem Autor, der sich stets wieder zum Weiterschreiben zwang, weil die Leser vernarrt waren in den verführerischen Schwindler, diesen Joseph und Hermes einer ersten Vorkriegszeit des zwanzigsten Jahrhunderts. Als der erste Teil der Memoiren im Jahre 1954 für den Druck freigegeben wurde, erlebte Thomas Mann noch einmal einen großen Bucherfolg. Diesmal verhielt man sich bei der Kritik

und beim Buchhändler ganz anders als im Jahre vorher bei der
›Betrogenen‹.

Die war ein schriller Mißerfolg. Kritiker rügten das Thema
ebenso wie seine epische Behandlung. Es fehlte nicht an Spott
über greisenhafte Beschäftigung mit einer heiklen Erotik. Die
hatte man noch im ›Erwählten‹ tolerieren wollen, weil es da
altertümelnd und humoristisch zugegangen war beim doppelten
Inzest. Die Geschichte der Rosalie von Tümmler jedoch war
tiefernst: das schwere Sterben der Titelfigur wurde nicht durch
Zeitvergang und Legendenton gleichsam entwirklicht. Dies war
ein Alltagssterben aus unserer Zeit. Frau von Tümmler, das
hatte der Erzähler gleich im ersten Satz, nach guter Novellen-
art, mitgeteilt, lebte »in den zwanziger Jahren unseres Jahrhunderts . . . in Düsseldorf am Rhein«.

Ingrimm war zu spüren bei den Rezensenten und ihren Lesern,
fast eine Verstörung. Das seit und durch Freud modisch gewordene Schlagwort vom »Tabu« schien sich anzubieten. Hatte
Thomas Mann in der ›Betrogenen‹ ein Tabu verletzt, vielleicht
gar in Form mehrerer Verstöße? Wohlbekannte Geschlechts-
und Altersrollen wurden hier vertauscht, das war offensichtlich. Die alternde Frau begehrte den jungen Mann. Das war
Lesern Thomas Manns nicht unvertraut: abermals die biblische
Konstellation von Joseph und der Frau des Potiphar. Virtuos
bewältigt durch den Erzähler im dritten Band der Josephs-
Tetralogie.

Genau war damals beschrieben worden, wie sich die Frau des
Potiphar, als Mut-em-enet vom Erzähler vorgestellt und bisweilen auch einfach »Eni« genannt, in einer Nacht des dritten
Jahres, seit sie ihrer Liebe zu Joseph innegeworden war, dem
jungen, aus der Fremde gekommenen Hausverwalter selbst
antrug. »Liebst du mich, Osarsiph, Gott in Knechtsgestalt,
mein himmlischer Falke, wie ich dich liebe, schon lange in
Wonne und Qual, und brennt dir das Blut nach meinem, wie es
mir brennt nach dir . . . von deinen goldenen Schultern
berückt und davon, daß alle dich lieben, von deinem Gottes-
blick vor allem, unter welchem mein Leib sich veränderte und
meine Brüste wuchsen zu Liebesfrüchten? *Schlafe – bei – mir!*
Schenke, schenke mir deine Jugend und Herrlichkeit, und ich

will dir schenken an Wonne, was du dir nicht träumen läßt, ich weiß, was ich sage!«³

Sie war zur Löwin geworden, wie der Erzähler anmerkt, bisweilen nennt er sie gar eine Hexe. Es ist Krankheit im Begehren der stolzen Eni und in ihrem schamlosen Angebot an den Diener: »Schlafe – bei – mir!« Der Satz ist gesperrt gedruckt: als ein planvoller Höhepunkt der Josephsgeschichte. Alles trieb hin im epischen Fluß auf diesen Gipfelpunkt, allein Thomas Mann hatte kurz vorher auch den nüchternen Kommentar dazu gegeben: »Verliebtheit ist eine Krankheit, wenn auch nur eine solche von der Art der Schwangerschaft und der Geburtswehen, also eine sozusagen gesunde Krankheit, dabei aber, wie jene, keineswegs ohne Gefahr.«⁴

Soll man weiter zitieren? »Mit einem aus letzten Tiefen heraufgeholten Seufzer schlang Rosalie die Arme um den Nacken des Jungen, und auch er umfing beglückt ihre zitternde Gestalt. ›Ken, Ken‹, stammelte sie, das Gesicht an seinem Halse, ›ich liebe dich, ich liebe dich, nicht wahr, du weißt es, nicht ganz hab ich's dir verbergen können, und du, und du, liebst du mich auch ein wenig, ein wenig nur, sag, kannst du mich lieben im grauen Haar? Ja? Ja? Deinen Mund, oh, endlich deinen jungen Mund, nach dem ich gedarbt, deine lieben Lippen, so, so – –«⁵

Es ist eine parallele Aktion zu Enis Werbung um Joseph. Allein der nette amerikanische Student Ken Keaton, der sich im College, wie er stolz berichtet, vor allem ausgezeichnet hatte in Geschichte und in »athletics«, ist weder, wie Joseph, von Gott in Keuschheit aufgespart für das harmonische Happy ending einer »schönen Geschichte«, noch gleicht er, wie Joseph oder Krull, dem Hermes oder Mercurius, dem Idol der Diebe und der Zwischenträger, wohl auch der Literaten. Er ist einfach ein netter Junge, dem die Werbung einer Frau jenseits der Fünfzig gilt. Auch dies eine »Krankheit« von der Art, wie sie im Josephsroman gedeutet wurde? »Also eine sozusagen gesunde Krankheit, dabei aber . . . keineswegs ohne Gefahr?« Frau von Tümmler selbst glaubt, daß es sich so verhält, weshalb sie, die Naturschwärmerin, nicht zögert, sich dieser sozusagen gesunden Krankheit zu überlassen. Allein sie ist eine Betrogene. Betrogen von der scheinbar so gütigen Mutter Natur, die im

Falle der Rosalie von Tümmler keine Mutterschaft mehr im Sinn hat, sondern das Sterben.

Hier begann die Verstörung beim Leser der ›Betrogenen‹. Verletzt war das Tabu der tradierten Geschlechterrollen. Die männlich werbende Frau, der gleichsam wie ein »Weib« begehrte junge Mann. Verletzt das Schema unzähliger Filme und Liebesgeschichten und komischen Opern im italienischen Stil, wonach Jugend nun einmal zur Jugend will, und das um Jugend werbende Alter ins komische Rollenfach gehört. Beredet – von einem Mann – das weibliche und beschwiegene Geheimnis der Blutungen, das den Männern stets unheimlich geblieben war, und das den an Frauen leidenden Baudelaire veranlaßt hatte, die Frau als »treize fois impure« zu denunzieren. Dies alles nun hatte Thomas Mann nicht etwa diskret als Motiv angedeutet, sondern zum Mittelpunkt einer Novelle über den Tod unter den Erscheinungsformen der Liebe gemacht.

Unter scheinbar besonders *grausamen* Aspekten. »Doch die Eröffnung der Bauchhöhle bot den Ärzten und Schwestern im weißen Licht der Bogenlampen ein zu furchtbares Bild, als daß auch nur auf vorübergehende Besserung zu hoffen gewesen wäre . . . Nicht nur, daß alle Beckenorgane bereits vom Verderben befallen waren: auch das Bauchfell zeigte, dem bloßen Auge schon, die mörderische Zellenansiedlung, alle Drüsen des lymphatischen Systems waren carcinomatös verdickt, und kein Zweifel war, daß es Krebszellenherde gab auch in der Leber.«[6] Hier schreibt ein genau recherchierender Erzähler, der sich bereits bei Niederschrift des ›Zauberberg‹ mit ängstlicher Neugierde ins Tun der Mediziner eingelebt hatte. Der Professor Muthesius ist »ein Mann mit Doppelkinn und stark gerötetem Gesicht, in dessen wasserblaue Augen leicht Tränen traten, ohne daß das mit Gemütsbewegung eben zu tun gehabt hätte.«[7] Der Leser des ›Zauberberg‹ assoziiert sogleich den Chefarzt des verzauberten Berges zu Davos, den Hofrat Behrens, der so eingeführt worden war: »Er war ein knochiger Mann . . ., schon ganz weiß auf dem Kopf, mit heraustretendem Genick, großen, vorquellenden und blutunterlaufenen blauen Augen, in denen Tränen schwammen . . .«[8] Die tränenden Augen von

Dr. Behrens bleiben den Roman hindurch ein Leitmotiv. Thomas Mann weiß natürlich, daß seine getreuen Leser dies Detail parat haben. Wenn er daher den Todeschirurg der Frau von Tümmler ebenfalls mit tränenden Augen begabt, so leistet er sich bewußt ein *Selbstzitat*. Der »Professor« wird gleichsam »erinnert« und soll als moderner Todesbote verstanden werden: sehr unähnlich dem ephebenhaften Tadzio in Thomas Manns Parallelerzählung zur ›Betrogenen‹, also im ›Tod in Venedig‹.

An Zügen einer grausamen Genauigkeit, wie hier beim operativen Befund, hatte es niemals gefehlt in diesem epischen Gesamtwerk. Durch die Art, wie Naphtas Sterben im ›Zauberberg‹ beschrieben worden war, oder durch die permanente Köpferei in der indischen Legende von den ›Vertauschten Köpfen‹ aus dem Jahre 1940: »Aus dem Rumpf aber stürzte das Blut mit großer Gewalt, um dann in den schrägwandigen Rinnen, die den Boden durchzogen und nur ein geringes Gefälle hatten, langsam gegen die unter dem Altar ausgehobene Grube zu schleichen . . .«[9] Überall spürt man, neben der Präzision, auch ein lüsternes Grauen des Erzählers, der es genau wissen und sagen möchte: auch wenn er selbst in den intimen Tagebüchern, wo er sich trotzdem nichts vormacht, jeweils genau notiert, wie er schlief, ob mit oder ohne Tabletten, ob die Verdauung in Ordnung war oder nicht.

Daß ›Die Betrogene‹ als Gegenschöpfung zum ›Tod in Venedig‹ verstanden werden muß, war unverkennbar. In einem wichtigen und langen Brief vom 4. Juli 1920[10], gerichtet an einen Lehrer der freien Schulgemeinde Wickersdorf und Freund Kurt Hillers, der nach der erzählerischen Funktion der Homo-Erotik im ›Tod in Venedig‹ gefragt hatte, nennt Thomas Mann die drei Grundkomponenten der venezianischen Geschichte: ein »naturalistisches« Moment, das er selbst, als Vertreter einer bestimmten literarischen Generation, nicht auslassen dürfe, und das er ziemlich schnöde einfach als »Klimakterium« bezeichnet; dann das symbolische, wohl auch symbolistische Moment des Knaben Tadzio in der Rolle des Hermes Psychopompos, des Todeslotsen. »Etwas noch Geistigeres, weil Persönlicheres kam hinzu«, heißt es weiter in diesem Brief an Carl Maria Weber, nämlich »die durchaus nicht ›griechische‹, sondern protestantisch-puritanische (›bürgerliche‹) Grundverfassung des erlebenden Helden nicht nur, sondern auch meiner selbst«.

Ein männliches Klimakterium also des fünzigjährigen Gustav von Aschenbach: ein stilistischer Synkretismus aus antiker Mythologie und erzromantischer Szenerie: schließlich der Antagonismus, der Thomas Manns ganzes Dasein und Schaffen geprägt hat und den er in seinen Anfängen als Antithese von Bürgertum und Künstlertum, später als Spannung zwischen »Geist« und »Leben« zu deuten pflegte. Darüber heißt es in jenem Brief: »Auch das Leben verlangt nach dem Geiste. Zwei Welten, deren Beziehung erotisch ist, ohne daß die eine das männliche, die andere das weibliche Prinzip darstellte: das sind Leben und Geist. *Darum gibt es zwischen ihnen keine Vereinigung, sondern nur die kurze, berauschende Illusion der Vereinigung und Verständigung, eine ewige Spannung ohne Lösung . . .*«[11] Alles ist nachdrücklich vom Briefschreiber unterstrichen: dies ist ein Bekenntnis.

Noch ein weiteres Motiv wird in diesem programmatischen Brief an einen fast zufälligen Empfänger erörtert: es war immer mitgemeint, wenn von Aschenbachs Klimakterium, vom bürgerlich-hanseatischen Puritanismus, von der erotischen Spannung zwischen Leben und Geist die Rede ging, so daß auch Hölderlin nicht ausgespart wurde, wenngleich sein Name nicht fällt. Thomas Mann zitiert »eines der schönsten Liebesgedichte der Welt . . . dessen Schlußstrophe so beginnt: ›Wer das Tiefste *gedacht*, liebt das *Lebendigste*‹«. Hölderlins Gedicht aber trägt den Titel »Sokrates und Alkibiades«; es meint den Eros eines Mannes zum schönen Epheben.

Weshalb es fast überdeutlich und überflüssig scheint, wenn Thomas Mann in einem Brief aus jener Lebensphase, da alles durch die Zeitumstände hinfällig geworden scheint, was man geplant hatte: Felix Krull ebenso wie die Geschichte vom Zauberberg, auf die Rolle der Homo-Erotik im ›Tod in Venedig‹ zu sprechen kommt. »Leidenschaft als Verwirrung und Entwürdigung war eigentlich der Gegenstand meiner Fabel – was ich ursprünglich erzählen wollte, war überhaupt nichts Homo-Erotisches, es war die – grotesk gesehene – Geschichte

des Greises Goethe zu jenem kleinen Mädchen in Marienbad . . . diese peinliche, rührende und große Geschichte, die
ich eines Tages vielleicht doch noch schreibe.«[12]
Er hat sie schließlich doch noch geschrieben. Ihr Titel lautet
›Die Betrogene‹. Diese Behauptung scheint kühn, überdies fast
unbeweisbar. Sie war auch nicht zu beweisen, bevor Thomas
Manns *Tagebücher* aus der ersten Zeit des Exils (1933 – 1936)
entsiegelt und veröffentlicht werden durften. Natürlich ist
darin noch nicht von der Geschichte der ›Betrogenen‹ die Rede.
Nach wie vor gilt alle schöpferische Energie, die sich gegen
ungewohnte und bestürzende Erfahrungen der Fremde und
Demütigung durchzusetzen hat, dem Weitergang der Josephsgeschichten. Seitenblicke immer von neuem auf das alte Faustprojekt. Im Jahre 1936 verdichtet sich das Tasten nach neuen
Stoffen, denn Überdruß hat sich gebreitet über die allzulange
Tagesschreiberei, die endlose jüdisch-ägyptische Geschichte,
zum Beschluß, den immer erwogenen, stets wieder verworfe-
nen Goethe-Roman nun doch zu schreiben. Als Begegnung der
zwei gealterten Liebesleute Wolfgang und Lotte, nunmehr
Geheimrat von Goethe und Frau verwitwete Hofrätin Kästner.
Dies ist nun beileibe nicht, was dem Erzähler vorgeschwebt
hatte bei der Arbeit am ›Tod in Venedig‹. Keine peinliche und
rührende Liebeskrankheit des genialen »Geistes« am kindhaften
»Leben«, sondern das peinliche und rührende Geschehen, das
Marcel Proust, den Thomas Mann damals immer wieder zitiert
und als sich gemäß empfindet, als Suche nach einer verlorenen
Zeit, als Phänomen des Vergessens einstiger Emotionen
beschrieben und analysiert hatte. Das Buch ›Lotte in Weimar‹
ist der Versuch mit einem Proust-Roman, gipfelnd in einem
ausgedehnten inneren Monolog: der Geist blickt zurück, mürrisch und nicht ohne Selbstironie, auf einstige gewaltsame
Verstörung durch das Leben. Erinnerte Krankheit, nicht aber,
wie beim Projekt der Marienbader Episode, neuer Ausbruch
des Paroxysmus.
Der Goethe-Roman ›Lotte in Weimar‹ ist *nicht*, was Thomas
Mann wirklich bewegte, wenn er – unablässig – bemüht war,
sich der Existenz Goethes zu nähern, um sich ihr anzuverwan-
deln. Die Geschichte von Lotte Kästner im Hotel Elephant

bedeutete eine *zweite Wahl*, nachdem die Marienbader Novelle nicht entstehen konnte oder durfte. Ein hartnäckiger Geist wie Thomas Mann konnte sich damit nicht abfinden. Damals, bei Aschenbachs Geschichte, war man ins Symbolische ausgewichen: der Ephebe in der wagnerischen Szenerie von Venedig als Inkarnation des Liebestodes. Das Klimakterium hatte den erotischen Verzicht impliziert. Wie aber, wenn das Klimakterium ungewillt war, die tradierten Schranken zu respektieren? Wenn der immense Geist eines Greises, wie in Marienbad, bis zur Selbstvernichtung ergriffen wird vom »Lebendigsten«? Und wie gar, wenn Thomas Mann, darin sich von Goethe unterscheidend die Bedrohung durch irgendeine Ulrike von Levetzow für sich ausschalten darf, nicht aber die gefahrvolle Konstellation zwischen Sokrates und Alkibiades, wo »Hohe Jugend versteht, wer in die Welt geblickt«?

Der Verzicht auf eine historisierende Novelle um Goethe in Marienbad fiel leicht: man konnte es nicht, auch nicht durch epische Formen, mit der ›Marienbader Elegie‹ aufnehmen. Eine Wiederholung der homo-erotischen Konstellation im ›Tod in Venedig‹ war gleichfalls undenkbar: gerade weil der Erzähler seinem Aschenbach, wie es auch im Brief an Carl Maria Weber anklingt, dem geachteten und bewunderten Schriftsteller Gustav von Aschenbach, so viel von eigener Lebenssubstanz abgetreten hatte. So blieb nur die Alternative, entweder zu verzichten, was dem Eigensinn Thomas Manns widersprach, der auch die geheimsten und ausgiebig beschwiegenen Impulse und Handlungen seines Lebens als »buchenswert« empfand, oder die Marienbader Geschichte »doch noch zu schreiben«. Freilich mit Vertauschung der Geschlechter. Die alternde Frau und der junge Mann.

Nahm man jedoch diese Konstellation als das, was sie scheinbar unverschlüsselt erzählt, so wurde daraus eine konventionelle Story, die auch jeder andere erzählen konnte, für welche aber Thomas Mann keine Erinnerung des eigenen Lebens beizusteuern hatte. Dann entstand bloß kalligraphische Erzählkunst, von keiner Notwendigkeit determiniert. Es gab jedoch Notwendigkeit für Thomas Mann. Da war noch von Erschütterung des eigenen Lebens, aber auch von erotischer Beglückung zu berichten, wie man heute aus den Tagebüchern erfährt. Jenes Erleben aber hatte den Liebenden Thomas Mann, einen Mann von mehr als fünzig Jahren, im Alter demnach der Rosalie von Tümmler, nach *Düsseldorf* versetzt: in die Heimat seiner Betrogenen. Das hatte sich in jenen »zwanziger Jahren unseres Jahrhunderts« zugetragen, von denen die Novelle im ersten Satz berichtet.

Als Leser Thomas Manns hatte man sich bei Erscheinen der ›Betrogenen‹ verwundert gefragt, warum Düsseldorf und die Landschaft des Niederrheins mit dem Schloß Holterhof und seinen schwarzen Schwänen als Szenerie ausgewählt worden war. Was plante der Erzähler, wenn er sich nach Düsseldorf begab? Thomas Mann hat sich stets an Ortschaften gehalten beim Erzählen, die er genau kannte. Lübeck also und München, auch Italienisches wie das Städtchen Palestrina, wo die Brüder Heinrich und Thomas Mann in ihrer Jugend gewohnt hatten, um dort zu lernen, worin man sich unterschied. Heinrich machte Palestrina zur Kulisse seines Romans ›Die kleine Stadt‹, der jüngere Bruder erinnerte die einstige Szenerie, als es galt, den deutschen Tonsetzer Adrian Leverkühn mit dem Teufel zusammenzuführen. Ägypten und Palästina hatte man bereist, weil der Josephsroman danach verlangte. Aber Düsseldorf?

An der Genauigkeit war nicht zu zweifeln. Es »stimmte«, wenn von Straßenbahnfahrten und Rheindampfern berichtet wurde. Bereits beim ersten Lesen der ›Betrogenen‹ war aufgefallen, daß geheime Zeichen gesetzt wurden, die ein Leser Thomas Manns zwar erkannte, doch nicht zur Deutung zusammenfügen konnte. Warum hatte man dem Sohn der Frau von Tümmler ausgerechnet den auch in den Zwanziger Jahren ungewöhnlichen Vornamen Eduard gegeben? Mit dem berühmtesten Eduard der deutschen Erzählliteratur, dem Baron aus Goethes ›Wahlverwandtschaften‹, konnte der nüchterne Rotkopf von einem Gymnasiasten unmöglich zu tun haben. Andererseits war das Grundthema der Erzählung, worin der Geist die Natur korrigieren möchte, dem Prinzip der ›Wahlverwandtschaften‹ gar nicht so fern.

Noch erstaunlicher wirkten die autobiographischen Bezüge, die den Bereich der Rosalie von Tümmler mit dem Leben ihres Autors verbanden. Thomas Mann hat jede Einzelheit stets genau durchdacht. Warum also wohnte die Betrogene just in der Corneliusstraße? In der autobiographischen Erzählung ›Unordnung und frühes Leid‹ (1926), die – unverkennbar – in Thomas Manns Haus in der Münchener Poschingerstraße spielte, am Anfang jener zwanziger Jahre, war der Erzähler selbst aufgetreten als Kunstfigur eines Historikers mit Namen *Professor Cornelius*. Was aber hatte Cornelius, der wie sein Autor fasziniert ist vom spanischen Todeszeremonial, mit der natürlichen, auch ein bißchen »kitschigen« Rosalie von Tümmler gemein?

»Im Frühling geboren, ein Maienkind, hatte Rosalie ihr fünfzigstes Wiegenfest mit ihren Kindern . . . begangen und war fröhlich gewesen mit den Fröhlichen – nicht ganz ohne Anstrengung.« Der Geburtstag im Frühling wird zum Erzählmotiv. Thomas Mann, am 6. Juni geboren, war selbst ein Frühlingskind. Auch der musikalische Faustus Leverkühn war zur Welt gekommen, »als im Jahre 1885 Blütezeit war«: des Lindenbaumes nämlich auf dem Bauernhof der Leverkühns. Solche Mitteilungen des Erzählers verwiesen auf die Existenz des Schreibenden, hatten mit der Autobiographie zu tun. Autobiographie sei es immer: so hatte der brummige Goethe auf Fragen des Sohnes nach dem Fortgang der Arbeiten in ›Lotte in Weimar‹ geantwortet. Daß Leverkühn (und Zeitblom zugleich) mit ihrem Erzähler im Pakt waren, wurde offen einbekannt. Das Frühlingskind Rosalie aber, und Thomas Mann, das war nicht zu vereinbaren.

Andererseits erfahren wir von Rosalies »feinen, wenn auch etwas alternden Händen, auf deren Rücken gar zu viele und große, sommersprossenähnliche Blutverfärbungen sich mit den Jahren hervorgetan hatten (eine Erscheinung, gegen die noch kein Mittel gefunden ist)«. Wer sie noch sehen durfte, weiß, daß Thomas Mann hier seine eigenen Handrücken beschrieb. In den Tagebüchern 1933–1934 findet sich folgende Eintragung aus der ersten schweizerischen Exilzeit unter dem 12. August 1933: »Zum Thee . . . überraschend Prof. Heuser aus Düsseldorf. Ich fragte nach Klaus.« Der Herausgeber der Tagebücher,

Peter de Mendelssohn, kommentiert: »Prof. Werner Heuser war Direktor der Düsseldorfer Kunstakademie. TM. hatte ihn, seine Gattin Mira und ihren Sohn Klaus 1927 in Kampen auf Sylt kennengelernt und eine Zuneigung zu dem ansprechenden siebzehnjährigen Jüngling gefaßt. Er lud Klaus Heuser ein und widmete ihm viel Zeit und Aufmerksamkeit.«[13]

Das ist, wie es sich gehört, zurückhaltend ausgedrückt. Im Tagebuch vom 22. September 1933, man ist am französischen Mittelmeer in Sanary, wird mehr darüber gesagt. Ein möglicher Besuch der Eltern Heusers aus Düsseldorf, zusammen mit Klaus, scheint sich anzukündigen. Im Tagebuch wird notiert: »Die Begegnung wäre sehr merkwürdig gewesen, geschieht aber wohl besser nicht. Nach menschlichem Ermessen war das meine letzte Leidenschaft – und es war die glücklichste.«[14]

Der Gedanke an diese mögliche Begegnung schien manches an Erinnerung aufgestört zu haben. Inzwischen waren die geheimen Tagebücher gerettet und aus München in die Schweiz gebracht worden. Nun liest man in den Tagebüchern von 1927/28, die später in Kalifornien durch Thomas Mann, zusammen mit allen anderen Bänden des Journals vor 1934, mit Ausnahme der Jahrgänge 1919 – 1921, verbrannt wurden. Unter dem Datum des 24. Januar 1934 heißt es: »Gestern Abend wurde es spät durch die Lektüre des alten Tagebuchbandes 1927/8, geführt in der Zeit des Aufenthaltes von K.H. in unserem Haus und meiner Besuche in Düsseldorf.«[15] Düsseldorf also und die Kunstakademie, deren Direktor damals Werner Heuser hieß. Die Villa der Frau von Tümmler steht den Leuten von der Kunstakademie offen, die Tochter Anna von Tümmler studiert Malerei. Vielleicht hat der Erzähler das Haus der ›Betrogenen‹ mit Erinnerungen an das Elternhaus Klaus Heusers ausgestattet. Dann heißt es weiter am 24. Januar 1934: »Ich war tief aufgewühlt, gerührt und ergriffen von dem Rückblick auf dieses Erlebnis, das mir heute einer anderen, stärkeren Lebensepoche anzugehören scheint, und das ich mit Stolz und Dankbarkeit bewahre, weil es die unverhoffte Erfüllung einer Lebenssehnsucht war, das ›Glück‹, wie es im Buche des Menschen, wenn auch nicht der Gewöhnlichkeit steht, und weil die Erinnerung daran bedeutet: ›Auch ich‹.«[16]

Dieses »Auch ich« ist Glücksruf und Zitat in einem. Es meint zugleich jenes »Auch ich in Arkadien!« das *Goethe* als Motto seiner ›Italienischen Reise‹ vorangestellt hatte, verwies jedoch zur gleichen Zeit auf die berühmte Toteninschrift auf Bildern von Guercino und Poussin: »Et in Arcadia ego«, was auch bedeuten mochte, daß man nach wie vor starb im glücklichen Arkadien. Weshalb *Herder*, der einstige Mentor Goethes, zu schreiben wagte: »Auch ich war in Arkadien ist die Grabschrift alles Lebendigen in der sich immer wieder verwandelnden, wiedergebärenden Schöpfung.« Der Satz hätte nicht übel als Motto getaugt für die Geschichte jener Rosalie von Tümmler.

Während Erinnerung an die zwanziger Jahre, als Beglückung durch den siebzehnjährigen Jungen aus Düsseldorf, neu geweckt und beim Lesen der Tagebücher durch Genauigkeit gestützt wird, arbeitet der Erzähler an der Beschreibung der liebeskranken *Mut-em-enet*. Wie ist das darzustellen, worauf darf der Epiker zurückgreifen bei solcher »Verwirrung der Gefühle«? Eine stolze, nicht mehr junge Frau, bis zur Raserei und Hexenhaftigkeit gepackt durch die Passion für diesen Schönen und Unberührbaren?

Jeder Epiker braucht eigene Erfahrungen, die helfen mögen, eine fremde Gefühlswelt zu beschwören. Thomas Mann hat durchaus, wie er im Tagebuch abwägt, diese Leidenschaft für einen jungen und schönen Mann als Erfahrung einzubringen. Am 6. Mai 1934, ein Jahr und einen Monat vor dem sechzigsten Geburtstag, wird Rückschau gehalten auf die erotischen »Unordnungen« eines Lebens. Da sind die Gymnasiastenleiden an Schulfreunden, die nur mit dem Anfangsbuchstaben sogar im geheimen Journal wiedergegeben werden: Anregung für Tonio Krögers Sehnsucht nach Hans Hansen und später, im ›Zauberberg‹, für das Schulhofbegebnis mit dem älteren Mitschüler Pribislav Hippe, das sich als ambivalent erweist und Castorps Leidenschaft für die »slawische« Madame Chauchat provoziert.

Den wirklichen Liebesrausch jedoch habe es nur, wie die alten Tagebücher erkennen machen, in der Zeit jener Beziehung zu Paul Ehrenberg gegeben. P.E. heißt das, mit der üblichen Vorsicht. Allein diese Beziehung – das Tagebuch spricht von

»Rausch« – gehört längst zum Arbeitsmaterial der Thomas-
Mann-Forschung. Aus Paul Ehrenberg wurde der Musiker
Rudi Schwerdtfeger, den sein Erzähler im ›Doktor Faustus‹
auftreten (und sterben) läßt. Am Jahresbeginn 1901, als Unge-
wißheit über das Erscheinen oder Nichterscheinen der ›Buddenbrooks‹ zusammentraf mit der Liebe zu dem erfolggewohn-
ten Maler und Frauenhelden, die eine werbende Liebe war,
entstand eine Lebenskrise. Wenig später heißt es in einem Brief
an den Bruder Heinrich: »Depressionen wirklich arger Art mit
vollkommen ernst gemeinten Selbstabschaffungsplänen haben
mit einem unbeschreiblichen, reinen und unverhofften Her-
zensglück gewechselt . . .« Außerdem habe gleich darauf der
Verleger Samuel Fischer in Berlin das ungekürzte Erscheinen
des großen Romans zugesagt. Am 7. März beruhigt ein weiterer
Brief den Bruder: »Nein, Du kannst ganz ruhig sein und getrost
nach Italien fahren; ich mache vorderhand keine ›Dummhei-
ten‹.«[17] Drei Jahre später, im Februar 1904, ist mit ähnlichen
Tönen der Leidenschaft, dem Bruder gegenüber, von der Werbung um Katia Pringsheim die Rede. Verwirrung des Fühlens
im höchsten Maße: »Es ist müßig, zu fragen, ob es mein
›Glück‹ sein würde. Trachte ich nach dem Glück? Ich trachte –
nach dem Leben; und *damit* wahrscheinlich ›nach meinem
Werke‹.«[18]
Man kann es nicht besser sagen. So ist es immer abgelaufen:
vom Lübecker Schulhof zu Hippe und Clawdia Chauchat; von
Paul Ehrenberg zu Rudi Schwerdtfeger. Wobei die Leiden-
schaft eines damals Fünfundzwanzigjährigen noch aushelfen
muß bei der Beschwörung der werbenden Mut-em-enet. Hatte
der junge Autor von ›Buddenbrooks‹ damals um den kaum
älteren Maler-Freund geworben? Im ›Doktor Faustus‹ sind die
Rollen vertauscht. Da wirbt, fast als erotischer Verführer, der
Geiger Schwerdtfeger um den schwierigen und bewunderten
Tonsetzer Adrian Leverkühn.
Und Klaus Heuser? Auch seiner wird gedacht in jenem Tage-
buchbericht über eine »Trilogie der Leidenschaft« in diesem
Leben: Schulzeit, frühe Münchener Jahre, schließlich die
Beglückung mit mehr als fünfzig Jahren: »Nun ja, ich habe
gelebt und geliebt, ich habe auf meine Art ›das Menschliche

ausgebadet‹. Ich bin, auch schon damals, aber 20 Jahre später in höherem Maße, sogar glücklich gewesen und durfte wirklich in die Arme schließen, was ich ersehnte.« Dem Rausch, der zunächst, doch wie sehr herabstimmt!, den »Tonio Kröger« entstehen ließ, und der erst ein Jahrzehnt später als Rausch im ›Tod in Venedig‹ beschrieben werden konnte, ließ sich nichts vergleichen. »Das K.H.-Erlebnis war reifer, überlegener, glücklicher.«[19]

Dennoch wurde auch daraus eine tragische Geschichte: ein Tod in Düsseldorf. Es fällt auf, daß in beiden Fällen, beim einstigen Bericht über Ehrenberg wie im Gedenken an Heuser, von einem »reinen« Gefühl die Rede war. »Unrein« jedoch und vieldeutig wurde das Erlebnis, als es transponiert werden mußte in einen epischen Bericht. Die Verstörung der Leser, ihr Widerstand gegen den Ablauf der Geschichte dieser durch den Tod um Liebe betrogenen Frau Rosalie von Tümmler, war verständlich. Zwar hatte es der Erzähler an keiner Kunstfertigkeit fehlen lassen. Der eigensinnig weiterverfolgte Plan, eine Marienbader Geschichte entwerfen zu müssen, war versteckt worden in den großen Diskussionen der Mutter und der Tochter über die Beziehungen zwischen Geist und Leben, Kunst und Wirklichkeit, über Autonomie des Kunstwerks, überhaupt des Geistes: mithin auch über das Konzept der ›Wahlverwandtschaften‹. Die Werbung der Frau des Potiphar um Joseph war gleichsam angeheizt worden durch eigene erotische Reminiszenzen des Berichterstatters, allein es gab im übrigen keine Identifikation des Epikers mit der Mut-em-enet. Anverwandlung Thomas Manns gilt in der Josephsgeschichte weit eher dem Patriarchen Jaakob und seiner Vatersorge. Der hübsche Joseph vollends ist für den Erzähler, ganz wie einst der Hochstapler Krull, weit mehr ein erotisches Prinzip als ein vorgestellter Gegenstand eigenen Begehrens.

Bei Ken Keaton in der ›Betrogenen‹ geht es auch in der Transponierung von Leben in Geist , also Kunst, durchaus anders zu. Allerdings ist niemals daran gedacht worden, den realen Klaus Heuser in einen imaginierten Ken Keaton zu verwandeln. Beschrieben wird Heusers Heimat und Umwelt, doch Keaton ist weder, wie Heuser, ein junger Mensch der zwanziger Jahre, noch überhaupt ein Deutscher. Hier bereits wurde die Erzählung brüchig. Ein scharfsinniger Leser wie *Theodor W. Adorno*, der natürlich nicht ahnen konnte, was zu dieser Erzählung geführt hatte, meldete deshalb in einem Brief an Thomas Mann, den er später im Auszug drucken ließ, seine Bedenken an: »Die Figur des Ken Keaton trägt, wenn ich nicht irre, alle Zeichen eines Amerikaners aus den späten vierziger oder aus den fünfziger Jahren und nicht aus dem Dezennium nach dem *ersten* Krieg . . . Wenn Sie ein Werk in die zwanziger Jahre verlegen, es nach dem ersten anstatt nach dem zweiten Krieg spielen lassen, so haben Sie dafür Ihre guten Gründe – der handfesteste ist, daß eine Existenz wie die der Frau von Tümmler heute wohl nicht vorgestellt werden könnte . . .«[20]

Nun lag wohl der »handfesteste« Grund für die Fixierung an die zwanziger Jahre im autobiographischen Hintergrund: als Datierung einer Lebenserfahrung. Andererseits mußte in dreifacher Weise verfremdet werden. *Einmal* durch den Tausch der tradierten Geschlechterrollen. Auch Frau von Tümmler war die Werbende: wie das Weib des Potiphar. Der Umworbene war damals, in den zwanziger Jahren, ein junger Mann aus Düsseldorf gewesen, geboren wohl im Jahre 1910. Der jedoch durfte keinesfalls »porträtiert« werden. So mußte dann in der Tat vermutlich ein junger Amerikaner der vierziger Jahre aushelfen, den man irgendwo kennengelernt und nett gefunden hatte. Allein Adorno hatte den Riß im Werk entdeckt und benannt.

Die größte Schwierigkeit war jedoch durch die *dritte* Verfremdung bewirkt worden: als es notwendig wurde, das Erleben eines über fünfzigjährigen Mannes mit einem jungen Mann durch einen neuen »Umtausch« des Geschlechts erzählbar zu machen. Daß Thomas Mann nicht vor dem Skandalon zurückschrak, darf vorausgesetzt werden. Er mußte sich darüber klar sein, der größere Skandal werde erst dadurch hervorgerufen, daß das Gegenstück zur einstigen midlife crisis Aschenbachs in Venedig ans physiologische Geheimnis weiblicher Wechseljahre rührte: noch dazu in der tabufeindlichen Verbindung des Klimakteriums mit dem Krebs. Adorno sprach mit gutem Grund, in fast lüsterner Bewunderung, von einer »skandalösen Parabel«.

Marcel Proust hatte in seinem Roman das umgekehrte Verfahren praktiziert. Er verwandelte den Geliebten des Erzählers Marcel, irgendeinen Albert vielleicht, in die eifersüchtig behütete und im Haus gleichsam gefangengehaltene Albertine. Das gleichgeschlechtliche Verhältnis war trotzdem respektiert: Albertine wurde nach Lesbos versetzt, oder nach Gomorrha, wie Proust mythologisiert, mithin nicht nach Sodom. Thomas Mann läßt in den Tagebüchern, beim Vergleich mit sich selbst, allein Proust gelten. Noch im Tagebuch von der Entstehung des ›Doktor Faustus‹ in den späten vierziger Jahren, nicht lange vor Niederschrift der ›Betrogenen‹, findet sich die sonderbare Feststellung: »Man wird sich an mich so wenig erinnern wie an Proust.« Gemeint sind die Menschen Proust und Mann, nicht aber deren Bücher.

Auch Adorno kommt auf Proust zu sprechen. Der habe demonstriert, daß erst die genaueste Abschilderung des Realen den Weg bereiten könne für das durchaus Gegenreale im Kunstwerk: »Auf derart abwegige Reflexionen bin ich zuerst bei Proust verfallen . . . und bei der ›Betrogenen‹ haben sie sich mir wieder aufgedrängt.«[21]

Mit gutem Grund, denn ebensolche Reflexionen gehören unmittelbar zur Werksubstanz in Thomas Manns letzter Erzählung. Sie werden abgehandelt in den Gesprächen zwischen Mutter und Tochter. Die sind bei erstem Lesen fast unfreiwillig komisch, denn die muntere Rosalie argumentiert fast wie eine, die ihren Thomas Mann genau gelesen hat, und den Goethe der ›Wahlverwandtschaften‹ noch dazu. Die Ironie des Erzählers, als Selbstironie, bezieht diese Unwahrscheinlichkeit ganz unbekümmert ein, indem er Rosalie, die weit über ihre geistigen Verhältnisse dadurch erhöht wird, vom eigenen »Schmerzensfrühling« reden läßt. Die Tochter Anna ist erschreckt: »Du bist ein schlichtes Gemüt, höchst liebenswert; deine Augen gehen gut und klar in Natur und Welt, nicht in Bücher, du hast nie viel gelesen. Du brauchtest bisher nicht Worte, wie Dichter sie bilden, so wehe und kranke Worte, und wenn du es nun dennoch tust, so hat das etwas von —«

Hier wird die Tochter von der Mutter unterbrochen. Die Diagnose wird nicht ausformuliert. Gemeint ist wohl: So hat das etwas von Krankheit und Substanzveränderung an sich. Die Tochter Anna ist gleichfalls eine Betrogene: durch einen Klumpfuß gezeichnet. Die böse Heiterkeit des Erzählers scheint sich an ihrem »Aufstampfen« zu ergötzen. Doch die Tochter ist klug. Sie ist Geist als Antithese zum Leben; auch abstrakte im Gegensatz zur realistischen Kunst. Der Dialog zwischen Mutter und Tochter, geführt über die einstigen Kategorien im ›Tod in Venedig‹, wird sorgfältig zur Sprache gebracht, als habe da ein Berufsschriftsteller wie Gustav von Aschenbach ausgeholfen. Oder auch Thomas Mann in Person. In ähnlicher Weise hatte dieser bereits gegen Ende des Faustusromans den schließlich nur wenig in der Schreibweise vom eigentlichen Erzähler unterschiedenen Biographen Zeitblom gleichsam verdrängt, oder bald darauf den Hochstapler Krull zu einem Schreiber von Thomas Manns eigenen Graden erhöht.

Auch die Erörterungen zwischen Mutter und Tochter laufen ab wie Reflexionen Thomas Manns. Bleibt zu fragen, wie man dies Zusammenspiel der Rosalie und der Anna von Tümmler zu deuten hat. Anna ist Vertraute der Mutter, Ratgeberin und Warnerin, gleichsam die Brangäne dieser alternden Isolde. Doch ist sie mehr und anderes. Die Rollen werden schließlich vertauscht. Anna verkündet am Ende, als sich die Mutter täuscht über die Natur und geisteshörig wird in der erotischen Frenesie, die Forderungen des Lebens: einer nüchternen, truglosen Natur.

Von Zeitblom und Leverkühn hatte ihr Erzähler ausgeplaudert, sie hätten das »Geheimnis ihrer Identität« zu hüten. Der Identität überdies mit ihrem Erzählmeister. Mit Rosalie und Anna scheint es ähnlich zu sein. *Auch sie hüten das Geheimnis ihrer Identität, und dazu der Identität mit dem Erzähler Thomas Mann.* Rosalie erlebt die einstige Beglückung in Düsseldorf. Anna bedeutet die warnende Vernunft, die auch Thomas Mann schließlich zwang, nach aller Beglückung in den Alltag des Familienvaters und Nobelpreisträgers zurückzufinden.

Schon in den ›Betrachtungen eines Unpolitischen‹, die entworfen wurden nach dem ›Tod in Venedig‹, in einer Existenzkrise anderer Art, hatte es geheißen: »Das Verhältnis von Leben und Geist ist ein äußerst delikates, schwieriges, erregendes,

schmerzliches, mit Ironie und Erotik geladenes Verhältnis.«
Klaus Heuser war, im Rückblick »nach menschlichem Ermes-
sen meine letzte Leidenschaft und es war die glücklichste«.
Eben darum mußte die betrogene Rosalie von Tümmler ster-
ben: so wie einst Gustav von Aschenbach. Sie hatten zu viel als
Geheimnis zu hüten. (1980)

DIE ÄSTHETISCHE EXISTENZ DES HOCHSTAPLERS
FELIX KRULL

Das einzige seiner Werke, das er nicht abgeschlossen hat. Man wird nicht sagen können, daß er vom Tod daran gehindert wurde, denn das Jahr 1955, gleichzeitig Jubiläums- und Sterbejahr, fand Thomas Mann durchaus nicht bei der Arbeit an einem weiteren Teil der Bekenntnisse und Memoiren seines Hochstaplers Felix Krull, sondern bei ganz anderen »sehr ernsten Scherzen«: einem Lustspiel um Martin Luther, wovon freilich nur Exzerpte aus Büchern und bibliographische Notizen vorlagen, als im Sommer 1955 die Krankheit zum Tode ausbrach. Trotzdem war dies dramatische Projekt ernst gemeint: ein anderer Plan hatte abermals, wie oft in diesem Arbeitsleben, den Felix Krull verdrängt.

Das ist merkwürdig, denn es stimmt schlecht zur protestantischen Verantwortungsethik Thomas Manns (und Gustav von Aschenbachs), die stets das Weitermachen und Durchstehen, gegen alle Widerstände der Nerven, bei der jeweiligen Arbeit, bei ›Buddenbrooks‹ wie beim ›Zauberberg‹ und erst recht bei der endlosen Josephsgeschichte, erzwang. Bei Krull hat sie versagt, während der Autor des ›Doktor Faustus‹ fest davon überzeugt war, daß die schwere Krankheit, samt notwendiger Operation in Chicago, die Mitte der Vierziger Jahre, nach dem 70. Geburtstag ausbrach, nur dadurch überwunden werden konnte, daß alle Kräfte eingesetzt werden mußten, um den – unerträglichen – Gedanken einer Nichtvollendung des Faustus-Romans zu bannen. Bei Felix Krull hingegen schien sich eine solche Totalrevolte nicht mehr zu lohnen.

Felix Krull ist eine »ambivalente« Gestalt, um es bewußt zweideutig auszudrücken, allein auch das Verhalten des Erzählers zu seiner Kunstfigur war zweideutig in hohem Maße. Das beginnt in einer ersten Vorkriegszeit. Krull entsteht in enger Nachbarschaft zum ›Tod in Venedig‹ und zu jener kleinen, als Satyrspiel zur venezianischen Erzählung projektierten Novelle von den Kranken im verzauberten Berg. Ein offenbar großangelegter Schelmenroman, von dem sein Erzähler in der letzten

Lebenszeit kühn behaupten mochte, er gehöre »zum Typ und zur Tradition des Abenteurer-Romans, dessen deutsches Urbild der *Simplicius Simplicissimus* ist«. Ob die Memoiren Krulls vom Beginn an in diese Tradition gestellt worden waren, mag bestreitbar sein.[1]

Eine Buchausgabe der ›Bekenntnisse des Hochstaplers Felix Krull. Buch der Kindheit‹ war 1922 erschienen, mit Original-Lithographien von Oskar Laske. Eine erweiterte Ausgabe, bereichert vor allem durch die berühmte Szene Krulls vor der militärischen Musterungskommission, wurde im Jahre 1937 im Exil publiziert, in dem holländischen Querido-Verlag zu Amsterdam. Dann aber muß die Josephsgeschichte fertiggeschrieben werden, die Kriegsereignisse drängen der Erzähler zu seinem Faustprojekt, das zurückreicht in die Anfänge des Jahrhunderts, und das niemals aufgegeben worden war, wie heute an den Tagebuchnotizen erkennbar wird. Also muß Krull warten: wie zu Beginn der Zwanziger Jahre, als die Entscheidung, was nunmehr zu arbeiten sei in einem ersten Nachkriegsdeutschland, gegen den Hochstapler ausfiel, zuerst auch gegen den ›Zauberberg‹, und zu Gunsten des wohlbekannten Hundes Bauschan, um dann doch dem »Sorgenkind des Lebens«, nämlich Hans Castorp, den Vortritt zu lassen vor Krull mit dem Vornamen eines Glückskindes.

Der Hochstapler wurde vom Erzähler immer wieder vertröstet. In der Frenesie der ersten Arbeit am Stoff hatte Thomas Mann gemeint: das hier werde sein Bestes werden. Als ein Briefpartner, der die Kindheit Krulls ebenso vom Vorabdruck in einer Zeitschrift kennt, wie die Eichendorff-Analyse aus den damals entstehenden ›Betrachtungen eines Unpolitischen‹, eine Verbindung herstellt zwischen Krull und dem ›Taugenichts‹, ist Thomas Mann entzückt und bedankt sich: »Hübsch, daß Sie an das Hochstapler-Fragment dachten, beim Taugenichts! Ich dachte auch ein wenig daran. Er wird zuverlässig fertig gemacht; nur ist zuvor anderes zu tun.«[2]

Vermutlich hat Thomas Mann beim Schreiben der Krull-Memoiren nicht bloß »ein wenig« an seinen literarischen Liebling gedacht, den deutsch-romantischen ›Taugenichts‹ von Eichendorff. In der »Vorbemerkung« zu einer bibliophilen

Ausgabe des Speisewagengesprächs zwischen Krull und dem
Professor Kuckuck mit den Sternenaugen heißt es in Form einer
Kurzcharakteristik: »Der Junge, von der Natur sehr freundlich
ausgestattet, sehr hübsch, sehr gewinnend, ist eine Art von
Künstlernatur, ein Träumer, Phantast und bürgerlicher Nichtsnutz, der das Illusionäre von Welt und Leben tief empfindet
und von Anfang an darauf aus ist, sich selbst zur Illusion, zu
einem Lebensreiz zu machen.«[3]
Als dies jedoch niedergeschrieben wird, im Jahre 1953, ist keine
Rede mehr davon, die Geschichte dieses modernen Taugenichts
»zuverlässig« zu Ende zu schreiben. In einem langen Brief an
Emil Preetorius, vom 6. September 1954, bereits von Kilchberg
aus, wird am Vorabend der Publikation des ersten Memoiren-
bandes die –letale – Diagnose gestellt. »So gebe ich jetzt das
zum Roman-Band erweiterte Fragment des ›Felix Krull‹ heraus,
als ›Ersten Teil‹ des Ganzen, und tue, als ob die Fortsetzung
dieser Scherze unterwegs wäre, während doch von Weiterem
noch kein Wort auf dem Papiere steht und ich im Grunde weiß,
daß ich das Unding nie zu Ende führen werde. Ich möchte auch
eigentlich ganz anderes machen, Würdigeres, meinen Jahren Angemesseneres, aber die Kraft es anzugreifen, versagt
sich . . .«[4]
Ein Glücksrausch beim Arbeitsbeginn, doch nun ist daraus ein
»Unding« geworden, das man liebend gern gegen ein würdigeres Projekt austauschen möchte. Der Fall ist singulär im Leben
Thomas Manns, es gibt dazu kein Gegenstück. *Dreimal* scheint
eine Inhibition das Weiterschreiben zu verhindern: bereits beim
ersten Entwurf wird vorerst keine Fortsetzung der Jugendgeschichte erwogen. Darauf die fast beiläufige Fortsetzung im
Exil, die aber kaum an einer Vollendung des Romanfragments
interessiert scheint, sondern bloß an der Niederschrift der
Militärgeschichte. Schließlich der Neubeginn nach Abschluß
des ›Doktor Faustus‹, der mehr und mehr als Strafarbeit absol-
viert wird, weil die Leser der neuentstehenden Kapitel, die
vorab gedruckt und auf Vortragsreisen zu Gehör gebracht
werden, unbedingt erfahren möchten, durchaus zu Recht bei
einem »Abenteuer-Roman«, wie es weitergeht.
Thomas Mann tat sich, wenn in der letzten Lebenszeit vom

»Krull« die Rede war, viel darauf zugute, daß er mühelos den Tonfall des Beginns, in jener fernen Friedenszeit, habe beibehalten können. Ob er recht damit hat, wird zu fragen sein. In der äußerlichen Diktion der Hochstaplerprosa mochte das stimmen; ein Virtuose wie Thomas Mann durfte sich alles zutrauen. Blieb der Einwand gegen das Gesamtprojekt dieser schwindelhaften Bekenntnisse, die von Anbeginn an *unvollendbar* gewesen seien. Als ein erzromantisches Konzept, das genauso mit dem Fragmentarischen, der Nichtvollendung, liebäugelt wie jene gleichfalls fragmentarische Geschichte, der Eichendorff den ausdrücklich torsohaften Titel gab ›Aus dem Leben eines Taugenichts‹.

Verhängnisvoll war für den sympathischen Gauner, daß es keine auslösende Begegnung gegeben hatte zwischen ihm und seinem Erzähler. Da lag kein Lebensmoment Thomas Manns zugrunde, wie bei den ›Buddenbrooks‹, den Studien im verzauberten Berg, als man die angeblich lungenkranke Katia Mann in Davos besuchte, bei der Geschichte Aschenbachs, bei der Vatersorge um das »Kindchen«, bei der italienischen Erfahrung mit dem Faschismus und dem Zauberer Cipolla. *Krull war gleichzeitig ein Lebensprinzip, eine Wunschrolle Thomas Manns für sich selbst, auch ein Denkspiel.* Der Hochstapler vertrat in einer auf Nützlichkeit erpichten Gesellschaft das Prinzip der »unnötigen Menschen«, wie es sie massenhaft in der vom jungen Thomas Mann geliebten russischen Literatur gab. Man spürt Liebe des Erzählers zu seinem Geschöpf noch in der späten Charakteristik: »Eine Art von Künstlernatur, ein Träumer, Phantast und bürgerlicher Nichtsnutz.« Auf keinen Fall zu vergleichen mit dem gleichfalls hübschen Schwindler in *Heinrich Manns* erstem Roman ›Im Schlaraffenland‹, der zur gleichen Zeit spielt wie der Krull. Heinrich Mann entwarf einen deutschen Nachfolger des Bel Ami von Maupassant. Andreas Zumsee ist kein Träumer und Halbkünstler wie Krull, sondern ein kalter Karrierist, der sich eine Weile für einen Literaten hält und als solcher unter den »feinen Leuten« in Berlin sein Glück machen möchte, bis er entdeckt, daß ihm ganz andere Gaben von Natur aus dazu verhelfen können.

Krull ist ein *Künstler* in seinem Verhältnis zum »Leben«: ein

Illusionist, wie sein Vater, der schlechten deutschen Sekt zum Welterfolg führen möchte und als Selbstmörder endet. Felix verläßt sich kaum mehr auf andere Menschen, so illusionistisch ist er nicht, sondern auf die eigene Fähigkeit, bei anderen die lebensfreundliche Illusion erwecken zu können. Auch Felix ist ein »Zauberer«, wie jener abscheuliche Cipolla, doch will er durch den erotischen Zauber nicht herrschen, weil er nicht häßlich ist, sondern »hübsch und schön«: wie der biblische Joseph bei Thomas Mann.

Gemäß der Ästhetik jener ersten Vorkriegszeit wäre Krull natürlich nicht als Künstler anzuerkennen, denn sein Lebensprinzip ist nicht auf ein Tun, künstlerische oder literarische Arbeit, gegründet, sondern auf das Sein. Wie mancher heutige Schöpfer oder Macher könnte auch Krull, mit guten Argumenten, von sich behaupten: »Ich bin ein Kunstwerk!« Er tut es aber nicht. Das verbietet ihm der damalige Stand der ästhetischen Erörterungen.

Krull ist ferner *eine Rolle Thomas Manns*. Das hat der alte Meister noch rechtzeitig entdeckt; er hatte sich fast verräterisch weit mit seinem Hochstapler identifiziert. In jener Sonderausgabe nämlich der Begegnung zwischen Krull und Professor Kuckuck, dediziert zu Pfingsten 1953 den Bücherfreunden im schweizerischen Olten, kann man das spätere Fünfte Kapitel aus dem Dritten Buch der »Bekenntnisse« noch in folgender Fassung lesen: »Hatte ich die Reize des Incognitos . . . nicht phantastischerweise schon als Knabe vorweggenommen, wenn ich beschlossen hatte, ein achtzehnjähriger Prinz namens Carl zu sein und diesen freien Beschluß den ganzen Tag genußreich durchführte, ohne daß sonst jemand von meiner entzückenden Vornehmheit eine Ahnung hatte.«[5] Das aber war, wie Thomas Mann früher mitgeteilt hatte, eines seiner eigenen Spiele in Lübeck gewesen. Weshalb die Buchausgabe den Prinzen Carl unterschlägt und einfach den Satz so beendet: ». . . ohne daß sonst jemand von meiner Prinzlichkeit eine Ahnung hatte«? Von welcher Prinzlichkeit?

Wenn Felix Krull daher für Thomas Mann keine Begegnung war, eher eine Selbstbegegnung oder künstlerische »Emanation«, ein Künstler ohne Kunst, so reduzierte sich seine

Geschichte zu einem *Denkspiel*. Zumal der Stoff offenbar einem Zeitungsbericht entnommen worden war über die erfolgreichen Schwindeleien eines Rumänen namens Manulescu. Das sollte nichts ausmachen: schließlich lag den Erzählungen von Joseph und seinen Brüdern auch ein bereits vorgeprägter Bericht zugrunde, dessen Ausgang, in Form einer »schönen Geschichte«, ebenso festlag wie das Finale einer Kriminalgeschichte, die auch bei Thomas Mann nirgendwo sonst enden konnte als im Zuchthaus. »Indem ich die Feder ergreife, um in völliger Muße und Zurückgezogenheit –«, so beginnt Krull seinen Bericht. Der Leser, dem der Schreibende bereits im Titel als Hochstapler vorgestellt wurde, weiß sogleich, was es mit solcher Muße und Zurückgezogenheit auf sich hat.

Es fällt jedoch auf, daß im ganzen Ersten Teil der Memoiren, mit so viel Diebstahl und Betrug, immer wieder zwar auf die Ausgangslage des »einsitzenden« Memoirenschreibers angespielt wird, daß Krull jedoch in keiner Episode je in Gefahr gerät. Er bleibt Felix, der Glückliche. Indem er sich anverwandeln darf in den Diebesgott Hermes, weil es die literarisch exaltierte Diane Houpflé nun einmal will, wird er göttlich und demnach ungefährdet. Er bedeutet Gefahr für andere, auch Beglückung, ohne selbst jemals beglückt zu sein, oder auch gefährdet.

Felix ist ein Glücksname, ganz wie *Faustus*. Dem Hochstapler Krull ist diese nicht bloß zufällige Nachbarschaft zu Faust bei seinem Erzähler zum Verhängnis geworden. Im Tagebuch über ›Die Entstehung des Doktor Faustus‹, diesem »Roman eines Romans« (1949), finden sich gleich zu Anfang merkwürdige Hinweise auf die *Beziehung zwischen Faustus und Krull*. Der Tagebuchschreiber erinnert sich im Jahre 1943 der frühen Gedanken an einen eigenen »Faust«, weiß aber nicht, ob er das Ungewisse wagen oder den bereits beschriebenen Hochstapeleien weitere folgen lassen soll: in endloser Erweiterung. Dann heißt es: »Ein Tag brachte trotz allem die Auflösung der Materialpakete zum ›Hochstapler‹, das Wiederlesen der Vorarbeiten. – Mit wunderlichem Ergebnis. Es war ›Einsicht in die innere Verwandtschaft des Faust-Stoffes damit‹ (beruhend auf dem *Einsamkeitsmotiv*, hier tragisch-mystisch, dort humoristisch-kriminal); doch scheint dieser, wenn gestaltungsfähig,

der mir heute angemessenere, zeitnahere, dringendere . . .«[6]
Also Faustus und nicht Krull.

Daß der junge rheinische Hochstapler »aus feinbürgerlichem,
wenn auch liederlichem Hause« mit der Lieblingsproblematik
des frühen Thomas Mann, dem Verhältnis also zwischen Bürgerwelt und Künstlertum, zu tun hatte, war von Anfang an
evident. Schon in den ersten Erzählungen, dem ›Bajazzo‹ etwa,
dann im ›Tonio Kröger‹ oder im ›Tristan‹, hatte der Erzähler
aus Lübeck ein späteres Thema der ›Dreigroschenoper‹ vorweggenommen: die Sehnsucht der Außenseiter nach den Wonnen
bürgerlicher Gewöhnlichkeit. Freilich waren Bettler- und Ver-
brecherkönig bei Brecht die Repräsentanten eines gesellschaftlichen Outsidertums. Thomas Mann dagegen meinte immer ein
seelisches Abseits, kulminierend in der Randexistenz des Literaten. Die Konstellation Tonio Krögers und Hans Hansens, des
Herrn Spinell=Tristan vor König Marke=Klöterjahn. Hanno
Buddenbrook im Kampf mit den Normen und Riten der Schul-
hierarchie. In allen Fällen: Artistenleben gegen Bürgerlichkeit.
Überall strebten diese Erzählungen nach den Wonnen geistiger
Erniedrigung durch die Ungeistigkeit.

Hier setzte die ursprüngliche Konzeption des Krull-Romans
ein. Auch Krull wird als Künstler präsentiert, freilich· in einer
Disziplin, die an keiner Kunsthochschule gelehrt wird, nämlich
im Bereich der »strafgesetzlich normierten Tatbestände«. Dennoch ist Krull virtuell und sogar real, nämlich in der hohen
Kunst der Betrügerei, ein Artist. Er treibt sich nicht durch
gesetzwidriges Verhalten aus dem Bürgerbereich, sondern
gehörte von Anfang an nicht dazu. *Er war Hochstapler noch
vor Begehung der ersten Hochstapelei.* Daraus entspringt seine
Einsamkeit. Seine Geschichte hat nichts zu tun mit der trivialen
Story vom Sohn aus gutem Hause, der einen Fehltritt begeht
und nun von der Gesellschaft zurückgestoßen wird. Krull ist
nicht Mittelpunkt eines sentimentalen, sondern eines humoristischen Romans. Seine Position ist antibürgerlich von Anfang
an. Er ist ein Vetter des Wedekindschen ›Marquis von Keith‹.
Man weiß, daß Thomas Mann einen Essay über dies Schauspiel
Wedekinds eben in jener ersten Vorkriegszeit niederschrieb, als
er am Krull arbeitete.

Diesen Grundentwurf hat der Erzähler bis zum Schluß beibe-
halten. Das Dritte Kapitel im Dritten und letzten Buch der
Krull-Memoiren, geschrieben in Thomas Manns letzter
Lebenszeit, beginnt mit zwei kurzen Sätzen rückblickender
Meditation. Felix Krull stellt fest: »Ich kann mein inneres
Verhalten zur Welt, oder zur Gesellschaft, nicht anders als
widerspruchsvoll bezeichnen. Bei allem Verlangen nach Liebes-
austausch mit ihr eignete ihm nicht selten eine sinnende Kühle,
eine Neigung zu abschätzender Betrachtung, die mich selbst in
Erstaunen setzte.« Krull kennt die Künstlereinsamkeit und läßt
sich durch keinen erotischen Triumph über die Grundtatsachen
seines Verhaltens zur Umwelt hinwegtäuschen. In allen Situationen scheint er der Werbende und Nehmende zu sein. In
Wahrheit verhält es sich umgekehrt: er bleibt überall das
Objekt von Libido, Sympathie, Zutraulichkeit. Der Scharlatan
kann den Genuß vorzüglich spielen; ob er selbst wahrhaft ge-
nießt, bleibt offen. Das macht: Krull ist ein Mann der Fiktionen.
Er lebt in den Gespinsten der Phantasie, natürlich auch der Lüge,
und schlägt Vorteil aus dem Eigentlichsten seiner Existenz:
dem Spiel der Einbildungskraft. Er ist ein Artist im Bereich
dessen, was der Betrugsparagraph des Strafgesetzbuches mit
der Formel »Vorspiegelung falscher Tatsachen« zu fassen sucht.
Allein die Vorspiegelung ist zunächst einmal artistischer Selbst-
zweck. Krulls Existenz ist eine solche des l'art pour l'art. Daß
diese Artistik dabei auch etwas abwirft, meist recht viel, wird
wohlgefällig akzeptiert, doch zunächst nicht einmal angestrebt.
Nun wird spürbar, warum Krulls Einsamkeit von Thomas
Mann ohne weiteres mit der Einsamkeit des wirklichen Künstlers Leverkühn gleichgesetzt werden kann. Auch Krull empfindet jede Aktion eigentlich als einen Kunstvorgang. Er ist eine
Kunstfigur und macht sich überdies selbst in jedem Augenblick
zur Kunstfigur. Wenn er in Paris als Lebemann ausgeht, so
bereitet er einen Theaterauftritt vor nach dem Modell jenes
unwiderstehlichen Operettenhelden aus der ›Lustigen Witwe‹,
den er als Kind hatte bewundern dürfen: »Die neuen Errungenschaften aber, ein Smoking-Anzug, ein Abendmantel mit sei-
dengefütterter Pelerine, bei dessen Auswahl ich unwillkürlich
von einem immer frisch gebliebenen Jugendeindruck, der Erin-

nerung an Müller-Rosé als Attaché und Schürzenjäger, bestimmt gewesen war, dazu ein matter Zylinderhut und ein Paar Lackschuhe, hätte ich im Hotel nicht sehen lassen dürfen.« Der Hochstapler Felix Krull ist Prototyp eines homo ludens. Er verbringt sein Leben als ästhetische Existenz. Darum finden sich drei große Schilderungen von Spielvorgängen im Roman: Operette, Zirkusartistik, Stierkampf.

Germanistische Forschung über den Krull-Roman hat auf einen frühen Denkanstoß hingewiesen, der zurückführt in die Welt der Aphoristik von Nietzsches Buch ›Menschliches, Allzumenschliches‹.[7] Im Zweiten Band findet man dort unter den »Vermischten Meinungen und Sprüchen« eine Denkhypothese, die sich wie ein erstes Programm der Krull-Memoiren ausnimmt. Unter dem Stichwort »Die Musen als Lügnerinnen« wird von dem Professor der klassischen Philologie zuerst Hesiod zitiert, der die Musen singen läßt: »Wir verstehen uns darauf, viele Lügen zu sagen.« Das ist, wie Nietzsche weiß, ein Topos der Antike: alle Dichter lügen. Platon wußte, warum er sie, mit Ausnahme der dithyrambischen Jubler, aus seiner Politeia zu verbannen gedachte.

Dann aber verbindet Nietzsche das Hesiod-Zitat mit Erfahrungen seiner eigenen Zeit im 19. Jahrhundert, vor allem mit Richard Wagner: »Es führt zu wesentlichen Entdeckungen, wenn man den Künstler einmal als Betrüger faßt.« Abermals ein Versuch, mit dem Wagner-Erlebnis fertig zu werden, denn bereits im 192. Aphorismus, der an jenen 188. über die Künstler als Betrüger anzuknüpfen scheint, wird angespielt auf die »Ungerechtigkeit des Genies«, das am ungerechtesten sei »gegen die Genies, falls sie seine Zeitgenossen sind«.

Die Auseinandersetzung mit *Nietzsche* und mit *Schiller*, der im Falle des Hochstaplers Krull gleichfalls zur Sache gehört, durchzieht das ganze Leben und Werk Thomas Manns: spürbar in den frühen Erzählungen ebenso wie den intellektuellen Angebereien des Prinzenerziehers Dr. Raoul Überbein aus ›Königliche Hoheit‹, im Gehaben Peeperkorns wie des Zauberers Cipolla, gipfelnd im ›Doktor Faustus‹ und in der großen Rede von 1947 über ›Nietzsches Philosophie im Lichte unserer Erfahrung‹. Der Künstler ist früh schon, im Sinne jenes Aphorismus, bei Thomas Mann als Betrüger verstanden, wobei es niemals ohne die geheime Selbstbezichtigung des Schreibenden abgeht. An Zeugnissen dafür fehlt es nicht. Der Künstler, den man in der Erzählung ›Bajazzo‹ nicht ohne bürgerliches Mißtrauen, wenngleich vorerst noch ohne Anlaß, für einen Schwindler hält. Auch der Tristan Detlev Spinell ist bürgerlich unseriös, Tonio Kröger nicht minder. Erst dem Künstler Gustav von Aschenbach war es bis zum 50. Geburtstag gelungen, das Betrügerische in sich zu bändigen, um damit freilich, wie geahnt werden darf, sein Schreiben zwar unanfechtbar zu machen, aber auch langweilig und zweideutig moralistisch.

Als Erfinder des Hochstaplers Krull jedoch versucht Thomas Mann, der bisher – ganz nietzscheanisch – den Künstler wieder und wieder als Betrüger nach dem eigenen Ebenbilde erschaffen hatte, die Variante einer Umkehrung: *der Betrüger als Künstler*. Die Memoiren sollen Straftatbestände als Leistungen eines Artisten deuten: wobei die Virtuosität der Beschreibung einzustehen hat für das absonderliche, doch echte Künstlertum des glücklichen Felix.

Aber ist Krull wirklich ein Betrüger im Sinne strafrechtlicher Normierung? Vorspiegelung falscher Tatsachen allerdings bietet er ohne Unterlaß, allein es ist zweifelhaft in den meisten Fällen, die berichtet werden, ob er auf den Nachteil der von ihm Betrogenen ausging, die ihm verfallen sind. Meistens bedient er sich, als ein »Gelegenheitsmacher« im Sinne der alten Wortbedeutung, die den Kuppler meint, der gebotenen Chancen, die oft als geheimes Zusammenspiel zwischen Betrüger und Betrogenem deutbar sind.

Es gelingt dem Erzähler Thomas Mann durchaus nicht, wobei er kräftig bei der Zweideutigkeit mithilft, den Hochstapler Krull als Bürgerschreck zu präsentieren, der im Zuchthaus zu landen hat. Im Gegenteil gerät die Erzählung, wenn sie Betrügereien und Diebereien zu schildern hat, leicht ins Süßliche. Dann wird aus der von Nietzsche inspirierten, grausam-kulturkritischen Analyse ein Bericht vom schönen Schwindler und panerotischen Herzensbrecher. Als Betrüger ist Krull ein paradigmatischer Fall. Noch weit mehr in seiner *Existenz als Spieler*, als ästhetische Lebensform.

Ein Aphorismus aus dem Ersten Band von ›Menschliches, Allzumenschliches‹ paßt überraschend genau auf die Begebenheiten Krulls in Frankfurt, Paris oder Lissabon. Beim Aphorismus 159 hat sich Nietzsche das Stichwort ausgedacht: »Die Kunst dem Künstler gefährlich.«[8] Mit moderner Terminologie wäre Nietzsches Analyse durch die Begriffe der Infantilität wie der Nostalgie zu interpretieren. »Wenn die Kunst ein Individuum gewaltig ergreift, dann zieht es dasselbe zu Anschauungen solcher Zeiten zurück, wo die Kunst am kräftigsten blühte, sie wirkt dann zurückbildend.« Hier spricht der Philologe, der Sokrates als – späten – Sündenfall der griechischen Blütezeit interpretiert. Der späte Künstler sei daher, so wird man Nietzsche deuten müssen, entweder zum Anachronismus verurteilt, habe folglich »unzeitgemäß« zu bleiben, nach Nietzsches eigenem Wort, oder müsse die Spannung zwischen dem Einst und Nun zum Thema der eigenen und späten Kunst machen.

»An sich ist nun der Künstler schon ein zurückbleibendes Wesen, weil er beim Spiel stehen bleibt, welches zur Jugend und Kindheit gehört: dazu kommt noch, daß er allmählich in andere Zeiten zurückgebildet wird. So entsteht zuletzt ein heftiger Antagonismus zwischen ihm und den gleichaltrigen Menschen seiner Periode und ein trübes Ende . . .«

Versteht man den Spieler Felix Krull als einen Künstler, der nicht erwachsen wurde, so macht er es, nach dem Willen Thomas Manns, ihnen beiden gerecht: Friedrich Schiller und Friedrich Nietzsche. Im Sinne von Schillers ›Briefen über die ästhetische Erziehung des Menschen‹ ist der spielende Felix gleichzeitig ein schöpferischer und dadurch ein – freier Mensch. Die Natur habe den Menschen, meint Schiller, mit zwei Sinnen ausgerüstet, »die ihn bloß durch den Schein zur Erkenntnis des Wirklichen führen«. Die humane Geschichte beweise, daß sich Menschen, »welche der Sklaverei des tierischen Standes entsprungen sind«, durch das folgende stets ausgezeichnet hätten: »die Freude am Schein, die Neigung zu Putz und zum Spiele«.

In diesem Sinne ist der scheinhaft dahinlebende, putzsüchtige und aufs Rollenspiel versessene Hochstapler Krull die authentische Verkörperung eines freien und selbstbewußten Menschen. Krull als Schillerische Utopie. Nach Nietzsches Definition

wäre er gleichzeitig, ein Schwindlerleben lang, ein »zurückbleibendes Wesen, weil er beim Spiel stehen bleibt, welches zur
Jugend und Kindheit gehört«.

Nietzscheaner waren beide Brüder, Heinrich wie Thomas
Mann. Noch im Exil gab Heinrich für amerikanische Leser eine
Auswahl aus Nietzsches Werk heraus: mit einer verständnisvollen und dankbaren Einleitung. Der jüngere Bruder hatte sich
damals eine Selektion aus Schopenhauer vorbehalten. Dennoch
ist Heinrich Manns Verhalten, bei allem Verständnis für einen
ästhetisch-eudämonistischen Immoralismus, nach dem Beispiel
des guten Königs Henri Quatre, weitaus negativer fixiert, wenn
es sich um »bloß« ästhetische Existenzen handelt, als Thomas
Manns einbekannte Sympathie für den hübschen Schwindler.
Der wilhelminische Bel Ami in Heinrich Manns Roman ›Im
Schlaraffenland‹ ist ebenso satirisch und ingrimmig porträtiert
wie der wilhelminische ›Untertan‹ Diederich Hessling. Der
Genuß des Untertans bei der Lohengrin-Vorstellung ist ein
belastendes Indiz: für Hessling wie für Richard Wagner. Wenn
sich der junge Felix Krull an der ›Lustigen Witwe‹ delektiert, so
spürt man zwar ironische Distanz des Erzählers zu Lehár, doch
heitere Empathie für den verzauberten Jungen und sein Idol,
den unwiderstehlichen Bonvivant aus dem »Maxim«, verkörpert durch den Operettenliebling Müller-Rosé: »Sein Körper
schien bis ins letzte Fingerglied durch einen Zauber durchdrungen, für den nur die unbestimmte Bezeichnung ›Talent‹ vorhanden ist und der ihm offensichtlich ebensoviel Genuß bereitete
wie uns allen.«

Krulls erstes Erlebnis mit dem Zwiespalt zwischen Kunst und
Wirklichkeit, vermittelt durch die *Operette*, verhilft dem gefallsüchtigen, aufs Spielen erpichten Jungen zur Erkenntnis, daß
nicht die ekelhafte Misere des Künstlers zählen darf, sondern
allein der Augenblick seines Glanzes. Müller-Rosé erweist sich
in der Garderobe als körperlich ekelhafter Mann und vulgärer
Dummkopf, doch sobald er wieder die Szene betritt, wirken
alle Zauber von neuem. »Die erwachsenen und im üblichen
Maße lebenskundigen Leute aber, die sich so willig, ja gierig
von ihm betören ließen, mußten sie nicht wissen, daß sie
betrogen wurden?«

Einer solchen Erkenntnis hätten, aus grundverschiedenen Erwägungen, sowohl Schiller wie Nietzsche beigestimmt. Schiller hätte darin die »Heiterkeit« der Kunst und die Freiheit menschlichen Spielens bestätigt gefunden, Nietzsche das Betrugselement allen Künstlertums. Felix Krull entdeckte sich an jenem Operettenabend als Spieler, und damit als Außenseiter. Nur der Augenblick der Verzauberung durfte zählen, worin man sich verwandelt, sich selbst verzaubert, und eben dadurch auch alle anderen. Ganz wie es jenem Müller-Rosé gelungen war: »Ein gemeinsames Lächeln blöder Selbstvergessenheit umspielte alle Lippen . . . Wenn Müller-Rosé vom Schauplatz abtrat, so fielen die Schultern hinab und eine Kraft schien von der Menge zu weichen.«

Die ästhetische Lebensform aber ist, wie Krull beim Betrachten der Bühne und des Zuschauerraums entdecken muß, von Grund auf durch *Erotik* geprägt. Der Liebende ist verzaubert, doch der Künstler bezaubert, ohne selbst zu lieben: darin gleichen sich der Hochstapler Krull und der faustische Künstler Adrian Leverkühn. Ihre Kunst macht sie zu Nichtliebenden. Ebendies jedoch macht sie gleichzeitig zu Ebenbildern »ihres« Künstlers Thomas Mann.

Hier freilich stellt sich die Frage nach der Möglichkeit einer vom Prinzip her »unerotischen« Kunst, und nach ihrem Sinn. Sie ist sinnlos für Krull, nicht jedoch für seinen Erzähler, der bei Schiller und Dostojewski (und im eigenen Schaffen) die Bestätigung dafür erblicken möchte, daß es in der Sphäre des Ästhetischen möglich sei, ohne erotische Sympathie, sogar mit Hilfe von Kälte, ein Werk zu schaffen, das seinerseits in Liebe, nicht bloß in Dankbarkeit, entgegengenommen werden kann. Thomas Mann hatte im Sommer 1949 zu Ehren Goethes in Frankfurt und in Weimar gesprochen, kehrte dann nach Kalifornien zurück, der ›Erwählte‹ war fertiggeworden, als ein Annex zum ›Doktor Faustus‹: nun mußte wieder einmal gewählt werden zwischen den Projekten. Diesmal wird, am Jahresbeginn 1951, zugunsten von Krull entschieden. »Gewissermaßen macht es mir Spaß, über all die Zeit und all das inzwischen Getane hinweg den Bogen zu schlagen. Aber eben, es ist ein bißchen viel getan unterdessen und Felix von Joseph stark überhöht. Ich muß sehen, ob die Sache mir auf die Dauer noch schmeckt.« In einem anderen Brief heißt es dann: »aber noch macht es mir Spaß und noch weiß ich für eine Weile weiter«.

Im Sommer 1951 kehrt Thomas Mann mit Katia nach Europa zurück: vor allem nach Zürich. Am 24. September hält er im Schauspielhaus eine Rede, um den Abbruch des altertümlichen Theaters zu verhindern. Nach der kurzen Ansprache wird aus den neuentstandenen Kapiteln des ›Krull‹ gelesen: es sind die Abschnitte »Reise und Ankunft« und »Circus«: der Beginn des Dritten Buches dieser Memoiren. Zwischen beiden Episoden aber hatte der Erzähler, nicht ohne ein Spiel mit den geistigen Antithesen, die rauschhafte Episode des Hotelboys Felix-Armand mit der reichen Poetin und Tribadin Diane Houpflé berichtet. Die Frau des Potiphar mußte an Josephs Keuschheit scheitern; die »betrogene« Rosalie von Tümmler durfte nicht mehr, weil die Natur es verhindert, zu dem jungen und begehrten Ken Keaton kommen. Diane aber, mit dem Vornamen der keuschen Göttin und der Mondgöttin, darf sorglos das Glück mit ihrem plebejischen und diebischen Hermes oder Mercurius genießen.

Artemis und Hermes. Auch Diane ist eine Künstlerin: man darf annehmen, daß der Erzähler davon wirklich überzeugt ist. Sexuelle Frenesie, selbst wenn sie dem Leser und Betrachter komisch verkommen mag, ist kein Einwand gegen das künstlerische Talent. »Diane Philibert«, wie sie als Schriftstellerin zeichnet, kann Poesie nur als Liebende erfassen. »Ich lebe in meiner sogenannten Verkehrtheit, in meines Lebens Liebe, die allem zu Grunde liegt . . .« Das ist ein Bekenntnis vor und zu dem nichtliebenden Erotiker Krull. Er werde weiterleben in ihren Versen.

Damit endet das Zweite Buch der ›Bekenntnisse‹. Zu Beginn des Dritten jedoch erlebt Krull, nach dem Willen seines Erzählers, der nicht bloß einen Schelmenroman schreiben möchte, sondern auch einen Bildungsroman, daß es Spiel gibt und hohe Kunst *ohne* Erotik. Ein Spiel jenseits der vorgeschriebenen Rollen von Mann und Weib, Kunst und Moral, Schönheit und Erotik. Als ein Spielen, das nicht mit der Liebe im Bund ist, sondern mit dem Tod. Das erfährt Felix Krull im *Zirkus*: durch eine Frau in einem »knappen und schmiegsamen, mit Schwan besetzten Silberpanzer, dem an den Schultern, zur Bestätigung ihres Titels als ›Tochter der Lüfte‹, ein paar kleine Flügel aus weißem Gefieder angesetzt waren«. Die Trapezkünstlerin Andromache wird zur Gegenspielerin der Künstlerin Diane Houpflé.

»Was für Menschen, diese Artisten! Sind es denn welche?« Ein Ausruf, gefolgt von einer Frage, die rhetorisch ist, denn sie hat sich selbst beantwortet. Es sind keine Menschen. In jenem Sinne des Menschlichen, der ihre Gegenspieler auszeichnet, oder auch brandmarkt: die Zirkusbesucher. »Dieses einzigartige Publikum, das sich aus gierigem Schaupöbel und einer Pferde-Lebewelt von roher Eleganz erregend und beklemmend zusammensetzt.« Wohlgemerkt: hier schreibt ein Snob und Schwindler, der sich auszukennen glaubt auch in den Bereichen einer nicht rohen Eleganz.

Abermals läuft es hinaus auf die Konfrontierung von Wonnen einer bürgerlichen Gewöhnlichkeit und artistischer Einsamkeit. Der hier weiterschreibt: Thomas Mann in seiner letzten Lebenszeit, spielt immer noch mit den Motiven von einst, aus einer ersten Vorkriegszeit, die ausdrücklich auch in der Kostümierung fixiert wird: »Kavallerie-Offiziere, die Mütze schief, in den Logen . . . Kavaliere im grauen Gehrock und grauen Zylinder.« Allein der Tonfall des schreibenden Hochstaplers wirkt seltsam verändert: gealtert weit über die vom Erzähler einberechneten Lebensjahre. So schreibt kein hübscher Schnösel, der sich im Hotel Ritz ein ärmliches Incognito als Kellner leisten muß, um anschließend den Auftritt als Besucher im Pariser »Circus« zu zelebrieren.

Etwas hat sich für Krull verändert. Als er die schneidende Dissonanz erleben mußte zwischen dem Glanz und dem Ekel, verkörpert durch jenen Müller-Rosé, hatte er den Zwiespalt ignorieren wollen. Es zählte allein der Glanz. Die Artisten im Zirkus jedoch haben den Kontrast zwischen Sein und Schein für sich aufgehoben. Sie sind, was sie scheinen. Das gilt bereits für die Clowns. Erst recht für Andromache, die Tochter der Lüfte. Krull sinniert: »War Andromache etwa menschlich? War sie es außerhalb der Manege, hinter ihrer Berufsleistung, ihrer ans Unnatürliche grenzenden, für eine Frau tatsächlich unnatürlichen Produktion? Sie sich als Gattin und Mutter vorzustellen, war einfach läppisch.«

Einem Adepten der ästhetischen Existenz wie Krull wird die »Einfühlung« dadurch leichter. Da er selbst keine unnatürliche Leistung erbringen muß, weil in der Hübschheit und Schönheit das Sein zusammenfällt mit dem Schein, ist seine eigene Wahl, die sich für das ästhetische Dasein entscheidet, sogar leichter, als diejenige der Frau Andromache. Sie muß den zeremoniellen Gruß ans Auditorium richten bevor die Nummer beginnt, »aber ihre ernsten Augen . . . grüßten nicht mit«.

Plötzlich ist Krull, durch seinen Erzähler dazu veranlaßt, mitten im ›Zauberberg‹ und bei der von Clawdia Chauchat mit langgezogenem slawischen Akzent so eindringlich beschworenen »Menschlichkeit«. Die wirkliche Clawdia will diesen Begriff für das Triebhafte und »Zuchtlose« reserviert wissen. Krull sieht es anders: fast urteilt er wie Gustav von Aschenbach, ein Zeitgenosse übrigens, dem der Tod in Venedig noch bevorsteht. Schneidende Formulierungen, die es auf Erhöhung der Andromache zur ästhetischen Unmenschlichkeit abgesehen haben: »Alles muß ›menschlich‹ sein für die Gewöhnlichkeit, und man glaubt noch wunder wie warmherzig wissend hinter den Schein zu blicken, wenn man das Menschliche dort aufzufinden und nachzuweisen behauptet. War Andromache etwa menschlich . . .?«

Dieser Abend hat Krull verändert: zur Kenntlichkeit. Das Gesetz wurde ihm klar, wonach er antrat. »Die Menge rings um mich her gor in Lust und Belustigung, – ich aber, gewissermaßen, schloß mich aus von ihrem Gären und Gieren, kühl wie einer, der sich vom ›Bau‹, vom Fach fühlt.« Er hatte sich zu ihnen bekannt: den Clowns, der unweiblichen und gar unmenschlichen Andromache, zu Monsieur Mustafa, dem Löwenbändiger. Krull war einer von ihnen geworden. Das veränderte ihn im Nu. »Es ist nicht anders: das scheue und nicht sowohl stolze als in sein Schicksal willigende Gefühl eines Menschen, daß es etwas Besonderes mit ihm ist, schafft um ihn herum eine Luftschicht und Ausstrahlung von Kühle . . .«

Von wem ist die Rede? Von Krull, oder von Adrian Leverkühn, oder von Thomas Mann? Es stimmte schon, daß in den Tagebuchnotizen die geheime Verwandtschaft zwischen Krull und Faustus unterstrichen wurde. So denkt und schreibt kein jugendlicher Hochstapler. Dies hier ist ein alternder Panerotiker, dem die Wahl für die ästhetische Existenz, verstanden mit Kierkegaard als ein Entweder – Oder, nur neue Einsamkeit brachte: bei allzuvielen und ephemeren Triumphen. Weshalb es bei *Kierkegaard* heißt, rückblickend auf den ästhetischen Erotismus: »Wenn man das Entweder – Oder des Lebens so betrachtet, ist man nicht leicht versucht, damit zu spaßen.«[9]
Man spaßt nicht mit dem Tode. Das wird an Krulls dritter Erfahrung mit dem Spiel und den Aktionen eines homo ludens demonstriert: am *Stierkampf*. Es ist gleichsam eine Synthese, die das Spiel des Müller-Rosé und jenes der Andromache »aufhebt« und überhöht. Diesmal besteht Einstimmung zwischen dem Artisten und seinem Publikum: fast wie einst bei den vulgären Wonnen der Operettenherrlichkeit. Umgekehrt aber hat die moralische Strenge der Zirkusartisten, die unmittelbar mit ihrem Leben zu »spielen« haben, auch das Auditorium erfaßt. Man lebt in der iberischen Mittelmeerwelt, in der heidnisch-christlichen Symbiose: Osiris und Mithras und Christus in verwirrender Nähe. Thomas Mann erinnerte sich, als er Krull, den falschen Marquis, nach Lissabon geleitete, der alten »spanischen« Vorlieben, zusammen mit den ägyptischen, die sich im Josephsepos zusammengefunden hatten.
»Die Stimmung des ungeheuren Rundes schien erwartungsfroh, doch gedämpft, sie unterschied sich, auch auf der Sonnenseite und gerade dort, merklich vom üblen Geist des Pöbelhaften, der auf den Tribünen profaner Sportplätze zu Hause ist.« Pöbelhaft hatte Krull die Zirkusbesucher empfunden, nicht minder das deutsche Operettenvolk. In Portugal wird anderes und anders gespielt. »Weil man sehr stumpf hätte sein müssen, um nicht die zugleich beklemmende und heilig belustigende, aus Jux, Blut und Andacht unvergleichlich gemischte Stimmung von freigegebener Ur-Volkstümlichkeit, tief heraufgeholter Todesfestlichkeit zu spüren, die über dem Ganzen lag.«
Heilig belustigend. Jux, Blut und Andacht. Mit solchem Denk-

spiel hat der Erzähler, ähnlich wie seinen Berichterstatter Serenus Zeitblom im ›Doktor Faustus‹, nun auch den Memoirenschreiber Krull beiseitegeschoben, und damit alles Schreiben einer *Rollenprosa.* Bei der Schilderung des Espada, der den Stier töten wird, klingt erotische Bezauberung an: »Achtzehn- oder neunzehnjährig, war dieser Ribeiro in der Tat bildhübsch. Unter schwarzem Haar, das ihm glatt und ungescheitelt tief in die Brauen hing, trug er ein feingeschnittenes spanisches Gesicht zur Schau . . .« Ein Schulkamerad von Golo und Monika Mann, ein Junge »spanischen Geblütes«, wie Monika später in ihren Erinnerungen mitgeteilt hat, wurde »wegen seiner exotischen Schönheit für meinen Vater zum Modell des jungen Joseph«.

Dieser dem Joseph gleichende »bildhübsche« Spanier ist aber ein Töter. Krull scheint ihn, als Thomas Mann, zu bewundern. Allein zu bewundern bleibt auch der Stier, der sein Sterben, nach einer kurzen Verzagtheit, die mit Hohn quittiert wird, vorzüglich mitspielt. Es ist ein Zusammenspielen zwischen Töter und Opfer. Der Stierkämpfer und Töter Ribeiro ist abermals *Hermes,* der Todeslotse. Die Erzählung fand zurück zum ›Tod in Venedig‹. Gegen den – fragmentarischen – Schluß hin wurde Krull immer stärker zum bloßen Zurechnungspunkt für seinen Erzähler. Ein Komponist arbeitet mit dem Motivmaterial. Die imposante Dona Maria Pia ist nicht »hübsch«, aber »schön«. Rahel war beides, ganz wie ihr Sohn Joseph. Es ist Hochstimmung der Corrida, die anklingt, wenn Krull-Joseph von der Großen Mutter begehrt und genommen wird. Mit einer »Inversion« beendet, in provisorischer Weise scheinbar, Thomas Mann sein letztes Buch.

Wie hätte es weitergehen sollen? Das darf man sich ausmalen. Anhaltspunkte fehlen nicht. Krull bereitet sich auf die Reise nach Argentinien vor. Es wäre für den Erzähler eine Fahrt ins Unbetretene daraus geworden, da sich Thomas Mann niemals neugierig zeigte, die lateinamerikanische Welt zu besuchen. Er sprach, danach befragt, von mangelnder Neigung. Folglich hätte man sich mit einer Dokumentation über Buenos Aires behelfen müssen. Die Zwillingsgeschwister Meyer-Novaro hätten ihr Stichwort erhalten. Ein hübsches und schönes Paar, Bruder und Schwester: vom jungen Krull vorerst als Vision erlebt.

Das war kaum »buchenswert« im Rahmen der Krullgeschichte. Es gab bereits das ›Wälsungenblut‹. Bestenfalls eine – nicht durchaus – neue Konstellation des Panerotikers Felix. Nach dem Wettstreit zwischen Mutter und Tochter in Lissabon diesmal die mann-weibliche Konstellation in Argentinien. Der Überdruß Thomas Manns war verständlich. Natürlich wußte der Erzähler, wie es weiterzugehen hätte. Auf der Stierkampf-szene war ein Merkzeichen aufgestellt worden, wenn es hieß bei Schilderungen des Matador Ribeira: »Unter anderem Namen, in anderer Lebensrolle, als Teil eines Doppelbildes, ist er mir, genau er, etwas später wiedererschienen. Doch davon an sei-nem Ort.«

Dies markiert die Nichtvollendung, betrifft jedoch allein die Fabel, das Element des Abenteurer-Romans. Im übrigen sind die ›Bekenntnisse des Hochstaplers Felix Krull‹ *gleichzeitig unvollendbar und vollendet.* Unvollendbar ist jede Geschichte eines Panerotikers: es kann immer so weitergehen, solange kein Steinerner Gast dazwischentritt. Jedes pornographische Buch ist durch solche schlechte Unendlichkeit geprägt. Auch Krull wäre der langen Weile nicht entgangen. Der Leser konnte sich den Rest ausdenken, war lediglich neugierig auf die Vorgänge, die den Hübschen und Schönen ins Zuchthaus bringen sollten.

Vollendet aber hat Thomas Mann seinen Schelmenroman durch die Begegnung zwischen Krull, dem falschen Marquis, und dem Professor Kuckuck im Speisewagen und auf der Fahrt von Paris nach Lissabon. Warum heißt er Kuckuck, der Mann mit den Sternenaugen, der sich im Verlauf der Geschichte als das Gegenteil eines Kuckucks erweist, als ein Hahnrei? Und warum empfindet der Betrachter Krull die Augen des Älteren als Sternenaugen? Das fragt er sich: »›Augenstern‹ ist ja ein geläufi-ges Wort, aber da es nur etwas Physisches sachlich bei Namen nennt, deckt es sich keineswegs mit der Bezeichnung, die sich mir aufdrängt, da doch etwas eigentümlich Moralisches im Spiele sein muß, wenn aus Augensternen, die jeder hat, Ster-nenaugen werden sollen.«

Etwas eigentümlich Moralisches. In diesem Gespräch, das Thomas Mann sehr liebte und oft vor vielen Menschen vorgelesen hat, zum Glück auch für die Schallplatte, gerät Krull, als eine erotisch-ästhetische Existenz, als ein *Entweder*, an den Gegenspieler: das *Oder* des Pan-Moralisten. Dem Bekenntnis zur Panerotik antwortet die Aufforderung, sich zur *All-Sympathie* zu bekennen: zur Freundlichkeit gegenüber dem Leben in jeglicher Gestalt, dem anorganischen wie dem organischen. Berühmt gewordene Sätze. Sie nehmen das Thema der etwas schlampigen Denkerei Krulls im Pariser Zirkus wieder auf, wo er sich verächtlich gegen das »Menschliche« in Form einer vulgären Leiblichkeit gewandt hatte. Nun wird er belehrt durch den Mann mit den Sternenaugen; der ihm klarmacht, was den homo sapiens auszeichne vor aller anderen Natur: »Es sei das Wissen von Anfang und Ende. Ich hätte das Menschlichste ausgesprochen mit dem Wort, es nähme mich ein für das Leben, daß es nur eine Episode sei. Fern davon nämlich, daß Vergänglichkeit entwerte, sei gerade sie es, die allem Dasein Wert, Würde und Liebenswürdigkeit verleihe.«

Es ist ein letzter Salut Thomas Manns für den epischen Lehrmeister, der dem verzagten Jungen aus Lübeck durch sein Beispiel zur Selbstfindung verhalf: für *Theodor Fontane*. Was Professor Kuckuck lehrt, hatte der alte Fontane in Versen gesagt.

> Leben: wohl dem, dem es spendet
> Freude, Kinder, täglich Brot,
> Doch das Beste, was es sendet,
> Ist das Wissen, daß es endet,
> Ist der Ausgang, ist der Tod.

Kuckuck faßt beide Auslegungen des Gedichts zusammen: sowohl die Variante, daß das Beste am Leben das Wissen sei, das es sendet, wie auch, daß das Wissen vom Ende tröstlich genannt werden müsse.

Man sollte dies bedeutende Stück deutscher epischer Prosa als Abschluß des ›Krull‹ verstehen. Nicht zufällig wird alles in Konjunktiven der indirekten Rede mitgeteilt. Dergleichen entzieht sich der indikativischen Festlegung. »Sein sei nicht

Wohlsein, es sei Lust und Last und alles raum-zeitliche Sein, alle Materie habe teil, sei es auch im tiefsten Schlummer nur, an dieser Lust, dieser Last, an der Empfindung, welche den Menschen, den Träger der wachsten Empfindung, zur All-Sympathie lade.«

Es ist eine Begegnung des Erzählers mit seinem Geschöpf, vielleicht auch eine Begegnung des alten mit dem jungen Thomas Mann. Er hatte diese Form der historischen Selbstkonfrontation bei Goethe kennen gelernt. Es geht bei solchen Begegnungen immer um den Abschied. Weshalb das Kapitel mit den Worten schließt: »Recht gute Nacht!« Wer noch eine Lesung dieser Szene durch den Meister hören konnte, wird den Ausdruck nicht vergessen, der diese Worte begleitete. Worauf sich der Redner erhob und für den Applaus bedankte.

Es war ein letztes Wort. Außerdem war es eine Zurücknahme, genauer wohl: die Zurücknahme einer Zurücknahme. Professor Kuckuck antwortete dem deutschen Tonsetzer Adrian Leverkühn, der sich dazu entschlossen hatte, Schiller und Beethoven »zurückzunehmen«. Es solle nicht sein, hatte Faustus gemeint, »was man das Menschliche nennt, obwohl es gut ist und edel . . . Es wird zurückgenommen. Ich will es zurücknehmen.« Was denn? »Die Neunte Symphonie.«

Professor Kuckuck versteht es anders, das Menschliche: weder im Sinne des jungen Krull, noch als Bitterkeit Adrian Leverkühns. Das letzte Wort, verstanden als Gegenthese zu aller ästhetischen Existenz, deutet das Menschliche als Wissen vom Ende aller Lebensepisoden, das »allem Dasein Wert, Würde und Liebenswürdigkeit verleihe«. Es wurde noch einmal wiederholt in Thomas Manns letzter Rede vom Mai 1955, zu Ehren Friedrich Schillers, die »seinem Andenken zum 150. Todestage in Liebe gewidmet« war. Als eine Zurücknahme der Zurücknahme der Neunten Symphonie. (1980)

DIE TAGEBÜCHER

Als er mit 80 Jahren in Zürich starb, am 12. August 1955, fand man vier Pakete aus braunem Packpapier, mit Bindfaden verschnürt und versiegelt. Offenbar hatte Thomas Mann alles selbst besorgt. Die englische Aufschrift, mit der Hand geschrieben, besagte, daß es sich hier um die Tagebücher von 1933 bis 1951 handele. Sie seien »ohne irgendeinen literarischen Wert«, dürften aber erst 20 Jahre nach dem Tode des Schreibers geöffnet werden.[1]

Man hat diesen Hinweis mit Recht als letztwillige Verfügung betrachtet und respektiert. Die Tagebücher wurden in Kilchberg bei Zürich, wo Thomas Mann gelebt hatte, am 12. August 1972 geöffnet. Man entdeckte dabei mit Überraschung, daß nicht bloß die Tagebücher seit 1933 verpackt worden waren, sondern daß es auch noch Aufzeichnungen aus früheren Lebensjahren gab, die der Schreiber aus irgendwelchen Gründen von jener Verbrennung ausschloß, die er selbst in Los Angeles am 21. Mai 1945 veranstaltet hatte. Damals vernichtete er alle Tagebücher bis zum Antritt des Exils. Wie es gelungen war, die in München bei der unfreiwilligen Emigration im Januar 1933 zurückgebliebenen geheimen Lebensdokumente zu retten und in die Schweiz zu schaffen, das wird in dem jetzt erschienenen Band mit den Tagebuchnotizen der Jahre 1933/34 ausführlich berichtet.

Die leidenschaftliche Erregung, die in den Tagebuchaufzeichnungen das Schicksal der geheimen Notizen begleitet, die Vorstellung, die Machthaber des Dritten Reiches könnten das Paket entdecken und propagandistisch ausschlachten: alles macht verstehen, daß Thomas Mann sein geheimstes Leben und Erleben vor Neugier zu schützen gedachte. Das war wohl der Grund, warum jenes Autodafé im Garten des Hauses von Pacific Palisades veranstaltet wurde. Damals notierte er, als das Werk getan war, das einem in allen praktischen Alltagsdingen so wenig gewandten Menschen vermutlich nicht leichtfiel: »Alte Tagebücher vernichtet in Ausführung eines längst gehegten Vorsatzes. Verbrennung im Ofen draußen.«

Mit dieser Schilderung der Fakten ist bereits der merkwürdige Widerspruch benannt, der alles durchzieht im Leben und Schaffen Thomas Manns, was mit diesen Tagebüchern zu tun hat. Einmal die Hartnäckigkeit schon des Schülers und Gymnasiasten zu Lübeck, durch genaue Aufzeichnung des jeweiligen Tagesablaufs, der körperlichen und seelischen Vorgänge, von Begegnungen, Kunst- oder Leseerfahrungen, das Leben möglichst noch am Vormittag des nächsten Tages durch Schreiben festzuhalten und dadurch zu objektivieren. Thomas Mann trennt, bereits *vor* aller Entscheidung für die Laufbahn eines Schriftstellers, in erzliterarischer Weise sein Leben von seinem Schreiben. Die Tagebücher präsentieren sich folglich als erste Form eines Dualismus, den der Schreibende später immer wieder in abgefeimter Erzähltechnik weiterentwickeln und verfeinern sollte: Indem er sich etwa für den ›Zauberberg‹ oder die Josephs-Romane den dazwischengeschalteten, stets mitredenden und kommentierenden Erzähler erfand als einen »raunenden Beschwörer des Imperfekt«. Objektivierung zwar in den Memoiren des Hochstaplers Felix Krull, wo aber der Erzähler Thomas Mann immer wieder dem Memoirenschreiber Krull in die Quere kommt. Oder bei dem spielerisch erfundenen Erzählermönch Clemens aus Irland vom Orden des Heiligen Benedikt, der – angeblich – den Bericht über den »Erwählten« vorzutragen hat.

Vollkommene Entsprechung schließlich, als Dualismus zwischen dem erlebenden und tagebuchschreibenden Thomas Mann, in der Aufspaltung der Erzählsituation im Roman ›Doktor Faustus‹. Da wird die Trennung zwischen dem Künstlerleben Adrian Leverkühns und dem gleichsam tagebuchartigen Bericht darüber durch Leverkühns Freund Serenus Zeitblom folgerichtig durchgeführt. Der eine erlebt und der andere schreibt auf.

Wer sich aber so grundsätzlich für diesen Dualismus aus Leben und Schreiben entschließt, wie der lebenslange Tagebuchschreiber Thomas Mann, hat damit zugleich beschlossen, sich selbst völlig kühl, gnadenlos und ohne irgendwelche Wehleidigkeit zu beobachten und zu beurteilen. Das Auge des »Anderen«, von dem Jean-Paul Sartre spricht, als einem Grundphänomen der menschlichen Existenz, wird für Thomas Mann bereits durch das eigene Augenpaar repräsentiert: durch das tagtägliche und erbarmungslose Urteil Thomas Manns über Thomas Mann. Das schließt, wie gerade die Tagebücher aus den ersten und schweren Exiljahren 1933/34 bezeugen, Irritation durch das Urteil der Außenwelt keineswegs aus. Thomas Mann hatte immer wieder betont und auch geschrieben, er sei überaus abhangig von guten oder schlechten Meinungen anderer Leute. Hier einfach von innerer Unsicherheit zu sprechen wäre oberflächlich, denn diese übermäßige Reizbarkeit und Empfindlichkeit war gleichzeitig eine notwendige Voraussetzung für das Entstehen eines literarischen Lebenswerks, das jeden Tag erneut, wie man nachlesen darf, der Anfälligkeit des Körpers, der Schlaflosigkeit, der Angst, dem Mißtrauen gegenüber dem eigenen Werk, der Niedergeschlagenheit über läppische Pressestimmen abgerungen werden mußte.

Es gab viel Anlaß zu Bitterkeit und Ratlosigkeit in diesen Jahren eines halb ungewollten, immer wieder überdachten und oft auch bereuten Exils. Heimweh nach München, allerdings nicht im Sinne einer Deutschlandsehnsucht, sondern verstanden als utopische Rückkehr in die einstige Geborgenheit, steht zwei Jahre lang im Widerstreit mit klaren moralischen, wenngleich nicht immer politischen Erkenntnissen: daß der Schriftsteller Thomas Mann nichts gemein haben kann mit den Machthabern des planvoll und barbarisch errichteten Dritten Reiches.

Es gibt Aufzeichnungen über demütigende Situationen, die objektiv komisch wirken, aber nicht so empfunden wurden. Wenn etwa Thomas und Katia Mann einer Einladung zu Vorträgen in Amerika folgen, am Ehrentisch im Salon des Ozeandampfers sitzen: zusammen mit reichen Mexikanern und Amerikanerinnen, die noch nie etwas vom Nobelpreisträger Thomas Mann gehört oder gar gelesen haben. Man geht unfreundlich miteinander um an diesem Tisch, so daß beim Abschiedsabend die anderen Gäste des Tisches demonstrativ erst zum Abendbrot erscheinen, als das Ehepaar Mann allein seine Mahlzeit beendet hat. Dann landet das Schiff im Hafen von New York. Thomas Manns Verleger erscheint, mit einem Schwarm von

Journalisten. Es wird photographiert und interviewt. Am Abend notiert der Tagebuchschreiber voller Befriedigung, daß die unwissenden Teilnehmer der Tafelrunde sichtlich beeindruckt waren.

Es gibt auch nicht minder gnadenlose Aufzeichnungen über wirkliche Demütigungen, die ein weltbekannter Schriftsteller, damals ein Mann von 59 Jahren, einzustecken hatte. Der deutsche Pass ist abgelaufen und wird nicht erneuert. Man gibt ihm Empfehlungsbriefe und eine Art Fremdenpaß, der jedoch immer wieder, in England bei der Rückkehr aus Amerika, dann bei der Rückkehr in die Schweiz, von den Grenzpolizisten angezweifelt wird. Stets muß »in Sachen Thomas Mann« herumtelefoniert und Protektion eingeholt werden. Nach dem gescheiterten Naziputsch in Österreich im Sommer 1934 glaubt Thomas Mann irrigerweise an einen tiefen Konflikt zwischen Hitler und Mussolini. Deshalb wagt er es, die Einladung zu irgendeinem Kulturkongreß im faschistischen Italien anzunehmen, weil es sich um Venedig als Tagungsort handelt. Das Hôtel des Bains am Lido übt immer noch den alten Zauber aus; wie zur Zeit des ›Tod in Venedig‹. Dann verläuft alles ganz abscheulich. Thomas Mann meldet sich auf dem Kongreß zu Wort, wartet zwei Tage lang voller Ungeduld und Sorge, daß man ihn ans Rednerpult bittet. Das wird geflissentlich vermieden, worauf er in Erregung den Kongreß verläßt und die Heimreise beschließt.

Die letzte Eintragung notiert am 31. Dezember 1934, daß Frau Katia die politische Entwicklung optimistisch sieht, da in Deutschland »der Verfall und nahe Umsturz unverhüllbar sei«. Der Tagebuchschreiber ist skeptischer. Die Diagnose am letzten Tag dieses zweiten Exiljahres: »Leidend, Darmaffektion, nervlicher Tiefstand.«

Man könnte gegenüber der Publikation dieser beiden ersten Jahrgänge des erhaltenen Tagebuchmaterials einwenden, daß alle objektiv politischen und kulturpolitischen Eintragungen bereits bekannt waren, weil Thomas Mann selbst gleich nach Ende des Zweiten Weltkriegs solche Teile aus dem Tagebuchzusammenhang gelöst und gesondert publiziert hatte, unter dem Titel ›Leiden an Deutschland‹. Ähnlich wird es sich ver-

mutlich verhalten, wenn die amerikanischen Tagebücher aus
der Weltkriegszeit gedruckt sein werden. Da wird man vieles
wiederlesen können, was Thomas Mann schon als ›Die Entstehung des Doktor Faustus. Roman eines Romans‹ im Jahre 1949
mitgeteilt hatte.

Dennoch kann man jetzt erst die politischen Eintragungen über
das ›Leiden an Deutschland‹ mit ihrem ganzen Gewicht, und
auch in all ihrer Brüchigkeit beurteilen, wenn man nunmehr
den wirklichen Kontext entdeckt: diesen neuen und tiefen
Dualismus zwischen dem Alltagsleid und der schöpferischen
Arbeit. In jener Rede zum fünfzigsten Todestag Richard Wagners im Februar 1933, die eigentlicher Anlaß wurde zur Emigration, prägte Thomas Mann die Formel »Leiden und Größe
Richard Wagners«. Beim Lesen dieser Tagebücher denkt man
an Leiden und Größe Thomas Manns. Es gibt den kranken,
zweifelnden, zaghaften Menschen dieses Namens; es gibt den
objektivierenden und notierenden Tagebuchschreiber; und es
gibt den unverdrossen in Sorge und Anfälligkeit weiterschrei-
benden Thomas Mann, der in jener Zeit der Tagebücher 1933/34
einige der merkwürdigsten Geschichten des Bandes ›Joseph in
Ägypten‹ entstehen läßt.

In einer Rezension über den vorliegenden Band der Tagebücher
konnte man die erstaunliche Behauptung lesen: »Thomas
Manns Zeitungslektüre und -interpretation ist, historisch gesehen, sicher das Wichtigste an den Tagebuchaufzeichnungen.«
Das Wichtigste? Ach nein. Das Wichtigste ist doch wohl Thomas Mann. (1977)

DER ZAUBERER ALS ENTZAUBERER
TAGEBÜCHER 1935 – 1936[2]

Der erste Band von Thomas Manns Tagebüchern schilderte die Begebnisse, Stimmungen und Reflexionen eines im Grunde unfreiwilligen Emigranten. Man hatte zu Beginn des Jahres 1933 ein bißchen Urlaub machen wollen in der Schweiz; in München, in der Poschinger Straße, war alles so geblieben, wie man es nach wenigen Wochen der Abwesenheit freudig und als wohlvertrauten Zusammenhang wiederzufinden hoffte. Dann kam der Regierungswechsel in Deutschland. Zunächst begriff Thomas Mann noch kaum, wie seine Tagebücher vom Anfang des Jahres 1933 bestätigen, daß damit für ihn selbst ein Wechsel aller Lebensumstände verbunden war. Er hielt die Rückkehr nach München für denkbar, vor allem für wünschenswert. Die älteren Kinder machen ihm klar, bald begreift er es auch selbst, daß eine Rückkehr nichts anderes bedeuten kann als Gefahr, vermutlich gar für das Leben. Man muß sich im Exil einrichten. Zunächst denkt die Familie Thomas Mann, wie damals viele Emigranten hoffen und glauben mochten: diese Reduzierung des Daseins auf fremde Länder, ungewohnte Sprachen, unvertraute Gewohnheiten und Rituale, sei bloß von kurzer Dauer.
In den Tagebüchern 1933-1934 erschien Thomas Mann, der jeweils am Morgen die Ereignisse des Vortages notiert und für sich kommentiert, in schlechter körperlicher Verfassung. Ruhelosigkeit, Schlaftabletten, deren Dosierung genau vermerkt wird, Unpäßlichkeiten und Zahnschmerzen, Irritationen über Mitglieder der Familie und Ekel beim Lesen der Tageszeitungen, vor allem wenn sie von Deutschland berichten. Es gibt Sorgen aller Art, die niemand belächeln darf. Thomas Mann lebt im Ausland ohne gültigen Paß. Eine Amerikareise im Jahre 1934 wird zum Abenteuer, denn es bleibt bei der Ankunft in New York ebenso wie bei der Rückkehr nach Europa durchaus unklar, ob das Gefälligkeitspapier, das dem Ehepaar Mann ausgestellt wurde, an der Grenze anerkannt wird oder nicht. Im Hafen von New York war der Verleger Knopf mit Journalisten erschienen. Das beeindruckte die Beamten der Einwanderungs-

behörde, wie im Tagebuch wohlgefällig notiert wird. Bei der
Rückreise hingegen gibt es in England Schwierigkeiten. Man
muß warten, darf aber schließlich weiterreisen.

Das Vermögen der Familie Thomas Mann lagert auf deutschen
Banken. Im ersten Band der Tagebücher wird berichtet, wie es
schließlich gelingt, einen wesentlichen Teil davon ins Ausland
zu retten, so daß in diesem neuen Band der Tagebücher 1935
bis 1936[3] eine Vermögensaufstellung zwischen Katia und Thomas Mann erfolgen kann, die beruhigend ausfällt. Man darf im
gewohnten Stil auch in der Schweiz weiterleben. Immerhin
handelt es sich um eine Familie mit sechs Kindern, von denen
im Grunde keines ganz ohne die elterlichen Subventionen
auszukommen vermag. Wird die Beschlagnahme des Hauses in
München aufgehoben werden? Wird man die Möbel erhalten?
Für das Wichtigste hatte die Tochter Erika gesorgt: das Manuskript des Josephs-Romans wurde aus München herausge-
schafft. Es konnte also weitergearbeitet werden. Für wichtiger
beinahe noch scheint Thomas Mann die Rückkehr seiner geheimen Tagebuchaufzeichnungen gehalten zu haben. Wenn er dem
Tagebuch seine Sorgen über diese Aufzeichnungen anvertraute:
tief erregt von der Befürchtung, solche geheimen Selbstaussagen könnten in fremde Hände fallen, gehässig gegen ihn ausge-
nutzt werden, so spürt man, wie grauenvolle Vorstellungen
diesen weltberühmten Mann und Schriftsteller ängstigen.

Auch hier geht es glücklich zu Ende. Die Pakete mit den
Tagebüchern treffen am Zürichsee ein; sie wurden offensichtlich nicht geöffnet und gelesen. Beruhigt ist Thomas Mann für
den Augenblick, doch nicht für die Dauer. Später in Kalifornien entschließt er sich, ungeschickt natürlich, doch unbeirr-
bar, zur Verbrennung aller Tagebuchaufzeichnungen von der
Frühzeit in Lübeck und München bis zum Augenblick der
unfreiwilligen Auswanderung. Durch einen Zufall bleiben, wie
man inzwischen entdeckt hat, noch Tagebücher von 1918 bis
1921 übrig. Nur die späten Tagebücher, beginnend mit dem
Jahre 1933, durften aufbewahrt werden. Es sind die Aufzeichnungen eines Mannes, der am 6. Juni 1935 den sechzigsten
Geburtstag feiern konnte. In solchem Alter war von Stürmen
des Begehrens, jähem Umschwung der Gefühle gegenüber den

vertrauten Menschen nichts mehr zu befürchten. Man kannte sich aus mit sich selbst.

Allein auch diese Tagebücher, nunmehr ediert und vorzüglich kommentiert durch den Herausgeber Peter de Mendelssohn, zeigen einen durchaus unvertrauten Thomas Mann. Die innere Einheit des literarischen Werks freilich wird in erstaunlicher Weise bestätigt. Kaum ein Thema oder Motiv des Spätwerks, das man nicht zurückverfolgen könnte bis in die Anfänge der Buddenbrook-Zeit. In welchem Zusammenhang sich Thomas Mann dazu entschloß, die Episode von Lottes Besuch in Weimar oder die Geschichte der »Betrogenen« Rosalie von Tümmler zu schildern erfährt man erst beim genauen Lesen der Tagebücher. Es könnte sein, daß Thomas Manns Tagebücher, wenn sie einmal vollständig ediert sind, durchaus gleichberechtigt neben dem Gesamtwerk des Erzählers und Essayisten ihren Rang behaupten dürfen. Da der »Zauberer« sich selbst genau kannte, oft allzu kritisch umging mit den eigenen Hervorbringungen, wird er es gewußt haben. Man wird also wiederum an Ironie denken müssen, wenn die letztwillige Anordnung über das Schicksal der Tagebücher ausdrücklich vermerkt, es handele sich hier um Papiere »ohne literarischen Wert«. Das ist grundfalsch. Kaum einmal in seinen Erzählwerken, gewiß nicht in seinen bewußt stilisierten und »vermittelten« Briefen, schreibt Thomas Mann so eindringlich und genau wie jeweils am Morgen, wenn das vergangene Tagewerk mit aller Lust und Unlust erinnert wird, und jeweils auch bewertet.

Der Tagebuchschreiber als Doppelgänger

Im Jahre 1935 hatte sich Thomas Mann im Exil gleichsam häuslich eingerichtet. Bei der Rückschau heißt es: »Aber die Wendung, seit 2 Jahren angestrebt, macht mir Eindruck in Erinnerung an die ersten Zeiten und Aufzeichnungen nach der Nicht-Rückkehr.« (29. 5. 1935)Unterwegs ist er viel in diesen Jahren 1935 und 1936. Man wohnt behaglich in Küsnacht; Landesgrenzen konnten jetzt mit eindrucksvolleren Reisepapieren überschritten werden, was auch notwendig war, weil am Ende der wachsenden Konflikte mit Behörden des Dritten

Reiches eine Ausbürgerung aus dem Verband des Deutschen Reiches dekretiert wird. Auf den letzten Seiten des Tagebuchs von 1936 schildert Thomas Mann die Entstehung seines berühmten Briefes an den Dekan der Bonner Philosophischen Fakultät, der auf die amtliche Ausbürgerung den Entzug eines Ehrendoktorats folgen ließ. Thomas Mann reproduziert den Brief aus Bonn mit unleserlicher Unterschrift (ein Ordinarius der Deutschen Literaturgeschichte hatte unterschrieben, Spezialist für Fragen der deutschen Klassik und Romantik!), um seine Antwort anzuschließen. Er nannte das in graziöser Übertreibung einen »Briefwechsel mit Bonn«.

In diesem Antwortbrief nach Bonn stehen zwei berühmt gewordene und oft zitierte Sätze, die alles gleichsam zusammenfassen, was sich in den Tagebüchern 1935 - 1936 als Lebenssubstanz zusammenfand: »Ich bin weit eher zum Repräsentanten geboren als zum Märtyrer, weit eher dazu, ein wenig höhere Heiterkeit in die Welt zu tragen, als den Kampf, den Haß zu nähren. Höchst Falsches mußte geschehen, damit sich mein Leben so falsch, so unnatürlich gestaltete. Ich suchte es aufzuhalten nach meinen schwachen Kräften, dies grauenhaft Falsche, – und eben dadurch bereitete ich mir das Los, das ich nun lernen muß, mit meiner ihm eigentlich fremden Natur zu vereinigen.«

Zum Lebensmaterial gehören in diesen beiden Jahren die Reisen nach Prag und Wien und Budapest, zu den Salzburger Festspielen, zum Empfang eines Ehrendoktorats der Harvard University. Allein es wird mit der gleichen Genauigkeit berichtet über Hotels und Betten und Essen in Schweizerischen Provinzstädten, wo man als geschätzter Gast einer literarischen Gesellschaft auftritt. Übrigens sind die Säle nicht immer gut gefüllt: nicht einmal in Salzburg während der Festspiele. Im allgemeinen aber wird Thomas Mann doch wieder, nunmehr innerhalb der Emigration, also außerhalb deutscher Grenzen, in neuer Weise als »Repräsentant« empfunden. Jene Demütigungen bleiben ihm diesmal erspart, von denen in den Tagebüchern von 1933 - 1934 die Rede war. Er muß nicht wieder, wie damals in Venedig, wohin er, also ins faschistische Italien, trotz aller vernünftigen Vorstellungen gereist war, weil er wieder am Lido wohnen wollte, bei einer internationalen Tagung, trotz rasch erfolgter Wortmeldung, zwei Tage lang vergeblich darauf warten, ans Rednerpult gebeten zu werden. Solche Episoden kehren diesmal nicht wieder.

Andererseits fällt jene Lebensepoche Thomas Manns zusammen mit einer unverkennbaren Stabilisierung des neuen deutschen Regimes. Man siegt in der Saar-Frage und bei der Rheinlandbesetzung: man »ruft die Jugend der Welt« zur Olympiade nach Berlin, mischt sich ein im Spanischen Bürgerkrieg; auch fehlt es nicht an Korrumpierung von Politikern und Propagandisten der westlichen Welt. Zu schweigen von Ablegern der Nazipartei in solchen Ländern. In der Schweiz dürfen sich die »Frontisten« nach Herzenslust aufregen über Thomas Manns meist vorsichtig gehaltenen Äußerungen zu den deutschen Zuständen. Als der emigrierte Schriftsteller Thomas Mann in der ›Neuen Zürcher Zeitung‹ die Partei der literarischen Emigranten ergreift, empfindet das Frontistenblatt in Zürich bloß noch »Ekel«. Der Tagebuchschreiber notiert trocken: »Das nenne ich zartbesaitet.«

Als Tagebuchschreiber ist Thomas Mann stets tätig *als sein eigener Doppelgänger.* Offensichtlich wurde ein Leben lang jene Zweiteilung praktiziert, die er schließlich im ›Doktor Faustus‹ als episches Prinzip übernahm. Da wird die Lebensgeschichte des deutschen Tonsetzers Adrian Leverkühn erzählt, und zwar durch den vertrauten Freund, Beobachter und Kommentator Serenus Zeitblom. Von der Zuordnung dieser beiden zueinander hatte Thomas Mann später in dem Buch über die Entstehung des ›Doktor Faustus‹ kurz angebunden bemerkt, sie seien als Kunstfiguren nicht besonders genau konturiert, hätten sie doch ein Geheimnis zu verbergen: das Geheimnis ihrer Identität.

Der Tagebuchschreiber Thomas Mann ist gleichzeitig Leverkühn und Zeitblom. Er lebt sich und er deutet sich.

Thomas Mann über Thomas Mann

Diese Tagebücher lassen sich nicht mit dem ›Journal‹ von André Gide vergleichen, denn Gide schrieb stets mit dem Blick auf eine künftige Publikation. Da wird planvoll und gründlich die eigene Existenz stilisiert. Man kann Thomas Manns Tagebücher auch nicht mit den Arbeitsjournalen von Bertolt Brecht vergleichen, denn der späte Brecht empfand das Tagebuchschreiben als erste Fassung von Einfällen, Entwürfen, Denkhypothesen. Undenkbar bei Brecht eine schonungslose Beurteilung der Menschen, mit denen er vertrauten Umgang hatte. Bei Thomas Mann bleibt keine Verstimmung der Ehegatten ausgespart, kein Zorn über die Kinder, keine Irritation über scheinbar nahestehende Freunde. Die Einsamkeit des Tagebuchschreibers ist fast total. Gab es da jemals auch Liebe und Zuneigung, also nicht bloß Gewährung und schüchterne Dankbarkeit? Erotik wird im Tagebuch als »Exzeß« abgetan; manchmal belustigt, meist irritiert. Mit Wärme (und trotzig) nimmt er allein die älteste Tochter Erika in Schutz gegen Anfeindungen durch die Geschwister. Von der einstigen Sympathie für die nachgeborene jüngste Tochter Elisabeth, der damals ein ›Gesang vom Kindchen‹ gegolten hatte und eine liebevolle Beschreibung in der Erzählung ›Unordnung und frühes Leid‹, ist nicht viel übriggeblieben. Von den musikalischen Ambitionen der beiden jüngsten Kinder scheint Thomas Mann nicht allzuviel zu halten.

Das *Selbstmißtrauen* bricht immer wieder durch und muß stets von neuem besänftigt werden. Gleich am 31. Januar 1935: »Dabei scheint es, daß ich frischer nach Küsnacht zurückkehren werde, als ich abreiste. Das Psychische spielt natürlich dabei eine große Rolle. Die Kundgebungen der Sympathie für meine Existenz, die ich überall erfuhr, sind selbstverständlich eine Nerven-Wohltat.«

Doch ein paar Seiten weiter wird alles sogleich wieder zurückgenommen. Man darf die Ehrungen nicht allzu ernst nehmen. Sie meinen bloß den relativen Wert dieser Existenz eines Thomas Mann. Was da notiert wird, ist richtig, und es weist über den Einzelfall weit hinaus. Gleichzeitig erkennt man, wie sehr Thomas Mann seine gesamte Tätigkeit als Vergleich mit den Meistern der Vergangenheit konzipiert hatte. »Es ist übrigens keine Frage, daß dem persönlichen Wachstum der Jahresringe sich ein relatives gesellt, das im sinkenden Niveau der Zeit begründet ist. Moralisch und kulturell gewinnt meinesgleichen bei zunehmender Applanierung etwas einsam Ragendes, und ich verkenne nicht, daß viel von den Huldigungen, die ich auf dieser Reise empfing, auf Rechnung der menschlichen Ehrfurcht vor den Überlebenden einer höheren Epoche kommt.« Auch alle deutsch-bürgerlichen Vorurteile des 19. Jahrhunderts sind nach wie vor virulent bei diesem Lübecker, der eine Frau aus großem Haus und von jüdischer Abkunft geheiratet hat, so daß auch seine Kinder, nach den strengen Gesetzen des Ariertums in Deutschland, unebenbürtig sein mußten. Der *latente Antisemitismus*, der einst zur Substanz der Erzählung ›Wälsungenblut‹ gehörte und dem Schreiber damals viel Ärger eintrug, hat, in Form von Nervenreaktionen, alle Änderungen der Lebensumstände überdauert. Jüdische Besucher werden im allgemeinen als solche im Tagebuch gekennzeichnet. Eine Winterreise ins Engadin endet als scharfe Verstimmung zwischen Thomas und Katia Mann. Die jüdischen Hotelgäste gehen auf die Nerven: »Die Leute fangen auch an, etwas zu zutraulich zu werden . . . Jüdische junge Damen kommen um ein abendliches Zusammensein ein, dem ich wohl ausweichen werde.«

Zwei Tage vor seinem sechzigsten Geburtstag vergleicht der Tagebuchschreiber die Tonart der Geburtstagsartikel mit den Tonfällen von 1925: »Die Artikel und Briefe, die mein 60. Geburtstag zeitigt, ergeben ein wesentlich anderes Bild von mir, wie es der Welt vorschwebt, als die Kundgebungen beim 50. Werk und Person sind gewachsen, die Akzente sind feierlicher, rein-ehrerbietiger, eine Art von Sicherung, Verewigung hat eingesetzt, die Arbeiten bis zurück zu den Anfängen, stehen in einem veränderten, gereinigten Licht. Die Welt hat sich mit dem bleibenden Charakter dieses Lebens abgefunden und trägt einer geistigen Tatsache Rechnung in Ton und Haltung, die sich in schwankendem Prozeß mit der Zeit, halb gegen ihren Willen, durchgesetzt.«

Trotzdem macht man sich nichts vor. Gewiß war es erfreulich, in Harvard gefeiert zu werden an der Seite von Albert Einstein, darauf Gast zu sein beim Präsidenten Franklin D. Roosevelt. Wobei die Freude über das Ritual nicht ausschließt, das »mäßige Essen« im Weißen Haus zu rügen. Am Tag der

Abreise aus New York wird alle Stilisierung wieder aufgegeben. Jetzt scheint Leverkühn voller Verzweiflung allein zu sprechen: ohne Kommentar durch Zeitblom: »Der Tag der Abreise ist gekommen, es ist Zeit. Genug und übergenug des Trubels. Die Sehnsucht nach Einsamkeit und Ruhe gleicht körperlichem Durst. Was soll mir das alles. Meine Abneigung gegen das ›Leben‹ wurde ihrer selbst recht bewußt. Ihre Formel ist das Fontanesche ›Was soll der Unsinn‹.« Später auf dem Schiff kommt er darauf zurück: »Katzenjammer nach dem Welttrubel, Reue – Qual und Scham.«

Die ›Betrachtungen eines Unpolitischen‹ von 1918 trugen ein Motto aus Goethes ›Torquato Tasso‹: »Vergleiche dich! Erkenne, was du bist!« Danach hat Thomas Mann ein Leben lang gehandelt. Das Tagebuch beweist die Hervorbringungen des Schriftstellers Thomas Mann nicht relativierend, sondern als Vergleichung mit den für absolut gehaltenen Werten. Immer wieder Goethe, immer wieder denkt der Schreibende an den Faust. Allein auch Marcel Proust wird in solcher Weise als absoluter Wert empfunden, als vergleichbar gesetzt. Stets ist das Urteil Thomas Manns über Thomas Mann unausgeglichen: gleich dem Blutdruck, der hier zum Vergleich gewählt wird, entweder zu hoch oder zu niedrig. Am 30. September 1935 wird notiert: »Der Blutdruck zu niedrig. Spaßhafter Gedanke, daß, wenn bei meinen Geistesgaben der vitale Antrieb einige Grade stärker wäre, ich ein Groß-Genie wäre.«

Er kommt nicht aus ohne das fast traumatische Vergleichenwollen. Nicht allein mit Goethe oder Proust oder den großen und vitalen Künstlern der italienischen Renaissance, denen der junge Thomas Mann in der ›Fiorenza‹ nachgeträumt hatte. Wer im Begriff steht, wie Thomas Mann, in Wien eine Rede zu entwerfen zum achtzigsten Geburtstag von *Sigmund Freud*, kann nicht Unkenntnis vorschützen vor dem Konzept des »Über-Ich«. Daß der Vater und Senator ein Über-Ich für den jüngeren Sohn Thomas gewesen ist, ahnt jeder Leser von ›Buddenbrooks‹. Noch der achtzigjährige Thomas Mann wünschte sich, wenige Wochen vor seinem Tode, im Lübecker Rathaussaal den Vater herbei, damit er endlich erfahre, daß aus dem fragwürdigen Sohn doch noch etwas werden konnte.

Daß hinter den berühmten und politisch wichtigen Auseinandersetzungen zwischen den Brüdern *Heinrich und Thomas Mann*, von allen Anlässen abgesehen, ein ähnlich traumatisches Verhältnis bestand, ließ sich gleichfalls bereits nach der Veröffentlichung des Briefwechsels der beiden Brüder vermuten. Die Tagebücher geben noch weiter Auskunft. Am 27. Oktober 1936 notiert Thomas Mann: »Geschlafen und schwer geträumt, zornig, von Heinrich, der eine bleiche Mischung mit Papa einging.«

Leiden an Deutschland

Daß Thomas Mann bis zu jenem ›Briefwechsel mit Bonn‹ im wesentlichen auf politische Stellungnahmen zu den deutschen Ereignissen verzichtete, abgesehen vom Eintreten für die deutsche Exilliteratur in seiner Kontroverse mit dem Feuilletonchef der ›Neuen Zürcher Zeitung‹, hat damals nicht allein die deutschen Mit-Emigranten befremdet, sogar erbittert. Nicht einmal als Mitherausgeber der Exil-Zeitschrift seines Sohnes Klaus hat er sich beteiligen wollen. Sein Name sollte nicht zu lesen sein neben H. G. Wells oder Heinrich Mann oder André Gide. An Angriffen in der Emigrationspresse fehlte es deshalb nicht; im Tagebuch werden sie gelegentlich notiert, meist ohne Zorn, ein bißchen resigniert. Thomas Mann wußte nur zu gut, daß seine Kritiker nicht durchaus Unrecht hatten. In der Tat war sein Verhalten zweideutig zu nennen. Die Gründe kennt man inzwischen. Vor allem der Briefwechsel mit Klaus und Erika Mann macht erkennen, daß die beiden älteren Kinder in immer schärferen politischen Gegensatz zum Vater geraten waren: bis es schließlich fast zu einer Art Ultimatum der jungen Generation kam. Man verlangte, daß der »Zauberer«, der so genau schon in der Erzählung ›Mario und der Zauberer‹ im Jahre 1930 eine Diagnose des Lebens in der faschistischen Gesellschaft entworfen hatte, die ungute Zweiteilung aufgeben müsse des privaten Antifaschismus und öffentlichen Stillhaltens. Klaus und Erika Mann hatten dem Vater gegenüber niemals einen Zweifel darüber gelassen, daß sie den Verleger Dr. Gottfried Bermann Fischer verantwortlich machten.

Die Tagebücher bestätigen das damalige Urteil. Die rastlosen Versuche des Schwiegersohns von Samuel Fischer, den Verlag in Deutschland, mitsamt seinem wichtigsten Autor T. M., durch alle Stromschnellen des Dritten Reiches zu navigieren, wirken heute ebenso rührend wie politisch ahnungslos. Bermann war tief erfüllt von der bürgerlichen Mentalität der »deutschen Staatsbürger jüdischen Glaubens«. Er verwarf von Grund auf den Gedanken, daß ein Verlag mit großer liberaler Tradition im Dritten Reich keine Daseinsberechtigung mehr haben konnte. Weshalb er seinen Autor Thomas Mann immer wieder hinhaltend, beschwichtigend, mit sogenannt »guten Nachrichten«, die sich stets als falsch erwiesen, zu einer wohlanständigen Tolerierung der deutschen Politik anzuhalten suchte. Thomas Mann hingegen notiert bereits am 23. März 1935: »Mein Ekel ist so groß, daß mein Wunsch nun doch endlich alle Beziehungen zu diesem Lande zu lösen, sich mehr und mehr durchsetzt. Es ist zu hoffen und zu erwarten, daß auch mit Bermann bald Schluß sein wird . . .« Weil Bermann telefoniert und lamentiert, verzichtet Thomas Mann sogar, trotz dringender Bitten eines Paul Valéry, auf den Vortrag vor einer Kulturtagung des Völkerbundes in Nizza, was abermals neues Befremden im Ausland erregen muß.

Der Unmut steigt an, so daß es im Tagebuch vom 4. November 1935 heißt: ». . . und mein Hauptwunsch ist, daß Bermann endlich außer Landes gehen möge, damit ich Unabhängigkeit gewinne – . . .« Dann freut er sich über den eigenen Entschluß, nun an die Seite der deutschen Schriftsteller des Exils zu treten. Als er den Brief an die ›Neue Zürcher Zeitung‹ abgeschickt hat, wird voll Selbstvertrauen notiert: »Ich bin mir der Tragweite des heute getanen Schrittes bewußt. Ich habe nach drei Jahren des Zögerns mein Gewissen und meine feste Überzeugung sprechen lassen. Mein Wort wird nicht ohne Einfluß bleiben.«

Bald aber gibt es neue Rückfälle. Am 15. Juli 1936 macht sich Verärgerung spürbar. Bermann versucht seinem Autor die Emigration in jenes Österreich nahezulegen, das kaum zwei Jahre später ins Großdeutsche Reich »zurückgekehrt« wurde. »Bermann erwartet einfach einen guten Einfluß von Wien auf mich;

will mich politisch neutralisieren, ich soll ihm ›keine Geschichten mehr machen‹.«

In solcher Zweideutigkeit des Denkens und Handelns verändert
sich Thomas Mann ausgerechnet jetzt von neuem in den
»Unpolitischen« von 1918. Er räsoniert: »Es ist ausgemacht,
daß Pressefreiheit nicht mehr möglich ist. Der Liberalismus als
politisches Prinzip ist wirklich tot – es ist nicht einmal so, daß
erst die Fascisten einen darüber belehrt hätten. Daß eine
aufgeklärte Diktatur das Wünschenswerte sei, schrieb ich schon
anfangs der 20er Jahre.« (August 1936)

Über den Marxismus notiert Thomas Mann am 19. Januar 1935
im Schlafwagen auf der Fahrt nach Wien: »Stirbt er nicht
überall aus Mangel an Glauben an sich selbst langsam dahin? Ist
Sozialismus im Zeitalter der Tanks und des Radios, des idealistisch herausgeputzten Propaganda-Massen-Rummels überhaupt noch möglich, in dem Sinne, den er im 19. Jahrhundert
hatte. Wie liebevoll war noch dessen Pessimismus! Eine Zeit
der Masse, die zugleich eine der Massen- und Menschenverach-
tung ist, bricht an.« Zwei Jahre später übernimmt Thomas
Mann den Auftrag eines amerikanischen Verlegers, eine Auswahl aus den Schriften Arthur Schopenhauers herauszugeben
und einzuleiten. Heinrich Mann entschied sich für Nietzsche;
André Gide für Montaigne.

Unordnung ohne Leid

Bereits in den Tagebüchern von 1933-1934 war der Name von
Klaus Heuser aufgetaucht. Der schrieb nach New York, erhielt
einen ausführlichen Antwortbrief. Die Kommentare hatten
mitgeteilt, der damals siebzehnjährige Klaus Heuser, offenbar
sehr schön, sei mit Thomas Mann in den Ferien an der Ostsee
1927 zusammengetroffen. Das habe zu einer engen Freundschaft des fünfzigjährigen berühmten Schriftstellers mit dem
Epheben aus Düsseldorf geführt, dem Sohn eines Professors an
der Kunsthochschule.

Natürlich liegt es nahe, an Gustav von Aschenbach und Tadzio
aus dem ›Tod in Venedig‹ zu denken. Allein Klaus Heuser hat
in Thomas Mann wohl Unordnung bedeutet, wie der Tage-

buchschreiber empfand, doch glückhafte und leidlose. In den Tagebüchern 1935-1936 kommt Thomas Mann auf diese für ihn wichtige Episode von neuem zurück. Die Liebe zu dem jungen Heuser war im Umkreis des »Zauberers« durchaus kein Geheimnis. Als in Küsnacht ein junger Schweizer auftaucht, der offenbar wohlgefällig betrachtet wird, kommentieren die Kinder und stellen fest: »Nachher vergleichen die Kinder den kleinen Albert R. mit Klaus H. und erklärten, dieser sei ungleich schöner gewesen.« Worauf das Tagebuch fortfährt: »Gedenken an jene Zeit und ihre Leidenschaft, die letzte Variation einer Liebe, die wohl nicht mehr aufflammen wird. Seltsam, der glückliche, der belohnte Fünfziger – und damit Schluß. Goethes erotisches Aushalten bis über 70 – ›immer Mädchen‹. Aber in meinem Fall sind wohl die Hemmungen stärker, und man ermüdet früher, selbst abgesehen von Unterschieden der Vitalität.«

Darüber zu sprechen, entbehrt durchaus nicht der Diskretion, denn es hängt unmittelbar mit dem *Werk* Thomas Manns zusammen, erschließt von neuem die erstaunliche Einheit des Œuvres. Da gab es eine ferne Liebe zu einem Schulkameraden in Lübeck. In einer Notiz des Tagebuchs, provoziert durch die Nachricht vom Tode des einstigen Schulfreundes, Otto Grautoff, wird konstatiert, jener einstige Mitschüler, dessen Initialen beigefügt sind, sei später im ›Zauberberg‹ zur Kunstfigur des Pribislaw Hippe »erhöht« worden. Allein Hippe war mehr als eine Episode. Die Ähnlichkeit Hippes mit der Madame Chauchat veranlaßte Hans Castorp, sich mit der Slawin einzulassen. Die erotische Jugendepisode mit dem Maler Paul Ehrenberg in München, die damals fast an den Rand eines Suizids führte, wie im Briefwechsel mit Heinrich Mann einbekannt wird, wurde später verwandelt in die Episode des Geigers Rudolf Schwerdtfeger im ›Doktor Faustus‹. Adrian Leverkühn schreibt für Schwerdtfeger ein Violinkonzert, das sich im Muster anlehnt an Tschaikowski. In Thomas Manns Tagebüchern aber wird am Abend unablässig das Violinkonzert von Tschaikowski gespielt. Man bekommt nicht genug davon. Es wird als das »immer schöne« belobt.

Auch das Erlebnis mit Klaus Heuser ist fruchtbar geworden für das Werk Thomas Manns. Das erkennt man jetzt erst beim Lesen der neuen Tagebücher. Als Thomas Manns Erzählung ›Die Betrogene‹ erschien, im Jahre 1953, als letzte Erzählung, konnte man sich fragen, warum der Schauplatz ausgerechnet nach Düsseldorf verlegt worden war. Die Umgebung von Düsseldorf war genau beschrieben. Warum aber Düsseldorf? Thomas Mann hatte stets die Schauplätze nach genauer Kenntnis ausgewählt: Lübeck, München, Venedig und den Lido, auch Ägypten hatte er studiert. Aber Düsseldorf?

Es war die Heimat Klaus Heusers. Thomas Mann hat ihn dort, wie auch im Kommentar festgestellt wird, besucht. Wodurch dann plötzlich die ›Betrogene‹ nicht bloß durch das Thema des von Thomas Mann selbst bereits im ›Tod in Venedig‹ erwähnten »Klimakteriums« zu Gustav von Aschenbachs Geschichte‹ in Beziehung gesetzt wird. Es ist auch nicht vermessen, das Abenteuer der von der Natur um die Liebe Betrogenen und in den Tod geschickten Rosalie von Tümmler mit der Lebensepisode Klaus Heuser in Verbindung zu setzen. So daß sich die scheinbar entsetzliche und von den Lesern damals fast ergrimmt abgelehnte Liebes- und Krankengeschichte der Rosalie von Tümmler insgeheim als eine Männergeschichte darbieten mochte.

Noch eine andere Hypothese darf im Zusammenhang mit jener Unordnung ohne Leid gewagt werden. Bei Erwähnung Klaus Heusers kam Thomas Mann wie unwillkürlich zurück auf den Vergleich mit Goethe und seiner Marienbader Episode mit der blutjungen Ulrike von Levetzow. Aus den Tagebüchern aber geht hervor, daß die Episode der Hofrätin Lotte Kästner in Weimar für Thomas Mann nur die »zweite Wahl« gewesen ist. Ursprünglich war immer wieder, auch in Briefen und anderen Notizen, der Plan erwogen worden, den Umkreis der ›Marienbader Elegie‹ nachzuerzählen. Allein Goethes späte Liebe zu dem jungen Mädchen, schmerzhaft erlitten und dann ins große Gedicht verwandelt, war kein guter Erzählstoff für Thomas Mann, wie erkannt werden mußte. Das eigene Abenteuer, das sich an die Person des Klaus Heuser knüpfte, trug nicht genügend. Außerdem geriet der – mögliche – Erzähler dadurch in Wettbewerb zur ›Marienbader Elegie‹. So kam es zum Bericht über den Besuch der alternden Lotte Kästner beim alten Goethe. Im Tagebuch wird einbekannt, daß man mit dem Schreiben anfing, ohne recht zu wissen, was daraus werden könnte; im Vorabdruck der ersten Kapitel von ›Lotte in Weimar‹ (in der von Thomas Mann und Konrad Falke in Zürich herausgegebenen Zeitschrift ›Maß und Wert‹) wurde die Erzählung im Untertitel noch als »Ein kleiner Roman« bezeichnet. Sonderbar berührt die enge Verknüpfung so heterogener Stoffe wie der Geschichte des Joseph in Ägypten mit jener Episode der Lotte in Weimar. Das Tagebuch gibt nur das Ergebnis von Überlegungen, nicht diese selbst. Plötzlich wurde ausgemacht, daß der Schlußband, der den Titel ›Joseph, der Ernährer‹ erhalten soll, zu warten hat, bis man mit der weimarischen Geschichte fertig wurde. Das Riesenwerk der Josephs-Tetralogie konnte nur entwickelt werden, noch dazu unter den veränderten Lebensumständen des Exils, weil die Faszinationskraft anhielt, die der »hübsche und schöne« Titelheld auf seinen Erzähler ausübte. Der hatte im häuslichen Kreis seinen Joseph zu verteidigen. Man mochte ihn nicht, diesen Schönredner und Karrieristen. Thomas Mann muß im häuslichen Disput (28. 2. 1936) die Kunstfigur verteidigen: ». . . den Charakter Josephs, mit dessen Strebertum zu versöhnen nicht leicht ist.« Aber da blieb stets die geheime erotische Bindung des Erzählers an den unwiderstehlichen Streber. Der Reiz des Hochstaplers Felix Krull hatte sich im Lauf der Jahrzehnte verbraucht. Mit Joseph ging Thomas Mann bis zum Ende der schönen Geschichte. Eben darum konnte er offensichtlich die Marienbader Episode nicht gebrauchen. Wollte er sich schon verwandeln in eine Kustfigur Goethe, so war das junge Mädchen kaum zu verwenden. Beides war nicht miteinander in Einklang zu bringen: die Nachfolge Goethes *und* die epische Ausgestaltung der Düsseldorfer Lebensepisode. So kam es zur Konfrontation des Alters mit dem Alter im Roman ›Lotte in Weimar‹.

Musik und Literatur

Diese Tagebücher werden viele Generationen der Doktoranden oder Habilitanden in Brot und Arbeit setzen. Man wird den sonderbaren musikalischen Geschmack Thomas Manns erst dank der genauen Notate im Tagebuch näher bestimmen können: was unmittelbar auch Zugang zum literarischen Werk bedeutet, denn bereits der junge Thomas Mann hatte damit begonnen, seine Erzählwerke in der Nachfolge Richard Wagners zu konzipieren. Die Tetralogie ›Joseph und seine Brüder‹ ist angelegt als Gegenentwurf zum ›Ring der Nibelungen‹. In dem Schallplattenkapitel ›Fülle des Wohllauts‹ hatte man im ›Zauberberg‹ die scheinbare Vielseitigkeit der musikalischen Vorlieben bewundern können: Gounod und Verdi, Offenbach, Debussy und Schuberts ›Lindenbaum‹. Die Tagebücher aber zeigen einen Thomas Mann, der sich offensichtlich mit zunehmenden Jahren als Hörer von Musik an Nietzsches Prinzip einer »Ewigen Wiederkehr des Gleichen« orientiert. Immer wieder Wagner, wobei meist der Tristan, die Götterdämmerung, auch der Parsifal auf den Plattenteller gelangen. Wenn einmal der ›Tannhäuser‹ an die Reihe kommt, muß das nahezu entschuldigt werden. Es geschehe vor allem wegen der Sängerin Maria Müller, deren Stimme die Erinnerung wachruft an den Gesang der Mutter.

Sonst aber? Immer wieder Tschaikowski. Der Vater scheint nahezu pikiert darüber, daß der Sohn Klaus einen Tschaikowski-Roman geschrieben hat. Thomas Mann hat später nicht wenige Tschaikowski-Momente in den ›Doktor Faustus‹ eingebracht. Beethoven natürlich, kaum Mozart. Die Musik des 20. Jahrhunderts wird fast ganz ausgespart. Ohnehin hatte sie in den ›Betrachtungen eines Unpolitischen‹ mitten im Ersten Weltkrieg im wesentlichen nur zu Hans Pfitzner geführt und zum ›Palestrina‹.

Andererseits erweist sich der späte Thomas Mann, während er am ›Doktor Faustus‹ arbeitet und den Rat von Theodor W. Adorno einholt, als genauer Kenner der zeitgenössischen Musikentwicklung. In künftigen Jahren wird man wissen, ob Thomas Mann, als ihm der deutsche Tonsetzer Adrian Leverkühn vor Augen trat, am Abend in Kalifornien andere Musik anhören mochte als damals in Küsnacht, in den Jahren 1935 und 1936. Der musikalische Geschmack ist zweideutig. Das literarische Urteil hingegen über Werke der schreibenden Zeitgenossen ist

vorzüglich. Wobei es sich herausstellt, falls man je daran gezweifelt hätte, daß die überreichlich verbreiteten freundlichen Urteile Thomas Manns über Neuerscheinungen überhaupt nichts aussagten. Da er sich selbst stets nur mit den Großen und den großen Werken messen wollte, verglich er beim Lesen neuer Bücher die anderen Schreibenden mit sich selbst. Das pflegte nicht gut abzugehen. Bisweilen darf man sich im Tagebuch austoben. Noch dazu über einen gleichfalls emigrierten Autor, zu dem man ganz freundliche Beziehungen unterhält: »St. Zweigs ›Maria Stuart‹ ist ein untergeordnetes, bei so viel Blut, Leidenschaft und Geschichte triviales Buch, schmalzig geschrieben, mit fortwährenden ordinären Parenthesen. Diese Art Schriftstellerei, die die guten Stoffe verhunzt, ist eine Pest.« Daß sich Thomas Mann niemals ernsthaft als Essayist mit Marcel Proust eingelassen hat, ist verständlich, doch sehr zu bedauern. Aber er hat genau gewußt, wer Proust war. Er hat auch genau gewußt, wie *Franz Kafka* zu bewerten sei. Thomas Manns kurze und etwas subalterne Aufsätze über Kafka möchten vermuten lassen, daß er nicht genau zu lesen verstand. Das war aber falsch. Am 4. 4. 1935 heißt es im Tagebuch: »Setzte die Lektüre von Kafkas ›Verwandlung‹ fort. Ich möchte sagen, daß K.'s Hinterlassenschaft die genialste deutsche Prosa seit Jahrzehnten ist. Was gibt es denn auf deutsch, was daneben nicht Spießerei wäre?« Im Juli kommt er noch einmal darauf zurück: »Ich las den Kafka, der mich wie weniges anzieht, fast zu Ende, bevor ich das Licht löschte.«
Proust also und Kafka. Und der ›Henri Quatre‹ von *Heinrich Mann*. Die Spannungen gegenüber dem älteren Bruder sind geblieben, aber daß Heinrich in der Geschichte von der Jugend des Königs Henri Quatre, deren Fortsetzung damals noch nicht vorlag, ein großes Buch gelungen sei, wird auch im Tagebuch anerkannt: ». . . ein seltenes Buch, alles weit überragend, was heute in Deutschland hervorgebracht wird, großer Reichtum und Beweglichkeit der künstlerischen Mittel, das Geschichtsgefühl gehoben und vertieft durchs Gegenwärtige . . . Großer Gesamteindruck: ein Werk, das den Emigranten-Verlag und die ganze Emigration ehrt und nach der Wendung der Dinge in Deutschland zu hohen Ehren aufsteigen wird.« (25. 9. 35)

Sicherlich wirkt der Zauberer in seinen Tagebüchern wie ein Entzauberer. Er verzichtet, als sein eigener Doppelgänger, auf alle Stilisierung. Man hat nicht den Eindruck, daß er sich selbst besonders lieb hat. Zu schweigen von wirklicher Sympathie zu anderen Menschen. Doch diese Eigentümlichkeit teilt er mit seinem Adrian Leverkühn, um den stets Kälte war: bereits vor dem Teufelspakt. Allein mit diesem Adrian Leverkühn hat es eine erstaunliche Bewandtnis. Seine Kühle wurde nicht erwidert durch Kälte, sondern provozierte immer wieder Zuneigung, Wärme, liebevolle Neigung. Auch Thomas Mann ist es mit seinen Lesern stets ähnlich ergangen. Als die Tagebücher entsiegelt wurden, mag man sich gefragt haben, ob die Entzauberung, die hier praktiziert wird, Tag für Tag, auch zur Entzauberung der Leser führen könnte. Nun liegen vier Jahrgänge solcher Tagebücher gedruckt vor: 1933 bis 1936. Doch die Verzauberung hält an, wird immer stärker. (1978)

DIE IRRFAHRT ZUM ZAUBERBERG
TAGEBÜCHER 1918 – 1921

Bruchstücke einer großen Selbstbefragung

Das Schema der Tagebücher, die Thomas Mann ein Leben lang geführt hat. Offenbar schon als Schüler in Lübeck und dann bis hinein ins achtzigste Lebensjahr, war bekannt, seit die Tagebuchaufzeichnungen der Jahre 1933-1936 erschienen sind. Alle Ereignisse des jeweiligen Tages wurden genau und kühl notiert. Zuerst der Gesundheitszustand, guter und schlechter Schlaf, Medikamente oder auch nicht, der Spaziergang, die häuslichen Verhältnisse, die Besucher, die immer individuell charakterisiert werden, meistens recht unfreundlich, dann der Fortgang oder Nichtfortgang der jeweiligen schriftstellerischen Arbeit.

Thomas Mann hat, wie bekannt, im kalifornischen Exil plötzlich alle Tagebücher über die Jahre vor Beginn des Exils, also vor 1933, selbst im Garten des Hauses in Pacific Palisades verbrannt. Damit schien eine Antwort auf die Frage unmöglich, ob die früheren Tagebücher, nicht bloß – selbstverständlich – dem Inhalt nach, sondern auch in der Struktur anders angelegt seien als die Tagebuchaufzeichnungen des exilierten berühmten Autors und Nobelpreisträgers, der am 6. Juni 1933 als Heimatloser (und bald auch Staatenloser) den 58. Geburtstag beging. Es scheint jedoch, daß eine ungefähre Antwort nunmehr möglich ist. Als man im August 1975, zwanzig Jahre nach Thomas Manns Tod in Zürich, die bis dahin versiegelten Pakete öffnete, was Thomas Mann ausdrücklich und schriftlich nach dieser Frist von zwei Jahrzehnten genehmigt hatte, fand man nicht allein, und wie erwartet, die Tagebücher seit 1933, sondern erstaunlicherweise auch ein Konvolut, das offensichtlich dem Autodafé in Kalifornien entgehen konnte. Es handelte sich um die Tagebuchaufzeichnungen der vier Jahre von 1918-1921.[5]
Wie es zu dieser Rettung des Materials kam, dafür hat Peter de Mendelssohn, der auch diese Tagebücher wieder sorgfältig ediert und kommentiert hat, eine durchaus einleuchtende Erklärung bereit.

Zur Zeit der Vernichtung aller anderen Tagebücher bis 1933, die in abenteuerlicher Weise, von Thomas Mann sehnlich erwartet, aus München gerettet und in die Schweiz gebracht werden konnten, arbeitet der Erzähler bereits intensiv am Roman vom deutschen Tonsetzer Adrian Leverkühn, also am ›Doktor Faustus‹. Das Spätwerk Thomas Manns spielt bekanntlich auf drei Zeitebenen: zu Beginn des 20. Jahrhunderts, während der zwanziger Jahre, schließlich während des Zweiten Weltkriegs, als Adrian Leverkühn bereits der Gehirnerweichung erlag und sein Freund und Biograph Zeitblom darangeht, das Leben dieses faustischen deutschen Musikers zu schreiben und zu beschreiben.

Nun behandeln die Tagebücher aus den Jahren 1918, 1919, 1920 und 1921 mit Notwendigkeit die Endphase eines Ersten Weltkriegs, die Niederlage, die Novemberrevolution, Versailler Friedensdiktat und Gründung einer Deutschen Republik, den gescheiterten Rechtsputsch eines Mannes namens Kapp, der durch einen Generalstreik sehr schnell abgewehrt wurde, sprunghafte Geldentwertung und Arbeiteraufstände, vieles andere noch. Alles wird dem Romancier des ›Doktor Faustus‹ zum Arbeitsmaterial in einem Augenblick, da die Weimarer Republik beseitigt werden konnte, da Kapp und Ludendorff posthum gesiegt haben, da ein Zweiter Weltkrieg ausbrach: diesmal provoziert von Deutschen. So hat Thomas Mann wohl ausdrücklich diese vier Jahrgänge des intimen Journals vorerst begnadigt. Er brauchte sie als Gedächtnisstütze für den ›Doktor Faustus‹. War es ein Gnadenaufschub, dem später, nach Abschluß des epischen Hauptgeschäfts, abermals die Verbrennung folgen sollte, die dann wohl nur vergessen wurde, vielleicht auch, weil Thomas Mann inzwischen schwer erkrankt war? Man weiß es nicht. Jedenfalls kann der Leser nun auch dieses wichtige Stück aus Thomas Manns Aufzeichnungen kennenlernen. Die Antwort auf die Eingangsfrage fällt leicht für diese vier Jahrgänge: der Struktur nach unterscheiden sich die morgendlichen oder nächtlichen Aufzeichnungen des fünfundvierzigjährigen Thomas Mann kaum wesentlich von der Art und Weise, wie der sechzigjährige Tagebuchschreiber im Jahre 1935 seine Niederschrift komponiert.

Erstaunlich ist auch die Ähnlichkeit der Lebensumstände in den Aufzeichnungen von 1920 und von 1935. Das klingt paradox, denn bei Kriegsende sitzt Thomas Mann in seinem schönen Münchener Haus. Zu den vier älteren Kindern gesellte sich eine kleine Tochter Elisabeth, »das Kindchen«. Abermals ist Frau Katia Mann schwanger, wie nach etwas umständlichen Fehldiagnosen schließlich festgestellt wird. Ein sechstes Kind kündigt sich an: diesmal von Thomas Mann mit einigem Mißmut erwartet. Seit der Geburt des jüngsten Sohnes Michael spürt man in den Tagebuchaufzeichnungen Gereiztheit des Vaters gegenüber diesem Nachkömmling. Das schwere und erfolglose und früh beendete Leben Michael Manns ist sichtlich durch solche Emotionen des Vaters von Anfang an überschattet worden.

Alles kontrastiert natürlich zur Situation im Exil in den Dreißiger Jahren. Aber ein großer Teil des Vermögens konnte gerettet werden. Der Lebensstil der Familie Mann mit den sechs Kindern und den Dienstboten ist auch in Zürich durchaus gesichert: damit scheint auch der Fortgang des epischen Werks, der Josephs-Roman also, gesichert zu sein.

Es gibt sonderbare Parallelitäten in der Art, wie Thomas Mann um 1935 in der Welt verstanden wird und vor allem: wie er sich selbst versteht. Die Tagebücher sprechen in diesen scheinbar so divergierenden Lebenslagen übereinstimmend vom Selbstzweifel, und auch von viel objektiver Demütigung. Nach Ende eines Ersten Weltkriegs wird der deutsche Nationalist und Verfasser von ›Betrachtungen eines Unpolitischen‹ in der literarischen und politischen Welt gedemütigt. Der Umgang mit einem deutschtümelnden Künstler wie Hans Pfitzner kann nicht vergessen machen, daß die damals junge und potente Literatur und Kunst, im Zeichen des Expressionismus, vom Verfasser einer ›Königlichen Hoheit‹ und des ›Tod in Venedig‹ nichts wissen mochte. Deren Mann ist der ältere Bruder Heinrich, der Gegenspieler und Feind. In einem Maße von Thomas Mann gehaßt, wie die Tagebücher nun erkennen lassen, daß man den Eindruck hat, alle wesentliche Produktion des Schriftstellers Thomas Mann sei von den Anfängen her bereits ein Anschreiben gewesen gegen Heinrich, dessen Konzepte von Literatur und Politik, dessen Schreibweise und Tradition.

Wenn Thomas Mann nach Wien eingeladen wird, um dort eine Aufführung seines ziemlich mißglückten Theaterstücks ›Fiorenza‹ zu besuchen, notiert er nicht ohne Grund: eigentlich habe er damals bereits, noch im ersten Jahrzehnt des Jahrhunderts, gegen Heinrich geschrieben, was unmittelbar zutrifft, denn ›Fiorenza‹ ist natürlich ein Gegenentwurf zu den vitalistischen und nietzscheanischen Renaissancegeschichten des frühen Heinrich Mann.

Demütigung eines ideologischen Kriegsverlierers um 1920. Demütigung des Emigranten Thomas Mann durch das Dritte Reich, durch Paßämter und Kongreßvorsitzende, durch die Nazipresse und die Exilpresse, die nicht begreift, warum Thomas Mann, mit Rücksicht auf seinen Verleger Gottfried Bermann, den notwendigen Trennungsstrich zum Dritten Reich immer noch nicht ziehen will.

Ein strenges Ehe-Glück

Die Kälte Adrian Leverkühns umgibt den Tagebuchschreiber in jedem Augenblick. Stets aber ist auch der reflektierende Biograph aus dem Roman ›Doktor Faustus‹, der Gymnasialprofessor Serenus Zeitblom, zur Stelle. Von ihnen beiden, Leverkühn *und* Zeitblom, hatte Thomas Mann im späteren Tagebuch über die Entstehung des ›Doktor Faustus‹ konstatiert, die beiden Protagonisten des Buches seien wenig scharf konturiert, weil sie zu viel zu verbergen hätten: nämlich das Geheimnis ihrer Identität. Wie sehr das zutrifft, nicht allein für den späten großen Roman, sondern gerade auch im Verhalten Leverkühns wie Zeitbloms zu ihrem Herrn und Meister Thomas Mann, zeigen alle bisher erschienenen Tagebuchaufzeichnungen.

Der Tagebuchschreiber möchte aufrichtig sein, und er ist es auch auf seine Art. Ungleich radikaler und schonungsloser als André Gide oder Brecht, gar nicht zu reden von Rousseau. Der Schriftsteller Thomas Mann macht sich nichts vor. Das macht: er liebt sich nicht. Er liebt die Genauigkeit. Da ist eine Notiz aus den Tagebüchern von 1919, die alles aussagt über diese Ehe: »Abendspaziergang mit Katja, die mich sehr liebt und der ich unendlich dankbar bin.« Als sich die neue Schwangerschaft ankündigt, notiert Thomas Mann, Leute seiner Art sollten nicht Kinder in die Welt setzen. Später heißt es, geschrieben von einem Schopenhauerianer: »Setzt man Kinder in die Welt, so schafft man auch noch Leiden außer sich, objektive Leiden, die man nicht selber fühlt, sondern nur fühlen sieht, und an denen man sich schuldig fühlt.«

Thomas Mann wußte, warum er, bei der Verlobung mit Katia Pringsheim, nichts anderes versprechen mochte als ein »strenges Glück«. Daß sich seine tieferen erotischen Neigungen stets auf das männliche Geschlecht gerichtet haben, ist heute wohl unbestritten. Selbst ohne die Tagebücher war es an den Erzählwerken abzulesen. Auch hier ist Thomas Mann genau und macht sich nichts vor. Er notiert erotische Schwierigkeiten in der Ehe und verfolgt die geschlechtliche Neigung, durchaus mit Recht, bis weit in die schriftstellerische Produktion.

Die Brüder

Am 17. September 1919 notiert das Tagebuch: »Es unterliegt für mich selbst keinem Zweifel, daß auch die ›Betrachtungen eines Unpolitischen‹ ein Ausdruck meiner sexuellen Invertiertheit sind.« Das ist eine sehr sonderbare Formulierung, die zunächst stutzen macht. Wie denn: die tiefere Neigung des Mannes Thomas Mann zu jungen Menschen des eigenen Geschlechts soll nicht bloß produktiv gewesen sein, wie unverkennbar, bei Werken wie dem ›Tonio Kröger‹ oder dem ›Tod in Vendig‹, sondern ausgerechnet auch bei dem Riesenessay von 1918, also den ›Betrachtungen eines Unpolitischen‹?

Es stimmt aber, und es beweist die Hellsichtigkeit, fast darf man sagen: den »bösen Blick« dieses großen Schriftstellers auf seine Umwelt wie auf sich selbst. Die ›Betrachtungen eines Unpolitischen‹ haben zwei Quellen der Inspiration. Die negative entspringt seinem Haßgefühl und Selbstbehauptungswillen gegenüber allem, was durch den älteren Bruder Heinrich verkörpert wird: scheinbar oder auch wirklich. Heinrich Mann hatte den jüngeren Bruder in dem berühmten, während des Krieges publizierten Essay über Emile Zola scharf angegriffen. In den Tagebüchern Thomas Manns wird notiert, er sei nach der Lektüre wochenlang krank gewesen. Bis er sich aufraffte zu dem riesigen und insgeheim, noch während des Schreibens mit tiefem Unbehagen angeschauten Essay über welsche Politik und angeblich deutsche Unpolitik.

Allein auch das positive Element der Selbstbehauptung läßt sich zurückführen auf den Gegensatz zu Heinrich, der nicht bloß ein ideologischer, sondern fast ein physiologischer ist. Da sind bei Heinrich Mann im Werk wie im Leben die Mädchen und Frauen, die jeweils von Thomas und Katia mit Unbehagen zur Kenntnis genommen werden. Im ›Professor Unrat‹ von Heinrich Mann gehört die Sympathie des Erzählers der recht verkommenen »Künstlerin Fröhlich«. Thomas Mann ist ein Leben lang fasziniert durch die schönen Strolche: den vorlauten, aber hübschen und schönen Joseph, Sohn des Jaakob, wie den Hochstapler Felix Krull. Der Essayist Heinrich Mann hat im Grunde immer nur über Werke und Gestalten der französischen Literatur gearbeitet. Thomas über deutsche Werke und Gestalten. Von Thomas Manns großen Essays in dem Band ›Adel des Geistes‹ sind die Studien über Tolstoi, Dostojewski oder Cervantes einfach Ausnahmen, von denen im Grunde nur die ›Meerfahrt mit Don Quijote‹ von 1934, worüber in dem Tagebuch dieses Jahres nachgelesen werden kann, wirklich aus dem Rahmen fällt. Bei Dostojewski meint der Essay zugleich Schiller, die Konfrontation Goethes mit Tolstoi gehört, wie die Tagebücher der ersten Nachkriegszeit demonstrieren, zum Prozeß der Selbstüberprüfung. Dem Bekenntnis Heinrich Manns zu Emile Zola, als dem Volkstribunen der Affaire Dreyfus, antwortet Thomas Mann in den ›Betrachtungen‹ mit dem Gegenbild des ›Taugenichts‹ von Eichendorff und dem ›Palestrina‹ von Pfitzner: also mit deutscher Romantik und Spätromantik.

Die Antithese ließe sich weiter fortsetzen: Heinrich Manns damaliges Vertrauen in den westeuropäischen Parlamentarismus – Thomas Manns Bekenntnis zur »machtgeschützten Innerlichkeit« und zu einem angeblich unpolitischen Deutschtum. Der politische Tribun Heinrich Mann und der jüngere Bruder im Bekenntnis zur vornehmen Einsamkeit in der Nachfolge Friedrich Nietzsches. Aus der Perspektive des haßerfüllten Thomas wird Heinrich definiert als Sprecher für die westlichen Bourgeois. Ihnen stellt sich Thomas Mann romantisch und rein als deutscher »Bürger« entgegen.

Aus diesem großen Zusammenhang, der weit über den Gegensatz der Schriftsteller und Charaktere hinausreicht, wird in der Tat Thomas Manns Selbstcharakterisierung verständlich, wonach auch die ›Betrachtungen eines Unpolitischen‹ als Ausdruck der erotischen Inversion zu verstehen seien. Dann würde die Welt Heinrich Manns vom Bruder gedeutet als politische Weiberwirtschaft im »Städtchen Paris«, wie Dostojewski das nannte und wie es Thomas Mann vergnügt zitiert in den ›Betrachtungen‹. Dazu gehören angeblich Parlamentarismus, Zivilisationsliteratur, politische Salons, Moulin-Rouge und naturalistische Romane in Zolas Gefolge.

Die deutsch-unpolitische Welt aber ist in der Tat, liest man die riesenhafte Abhandlung genau, zu verstehen als Liebeserklärung des Verfassers an einen bestimmten blau-blonden deutschen Männertyp, der im Werk Thomas Manns stets wieder auftaucht. Vom Schulfreund Kai Graf Mölln in den ›Buddenbrooks‹ bis zum Musiker Rudi Schwerdtfeger aus dem ›Doktor Faustus‹. Es ist der Typ des romantischen deutschen Jünglings bei Eichendorff und der liebenswürdigen Spitzbuben aus der neueren Zeit. Die Tagebuchaufzeichnungen vom Sommer 1919 geben neue Bestätigung für diese Selbsterkenntnis des Schreibenden über die Zusammenhänge zwischen sexueller Inversion und epischem Schöpfertum. Die Berichte über zwei junge Holsteiner beim Ferienaufenthalt in Glücksburg könnten unmittelbar in einer Erzählung Thomas Manns wiederkehren: beim frühen wie beim späten.

Der Unpolitische

Seine ›Betrachtungen eines Unpolitischen‹, deren wehmütige und fast unfreiwillige komische Genese in den Tagebüchern von 1918 und 1919 verfolgt werden kann, hat Thomas Mann nicht sehr geliebt, doch sagte er sich niemals von ihnen los. Allerdings war er im achtzigsten Lebensjahr, als in Ostberlin zum 80. Geburtstag am 6. Juni 1955 die erste Gesamtausgabe

seiner Werke vorbereitet wurde, sogleich bereit, auf die
›Betrachtungen‹ zu verzichten, wenn dafür in der zwölfbändigen Ausgabe die späteren politischen Schriften und Reden
erscheinen könnten. Übrigens legte der alte Meister ausdrücklich Wert darauf, daß im Titel oder Untertitel nicht von »Schriften zur Politik« gesprochen würde, sondern von ›*Schriften zum
Zeitgeschehen*‹. Auch dies war abermals und indirekt ein
Bekenntnis zur Unpolitik.

Wie wenig Thomas Mann damals in München von Revolution
und Gegenrevolution, Räterepublik und Standgerichten verstanden hat oder auch nur verstehen wollte, dafür gibt es
erstaunliche Beispiele in diesen Tagebuchaufzeichnungen. War
sich der Schreibende am 18. Oktober 1918, als sich die deutsche
Niederlage voraussehen läßt, darüber klar, daß er auch sich
selbst verurteilte, wenn es heißt: »Der heroische Kampf, der nie
gesehene Leistungen zeitigte, ist, durch furchtbare militärische
und politische Fehler und durch die für solchen Kampf tief
untaugliche deutsche Geistigkeit verloren gegangen . . .«?
Wenig später heißt es, in einem Tonfall der Wut: »Dies Volk
hat sich als tief ungeeignet zur Macht erwiesen. Mir wäre es
recht, wenn das Reich sich auflöste, und etwa ein unpolitisch-
machtloses Nebeneinander von Republiken mit einem Preußen
plus Deutsch-Österreich (oder auch diese einzeln) entstünde.«
Die Münchener Räterepublik wäre für Thomas Mann zur Not
zu akzeptieren, wenn dort nicht so viele Juden mitmachten und
Literaten, die sich allesamt zum Bruder Heinrich bekannten.
Gegenüber den westlichen Zivilisationsliteraten entwirft Thomas Mann für sich eine neue Utopie, gleichsam als altpreu-
ßisch-bolschewistische Struktur: »Ich bin imstande, auf die
Straße zu laufen und zu schreien ›Nieder mit der westlichen
Lügendemokratie! Hoch Deutschland und Russland! Hoch der
Kommunismus!‹« (24. März 1919) Als es dann aber, wenige Wochen später, zu den standrechtlichen Erschießungen der Leute
kommt, für die der Tagebuchschreiber auf die Straße laufen
wollte, heißt es: »Den vorläufigen Sturz der Räte-Regierung be-
grüße ich... Und ich hasse die verantwortungslosen Verwirk-
licher, die den Geist kompromittieren, wie die Burschen, die
für diesmal abgewirtschaftet haben. Ich hätte nichts dagegen,

wenn man sie als Schädlinge erschösse, was man aber zu tun sich hüten wird.« (13. April 1919) Man hat sich nicht gehütet. Es ist schon richtig, was Joachim Fest in seiner Analyse der Tagebücher anmerkte[6]: daß Thomas Mann in diesen Tagebüchern fast wahllos »Liberalismus, Konservativismus, Sozialismus und gelegentlich auch Kommunismus zu wilden Augenblickssehen zusammenführt«. Auch die Folgerung ist richtig: »Er war für die Politik nicht einmal im Denken gemacht, immer bewegte er sich mit linkischem Feinsinn am Rande des Getümmels, das heftige Fähnchenschwenken täuscht nicht darüber hinweg.« Das stimmt und ist richtig auch für die meisten späteren Zeugnisse des politischen Redners, Rundfunksprechers und politischen Publizisten Thomas Mann, selbst und gerade auch dort, wo er, von heute aus gesehen, die richtigen Dinge gesagt und die demokratischen Positionen verteidigt hat.

Literatur

Schaut man zurück auf Thomas Manns Beziehung zu den wichtigen Schriftstellern seiner Zeit, jener Ära also, die er selbst in einer merkwürdigen Rede zum 75. *Geburtstag (1950)* als »meine Zeit« charakterisiert hat, so fällt auf, wie wenig er sich ernsthaft einließ mit den wichtigsten Autoren der eigenen Ära. Die Korrespondenz mit Hermann Hesse ist interessant als historisch-politisches Dokument; von einem wirklichen literarischen Briefwechsel kann die Rede nicht sein. Gequälte Höflichkeit im Verhältnis zu Hofmannsthal. Als dessen Lustspiel ›Der Schwierige‹ erscheint, notiert das Tagebuch mehr Langeweile als Respekt. Ein Lustspiel, »das natürlich hie und da Niveau zeigt, aber auf das ich nicht eben stolz wäre«.
Die von heute aus gesehen interessantesten Autoren seiner Lebenszeit haben, aus den verschiedensten Gründen, bisweilen sehr ungerecht, den Autor Thomas Mann mehr oder weniger entschieden abgelehnt: Döblin und Brecht, Gottfried Benn und Hans Henny Jahn, Kritiker wie Karl Kraus oder Walter Benjamin. Auch hier fühlten sich die meisten, allen voran der junge Gottfried Benn, weit stärker mit Heinrich Mann verbunden als mit dessen jüngerem Bruder. Das Ressentiment des Tagebuch-

schreibers T. M. gegen die damalige junge Literatur war also
begründet. Er selbst hat sich, fast ein Leben lang, im näheren
Umgang mit mittelmäßigen Schreibern herzlicher eingelassen.
Ihnen zuliebe schrieb er so häufige und wohlwollende Wasch-
zetteltexte, daß man sich darüber gegen Ende der Zwanziger
Jahre öffentlich mokierte. Thomas Mann hat es gewußt und
ausdrücklich das gewohnte Verfahren weiter betrieben.

Dafür zeigen die Tagebücher in schneidender Kälte, wie verächtlich er insgeheim über die also Gelobten geurteilt hat. Stets
verglich er sich mit den Größten, immer wieder versuchte er
anzuschreiben gegen Goethe. Unter den Zeitgenossen ließ er
keinen vor sich gelten.

Sehr früh informiert über Kafka ist Thomas Mann offensichtlich nicht gewesen. Immerhin hatte Carl Sternheim schon während des Weltkrieges den Geldbetrag des Fontane-Preises an
den Schriftsteller Dr. Kafka in Prag überweisen lassen: mit
ausdrücklichem Hinweis auf den hohen Rang Kafkas.

In Thomas Manns Tagebuch aber wird ein Besuch des Rezita-
tors Ludwig Hardt notiert (1. August 1921). Hardt pflegte bei
seinen Vortragsabenden immer wieder Texte von Kafka zu
rezitieren, übrigens auch frühe Erzählungen von Thomas
Mann. Das Tagebuch berichtet: »Zum Thee mit L. Hardt, der
mir Prosa eines Pragers, Kafka, vorlas, merkwürdig genug.
Sonst ziemlich langweilig.« Aber das wird schon am 22. September revidiert: »Sehr interessiert war ich von den Schriften
Franz Kafka's die der Recitator Hardt mir empfahl.«

Ähnlich kurios ist eine Eintragung der folgenden Art: »Zum
Abendessen Annette Kolb, die mir ziemlich mißfiel. Übrigens
fand sie Klaus mir sehr ähnlich. Sie pries sehr einen franz.
Romancier, der Proust o.ä. heißen soll. Brachte sie zur Tram.«
Proust oder so ähnlich.

Der zaubertolle Berg

Was man heute über die Pläne, Zweifel, künstlerischen Entscheidungen und Nicht-Entscheidungen des *Erzählers* Thomas
Mann in den Tagebüchern 1918-1921 erfahren kann, ist schon
vor mehr als dreißig Jahren von einem, der es wissen mußte,

genau mitgeteilt worden. In seiner bedeutenden Autobiographie, die zuerst 1942 in englischer Sprache und mit dem Titel ›The Turning Point‹ erschien, dann aber in deutscher Sprache vom Verfasser eine erweiterte Fassung erhielt, berichtet *Klaus Mann*: »Es waren zwei erzählende Werk, mit denen er zur Zeit des Kriegsausbruches beschäftigt gewesen war; nun schwankte er zwischen diesen Projekten, die beide verlockend erschienen. Was sollte er zuerst in Angriff nehmen – die Aufzeichnungen des Hochstaplers Felix Krull, die geistvoll-übermütige Variation auf sein altes Thema: die moralische Fragwürdigkeit des künstlerischen Menschen – oder eine kleine Novelle, die in der dünnen Luft eines Schweizer Lungenkurortes spielte und sich mit den delikaten Zusammenhängen zwischen Tod und Liebe, Tuberkulose und Sensualität befaßte . . . Eine Art von leichterem Gegenstück, ein Satyrspiel zum ›Tod in Venedig‹, so etwas mochte vielleicht daraus werden.«

Das Material, so berichtet der Sohn weiter über die Arbeit des Vaters an jener kleinen Geschichte, die man vielleicht ›Der Zauberberg‹ benennen könnte, war leicht zu beschaffen und übersichtlich. Da waren Katias Briefe aus ihrer Sanatoriumszeit in Davos und im Jahre 1912. Thomas Mann hatte sie dort in jenem Sanatorium, das alle Romanleser als »Berghof« kennen, am 15. Mai 1912 besucht. Wie üblich hatte er alles genau betrachtet und für sich notiert. Es war dem Besucher Thomas Mann, der nur so »auf drei Wochen« in die Schweiz gereist war, ganz wie Hans Castorp, der dann sieben Jahre blieb, beinahe so ergangen wie besagtem Castorp. Ein Katarrh brach aus in der Höhenluft. Thomas Mann hat später vor amerikanischen Studenten geschildert, wie es dabei zuging. »Der Chef, der, wie Sie sich denken können, meinem Hofrat Behrens in Äußerlichkeiten ein wenig ähnlich sah, beklopfte mich und stellte mit großer Schnelligkeit eine sogenannte Dämpfung, einen kranken Punkt an meiner Lunge fest, die, wenn ich Hans Castorp gewesen wäre, vielleicht meinem ganzen Leben eine andere Wendung gegeben hätte.«

Übrigens hat sich mittlerweile auch herausgestellt, daß vermutlich sogar im Falle von Katia Mann eine eklatante Fehldiagnose gestellt wurde.

Dergleichen also war nach dem Kriegsende 1918 verhältnismäßig leicht niederzuschreiben. Allein Klaus Mann spürte wohl
schon früh die Gegenströmung im Elternhaus: »Es war eine
schwere Wahl zwischen dem attraktiven Kriminellen und den
nicht minder verführerischen Tuberkeln. Schließlich entschied
man sich für einen dritten Gegenstand, nämlich für unseren
guten Hund Bauschan.«
Genau so liest es sich heute in den Tagebüchern des Vaters.
Vorerst einmal wurde nicht am ›Zauberberg‹ weitergearbeitet.
Man schrieb die Geschichte von ›Herr und Hund‹. Auch an
Thomas Manns lebenslangem Umgang mit Hunden läßt sich,
wie die vorliegenden Tagebücher nicht minder deutlich demonstrieren als die Tagebücher der dreißiger Jahre, die spezifische
Mischung von Eiseskälte und irritierter Empfindsamkeit konstatieren. Die Tagebuchbeschreibung von Bauschans schließli-
cher Krankheit und Tötung ist abermals, wie so vieles in diesen
Aufzeichnungen, der Bericht eines großen Erzählers: auch oder
gerade weil er nicht als Literatur geplant war.
Der tiefere Grund für die Unlust sowohl an der Hochstaplerge-
schichte wie am novellistischen Gegenstück zum ›Tod in Venedig‹ entsprang den Zeitverhältnissen. Der Schriftsteller Thomas
Mann, der, in einem tieferen Sinne, viel politischer reagierte als
der aggressive Kulturkritiker dieses Namens, spürte genau, daß
Kriegsausgang und Nachkriegszeit die beiden Projekte ihres
ursprünglichen Sinnes beraubt hatten. Noch im September
1918 wollte das Tagebuch vermuten, man könne den ›Zauberberg‹ im alten Sinne weiterschreiben: »Die Todesromantik plus
Lebensja im Zauberberg, den Protestantismus des Hochstaplers«. Nach der Revolution und den ersten Tendenzen einer
Gegenrevolution scheint sich alles ganz trostlos auszunehmen.
Künstlerromantik, unpolitisches Bürgertum, Novalis und Wilhelm Meister? Da war der Hund Bauschan weitaus realer.
In Wirklichkeit zeigte es sich just am Ablauf der Ereignisse
zwischen 1918 und 1921, daß bloß die ursprüngliche Verbindung des Zauberberg-Projektes mit dem ›Tod in Venedig‹, also
die spezifische Künstler/Bürger-Problematik, unzeitgemäß
geworden war. Dafür entdeckte Thomas Mann als Tagebuchschreiber und Betrachter der Zeitereignisse immer von neuem

die Aktualität, sogar Dringlichkeit des Themas, wenn man die Positionen von 1912 teilweise aufgab und gleichsam »modernisierte«.

Hans Castorp sollte ursprünglich, das erfahren wir jetzt aus dem Tagebuch, zwischen zwei Mentoren gestellt werden, die beide »nicht die Rechten« waren. Der eine von Anfang an gedacht als Stilisierung des Bruders Heinrich. Settembrini als Zivilisationsliterat und westlicher Aufklärer. Als Gegenspieler dazu hatte sich Thomas Mann einen protestantischen »Pastor Bunge« ausgedacht: vermutlich von hanseatischem Typus. Aber war Pastor Bunge wirklich so ergiebig? Die protestantische Verantwortungsethik gegenüber dem Literatentypus Settembrini/Heinrich wurde schon durch Vetter Joachim repräsentiert, ein bißchen auch durch Castorp selbst. Wie also?

Die *Räterepublik* gibt die Lösung und damit die Möglichkeit zur Weiterarbeit. Am 17. April 1919 weiß das Tagebuch: »Unterdessen bedenke ich den Zbg., den wieder in Angriff zu nehmen jetzt wirklich erst der Zeitpunkt gekommen ist. Im Kriege war es zu früh, ich mußte aufhören. Der Krieg mußte erst als Anfang der Revolution deutlich werden, sein Ausgang nicht nur da sein, sondern auch als Schein-Ausgang erkannt sein. Der Konflikt von Reaktion (Mittelalter-Freundlichkeit) und humanistischer Aufklärung durchaus historisch-vorkriegerisch. Die Synthese scheint in der (kommunistischen) Zukunft zu liegen.«

Noch wird Pastor Bunge weiter auf der Besetzungsliste geführt. Allein der Weg geht in die Richtung des »asketischen Gottesstaates«, den Thomas Mann »beständig der kommunistischen Weltkultur der Zukunft analog« empfindet.

Plötzlich ist die Hellsicht wieder da, nach so viel Stochern im ideologischen Nebel. Der böse Blick des Erzählers hilft weiter. Am 24. April 1919 wird notiert: »Wahrhaftig, es wird unter dieser Tyrannei eine neue Freiheit, eine neue Wahrheitsliebe und Gerechtigkeit geben, weil es zunächst *aus* sein wird mit alldem. Das proletarische Dogma, das politische Kriterium wird herrschen. Merkwürdiger Irrtum, daß jetzt die Freiheit ausgebrochen sei. Im Gegenteil, die Freiheit war das Ideal der ›bürgerlichen‹ Epoche.«

Mit dieser Entscheidung aber sind zwei Schwierigkeiten für den Fortgang der Arbeit aufgetaucht. Pastor Bunge kann diese Gegenposition zu Settembrini unmöglich leisten. Sein Reich ist weder die klassenlose Gesellschaft noch der asketische Gottesstaat. Auch die Geschichte mit Madame Chauchat bereitet Sorgen. Im Tagebuch wird abgewogen: Wird es zu einer Liebesnacht kommen zwischen ihr und Castorp, wird sie überhaupt wieder in den Zauberberg zurückkehren, und wann oder unter welchen Umständen?

Am 31. Dezember 1921, wo – leider, leider – die Tagebuchaufzeichnungen abbrechen, ist noch keine Lösung in Sicht. Was Settembrinis Gegenspieler ideologisch zu repräsentieren hat, weiß man als Erzähler nun viel besser. Doch wie sieht er aus, dieser Antagonist? Im Jahre 1922 trifft Thomas Mann in Wien zum ersten Mal mit dem seit langem als Essayist und Thomas-Mann-Interpret hochgeschätzten Georg Lukács zusammen, der als ungarischer Flüchtling in Wien lebt und bedroht ist von der Gefahr einer Auslieferung an das gegenrevolutionäre Ungarn. Ein Mann von »ätzender Häßlichkeit«, wie Thomas Mann später den Typ mehrfach beschreiben sollte. Der Denker Lukács hat beileibe nichts zu tun mit den Gedankengängen des kleinen Naphtha im Roman, doch die Wiener Begegnung von 1922 führte offenbar zur Entpflichtung des Pastors Bunge und zum Engagement des kleinen Naphta, der im Roman ziemlich spät und mit der verlegenen Überschrift »Noch jemand« vorgestellt wird.

Ein Jahr später kann auch Klarheit gewonnen werden über die Umstände einer Rückkehr der Madame Chauchat. In einem Brief Thomas Manns an Gerhart Hauptmann vom 11. April 1925 ist rekonstruiert worden, was wir – leider, leider – dem Tagebuch nicht mehr entnehmen können. »Ich habe mich an Ihnen versündigt. Ich war in Not, wurde in Versuchung geführt und gab ihr nach. Die Not war künstlerisch: ich trachtete nach einer Figur, die notwendig und kompositionell längst vorgesehen war, die ich aber nicht sah, nicht hörte, nicht besaß. Unruhig, besorgt und ratlos kam ich nach Bozen – und dort, beim Wein, bot sich mir an, unwissentlich, was ich, menschlich-persönlich gesehen, nie und nimmer hätte annehmen dürfen…«

Das Ergebnis kennt alle Welt. Noch jemand war im Roman aufgetreten, mit ihm kehrte Madame Chauchat zurück. Ein Holländer namens Mynheer Peeperkorn. Geschaffen nach dem Ebenbild des in Südtirol trinkenden und schwadronierenden Zunftkollegen Gerhart Hauptmann. Peeperkorn oder Die Persönlichkeit. Der charismatische Menschenfänger, neben dem die Suada Settembrinis wie Naphthas wesenlos wird.

Nun ist das Personal vollständig beisammen. Der ›Zauberberg‹ kann zu Ende geschrieben werden. Zwischenspiele wie jenes mit dem Hund Bauschan sind unnötig geworden. Hat Thomas Mann gewußt, daß der ›Zauberberg‹ die denkbar vollständige Zurücknahme jener ›Betrachtungen eines Unpolitischen‹ dargestellt hat? Das verrät uns kein Tagebuch mehr aus jenen Jahren. Allein wie es zuging an jenem Wendepunkt der deutschen Geschichte und der Lebensgeschichte Thomas Manns, das wissen wir heute, und dürfen dankbar sein für den Gnadenakt, der diese Tagebücher aus vier entscheidenden Jahren verschonte. (1979)

ROBERT MUSIL UND THOMAS MANN
ZUR INTERPRETATION IHRER TAGEBÜCHER

»Das einsame Kind mit Büchern: da begann es. Die überspann-
ten Ehr- und Mutideen des Knaben, denen er nicht gerecht
werden konnte.« Das ist eine Aufzeichnung aus dem 28. Heft
der Tagebücher von Robert Musil. In der Datierung des Her-
ausgebers Adolf Frisé handelt es sich um Notate aus der Zeit
von 1928 bis Juni 1930.[8] Ein Rückblick auf die Welt des
Zöglings Törless. Allein der Gedankengang im Tagebuch wird
dann in höchst überraschender Weise weitergeführt. Die Asso-
ziation stellt sich ein im Zusammenhang mit der Erinnerung an
eigene »überspannte Ehr- und Mutideen« des jungen Robert
Musil. Es wird nach einer Gegenposition gesucht, gleichsam
nach einem Gegenspieler, weshalb es weiter heißt: »Im Zauberberg läßt Th. M. den Chefarzt unverschämt zu Castorp werden. Der nimmt es schweigend hin, geht einige Tage später zum
Arzt und sagt ungefähr: Ich nehme mir die Freiheit, über Ihre
Aussprüche letzthin wegzugehn und an Ihre Liebenswürdigkeit
zuvor anzuknüpfen. Aber es schien mir unwürdig, ich hätte als
junger Mensch den Mann zur Rede gestellt. Aber das wäre doch
offenbar patzig, nicht der Norm entsprechend; die gute Norm
ist tolerant. Der Chefarzt bleibt unverschämt, aber ist gerührt.«
Dies ist also durch Musil als Konfrontation angelegt. Einsicht
in die eigene Besonderheit, die er von jeher als rätselhaft
empfand, scheint sich leichter herstellen zu lassen, wenn man
sich selbst konfrontiert mit dem Autor des ›Zauberberg‹. Es
kann sich hier nicht darum handeln, den Beziehungen zwischen
Musil und Thomas Mann psychologisch genauer nachzugehen:
das ist durch Karl Corino schon vor neun Jahren unternommen
worden.[9] Es geht im Augenblick um die besondere Art des
Verhaltens von Schriftstellern, die ein Tagebuch führen. Auch
darin erweisen sich Robert Musil und Thomas Mann als gleichsam exemplarische Gegenspieler. Da aber jede bewußte Führung eines intimen Journals oder Arbeitsjournals die dauernde
Auseinandersetzung des schreibenden Ego mit seiner jeweiligen
Welt und Umwelt voraussetzt, muß sich die Antithese der

Tagebuchschreiber Robert Musil und Thomas Mann mit Notwendigkeit auch auf ihr Verhältnis zur Welt erstrecken: in
Form einer grundverschiedenen Subjekt-Objekt-Relation, die
ihrerseits gedeutet werden kann als divergierendes Verhalten
Robert Musils und Thomas Manns zum Grundphänomen der
modernen Gesellschaft, nämlich zur großen Stadt: zur Großstadt.

In Thomas Manns Tagebüchern, soweit sie bisher gedruckt
vorliegen, also in den Jahrgängen 1918-1921 und 1933-1936,
die hier kurz analysiert werden müssen, weil ihr Erscheinen
nach dem Buch von Corino erfolgte, wird verhältnismäßig
glimpflich über den Dr. Musil in Wien geurteilt. Freilich ist
eine gewisse Herablassung nicht zu verkennen. Die Begegnung
erfolgte zuerst im Dezember 1919. Thomas Mann kommt zum
ersten Mal nach dem Kriege wieder nach Wien, wo man eine
Aufführung seines Schauspiels ›Fiorenza‹ angesetzt hat. Der
Dramatiker, der keiner ist, kehrte »ziemlich entnervt ins Hotel
zurück«, wie das Tagebuch vom 4. Dezember erfährt, »und aß
Butterbrot, Wurst und Rauchfleisch zu Abend, ohne etwas zu
trinken zu haben. Ich wünsche den Unternehmern und den
Schauspielern, die das Werk mit der Demut von Theatermen-
schen bewundern, daß das Fiasko sich sanft gestalten möge.«
Am 5. 12. beginnt die Eintragung mit den Sätzen: »Morgens
sehr verstimmt. Bedienung funktioniert nicht, fühlte mich ver-
nachlässigt und schlecht aufgehoben.« Er wohnte übrigens im
Hotel Imperial. Freilich ist Nachkriegszeit. Unter vielem anderen wird dann notiert: »Überreichung eines Briefes von Musil.«
Am 6. Dezember kommt es zur Begegnung. Das Tagebuch
notiert kurz: »Besuch von Musil (Zeitschrift) . . .«[10] Am
Abend ist Premiere, über die es dann heißt: »Am Schluß voller,
warmer Erfolg mit vielen Hervorrufen, mit den Schauspielern
und allein. Hochstimmung, Glückwünsche. Dank an die Dar-
steller.« Am 7. Dezember findet er beim Portier ein Exemplar
von »Musils Novellenband ›Vereinigungen‹ mit einem Citat aus
dem ›Tod in Venedig‹ als Inschrift« vor. Gemeint ist wohl eine
Widmung.
Die weiteren Aufzeichnungen erinnern an den fast unvorstell-
baren Reichtum geistiger und künstlerischer Potenz im damali-

gen Wien. Thomas Mann besucht einen Sonatenabend von Arnold Rosé und Bruno Walter. Er bekommt die geheime Telefonnummer Arthur Schnitzlers: »Ließ mich mit Schnitzler verbinden . . . und meldete mich für Mittwoch zum Essen an.« Er trifft Hofmannsthal, wo gleichfalls ein Zeitschriftplan besprochen wird, jedoch einer, der mit Musil nichts zu tun hat. Albert Heine, Richard Beer-Hofmann, Felix Salten. »Salten schickte durch den Burgtheater-Boten die Einladung zur morgigen Generalprobe und ein Paket Taschenzündhölzer.«

Dann kommt es zur Vorlesung Thomas Manns. Er liest aus seinem kleinen parodistischen Versepos ›Gesang vom Kindchen‹ und aus den fragmentarischen ›Bekenntnissen des Hochstaplers Felix Krull‹. Fracktoilette. Durch Vermittlung Karl Renners findet die Lesung in der Staatskanzlei in der Herrengasse statt. »Vorstellung mit dem Vicekanzler, dem Vertreter Renners, einem Tiroler Bauer. Ansprachen des Präsidenten der Concordia und des Vicekanzlers, die beide von mir in hohen Tönen sprachen.« Auch Robert Musil ist anwesend und wird im Tagebuch erwähnt. Am Freitag, dem 12. Dezember, schließt die Eintragung wie folgt: »Ich will nun packen, dann, wie ich denke, mit Musil Abendessen gehen und morgen 5 Uhr aufstehen. Hoffe, morgen Abend zu Hause zu sein und beschließe damit die Aufzeichnungen über diesen tollen Aufenthalt.«

So hat Thomas Mann ihre erste Begegnung erlebt. Den Novellenband ›Vereinigungen‹ las er dann erst nach der Rückkehr in München. Darüber heißt es sehr knapp und kühl im Tagebuch vom 10. Februar 1920: »Las . . . die Anfänge von Philippe's ›Marie Donadieu‹.« Charles-Louis Philippes Roman ›Marie Donadieu‹ war bereits 1904 erschienen, fünf Jahre vor dem frühen Tod des französischen Erzählers. Der lesende Thomas Mann scheint über die Anfänge nicht hinausgekommen zu sein. Weshalb er die Lektüre kurz abtut: »Zu viel weibliches Geschlecht. Verwandt damit gewissermaßen Musils Novellen, die ich nicht aufnahm.«

Respektvolle Distanz also in allen Äußerungen Thomas Manns zu allem, was der österreichische Kollege schrieb und plante. Thomas Manns Aufsatz über den ›Mann ohne Eigenschaften‹

nach Erscheinen des Ersten Bandes bleibt eine konventionelle
Gelegenheitsarbeit: darin übrigens nicht unähnlich den erstaunlich glatten und unoriginellen Äußerungen des Essayisten Thomas Mann über Kafka. Was er seinen Tagebüchern anvertraut
über den bewunderten Kollegen aus Prag, den einzigen neben
Proust, mit dem er sich zu vergleichen liebte unter den Zeitgenossen, klingt durchaus anders, faszinierter und persönlicher,
als was er drucken läßt über den ›Prozeß‹ oder das ›Schloß‹.
Das ändert sich auch nicht im Exil, noch bevor Robert Musil
seinerseits genötigt ist, in der Schweiz einen Unterschlupf zu
finden nach der Besetzung Österreichs. Am 16. November
1935 notiert Thomas Mann im Tagebuch, daß er am Vorabend
einer öffentlichen Vorlesung Robert Musils zuhörte. »Kleines
Publikum«, bemerkte der Schreiber: nüchtern und wohl ohne
Bedauern. Frau Ninon Hesse ist anwesend, der Verleger Emil
Oprecht, Thomas Manns einstige Sekretärin Ida Herz und
andere. Das Tagebuch faßt zusammen: »Hohes Niveau des
Musil'schen Romans. Verwandtschaft mit Proust.«[11] Das
stimmt ganz sicher nicht, denn Proust und Musil sind, freilich
aus anderen Gründen, ebenso Antagonisten des Erzählers wie
etwa Döblin oder James Joyce. Wichtig ist an der Notiz jedoch,
daß Proust damals bereits für Thomas Mann einen absoluten
Wert darstellte. Ein Vergleich des ›Mann ohne Eigenschaften‹
mit der ›Suche nach einer verlorenen Zeit‹ ist beim Tagebuchschreiber Thomas Mann also als Kursnotiz zu verstehen.
Man war nach der Vorlesung bei reichen Züricher Gastgebern
zusammen; es scheint aber nicht, daß die beiden Schriftsteller
mehr als Höfliches zueinander gesagt haben. Auch Robert
Musil konnte sehr artig sein, als Mann von vorzüglichen Manie-
ren. Er mied einen jeden Eklat in der Öffentlichkeit. Milder
freilich ist er bei solchem Verhalten nicht geworden. Das zeigt
sein Tagebuch. Auch Thomas Mann wirkt irritiert in den
kurzen Tagebuchnotizen der ersten Exiljahre, wenn es um
Musil geht. Dessen materielle Lage ist schon vor der Emigration stets schwierig gewesen, weil alle Kraft und Energie auf die
Weiterführung des großen epischen Unternehmens gewandt
wird. Da bleibt keine Zeit für rasch gefertigte Nebenarbeiten.
Noch dazu »rasche Fertigung« – und Robert Musil, der stets

mehrere Entwürfe macht, ehe eine Postkarte entstehen kann, die zu einem Besuch oder Spaziergang einlädt. Unwillig notiert Thomas Manns Tagebuch, daß wieder einmal lästige Anfragen an ihn gelangten in Sachen des Wiener Kollegen.

Daß Musil seinerseits bei seiner allzu berühmt gewordenen Formulierung vom »Großschriftsteller«, der sich vergleichen lasse einem Großindustriellen oder Großkaufmann oder Großgrundbesitzer, Musil vergleicht auch mit dem Großkampftag und dem Großkaufhaus, an den Verfasser des ›Zauberberg‹ gedacht hat, ist unstreitig. In den späten Tagebüchern kommt es immer wieder, seit dem Heft 30, also dem Ausgang der Zwanziger Jahre, zu antithetischen Formulierungen, die das Sein der beiden Gegenspieler, Musil und Thomas Mann, bestimmen sollen. Es geht dem Tagebuchschreiber Musil um die Existenz, das So-Sein, dann erst um das Machen und das Werk. Äußerst scharf formuliert in einem Aperçu über Thomas Mann, das so lautet: »Er ist schon was! Aber er ist nicht wer.« Das ist glänzend gesagt, hat aber Konsistenz nur als Selbstaussage Robert Musils. Übrigens gibt es später, im 33. Heft der Tagebücher, auch die monumentale Selbstanalyse, bestehend aus drei Worten: »Ich bin undankbar.«

Thomas Mann hat sich, soweit man sieht, niemals mit dem Autor des ›Törless‹ und des ›Mann ohne Eigenschaften‹ verglichen. Hätte er es trotzdem getan, das kann getrost behauptet werden, so wäre daraus ein Vergleich des literarischen Wertes und Werks geworden, nichts anderes.

Wenn sich Robert Musil mit dem Antipoden vergleicht, so will er immer noch einmal das Rätsel der eigenen Existenz ergründen. Er möchte hinter der eigenen Wirklichkeit abermals den Möglichkeitsmenschen gedanklich fixieren. Was im Falle der »Möglichkeit« einen Widerspruch in sich bedeuten muß. In der 70. Tagebucheintragung des 33. Heftes, also zwischen 1937 und den letzten Eintragungen nach dem sechzigsten Geburtstag im Jahre 1940, werden die Schriftsteller Thomas Mann und Robert Musil gleichsam als »Phänotypen« aufgefaßt, um die Formel von Gottfried Benn zu gebrauchen, die eine jeweils vom Gegentyp grundverschiedene präsentieren.[12]

Bei dieser Eintragung stellt Musil den Namen Thomas Mann

nicht voran, wie bei den anderen antithetischen Notizen im geheimen Journal. Es wird vielmehr ein Lebensverhalten beschrieben und durch Beschreibung gleichzeitig interpretiert: »Ein junges Wesen, findest du dich eines Tags in einer unbekannten Gegend, von der dir nur das Nächste vertraut ist. Menschen sind bei dir, die dir die nächsten Wege weisen und dich dann verlassen, wenn sie auch gelegentlich wiederkehren. In dieser Gegend, die Verlockendes und Schreck birgt, beginnst du nun vorsichtig, an dich zu nehmen, was dich anzieht, und dich mit dem auseinanderzusetzen, was dich schreckt. So fängst du an, eine so handelnde wie seelische Beziehung zur Welt herzustellen. Ich glaube, das ist die Ausgangslage, worin sich meist der Mensch vorfindet und die für die meisten Dichter einen Beginn ihrer Tätigkeit vorstellt. Die Spuren z.B. bei Thomas Mann.«

Hier wird eine Beziehung junger Menschen zur Welt beschrieben, die offensichtlich als Mehrheitsverhalten zu verstehen ist. Man ist in eine Welt hineingeboren, nimmt sie vorerst fast ohne Diskriminierung auf, worauf sich langsam die Besonderheiten herausstellen in Form von Sympathien oder Allergien; ein Selektionsprozeß findet statt, der langsam hilft, daß der in solcher Weise Lebende auch seiner selbst inne wird. Es sei, vermutet Musil, das typische Mehrheitsverhalten auch der Dichter. Fast überdeutlich wird im Tagebuch deshalb noch hinzugesetzt: »Die Spuren z.B. bei Thomas Mann.«

Die hochmerkwürdige Tagebucheintragung aber ist damit noch nicht zu Ende. Sie ist angelegt als ein Entweder-Oder, weshalb der nächste Abschnitt so fortfährt: »Anders ich. Habe aggressiv begonnen und mich orientiert, indem ich das Bild der Welt in den höchst unvollkommenen Rahmen meiner Ideen preßte, d.h. natürlich bloß mehr als andere. Der Wunsch, das Gesetz zu diktieren, unterscheidet sich vom Wunsch, gut zu liegen zu kommen und von der staunenden Frage: wie liege ich denn überhaupt da? So ungefähr wäre es auszudrücken.«

Wer so lebt und handelt, nimmt die vorhandene Welt nicht als Unmittelbarkeit in sich auf, sondern beginnt sogleich mit der Konfrontation. Hier ist »mein« Bild von der Welt, dort die reale Wirklichkeit. Sie muß sich folglich, als eine vermittelte, den Vergleich gefallen lassen, der schlecht ausfällt, wie man hinzusetzen darf. Die Wirklichkeit wird also von einem, der so vorgeht oder vorzugehen glaubt, mit einer vom Subjekt vorher bereits konzipierten Möglichkeit konfrontiert.

Angewandt auf den Dualismus Thomas Mann und Robert Musil wäre die Eintragung so zu verstehen: Thomas Mann arrangiert sich die ihm gemäße Wirklichkeit durch Ausscheiden und Aufnehmen, um mit einer derartigen Arbeitsweise ein Werk zu schaffen, das unter solchen Umständen noch möglich ist. Vermutlich stimmt die Charakteristik sogar, denn Thomas Mann selbst hat noch in seiner späten Zeit immer wieder von seinem eigenen »prekären Arrangement« mit der Welt und mit der Literatur gesprochen.

Die angebliche Gegenposition Robert Musils wäre dann als ein merkwürdiger Platonismus zu verstehen. Es gibt die Idee von einer Welt und einer Sache, und die reale Welt muß sich damit vergleichen lassen. Fast wie ein »farbiger Abglanz« der postulierten Idee. Das natürlich kann niemals zu einem Arrangement führen, sondern hat den Zusammenprall und Widerstand gleichsam selbst programmiert. Erst durch den Konflikt gelangt dann der Lebende und Schreibende zur Frage nach dem eigenen Ich und seiner Besonderheit.

In einem dritten Absatz der Tagebuchnotiz zieht Musil auch diese Folgerung: »Die starke Realistik des Denkens kommt erst innerhalb des zuvor geschehenen eigenen Zurechtbildens zum Wort.«

Dann erst sei jene Frage nachzuholen, die bei Thomas Mann und seinesgleichen am Anfang aller schöpferischen Tätigkeit gestanden habe, nämlich: »Und erst mit 40 und 50 hole ich die erstaunte Frage nach: wie bin ich geworden, bin ich recht geworden usw.?« Soll man diese Selbstcharakteristik Robert Musils wirklich akzeptieren? Auch bei ihm besteht die Gefahr, wie bei den viel zahlreicheren und gefälliger formulierten Selbstdeutungen Thomas Manns, daß man sich ein Bild Robert Musils zurechtmacht von der späten Lebensperspektive her. Was an den Phänotypen Mann und Musil demonstriert werden soll, ist Erkenntnis eines Menschen im Exil, er geht auf die Sechzig zu und stellt sich die sonderbar »erstaunte Frage«, ob er

es sich selbst recht gemacht habe. »Bin ich recht geworden . . .?« Sogleich müßte die Gegenfrage gestellt werden nach
dem Koordinatensystem für »recht« oder auch »unrecht«.
Überdies berührt es eigentümlich, daß der späte Musil offenkundig die früheren Selbstbefragungen vergessen hat. Etwa
diese hier: »Törless saß also ganz still und starr, sah unaufhör-
lich zu Basini hinüber und war ganz in den tollen Wirbel seines
Innern verfangen. Und immer wieder tauchte daraus die Frage
auf: Was ist das für eine besondere Eigenschaft, die ich
besitze?« Daß aber der junge Törless als eine Art junger und
vorweggenommener Ulrich verstanden werden müsse, daß also
der Zögling Törless bereits als ein ›Mann ohne Eigenschaften‹
zu verstehen sei, hat Musil immer wieder unterstrichen.
Es ist auch durchaus nicht so, wie jene späte Eintragung in
Sachen Musil und Thomas Mann behaupten möchte, daß die
früheren und prästabilierten Ideen *früher* vorhanden gewesen
seien als eine bedrängende Außenwelt, die danach verlangte,
verstanden und beschrieben zu werden. Allein eine solche von
Musil stets ersehnte Position setzt gedankliche Klarheit voraus,
Vertrauen zur Idee. Die jedoch ist niemals zweifelsfrei gewesen
für den Schriftsteller Robert Musil. Ihr stand zweierlei entgegen: die ungelöste Frage nach dem So-Sein *und* die Faszination
durch das ideell und auch verbal nicht Faßbare der Welt: die
allenthalben zu entdeckende Unschärfe-Relation. In einer im
Tagebuch genau datierten Eintragung vom 13. August 1910
wird das, abermals in Form einer Selbstanalyse, sorgfältig
herausgearbeitet.[13]
Das beginnt wie folgt: »Mir fiel vor dem Einschlafen noch
einiges über meine Art zu arbeiten (bei den Novellen) ein.
Worauf es mir ankommt, ist die leidenschaftliche Energie des
Gedankens. Wo ich nicht irgendeinen besonderen Gedanken
heraus arbeiten kann, wird mir die Arbeit sofort zu langweilig.«
Das sei aber in seinem eigenen, besonderen Falle ungemein
schwierig, denn gleichzeitig sei er ein Schriftsteller, der sich
nicht an die strenge Gedanklichkeit des Naturwissenschaftlers
zu halten vermöge. »An ihre Stelle tritt«, wie Musil formuliert,
»die durch die Bilder, den Stil, die Stimmung des Ganzen.«
Er folgert daraus: »Es sind zwei antagonistische Kräfte, die man

ins Gleichgewicht setzen muß, das dissipirende, formlose, gedankliche, und das einengende, leicht leere und formale der rhetorischen Erfindung.«

Es gehört zur außerordentlichen Folgerichtigkeit und Konsistenz der Arbeitsweise Robert Musils, die sich im Tagebuch als permanente Selbstüberwachung darstellt, daß er eben jene Eintragung vom 13. August 1910 im Ersten Band des ›Mann ohne Eigenschaften‹ an zentraler Stelle wiederholt: im Zusammenhang einer gesellschaftlichen Szene, wo alle Akteure der »Parallel-Aktion« aufgeboten werden, um die schroffe Divergenz zwischen ihnen allen und Ulrich herauszuarbeiten. Das berühmte Kapitel 116 mit der Überschrift »Die beiden Bäume des Lebens und die Forderung eines Generalsekretariats der Genauigkeit und Seele« wird, mit gutem Recht, in keiner Studie der Sekundärliteratur ausgespart. Auch hier muß es einbezogen werden in eine Interpretation des Tagebuchschreibers Robert Musil und seiner antagonistischen Beziehung zum sogenannten Großschriftsteller auf der anderen Seite.

Inmitten der schwatzenden Politiker und Magnaten und Gesellschaftslöwen wird sich Ulrich abermals seiner Besonderheit bewußt. Daß er nämlich in jedem rationalen Augenblicksverhalten das Umkippen in ein durchaus irrationales mitdenken könne, doch große Schwierigkeiten habe, die Linien genau nachzuzeichnen, die den rationalen vom emotionalen Bereich trennen. Erinnerung bietet ihm einen Vorfall auf der Rennbahn zum Vergleich an: »Als es einen Zwischenfall mit großen verdächtigen Wettverlusten gab und aus friedlichen Zuschauermassen im Nu eine See wurde, die in den Platz flutete und nicht nur alles, was in ihrem Bereich war, zerstörte, sondern auch die Kassen plünderte, ehe sie sich unter dem Einfluß der Polizei wieder zu einer Versammlung von Menschen zurückbildete, die einem harmlosen und gewohnten Vergnügen beiwohnen wollen.«

Das liest sich heute wie ein vorweggenommenes Kapitel aus dem Buch ›Masse und Macht‹ von Elias Canetti. Der Unterschied jedoch zwischen Musil und Canetti wäre gerade an dieser Stelle gleichfalls erkennbar: denn Canetti ist ständig voller Abscheu beim Beschreiben von Phänomenen der Grausamkeit und Gewalt. Robert Musil durchaus nicht, wie er recht gut weiß. Ulrich kennt sich nur zu genau: »hatte doch eine gewisse harte, kalte Gewalttätigkeit auch bis in seine Berufsneigungen hineingespielt, so daß er vielleicht nicht ganz ohne eine Absicht auf das Grausame Mathematiker geworden war.« Er spricht – in Gedanken – von den eigenen »unreifen napoleonischen Plänen«, vermag sie auch selbst zu deuten als einen »Drang zum Angriff auf das Leben und zur Herrschaft darüber.« Alles paßt genau zu jener vergleichenden Selbsteinschätzung aus dem Tagebuch, worin am Anfang die Aggression gestanden habe, die mit napoleonischer Strategie versuchen wollte, eine platonische Idee von der Welt zur Wirklichkeit zu transformieren. Was selbstverständlich scheitern mußte.

Es zeigt sich jedoch, daß sich der Denkspieler Robert Musil sein Bild vom »antagonistischen« Thomas Mann zu Zwecken einer aggressiven Antithetik zurechtmachte. Der wirkliche Thomas Mann, nicht zuletzt als Tagebuchschreiber, den wir heute bei der Arbeit beobachten können, ist gar nicht so weit entfernt von solchen Musilschen Selbstbefragungen und Bonapartismen. In seiner Studie über den windschiefen Dialog zwischen Musil und Thomas Mann, die keineswegs bereit ist, einem Robert Musil zuliebe dessen Animositäten und Allergien zu teilen, unterstreicht Karl Corino mit Recht[14], daß der östliche Mythos der beiden Lebensbäume nicht nur bei Thomas Mann ausdrücklich zitiert wird, sondern daß sowohl Musil wie Thomas Mann aus der gleichen Quelle schöpften, nämlich dem Buch ›Das Alte Testament im Lichte des alten Orient‹ von Alfred Jeremias.

So daß auch Thomas Mann den heimlichen Grenzziehungen durchaus nicht fremd und verständnislos gegenübersteht, die im ›Törless‹ und in den ›Schwärmern‹, erst recht später im ›Mann ohne Eigenschaften‹ erprobt wurden. In seinem Werbeartikel für Musils großen Roman vom November 1932 hatte der berühmte Nobelpreisträger die Geistigkeit, den sogenannten Intellektualismus des ›Mann ohne Eigenschaften‹, wie folgt charakterisiert: »Waffen sind sie der Reinheit, Echtheit, Natur gegen das Fremde, Trübende, Verfälschende, gegen all das, was es in träumerischer Verachtung ›Eigenschaften‹ nennt und was, sobald die Unschuld der Kinderzeit zu Ende, beansprucht, unser Leben zu sein.«

Hier wird versucht, das Werk Robert Musils mit den eigenen Arbeitsweisen und Denkmustern Thomas Manns zur Übereinstimmung zu bringen. Diese Interpretation des ›Mann ohne Eigenschaften‹ liest sich wie eine vorweggenommene Passage aus Thomas Manns erst vier Jahre später niedergeschriebenem Wiener Vortrag über ›Freud und die Zukunft‹: was nur möglich sein konnte dank einer Selbsttäuschung des Schreibenden über die wirklichen Dimensionen und Absichten seines Gegenspielers: denn just Robert Musil hat in schnöder Weise dem Autor des ›Zauberberg‹ und der Josephsromane in einer Tagebuchaufzeichnung vor allem drei sogenannte »Flachheiten« vorgeworfen: die Psychoanalyse, die Liebe zu Tomás Masaryk und zur Sozialdemokratie. Freilich sei die Psychoanalyse selbst, die Musil in einem brillanten Essay über den ›Bedrohten Oedipus‹ attackiert hat, nicht eigentlich flach. Flach sei jedoch das Verhältnis des Großschriftstellers Thomas Mann zu Freud und den Seinen.

In der Tat findet sich hier die eigentliche Divergenz zwischen diesen beiden großen Schriftstellern, die ein grüblerisch und aggressiv debütierender Autor von heute vielleicht gemeinsam als Großschriftsteller abtun würde. Nicht ohne Grund hat sich Thomas Mann in seinen Tagebuchaufzeichnungen, soweit man sieht, niemals mit Musil verglichen, wohl aber mit Marcel Proust. Ihnen beiden war gemeinsam, daß ihr Werk gespeist wurde durch *Erinnerung*. Alle Hervorbringungen Thomas Manns, die epischen wie die essayistischen, sind historisch situiert, müssen folglich als geschichtliche Konstellationen verstanden werden.

Robert Musil hat es immer wieder abgelehnt, dem Gewesenen einen Anteil einzuräumen am eigenen Werk. Seine Arbeitsweise war bestimmt durch die Gegenwärtigkeit und ihren Gehalt an Möglichkeiten. Auch hier ein napoleonisches Planen. Thomas Mann wollte kein Stratege der Zukunft oder auch nur einer eigenen Herrschaft sein. Dazu kannte er die eigenen Brüchigkeiten allzu genau. Auch er empfand sich, wie es von Hans Castorp im ›Zauberberg‹ heißt, als ein »Sorgenkind des Lebens

mit einer feuchten Stelle«. Die Welt Thomas Manns war
geschichtliche Welt, gespeist durch erinnerte Musik, in Frage
gestellt durch Ironie, durch Grausamkeit, die diesem epischen
Werk durchaus nicht fremd bleibt. Grundlage aber war stets die
unverwechselbare Subjektivität des Tagebuchschreibers wie des
Epikers. Ein Lieblingsausdruck Thomas Manns beschrieb die
eigene Arbeitsweise: er habe Freude daran, »sich aus einer
Sache etwas zu machen«. Das liest sich im Grunde nicht viel
anders als in der unfreundlichen Analyse des Tagebuchschreibers Musil.

Robert Musil war unmusikalisch und machte sich nichts aus der
Geschichte.[15] Ein Naturwissenschaftler und Ingenieur. Nicht
aus sich und aus einer Sache wollte er etwas machen: es kam
darauf an, Möglichkeiten der Welt zu erproben, was ohne
Herrschaftsdenken nicht zu erreichen war. Dieses Planen und
Herrschaftsdenken jedoch wurde immer wieder gestört durch
die Verlockung des Irrationalen, den Sog der Aggression und
des elitären Verhaltens. Vielleicht war bei Robert Musil der
Wille, ein Großschriftsteller zu werden, weitaus stärker entwickelt als beim Autor des ›Doktor Faustus‹.

Es ist immer wieder behauptet worden, das Erzählertum Thomas Manns gehöre einer unzeitgemäß gewordenen Periode an,
müsse als Anachronismus gedeutet werden. Werke wie der
›Ulysses‹ von Joyce, oder das Romanwerk Alfred Döblins,
oder der ›Mann ohne Eigenschaften‹ hingegen könnten einstehen für eine neue Romankunst: die ein neues, nicht mehr
anachronistisches Bild der Wirklichkeit zu vermitteln imstande
sei. Das ist insofern richtig, wenn man von den etwas fragwürdigen Bewertungen und Negationen abzusehen vermag, als
Thomas Mann in all seinen Werken von einer Wirklichkeit
ausgeht, die mit der modernen Technik, Kommunikation und
Urbanistik nichts zu tun haben will. Der berühmte Schriftsteller Thomas Mann hatte sich schon früh daran gewöhnt, im
Automobil gefahren zu werden, er hat zahlreiche Flugreisen
über Meere und Kontinente hinweg unternommen und auch
genossen. Dennoch zog er es vor, dem Leben in einer modernen Großstadt auszuweichen. München ist niemals in diesem
Sinne eine Großstadt gewesen, auch Zürich nicht. Aber selbst

in Zürich lebte Thomas Mann zweimal in einem eher ländlichen Villenvorort. Auch Pacific Palisades war ein Villenvorort, der die Nähe zur schaurigen Metropole Los Angeles nicht ahnen ließ. In Thomas Manns Romanen, gerade auch der Spätzeit, ist die moderne Technik im Grunde ausgespart. Noch in der Welt der Rosalie von Tümmler, die in Düsseldorf in den zwanziger Jahren lebt, also in der letzten Erzählung ›Die Betrogene‹, scheint es kein Telefon zu geben. Bei einem verhängnisvollen Ausflug wird die Straßenbahn ausdrücklich abgelehnt: man fährt lieber mit dem altmodischen Rheindampfer.

Robert Musil war ein Mann der Technik und der Mathematik. Er besaß auch, sehr im Gegensatz zu Thomas Mann, ein vertrauensvolles Verhältnis zum eigenen Körper. Im Gespräch kam er mit einer gewissen, fast aufdringlichen Hartnäckigkeit zurück auf die Schilderung eigener Erfolge als Crawlschwimmer. Der ›Mann ohne Eigenschaften‹ beginnt mit einer kunstvollen und lustigerweise verfremdeten Schilderung der Stadt Wien im August 1913. »Autos schossen aus schmalen, tiefen Straßen in die Seichtigkeit heller Plätze. Fußgängerdunkelheit bildete wolkige Schnüre. Wo kräftigere Striche der Geschwindigkeit quer durch ihre lockere Eile fuhren, verdickten sie sich, rieselten nachher rascher und hatten nach wenigen Schwingungen wieder ihren gleichmäßigen Puls.«

Trotzdem wird man nicht sagen können, daß die Großstadt Wien im ›Mann ohne Eigenschaften‹ ebenso zur epischen Realität wurde, wie die Hauptstadt des Deutschen Reiches, abermals in Form einer Parallel-Aktion, in ›Berlin Alexanderplatz‹, oder gar, um abermals eine epische Parallel-Aktion derselben Epoche anzuführen, wie die Metropole New York in ›Manhattan Transfer‹ von John Dos Passos. Das macht: ›Berlin Alexanderplatz‹ ist ein später und geglückter Versuch, das Phänomen der modernen Großstadt auch in der Literatur deutscher Sprache zu evozieren. Berlin war, zwischen 1919 und 1945, eine verspätete Großstadt. Die Hauptsache des verhältnismäßig kurzlebigen Deutschen Reiches hatte niemals eine zentrierende und integrierende Rolle spielen können, die sich mit der historischen Bedeutung von London oder Paris, gerade auch für die Literatur, hätte vergleichen lassen. Die Vordergründe und Hin-

tergründe der Weltstadt London sind als Gegebenheit vorausgesetzt bereits um 1750: sowohl bei Henry Fielding wie in den
Memoiren des sogenannten »Freudenmädchens« Fanny Hill.
Bei seinen Analysen der modernen städtischen und industriel-
len Zivilisation konnte sich der Allesleser Karl Marx sowohl auf
Balzac stützen, wie auf die trivialen, aber spannenden ›Geheimnisse von Paris‹ von Eugène Sue.

Weder Thomas Mann noch Robert Musil haben ernsthaft daran
gedacht, in der Nachfolge Fieldings oder Balzacs eine deutsche
Totalität der großen Stadt ausloten zu wollen. Nicht einmal
Heinrich Mann unternahm in den zwanziger Jahren, in seinen
sogenannten Berliner Romanen, dies Abenteuer. Es blieb auch
bei ihm eine Romankunst unter feinen Leuten und in der
oberen wie mittleren Bürgerwelt. Daß es bei Thomas Mann die
Arbeiterschaft weder im ›Zauberberg‹ noch sogar im ›Doktor
Faustus‹ gibt, darauf hat Ernst Fischer mit Recht hingewiesen.
Es gibt sie aber auch nicht bei Robert Musil: weder in der böse
nietzscheanischen Verachtung, wie sie Heinrich Mann kennt,
wenn er den verlogenen Arbeiterfunktionär Napoleon Fischer
beschreibt, noch gar in Form einer süßlichen Anbiederung. Der
Antifaschismus zwang den politisch gefährdeten Robert Musil
zur Emigration. Allein bei einer Konfrontation mit den in
seiner Zeit erregendsten und bewegendsten Denkern, mit Karl
Marx und Sigmund Freud, hätte er sich vermutlich doch für
Nietzsche entschieden. (1980)

ANHANG

VORBEMERKUNG

Was dieses Buch nicht sein will und kann, ist leicht zu bestimmen. Es ist keine Biographie und könnte es nicht wagen, mit Peter de Mendelssohn wettzueifern, dem alle Quellen zufließen und der Geheimnisse kennt, die manches erklären könnten, was sonst unerklärlich wäre in Thomas Manns Werk und Entwicklung.

Andererseits war nie daran gedacht, von neuem ein Buch zu publizieren, das den Gesetzen hergebrachter Sekundärliteratur gehorcht: schon gar nicht denen eines New criticism, dem alle Relationen zwischen den Lebensumständen eines Verfassers und seinem Œuvre belanglos erscheinen, nahezu unrein, weil es allein auf den Text ankomme, der publiziert wurde, und auf nichts als ebendiesen Text.

Abermals »andererseits« soll unser Buch keinesfalls als ein Experiment mit dem zur Zeit modischen »paracriticism« verstanden werden: worin das Subjekt des Analytikers oder Kritikers ausdrücklich in allen Zufälligkeiten einbezogen wird. Weil man davon ausgeht, daß nicht allein die besonderen Lebensumstände Thomas Manns von Bedeutung sind bei einem Versuch über den Autor des ›Zauberberg‹, sondern auch die Bewandtnisse dessen, der diesen Versuch unternimmt.

Ganz freilich konnte hierauf eben nicht verzichtet werden. Der *erste* von vier Teilen meines Buches trägt die Überschrift ›*Erinnerung*‹ und versucht zu berichten, wie es zuging zwischen dem Subjekt und dem Objekt. Da gibt es Begegnungen, Briefe, Nähe und Ferne. Thomas Mann hat vor dreißig Jahren genau gelesen, was im *zweiten* Teil unter der Überschrift ›*Werk und Entwicklung*‹ steht. Im Juni 1950, zum 75. Geburtstag des »Zauberers« war das Buch ›Thomas Mann. Werk und Entwicklung‹ im Ostberliner Verlag Volk und Welt erschienen. Als ein – damals – erster Versuch, das Werk eines noch lebenden und nach wie vor schöpferischen Autors im Zusammenhang zu deuten: auch als Einheit der Widersprüche. Wobei nicht daran gedacht werden durfte, die zahlreichen Selbstaussagen Thomas Mann über sein Leben und Werk getreulich zu übernehmen. Das blieb Arbeitsmaterial wie alles andere.

Der Text von 1950 wird hier von neuem vorgelegt. Verändert wurde kein Gedankengang: auch dort nicht, wo der Verfasser heute von seiner Unrichtigkeit überzeugt ist. Überarbeitet wurden Sprache und Stil, wobei jedoch fragwürdige Terminologien beibehalten werden mußten, um die besonderen Umstände beim damaligen Entstehungsprozeß erkennen zu lassen. Das Buch schrieb ein Professor für Literaturgeschichte an der Universität Leipzig. Stalin lebte und regierte noch. Nun halte ich meinen Text durchaus nicht für stalinistisch. Auch der Leser Thomas Mann empfand ihn nicht so. Die Interpretation der Beziehungen zwischen Mann und Freud, die Bemerkungen über Thomas Manns Mädchen und Frauen, besser: seine Knaben und Männer, die demgemäß auch von der Ostberliner Kritik herb gerügt wurden: linientreu in irgendeinem Sinne war das alles nicht. Allein der große Schatten eines Georg Lukács lag natürlich über den Analysen. Viel terminologisches Hantieren mit Realismus und Humanismus war die Folge. Allerdings wird nicht, im Gefolge des ungarischen Meisters, mit der »Dekadenz« operiert. Verwunderlich dagegen empfinde ich, bei der Wiederbegegnung mit meinem Buch nach dreißig Jahren, die damalige tiefe Antipathie gegen Gottfried Benn, und vor allem gegen Friedrich Nietzsche. Damals hatte ich das Buch von Lukács über die ›Zerstörung der Vernunft‹ noch ganz unkritisch beherzigt.

In seinen fünf letzten Lebensjahren hat Thomas Mann noch den Roman ›Der Erwählte‹ vollendet, eine Erzählung unter dem Titel ›Die Betrogene‹ und einige Essays, darunter den ›Versuch über Tschechow‹ von 1954 und den ›Versuch über Schiller‹ von 1955. All diese Texte fehlen in meinem Buch von 1950 ebenso wie die damals noch ungeschriebenen Kapitel aus dem Ersten Teil der Krull-Memoiren. Für die italienische Ausgabe von 1955, die gleichfalls noch zu Lebzeiten Thomas Manns und zu seinem 80. Geburtstag erschien, hatte ich damals ein paar Zusatzkapitel entworfen, die aber nicht mehr übernommen worden sind. Der zweite Teil ›Werk und Entwicklung‹ schließt ab im Jahr 1950. Das Spätwerk, vor allem also die ›Betrogene‹ und der ›Krull‹, ist in neu geschriebenen Kapiteln aus der heutigen Sicht des Verfassers interpretiert worden.

Beide Interpretationen bilden den Abschluß des *dritten* Teils eines Buches, das die jahrzehntelange Auseinandersetzung eines Zeitgenossen Thomas Manns, eines Altersgenossen seiner älteren Kinder, widerspiegeln soll. Hier wird von einem Werk gesprochen, das heute zur Weltliteratur des 20. Jahrhunderts gehört. Vieles davon, etwa seit dem ›Zauberberg‹, habe ich noch als »Neuerscheinung« kennengelernt. Von meinen damaligen Reaktionen kann ich auch heute nicht absehen. Unter der Überschrift ›*Für und Wider*‹ wird daher eine durchaus ambivalente Auseinandersetzung mit Thomas Manns Werk und Lebensleistung fixiert. Widersprüche liegen dabei auf der Hand. Der Text von 1970 über die ›Politische Entwicklung eines Unpolitischen‹, zuerst als Vortrag in der Pariser Universität gehalten, übernimmt beispielsweise fast wörtlich die Textdarstellung aus dem Buch von 1950, um daran schroff gegensätzliche Folgerungen zu knüpfen. Noch im Jahre 1950 war ich mit Thomas Mann der Meinung, er habe sich als politischer Literat seit etwa 1919 entscheidend gewandelt. Heute neige ich dazu, all seine Äußerungen zur Zeitgeschichte als ›Betrachtungen eines Unpolitischen‹ zu deuten. Die bisher gedruckten Tagebücher bestätigen mich darin.

Seit Erscheinen eines ersten Bandes der *Tagebücher* in Peter de Mendelssohns sorgsamer Edition und Kommentierung hat sich bei mir von neuem eine durchaus emotionale Annäherung an einen Menschen und ein Werk vollzogen, denen ich noch vor zehn Jahren höchst respektvoll und sehr kühl gegenübergestanden hatte. Beim Lesen der Tagebücher erst wurde mir, auf einer neuen Stufe, deutlich, was die von Thomas Mann gern benutzte Formel von »Leiden und Größe der Meister« in seinem eigenen Falle bedeutet haben mochte. Interpretation der bisher publizierten Tagebücher geschieht daher im *vierten* Teil des Buches und ist gedacht als Abschluß des langen Prozesses einer Subjekt-Objekt-Relation.

Wiederholungen mußten in Kauf genommen werden. Etwa zwischen den Texten von 1950 und 1970 über die ›Betrachtungen eines Unpolitischen‹, oder zwischen den Bemerkungen zur Entstehung der ›Betrogenen‹ im Abschnitt über die frühen Tagebücher und der eigentlichen Analyse der Erzählung selbst.

Auch sonst werden immer wieder, fast in Form von Leitmotiven, einige Grundthesen des Verfassers repetiert: in jeweils neuem Zusammenhang. Das war unvermeidbar bei einem Buch, das nicht harmonikale Abrundung bieten wollte aus Anlaß eines Autors, der seinen Gustav von Aschenbach sterben ließ, weil er selbst nicht, wie jener, in permanenter Selbstrepression zu schreiben gedachte.

Der Leser wird, in einem Prozeß der dialektischen Auseinandersetzung, zum Zeugen gemacht eines Für und Wider, des beseitigten Irrtums und wohl auch des neuen Irrtums. Das aber hat gleichzeitig zu tun mit Wandlungen Thomas Manns, mit seiner Kälte und Humanität, seiner Ichbesessenheit und Menschenfreundlichkeit.

Tübingen, am 12. August 1980   Hans Mayer

WERK UND ENTWICKLUNG

DER KÜNSTLER AM ENDE DER BÜRGERZEIT

1 Thomas Mann, Gefallen, in: Die Gesellschaft, 1. Jahrgang, S. 1433 ff. (Die Erzählung ist seitdem nicht wieder gedruckt worden.)

2 Die Einzelheiten dieser Lebensverhältnisse berichtet Viktor Mann, Wir waren fünf. Bildnis der Familie Mann. Konstanz 1949, S. 34 ff.

3 Thomas Mann, Rede und Antwort. Berlin 1922, S. 384.

4 Einzelheiten bei Viktor Mann, a.a.O. S. 35.

5 Briefwechsel zwischen George und Hofmannsthal, herausgegeben von Robert Boehringer. Berlin 1938, S. 119, 120, 250.

6 Thomas Mann, a.a.O. S. 1458.

7 Thomas Mann, a.a.O. S. 1435. Dazu Hans Kasdorff, Der Todesgedanke im Werke Thomas Manns. Leipzig 1932, S. 10 ff.

8 Huge von Hofmannsthal, Gesammelte Werke. Berlin 1934, III., 2., S. 121 ff.

9 Hugo von Hofmannsthal, Briefe 1890 bis 1901. Berlin 1935. Brief Nr. 130.

10 Thomas Mann, Die Forderung des Tages. Berlin 1930, S. 319.

11 In einem Frankfurter Vortrag über Hofmannsthals Märchen im Jahre 1947 hatte Richard Alewyn behauptet, Prozeß und Sturz Oscar Wildes hätten die Grundlage abgegeben für Hofmannsthals Schilderung und Empfindung. Aber das Märchen der 672. Nacht entstand 1894, während der erste Prozeß Oscar Wildes am 3. April 1895 eröffnet wurde. Vgl. Frank Harris, Oscar Wilde. Berlin 1924, S. 156.

12 Hofmannsthal, a.a.O. S. 125 – 127. (Richard Alewyn, Der Tod des Ästheten. Neue Schweizer Rundschau, Januar 1949.)

13 Hofmannsthal, Briefe, a.a.O. Brief 99 vom 13. Mai 1895.

14 Franz Mehring in der Neuen Zeit, 1893, S. 245. Neu herausgegeben in den Beiträgen Zur Literaturgeschichte. Berlin 1929, S. 158.

15 Franz Mehring, Etwas über Naturalismus. (Zur Literaturgeschichte), a.a.O. S. 104, 110.

16 Franz Mehring, Zur Literaturgeschichte, a.a.O. S. 110.

17 Franz Mehring, a.a.O. S. 111.

18 Hugo von Hofmannshal, Der Tor und der Tod.

19 Vgl. z.B. Arthur Eloesser, Thomas Mann. Berlin 1925; Martin Havenstein, Thomas Mann, der Dichter und der Schriftsteller. Berlin 1927; Fritz Strich, Dichtung und Zivilisation, München 1928, S. 162 ff; Arnold Bauer, Thomas Mann und die Krise der bürgerlichen Kultur. Berling 1946, S. 15 ff.

20 Georg Lukács, Thomas Mann. Berlin 1949, S. 9 ff.

21 Thomas Mann, Die Entstehung des Doktor Faustus. 1949, S. 127.

22 Georg Lukács, a.a.O. S. 20, 21.

23 Stefan George, Gesamtausgabe der Werke. Band III, S. 20.

24 Hugo von Hofmannsthal, Briefe 1900 bis 1909. Wien 1937. Brief 147.

DREIMAL LÜBECK

1 Thomas Mann, Rede und Antwort. Berlin 1922, S. 388.
2 Thomas Mann, a.a.O. S. 390.
3 Thomas Mann, Pariser Rechenschaft. Berlin 1926, S. 38.
4 Goethe, Dichtung und Wahrheit. 15. Buch.
5 Thomas Mann, über Königliche Hoheit, in: Rede und Antwort, a.a.O. S. 342 ff.
6 Siehe dazu Georg Lukács, Goethe und seine Zeit. Bern 1947. S. 17 ff. S. 176 ff.
7 Tobias Mindernickel, in: Novellen I, S. 97 ff.
8 Luischen und Der Weg zum Friedhof, in: Novellen I, S. 113 ff., S. 139 ff.
9 A.a.O. S. 209 ff.
10 Ferdinand Lion, Thomas Mann, Leben und Werk. Zürich 1947, S. 27, 28.
11 Ferdinand Lion, a.a.O. S. 28.
12 Thomas Mann, Buddenbrooks. Achter Teil, VI. Kap.
13 Ferdinand Lion, a.a.O. S. 27.
14 Nietzsche a.a.O.
15 Ernst Bertram, Nietzsche, Versuch einer Mythologie. Berlin 1918.
16 Ernst Bertram, a.a.O. S. 110.
17 Thomas Mann, Lübeck als geistige Lebensform, in: Die Forderung des Tages. Berlin 1930, S. 26 ff.
18 Siehe dazu das Kapitel Stilisiertes Frankreich.
19 Thomas Mann, Lübeck als geistige Lebensform, a.a.O. S. 39.
20 A.a.O. S. 49.
21 A.a.O. S. 52.
22 Thomas Mann, Doktor Faustus. 1947. Kap. XLVII.

DIE BRÜDER

1 Heinrich Mann, Ein Zeitalter wird besichtigt. Berlin 1947, S. 201.
2 Heinrich Mann, a.a.O. S. 101, 102.
3 Thomas Mann, Doktor Faustus, Kap. XXV.
4 Viktor Mann, a.a.O. S. 292.
5 Thomas Mann, Tonio Kröger, in: Novellen, 2. Band. Berlin 1922, S. 47.
6 Heinrich Mann, Im Schlaraffenland. Berlin 1950, S. 426.
7 Frank Wedekind, Hidalla. Erster Akt.
8 Thomas Mann, Über Königliche Hoheit, in: Rede und Antwort. Berlin 1922, S. 346.
9 Heinrich Mann, Zola-Essay, neugedruckt in: Geist und Tat. Weimar 1946, S. 237.
10 Heinrich Mann, Zola, a.a.O. S. 206.
11 Heinrich Mann, Zola, a.a.O. S. 237.
12 Viktor Mann, a.a.O. S. 445, 446.

13 Heinrich Mann, Die Armen. S. 296.

14 Heinrich Mann, Ein Zeitalter wird besichtigt, a.a.O. S. 34 ff.

15 Thomas Mann, Betrachtungen eines Unpolitischen. Berlin 1918, S. 125.
(Die Betrachtungen werden jeweils nach der ersten Ausgabe zitiert.)

16 Thomas Mann, Betrachtungen eines Unpolitischen, S. 165.

17 Heinrich Mann, Zola-Essay, a.a.O. S. 245.

18 Vgl. dazu Thomas Mann, Betrachtungen eines Unpolitischen, a.a.O.
S. 116.

19 Franz Mehring, Die Lessing-Legende. Zuerst Berlin 1893.

20 Betrachtungen eines Unpolitischen, a.a.O. S. 29.

21 Betrachtungen, a.a.O. S. XLIV.

22 Georg Lukács, Die Seele und die Formen. Essays. Berlin 1911,
S. 119 ff. Dazu Thomas Mann, Betrachtungen eines Unpolitischen,
S. 69 ff.

23 Georg Lukács. Thomas Mann. Auf der Suche nach dem Bürger. Berlin
1949. Dazu Thomas Mann, Die Entstehung des Doktor Faustus, a.a.O.

24 Heinrich Mann, Ein Zeitalter wird besichtigt, a.a.O. S. 9 ff.

25 Heinrich Mann, Dichtkunst und Politik. Die Neue Rundschau, Juliheft
1928.

26 Heinrich Mann, a.a.O.

27 Heinrich Mann, a.a.O. S. 13.

28 Thomas Mann, Reaktion und Fortschritt. Die Neue Rundschau,
August 1929, S. 199 ff.

29 Thomas Mann, Die Forderung des Tages. Berlin 1930, S. 196 ff.

30 Thomas Mann, a.a.O. S. 206.

31 Thomas Mann, Reaktion und Fortschritt, S. 210.

32 Heinrich Mann, Ein Zeitalter wird besichtigt, S. 231.

33 Heinrich Mann, a.a.O. S. 238.

UNMÖGLICHE DEUTSCHE SYNTHESE

1 Nietzsche, Der Fall Wagner. Nachschrift. Werke Bd. VIII, Leipzig
1919, S. 39.

2 Sehr interessant zu beobachten an Meineckes Stellung zu Heinrich von
Treitschke. (Friedrich Meinecke, Vom geschichtlichen Sinn und vom
Sinn der Geschichte. Leipzig 1939, S. 120 ff.)

3 Siehe dazu Hans Mayer, Nachwort zu Tolstois Romanen. (Literatur der
Übergangszeit. Berlin 1946, S. 77. ff.) Das gleiche Thema behandelt
Heinrich Mann als das »niedrigste Lebensgefühl«. (Ein Zeitalter wird
besichtigt, a.a.O. S. 21 ff.)

4 Georg Lukács, Gottfried Keller. Berlin 1947, S. 49 ff.

5 Jean Fougère, Thomas Mann oder die Magie des Todes (Baden-Baden
1948), S. 21, als Auseinandersetzung mit der Auffassung Felix Bertaux'
vom Tod in Venedig.

6 Edmond Vermeil, Les doctrinaires de la Révolution allemande. Paris
1938.

7 Friedrich Nietzsche, Jenseits von Gut und Böse, Achtes Hauptstück. (Völker und Vaterländer.)

8 Thomas Mann, Von deutscher Republik. (Bemühungen. Berlin 1925, S. 141 ff. Vor allem 161.)

UNORDNUNG UND RECHENSCHAFT

1 Tod in Venedig, in: Novellen II. Berlin 1922, S. 360.

2 Novellen I, a.a.O. S. 243 ff.

3 Thomas Mann, Rede über Lessing, in: Die Forderung des Tages. Berlin 1930, S. 73 ff.

4 Unordnung und frühes Leid, zuerst Berlin 1926; hier zitiert nach dem Neudruck in Thomas Manns Ausgewählten Erzählungen. Frankfurt 1948, S. 131 ff.

5 Unordnung und frühes Leid, a.a.O. S.143.

6 Thomas Mann, Goethe und Tolstoi, in: Bemühungen, a.a.O. S. 51 ff.

7 Siehe vor allem René Lalou, Histoire de la Littérature française contemporaire. Paris 1923; Marcel Raymond, De Baudelaire au surréalisme. Paris 1947, S. 117 ff.

8 Siehe Alfred Kazin, Der amerikanische Roman. Eine Interpretation moderner amerikanischer Prosaliteratur. New York 1942. Kap. 11.

9 Thomas Mann, Pariser Rechenschaft. Berlin 1926, S. 115.

10 A.a.O. S. 112.

STILISIERTES FRANKREICH

1 Pariser Rechenschaft, a.a.O. S. 9, 10.

2 Fritz Strich, Dichtung und Zivilisation. 1928, S. 165, 166.

3 A.a.O. S. 24, 25.

4 A.a.O. S. 59.

5 A.a.O. S. 63.

6 Von deutscher Republik, in: Bemühungen. 1925, S. 189.

REALISMUS UND LEITMOTIV

1 Thomas Mann, Richard Wagner und der Ring des Nibelungen, in: Adel des Geistes, Stockholm 1948, S. 481.

2 Hanns Eisler, Komposition für den Film. Berlin 1949, S. 11.

3 Thomas Mann baut die kompositorischen Entzückungen Hanno Buddenbrooks gerade auf solchem Spiel der Enharmonik auf, das natürlich ein Grundprinzip Wagners bedeutet.

4 Pariser Rechenschaft, a.a.O. S. 42.

DER ›ZAUBERBERG‹
ALS PÄDAGOGISCHE PROVINZ

1 Insel-Ausgabe der Menschlichen Komödie, Band I, S. XXVII.
2 Thomas Mann, Neue Studien 1948, S. 163.
3 Tischrede in Amsterdam, enthalten in: Bemühungen. Berlin 1925, S. 339.
4 Nietzsches Philosophie im Lichte unserer Erfahrung. Suhrkamp Verlag 1948, S. 51.
5 Der folgende Gedanke wurde von Professor Maurice Boucher, Paris, in einem Genfer Vortrag über den modernen deutschen Roman, besonders den Zauberberg, im Jahre 1936 entwickelt. Dem Verfasser ist nicht bekannt, ob der Vortrag inzwischen im Druck erschien. Es sei aber daran erinnert, welche Bedeutung Thomas Mann in der Pariser Rechenschaft den Betrachtungen Bouchers für das Verständnis seines Werkes einräumte.

DAS BÜRGERLICHE SANATORIUM
(Die Kranken und ihre Krankheit)

1 Johanna Graefe, Über den Zauberberg von Thomas Mann. Berlin 1947, S. 35.
2 Dazu das Kapitel: Mario und der Zauberer.
3 Thomas Mann, Der Zauberberg. Berlin 1924, Band II, S. 329.
4 Johanna Graefe, a.a.O. S. 51.
5 Henri Bergson, Materie und Gedächtnis. Eine Abhandlung über die Beziehung zwischen Körper und Geist. Jena 1919, S. 168.
6 Vgl. dazu Hans Mayer, Welt und Wirkung Henri Bergsons. In: Literatur der Übergangszeit. Berlin 1949, S. 112 ff.
7 Thomas Mann, Vom Geiste der Medizin. In: Bemühungen. Berlin 1925, S. 270.
8 Thomas Mann, a.a.O. S. 273.
9 Die entsprechende Schilderung im Zauberberg hat Thomas Mann aus eigenem Erleben in München im Jahre 1923 in der Studie ›Okkulte Erlebnisse‹ bereits als Bericht behandelt. (Bemühungen, a.a.O. S. 193 ff.)
10 Thomas Mann, Freud und die Zukunft. Vortrag, gehalten in Wien am 8. Mai 1936 zur Feier von Sigmund Freuds 80. Geburtstag. In: Adel des Geistes, a.a.O. S. 561 ff.
11 Thomas Mann, a.a.O. S. 564.
12 Thomas Mann, Doktor Faustus, Kap. XIX.
13 Thomas Mann, a.a.O. S. 568 ff.
14 Thomas Mann, Reaktion und Fortschritt. In: Die Neue Rundschau, August 1929, S. 199 ff. Der gleiche Text als ›Die Stellung Freuds in der modernen Geistesgeschichte‹ in: Die Forderung des Tages. Berlin 1930, S. 196 ff.
15 Thomas Mann, Die Forderung des Tages, S. 221.

16 Siehe das Kapitel: Die Brüder.
17 Thomas Mann, Die Forderung des Tages, S. 218.
18 Sigmund Freud, Die Zukunft einer Illusion. Wien 1927, S. 80, 89.

GERHART HAUPTMANN
ODER DIE PERSÖNLICHKEIT

1 Die Entstehung des Doktor Faustus, a.a.O. S. 136.
2 Thomas Mann, Rede und Antwort, a.a.O. S. 437.
3 Ernst Robert Curtius, Marcel Proust, in: Französischer Geist im neuen Europa. Berlin (ohne Jahreszahl), S. 9 ff.
4 Thomas Mann, Doktor Faustus, Kap. XXXIV. Deutsche Ausgabe, S. 589.
5 Thomas Mann, Von deutscher Republik, in: Bemühungen. Berlin 1925, S. 146, 147.
6 Siehe dazu: Thomas Mann, Die Entstehung des Doktor Faustus, S. 75, 76.
7 Unter Hofmannsthals Essays und Aufsätzen findet sich kein deutendes Wort zu Thomas Mann als Antwort auf dessen Freundschaftsgebärde. Und auch die kam als in memoriam! (Thomas Mann, Die Forderung des Tages, S. 317.)
8 Thomas Mann, Rede über Lessing, in: Adel des Geistes. Stockholm 1948, S. 13.
9 Thomas Mann, Rede über Lessing, S. 14.
10 Alfred Kerr, Die Welt im Drama. 1917, Bd. 3, S. 96.
11 Vgl. Franz Mehring, Zur Literaturgeschichte, 2. Bd., Von Hebbel bis Gorki. Berlin 1929, S. 17 ff.
12 Franz Mehring, a.a.O. S. 21.
13 Georg Lukács, Essays über Realismus, S. 250 ff.
14 Paul Valéry, Herr Teste. Übertr. von Max Rychner. Leipzig 1927, S. 19.
15 Vgl. etwa die Reden und Essays ›Um Volk und Geist‹. Gerhart Hauptmann, Gesamtausgabe letzter Hand 1943, Bd. 17, S. 29 ff.
16 Wir zitieren nach einem Fahnenabzug der in Amerika nur im begrenzten Umfang gedruckten Tagebuchaufzeichnungen, die unter dem Titel ›Leiden an Deutschland‹ die Eintragungen der Jahre 1933 bis 1934 enthalten.

MARIO UND DER ZAUBERER

1 Die Novelle Mario und der Zauberer wird hier zitiert nach dem Abdruck in Thomas Manns Ausgewählten Erzählungen. S. Fischers Bibliothek, Berlin 1948, S. 161 ff.
2 Thomas Mann, Amphitryon, eine Wiedereroberung. In: Die Forderung des Tages. Berlin 1930, S. 117 ff.
3 Thomas Mann, Die Geschichten Jaakobs. Berlin 1933, S. 305 ff.

4 Thomas Mann, Doktor Faustus, a.a.O. Kap. XIII.

5 Thomas Mann, Okkulte Erlebnisse, in: Bemühungen. Berlin 1925, S. 191 ff.

6 Thomas Mann, Der Zauberberg, a.a.O. Band 2, Fragwürdigstes.

7 Thomas Mann, Mario und der Zauberer, a.a.O. S. 198.

8 Arnold Bauer, Thomas Mann und die Krise der bürgerlichen Kultur. Berlin 1946.

9 Georg Lukács, Die verbannte Poesie. In: Schicksalswende. Berlin 1948, S. 244. Außerdem Georg Lukács, Thomas Mann. Berlin 1949, S. 37.

10 Thomas Mann, Mario und der Zauberer, a.a.O. S. 185.

11 Thomas Mann, Reaktion und Fortschritt. Die Neue Rundschau. August 1929, S. 213.

IRONIE UND PARODIE

1 Henri Bergson. Le Rire. Paris, 4. Ausgabe 1906.

2 Hegel, Sämtliche Werke. Jubiläumsausgabe, Band 7, S. 36, 37.

3 Siehe vor allem Aristophanes, Die Frösche, 2. Akt, 2. Szene, Vers 1044 ff.

4 Walter Benjamin, Ursprung des deutschen Trauerspiels. Berlin 1928, S. 106.

5 Thomas Mann, Rede und Antwort. Berlin 1922, S. 359.

6 Hugo von Hofmannsthal, Das Salzburger große Welttheater. Leipzig 1930, S. 24.

7 Arnold Schönberg, Rückblick, in der Zeitschrift Stimmen (Berlin), Heft 16 zu Schönbergs 75. Geburtstag.

8 Theodor W. Adorno, Philosophie der Neuen Musik. Tübingen 1949, S. 89 ff.

9 Die Entstehung des Doktor Faustus, a.a.O. 1949, S. 51.

10 A.a.O. S. 320.

BUCH DES ANFANGS
(Joseph und seine Brüder)

Joseph und die große Wiederholung

1 Viktor Mann, Wir waren fünf. Bildnis der Familie Mann. Konstanz 1949, S. 87, 88.

2 Pariser Rechenschaft, a.a.O. S. 70.

3 Pariser Rechenschaft, a.a.O. S. 67.

4 Thomas Mann, Joseph und seine Brüder. Ein Vortrag, in: Neue Studien. Frankfurt 1948, S. 157 ff.

5 Dichtung und Wahrheit, I, 4.

6 Neue Studien, a.a.O. S. 160.

7 Viktor Mann, a.a.O. S. 156.

8 Thomas Mann, Richard Wagner und der Ring des Nibelungen. Vortrag, gehalten am 16. November 1937 in der Aula der Universität Zürich. In: Adel des Geistes. Stockholm 1948, S. 472.

9 Thomas Mann, Sechzehn Jahre, Vorrede zur amerikanischen Ausgabe von Joseph und seine Brüder, Februar 1948 (Hamburger Akademische Rundschau, Mai–Juni 1948, II. Jahrgang, S. 566).

10 Goethes Werke. Propyläenausgabe, Band 32, S. 138.

11 Thomas Mann, Doktor Faustus, Kap. XLVII.

12 Firdusi, Jusuf und Salîckâ. Deutsche Übersetzung, Wien 1883.

13 Hafis, Jusuf und Suleika. Deutsche Übersetzung von V. Rosenzweig, Wien 1825. Französische Neuausgabe, Paris 1927.

14 Thomas Mann, Joseph in Ägypten, a.a.O. V., 2., S. 335, 336.

15 Thomas Mann, Joseph in Ägypten, a.a.O. IV., 8., S. 289.

16 Thomas Mann, Joseph in Ägypten, IV., 8., S. 274.

17 Thomas Mann, Joseph in Ägypten, a.a.O. VI., 1., S. 419.

18 Thomas Mann, Joseph, der Ernährer, a.a.O. S. 7 ff.

19 Thomas Mann, Der junge Joseph, a.a.O. V., 3., S. 182 ff.

20 Gustav Lundgren, Das Ich als Weltnabel. Schicksalsphilosophie in Thomas Manns Josephsroman. Die neue Rundschau, Sonderausgabe zu Thomas Manns 70. Geburtstag. Stockholm 1945, S. 183.

21 Arthur Schopenhauer, Sämtliche Werke. Leipzig 1919. Band V. S. 215 ff.

22 Gustav Lundgren, a.a.O. S. 182.

23 Die Geschichte Jaakobs, S. XLVI ff.

24 Die Geschichte Jaakobs, a.a.O. S. XLIX.

25 Käte Hamburger, Der Roman vom Mythos. Hamburger Akademische Rundschau, Mai-Juni 1948, S. 605 ff., vor allem S. 613. Vgl. im übrigen Käte Hamburgers Buch Thomas Manns Roman Joseph und seine Brüder. Stockholm 1945.

26 Arthur Schopenhauer, Die Welt als Wille und Vorstellung. 2. Band, II., 24. (Sämtliche Werke, a.a.O. Band 3, S. 349.) Auch des Aristoteles Lehre von Stoff und Form klingt an, die Adrian Leverkühn so entzükken sollte. (Doktor Faustus, Kap. XII.)

27 Kant, Kritik der Urteilskraft, Einleitung, III. Kap.

28 Vgl. dazu Luwig Feuerbach, Wesen des Christentums. 1841, S. 84, 85.

29 Die Geschichten Jaakobs, S. LXII.

30 Friedrich Nietzsche, Der Wille zur Macht. Stuttgart 1930, Abschnitt 1058, S. 690, 691.

31 Karl Jaspers, Vom Ursprung und Ziel der Geschichte. München 1949, S. 235, 236.

32 Die Geschichten Jaakobs, a.a.O. S. LVII.

Joseph, der Ernährer (Dichtung und Wissenschaft)

1 Thomas Mann, Entstehung des Doktor Faustus. 1949, S. 40.

2 Karl Kerényi, Romandichtung und Mythologie, Zürich 1947, S. 50. Brief Thomas Manns vom 15. Juli 1936.

3 Joseph, der Ernährer. Erste deutsche Ausgabe des Suhrkamp Verlags, S. 250 ff.

4 J. H. Breasted, Geschichte Ägyptens. Phaidon-Verlag 1936, Abb. vor S. 219.

5 Hedwig Fechheimer, Die Plastik der Ägypter, Berlin 1923, Abb. S. 90, ebenso Breasted, a.a.O. Abb. 136.

6 Hedwig Fechheimer, a.a.O. Abb. 70–72.

7 Joseph, der Ernährer, S. 167.

8 Hedwig Fechheimer, a.a.O. Abb. 70–86, Breasted, a.a.O. Abb. 127–129.

9 Dazu Sigmund Freud, Die Traumdeutung. Neue Ausgabe, Wien 1945, S. 239 ff.

10 Breasted, a.a.O. S. 226 ff.

11 Dazu vor allem Adolf Erman, Die Religion der Ägypter. Berlin und Leipzig 1934, S. 125; Breasted, a.a.O. S. 225.

12 Erman, a.a.O. S. 123; Breasted, a.a.O. S. 215; dazu Siegfried Schott, Mythen und Mythenbildung im alten Ägypten. Leipzig 1945.

13 Vgl. dazu Adolf Erman, Ägypten und ägyptisches Leben im Altertum. Neubearbeitet von Hermann Ranke. Tübingen 1922, von allem S. 513 ff.

14 Ermann, a.a.O. S. 104; Breasted, a.a.O. S. 151 ff.

15 Breasted, a.a.O. S. 154. Dazu auch Ernst Klippel, Die Pharaonen und ihre Frauen. Leipzig 1928.

16 Lion Feuchtwanger, Der jüdische Krieg und Die Söhne.

17 Des Flavius Josephus kleinere Schriften. Übersetzt von Dr. Heinrich Clementz, Berlin. Otto Hendel-Verlag (ohne Jahresangabe), S. 81 ff.

18 Joseph, der Ernährer, a.a.O. S. 247.

19 Fritz Helling, Die Frühgeschichte des jüdischen Volkes. Frankfurt 1947.

20 Hubert Grimmel, Die Lösung des Sinai-Schriftproblems. Münster 1926. Alte Sinaitische Forschungen. Paderborn 1937.

21 Helling, a.a.O. S. 83.

22 Thomas Mann an Kerényi, a.a.O. S. 56, 57.

23 A. W. Mischulin, Geschichte des Altertums. Dietz-Verlag, Berlin 1948, S. 19.

24 Joseph, der Ernährer, a.a.O. S. 365.

25 Breasted, a.a.O. S. 159. Dazu auch Erman und Ranke, a.a.O. S. 513 ff.

26 Breasted, a.a.O. S. 163.

27 Joseph, der Ernährer, a.a.O. S. 270.

28 Joseph, der Ernährer, a.a.O. S. 368.

29 Thomas Mann – Kerényi, a.a.O. S. 32.

30 Die Geschichten Jaakobs, VI. Kap., 1, a.a.O. S. 283.

31 Thomas Mann – Kerényi, a.a.O. S. 19.

32 Vgl. dazu Max Webers berühmte Abhandlung: Die protestantische Ethik und der Geist des Kapitalismus (Aufsätze zur Religionssoziologie, 1. Band, 1920).

DER WEG ZU GOETHE

1 Stefan George, Goethes letzte Nacht in Italien. In: Das Neue Reich (Gesamtausgabe IX).
2 Paul Rilla, Goethe in der deutschen Literaturgeschichte. Berlin 1949.
3 Paul Valéry, Rede zu Ehren Goethes, Deutsch von Fritz Usinger. Jena 1947, S. 11.
4 Don Quijote, in: Adel des Geistes, a.a.O. S. 585 ff.
5 Thomas Mann, Goethe und die Demokratie. Abdruck in der Zeitschrift Die Wandlung, Augustheft 1949, S. 539.
6 Damit wird eine typische Situation der modernen Kunst interpretiert, denn in der von Thomas Mann für den Faustusroman studierten Philosophie der Neuen Musik von Theodor W. Adorno wird für die Musik der Gegenwart das entsprechende Thema der »Musik über Musik« gestellt. Th. W. Adorno, Philosophie der Neuen Musik. Tübingen 1949, S. 119.
7 Goethe und die Demokratie, a.a.O. S. 544.
8 Thomas Mann, Goethe und die Demokratie, a.a.O. S. 541.
9 Leopold Ziegler, Zwei Goethereden und ein Gespräch. Leipzig 1932.
10 Ziegler, a.a.O. S. 31. Dazu Georg Lukács, Goethe und seine Zeit. Bern 1947, S. 17 ff.
11 Ziegler, a.a.O. S. 9.
12 Ziegler, a.a.O. S. 14.
13 Ziegler, a.a.O. S. 52.
14 Grete Schaeder, Thomas Manns Goethebild. In der Zeitschrift Die Sammlung, August-September 1949, S. 499 ff., vor allem S. 607, 610.
15 Thomas Mann, Goethe und die Demokratie, a.a.O. S. 553.
16 Walter Benjamin, Goethes Wahlverwandtschaften. Neu abgedruckt in: Spiegelungen Goethes in unserer Zeit, herausgegeben von Hans Mayer, Wiesbaden 1948, a.a.O. S. 92.
17 Novellen, a.a.O. Band I, S. 243 ff.
18 Viktor Mann, a.a.O. S. 51 ff.
19 Georg Büchner, Sämtliche Werke und Briefe. Leipzig 1922, S. 552, 553.
20 Goethe und Tolstoi, in: Bemühungen. Berlin 1925, S. 138.
21 Thomas Mann, Schwere Stunde. In: Novellen I, a.a.O. S. 243 ff.
22 Thomas Mann, Anna Karenina. In: Adel des Geistes. Stockholm 1948, S. 309.
23 Schwere Stunde, a.a.O. S. 251.
24 Thomas Mann, Goethe und Tolstoi. In: Bemühungen, a.a.O. S. 7 ff.
25 Georg Lukács, Leo Tolstoi und die westliche Literatur. In: Der russische Realismus in der Weltliteratur. Berlin 1949, S. 288.
26 Zur Widerlegung dieser verzerrenden Tolstoi-Interpretation siehe vor allem Lenin, Leo Tolstoi als Spiegel der russischen Revolution. In: Lenin Werke Band 12, S. 413 ff.
27 Siehe das Kapitel Der Zauberberg als pädagogische Provinz.
28 Grete Schaeder, a.a.O. S. 512.
29 Thomas Mann, Die Stellung Freuds in der modernen Geistesgeschichte, a.a.O. S. 209.

30 Thomas Mann, Goethes Laufbahn als Schriftsteller. In: Adel des Geistes, a.a.O. S. 145 ff. Goethe als Repräsentant des bürgerlichen Zeitalters, ebenda S. 104 ff.

31 Thomas Mann, Deutsche Ansprache. Ein Appell an die Vernunft. (Rede vom 17. Oktober 1930.) Berlin 1930.

32 Deutsche Ansprache, a.a.O. S. 21.

33 Goethe als Repräsentant des bürgerlichen Zeitalters. a.a.O. S. 120.

34 Goethes Laufbahn als Schriftsteller, a.a.O. S. 146.

35 Siehe das Kapitel Gerhart Hauptmann oder die Persönlichkeit.

36 R. W. Emerson, Goethe oder der Schriftsteller. In: Vertreter der Menschheit. Leipzig 1903, S. 218 ff.

37 Emerson, a.a.O. S. 233.

38 Dazu Viktor Hehn, Goethe und das Publikum. In: Gedanken über Goethe. Neuausgabe Darmstadt 1921, S. 76 ff.

39 Goethes Laufbahn als Schriftsteller, a.a.O. S. 176.

40 A.a.O. S. 131.

41 A.a.O. S. 141.

42 A.a.O. S. 142.

43 Thomas Mann, Über Goethes Faust. In: Adel des Geistes, a.a.O. S. 691.

44 Thomas Mann, Phantasie über Goethe. In: Neue Studien, Frankfurt 1949, S. 83, 84.

45 Thomas Mann, Goethe und die Demokratie, a.a.O., siehe dort die wörtliche Wiederholung auf S. 558.

46 Siehe in diesem Zusammenhang die Abrechnung Paul Rillas in: Goethe in der Literaturgeschichte, Berlin 1949. Hier vor allem das Schlußwort über das Goethebild Thomas Manns, S. 75 ff.

47 Thomas Mann, Ansprache im Goethejahr 1949. Weimar 1949, S. 17.

48 Ernst Beutler, Erläuterungen zu Goethes Westöstlichem Divan. Leipzig 1943, S. 467.

49 Ferdinand Lion, Thomas Manns Leben und Werk, a.a.O. S. 157.

50 Beutler, a.a.O. S. 467.

51 Goethe, Tagebuch. Propyläenausgabe, Band 28, S. 343.

52 Heinrich Mann, Ein Zeitalter wird besichtigt, a.a.O. S. 234.

53 Lotte in Weimar, a.a.O. S. 358.

54 Lotte in Weimar, a.a.O. S. 366.

55 Lotte in Weimar, a.a.O. S. 368.

56 Lotte in Weimar, a.a.O. S. 327.

57 Lotte in Weimar, a.a.O. S. 371.

58 Lotte in Weimar, a.a.O. S. 354.

59 Lotte in Weimar, a.a.O. S. 371.

60 Lotte in Weimar, a.a.O. S. 506.

61 Lotte in Weimar, a.a.O. S. 506.

62 Grete Schaeder, Thomas Manns Goethebild, a.a.O. S. 603.

63 Thomas Mann, Goethe und die Demokratie, a.a.O. S. 562.

THOMAS MANNS MÄDCHEN UND FRAUEN

1 Lotte in Weimar, a.a.O. S. 324.

2 Heinrich Heine, Shakespeares Mädchen und Frauen. (Gesamtausgabe der Tempel-Klassiker, Band 5, S. 3 ff.)

3 Thomas Mann, Die vertauschten Köpfe. In: Ausgewählte Erzählungen, a.a.O. S. 201 ff.

4 Jean Giraudoux, Sodom und Gomorrha. Zürich 1944.

5 Thomas Mann, Joseph in Ägypten, a.a.O. S. 584.

6 Thomas Mann, Joseph, der Ernährer, a.a.O. S. 348.

7 Thomas Mann, Vertauschte Köpfe, a.a.O. S. 231.

8 Thomas Mann, Doktor Faustus, a.a.O. Kap. XIII.

9 Hans Blüher, Werke und Tage. Jena 1920. Das Buch Antinoos, S. 16 ff., und Hans Blüher, Die Rolle der Erotik in der männlichen Gesellschaft. Jena o. J.

10 Alfred Schuler, Fragmente und Vorträge aus dem Nachlaß. Mit einer Einführung von Ludwig Klages. Leipzig 1940.

11 Thomas Mann, Von deutscher Republik. In: Bemühungen, a.a.O. S. 185. Dazu auch Arnold Bauer, Thomas Mann und die Krise der bürgerlichen Kultur, a.a.O. S. 86 ff.

BUCH DES ENDES
(Doktor Faustus)

1 Thomas Mann, Die Entstehung des Doktor Faustus. Suhrkamp Verlag 1949, S. 31, 32.

2 Thomas Mann, Doktor Faustus, a.a.O. Kap. I.

3 Thomas Mann, Doktor Faustus, a.a.O. Kap. III.

4 Thomas Mann, Entstehung des Doktor Faustus, S. 167.

5 Thomas Mann, Entstehung des Doktor Faustus, S. 80.

6 Entstehung des Doktor Faustus, a.a.O. S. 81.

7 Entstehung des Doktor Faustus, a.a.O. S. 82.

8 Hans Mayer, Literatur der Übergangszeit, a.a.O. S. 168.

9 Thomas Mann, Ansprache im Goethejahr 1949, a.a.O. S. 7.

10 Vgl. dazu das Kapitel: Die große Wiederholung.

11 Thomas Mann, Schopenhauer, in: Adel des Geistes, a.a.O. S. 329.

12 Thomas Mann, Schopenhauer, a.a.O. S. 365.

13 Thomas Mann, Die vertauschten Köpfe, a.a.O. S. 231.

14 Hermann Hesse, Weg nach Innen 1947, S. 7 ff. Über Thomas Manns Stellung zu Hesses Glasperlenspiel siehe: Die Entstehung des Doktor Faustus, a.a.O.

15 Thomas Mann, Dostojewskij – mit Maßen, in: Neue Studien, a.a.O. S. 87 ff.

16 Thomas Mann, Entstehung des Doktor Faustus, a.a.O. S. 112.

17 Thomas Mann, Entstehung des Doktor Faustus, a.a.O. S. 73.

18 Thomas Mann, Nietzsches Philosophie im Lichte unserer Erfahrung. Suhrkamp Verlag 1948.

19 Thomas Mann, Nietzsche, Philosophie. Suhrkamp Verlag 1948, S. 31.

20 Thomas Mann, Entstehung des Doktor Faustus, a.a.O. S. 31.

21 Thomas Mann, Deutschland und die Deutschen, in: Neue Studien, a.a.O. S. 13. Als erster hat wohl Peter de Mendelsssohn auf diesen Zusammenhang hingewiesen in: Der Zauberer. Drei Briefe über Thomas Manns Doktor Faustus an einen Freund in der Schweiz. Berlin und München 1948, S. 14.

22 Thomas Mann, Doktor Faustus, a.a.O. Kap. XXV.

23 Heinrich Mann, Ein Zeitalter wird besichtigt, a.a.O. S. 231.

24 Thomas Mann, Doktor Faustus, a.a.O. Kap. X.

25 Thomas Mann, Doktor Faustus, a.a.O. Kap. XXV.

26 Thomas Mann, Doktor Faustus, a.a.O. Kap. XXIII.

27 Viktor Mann, a.a.O. S. 26 ff.

28 Anni Carlsson, Das Faustmotiv bei Thomas Mann. In der Zeitschrift Deutsche Beiträge. München, Jahrgang 1949, Heft 4, S. 344.

29 Thomas Mann, Doktor Faustus, a.a.O. Kap. VIII.

30 Ernst Fischer, Doktor Faustus und die deutsche Katastrophe. In: Kunst und Menschheit. Wien 1949, S. 43.

31 H. C. Andersen, Die kleine Seejungfrau. In: Märchen, vollständige Ausgabe. Potsdam 1949, S. 142 ff.

32 Anni Carlsson, a.a.O. S. 353.

33 Ernst Fischer, a.a.O. S. 53.

34 Thomas Mann, Doktor Faustus, a.a.O. Kap. X.

35 Erich Kahler, Säkularisierung des Teufels. Zuerst erschienen 1948 in Heft 10 der Stockholmer Neuen Rundschau.

36 Thomas Mann, Doktor Faustus, a.a.O. Kap. XI.

37 Vgl. das Kapitel: Die große Wiederholung.

38 Jean-Paul Sartre, Bei geschlossenen Türen. In: Dramen. Deutsche Übersetzung 1949, S. 46.

39 Heinrich Mann, Die kleine Stadt. 1909.

40 Hans Pfitzner, Palestrina. Legende in drei Akten. Berlin 1916. S. 30, 31.

41 Hans Pfitzner, a.a.O. S. 30.

42 Erich Kahler, a.a.O.

43 Friedrich Nietzsche, Dionysos-Dithyramben. (Werke Band VIII) Leipzig 1919, S. 416.

44 Thomas Mann, Nietzsches Philosophie im Lichte unserer Erfahrung, a.a.O. S. 10.

45 Thomas Mann, Doktor Faustus, a.a.O. Kap. III.

46 Thomas Mann, Doktor Faustus, a.a.O. Kap. XIX.

47 Thomas Mann, Die Entstehung des Doktor Faustus, a.a.O. S. 86.

48 Thomas Mann, Die Entstehung des Doktor Faustus, a.a.O. S. 33.

49 Georg Lukács, Thomas Mann, a.a.O. S. 9.

50 Thomas Mann, Die Entstehung des Doktor Faustus, a.a.O. S. 171.

51 Thomas Mann, Die Entstehung des Doktor Faustus, a.a.O. S. 117.

52 Thomas Mann, Doktor Faustus, a.a.O. Kap. VIII.

53 Thomas Mann, Doktor Faustus, a.a.O. Kap. XXV.

54 Hans Mayer, Die deutsche Literatur und der Scheiterhaufen. In: Literatur der Übergangszeit, a.a.O. S. 240, 241.

55 Thomas Mann, Die Entstehung des Doktor Faustus, a.a.O. S. 28.

56 Erich Kahler, Säkularisierung des Teufels, a.a.O. S. 13.

57 Ernst Jünger, Afrikanische Spiele. Hamburg 1936, S. 224.

58 Ernst Fischer, Doktor Faustus und die deutsche Katastrophe, a.a.O. S. 55.

59 Über dessen Anteil an der Entstehung des Doktor Faustus siehe a.a.O. S. 42 ff.

60 Thomas Mann, Doktor Faustus, a.a.O. Kap. XXV.

61 Thomas Mann, Doktor Faustus, a.a.O. Kap. XXV.

62 Theodor W. Adorno, Philosophie der neuen Musik, a.a.O. S. 27.

63 Thomas Mann, Doktor Faustus, a.a.O. Kap. XXV.

64 Thomas Mann, Die Entstehung des Doktor Faustus, a.a.O. S. 137.

65 Erich Kahler, a.a.O. S. 11.

66 Thomas Mann, Doktor Faustus, a.a.O. Kap. XXV.

67 Otto Kielmeyer, Thomas Manns Doktor Faustus. In der Zeitschrift Deutschunterricht. Berlin 1949, 3. Heft. S. 23 ff.

68 Thomas Mann, Deutsche Hörer. Zweite, erweiterte Ausgabe, Stockholm 1945.

69 Thomas Mann, Doktor Faustus, a.a.O. Kap. XXXIV.

70 Thomas Mann, Die Entstehung des Doktor Faustus, a.a.O. S. 177, 178.

71 Ernst Fischer, a.a.O. S. 38 ff.

72 Im einzelnen werden diese Zusammenhänge besonders verfolgt von Paul Rilla in seinen Notizen zu Thomas Manns Doktor Faustus, in: Dramaturgische Blätter, Berlin 1948, Heft 4, S. 147 ff.

73 Ernst Fischer, a.a.O. S. 96, 97.

74 Alexander Puschkin, Sämtliche Dramen. Herausgegeben von Bernd von Heiseler. Leipzig 1941, S. 69.

75 Thomas Mann, Deutsche Hörer, a.a.O. S. 131.

76 Thomas Mann, Die Entstehung des Doktor Faustus, a.a.O. S. 22, 23.

77 Neuausgabe von Marlowes Faust im Insel Verlag 1949.

78 Brief v. Blankenburgs vom 14. Mai 1784 über Lessings Faust. (In: Lessings Werke, herausgegeben von Gerh. Fricke, Leipzig, Reclamverlag, Bd. 2, S. 199.)

79 Thomas Mann, Doktor Faustus, a.a.O. Kap. XXV.

80 Ernst Fischer, a.a.O. S. 57.

81 Thomas Mann, Doktor Faustus, a.a.O. Kap. XLV.

82 Thomas Mann, Doktor Faustus, a.a.O. Kap. XLVII.

83 Thomas Mann, Deutschland und die Deutschen, a.a.O. S. 15.

84 Thomas Mann, Deutschland und die Deutschen, a.a.O. S. 32.

85 Karl Marx. Elf Thesen über Feuerbach. In Marx-Engels: Über historischen Materialismus (Quellenbuch herausgegeben von Hermann Dunkker, Berlin 1930, S. 52).

86 Thomas Mann, Deutschland und die Deutschen, a.a.O. S. 18.

87 Thomas Mann, Deutschland und die Deutschen, a.a.O. S. 21, 23.

88 Thomas Mann, Doktor Faustus, a.a.O. Kap. XXII.

89 Thomas Mann, Deutschland und die Deutschen, a.a.O., S. 25, 34. Ähnlich in der Rede über Nietzsches Philosophie im Lichte unserer Erfahrung, a.a.O. 1948, S. 51, 52

DAS GUTE DEUTSCHLAND

1 Thomas Mann, Goethe und die Demokratie, a.a.O. S. 540.

2 Thomas Mann, Die Entstehung des Doktor Faustus, a.a.O. S. 88.

3 Thomas Mann, Deutschland und die Deutschen, a.a.O. S. 16.

4 Stefan Zweig, Die Welt von gestern. Neuausgabe Berlin 1947. S. 433.

5 Thomas Mann, Deutschland und die Deutschen, a.a.O. S. 18.

6 Thomas Mann, Lotte in Weimar, a.a.O. S. 505.

7 Thomas Mann, Ansprache im Goethejahr 1949, a.a.O. S. 20.

FÜR UND WIDER

ZUR POLITISCHEN ENTWICKLUNG EINES UNPOLITISCHEN

1 Edmond Vermeil, Les Doctrinaires de la Révolution allemande. Paris 1938.
2 Thomas Mann, Gesammelte Werke in zwölf Bänden. Aufbau-Verlag, Berlin 1955.
3 Neue Rundschau, Augustheft. Berlin 1929.
4 Thomas Mann, Briefe 1889–1936. Frankfurt 1962, S. 63.
5 Adrian Leverkühn, der deutsche Tonsetzer, erinnert bereits im Namen an Nietzsches auch hier anklingendes Wort vom »Gefährlichen Leben«, an das »vivere pericolosamente« des Nietzscheaners Benito Mussolini.
6 Thomas Mann, Gedanken im Kriege, in: Friedrich und die große Koalition. Berlin 1915, S. 10/11.
7 Hans Wysling, Ein Elender. Zu einem Novellenplan Thomas Manns, in: Paul Scherrer/Hans Wysling, Quellenkritische Studien zum Werk Thomas Manns, Bern und München 1967, S. 106 ff.
8 Heinrich Mann, Ein Zeitalter wird besichtigt. Berlin 1947, S. 222 ff.
9 Thomas Mann/Heinrich Mann, Briefwechsel 1900–1949. Frankfurt 1968, S. 117/8.
10 Max Rychner, Thomas Mann und die Politik, in: Aufsätze zur Literatur. Zürich 1966, S. 297/8.
11 Thomas Mann, Reden und Aufsätze. Frankfurt 1965, Band II, S. 6, 8, 9.
12 Thomas Mann, a.a.O. S. 669 ff.

DER TOD IN VENEDIG. EIN THEMA MIT VARIATIONEN

1 Morte a Venezia di Luchino Visconti. Bologna 1971.
2 Die Hinweise aus Thomas Manns Notizbüchern sind entnommen der Biographie von Peter de Mendelssohn, Der Zauberer. Das Leben des deutschen Schriftstellers Thomas Mann. Erster Teil 1875–1918. Frankfurt 1975.
3 Vgl. Theodor W. Adorno, Mahler. Eine musikalische Physiognomik. In: Gesammelte Schriften 13, Frankfurt 1971, S. 284.
4 Wolfram Schütte, Luchino Visconti. Kommentierte Filmografie. München 1975, S. 55 ff.
5 Brief vom 4. Juli 1920 an Carl Maria Weber in: Thomas Mann, Briefe 1889–1936. Frankfurt 1962, S. 176 ff.

DER TOD IN DÜSSELDORF (DIE BETROGENE)

1 Die Erzählung wird hier nach der Erstausgabe zitiert: Thomas Mann, Die Betrogene. Erzählung. Frankfurt am Main 1953. Die übrigen

Werke Thomas Manns werden, wie auch im zweiten Teil des vorliegenden Buches, nach der Ausgabe des Aufbau-Verlags in Ostberlin zitiert, als Thomas Mann, Gesammelte Werke in zwölf Bänden. Berlin 1955.

2 Die Betrogene, a.a.O. S. 99/100.

3 Thomas Mann, Gesammelte Werke, a.a.O. Band 4. Joseph in Ägypten, S. 501/2.

4 A.a.O. S. 465.

5 Die Betrogene, a.a.O. S. 119.

6 A.a.O. S. 124.

7 A.a.O. S. 124.

8 Thomas Mann, Gesammelte Werke, a.a.O. Band 2, Der Zauberberg, S. 66 (Erstes Kapitel, Frühstück).

9 Thomas Mann, Gesammelte Werke, a.a.O. Band 9. Die vertauschten Köpfe. S. 803.

10 Thomas Mann, Briefe 1889-1936. Frankfurt am Main 1962, S. 176/80.

11 A.a.O. S. 179.

12 A.a.O. S. 177.

13 Thomas Mann, Tagebücher 1933-1934. Herausgegeben von Peter de Mendelssohn. Frankfurt a. Main 1977, S. 148, 656.

14 Tagebücher, a.a.O. S. 185.

15 A.a.O. S. 296/7.

16 A.a.O. S. 296.

17 Thomas Mann/Heinrich Mann, Briefwechsel 1900-1949. Frankfurt/Berlin und Weimar 1968, S. 13.

18 A.a.O. S. 16.

19 Tagebücher, a.a.O. Eintragung vom 6. Mai 1934. S. 411/2.

20 Theodor W. Adorno, Gesammelte Schriften 11. Noten zur Literatur. Frankfurt am Main 1974, S. 676 ff.

21 Adorno, a.a.O. S. 679.

DIE ÄSTHETISCHE EXISTENZ DES HOCHSTAPLERS FELIX KRULL

1 Oscar Seidlin, Picaresque elements in Thomas Mann's work. In: Modern Language Quarterly XII (1951), P. 183 etc.

2 Brief an Carl Maria Weber vom 18. Januar 1917. In: Briefe 1889-1936. Frankfurt am Main 1962, S. 133.

3 Thomas Mann, Die Begegnung. Olten 1953. Vorbemerkung S. 12.

4 Brief an Emil Preetorius vom 6. September 1954. In: Briefe 1948-1955. Frankfurt am Main 1965, S. 356/7.

5 Die Begegnung, a.a.O. S. 17.

6 Thomas Mann, Die Entstehung des Doktor Faustus. Roman eines Romans. In: Gesammelte Werke in zwölf Bänden. Berlin 1955. Band 12, S. 188-190.

7 Helmut Jendreiek, Thomas Mann. Der demokratische Roman. Düsseldorf 1976, S. 515, 526.

8 Friedrich Nietzsche, Menschliches, Allzumenschliches. Ein Buch für

freie Geister. In: Werke in drei Bänden. Herausgegeben von Karl Schlechta. München 1966, Band 1, S. 812, 551.

9 Sören Kierkegaard, Entweder – Oder. Deutsch von Heinrich Fauteck, Köln und Olten 1960, S. 712.

DIE TAGEBÜCHER

1 Thomas Mann, Tagebücher 1933-1934. Frankfurt am Main 1977. Herausgegeben von Peter de Mendelssohn. Die Zitate beziehen sich auf diese Ausgabe. – Der vorliegende Text wurde zuerst als Rundfunkrezension der Tagebücher für den Hessischen Rundfunk geschrieben. Der Text ist bisher ungedruckt.

2 Gekürzte Fassung des vorliegenden Kapitels zuerst unter dem Titel: Der Zauberer als Entzauberer. Thomas Manns Tagebücher 1935–1936, in: Süddeutsche Zeitung, München, 25./26. November 1978.

3 Thomas Mann, Tagebücher 1935-1936. Frankfurt am Main 1978. Herausgegeben von Peter de Mendelssohn.

4 Zuerst gedruckt als: Die Irrfahrt zum Zauberberg. Thomas Mann: Tagebücher 1918-1921, in: Die Zeit, Hamburg, 7. Dezember 1979.

5 Thomas Mann, Tagebücher 1918-1921. Frankfurt am Main 1979. Herausgegeben von Peter de Mendelssohn.

6 Joachim Fest, Das Dilemma eines Unpolitischen. Zu den Tagebüchern von Thomas Mann 1918-1921. In: Frankfurter Allgemeine Zeitung, 13. Oktober 1979.

7 Als Referat gehalten in Wien auf dem Musil-Symposion der Österreichischen Gesellschaft für Literatur am 13. Mai 1980. Bisher ungedruckt. Die Tagung hatte das Problem der Stadt zum Thema.

8 Die Zitate sind entnommen aus: Robert Musil, Tagebücher (Textband) und Tagebücher (Anmerkungen, Anhang, Register), herausgegeben von Adolf Frisé. Reinbek bei Hamburg 1976.

9 Karl Corino, Robert Musil – Thomas Mann. Ein Dialog. Pfullingen 1971.

10 Thomas Mann, a.a.O. S. 334 ff.

11 Thomas Mann, a.a.O. 207.

12 Robert Musil, a.a.O. S. 928/9.

13 Robert Musil, a.a.O. S. 214/5.

14 Karl Corino, a.a.O. S. 54 ff.

15 Interessant sind die von Musil für seine Theaterkritiken ausgewählten und verweigerten Theaterabende. Dazu: Robert Musil, Theater. Kritisches und Theoretisches. In: Rowohlts Klassiker der Literatur und der Wissenschaft. Reinbek bei Hamburg 1965. Herausgegeben von Marie-Louise Roth.

PERSONENREGISTER

INHALT

VON HANS MAYER
ERSCHIENEN IM SUHRKAMP VERLAG

Außenseiter. 1975
Nach Jahr und Tag. Reden. 1945–1977. 1978

Brecht in der Geschichte. Drei Versuche. 1971. *Bibliothek
Suhrkamp* 284
Goethe. Ein Versuch über den Erfolg. 1973. *Bibliothek
Suhrkamp* 367
Doktor Faust und Don Juan. 1979. *Bibliothek Suhrkamp*
599

Anmerkungen zu Brecht. 1965. *edition suhrkamp* 143
Anmerkungen zu Richard Wagner. 1966 *edition suhrkamp*
189
Das Geschehen und das Schweigen. Aspekte der Literatur.
1969. *edition suhrkamp* 342
Der Repräsentant und der Märtyrer. 1971. *edition suhrkamp*
463

Georg Büchner und seine Zeit. 1972. *suhrkamp taschenbuch*
58
Richard Wagner in Bayreuth. 1876–1976. 1978. *suhrkamp
taschenbuch* 480

Über Hans Mayer. Herausgegeben von Inge Jens. 1977.
edition suhrkamp 887

Materialien zu Hans Mayer »Außenseiter«. Herausgegeben
von Gert Ueding. 1978. *suhrkamp taschenbuch* 448

Hans Mayer zu ehren. 1978